Latine semper
La lingua, il lessico, gli autori

© 2016 by Mondadori Education S.p.A., Milano
Tutti i diritti riservati

www.mondadorieducation.it

Prima edizione: febbraio 2016

Edizioni
11	10	9	8	7	6	5	4	3
2020	2019	2018	2017					

Il Sistema Qualità di Mondadori Education S.p.A. è certificato da Bureau Veritas Italia S.p.A. secondo la Norma UNI EN ISO 9001:2008 per le attività di: progettazione, realizzazione di testi scolastici e universitari, strumenti didattici multimediali e dizionari.

Le fotocopie per uso personale del lettore possono essere effettuate nei limiti del 15% di ciascun volume/fascicolo di periodico dietro pagamento alla SIAE del compenso previsto dall'art. 68, commi 4 e 5, della legge 22 aprile 1941 n. 633.
Le fotocopie effettuate per finalità di carattere professionale, economico o commerciale o comunque per uso diverso da quello personale possono essere effettuate a seguito di specifica autorizzazione rilasciata da CLEARedi, Centro Licenze e Autorizzazioni per le Riproduzioni Editoriali, Corso di Porta Romana 108, 20122 Milano, e-mail autorizzazioni@clearedi.org e sito web www.clearedi.org.

Questo volume è stampato da:
MT Arti Grafiche S.r.l. - Gorgonzola (MI)
Stampato in Italia - Printed in Italy

Redazione	Francesco Staderini
Progetto grafico	Alfredo La Posta
Impaginazione	Fotocomposizione Finotello, Borgo San Dalmazzo (Cuneo)
Art direction del progetto grafico della copertina	46xy studio
Realizzazione della copertina	Tuna bites

L'editore fornisce - per il tramite dei testi scolastici da esso pubblicati e attraverso i relativi supporti - link a siti di terze parti esclusivamente per fini didattici o perché indicati e consigliati da altri siti istituzionali. Pertanto l'editore non è responsabile, neppure indirettamente, del contenuto e delle immagini riprodotte su tali siti in data successiva a quella della pubblicazione, distribuzione e/o ristampa del presente testo scolastico.

Per eventuali e comunque non volute omissioni e per gli aventi diritto tutelati dalla legge, l'editore dichiara la piena disponibilità.

La realizzazione di un libro scolastico è un'attività complessa che comporta controlli di varia natura. Essi riguardano sia la correttezza dei contenuti che la coerenza tra testo, immagini, strumenti di esercitazione e applicazioni digitali. È pertanto possibile che, dopo la pubblicazione, siano riscontrabili errori e imprecisioni.

Mondadori Education ringrazia fin da ora chi vorrà segnalarli a:

Servizio Clienti Mondadori Education
e-mail *servizioclienti.edu@mondadorieducation.it*
numero verde **800 123 931**

MARIO PINTACUDA - MICHELA VENUTO

LATINE SEMPER

La lingua, il lessico, gli autori

LE MONNIER SCUOLA

IL PROGETTO DIDATTICO

LA SINTASSI

GLI AUTORI

GLI APPROFONDIMENTI

LA DIDATTICA

La sintassi
La **sintassi latina**, con il ripasso costante della sintassi italiana e tanti **esercizi** di varie tipologie: frasi d'autore ma anche completamento, abbinamento, caccia all'errore. Le **versioni** sono sempre **graduate**, con tre diversi livelli di difficoltà e con aiuti alla traduzione differenziati. In ciascuna unità una versione esemplare introduce al lavoro sul testo: **Exemplum**.

Gli autori
Non solo i **classici**, ma anche passi di autori **medievali**, **moderni** e **contemporanei**, per capire che il latino ha una storia che non è finita con Roma. Gli autori antichi sono presentati in ordine cronologico e tematico insieme, focalizzando l'attenzione sul lessico per campi semantici: **Lessico tematico**.

Gli approfondimenti
Lo stile degli autori, curiosità sulla cultura antica e approfondimenti sul lessico latino, le insidie della traduzione e attività di traduzione contrastiva: per contestualizzare la lingua e allenare a una traduzione consa-

pevole. **Modus scribendi**, **Curiosità**, **Cave!**, **Comparatio**.

La didattica
Molte versioni sono corredate da laboratori con attività graduate di analisi grammaticale, lessicale, stilistica e testuale (comprensione del testo). Le prove speciali, modellate sulle Olimpiadi delle lingue classiche, e il commento alle versioni assegnate all'Esame di stato preparano lo studente ad affrontare testi più complessi: **Olimpiadi delle lingue classiche**.

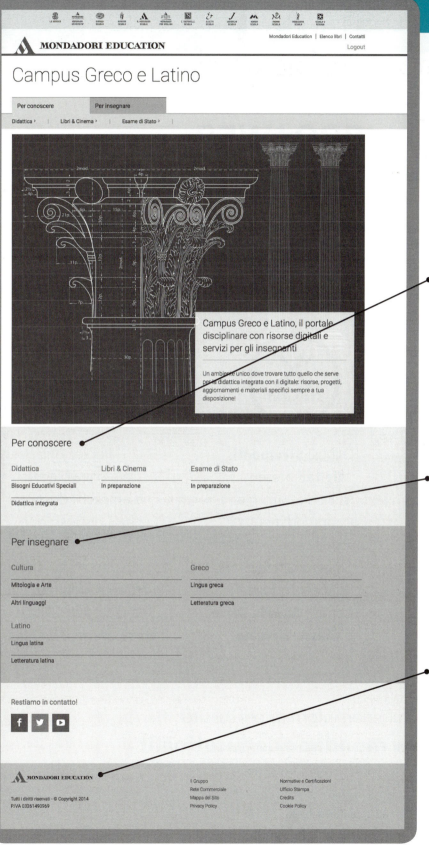

Per conoscere: **un'area ad accesso libero** con risorse utili per tenerti aggiornato sulle novità relative alla tua disciplina, con uno sguardo privilegiato sugli approcci didattici, le tecnologie digitali e i Bisogni Educativi Speciali. Inoltre a tua disposizione i video dei seminari tenuti dai nostri autori e tanti materiali per l'Esame di Stato e le prove INVALSI

Per insegnare: **un'area ad accesso riservato** dove troversai le migliori risorse digitali della disciplina (video, lezioni LIM, verifiche, laboratori ecc.), pronte per l'uso in classe

Per condividere: **un'area di collegamento** con i principali Social Network e che ti permette anche di iscriverti alla Newsletter per essere sempre informato sulle novità pubblicate nel Campus

LIBRO+WEB

È la piattaforma digitale Mondadori Education
adatta a tutte le esigenze didattiche,
che raccoglie e organizza i libri di testo in formato digitale,
i **MEbook**; i **Contenuti Digitali Integrativi**;
gli **Strumenti per la creazione di risorse**;
la formazione **LinkYou**.

Il **centro dell'ecosistema digitale Mondadori Education** è il **MEbook**: la versione digitale del libro di testo. **È fruibile online** e **offline** attraverso l'apposita app di lettura.

Con gli **Strumenti digitali** presenti sulla piattaforma di apprendimento è possibile condividere, personalizzare e approfondire i contenuti: **Google Drive** e **Classe Virtuale**.

Per lezioni più coinvolgenti e efficaci il docente ha a disposizione **LinkYou**, il programma che prevede **seminari** per la didattica digitale, **corsi**, **eventi** e **webinar**.

....

ulteriori informazioni sul sito
www.mondadorieducation.it

MEBOOK

IL LIBRO DI TESTO
IN VERSIONE DIGITALE,
RICCO DI CONTENUTI, VIDEO,
AUDIO, ANIMAZIONI, ESERCIZI
E TANTI ALTRI STRUMENTI.

Come attivare il MEbook

Collegati al sito **mondadorieducation.it**
registrati oppure effettua il login
↓
Accedi alla sezione **LIBRO+WEB**
e fai clic su **Attiva MEbook**
↓
Compila il modulo **Attiva MEbook**
inserendo negli appositi campi tutte le cifre
tranne l'ultima dell'ISBN, stampato sul retro
del tuo libro, il codice contrassegno e quello
seriale, che trovi sul bollino argentato SIAE
nella prima pagina dei nostri libri.

ISBN

↓
Fai clic sul pulsante **Attiva MEbook**

Come scaricare il MEbook

Puoi consultare il tuo MEbook anche
in versione **offline** scaricandolo per intero
o in singoli capitoli sul tuo dispositivo,
seguendo questa semplice procedura:

Scarica la app gratuita* che trovi sul sito
mondadorieducation.it o sui principali store.
↓
Effettua il login con **Username** e **Password**
scelte all'atto della registrazione sul nostro sito.
↓
Nella libreria è possibile ritrovare i libri attivati.

....

MEBOOK   **ME**BOOK   **ME**BOOK   **ME**BOOK
             kids   YOUNG   E**X**TRA

*Per sapere quale delle nostre app
scaricare guarda quale dei loghi
del MEbook è presente in alto a sinistra
sulla copertina del tuo libro!

Per i docenti

 *Se sei un docente richiedi al tuo agente
di zona la copia saggio del libro che ti interessa
e l'accesso ai relativi contenuti digitali docente.*

INDICE

Sezione 1
VERIFICA DEI PREREQUISITI

Il nome e l'aggettivo	2
Il verbo	6
I pronomi	8
Le preposizioni e le congiunzioni	10

Sezione 2
SINTASSI

SINTASSI DEI CASI

Unità 1 Le concordanze. Il nominativo e il vocativo — 18
- **Curiosità** *Tibia* — 28
- **Curiosità** *Liberalis* — 31
- **Curiosità** *Opportunus* — 34
- **Cave!** *Usurpo*: "usare" o "usurpare"? — 35

Unità 2 L'accusativo — 36
- **Cave!** Il verbo *deficio* — 50
- **Cave!** Vari significati del verbo *petere* — 51

Unità 3 Il genitivo — 53
- **Curiosità** Il motto *A.E.I.O.U.* — 55
- **Curiosità** Termini relativi all'affitto — 67
- **Cave!** Il verbo *habeo* — 68

Unità 4 Il dativo — 71
- **Cave!** Il verbo *studeo* e i suoi significati — 79
- **Cave!** *Quaero* e *queror* — 84
- **Curiosità** Etimologia del termine "profilo" — 86

Unità 5 L'ablativo — 87
- **Curiosità** Etimologia del termine *septentrio* — 101
- **Cave!** Diversi significati del verbo *utor* — 104

Unità 6 Determinazioni di tempo e di luogo — 105
- **Cave!** *Pus* e *purus* — 114
- **Cave!** *Verum* — 116
- **Curiosità** Il calcolo delle ore presso i Romani — 117

SINTASSI DEL VERBO

Unità 7 Verbi transitivi e intransitivi. Tempi e aspetti del verbo — 119
- **Curiosità** *Globus* — 132
- **Cave!** Due verbi dalla quantità diversa: *parēre* e *parĕre* — 135
- **Cave!** La corrispondenza epistolare a Roma — 135

Unità 8 Uso dei modi nelle proposizioni indipendenti — 137
- **Cave!** *Bonum* e *bonus* — 149
- **Curiosità** *Macte virtute esto* — 150

Unità 9 Forme nominali del verbo — 151
- **Curiosità** *Satellites* — 164
- **Cave!** *Ad hoc* — 168
- **Cave!** *Aes mutuum* — 168

Unità 10 Gerundio, gerundivo, perifrastica passiva, supino — 170
- **Curiosità** L'arte "venatoria" — 180

SINTASSI DEL PERIODO

Unità 11 La coordinazione e la subordinazione — 181
- **Cave!** *Cum... tum* — 193
- **Cave!** *Esse* nel senso di "mangiare" — 194
- **Curiosità** Il trionfo — 196

Unità 12 Classificazione
delle proposizioni dipendenti — 198
Cave! *Casa* e *domus* — 203
Curiosità *Continens* — 207

Unità 13 Proposizioni complementari
dirette — 210
Curiosità *Pedisequus* — 219
Cave! *Amiculum* — 219
Cave! *Testis* — 226

Unità 14 Proposizioni interrogative
dirette e indirette — 227
Curiosità *Latrunculus* — 237
Cave! *Proxime* — 238

Unità 15 Proposizioni finali
e consecutive — 242
Curiosità Un particolare significato
del verbo *cognosco* — 252
Cave! Il quadrato del *sator* — 254

Unità 16 Proposizioni causali
e temporali — 257
Curiosità Conigli e cunicoli — 271
Cave! Un verbo di forma attiva e significato
passivo: *vapŭlo* — 271

Unità 17 Altre complementari indirette — 272
Curiosità *Imbecillus* — 285
Cave! Il sostantivo *notitia* — 287

Unità 18 Proposizioni condizionali.
Periodo ipotetico — 288
Cave! L'esclamazione *hercule* — 300
Curiosità Dal letame alla letizia — 305
Cave! *Furantes* e *furentes* — 305

Unità 19 Proposizioni relative — 307
Curiosità La *ferrea manus* — 314
Curiosità Fasto e nefasto — 315
Cave! *Mulier* — 316
Cave! Il verbo *rĕparo* — 319

Unità 20 Il discorso indiretto — 323
Curiosità *Tabulae novae* — 331
Cave! *Consulto* — 332

Sezione 3
GLI AUTORI CLASSICI

Unità 21 L'età di Cesare / 1. La guerra — 336
LESSICO TEMATICO Il lessico militare — 336
Modus scribendi Lo stile di Cesare — 339
Cave! *Opera*: singolare, plurale o imperativo? — 343
Modus scribendi Lo stile di Sallustio — 346
Comparatio La morte di Catilina — 347

Unità 22 L'età di Cesare / 2. Il diritto — 353
LESSICO TEMATICO Il diritto — 353
Modus scribendi Lo stile di Cicerone — 358
Curiosità *Sponsor* — 364
Olimpiadi delle lingue classiche Bisogna
prendere una decisione — 365

Unità 23 L'età di Augusto. La religione — 367
LESSICO TEMATICO La religione — 367
Modus scribendi Lo stile di Livio — 372
Curiosità Il verbo *immolare* — 373
Olimpiadi delle lingue classiche La *devotio*
di Decio Mure — 380

Unità 24 L'età giulio-claudia / 1. La natura — 382
LESSICO TEMATICO La natura — 382
Cave! *Mediterraneus*: Mar Mediterraneo
o entroterra? — 385
Curiosità Il *vitrum* — 388
Modus scribendi Lo stile di Seneca — 389
Olimpiadi delle lingue classiche Seneca riflette
dopo uno scampato naufragio — 399

Unità 25 L'età giulio-claudia / 2.
La navigazione — 401
LESSICO TEMATICO La navigazione — 401
Cave! *Passus, -a, -um*: da *patior* o da *pando*? — 404
Modus scribendi Lo stile di Curzio Rufo — 405
Comparatio Una tempesta si abbatte sulla flotta
macedone — 406
Cave! La 3ª persona plurale dell'indicativo perfetto — 408

Unità 26 L'età dei Flavi. La scuola — 411
LESSICO TEMATICO La scuola — 411
Modus scribendi Lo stile di Quintiliano — 415

Indice del volume IX

Cave! *Quoque*: pronome o avverbio?	418
Comparatio Vantaggi della scuola pubblica	418
Curiosità La palma della vittoria	420

Unità 27 L'età di Nerva e Traiano. La politica 423
▌LESSICO TEMATICO La politica	423
Curiosità *Candidatus*	427
Modus scribendi Lo stile di Tacito	430
Cave! *Ceterum*: aggettivo o avverbio?	434
Olimpiadi delle lingue classiche Il principato di Augusto	436

Unità 28 L'età di Adriano e degli Antonini. Il corpo umano 438
▌LESSICO TEMATICO Il corpo umano	438
Cave! *Pone*: preposizione, imperativo o avverbio?	440
Curiosità Perché proprio all'anulare?	442
Modus scribendi Lo stile di Apuleio	449
Curiosità Connivenza	451
Olimpiadi delle lingue classiche Psiche si innamora di Cupido	452

Unità 29 Dai Severi alla caduta dell'Impero / 1. La famiglia 454
▌LESSICO TEMATICO La famiglia	454
Cave! *Gener* e *genus*: declinazioni simili, significati diversi	457
Modus scribendi Lo stile di Ammiano Marcellino	461
Comparatio Un fidato messaggero	462
Curiosità *Adulter*	465

Unità 30 Dai Severi alla caduta dell'Impero / 2. Le passioni dell'animo 468
▌LESSICO TEMATICO La passioni dell'animo	468
Curiosità *Oculus malus*	471
Modus scribendi Lo stile dei cristiani	474
Comparatio Il Dio dei Cristiani	476
Cave! La differenza tra *occīdo* e *occĭdo*	480

Sezione 4
GLI AUTORI MODERNI

Unità 31 Autori di età medievale 486
Curiosità La Scuola Salernitana e la teoria "umorale"	487
Cave! Un raro significato del sostantivo *pignus*	489
Modus scribendi Lo stile di Boezio	491

Unità 32 Autori di età moderna 497
Curiosità *Ergastulum*	500
Curiosità La zizzania	503
Curiosità Alcune espressioni maccheroniche	504
Modus scribendi Lo stile di Galileo Galilei	505

Unità 33 Autori di età contemporanea 507
Cave! *Labor* e *laborare*	508
Curiosità La *confarreatio*	514

Sezione 5
VERSIONI ASSEGNATE ALL'ESAME DI STATO 517

Appendice
Glossario biografico degli autori post-classici 530

Sezione 1

VERIFICA DEI PREREQUISITI

IL NOME E L'AGGETTIVO

IL VERBO

I PRONOMI

LE PREPOSIZIONI E LE CONGIUNZIONI

ESERCIZI

IL NOME E L'AGGETTIVO

1 **Completa la seguente tabella.**
Attenzione: per ogni forma devi indicare tutte le alternative possibili.

sostantivo	declinazione					genere			numero		caso						traduzione
	I	II	III	IV	V	M	F	N	S	P	N	G	D	A	V	A	
poetae (4)																	
rebus (2)																	
dens (2)																	
filiă (2)																	
osse																	
liber (2)																	
iniuriā																	
animalia (3)																	
dies (5)																	
manui																	

Sezione 1 Verifica dei prerequisiti

sostantivo	declinazione					genere			numero		caso					traduzione
	I	II	III	IV	V	M	F	N	S	P	N	G	D	A	V	A	
agrorum																	
fructus (6)																	
genuum																	
mare (3)																	
bello (2)																	

2 Collega il sostantivo con il suo nominativo e scrivine il significato.

1. pondere	a. filia
2. mulieris	b. porta
3. filiis	c. filius
4. animae	d. animus
5. filiabus	e. pondus
6. laudis	f. vis
7. vires	g. eques
8. portis	h. portus
9. equitis	i. equus
10. animo	j. laus
11. ori	k. mulier
12. virorum	l. os
13. oras	m. anima
14. portui	n. vir
15. equi	o. ora

3 CACCIA ALL'ERRORE Correggi l'errore presente in ciascun sintagma, quindi traduci.

tempora acre		
anulus aureum		
terra fertilem		
mali veneno		
frequens viā		
virorum felices		
hora nocturnae		
genus humanus		
puellas inuptis		
femina pudicam		

4 Collega ciascun sostantivo all'aggettivo più opportuno, quindi traduci.

1. humus	a. difficiles
2. poetae	b. aequorum
3. malum	c. crebra
4. pugnas	d. fragrantia
5. iudicum	e. rubrum
6. militi	f. aeger
7. silva	g. audaci
8. puer	h. arida
9. mella	i. magnis
10. itineribus	j. obscuri

5 Scrivi il comparativo e il superlativo dei seguenti aggettivi, mantenendo caso, genere e numero.

grado positivo	comparativo	superlativo
splendidis		
claram		
difficilis		
notus		
nobilem		
veteres		
simile		

Sezione 1 Verifica dei prerequisiti

grado positivo	comparativo	superlativo
honeste		
maledicam		
pulchras		

6 Inserisci nella tabella i seguenti termini (comparativi e superlativi irregolari); poi traduci ogni forma.

optimus, -a, -um / plus, pluris / exterior, -ius / proximus, -a, -um / prior, -ius / ditissimus, -a, -um / maximus, -a, -um / minor, minus / plurimus, -a, -um / melior, -ius / maior, -ius / peior, -ius / primus, -a, -um / minimus, -a, -um / superior, -ius / ditior, -ius / pessimus, -a, -um / supremus, -a, -um / propior, -ius / extremus, -a, -um

grado positivo	comparativo	superlativo
bonus, -a, -um		
malus, -a, -um		
magnus, -a, -um		
parvus, -a, -um		
multus, -a, -um		
dives, -itis		
supra		
extra		
prae		
prope		

7 Nelle seguenti frasi analizza i nomi comuni e gli aggettivi, precisando per ciascuno il nominativo, il genitivo, la declinazione o la classe di appartenenza. Quindi traduci.

1. At Persae in Oriente per furta et latrocinia potius quam (ut solebant antea) per concursatorias pugnas, hominum praedas agitabant et pecorum. (Amm. Marc.) **2.** Pampinus est folia cuius subsidio vitis a frigore vel ardore defenditur atque adversus omnem iniuriam munitur. (Isid.) **3.** Aemilio Lepido Q. Catulo consulibus, cum Sulla rem publicam composuisset, bella nova exarserunt, unum in Hispania, aliud in Pamphylia et Cilicia, tertium in Macedonia, quartum in Dalmatia. (Eutr.) **4.** [Hadrianus] facundissimus Latino sermone, Graeco eruditissimus fuit. Non magnam clementiae gloriam habuit, diligentissimus tamen circa aerarium et militum disciplinam. Obiit in Campania maior sexagenario, imperii anno vicesimo primo, mense decimo, die vicesimo nono. (Eutr.) **5.** Urbem Syracusas maximam esse Graecorum, pulcherrimam omnium saepe audivistis. (Cic.) **6.** Aristoteles ait cometas significare tempestatem et ventorum intemperantiam atque imbrium. (Sen.) **7.** Corpus nostrum et sanguine irrigatur et spiritu, qui per sua itinera decurrit. (Sen.) **8.** Pontius Telesinus, dux Samnitium, vir domi bellique fortissimus penitusque Romano nomini infestissimus, ita ad portam Collinam cum Sulla dimicavit, ut ad summum discrimen et eum et rem publicam perduceret. (Vell. Pat.) **9.** Cum iam meridies appropinquare videretur, ad ea castra quae supra demonstravimus contendit; eodemque tempore equitatus ad campestres munitiones accedere et reliquae copiae pro castris sese ostendere coeperunt. (Ces.) **10.** Deportatus est Heliodorus, filius Cassi, et alii liberum exilium acceperunt cum bonorum parte. (Giul. Cap. *Hist. Aug.*)

IL VERBO - CONIUGAZIONE REGOLARE (ATTIVI E PASSIVI)

8 Analizza ciascuna forma verbale, verifica la traduzione proposta e, se è sbagliata, correggila.

voce verbale	analisi	traduzione
1. *veniet*		che egli venga
2. *terrebit*		egli spaventava
3. *dictu*		per dire
4. *deleturum esse*		stare per distruggere
5. *legeritis*		che voi abbiate letto
6. *audiendi*		per ascoltare
7. *pugnavissent*		che essi avessero combattuto
8. *cedunto*		cederanno essi
9. *dederamus*		noi fummo dati
10. *monuere*		ammonire
11. *iudicamini*		siate giudicati
12. *alens*		nutrito
13. *ducuntur*		essi conducono
14. *donatum esse*		essere stato donato
15. *cupivero*		che io abbia desiderato
16. *legetur*		egli avrà letto
17. *puniti eramus*		noi eravamo stati puniti
18. *iubeantur*		che essi siano comandati

VERBI DEPONENTI E SEMIDEPONENTI

9 Analizza ciascuna forma verbale, verifica la traduzione proposta e, se è sbagliata, correggila.

voce verbale	analisi	traduzione
a. *passus*		avendo sopportato
b. *mirabatur*		egli era ammirato
c. *veriti simus*		che noi siamo stati temuti
d. *minati essent*		che essi avessero minacciato
e. *largire*		dona tu
f. *ausi erunt*		essi avranno osato
g. *sequere*		seguire
h. *uti*		avere usato
i. *solebat*		era solito

j.	potiaris		tu ti impadronirai
k.	ad ulciscendum		per essere vendicato
l.	secutum		a seguire
m.	vesci		io nutrii

VERBI COMPOSTI, ATEMATICI, DIFETTIVI

10 Completa la tabella, distinguendo, tra quelli elencati di seguito, verbi semplici e verbi composti.

placeo, discedo, cado, praesto, addo, colo, iacio, divido, nosco, conicio, adeo, disco, incido, cogo

verbi semplici	verbi composti

11 Completa i seguenti paradigmi e scrivi il significato dei verbi.
1. *adsum*, ... , ... , *adesse* ....
2. *perfero, perfers*, ... , ... , *perferre* ....
3. *volo*, ... , *volui*, ...
4. *fio*, ... , ... , *fieri* ....
5. *abeo*, ... , ... , *abitum*, ...
6. .... , ... , *interfeci, interfectum*, ...
7. *edo, edis*, ... , ... , *edere* ....
8. *malo*, ... , *malui*, ...

VERBI - LESSICO

12 Inserisci nella tabella i seguenti verbi distinguendoli secondo le aree semantiche segnalate.

caedo, erudior, instituor, egeo, oro, vaco, neco, venio, amoveo, imbuo, careo, peto, occīdo, rogo, quaero, disco, occurro, accedo, indigeo, deficio, interficio, interimo, doceo, posco, eo

richiesta	delitto	bisogno	istruzione	movimento

13 Nelle seguenti frasi analizza i verbi e trascrivine il paradigma. Quindi traduci.

1. *Ut enim magistratibus leges, ita populo praesunt magistratus, vereque dici potest, magistratum esse legem loquentem, legem autem mutum magistratum.* (Cic.)   **2.** *Pompeius ut equitatum suum pulsum vidit atque eam partem, cui maxime confidebat, perterritam animum advertit, aliis diffisus acie excessit protinusque se in castra equo contulit et iis centurionibus, quos in statione ad praetoriam portam posuerat, clare, ut milites exaudirent: "Tuemini" inquit "castra et defendite diligenter, siquid durius acciderit".* (Ces.)   **3.** *Quid taces? Pudore an stupore siluisti? Mallem pudore, sed te, ut video, stupor oppressit.* (Boez.)   **4.** *Sub idem tempus C. Valerius ex Graecia, quo legatus ad visendum statum regionis eius speculandaque consilia Persei regis ierat, rediit, congruentiaque omnia criminibus ab Eumene adlatis referebat.* (Liv.)   **5.** *Sed Persae, dum materiam in agris pro construendis domiciliis non invenirent, et ignara lingua commercium prohiberet, per patentes agros et diversas solitudines vagabantur.* (Isid.)   **6.** *Cleopatra, frustratis custodibus, inlata aspide, morsu eius, sane expers muliebris metus, spiritum reddidit.* (Vell. Pat.)   **7.** *Qua iniquitate percitus qui audiebatur, "Etsi me"* [Ursicinus] *inquit "despicit imperator, negotii tamen ea est magnitudo, ut non nisi iudicio principis nosci possit et vindicari".* (Amm. Marc.)   **8.** *Vos quidem, quod virtutem cultoremque eius odistis, nihil novi facitis.* (Sen.)   **9.** *Qui thesaurum inventum aut hereditatem venturam dicunt quid sequuntur?* (Cic.)   **10.** *Ego arbitror latrones, quique eorum recte sapiunt, nihil anteferre lucro suo debere ac ne ipsam quidem saepe et ultis damnosam ultionem.* (Ap.)   **11.** *Et ecce ades* [Deus] *et liberas a miserabilibus erroribus et constituis nos in via tua et consolaris et dicis: "Currite, ego feram, et ego perducam et ibi ego feram".* (Ag.)   **12.** [Caracalla] *defunctus est in Osdroena apud Edessam moliens adversum Parthos expeditionem anno imperii sexto, mense secundo, vix egressus quadragesimum tertium annum. Funere publico elatus est.* (Eutr.)

I PRONOMI

14 Completa la tabella

Attenzione: per ogni forma devi indicare tutte le alternative possibili.

pronome	tipologia					genere			numero		caso				traduzione
	Pers.	Dim.	Det.	Rel.	Int.	M	F	N	S	P	N	G	D	A	A	
illi (3)																
me (2)																
ipsum (2)																
eodem (2)																
is																
quorum? (2)																
uter																

pronome	tipologia	genere	numero	caso	traduzione
cui (3)					
quae (4)					
quis?					
ipsorum (2)					
tibi					
his (6)					
hoc (4)					
quem?					
istius (3)					

15 Scegli il significato esatto fra quelli proposti

a. *aliquis*
- ☐ qualcosa
- ☐ ciascuno
- ☐ qualcuno
- ☐ chiunque

b. *quiddam*
- ☐ tale
- ☐ quale
- ☐ chiunque
- ☐ qualcosa

c. *nihil*
- ☐ niente
- ☐ nessuno
- ☐ qualcuno
- ☐ ogni cosa

d. *ceteri*
- ☐ i pochi
- ☐ la maggior parte
- ☐ i rimanenti
- ☐ i molti

e. *nemo*
- ☐ qualcuno
- ☐ nessuno
- ☐ da nessuna parte
- ☐ ognuno

I pronomi

16 Nelle seguenti frasi analizza i pronomi; quindi traduci.

1. *Vide ne tibi et liberis tuis non bene consulas cum tales inter praecinctos habeas, quales milites libenter audiunt, libenter vident.* (Vulc. Gall. *Hist. Aug.*)   **2.** *Multa iam beneficiorum exempla referam et dissimilia et quaedam inter se contraria. Dedit aliquis domino suo vitam, dedit mortem, servavit periturum et, hoc si parum est, pereundo servavit; alius mortem domini adiuvit, alius decepit.* (Sen.)   **3.** *Quid ergo amo, cum Deum meum amo? Quis est ille super caput animae meae? Per ipsam animam meam ascendam ad illum.* (Ag.)   **4.** *Post viginti deinde annos Veientani rebellaverunt. Dictator contra ipsos missus est Furius Camillus, qui primum eos vicit acie, mox etiam civitatem diu obsidens cepit.* (Eutr.)   **5.** *Ad regem spolia caesorum hostium referebantur. Dona ex his, aliis arma insignia, aliis equos, quibusdam captivos dono dabat.* (Liv.)   **6.** *Postquam autem rex Graecorum Apis mortuus est, huic filius Argus successit in regnum, et ex eo Argivi appellati sunt; qui etiam ab eis post obitum ut deus haberi coepit, templo et sacrificio honoratus.* (Isid.)   **7.** *Quae potest pax esse M. Antonio primum cum senatu? Quo ore vos ille poterit, quibus vicissim vos illum oculis intueri? Quis vestrum illum, quem ille vestrum non oderit?* (Cic.)   **8.** *Nemo igitur iure consultus, ne iste quidem, qui tibi uni est iure consultus, per quem haec agis, ex ista syngrapha deberi dicit pro iis rebus, quae erant ante syngrapham reciperatae.* (Cic.)   **9.** *Qui gratiam refert, aliquid debet impendere, sicut qui solvit pecuniam; nihil autem impendit, qui gratiam sibi refert, non magis quam consequitur, qui beneficium a se accepit.* (Sen.)   **10.** *Quisquis amat valeat. Pereat qui nescit amare, bis tanto pereat quisquis amare vetat.* (Iscr. a Pompei)

LE PREPOSIZIONI E LE CONGIUNZIONI

17 Fa' l'analisi logica delle seguenti espressioni e poi traducile.

ob maerorem		*prae lacrimis*	
in Sicilia		*ad defensionem*	
unus ex his		*exempli gratiā*	
de natura		*in meridiem*	
ex auro		*cum gaudio*	
per legatos		*ex urbe*	
a sociis		*propter bellum*	
cum militibus		*per silvam*	
inter pares		*ad castra*	
per tres annos		*apud Romanos*	

18 Inserisci nella tabella le congiunzioni sotto riportate.

Attenzione: nell'elenco ci sono tre intrusi!

quamquam, cum, et, aut, an, -ne, quia, quod, ubi, pro, quamvis, quoniam, dum, etsi, sic

congiunzioni coordinanti	congiunzioni subordinanti temporali	congiunzioni subordinanti concessive	congiunzioni subordinanti causali

19 Distingui le affermazioni vere da quelle false.

1. L'ablativo strumentale è retto da *per*.   V F
2. *Licet* può essere usato come nesso concessivo.   V F
3. *Ne* regge la consecutiva negativa.   V F
4. *Ad* può introdurre la proposizione finale.   V F
5. Il *cum* narrativo può avere valore relativo.   V F
6. La congiunzione *quando* può introdurre la causale.   V F
7. *Quo* è un nesso subordinante finale.   V F
8. *Ut* introduce il complemento di modo.   V F
9. *Ecce* è un nesso dichiarativo.   V F
10. La finale negativa è introdotta da *ut non*.   V F
11. *Ne... quidem* significa "neppure".   V F
12. La congiunzione *postquam* si usa nelle proposizioni temporali che hanno un rapporto di posteriorità rispetto alla reggente.   V F
13. *Atqui* è una congiunzione coordinante.   V F
14. *Cum* può svolgere la funzione di congiunzione e di preposizione.   V F
15. *In* può reggere l'accusativo e l'ablativo.   V F

20 Nelle seguenti frasi sottolinea le preposizioni e le congiunzioni con colori diversi; quindi traduci.

1. *Populus Romanus a rege Romulo in Caesarem Augustum septingentos per annos tantum operum pace belloque gessit, ut, si quis magnitudinem imperii cum annis conferat, aetatem ultra putet.* (Flor.) **2.** *Interim C. Caninius legatus, cum magnam multitudinem convenisse hostium in fines Pictonum litteris nuntiisque Durati cognosceret, qui perpetuo in amicitia manserat Romanorum, cum pars quaedam civitatis eius defecisset, ad oppidum Lemonum contendit.* (Ces.) **3.** *Cum ergo eo beneficio essem obligatus, ut ad exitum vitae non haberem inopiae timorem, haec tibi scribere coepi, quod animadverti multa te aedificavisse et nunc aedificare, reliquo quoque tempore et publicorum et privatorum aedificiorum, pro amplitudine rerum gestarum ut posteris memoriae traderentur, curam habiturum.* (Vitr.) **4.** *Quamquam per singulas prope partes labor cresceret, ne perderem, quae iam effecta erant, per omnes difficultates animo me sustentavi.* (Quint.) **5.** *Epistulam tuam accepi post multos menses quam miseras; supervacuum itaque putavi ab eo qui afferebat quid ageres quaerere.* (Sen.) **6.** *Magna porro et Graecorum turba est de rusticis rebus praecipiens, cuius princeps celeberrimus vates non minimum professioni nostrae contulit Hesiodus Boeotius.* (Col.) **7.** *Dum haec a Caesare geruntur, Treveri magnis coactis peditatus equitatusque copiis Labienum cum una legione, quae in eorum finibus hiemaverat, adoriri parabant, iamque ab eo non longius bidui via aberant, cum duas venisse legiones missu Caesaris cognoscunt.* (Ces.) **8.** *Haec etsi Autophrodates videbat, tamen statuit congredi quam cum tantis copiis refugere aut tam diu uno loco sedere.* (Nep.) **9.** *Pontius Aufidianus, postquam comperit filiae suae virginitatem a paedagogo proditam Fannio Saturnino, non contentus sceleratum servum adfecisse supplicio etiam ipsam puellam necavit.* (Val. Mass.) **10.** *Antequam arma [Thraces] inciperent, misere legatos amicitiam obsequiumque memoraturos, et mansura haec si nullo novo onere temptarentur.* (Tac.)

VERSIONI

1 Le armi di Achille

Dopo la morte di Ettore, Achille si vanta di aver espugnato da solo Troia. Adirato per questo, Apollo lo colpisce al tallone e lo uccide. Aiace chiede allora le armi del Pelide, che però vengono date ad Ulisse. In preda all'ira Aiace fa strage dei suoi armenti e poi si suicida con la spada avuta in dono da Ettore.

a. Apollo uccide Achille
Hectore sepulto cum Achilles circa moenia Troianorum vagaretur ac diceret se solum Troiam expugnasse, Apollo iratus Alexandrum Parin se simulans talum, quem mortalem habuisse dicitur, sagitta percussit et occidit.

b. Aiace rivendica le armi del Pelide
Achille occiso ac sepulturae tradito Aiax Telamonius, quod frater patruelis eius fuit, postulavit a Danais, ut arma sibi Achillis darent; quae ei ira Minervae abiurgata sunt ab Agamemnone et Menelao et Ulixi data.

c. Aiace si uccide
Aiax furia accepta per insaniam pecora sua et se ipsum vulneratum occidit eo gladio, quem ab Hectore muneri accepit, dum cum eo in acie contendit.

(IGINO)

2 Le Amazzoni

In seguito ad una condanna all'esilio, gli sciti Plino e Scolopito lasciano la loro patria insieme ad un considerevole numero di giovani e si stanziano in Cappadocia. Qui per molti anni vivono saccheggiando le popolazioni confinanti, che alla fine li uccidono. Le vedove, rifiutato qualunque altro legame matrimoniale, decidono di autogovernarsi. Tuttavia, per non far scomparire la loro stirpe, si accoppiano con i vicini. I figli maschi sono soppressi alla nascita, le femmine educate alla caccia e alle armi; il seno destro viene loro bruciato per agevolare l'uso dell'arco.

a. Plino e Scolopito sono uccisi
Sed apud Scythas medio tempore duo regii iuvenes, Plynos et Scolopitus, per facionem optimatum domo pulsi ingentem iuventutem secum traxere et in Cappadociae ora iuxta amnem Thermodonta consederunt subiectosque Themiscyrios campos occupavere. Ibi per multos annos spoliare finitimos adsueti conspiratione populorum per insidias trucidantur.

b. Le donne decidono di autogovernarsi
Horum uxores cum viderent exsilio additam orbitatem, arma sumunt finesque suos submoventes primo, mox etiam inferentes bellum defendunt. Nubendi quoque finitimis animum omisere, servitutem, non matrimonium appellantes. Singulare omnium saeculorum exemplum, ausae rem publicam augere sine viris; iam etiam cum contemptu virorum tuentur. Et viros, qui domi remanserant, interficiunt. Ultionem quoque caesorum coniugum excidio finitimorum consequuntur.

c. Le donne sopprimono i figli maschi

Tum pace armis quaesita, ne genus interiret, concubitus finitimorum ineunt. Si qui mares nascerentur, interficiebant.

d. Educazione delle Amazzoni

Virgines in eundem ipsis morem, non otio neque lanificio, sed armis, equis, venationibus exercebant, inustis infantum dexterioribus mammis, ne sagittarum iactus impediantur; unde dictae Amazones[1].

(Giustino)

1. *Amazones*: secondo l'etimologia più frequente, seguita anche da Giustino, *Amazon* è un nome composto da ἀ- privativo + μαζός (*mazós*) "mammella"; alcuni studiosi ritengono invece che sia di origine persiana e significhi "senza maschio".

3 Re ateniesi

Giustino passa in rassegna alcuni sovrani ateniesi (Cranao, Anfizione, Trittolemo, Egeo), ricordando le loro imprese o le loro benemerenze nei confronti della città.

a. Cecrope biforme

Regem habuere [Athenienses] Cecropem, quem, ut omnis antiquitas fabulosa est, biformem tradidere, quia primus marem feminae matrimonio iunxit.

b. La figlia di Cranao

Huic successit Cranaus, cuius filia Atthis[1] *nomen regioni dedit.*

c. Anfizione consacra Atene a Minerva

Post hunc Amphictyon regnavit, qui primus Minervae urbem sacravit et nomen civitati Athenas dedit.

d. Deucalione e il diluvio

Huius temporibus aquarum inluvies maiorem partem populorum Graeciae absumpsit. Superfuerunt, quos refugia montium receperunt, aut ad regem Thessaliae Deucalionem ratibus evecti sunt, a quo propterea genus hominum conditum dicitur.

e. Trittolemo scopre il frumento

Per ordinem deinde successionis regnum ad Erechtheum descendit, sub quo frumenti satio est Eleusinae a Triptolemo reperta, in cuius muneris honorem noctes initiorum sacratae.

f. Il regno di Egeo

Tenuit et Aegeus, Thesei pater, Athenis regnum, a quo per divortium discedens Medea propter adultam privigni aetatem Colchos cum Medo filio ex Aegeo suscepto concessit.

g. Teseo e Demofonte portano aiuto ai Greci

Post Aegeum Theseus ac deinceps Thesei filius Demophoon, qui auxilium Graecis adversus Troianos tulit, regnum possedit.

(Giustino)

1. *Atthis*: "Attide".

4 Sulpicio informa Cicerone della morte di Marcello

Giunto al Pireo, Sulpicio incontra Marcello e trascorre con lui tutto il giorno. Quindi i due si congedano a causa dei diversi impegni: Sulpicio deve andare in Beozia, Marcello deve ritornare in Italia. Poco prima di partire però, Sulpicio viene informato che il collega è stato gravemente ferito da uno schiavo e che necessita delle cure di un medico.

Sulpicio raduna un gruppo di medici e si avvia alla partenza, ma poco dopo viene informato della morte di Marcello.

a. Sulpicio incontra Marcello al Pireo
Cum ab Epidauro Piraeum[1] navi advectus essem[2], ibi M. Marcellum, collegam nostrum, conveni eumque diem ibi consumpsi, ut cum eo essem.

b. I due amici si separano
Postero die cum ab eo digressus essem eo consilio, ut ab Athenis in Boeotiam irem reliquamque iuris dictionem absolverem, ille, ut aiebat, supra Maleas in Italiam versus[3] navigaturus erat.

c. Sulpicio sa dell'agguato a Marcello
Post diem tertium eius diei cum ab Athenis proficisci in animo haberem, circiter hora decima noctis P. Postumius, familiaris eius, ad me venit et mihi nuntiavit M. Marcellum, collegam nostrum, post cenae tempus a P. Magio Cilone, familiare eius, pugione percussum esse et duo vulnera accepisse, unum in stomacho, alterum in capite secundum aurem; sperare tamen eum vivere posse; Magium se ipsum interfecisse postea; se a Marcello ad me missum esse, qui haec nuntiaret et rogaret, uti medicos ei mitterem. Itaque medicos coegi et e vestigio eo sum profectus prima luce.

d. Sulpicio sa della morte di Marcello
Cum non longe a Piraeo abessem, puer Acidini[4] obviam mihi venit cum codicillis, in quibus erat scriptum paulo ante lucem Marcellum diem suum obisse.

(SULPICIO)

1. *Piraeum*: uno dei porti di Atene.
2. *advectus essem*: l'io narrante è Servio Sulpicio, famoso giurista attivamente impegnato nell'attività politica: nel 51 a.C. fu console insieme a Marco Claudio Marcello.
3. *versus*: "doppiando".
4. *Acidini*: Acidino, giovane romano che in quel tempo studiava ad Atene.

5 Gesù risuscita una bambina

Mentre Gesù parlava, il capo della sinagoga viene informato della morte della figlia. Gesù, udita la notizia, lo rassicura e lo esorta ad avere fede. Giunto all'abitazione dell'uomo, risuscita la bambina, suscitando lo stupore dei genitori.

a. Muore la figlia del capo della sinagoga
Adhuc illo loquente, venit quidam e domo principis synagogae dicens: "Mortua est filia tua; noli amplius vexare magistrum". Iesus autem, audito hoc verbo, respondit ei: "Noli timere; crede tantum, et salva erit".

b. Gesù arriva a casa della bambina
Et cum venisset domum, non permisit intrare secum quemquam nisi Petrum et Ioannem et Iacobum et patrem puellae et matrem. Flebant autem omnes et plangebant illam. At ille dixit: "Nolite flere; non est enim mortua, sed dormit". Et deridebant eum scientes quia mortua esset.

c. Gesù risuscita la bambina
Ipse autem tenens manum eius clamavit dicens: "Puella, surge!". Et reversus est spiritus eius, et surrexit continuo; et iussit illi dari manducare. Et stupuerunt parentes eius, quibus praecepit, ne alicui dicerent, quod factum erat.

(VANGELO DI LUCA)

6 Gloriose imprese di Tiberio

Velleio Patercolo ricorda alcune imprese compiute nel 5 d.C. dall'esercito romano guidato dal futuro imperatore Tiberio: la Germania fu interamente attraversata dalle truppe romane; furono sconfitti popoli fino ad allora sconosciuti; furono riconquistati i Cauci, popolazione stanziata lungo la costa del Mare del Nord; furono piegati i Longobardi; fu raggiunto l'Elba; la flotta, dopo aver costeggiato l'Oceano, risalì il fiume e si riunì a Tiberio.

a. Tiberio conquista molte popolazioni germaniche
Perlustrata armis tota Germania est, victae gentes paene nominibus incognitae, receptae Cauchorum nationes: omnis eorum iuventus infinita numero, immensa corporibus, situ locorum tutissima, traditis armis, una cum ducibus suis, saepta fulgenti armatoque militum nostrorum agmine ante[1] imperatoris procubuit tribunal.

b. L'esercito romano raggiunge l'Elba
Fracti Langobardi, gens etiam Germana feritate ferocior; denique quod numquam antea spe conceptum, nedum opere temptatum erat, ad quadringentesimum miliarium a Rheno usque ad flumen Albim, qui Semnonum Hermundurorumque fines praeterfluit, Romanus cum signis perductus exercitus.

c. La flotta risale l'Elba e si riunisce all'esercito di Tiberio
Et eodem mira felicitate et cura ducis, temporum[2] quoque observantia, classis, quae Oceani circumnavigaverat sinus, ab inaudito atque incognito ante mari flumine Albi subvecta, cum plurimarum gentium victoria parta, cum abundantissima rerum omnium copia exercitui Caesarique se iunxit.

(Velleio Patercolo)

1. *ante*: regge il successivo *tribunal*.
2. *temporum*: qui nell'accezione di "stagioni".

7 Strani prodigi

A causa delle lamentele della delegazione di Ardea sono prolungate le Ferie latine. Intanto da regioni diverse dell'impero arrivavano notizie di strani prodigi: fulmini si erano abbattuti su due porte e un muro nella città di Suessa; nel territorio dei Bruzi erano nati animali deformi; in Macedonia sulla poppa di una nave era spuntata una pianta di alloro. Per placare gli dèi, si decide di recitare quotidianamente una preghiera pubblica e di celebrare riti sacri in tutti i templi.

a. I pontefici rinnovano le ferie latine
Feriae Latinae[1] pontificum decreto instauratae sunt, quod legati ab Ardea[2] questi in senatu erant sibi in monte Albano Latinis[3] carnem, ut adsolet, datam non esse.

b. Strani prodigi colpiscono i templi e gli animali
Ab Suessa nuntiatum est duas portas quodque inter eas muri[4] erat de caelo tactum; et ex Bruttiis ab Q. Minucio propraetore scriptum eculeum cum quinque pedibus, pullos gallinaceos tres cum ternis pedibus natos esse.

1. *Feriae Latinae*: era la più antica festa romano-latina; si celebrava una volta l'anno in onore di Giove Laziale.
2. *Ardea*: città sui Monti Albani.
3. *Latinis*: apposizione di *sibi*.
4. *quodque inter eas muri*: "e la parte di muro compresa fra quelle".

c. Una pianta di alloro germoglia su una nave	*A P. Sulpicio proconsule ex Macedonia litterae adlatae, in quibus inter cetera scriptum erat lauream in puppi navis longae enatam.*
d. Si cerca di placare gli dèi	*Priorum prodigiorum causa senatus censuerat ut consules maioribus hostiis quibus diis videretur sacrificarent[5]; ob hoc unum prodigium haruspices in senatum vocati, atque ex responso eorum supplicatio populo in diem unum indicta et ad omnia pulvinaria res divinae factae.*

(Livio)

5. *quibus diis videretur sacrificarent*: "agli dèi che ad essi sembrassero più coinvolti nei prodigi".

8 Addomesticami!

Regulus è la traduzione in latino del *Piccolo principe* di Antoine de Saint-Exupéry. Il piccolo principe si imbatte in una volpe, la quale, stanca della sua vita noiosa, gli chiede di essere addomesticata. Se lo farà, le cose per lei avranno un altro valore: distinguerà i passi di *Regulus* da quelli degli altri, apprezzerà i campi di grano, amerà il rumore del vento.

a. La volpe si lamenta	*Aetatem nimis aequabiliter ago. Ego venor gallinas, homines me. Omnes autem homines inter se similes sunt et omnes gallinae inter se similes sunt. Subodiosa igitur vita mea est. At si me mansueveris, ea tamquam aprica fiet.*
b. La volpe riconoscerà il rumore dei passi di *Regulus*	*Gressus sonitum novero qui ceteris dissimilis erit. Ceteris enim admonear ut sub terram surrepam. Tuo[1] a cuniculo meo quasi carmine quodam evocabor.*
c. La volpe invita il piccolo principe a guardare i campi	*Jam[2] vero aspice! Videsne illic segetes? Equidem pane[3] non vescor. Mihi frumentum inutile est. Segetes igitur nihil me admonent. Id quidem luctuosum est. At tu aureo capillo es. Ergo incredibiliter gaudebo ubi me mansueveris. Frumenta, quae aurea sint, me de te admonebunt et murmure delectabor per frumenta flantis aurea...*
d. La volpe chiede di essere addomesticata	*Conticuit vulpes et Regulum diu contuita est. Tandem: "Quaeso... mansuesce me!", inquit.*

(Augustus Haury)

1. *Tuo*: sottinteso *sonitu*.
2. *Jam*: iam.
3. *pane*: ablativo retto da *vescor*.

Sezione 2

SINTASSI

La lingua e i suoi usi

UNITÀ 1-6 Sintassi dei casi

> Le concordanze
> I casi
> Le determinazioni di tempo e luogo

UNITÀ 7-10 Sintassi del verbo

> I modi nelle proposizioni indipendenti
> Le forme nominali del verbo

UNITÀ 11-20 Sintassi del periodo

> Coordinazione e subordinazione
> Le completive
> Le complementari indirette
> Le relative

UNITÀ 1

LE CONCORDANZE. IL NOMINATIVO E IL VOCATIVO

CURIOSITÀ	CAVE!
Tibia	*Usurpo:* "usare" o "usurpare"?
Opportunus	
Liberalis	

IN ITALIANO
Soggetto e predicato

Gli elementi fondamentali di una proposizione sono il soggetto e il predicato.

- Il **soggetto** è l'elemento del quale il predicato afferma qualcosa e può essere costituito da un nome, da un pronome o da un termine sostantivato (aggettivo, verbo, altre parti del discorso), ma può anche essere sottinteso o essere rappresentato da un'intera proposizione (**proposizione soggettiva**; vedi Unità 12).

- I **verbi copulativi** sono quei verbi che, come il verbo *essere*, non hanno in sé un significato compiuto ma devono essere precisati dalla parte nominale che li segue; i più comuni sono *sembrare, parere, diventare, nascere, crescere, vivere, morire, rimanere*, nonché (al passivo) i verbi appellativi (*chiamare, dire, nominare*, ecc.), i verbi elettivi (*eleggere, creare, fare*, ecc.), i verbi estimativi (*ritenere, giudicare, credere*, ecc.):

    Il ragazzo **fu considerato** il migliore.

    I tuoi figli **sono diventati** grandi.

▶ Esercizi

1 Nelle frasi seguenti, riconosci i soggetti (se sono sottintesi, specificali).

1. Il farmaco va somministrato nelle ore serali. **2.** Dopo l'estate venne un inverno molto rigido. **3.** Mi ha scritto tua sorella. **4.** Studiare è faticoso. **5.** Degli operai lavoravano sul viadotto. **6.** Domenica arriverà tuo cugino da Stresa. **7.** Non capivo le tue intenzioni. **8.** Mi occorre molta pazienza. **9.** Era utile che tu parlassi alla tua amica. **10.** "Un" non si apostrofa davanti ad un nome di genere maschile.

2 Completa le seguenti frasi inserendovi un verbo copulativo.

1. Cicerone .... console.
2. Il rag. Rossi .... il più adatto per quel lavoro.
3. In questo periodo mio fratello .... molto stanco.
4. La vostra idea .... inattuabile.
5. Arturo .... contento del risultato ottenuto.

1 SOGGETTO E PREDICATO

Il nominativo è il caso del soggetto e del nome del predicato.
Il **soggetto** può essere costituito da una qualunque parte del discorso:

da un **sostantivo**	*Puella legit.* **La ragazza** legge.
da un **pronome**	*Haec recta sunt.* **Queste cose** sono giuste.
da un **aggettivo** o **participio** in funzione di sostantivo	*Secedant impröbi.* Si allontanino **i malvagi**. *Semper sapiens est beatus.* **Il sapiente** è sempre felice.
da **un infinito**, solo o seguito da complementi	*Iudicare difficile est.* **Giudicare** è difficile.
da **un'intera proposizione**, sia con verbo di modo finito sia con verbo di modo infinito (= proposizione infinitiva soggettiva)	*Incertum est quam longa nostrum cuiusque vita futura sit.* È incerto **quanto lunga sarà la vita di ognuno di noi**.
di rado, da **qualsiasi altra parola indeclinabile adoperata come sostantivo**	*"A" vocalis est.* **La *a*** è una vocale.

- Nelle proposizioni **infinitive soggettive** il soggetto si trova **in accusativo**:
   Facĭnus est civem Romanum vinciri.   È un delitto che **un cittadino romano** sia messo in catene.

Il **predicato** può essere:

verbale, se è rappresentato da un verbo di senso compiuto (attivo, passivo o deponente; transitivo o intransitivo)	*Caesar respondit.* Cesare **rispose**. *Ager Campanus colĭtur a plebe.* L'agro campano **è coltivato** dalla plebe. *Caesar hortatus est milites.* Cesare **esortò** i soldati.
nominale, se è costituito da un sostantivo, un aggettivo, un pronome o un participio (parte nominale detta nome del predicato) in unione con una voce del verbo *esse* (copula) o con i cosiddetti verbi copulativi	*Sardinia insula est.* La Sardegna **è un'isola**. *Dona haec* [pronome] *sunt.* I doni **sono questi**. *Vivere est cogitare.* [verbo sostantivato] Vivere **è pensare**.

2 LA CONCORDANZA TRA SOGGETTO E PREDICATO

Il **predicato verbale** concorda con il soggetto nella **persona** e nel **numero**:

Romani vincunt.   I Romani **vincono**.

Quanto al **predicato nominale**, quando c'è un solo soggetto:
- se il nome del predicato è un **sostantivo**, concorda con il soggetto nel **caso**:

| *Padus* est *flumen*. | Il **Po** è **un fiume**. |

- se il nome del predicato è un **aggettivo**, concorda con il soggetto in **caso**, **genere** e **numero**:

| *Coloni* **operosi** *sunt*. | I contadini **sono laboriosi**. |

Se il predicato nominale è riferito a **due o più soggetti** si pone **al plurale**:
- se i soggetti sono dello stesso genere il nome del predicato seguirà lo **stesso genere**:

| *Pater et filius* **honesti** *fuerunt*. | Il padre e il figlio furono **onesti**. |

- se i soggetti sono **di genere diverso** prevale il genere ritenuto **più "nobile"** (il maschile prevale sul femminile e quest'ultimo sul neutro):

| *Pater et mater et mancipia* **mortui sunt**. | Il **padre**, la **madre** e i **servi morirono**. |
| *Muliĕres et servitia venum datae sunt*. | Le **donne** e gli schiavi **furono venduti**. |

Se si tratta di **esseri inanimati**:
- se i soggetti sono **maschili** il nome del predicato sarà **maschile**:

| *Ludi et libri pueris sunt* **accepti**. | I giochi e i libri sono **graditi** ai ragazzi. |

- se i soggetti sono **femminili** il nome del predicato può essere **femminile o neutro**:

| *Terra et luna* **globosae (globosa)** *sunt*. | La terra e la luna sono **rotonde**. |

- se i soggetti sono **misti** il predicato sarà **neutro**:

| *Secundae res, honores, imperia* **fortuīta** *sunt*. | Le situazioni favorevoli, le cariche, i comandi sono **casuali**. |

Si definisce "costruzione a senso" (***constructio ad sensum*** o ***ad sententiam***) una particolare concordanza in cui il predicato è accordato col soggetto non grammaticalmente, ma in base al senso. Ciò si verifica soprattutto:

con **nomi collettivi** come *multitudo, copia, exercitus, iuventus, pars, plebs*, ecc.	*Multitudo hominum* **occisi** *sunt*. **Una moltitudine** di uomini fu **uccisa**.
con i **sostantivi neutri *milia* o *capita*** ("capi, promotori") accompagnati da un genitivo di persona	*Tria milia hostium* **capti sunt**. **Tremila** nemici furono **catturati**.
nelle proposizioni che hanno per soggetto **i pronomi *uter*, *uterque*, *neuter*, *quisque*** (che di regola vogliono il predicato al singolare), se uniti ad un genitivo	*Uterque eorum exercitum* **educunt**. **L'uno e l'altro di loro conduce** fuori il proprio esercito.

Sezione 2 Sintassi dei casi

nelle proposizioni che hanno per soggetto **un nome al singolare**, unito ad un complemento di compagnia	*Ipse **rex** cum aliquot **principibus interficiuntur**.* **È stato ucciso** lo stesso **re con** alcuni **capi**.

3 LA CONCORDANZA DELL'ATTRIBUTO E DELL'APPOSIZIONE

3.1 L'attributo. La funzione attributiva e predicativa

L'aggettivo, in funzione di attributo, concorda col suo nome **in genere**, **numero** e **caso**:

*Milites **strenui** fortiter pugnant.*	I soldati **coraggiosi** combattono con coraggio.
*Verae amicitiae **aeternae** sunt.*	Le vere amicizie sono **eterne**.

Quando l'aggettivo viene riferito al predicato per determinarne meglio il concetto, è usato in **funzione predicativa**:

*Mons **altus** erat.*	Il monte era **alto**.

Rilevanti sono alcune espressioni con aggettivi in funzione predicativa:

prima nocte	**all'inizio** della notte
media aestate	**a metà** dell'estate
summa urbs	**la parte alta** della città

3.2 L'apposizione

L'**apposizione** è un sostantivo, o solo o accompagnato da altri elementi, che determina il senso di un altro sostantivo:

*Garumna **flumen** in Oceanum influit.*	Il **fiume** Garonna sbocca nell'Oceano.

L'apposizione **concorda** con il suo nome soltanto **nel caso**; se si tratta di un sostantivo mobile, anche nel genere e nel numero:

*Tulliŏla, **deliciae meae**, mortua est.* (Cic.)	È morta Tulliola, **mia delizia**. [concordanza nel caso]
*Athenae, artium **inventrices**.*	Atene, **inventrice** delle arti. [concordanza in caso, genere e numero]

Il predicato concorda con l'apposizione se questa è l'appellativo di un **nome geografico** (*urbs, oppidum, insula, mons*, ecc.):

*Syracusae, maxima **urbs** Siciliae, a Corinthiis **condĭta est**.*	Siracusa, la più grande **città** della Sicilia, **fu fondata** dai Corinzi.

4 LA CONCORDANZA DEL PRONOME RELATIVO

Il pronome relativo concorda **nel genere e nel numero** con il nome cui si riferisce (come in italiano); il **caso**, invece, è determinato dalla funzione logica del pronome nella proposizione:

*pueri, **quos** vides*	i ragazzi **che** vedi
*ii **qui** sunt divites*	coloro **che** sono ricchi

- Riferito a più persone o cose, il pronome relativo si trova al plurale; per quanto concerne il genere, è al maschile se si tratta di esseri animati, è al neutro se si parla di oggetti inanimati o concetti astratti:

*frater tuus et soror tua, **qui** hic sunt...*	tuo fratello e tua sorella, **che** si trovano qui...
*Divitiae, decus, gloria, **quae** optastis, in manibus vestris erunt.* (Sall.)	Le ricchezze, l'onore, la gloria, **che** avete desiderato, saranno nelle vostre mani.

- Il pronome che si riferisce a un nome accompagnato dall'apposizione può concordare con l'uno o con l'altra:

*flumen Rhenum, **qui** / **quod** agrum Helvetiorum a Germanis dividit*	il fiume Reno **che** divide la campagna degli Elvezi dai Germani

- Il pronome relativo, seguito da un predicato, si accorda con questo per **attrazione**, se la proposizione in cui si trova ha semplice valore accessorio e parentetico:

*Thebae, **quod** Boeotiae **caput** est, in magno motu erant.* (Liv.)	Tebe, **che** è la **capitale** della Beozia, era in grande agitazione. [la relativa è incidentale e si potrebbe omettere]

- Se la proposizione è invece indispensabile per comprendere il senso del periodo, il pronome relativo concorda regolarmente con il suo antecedente:

***Regio**, **quae** Samnium dicitur, diu Romanis restitit.*	**La regione che** si chiama Sannio resistette a lungo ai Romani.

5 IL NOMINATIVO

Il nominativo è il **caso del soggetto** e degli elementi che gli si riferiscono, ossia attributo, apposizione, predicato nominale, complemento predicativo del soggetto, complemento di denominazione (riferito al soggetto), predicato verbale nelle voci del participio perfetto (forme composte passive e deponenti), participio futuro e gerundivo (nelle coniugazioni perifrastiche attiva e passiva).

5.1 I verbi copulativi. Il doppio nominativo

Si ha il **doppio nominativo**, del soggetto e del predicato nominale o del complemento predicativo del soggetto, con i **verbi copulativi**, cioè con quei verbi che, in funzione di copula come il verbo "essere", collegano soggetto e predicato nominale.
I verbi copulativi possono essere:

- **verbi intransitivi** che esprimono **un modo di essere o di divenire**, come *sum* "essere", *fio, exsisto* "diventare", *evado* "riuscire", *maneo* "rimanere", *morior, pereo* "morire", *nascor* "nascere", *vivo* "vivere", *videor* "sembrare", ecc.:

*Nemo immortalis ignavia **factus est**.*	Nessuno **è diventato** immortale con la pigrizia.

- **verbi transitivi usati al passivo**, ad es. **verbi appellativi** (*appellor, dicor, nominor, vocor* "sono chiamato, sono detto", *salutor* "sono salutato", *cognominor* "sono soprannominato"), **verbi elettivi-effettivi** (*creor, eligor* "sono creato, eletto", *declaror* "sono dichiarato", *designor* "sono designato", *fio* "sono fatto", *efficior, reddor* "sono reso", ecc.), **verbi estimativi** (*aestimor, ducor, existimor, habeor, iudicor, putor* tutti col significato di "sono stimato, giudicato", *invenior, reperior* "sono trovato", ecc.):

*Cicero pater patriae a Romanis **est appellatus**.*	Cicerone **fu chiamato** dai Romani padre della patria.
*Sulla dictator **creatus est**.*	Silla **fu eletto** dittatore.
*Ab omnibus Lucius bonus **habetur**.*	Lucio **è ritenuto** buono da tutti.

- **verbi copulativi in dipendenza da verbi servili** (*possum, queo, nequeo, debeo, soleo, incipio, desĭno*, ecc.):

*Omnes honesti **esse debent**.*	Tutti **devono essere** onesti.

- **verbi copulativi in dipendenza da** *verba voluntatis* (*volo, nolo, malo, cupio, opto, desidero, studeo*, ecc.) purché i due verbi abbiano lo stesso soggetto:

*Iudex **maluit esse** clemens.*	Il giudice **preferì essere** clemente.

5.2 Il verbo *videor*. Costruzione personale e impersonale

Il verbo *videor* nel significato di "sembrare" si trova costruito **personalmente** o **impersonalmente**:

*Caesar **videtur** clemens esse.*	**Sembra** che Cesare sia clemente. [costr. personale]
***Visum est** proelium committere.*	**Sembrò** opportuno attaccare battaglia. [costr. impersonale]

Nella **costruzione personale**, soggetto di *videor* è il soggetto della proposizione infinitiva che esso regge:

*Tu mihi **videris** bonus esse.*	Tu **sembri** a me essere buono. → Mi sembra che tu sia buono.

Videor presenta una **costruzione impersonale**, analoga a quella italiana, quando:

significa "**sembrare bene**, sembrare opportuno"	*Senatoribus **visum est** bellum committere.* Ai senatori **sembrò bene** attaccare battaglia.
è accompagnato da un **aggettivo neutro**, come *aequum, iustum, utile, turpe, verisimile*, ecc.	*Mihi **aequum visum est** veniam petĕre.* Mi **sembrò giusto** domandare perdono.
è seguito da un **verbo impersonale** (*poenitet, pudet, piget, miseret, taedet, interest, refert, necesse est, oportet, pluit*, ecc.).	*Te **paenitere** videtur.* Sembra che tu **ti penta**. *Mihi videbatur vos **taedere** studii.* Mi pareva che voi **vi annoiaste** dello studio.

Unità 1 Le concordanze. Il nominativo e il vocativo

è seguito dalla circonlocuzione **fore o futurum esse ut** + **congiuntivo**, usata in sostituzione dell'infinito futuro nei verbi che non hanno il supino	Mihi videtur **fore ut** celeriter Graecam linguam **discas**. **Mi sembra che apprenderai** rapidamente la lingua greca. [*disco* è un verbo privo di supino]
si trova in una **frase incidentale**	*ut mihi videtur* **come mi sembra**

5.3 Altri verbi costruiti con il nominativo e l'infinito

Come *videor*, si costruiscono personalmente i **verba dicendi**, **declarandi**, **sentiendi** e **iudicandi** usati nella forma passiva (*audior, credor, dicor, existimor, feror, narror, trador, reperior, iudicor, nuntior*, ecc.):

*Caesar **dicebatur** Romam redisse.*	**Si diceva** che **Cesare** fosse tornato a Roma.
*Cleopătra perisse morsu aspĭdis **putabatur**.*	**Si credeva** che **Cleopatra** fosse morta per il morso di un serpente.

Però nelle **forme composte** e nella **perifrastica passiva** è in genere preferito l'uso della terza persona singolare impersonale, seguita dall'accusativo + infinito:

***Tradĭtum est** Homerum caecum fuisse.* (Cic.)	**È stato tramandato** che Omero fosse cieco.
*Ubi tyrannus est, ibi **dicendum est** nullam esse rem publicam.* (Cic.)	Dove c'è un tiranno, là **si deve dire** che non c'è alcuna forma di governo.

Si costruiscono sempre personalmente i **verbi passivi con il significato di "comandare" e "proibire"**, come *iubeor* "mi si comanda", *prohibeor* "mi si proibisce" e *vetor* "mi si vieta" (*verba iubendi* e *vetandi*):

*Simonides **vetitus est** navigare.* (Cic.)	**Si vietò** a Semonide di navigare.
*Otacilius cum classe proficisci **iussus est**.* (Liv.)	**Si comandò** a Otacilio di partire con la flotta.

6 IL VOCATIVO

Il vocativo è il caso del **complemento di vocazione** e degli elementi che gli si riferiscono (attributo o apposizione); in genere viene intercalato nella proposizione e solo raramente, per esprimere enfasi o commozione, si trova all'inizio, a volte preceduto dalla interiezione *o*:

*Vincere scis, **Hannibal**; victoria uti nescis.* (Liv.)	Sai vincere, **Annibale**; ma non sai sfruttare la vittoria.
*O **pater**, ubi es?*	O **padre**, dove sei?

> • A volte il vocativo è preceduto da **interiezioni**, come *hem, pro, io*, ecc.:
> *io triumphe* — o trionfo!
> *pro supreme Iuppiter!* — o sommo Giove!
>
> • Talvolta, nelle formule rituali o nei testi poetici, si trova il **nominativo invece del vocativo**:
> *Audi tu, **populus Albanus**.* (Liv.) — Ascolta, **o popolo di Alba**.

Esercizi

A Analizza e traduci le seguenti frasi (concordanze).

1. *Rerum omnium magister est usus.* (Ces.)   2. *Senatus et equester ordo populusque Romanus universus appellavit me patrem patriae.* (Aug.)   3. *Magna pars Romanorum vulnerati sunt.* (Sall.)   4. *Dux cum principibus capiuntur.* (Sall.)   5. *Ingens muliĕrum multitudo flentes ad Cn. Marcii castra se contulerunt.* (Liv.)   6. *Volsinii, oppidum Tuscorum, totum concrematum est fulmine.* (Plin.)   7. *Mytilenae, quae sola urbs post victum Mithridatem arma retinebat, expugnatae dirutaeque sunt.* (Liv.)   8. *Hoc animal, quem vocamus hominem, a summo deo creatum est.* (Cic.)   9. *In Faliscorum agro familiae sunt paucae, quae vocantur Hirpini.* (Plin.)   10. *Gnaeus Iulius Agricola utrumque avum procuratorem Caesarum habuit, quae equestris nobilitas est.* (Tac.)   11. *Caesar Helvetios oppĭda vicosque, quos incenderant, restituere iussit.* (Ces.)   12. *Caesar certior fiebat omnes Belgas, quam tertiam esse Galliae partem dixeramus, contra populum Romanum coniurare.* (Ces.)   13. *Classis pulcherrima, Siciliae praesidium propugnaculumque provinciae, incensa est.* (Cic.)   14. *Cloelia cum aliis virginibus a Romanis obses Porsenae data est.* (Val. Mass.)   15. *Est levis animi, lucem splendoremque fugientis, iustam gloriam, qui est fructus verae virtutis honestissimus, repudiare.* (Cic.)

B COMPLETAMENTO Inserisci nelle seguenti frasi la forma corretta, applicando la *constructio ad sensum*.

1. *Pars perexigua militum, duce amisso, Romam inermes .... (delata est / delatus est / delati sunt).*   2. *Caesar equitatum omnem praemittit, qui .... (videat / vident / videant) quas in partes Helvetii iter faciant.*   3. *Vicit in senatu pars illa, qui vero pretium aut gratiam .... (anteferebat / anteferebant / antefert).*   4. *Magna pars civium .... (necant / necati sunt / necata est).*   5. *Multitudo hostium Romam .... (pervenerunt / pervenit / perventi sunt).*   6. *Uterque consul cum Caesare graves inimicitias .... (exercebat / exercebant / exercet).*   7. *Capĭta illius coniurationis securi .... (percutiunt / percussi sunt / percussa sunt).*   8. *Mens et animus et consilium et sententia civitatis .... (ponit / posita est / positae sunt) in legibus.*

C Analizza e traduci le seguenti frasi (doppio nominativo con i verbi copulativi; costruzione passiva dei *verba dicendi, sentiendi, iubendi, vetandi*).

1. *Post profectionem Pyrrhi a Sicilia, magistratus Hiero creatur, cuius tanta moderatio fuit, ut dux adversus Carthaginienses primum, mox rex crearetur.* (Giust.)   2. *Adesse Caesaris equites nuntiabantur.* (Ces.)   3. *Quae apud alios iracundia dicitur, ea in imperio superbia atque crudelĭtas appellatur.* (Sall.)   4. *Ascanius novam urbem sub Albano monte condĭdit, quae Longa Alba appellata est.* (Liv.)   5. *Considius rei militaris peritissimus habebatur.* (Ces.)   6. *Aristaeus inventor olivae dicitur.* (Cic.)   7. *His rebus gestis, Curio se in castra recĭpit atque universi exercitus conclamatione imperator appellatur.* (Ces.)   8. *Scientia, quae est remota ab iustitia, calliditas potius quam sapientia est appellanda.* (Cic.)   9. *Non pauci servi fuerunt, qui postea philosophi clari exstiterunt.* (Gell.)   10. *Regnante L. Tarquinio Superbo, Sybărim Pythagoras venisse reperitur.* (Cic.)   11. *Censores vetĭti sunt causam dicere.* (Liv.)   12. *Multi libri dicuntur scripti esse inconsiderate.* (Cic.)

D Analizza e traduci le seguenti frasi, distinguendo la costruzione personale e la costruzione impersonale di *videor*.

1. *P. Rullus sic se gerit, ut sibi iam decemvir designatus esse videatur.* (Cic.)   2. *Vitam beneficio Caesaris habere mihi videbar.* (Cic.)   3. *Caesari commodissimum visum est C. Valerium Procillum, summa virtute et humanitate adulescentem, ad Ariovistum mittere.* (Ces.)   4. *Si ad honestatem nati sumus, ut Zenoni visum est, ea sola expetenda est.* (Cic.)   5. *Marium consulem fiĕri utile videbatur.* (Cic.)   6. *Liberati esse regio dominatu videbamur.* (Cic.)   7. *Antonius non fugisse a Mutĭna videtur, sed locum belli gerendi mutasse.* (Cic.)   8. *Turpe mihi ipsi videbatur in eam urbem me audēre reverti, ex qua Brutus cederet.* (Cic.)   9. *Rem haud sane difficilem, Scipio et Laeli, admirari videmĭni.* (Cic.)   10. *Videbar sane mihi tamquam in alienum mundum,*

veriorem profecto quam illam hominum societatem falsam putidamque in qua usque vixissem, transmigrasse. (Domenico Romano, *Commenticia*)

E Analizza e traduci le seguenti frasi (vocativo).
1. *Illud autem, mi Lucili, rogo atque hortor.* (Sen.) **2.** *Eheu, pater mi, tu hic eras?* (Ter.) **3.** *Mea Terentia, fidissima atque optima uxor, et mea carissima filiŏla et spes reliqua nostra, Cicero, valēte.* (Cic.) **4.** *O fortunate senex, ergo tua rura manebunt!* (Virg.) **5.** *Scio, Quirites, plerosque non isdem artibus imperium a vobis petere et, postquam adepti sunt, gerere.* (Sall.) **6.** *Sollicĭtat me tua, mi Tiro, valetudo; sed confido, si diligentiam, quam instituisti, adhibuĕris, cito te firmum fore.* (Cic.) **7.** *Quae cum ita sint, patres conscripti, vobis populi Romani praesidia non desunt: vos ne populo Romano deesse videamini providete.* (Cic.) **8.** *Mi suavissime et optime frater, vale.* (Cic.) **9.** *Scite puer, mellite puer, nate unice, dormi.* (Giovanni Pontano) **10.** *Vale, mea Terentia, quam ego vidēre videor itaque debilitor lacrimis.* (Cic.)

■ EXEMPLUM

9 Alcibiade accusato di aver mutilato le erme

Durante la guerra del Peloponneso Alcibiade è tra gli organizzatori e fautori della spedizione ateniese in Sicilia; quando però la flotta sta per partire, le erme (i busti del dio Hermes), collocate per le vie di Atene, vengono trovate mutilate. La colpa ricade su Alcibiade, personaggio contraddittorio e inquietante, che univa in sé grandi doti fisiche e intellettuali a gravi difetti morali.

Id cum appararetur, priusquam classis exiret, accĭdit ut una nocte omnes Hermae, qui in oppido erant Athenis, deicerentur praeter unum, qui ante ianuam erat Andocĭdi. Itaque ille postea Mercurius Andocĭdi vocitatus est. Hoc cum apparēret non sine magna multorum consensione esse factum, quae non ad privatam, sed publicam rem pertinēret, magnus multitudini timor est iniectus, ne qua repentina vis in civitate exsistĕret, quae libertatem opprimĕret populi. Hoc maxime convenire in Alcibiadem videbatur, quod et potentior et maior quam privatus existimabatur. Multos enim liberalitate devinxĕrat, plures etiam opera forensi suos reddidĕrat. Qua re fiebat, ut omnium ocŭlos, quotienscumque in publicum prodisset, ad se convertĕret neque ei par quisquam in civitate poneretur. Itaque non solum spem in eo habebant maximam, sed etiam timorem, quod et obesse plurimum et prodesse potĕrat. Aspergebatur etiam infamiā, quod in domo sua facere mysteria dicebatur; quod nefas erat more Atheniensium, idque non ad religionem, sed ad coniurationem pertinēre existimabatur.

(Cornelio Nepote)

Durante i preparativi, prima che la flotta uscisse dal porto, in una stessa notte le erme della città di Atene furono gettate a terra, tranne una che stava davanti alla casa di Andocide, la quale poi fu detta il Mercurio di Andocide. Poiché apparve evidente che ciò non poteva essere stato fatto se non con la stretta cooperazione di molti e che si trattava non di una faccenda privata, ma di un maneggio politico, il popolo rimase seriamente preoccupato che in città non si tramasse qualche improvviso colpo di mano per soffocare la libertà. Tutto faceva pensare ad Alcibiade, ritenuto dalla pubblica opinione più influente e più in auge di un comune cittadino; molti egli aveva legati a sé con la sua liberalità, anche più ne aveva aggregati al suo carro con l'attività forense: ed era cosa abituale che, ogni qualvolta apparisse in pubblico, attirasse a sé l'attenzione di tutti e che nessun altro potesse reggere al suo confronto: di modo che suscitava molte speranze ma anche molto timore, poiché era in suo potere nuocere moltissimo e moltissimo giovare. Lo si tacciava anche di infamia, correndo voce che celebrasse in casa sua i misteri – cosa sacrilega per gli Ateniesi – non per scopo religioso, ma per mascherare una congiura.

(trad. di C. Vitali)

NOTE LINGUISTICHE

accidit ut… deicerentur → "accadde che (le erme) venissero gettate a terra"; l'*ut* ha valore completivo.
timor… ne → il sostantivo *timor* è seguito dalla tipica costruzione dei *verba timendi*, con una completiva al congiuntivo introdotta da *ne*.
quae libertatem opprimĕret populi → proposizione relativa impropria, al congiuntivo; ha valore finale.
Hoc maxime convenire in Alcibiadem videbatur → costruzione personale del verbo *videor* (lett. "ciò sembrava soprattutto adattarsi ad Alcibiade").
facere mysteria dicebatur → costruzione personale del verbo *dico*.
existimabatur → altro esempio di costruzione personale.

NOTE LESSICALI

obesse… et prodesse → antitesi fra verbi di significato opposto, entrambi composti di *sum*: *obsum* "nuocere" e *prosum* "giovare".
Aspergebatur etiam infamiā → *aspergi infamiā* significa "essere coperto di infamia"; il verbo *aspergo* significa propr. "spruzzare, aspergere, macchiare".

NOTE DI TRADUZIONE

Id cum appararetur → lett. "mentre essa (la guerra) era preparata"; Vitali rende con "durante i preparativi"; è opportuno, a volte, sostituire alle proposizioni subordinate ed ai predicati verbali un'espressione nominale più agile.
quod et potentior et maior quam privatus existimabatur → liberamente il traduttore rende la costruzione personale di *existimor* con "ritenuto dalla pubblica opinione più influente e più in auge di un comune cittadino".

PRIMO LIVELLO

10 Apollo sconfigge in una gara musicale il satiro Marsia

Minerva costruisce, per la prima volta, un flauto e lo porta al banchetto degli dèi; derisa però da Giunone e Venere perché la sua bellezza viene deturpata quando lo suona, la dea indispettita si reca ad una fonte, butta via lo strumento e impreca contro chi in futuro lo raccolga. Il satiro Marsia trova il flauto e inizia a suonarlo; decide poi di sfidare Apollo, che utilizza la cetra. Quando Marsia sta per vincere, Apollo capovolge la cetra e continua ad eseguire il brano musicale, mentre l'avversario non riesce a fare altrettanto. Il satiro sconfitto viene scorticato da uno Scita.

▶ Vedi **Curiosità**

a. Minerva inventa il flauto

Minerva *tibias* dicitur prima ex osse cervino fecisse et ad epŭlum deorum cantatum venisse.

b. Derisione delle altre dee

Iuno et Venus cum eam irriderent, quod et caesia erat et buccas inflaret, foeda visa et in cantu irrisa in Idam silvam ad fontem venit, ibique cantans in aqua se aspexit et vidit se merito irrisam; unde tibias ibi abiecit et imprecata est, ut, quisquis eas sustulisset, gravi afficeretur supplicio.

c. Marsia trova il flauto e sfida Apollo

Quas Marsyas Oeagri filius pastor unus e satyris invenit, quibus assidue commeletando sonum suaviorem in dies faciebat, adeo ut Apollinem ad cithărae cantum in certamen provocaret.

d. Apollo sconfigge Marsia

Quo ut Apollo venit, Musas iudices sumpsērunt, et cum iam Marsyas inde victor discederet, Apollo cithăram versabat idemque sonus erat; quod Marsya tibiis facĕre non potuit. Itaque Apollo victum Marsyan ad arbŏrem religatum Scythae tradidit, qui cutem ei membratim separavit; reliquum corpus discipulo Olympo sepulturae tradidit, e cuius sanguine flumen Marsyas est appellatum.

(IGINO)

Curiosità

Tibia Il sostantivo **tibia** indica anzitutto l'osso anteriore della gamba, appunto la "tibia"; per metonimia significa poi "**flauto**", dato che lo strumento era costruito originariamente con un osso. La *tibia* era usata nel teatro, in occasioni liete o tristi (matrimoni e funerali) e nelle manifestazioni religiose (ad es. nel culto della dea Cìbele, in cui si utilizzava il flauto ricurvo, la *tibia curva*).
In genere il vocabolo si trova al **plurale** per l'abitudine di suonare due "tibie" congiunte insieme. Per *tibiae pares* si intendeva il "flauto doppio", con i due strumenti di pari lunghezza ed uguale estensione sonora. Un derivato era il sostantivo **tibīcen, -ĭnis** "**flautista**" (da *tibia* + *canĕre*); "cantare con l'accompagnamento di un flautista" si diceva *ad tibīcĭnem canĕre*. Il corrispondente nome femminile era **tibīcĭna** ("la **flautista**").

---

11 Frisso, Elle e il vello d'oro

I figli di Nuvola, Frisso ed Elle, resi folli da Bacco/Libero, fuggono su un miracoloso ariete dal vello d'oro, alla volta della Colchide. Elle però precipita nel mare che da lei prenderà il nome (Ellesponto). Frisso giunge tra i Colchi, immola l'ariete e pone il vello d'oro nel tempio di Marte, custodito da un drago. Alla ricerca del vello d'oro parte intanto Giasone, che comanda la spedizione degli Argonauti. Frisso viene inizialmente ben accolto (tanto che il re Eeta gli concede in moglie sua figlia Calciope), ma poi viene ucciso dal suocero, timoroso che si compia un oracolo nefasto. I figli di Frisso fuggono per tornare dal nonno, ma naufragano; raccolti da Giasone, sono ricondotti dalla madre.

a. In fuga sull'ariete

Phrixus et Helle insania a Libero obiecta[1] cum in silva errarent, Nebŭla mater eo dicitur venisse et arietem inauratum adduxisse, Neptuni et Theophanes filium, eumque natos suos ascendĕre iussit et Colchos ad regem Aeolum Solis filium transire ibique arietem Marti immolare.

---

1. *insania a Libero obiecta*: "resi pazzi da Libero"; Libero è Bacco. Frisso ed Elle erano figli di Atamante, re di Beozia, e di Nefele; ma il re, abbandonata la moglie, aveva sposato Ino che si era rivelata gelosa di Frisso ed Elle; Ino aveva dunque convinto il marito a sacrificare i due figli a Zeus per porre fine ad una carestia.

Sezione 2 Sintassi dei casi

b. Elle precipita in mare	*Ita dicitur esse factum; quo cum ascendissent et aries eos in pelagus detulisset, Helle de ariete decĭdit, ex quo Hellespontum pelagus est appellatum, Phrixum autem Colchos detulit;*
c. Il sacrificio dell'ariete	*ibi matris praeceptis arietem immolavit pellemque eius inauratam in templo Martis posuit, quam servante dracone Iason Aesonis et Alcimedis filius dicitur petisse.*
d. Frisso sposa Calciope	*Phrixum autem Aeeta libens recepit filiamque Chalciŏpen dedit ei uxorem; quae postea liberos ex eo procreavit.*
e. Eeta uccide Frisso	*Sed veritus est Aeeta, ne[2] se regno eicerent, quod ei responsum fuit ex prodigiis ab advĕna Aeoli filio mortem cavēret; itaque Phrixum interfecit.*
f. La fuga dei figli di Frisso	*At filii eius, Argus Phrontis Melas Cylindrus, in ratem conscenderunt, ut ad avum Athamantem transirent. Hos Iason cum pellem peteret, naufrăgos ex insula Dia sustŭlit et ad Chalciŏpen matrem reportavit, cuius beneficio ad sorōrem Medeam est commendatus.*

(IGINO)

2. *verĭtus est… ne*: "temette che"; costruzione dei *verba timendi*.

SECONDO LIVELLO

12 Micipsa in fin di vita si rivolge a Giugurta, Aderbale e Iempsale

Micipsa, re di Numidia, aveva sempre mantenuto uno stretto legame con i Romani, appoggiandoli nella terza guerra punica contro il comune nemico Cartagine, soprattutto nei combattimenti contro Viriato e contro Numanzia (133 a.C.). In quest'ultima impresa si segnalò il giovane Giugurta, figlio di suo fratello Mastanabal. Impressionato dal valore del nipote, Micipsa lo aveva adottato e nominato suo erede, alla pari con i figli Aderbale e Iempsale. Qualche anno dopo (nel 118 a.C.), sentendo avvicinarsi la morte, Micipsa convoca Giugurta e i suoi due figli e si rivolge loro per l'ultima volta, invitandoli alla concordia e al rispetto reciproco.

Parvum ego, Iugurtha, te, amisso patre, sine spe, sine opibus, in regnum meum accepi, existumans non minus me tibi, quam si genuissem, ob beneficia carum fore; neque ea res falsum me habuit. Nam, ut alia magna et egregia tua omittam, novissume rediens Numantiā meque regnumque meum gloria honoravisti tuaque virtute nobis Romanos ex amicis amicissumos fecisti; in Hispania nomen familiare renovatum est; postremo, quod difficillŭmum inter mortales est, gloriā invidiam vicisti. Nunc, quoniam mihi natura finem vitae facit, per hanc dexteram, per regni fidem moneo obtestorque te uti[1] hos, qui tibi genere propinqui beneficio meo fratres sunt, caros habeas neu malis alienos adiungĕre quam sanguĭne coniunctos retinere. Non exercitus neque thesauri praesidia regni sunt, verum amici, quos neque armis cogere neque auro parare queas: officio et fide pariuntur. Quis autem amicior quam frater fratri? Aut quem alienum fidum invenies, si tuis hostis fueris? Equidem ego vobis regnum trado firmum, si boni

1. *uti*: *ut*.

eritis, si mali imbecillum; nam concordiā parvae res crescunt, discordiā maxumae dilabuntur. Vos autem, Adherbal et Hiempsal, colĭte, observate talem hunc virum, imitamĭni virtutem et enitimĭni, ne ego meliores filios sumpsisse videar quam genuisse. (Sallustio)

Laboratorio

MORFOLOGIA
1. Analizza le seguenti forme verbali: *accepi, omittam, rediens, vicisti, queas, dilabuntur, imitamĭni*.

SINTASSI
2. Ricerca nel brano una forma del verbo *videor*, precisandone il tipo di costruzione.
3. Nel brano è presente il costrutto dell'ablativo assoluto?

LESSICO
4. Realizza una scheda lessicale inserendovi in ordine alfabetico latino tutti i sostantivi astratti.

COMPRENSIONE DEL TESTO
5. Quali fasi della vita di Giugurta sono rievocate da Micipsa?
6. Quali raccomandazioni vengono rivolte dal vecchio re ai suoi eredi?

13 Ritratto di Alcibiade

Cornelio Nepote presenta un ritratto "paradossale" di Alcibiade generale ed uomo politico ateniese. Il cap. 1 della *Vita* a lui dedicata ne elenca infatti le molte virtù ma anche i vizi e i difetti, che fecero di lui una delle più contraddittorie figure della storia greca.

▶ Vedi **Curiosità**

Alcibiădes, Cliniae filius, Atheniensis. In hoc, quid natura efficere possit, videtur experta. Constat enim inter omnes, qui de eo memoriae prodiderunt, nihil illo fuisse excellentius vel in vitiis vel in virtutibus. Natus in amplissima civitate summo genere, omnium aetatis suae multo formosissimus, ad omnes res aptus consiliique plenus – namque imperator fuit summus et mari et terra, disertus, ut in primis dicendo valēret, quod tanta erat commendatio oris atque orationis, ut nemo ei [dicendo] posset resistere –, dives; cum tempus posceret, laboriosus, patiens; liberalis, splendidus non minus in vita quam victu; affabilis, blandus, temporibus callidissime serviens: idem, simulac se remiserat neque causa subĕrat, quare animi laborem perferret, luxuriosus, dissolutus, libidinosus, intemperans reperiebatur, ut omnes admirarentur in uno homine tantam esse dissimilitudinem tamque diversam naturam. Educatus est in domo Periclis – privignus enim eius fuisse dicitur –, eruditus a Socrate; socĕrum habuit Hipponicum, omnium Graecā linguā loquentium ditissimum. (Cornelio Nepote)

Laboratorio

MORFOLOGIA
1. Analizza le seguenti forme verbali: *prodiderunt, valēret, poscĕret, remiserat, suberat, loquentium*.

SINTASSI
2. Ricerca nel brano le forme verbali che richiedono la costruzione personale (nominativo con l'infinito).

LESSICO
3. Riconosci gli aggettivi che esprimono connotazioni positive e quelli invece con senso negativo.

COMPRENSIONE DEL TESTO
4. Quali virtù e vizi di Alcibiade sono ricordati nel brano?

Curiosità

Liberalis L'aggettivo *liberalis*, -e significa anzitutto "**liberale, relativo alla libertà**"; infatti *causa liberalis* era il processo riguardante lo stato libero di una persona, mentre *liberale coniugium* era il matrimonio fra persone di condizione libera.
Il secondo valore dell'aggettivo è quello di "**conveniente ad un uomo libero**", quindi "**nobile, elevato**"; *ingenium liberale* è dunque "un'anima nobile", mentre le *liberales doctrinae* erano le "scienze liberali", quelle cioè che era giusto che conoscesse un uomo di condizione elevata (ad es. geometria, musica, letteratura e filosofia).
Un terzo significato è quello di "liberale" nell'accezione di "**generoso, munifico, benevolo, copioso, abbondante**": *pecuniae liberalis* vuol dire "generoso nello spendere denaro".
Il sostantivo corrispondente è *liberalitas*, nel senso di "**nobiltà d'animo, gentilezza, bontà**".

●●| 14 Pomponio Attico ad Atene

Tito Pomponio Attico brillò per ingegno e cultura. Si trasferì ad Atene, diventando carissimo agli abitanti della città attica. Nei capitoli qui presentati, Cornelio Nepote racconta che Attico ricevette dagli Ateniesi ogni tipo di onore e che rifiutò di ottenerne la cittadinanza; successivamente ricorda la stima di Silla nei suoi confronti.

Hic autem sic se gerebat, ut communis infimis, par principibus videretur. Quo factum est, ut huic omnes honores, quos possent, publice habērent civemque facere studērent; quo beneficio ille uti noluit, quod nonnulli ita interpretantur, amitti civitatem Romanam alia ascīta[1]*. Quamdiu adfuit, ne qua sibi statua poneretur, restĭtit*[2]*; absens prohibēre non potuit. Huc*[3] *ex Asia Sulla decedens cum venisset, quamdiu ibi fuit, secum habuit Pomponium, captus adulescentis et humanitate et doctrinā. Sic enim Graece loquebatur, ut Athenis natus viderētur; tanta autem suavitus erat sermōnis Latini, ut apparēret in eo nativum quendam lepōrem esse, non ascītum. Item poemata pronuntiabat et Graece et Latine sic, ut supra nihil posset addi. Quibus rebus factum est ut Sulla nusquam eum ab se dimitteret cuperetque secum deducere. Qui cum persuadēre temptaret, «Noli, oro te – inquit Pomponius – adversum eos me velle ducere, cum quibus ne contra te arma ferrem, Italiam reliqui». At Sulla adulescentis officio collaudato omnia munĕra ei, quae Athenis acceperat, proficiscens iussit deferri.*

(Cornelio Nepote)

1. *amitti civitatem Romanam alia ascīta*: "si perde la cittadinanza romana se se ne acquista un'altra"; *ascīta* è da *a(d)scisco*.
2. *ne qua sibi statua poneretur, restĭtit*: "si oppose all'erezione di statue in suo onore" (trad. C. Vitali).
3. *Huc*: "qui", cioè "ad Atene"; avverbio di moto a luogo.

●●| 15 Prolisso discorso del nuovo podestà di Firenze

L'umanista toscano Poggio Bracciolini (1380-1459) scrisse in latino un *Liber facetiarum*, che riscosse grande successo. Nel XV secolo la facezia divenne un vero e proprio genere letterario, in cui si fondevano l'indagine erudita degli intellettuali umanisti e la passione per i giochi verbali, gli aneddoti sapidi ed i contenuti piccanti. La facezia IX presenta la vicenda di un podestà inviato a Firenze, che al suo arrivo rivolge alle autorità cittadine un discorso lungo e noioso, in cui non fa altro che magnificare se stesso. Avvicinandosi ormai la notte, poiché l'orazione si protrae ancora, "un uomo faceto" (*jocabundus*) si rivolge al podestà riuscendo con una battuta ingegnosa a fargli chiudere rapidamente l'interminabile prolusione.

Quidam iturus Florentiam Praetor, qua die urbem introivit, habuit de more[1] *in majori templo coram prioribus civitatis sermonem longum sane et molestum; nam ordiri in suam commendationem coepit se fuisse Romae senatorem, ubi quicquid ab se itemque a reliquis in suam laudem honoremque dictum factumve exstiterat, prolixo sermone explicavit. Exĭtum deinceps ex Urbe comitatumque recensuit: primo die Sutrium*[2] *contulisse se dixit, et quae ibi a se acta erant singulatim. Tum dietim*[3] *quo in loco hospitiove fuisset, ac quicquid ab eo gestum, quaque de re esset narravit. Plures horae jam hac in narratione transiĕrant, et nondum pervenerat Senas*[4]*. Cum omnibus sermonis odiosi longitudo infensa esset, neque finis fiĕret dicendi, videbatur autem ille universum diem in his fabulis consumpturus, et cum nox jam appropinquaret, tunc unus ex astantibus jocabundus ad aurem Praetoris accedens: «Domine, – inquit, – hora jam tarda est, festinetis iter oportet. Nam, nisi hodie Florentiam intraveritis, cum hodiernus dies sit vobis constitutus ad veniendum*[5]*, officium hoc amittetis». Hoc intellecto, stultus homo ac loquax tandem retulit se Florentiam venisse.*

(Poggio Bracciolini)

1. *de more*: "secondo la consuetudine".
2. *Sutrium*: "a Sutri", comune nei pressi di Viterbo, nel Lazio.
3. *dietim*: "giorno per giorno", avverbio.
4. *Senas*: "a Siena"; si intende che la narrazione del podestà è ancora lontana dalla conclusione, dato che continua a rievocare la sua lunga marcia di avvicinamento a Firenze.
5. *cum hodiernus... ad veniendum*: "giacché vi è stato fissato il giorno attuale per arrivarvi".

●●● | 16 Plinio addolorato per il suicidio di Corellio Rufo

Plinio scrive a Calestrio Tirone per comunicargli una "gravissima perdita" subìta, cioè la morte di Corellio Rufo. La lettera risale agli anni 97/98 d.C.; il destinatario, Calestrio Tirone, era un ricco senatore che possedeva terre a Pavia e nel Piceno. Corellio Rufo era stato un personaggio importante alla corte dell'imperatore Nerva. La motivazione del suicidio è stata una grave malattia, una podagra diffusasi poi in tutte le membra. Plinio, pur rendendosi conto dell'età avanzata del defunto, non riesce a darsi pace perché in lui ha perduto "il testimonio, la guida, il maestro" della sua vita.

C. PLINIUS [CALESTRIO] TIRONI SUO S.

Iacturam gravissimam feci, si iactura dicenda est tanti viri amissio. Decessit Corellius Rufus et quidem sponte, quod dolorem meum exulcerat. Est enim luctuosissimum genus mortis, quae non ex natura nec fatalis videtur. Nam utcumque in illis qui morbo finiuntur, magnum ex ipsa necessitate solacium est; in iis vero quos accersita mors aufert, hic insanabilis dolor est, quod creduntur potuisse diu vivere. Corellium quidem summa ratio, quae sapientibus pro necessitate est, ad hoc consilium compŭlit, quamquam plurimas vivendi causas habentem, optimam conscientiam optimam famam, maximam auctoritatem, praeterea filiam uxorem nepotem sorores, interque tot pignŏra veros amicos. Sed tam longa, tam iniqua valetudine conflictabatur, ut haec tanta pretia vivendi mortis rationibus vincerentur. Tertio et tricensimo anno, ut ipsum audiebam, pedum dolore correptus est. Iam enim dolor non pedibus solis ut prius insidebat, sed omnia membra pervagabatur. Cogito quo amico, quo viro caream. Implevit quidem annum septimum et sexagensimum, quae aetas etiam robustissimis satis longa est; scio. Evasit perpetuam valetudinem; scio. Decessit superstitibus suis, florente re publica, quae illi omnibus carior erat; et hoc scio. Ego tamen tamquam et iuvenis et firmissimi mortem doleo, doleo autem – licet me imbecillum putes – meo nomĭne. Amisi enim, amisi vitae meae testem rectorem magistrum.

(Plinio il Giovane)

Laboratorio

MORFOLOGIA
1. Individua ed analizza le seguenti forme verbali: *decessit, aufert, compŭlit, conflictabatur, amisi*.

SINTASSI
2. Ricerca nel brano una forma del verbo *videor* e precisane la costruzione.
3. Individua le proposizioni introdotte dalla congiunzione *ut* e prova a riconoscerne la tipologia.

LESSICO
4. Individua i vocaboli relativi alla salute e alla malattia.
5. Quali motivazioni rendono più acuto il dolore di Plinio?

TERZO LIVELLO

●●● | 17 Romolo e l'origine di Roma

*Romulus, patre Marte natus, cum Remo fratre dicitur ab Amulio rege Albano ob labefactandi regni timorem ad Tibĕrim exponi iussus esse; quo in loco cum esset silvestris beluae sustentatus uberibus, pastoresque eum sustulissent et in agresti cultu laboreque aluissent, perhibetur ut adoleverit et corporis viribus et animi ferocitate tantum ceteris praestitisse, ut omnes, qui tum eos agros ubi hodie est haec urbs incolebant, aequo animo illi libenterque parerent. Quorum copiis cum se ducem praebuisset, ut iam a fabulis ad facta veniamus, oppressisse Longam Albam, validam urbem et potentem temporibus illis, Amuliumque regem interemisse fertur. Qua gloria parta urbem auspicato[1] condere et firmare dicitur primum cogitavisse rem publicam. Urbi autem locum, quod est ei qui diuturnam rem publicam serere conatur diligentissime providendum, incredibili opportunitate delegit. Neque enim ad mare admovit, quod ei fuit illa manu copiisque facillimum, ut in agrum Rutulorum Aboriginumve procederet, aut in ostio Tiberino, quem in locum multis post annis rex Ancus coloniam deduxit, urbem ipse conderet, sed hoc vir excellenti providentia sensit ac vidit, non esse **opportunissimos** situs maritimos urbibus eis quae ad spem diuturnitatis conderentur atque imperii, primum quod essent urbes maritimae non solum multis periculis oppositae sed etiam caecis.*

(Cicerone)

◁ Vedi **Curiosità**

1. *auspicato*: "dopo aver preso gli auspici".

Laboratorio

ANALISI STILISTICA
1. Individua nel brano un'anastrofe ed un omoteleuto.
2. Nel testo prevale l'ipotassi o la paratassi?

COMPRENSIONE
3. Precisa i motivi per cui, a parere di Cicerone, la collocazione di Roma scelta dal fondatore è stata quanto mai opportuna.

PRODUZIONE
4. Riassumi il brano (max. 5 righe).

Curiosità

Opportunus L'aggettivo **opportunus**, -a, -um deriva da *ob* + *portus* e significa inizialmente "**comodo per il passaggio**" (come un porto per i naviganti); cfr. il greco πόρος (*pòros*) "passaggio, via". Passa poi facilmente a significare "**favorevole, opportuno, adatto ad uno scopo**", con riferimento al tempo (*aetas opportunissima, tempus opportunum*), ad una qualità (*opportunus iocus* "spiritosaggine opportuna") o ad una persona (nel senso di "ben disposto").
C'è anche il significato di "**esposto, soggetto**": *opportunus eruptioni* significa "esposto ad una sortita", *opportunus iniuriis* "esposto ad ingiustizie" (Sallustio *De bello Iugurthino* 20, 2); lo si usa anche con riferimento ad alcune parti del corpo: *opportuniores hae partes iniuriae sunt* "queste parti sono più propense a risentire un danno" (Celso). Il corrispondente sostantivo neutro plurale **opportuna**, -orum vuol dire appunto "**punti deboli, esposti all'attacco dei nemici**" (ad es. *opportuna moenium* sono le parti delle mura meno sicure, cfr. Livio XXXIV 25, 5).

●●● | 18 Romolo uccide Remo

Ita Numitori Albanā re permissa[1] Romulum Remumque cupīdo cepit in iis locis ubi exposĭti ubique educati erant urbis condendae. Et supererat multitudo Albanorum Latinorumque; ad id pastores quoque accesserant, qui omnes facile spem facĕrent parvam Albam, parvum Lavinium prae ea urbe quae conderetur fore. Intervenit deinde his cogitationibus avitum malum, regni cupido, atque inde foedum certamen coortum a satis miti principio. Quoniam gemini essent nec aetatis verecundia discrimen facere posset, ut di quorum tutelae ea loca essent auguriis legĕrent qui nomen novae urbi daret, qui condĭtam imperio regeret, Palatium Romulus, Remus Aventinum ad inaugurandum templa capiunt. Priori Remo augurium venisse fertur, sex voltŭres; iamque nuntiato augurio cum duplex numerus Romulo se ostendisset, utrumque regem sua multitudo consalutaverat: tempore illi praecepto, at hi numero avium regnum trahebant[2]. Inde cum altercatione congressi certamĭne irarum ad caedem vertuntur; ibi in turba ictus Remus cecĭdit. Volgatior fama est ludibrio fratris Remum novos transiluisse muros; inde ab irato Romulo, cum verbis quoque increpitans adiecisset, «Sic deinde, quicumque alius transiliet moenia mea», interfectum. Ita solus potitus imperio Romulus; condĭta urbs conditoris nomĭne appellata.

(LIVIO)

1. *Numitori... permissa*: "affidata a Numitore la gestione dello stato albano"; Numitore, discendente da Enea, fu re dei Latini; fu deposto dal trono di Alba Longa dal fratello minore Amulio che inoltre ne uccise tutti i discendenti maschi durante una caccia e costrinse la figlia Rea Silvia a divenire Vestale, per impedirgli di avere una discendenza.
2. *regnum trahebant*: "rivendicavano il diritto al regno".

●●● | 19 Tiberio a Rodi

Ab Ostia oram Campaniae legens, inbecillitate Augusti nuntiata, [Tiberius] paulum substitit. Sed increbrescente rumore quasi ad occasionem maioris spei commoraretur, tantum non adversis tempestatibus Rhodum enavigavit, amoenitate et salubritate insulae iam inde captus cum ad eam ab Armenia rediens appulisset. Hic modicis contentus aedibus nec multo laxiore suburbano genus vitae civile admodum instituit, sine lictore aut viatore gymnasio interdum obambulans mutuaque cum Graeculis officia usurpans prope ex aequo. Forte quondam in disponendo die mane praedixerat, quidquid aegrorum in civitate esset visitare se velle; id a proximis alĭter exceptum iussique sunt omnes aegri in publicam porticum

▶ Vedi **Cave!**

deferri ac per valitudinum genera disponi. Perculsus ergo inopinata re diuque quid ageret incertus, tandem singulos circuit excusans factum etiam tenuissimo cuique et ignoto. Unum hoc modo neque praeterea quicquam notatum est, in quo exeruisse ius tribuniciae potestatis visus sit: cum circa scholas et auditoria professorum assiduus esset, moto inter antisophistas graviore iurgio[1], non defuit qui eum intervenientem et quasi studiosiorem partis alterius convicio incesseret. Sensim itaque regressus domum repente cum apparitoribus prodiit citatumque pro tribunali voce praeconis conviciatorem rapi iussit in carcerem. (SVETONIO)

1. *moto... iurgio*: "essendo nata una discussione piuttosto vivace tra antisofisti"; "sofisti" erano chiamati in genere i grammatici ed i retori; qui si allude a qualcuno che confutava le tesi di costoro.

Laboratorio

ANALISI STILISTICA
1. Individua nel brano un omoteleuto.

COMPRENSIONE
2. Di quale spiacevole incidente Tiberio mostra rincrescimento?
3. Perché Tiberio viene insultato durante una discussione tra antisofisti? Come reagisce alla provocazione?

PRODUZIONE
4. Riassumi il brano (max. 5 righe).

Cave!

Usurpo: "usare" o "usurpare"? Il verbo *usurpo*, della 1ª coniugazione, deriva probabilmente da *usu + rapio*, nel senso originario di "**far proprio con l'uso**"; il significato principale è dunque "**usare, adoperare**" ed anche "**mettere in pratica, far valere**"; ad esempio, *ius usurpare* significa "far valere un diritto" (cfr. Livio XLI 6, 10), *officium usurpare* "adempiere a un dovere, ad una carica".
Parallelamente, il sostantivo *usurpatio* equivale a "**uso, impiego, esercizio, pratica**": *usurpatione civitatis* "invocando la cittadinanza (romana)" (Cic. *Verrinae* VI 166).
Inoltre *usurpare* può voler dire "**usare (parlando), nominare**": *nomen tantum virtutis usurpas* "ti servi solo del nome della virtù" (Cic. *Paradoxa Stoicorum* 17); *verbum usurpabo vetus* "userò l'antico detto" (Plauto *Cistellaria* 505); c'è anche il significato di "**soprannominare, designare (con un nome)**": *qui sapiens usurpatur* "che è soprannominato Saggio" (Cic.).

Un altro valore è quello di "**usare mediante la percezione sensoriale**", quindi "**percepire**": *usurpare aliquid oculis* "afferrare qualcosa con gli occhi" e quindi "vedere".
Il verbo può anche avere il senso giuridico di "**pretendere, rivendicare il possesso**": *amissam possessionem usurpare* "recuperare un possesso perduto", *usurpare libertatem* "riconquistare la libertà".
I significati fin qui esaminati sono ben diversi dal valore italiano di "usurpare" nel senso di "**arrogarsi illegalmente**"; però questa accezione si trova anche (sia pure marginalmente) in latino: *civitatem Romanam usurpare* è dunque "arrogarsi illegalmente la cittadinanza romana" (Svetonio *Claudius* 25, 3); parallelamente *alienam possessionem usurpare* equivale ad "arrogarsi un possesso altrui".
All'italiano "usurpare" in genere corrisponde in latino *occupare* o *sibi iniuste sumĕre*; "fama usurpata" si direbbe *fama nullis meritis quaesita*.

UNITÀ 2

L'ACCUSATIVO

CAVE!	
Il verbo *deficio*	
Vari significati del verbo *petere*	

IN ITALIANO
Il complemento oggetto e il predicativo dell'oggetto

- Il **complemento oggetto** completa il predicato verbale precisando l'oggetto dell'azione espressa dal verbo (che deve essere quindi transitivo):

    *I Romani catturarono molti **ostaggi**.*

    I verbi intransitivi in genere non possono reggere un complemento oggetto; alcuni di loro però possono avere dopo di sé un complemento oggetto se questo è rappresentato da un nome che ha la stessa radice del verbo o ha un significato affine al verbo; in tal caso si parla di **complemento dell'oggetto interno**:

    *Mia nonna **visse una lunga vita**.*

- Il **complemento predicativo dell'oggetto** è un aggettivo o un nome che completa il significato del verbo, dicendo qualcosa del complemento oggetto:

    *I Romani consideravano Cicerone [compl. oggetto] **eloquentissimo** [complemento predicativo dell'oggetto].*

    Hanno dopo di sé il complemento predicativo dell'oggetto gli stessi verbi che, in forma passiva, reggono il complemento predicativo del soggetto, quindi i **verbi appellativi**, **elettivi**, **estimativi** ed **effettivi**:

    *I condomini hanno eletto **amministratore** [complemento predicativo dell'oggetto] Piero Rossi [complemento oggetto].*

- Si ha una **proposizione oggettiva** quando un'intera proposizione svolge la funzione di complemento oggetto:

    *Dico **che sei molto bravo**.*

    Può essere in forma esplicita (con un verbo di modo finito, retto dalla congiunzione "che") o implicita (con il verbo al modo infinito):

    *Credo **che tu abbia ragione** → esplicita*

    *So **di sbagliare** → implicita*

▶ Esercizi

1 Nelle seguenti frasi riconosci i complementi oggetti (attenzione: non tutte le frasi ne contengono!).

1. La nonna ha conservato per anni le lettere del nonno. **2.** Quest'anno ho messo da parte pochi euro. **3.** Mi vedi o no? **4.** Vorrei mangiare del pesce stasera. **5.** Nel mio giardino ci

Sezione 2 Sintassi dei casi

sono molte piante esotiche. **6.** Ho vinto il primo premio meritatamente. **7.** Hai vissuto una vita intensa. **8.** Anna? L'abbiamo vista ieri sera. **9.** Al primo piano del palazzo abita mio zio. **10.** A Giorgia piacciono i cani: ne ha due.

2 Nelle seguenti frasi riconosci i complementi predicativi dell'oggetto (attenzione: non tutte le frasi ne contengono!).

1. Queste modifiche renderanno il progetto fantastico. **2.** I Romani elessero Cicerone console per contrastare l'ascesa di Catilina. **3.** I Greci ritenevano Ulisse molto abile e astuto. **4.** Nicola fu nominato amministratore del gruppo. **5.** Ho trovato Gianni molto ingrassato. **6.** A scuola abbiamo letto per intero *Il ladro di merendine*, un appassionante libro di Andrea Camilleri. **7.** Questo maltempo mi rende triste. **8.** Il proprietario del negozio ha assunto Piero come commesso. **9.** Tutti acclamarono Settimio Severo imperatore. **10.** I meteorologi hanno preannunciato un'estate torrida.

1 IL CASO ACCUSATIVO

Il caso accusativo esprime anzitutto il **complemento oggetto diretto**, retto da un verbo transitivo attivo o deponente:

| *Romani* **hostes** *vincunt.* | I Romani sconfiggono **i nemici**. |
| *Omnes* **viros** *probos admirantur.* | Tutti ammirano **gli uomini** onesti. |

Inoltre l'accusativo è il caso di tutti gli elementi che si riferiscono al complemento oggetto, cioè **attributo**, **apposizione** e **complemento predicativo dell'oggetto**:

Caesar **milites suos** *hortatus est.*	Cesare esortò **i suoi soldati**. [*milites* complemento oggetto, *suos* attributo del complemento oggetto]
Romani dilexerunt **Horatium poëtam**.	I Romani amarono **il poeta Orazio**. [*Horatium* complemento oggetto, *poëtam* apposizione del complemento oggetto]
Poëtae **Iovem patrem** *deorum appellant.*	I poeti chiamano **Giove padre** degli dèi. [*Iovem* complemento oggetto, *patrem* complemento predicativo dell'oggetto]

Si esprime in accusativo anche il **soggetto delle proposizioni infinitive**, con tutto ciò che ad esso si riferisce:

| *Video* **vos felices** *esse.* | Vedo che **voi** siete **felici**. |

2 VERBI CON IL DOPPIO ACCUSATIVO

2.1 Verbi copulativi con il doppio accusativo

I verbi copulativi **appellativi** (*appello, dico, nomino, voco*, ecc.), **elettivi** (*creo, lego, eligo*, ecc.), **estimativi** (*puto, iudico, aestimo, existimo, habeo*, ecc.), **effettivi** (*facio, efficio, reddo*, ecc.), che nella forma passiva si costruiscono con il doppio nominativo (vd. pp. 22-23), nella forma attiva hanno il **doppio accusativo**, **del complemento oggetto** e **del complemento predicativo dell'oggetto**:

| *Homines* **cometas nuntios** *calamitatum putant.* | Gli uomini ritengono **le comete messaggere** di sciagure. |

Analogamente si comportano **altri verbi** accompagnati da un aggettivo o da un sostantivo in funzione predicativa del complemento oggetto:

- verbi che vogliono dire "comportarsi, mostrarsi" (es. *ostendo, praesto, praebeo*, ecc.):

| *Tiberius* **crudelem se** *ostendit.* | Tiberio **si** mostrò **crudele**. |

- verbi come *do* "dare", *habeo* "avere", *accipio* "ricevere", *sumo* "prendere", *relinquo* "lasciare", *invenio* "trovare", *adiungo* "aggiungere", *trado* "consegnare", ecc.:

| *Me tuarum rerum omnium* **socium comitemque** *habebis.* (Cic.) | **Mi** avrai **come alleato e compagno** in (lett. 'di') tutte le tue iniziative. |

Si notino **alcune espressioni particolari**:

- *certiorem facĕre aliquem de aliqua re* o *alicuius rei* "informare qualcuno di qualcosa":

| **Faciam te certiorem** *de omnibus rebus.* | **Ti informerò** su tutte le cose. |

- *uxorem ducĕre aliquam* "prendere in moglie una donna, sposare (detto di uomo)":

| *Paulus Iuliam* **uxorem duxit**. | Paolo **sposò** Giulia. |

2.2 Doppio accusativo dell'oggetto e del luogo

Alcuni verbi transitivi, composti con preposizioni che reggono l'accusativo (*circum, praeter, trans*), come *transducere, traicere, transferre* "condurre di là", "portare di là", sono costruiti con il **doppio accusativo**, uno **dell'oggetto** e uno **del luogo**:

| *Caesar* **omnes copias Rhenum** *transportavit.* (Ces.) | Cesare trasportò **tutte le truppe al di là del Reno**. |

> **NB** • Alcuni verbi di movimento, che sono per natura intransitivi, ammettono la costruzione con l'accusativo in composizione con preposizioni che reggono l'accusativo (*ad, circum, in, ob, per, trans*, ecc.); frequenti fra essi sono i composti di *eo*:
>
> | *Flumen Ararim Helvetii* **transibant**. | Gli Elvezi **attraversavano il fiume Arar**. |
>
> • A volte questi verbi si trovano anche come intransitivi, quando ripetono la preposizione prima del complemento:
>
> | *ineo* **urbem** / *ineo* **in urbem** | entro **in città** |

2.3 Doppio accusativo della persona e della cosa

Hanno il doppio accusativo della persona e della cosa i verbi *doceo, edoceo* "insegno" e *celo* "nascondo", con la seguente costruzione: ***docere aliquem aliquid / celare aliquem aliquid***:

*Magister **docet discipulos grammaticam**.*	Il maestro **insegna agli alunni la grammatica**.
***Celo te** patris **mortem**.*	**Ti nascondo la morte** del padre.

Analogamente, hanno il doppio accusativo della persona e della cosa alcuni verbi che significano "chiedere", come **posco** "chiedere", **reposco** "richiedere" e **flagito** "chiedere con insistenza":

*Legati **pacem regem poposcerunt**.*	Gli ambasciatori **chiesero al re la pace**.

2.4 Verba rogandi

I verbi **oro** "pregare", **rogo** "chiedere pregando", **interrogo** "domandare" reggono **l'accusativo**, della cosa o della persona:

*Saguntinorum legati **auxilium rogaverunt**.*	Gli ambasciatori dei Saguntini **chiesero aiuto**. [accusativo della cosa]
***Te** oro.*	**Ti prego**. [accusativo della persona]

> **NB**
> - Se la cosa è espressa da un pronome neutro, si ha il doppio accusativo (della persona e della cosa):
>
> | | |
> |---|---|
> | ***Hoc te** rogo.* | **Ti** prego **di questo**. [doppio accusativo con il pronome neutro] |
>
> - Nella frequente espressione idiomatica **rogare aliquem sententiam** "chiedere a qualcuno il proprio parere" il verbo *rogo* regge l'accusativo della persona e l'accusativo di relazione della cosa:
>
> | | |
> |---|---|
> | *Tiberius **consulem sententiam rogavit**.* | Tiberio chiese **al console il suo parere**. |
>
> - L'accusativo di relazione si mantiene anche nella corrispondente frase passiva:
>
> | | |
> |---|---|
> | ***Rogatus sum sententiam**.* | Mi fu richiesto **il parere**. |

I verbi **peto** "chiedere (per ottenere)" e **quaero** "chiedere (per sapere)" si costruiscono con l'accusativo della cosa chiesta e con *a, ab* + ablativo (ma *quaero* preferisce *e, ex*) della persona a cui si chiede.

*Galli **pacem a Romanis petiverunt**.*	I Galli **chiesero la pace ai Romani**.
*Caesar **eadem ex illis quaerit**.*	Cesare **domanda loro le stesse cose**.

2.5 Costruzione di *iubeo* ed *impĕro*

Il verbo **iubeo**, *-es, iussi, iussum, iubēre* "comandare" si costruisce:

- con l'**accusativo** della persona a cui si comanda qualcosa e l'infinito del verbo che esprime l'azione comandata:

*Caesar **milites pontem rescindĕre iussit**. (Ces.)*	Cesare ordinò **ai soldati** di **tagliare** il ponte.

- se manca la persona a cui si comanda qualcosa, l'**infinito** ha la **forma passiva**:

| *Caesar pontem **rescindi** iussit.* | Cesare ordinò di **tagliare** il ponte. [= "che il ponte fosse tagliato"] |

Invece il sinonimo ***impĕro*** si costruisce con il **dativo della persona** a cui si comanda e con ***ut* + congiuntivo** (proposizione completiva di tipo finale):

| *Caesar **militibus** imperavit **ut** pontem **rescindĕrent**.* | Cesare ordinò **ai soldati di tagliare** il ponte. |

Anche qui, in assenza della persona cui si comanda, si trova il verbo della subordinata **al passivo**:

| *Caesar imperavit **ut** pons **rescinderetur**.* | Cesare ordinò **di tagliare** il ponte. |

3 ACCUSATIVO CON I VERBI IMPERSONALI

I verbi impersonali, che reggono l'accusativo, possono essere:

- **assolutamente impersonali** se si coniugano solamente alla **3ª persona singolare** e non ammettono mai un soggetto espresso da un nome;
- **relativamente impersonali** se si coniugano alla **3ª persona singolare e plurale** e ammettono un soggetto espresso anche da un nome.

I **verbi assolutamente impersonali** sono:

- *misĕret*, *miseruit* (*miseritum est*), -, *miserēre* "aver compassione"
- *paenĭtet*, *paenituit*, -, *paenitēre* "pentirsi" (anche nella grafia *poenitet*, ecc.)
- *piget*, *piguit* (*pigĭtum est*), -, *pigēre* "rincrescere, provare rincrescimento"
- *pudet*, *puduit* (*pudĭtum est*), -, *pudēre* "vergognarsi"
- *taedet*, *pertaesum est*, -, *taedēre* "annoiarsi"

Questi verbi si costruiscono con l'**accusativo della persona** che prova il sentimento ed il **genitivo della cosa** o persona che provoca questo sentimento:

| *Me misĕret mortuorum.* | Ho pietà dei morti. |
| *Catilinam numquam paenituit audaciae suae.* | Catilina mai si pentì della sua temerarietà. |

NB • Il pronome di 3ª persona retto da questi verbi è *se* quando si trova in una proposizione subordinata e si riferisce al soggetto della reggente:

| *Amicus meus dixit **se** paenitēre.* | Il mio amico disse che **si** pentiva. |

- La cosa che provoca il sentimento può anche essere espressa: a) al **nominativo**, se è un **pronome neutro**: *me hoc paenitet* "mi pento **di ciò**"; b) con l'**infinito** o con ***quod* + indicativo o congiuntivo**, se è un verbo:

| *Me pudet **hoc fecisse** / me pudet **quod hoc feci**.* | Mi vergogno **di aver fatto ciò**. |

Sezione 2 Sintassi dei casi

- Nella **coniugazione perifrastica passiva** si usano pure le forme impersonali; la persona che prova il sentimento va però al dativo d'agente e non all'accusativo:

Mihi paenitendum est.	**Io** devo pentirmi.

Sono invece **relativamente impersonali** i verbi:
- *me fallit*, *me fugit*, *me latet*, *me praetĕrit* "mi sfugge, non mi accorgo, non so";
- *me decet* "mi conviene, mi si addice";
- *me dedĕcet* "non mi conviene, non mi si addice";
- *me iuvat* "mi piace".

Con tali verbi:
- è ammesso un soggetto, ma solo alla 3ª singolare o alla 3ª singolare e plurale:

Illa bonum virum **decent**.	**Quelle cose si addicono** a un uomo buono.

- la **cosa** è espressa **al nominativo** (nome o pronome neutro), mentre la **persona** che fa l'azione va **in accusativo**:

Probos viros honestas **decet**.	**Agli uomini buoni si addice** l'onestà. [*probos viros* persona a cui la cosa conviene; *honestas* nominativo della cosa; *decet* verbo alla 3ª singolare]

- la **cosa** può essere espressa da un'intera **proposizione infinitiva**:

Iuvit me tibi tuas litteras profuisse. (Cic.)	Mi **ha fatto piacere che la tua lettera ti abbia giovato**. [*tuas litteras profuisse*: cosa espressa da una proposizione infinitiva]

- a volte la **cosa** è espressa da un'**interrogativa indiretta**:

Illud quam sit difficile non te fugit.	Non ti **sfugge quanto ciò sia difficile**.

4 VERBI TRANSITIVI IN LATINO E INTRANSITIVI IN ITALIANO

Reggono l'accusativo latino, mentre in italiano hanno dopo di sé un complemento indiretto, i seguenti tipi di verbi:

verba affectuum (cioè che indicano un sentimento): *formido, reformido* "avere paura", *horreo* "provare orrore", *queror, conquĕror, lamentor* "lamentarsi", *rideo* "ridere di", *lugeo, fleo, defleo* "piangere", *doleo* "provar dolore", *glorior* "vantarsi", *miror* "meravigliarsi", *caveo* "guardarsi", ecc.	*Quis non **dolet** interitum talis civis et viri?* (Cic.) Chi non **prova dolore per la morte** di un tale uomo? *Rideo istos homines.* **Rido di codesti uomini**.
verbi che indicano sensazioni fisiche come *olĕo, redolĕo* "mandare odore di", *sitio* "avere sete di", *esurio* "aver fame di", *sapio, resipio* "sapere di, avere sapore di"	*Hominem pagina nostra **sapit**.* (Marziale) La nostra pagina (= la mia opera) **sa di uomo**. *Tyrannus **sanguinem** nostrum sitiebat.* Il tiranno **aveva sete del nostro sangue**.

Unità 2 L'accusativo 41

numerosi altri verbi: *abdico* "abdicare a, rinunciare a, rifiutare"; *deficio* "mancare a, abbandonare"; *delecto* "piacere"; *despero* "disperare di"; *fugio, effugio* "sfuggire a, fuggire, evitare"; *iuvo, adiuvo* "giovare a, aiutare"; *sector, sequor* "andare inseguendo, seguire"; *ulciscor* "vendicarsi di, punire"	*Dictator* **dictaturam abdicavit**. Il dittatore **rinunziò alla dittatura**. **Me** *tempus* **deficit**. **Mi** (= a me) **manca** il tempo. *Litterae* **me delectant**. La letteratura **mi piace**.

- *Abdico* ha una doppia costruzione, perché oltre all'accusativo semplice della carica può reggere l'accusativo riflessivo di chi abdica e l'ablativo della carica da cui si abdica:

    Sulla dictaturā se abdicavit.   Silla **abdicò alla dittatura**.

- *Despero* si costruisce pure con il dativo (*saluti suae desperare* "disperare della propria salvezza") o con *de* + ablativo (*hostes de salute sua desperabant* "i nemici disperavano della propria salvezza").

5 ACCUSATIVO CON L'INFINITO

Alla proposizione oggettiva italiana corrisponde in latino la costruzione dell'**accusativo con l'infinito**, in cui vanno all'accusativo:

- il soggetto (che in latino è sempre espresso);
- la parte nominale del predicato.

Il verbo è all'infinito (presente, passato o futuro):

Video **vos maestas esse**.	Vedo **che voi siete tristi**.
Scio **te haec dixisse**.	So **che hai detto queste cose**.
Puto **filios meos venturos esse**.	Credo **che i miei figli verranno**.

La stessa costruzione dell'accusativo con l'infinito, ma in funzione di **proposizione soggettiva**, si ha dopo i verbi impersonali *constat* "si sa", *iuvat* "piace", *oportet* "bisogna", e simili, e dopo le espressioni *notum est* "è noto", *fama est* "è fama", *necesse est* "è necessario", ecc.:

Notum est **Homerum caecum fuisse**.	È noto **che Omero era cieco**.

6 COMPLEMENTI IN ACCUSATIVO

Elenchiamo qui gli altri principali complementi espressi in accusativo:

complemento **di moto a luogo**	**Romam** *proficisci* partire **per Roma**
complemento **di moto per luogo**	**per Alpes** *transire* passare **attraverso le Alpi**
complemento **di età**, con il participio *natus, -a, -um* accompagnato da *annos* e dal numero cardinale	*Hannibal in Hispaniam profectus est* **novem annos natus**. Annibale partì per la Spagna **all'età di nove anni**.
complemento **di tempo continuato**, con o senza *per*	*Ovidius* **(per) decem annos** *in exilio vixit*. Ovidio visse in esilio **per dieci anni**.

Sezione 2 Sintassi dei casi

complemento **di causa**, con *ob* e *propter*	*Ob metum cives fugiunt.* **Per la paura** i cittadini fuggono.
complemento **di mezzo** (se si tratta di persone), con *per*	*Dux per exploratores hostium adventum cognovit.* Il comandante **per mezzo degli esploratori** venne a conoscenza dell'arrivo dei nemici.
complemento **di estensione nello spazio**, con gli aggettivi *altus*, *latus*, *longus*	*Fossa ducentos pedes longa erat, duos pedes alta.* La fossa era lunga **duecento piedi** e profonda **due**.
complemento **di distanza**, in cui: a. **il numerale** che indica la distanza si pone **all'accusativo o all'ablativo**, oppure al genitivo retto dall'ablativo *spatio* o *intervallo* b. **il luogo** dal quale si calcola la distanza va **in ablativo preceduto da *a*, *ab***	**all'accusativo** *Hadrumetum abest a Zama circiter **milia** passuum **trecenta**.* Adrumeto dista da Zama circa **trecentomila** passi. **all'ablativo** *Ariovistus **milibus** passuum **sex** a Caesaris castra consedit.* Ariovisto si accampò a **sei miglia** dall'accampamento di Cesare.
accusativo dell'oggetto interno, quando un sostantivo all'accusativo ha la stessa radice del verbo (propriamente intransitivo) da cui dipende in funzione di oggetto: *vivere vitam, pugnare pugnam, somniare somnium, currere cursum, cenare cenam, iurare ius iurandum* ecc.	*Acrem pugnam nostri pugnavērunt.* I nostri **combatterono** un'accanita **battaglia**.
accusativo alla greca o di relazione (il latino tuttavia, specialmente nei prosatori, preferisce l'ablativo di limitazione)	*nudus pedes* a **piedi** nudi (lett. "nudo ai piedi")
accusativo esclamativo, preceduto o no da interiezioni (*o, heu, eheu, bene, pro, en, ecce*) ed usato nelle esclamazioni di gioia, meraviglia, dolore, ecc.	*nugas!* frottole! *heu me miserum!* oh me infelice!
accusativo avverbiale, in locuzioni come *nihil* "in nulla, per niente", *id genus* "di questo tipo", *quod* "in quanto a quello che", *magnam* (*maiorem, maximam*) *partem* "in gran, maggiore, massima parte", *plurimum* "il più possibile", ecc.	*Nihil cedo vobis.* **In nulla** vi sono inferiore. *Hoc **aliquid** differt.* Ciò differisce **un poco**.

Esercizi

A Analizza e traduci le seguenti frasi (verbi con il doppio accusativo; *verba rogandi*; *iubeo* e *impěro*).

1. M. Furium Camillum, Gallorum victorem, Romani parentem patriae appellavērunt. (Liv.)
2. Catilina iuventutem, quam illexerat multis modis, mala facinora edocebat. (Sall.) 3. Pacem te poscimus omnes. (Virg.) 4. Idibus Maiis in senatum convenimus, rogatus ego sententiam multa dixi de re publica. (Cic.) 5. Caesar Germanos equitumque partem flumen traicit crebrasque in ripis custodias disponit. (Ces.) 6. Equites nostri, flumen transgressi, cum hostium equitatu proelium commiserunt. (Ces.) 7. Caesar iussit proelium committi. (Ces.) 8. Sententiam meam tu facillime perspicere potuisti: non enim eam te celavi. (Cic.) 9. Cum Artaxerxes Aegyptio regi bellum inferre voluit, Iphicrătem ab Atheniensibus ducem petivit, quem praeficěret exercitui. (Nep.) 10. Id parentes suos liberi orabant. (Cic.) 11. Caesar certior factus est tres

copiarum partes Helvetios id flumen traduxisse. (Ces.) **12.** Aderat in senatu Verres et flens unumquemque senatorem rogabat ut filio suo parceret. (Cic.) **13.** Lycurgus fundos omnium aequaliter inter omnes divisit ut aequata patrimonia neminem potentiorem altero redderent. (Giust.) **14.** Caesar loquendi finem fecit seque ad suos recepit suisque imperavit ne quod omnino telum in hostes reicerent. (Ces.) **15.** Agenda res est, iuvenes, quam exsequi iussi estis. (Liv.)

B Analizza e traduci le seguenti frasi, distinguendo i verbi assolutamente impersonali da quelli relativamente impersonali.

1. Sunt homines quos libidinis infamiaeque suae neque pudeat neque taedeat. (Cic.) **2.** Me meorum factorum atque consiliorum numquam, patres conscripti, paenitebit. (Cic.) **3.** Eorum nos magis miseret qui nostram misericordiam non requirunt, quam qui illam efflagitant. (Cic.) **4.** Numquam suscepti negotii Atticum pertaesum est. (Nep.) **5.** Me quoque iuvat, velut si ipse in parte laboris ac periculi fuerim, ad finem belli Punici pervenisse. (Liv.) **6.** Sapientis est proprium nihil, quod eum paenitere possit, facere. (Cic.) **7.** Id quod pudet facilius fertur quam id quod piget. (Plauto) **8.** Neminem praeterit tantam fuisse Ciceronis temporibus varietatem fortunae, ut modo hi modo illi in summo essent aut fastigio aut periculo. (Nep.) **9.** Nec clarissimorum virorum exempla neque doctissimorum praecepta te fugiunt. (Cic.) **10.** Quem, quaeso, nostrum fefellit ita vos esse facturos? (Cic.) **11.** Huius me constantiae puto fore ut numquam paeniteat. (Cic.) **12.** Omnes homines qui de rebus dubiis consultant, ab odio, amicitia, ira atque misericordia vacuos esse decet. (Sall.) **13.** Non me praeterit, milites, omnium gentium, quae Asiam colunt, Gallos fama belli praestare. (Liv.) **14.** Te non praeterit quam sit difficile sensum in re publica, praesertim rectum et confirmatum, deponere. (Cic.) **15.** Fortis non timebit pericula sed vitabit; cautio illum decet, timor non decet. (Sen.)

C COMPLETAMENTO Inserisci nelle seguenti frasi l'opportuna voce verbale, scegliendola fra le tre opzioni; poi traduci (verbi transitivi in latino e intransitivi in italiano).

1. Quemadmodum senectus adulescentiam .... (**sequitur** - **fugit** - **delectat**), ita mors senectutem. **2.** Caesar ad Lingonas nuntios misit, ne Helvetios frumento .... (**desperarent** - **deficerent** - **iuvarent**). **3.** Nemo arrogantiae suae poenam .... (**desperat** - **effugit** - **iuvat**). **4.** Antonius eo die non modo consulatu sed etiam libertate .... (**fugit** - **ulciscitur** - **se abdicavit**). **5.** Chabrias vivebat laute nec invidiam vulgi .... (**iuvare** - **desperare** - **effugere**) potuit. **6.** Fratrem .... (**abdicabo** - **ulciscar** - **deficiam**) et illum improbum qui eum offendit puniam. **7.** Cur de mea virtute et de mea diligentia .... (**desperatis** - **fugit** - **defecistis**)? **8.** Spartani, ut illatum a Persis Graeciae bellum .... (**iuvarent** - **abdicarent** - **ulciscerentur**), fines eorum depopulantur. **9.** Quis bonus non .... (**horret** - **luget** - **ridet**) mortem Trebonii? **10.** Meliora unguenta sunt quae terram, quam quae crocum .... (**deficiunt** - **sapiunt** - **iuvant**).

D Analizza e poi traduci le seguenti frasi (accusativo con l'infinito; complementi in accusativo).

1. Ennius mortuus est Caepione et Philippo consulibus cum ego, quinque et sexaginta annos natus, legem Voconiam magna voce et bonis lateribus suasi. (Cic.) **2.** Septem et viginti virgines, longam indutae vestem, carmen in Iunonem reginam canentes ibant. (Liv.) **3.** Deinde, cum matris hortatu filiam Desiderii regis Langobardorum (Karolus) duxisset uxorem, incertum qua de causa, post annum eam repudiavit et Hildigradam de gente Sueborum, praecipuae nobilitatis feminam, in matrimonium accepit. (Eginardo) **4.** A Germanis cum Caesar paucorum dierum iter abesset, legati ab his venerunt. (Ces.) **5.** O, di immortales, incredibilem avaritiam singularemque audaciam! (Cic.) **6.** Duodequadraginta annos tyrannus Syracusarum fuit Dionysius, cum quinque et viginti natus annos dominatum occupavisset. (Cic.) **7.** Constat omnibus proelium atrox a nostris pugnatum esse. (Liv.) **8.** Caesar iussit milites aggerem quindecim pedum exstruere. (Ces.) **9.** Scio ea, quae dico dicturusque sum, notiora esse omnibus quam mihi. (Cic.) **10.** Quae necessitas eum tanta premebat, ut id temporis proficisceretur? (Cic.)

VERSIONI

■ EXEMPLUM
20 Cabria soggiorna malvolentieri nella sua Atene

L'ateniese Cabria fu un grande generale, autore di molte memorabili imprese. Nel cap. 1 Cornelio Nepote ne aveva ricordato un'ingegnosa trovata durante una battaglia presso Tebe. Si era recato pure in Egitto (cap. 2), consolidando il trono del faraone Nectanebo; altrettanto fece a Cipro, dove aiutò il re locale Evagora contro i Persiani. A questo punto scoppiò una guerra tra l'Egitto e la Persia (intorno al 379 a.C.); Atene era alleata con il persiano Artaserse, mentre Sparta stava dalla parte degli Egiziani. Cabria allora ebbe il comando della flotta egiziana. In questo frangente avviene la protesta dei satrapi del re di Persia (cap. 3).

Tum praefecti regis Persae legatos misērunt Athenas questum, quod Chabrias adversum regem bellum gereret cum Aegyptiis. Athenienses diem certam Chabriae praestituērunt, quam ante domum nisi redisset, capĭtis se illum damnaturos denuntiarunt. Hoc ille nuntio Athenas rediit neque ibi diutius est moratus, quam fuit necesse. Non enim libenter erat ante ocŭlos suorum civium, quod et vivebat laute et indulgebat sibi liberalius, quam ut invidiam vulgi posset effugere. Est enim hoc commune vitium in magnis liberisque civitatibus, ut invidia gloriae comes sit et libenter de his detrăhant, quos eminēre videant altius; neque animo aequo pauperes alienam opulentium intuuntur fortunam. Itaque Chabrias, cum ei licebat, plurimum aberat. Neque vero solus ille abĕrat Athenis libenter, sed omnes fere principes fecērunt idem, quod tantum se ab invidia putabant futuros, quantum a conspectu suorum recessĕrint.

(Cornelio Nepote)

Ma i satrapi del re di Persia mandarono ad Atene una ambasceria a protestare perché Cabria combatteva contro il re, a fianco degli Egiziani. Gli Ateniesi stabilirono a Cabria un termine fisso per il ritorno in patria, scaduto il quale sarebbe stato condannato a morte. A quell'intimazione egli tornò ad Atene, ma non vi si fermò più del necessario, ché non si trovava a suo agio sotto gli occhi dei concittadini: viveva da gran signore e si cavava troppi capricci perché la gente non malignasse. Triste sorte comune alle città grandi e libere, codesta, che l'invidia s'accompagni alla gloria e si sparli con piacere di coloro che si elevano alquanto sopra il livello comune, e che i poveri guardino con occhio malevolo la ricchezza degli altri. Cabria perciò, non appena gli era possibile, preferiva starsene lontano. Né era il solo che amasse starsene alla larga; quasi tutti i cittadini più ragguardevoli solevano farlo, perché sapevano di incappare tanto meno nell'invidia, quanto più stessero lontani dagli occhi dei loro concittadini.

(trad. di C. Vitali)

Unità 2 L'accusativo 45

NOTE LINGUISTICHE	NOTE LESSICALI	NOTE DI TRADUZIONE
questum → supino attivo con valore finale; "per protestare". *Quod Chabrias… gereret* → causale al congiuntivo perché si tratta di causa soggettiva. *se ab invidia putabant futuros* → infinitiva oggettiva retta da *putabant*.	*praefecti* → il vocabolo latino indica i "satrapi", cioè i governatori del re di Persia. *libenter de his detrăhant* → *detrahere* ha il senso di "togliere, diminuire", sicché *detrahĕre aliquid de aliquo* vuol dire "screditare uno". *princĭpes* → si tratta qui di un "falso amico"; non "prìncipi", ma "cittadini più ragguardevoli, notabili".	*quam ante domum nisi redisset* → lett. "prima del quale (giorno), se non fosse tornato in patria"; il traduttore rende più liberamente: "stabilirono… un termine fisso per il ritorno in patria, scaduto il quale". . *quam ut invidiam vulgi posset effugere* → molto libera la traduzione "perché la gente non malignasse"; lett. "per poter sfuggire alla malevolenza della gente".

PRIMO LIVELLO

21 Il cane calunniatore

Un cane invita una pecora a restituirle il pane che le ha prestato; ma questa nega di averlo ricevuto. I due animali vanno davanti a un giudice; il cane chiama a testimoniare in suo favore il lupo, il nibbio e lo sparviero. Sconfitta dai tre falsi testimoni, la pecora è costretta a farsi tosare per pagare l'inesistente debito.

a. La richiesta del cane
Canis calumniosus dixit ad ovem: «Debes mihi reddere panem, quem dederam mutuo». Contendebant autem. Ovis autem dicebat numquam ab illo panes se accepisse.

b. Il processo e i tre falsi testimoni
Cum ante iudicem venissent, canis dixisse fertur habēre testes. Introductus lupus ait: «Scio panem canis commodatum ovi». Introductus milvus dixit: «Me coram accepit». Accipĭter introiens ait: «Negas tu quod accepisti?».

c. La pecora vende la sua lana
Victa ovis a tribus falsis testibus, artius exigitur[1]; *coacta vero extractam lanam suam vendidit, ut quod non acceperat redderet. Qui*[2] *seditiose innocentes laniant et opprimunt.*

(Ademaro di Chabannes)

1. *artius exigitur*: "viene messa alle strette".
2. *Qui*: brachilogico; si può rendere con: "(Questa favola è per) coloro che".

22 La volpe e l'aquila

Un'aquila rapisce i cuccioli di una volpe e li porta nel suo nido per darli in pasto agli aquilotti. La volpe la insegue e, visto che le sue richieste di liberazione sono respinte, appicca il fuoco all'albero sul quale si trova il nido. L'aquila è costretta a restituire i cuccioli alla madre.

a. Morale iniziale
Potentes metuere debent infimos, ut haec attestatur fabula.

b. L'aquila rapisce i cuccioli della volpe
Vulpinos catulos aquila rapuit ac in nidum deportavit, quos pullis suis escam daret.

c. Vana richiesta della volpe
Prosecuta vulpis aquilam rogabat catulos suos sibi reddi. Aquila contempsit vulpem quasi inferiorem.

d. La volpe appicca il fuoco all'albero

Vulpis plena dolore ab ara ignem rapuit, id est faculam ardentem, et arborem circumdĕdit collectā stipulā. Cumque fumus et flamma perstreperent, aquila, dolore compulsa natorum, ne flammis simul perirent, incolumes vulpinos catulos reddidit supplex matri.

e. Morale della favola

Docet haec fabula multos, ne quis insultet inferiori et incendatur ab aliquā flammā.

(ROMULUS)

SECONDO LIVELLO

23 Ciro viene ucciso da Tomiri, regina degli Sciti

Come racconta Giustino, il re persiano Ciro (VI sec. a.C.) aveva indetto una guerra contro la Scizia, governata da Tomiri, regina dei Massageti (un popolo iranico). Dopo un'iniziale sconfitta, Ciro fu costretto a battere in ritirata. I suoi consiglieri gli proposero quindi di ingannare le truppe scitiche che lo inseguivano, lasciando una grande quantità di vino in un accampamento apparentemente abbandonato. Gli Sciti, rozzi pastori non abituati al vino, si ubriacarono tutti e i Persiani ne fecero strage. Tomiri allora sfidò Ciro ad una battaglia vera e propria; i Persiani accettarono ma furono di nuovo sconfitti. Lo stesso Ciro fu ucciso e Tomiri dopo la battaglia ne oltraggiò il cadavere.

Cyrus subacta Asia et universo Oriente in potestatem redacto Scythis bellum infert. Erat eo tempore regina Scytharum Tomyris, quae non muliebriter adventu hostium territa, cum prohibēre eos transitu Araxis fluminis posset, transire permisit, et sibi faciliorem pugnam intra regni sui terminos rata et hostibus obiectu fluminis fugam difficiliorem. Itaque Cyrus traiectis copiis, cum aliquantisper in Scythiam processisset, castra metatus est. Dein postera die simulato metu, quasi refugiens castra deseruisset, ita vini adfătim et ea, quae epulis erant necessaria, reliquit. Quod cum nuntiatum reginae esset, adulescentulum filium ad insequendum eum cum tertia parte copiarum mittit. Cum ventum ad castra Cyri esset, ignarus rei militaris adulescens, veluti ad epulas, non ad proelium venisset, omissis hostibus insuetos barbaros vino se onerare patitur, priusque Scythae ebrietate quam bello vincuntur. Nam cognitis his Cyrus reversus per noctem saucios opprĭmit omnesque Scythas cum reginae filio interfēcit. Amisso tanto exercitu et, quod gravius dolendum, unico filio, Tomyris orbitatis dolorem non in lacrimas effūdit, sed in ultionis solacia intendit hostesque recenti victoria exsultantes pari insidiarum fraude circumvenit; quippe simulata diffidentia propter vulnus acceptum refugiens Cyrum ad angustias usque perduxit. Ibi compositis in montibus insidiis ducenta milia Persarum cum ipso rege trucidavit. In qua victoria etiam illud memorabile fuit, quod ne nuntius quidem tantae cladis superfuit. Caput Cyri amputatum in utrem humano sanguine repletum coĭci regina iubet cum hac exprobratione crudelitatis: «Satia te – inquit – sanguine, quem sitisti cuiusque insatiabilis semper fuisti».

(GIUSTINO)

Laboratorio

MORFOLOGIA
1. Analizza le seguenti forme verbali: *subacta, permisit, venisset, refugiens, sitisti*.

SINTASSI
2. Ricerca nel brano i verbi che reggono l'accusativo.

LESSICO
3. Individua i vocaboli del lessico militare.

24 Ciò che davvero aiuta nella vita

La prefazione del VI libro del *De architectura* di Vitruvio ricorda l'episodio, altrimenti ignoto, del naufragio del filosofo socratico Aristippo sull'isola di Rodi. Costui, tenendo una lezione di filosofia, riesce ad ottenere doni preziosi; al momento di ripartire, però, quando gli viene chiesto che cosa desideri inviare a casa sua, dà una risposta che evidenzia quali siano i *vera praesidia… vitae*.

Aristippus philosophus Socraticus, naufragio cum eiectus ad Rhodiensium litus animadvertisset geometrica schemata descripta, exclamavisse ad comites ita dicitur: «Bene speremus! Hominum enim vestigia video». Statimque in oppidum Rhodum contendit et recta gymnasium devenit, ibique de philosophia disputans muneribus est donatus, ut non tantum se ornaret, sed etiam eis, qui una fuerunt, et vestitum et cetera, quae opus essent ad victum, praestaret. Cum autem eius comites in patriam reverti voluissent interrogarentque eum, quidnam vellet domum renuntiari, tunc ita mandavit dicere: eiusmodi possessiones et viatica liberis oportere parari, quae etiam e naufragio una possent enare. Namque ea vera praesidia sunt vitae, quibus neque fortunae tempestas iniqua neque publicarum rerum mutatio neque belli vastatio potest nocēre.

(Vitruvio)

Laboratorio

MORFOLOGIA

1. Individua ed analizza le forme verbali al congiuntivo.

SINTASSI

2. Individua ed analizza i complementi in accusativo.
3. Riconosci le proposizioni infinitive oggettive.

LESSICO

4. Ricerca nel vocabolario i vari significati del sostantivo *munus, -ĕris*.

25 Straordinaria eloquenza di Pericle

In questo passo dei *Factorum et dictorum memorabilia*, Valerio Massimo ricorda l'eloquenza del tiranno ateniese Pisistrato e quella di Pericle, educato alla scuola di Anassagora; Pericle finisce per essere assimilato a Pisistrato, con l'unica differenza che "il primo resse la tirannide con le armi, il secondo senza".

Pericles autem, felicissimis naturae incrementis sub Anaxagora praeceptore summo studio perpolitis instructus, liberis Athenarum cervicibus iugum servitutis imposuit: egit enim illam urbem et versavit arbitrio suo, cumque adversus voluntatem populi loqueretur, iucunda nihilo minus et popularis eius vox erat. Itaque veteris comoediae maledĭca lingua, quamvis potentiam viri perstringere cupiebat, tamen in labris hominis melle dulciorem leporem fatebatur habitare inque animis eorum, qui illum audierant, quasi aculeos quosdam relinqui praedicabat. Fertur quidam, cum admŏdum senex primae contioni Periclis adulescentuli interesset idemque iuvenis Pisistratum decrepitum iam contionantem audisset, non temperasse sibi quo minus exclamaret[1] cavēri illum civem oportēre, quod Pisistrati orationi simillima eius esset oratio. Nec hominem aut aestimatio eloquii aut morum augurium fefellit. Quid enim inter Pisistratum et Periclen interfuit, nisi quod ille armatus, hic sine armis tyrannidem gessit?

(Valerio Massimo)

---

1. *non temperasse sibi quo minus exclamaret*: "non seppe trattenersi dall'esclamare"; *quo minus* (che si può anche trovare scritto in unica parola) introduce la costruzione dei *verba impediendi* (vd. pp. 214-215).

26 Cicerone scrive ai familiari dall'esilio

Cesare aveva offerto a Cicerone una legazione in Gallia; se avesse accettato, avrebbe evitato l'esilio. Ora Cicerone esule a Durazzo si rammarica della condizione misera dei suoi familiari lontani (la moglie Terenzia e i figli) e si vergogna di non aver mostrato il necessario zelo per uscire dai mali; molti sono poi gli avversari carichi di livore, da cui occorre guardarsi.

TULLIUS S. D. TERENTIAE SUAE ET TULLIAE ET CICERONI

Accepi ab Aristocrito tres epistulas, quas ego lacrimis prope delevi; conficior enim maerore, mea Terentia, nec meae me miseriae magis excruciant quam tuae vestraeque, ego autem hoc miserior sum quam tu, quae es miserrima, quod ipsa calamitas communis est utriusque nostrum, sed culpa mea propria est. Meum fuit officium vel legatione vitare periculum vel diligentia et copiis resistere vel cadere fortiter: hoc miserius, turpius, indignius nobis nihil fuit. Quare cum dolore conficior, tum etiam pudore: pudet enim me uxori meae optimae, suavissimis liberis virtutem et diligentiam non praestitisse; nam mihi ante oculos dies noctesque versatur squalor vester et maeror et infirmitas valetudinis tuae, spes autem salutis pertenuis ostenditur. Inimici sunt multi, invidi paene omnes: eicere nos magnum fuit, excludere facile est; sed tamen, quamdiu vos eritis in spe, non deficiam, ne omnia mea culpa cecidisse videantur.

(CICERONE)

TERZO LIVELLO

27 I Romani sono superiori a tutte le genti in campo militare

In omni autem proelio non tam multitudo et virtus indocta quam ars et exercitium solent praestare victoriam. Nullā enim alia re videmus populum Romanum orbem subegisse terrarum nisi armorum exercitio, disciplinā castrorum usuque militiae. Quid enim adversus Gallorum multitudinem paucitas Romana valuisset? Quid adversus Germanorum proceritatem brevitas potuisset audēre? Hispanos quidem non tantum numero sed et viribus corporum nostris praestitisse manifestum est; Afrorum dolis atque divitiis semper impāres fuimus; Graecorum artibus prudentiaque nos vinci nemo dubitavit. Sed adversus omnia profuit tironem sollerter eligere, ius, ut ita dixerim, armorum docēre, cotidiano exercitio roborare, quaecumque evenire in acie atque proeliis possunt, omnia in campestri meditatione praenoscere, severe in desĭdes vindicare. Scientia enim rei bellicae dimicandi nutrit audaciam: nemo facere metuit quod se bene didicisse confidit. Etenim in certamine bellorum exercitata paucitas ad victoriam promptior est, rudis et indocta multitudo exposita semper ad caedem.

(VEGEZIO)

Laboratorio

ANALISI STILISTICA
1. Sottolinea un esempio di anafora.

COMPRENSIONE
2. In quali ambiti Vegezio riconosce la superiorità di alcune popolazioni straniere?
3. Secondo l'autore un esercito deve essere numeroso o no?

Produzioni
4. Elenca in latino le caratteristiche che consentirono ai Romani di superare gli altri popoli in guerra.

●●● | 28 Splendido elogio della Sicilia

Quo mihi maturius ad Siciliae causam veniendum est relictis ceteris eius furtis atque flagitiis, ut et viribus quam integerrimis agere et ad dicendum temporis satis habere possim. Atque antequam de incommodis Siciliae dico, pauca mihi videntur esse de provinciae dignitate, vetustate, utilitate dicenda. Nam cum omnium sociorum provinciarumque rationem diligenter habere debetis, tum praecipue Siciliae, iudices, plurimis iustissimisque de causis, primum quod omnium nationum exterarum princeps Sicilia se ad amicitiam fidemque populi Romani adplicavit. Prima omnium, id quod ornamentum imperi est, provincia est appellata; prima docuit maiores nostros quam praeclarum esset exteris gentibus imperare; sola fuit ea fide benivolentiaque erga populum Romanum ut civitates eius insulae, quae semel in amicitiam nostram venissent, numquam postea deficerent, pleraeque autem et maxime inlustres in amicitia perpetuo manerent.

(CICERONE)

▶ Vedi **Cave!**

Laboratorio

ANALISI STILISTICA
1. Individua almeno due figure retoriche presenti nel brano.

COMPRENSIONE
2. Su quali pregi della Sicilia si sofferma soprattutto Cicerone?

PRODUZIONE
3. Scrivi un breve commento sul brano, esaminandolo a livello linguistico e contenutistico.

Cave!

Il verbo deficio Il verbo **deficio, -is, -feci, -fectum, -ĕre**, composto di *facio*, presenta diversi significati e si trova in alcune espressioni ricorrenti.

1. Il primo valore è quello di "**defezionare, staccarsi, separarsi, ribellarsi**"; *deficere ab aliquo ad aliquem* "passare dalla parte di uno alla parte di un altro"; *deficere a republica, a senatu* "ribellarsi allo Stato, al senato".

2. Il verbo passa poi a indicare il "**mancare**", il "**venir meno**"; *deficere animo, virtute* "mancar d'animo, di coraggio"; *vires deficiunt* (Cic.) "mancano le forze"; *non materia, non frumentum deficĕre potĕrat* (Ces.) "né il legno né il grano potevano mancare".

3. Altri valori intransitivi: **deficere in aliquo** "**estinguersi in qualcuno**": *defecit gens in Antonio* "la famiglia si estinse in Antonio"; *deficere* "**eclissarsi**" (detto del sole e della luna): *sol defecit* "il sole si eclissò".

4. Con valore transitivo, vuol dire "**abbandonare, lasciare, venire meno**"; *deficere aliquem* "abbandonare qualcuno": *vires me deficiunt* "le forze mi abbandonano". Al passivo cfr. *aqua defecti* (Quint.) "mancanti di acqua".

●●● | 29 I Tuscolani si arrendono ai Romani

Postquam Romam Tusculani venerunt senatusque paulo ante fidelium sociorum[1] maestus in vestibulo curiae est conspectus, moti exemplo patres vocari eos iam tum hospitaliter magis quam hostiliter iussēre. Dictator Tusculanus ita verba fecit: "Quibus[2] bellum indixistis intulistisque, patres conscripti, sicut nunc videtis nos stantes in vestibulo curiae vestrae, ita armati paratique obviam imperatoribus legionibusque

---

1. *senatusque paulo ante fidelium sociorum*: "il senato degli alleati (che) prima (erano) fedeli"; si tratta degli abitanti di Tusculo.
2. *Quibus*: "(Noi) ai quali".

50 Sezione 2 Sintassi dei casi

vestris processimus. Hic noster, hic plebis nostrae habitus fuit eritque semper, nisi si quando a vobis proque vobis arma acceperimus. Gratias agimus et ducibus vestris et exercitibus, quod oculis magis quam auribus crediderunt et ubi nihil hostile erat ne ipsi quidem fecerunt. Pacem, quam nos praestitimus, eam a vobis petimus; bellum eo, sicubi est, avertatis precamur; in nos quid arma polleant vestra, si patiendo experiundum est, inermes experiemur. Haec mens nostra est – di immortales faciant – tam felix quam pia. Quod ad crimina attinet quibus moti bellum indixistis, etsi revicta rebus verbis confutare nihil attinet, tamen, etiamsi vera sint, vel fateri nobis ea, cum tam evidenter paenituerit, tutum censemus. Peccetur in vos, dum digni sitis quibus ita satisfiat[3]". Tantum fere verborum ab Tusculanis factum. Pacem in praesentiā nec ita multo post civitatem etiam impetravērunt. Ab Tusculo legiones reductae[4].

(LIVIO)

3. *dum digni sitis quibus ita satisfiat:* "purché siate degni di ricevere tali soddisfazioni" (trad. Scandola).

4. *reductae:* sott. *sunt*.

●●● | 30 L'oratore non deve adirarsi

Sic iracundus non semper iratus est; lacesse: iam videbis furentem. Quid? Ista bellatrix iracundia, cum domum rediit, qualis est cum uxore, cum liberis, cum familia? An tum quoque est utilis? Est igitur aliquid quod perturbata mens melius possit facĕre quam constans? An quisquam potest sine perturbatione mentis irasci? Bene igitur nostri, cum omnia essent in moribus vitia, quod nullum erat iracundiā foedius, iracundos solos morosos nominavērunt. Oratorem vero irasci minime decet, simulare non dedĕcet. An tibi irasci tum videmur, cum quid in causis acrius et vehementius dicĭmus? Quid? Cum iam rebus transactis et praeteritis orationes scribĭmus, num irati scribĭmus?

(CICERONE)

●●● | 31 Breve lettera di Cicerone ad Attico

Nimium raro nobis abs te litterae adferuntur, cum et multo tu facilius reperias, qui Romam proficiscantur, quam ego, qui Athenas, et certius tibi sit me esse Romae quam mihi te Athenis. Itaque propter hanc dubitationem meam brevior haec ipsa epistula est, quod, cum incertus essem, ubi esses, nolebam illum nostrum familiarem sermonem in alienas manus devenire. Signa Megarica et Hermas, de quibus ad me scripsisti, vehementer exspecto. Quicquid eiusdem generis habebis, dignum Academia tibi quod videbitur, ne dubitaris mittere et arcae nostrae confidito. Genus hoc est voluptatis meae; quae gymnasiode maxime sunt, ea quaero. Lentulus naves suas pollicetur. **Peto** *abs te, ut haec diligenter cures. Thyillus te rogat et ego eius rogatu Eymolpidon patria.*

◀ Vedi **Cave!**

(CICERONE)

Cave!

Vari significati del verbo *petere* Il verbo ***peto***, oltre quello di "**chiedere (per ottenere)**", presenta diversi altri importanti significati, tutti riportati nel dizionario:

petere Romam, urbem "**dirigersi** verso Roma, verso una città";
petere Gallos "**assalire** i Galli";

petere aliquem falsis criminibus "**accusare** falsamente qualcuno";
petere magistratum, consulatum, sapientiam "**aspirare** ad una magistratura, al consolato, alla saggezza";
aliquem in vincula petere "**chiedere il carcere** per qualcuno";
is qui petit "**il querelante**".

••• | 32 *Tamquam semper victuri vivitis*

Repĕte memoria tecum quando certus consilii fuĕris, quotus quisque dies ut destinavĕras recessĕrit, quando tibi usus tui fuerit, quando in statu suo vultus, quando animus intrepidus, quid tibi in tam longo aevo facti operis sit, quam multi vitam tuam diripuerint te non sentiente quid perdĕres, quantum vanus dolor, stulta laetitia, avida cupiditas, blanda conversatio abstulerit, quam exiguum tibi de tuo relictum sit: intelleges te immaturum mori. Quid ergo est in causa? Tamquam semper victuri vivitis, numquam vobis fragilitas vestra succurrit, non observatis quantum iam temporis transierit; velut ex pleno et abundanti perditis, cum interim fortasse ille ipse qui alicui vel homini vel rei donatur dies ultimus sit. Omnia tamquam mortales timetis, omnia tamquam immortales concupiscitis. Audies plerosque dicentes: «A quinquagesimo anno in otium secedam, sexagesimus me annus ab officiis dimittet». Et quem tandem longioris vitae praedem accipis? Quis ista sicut disponis ire patietur? Non pudet te reliquias vitae tibi reservare et id solum tempus bonae menti destinare quod in nullam rem conferri possit? Quam serum est tunc vivere incipere cum desinendum est? Quae tam stulta mortalitatis oblivio in quinquagesimum et sexagesimum annum differre sana consilia et inde velle vitam inchoare quo pauci perduxērunt? (Seneca)

Laboratorio

ANALISI STILISTICA

1. Individua almeno due espressioni metaforiche presenti nel brano.

COMPRENSIONE

2. Che intende Seneca quando dice *intellĕges te immaturum mori*?
3. Qual è il messaggio complessivo del brano?

PRODUZIONE

4. Realizza una breve scheda sintetica, elencando le motivazioni addotte da Seneca per dimostrare la sua tesi esistenziale.

UNITÀ 3

IL GENITIVO

CURIOSITÀ	CAVE!
Il motto *A.E.I.O.U.*	Il verbo *habeo*
Termini relativi all'affitto	

IN ITALIANO
Con il caso genitivo latino si rendono diversi complementi italiani: specificazione, qualità, partitivo, quantità, peso e misura, estensione, distanza, stima, prezzo, colpa e pena. In questa sede ci limitiamo a proporre una verifica delle conoscenze pregresse di analisi logica relative a questi complementi.

▶ Esercizi

1 Esegui l'analisi logica delle seguenti frasi, riconoscendo in particolare i complementi sopra ricordati.

1. La casa di Nicola è molto accogliente. **2.** Linda si è dimostrata una ragazza di grande maturità. **3.** Quel cesto di albicocche pesa circa sei chili. **4.** I giardini della mia città si estendono per diversi chilometri. **5.** La città di Praga è una delle più belle d'Europa. **6.** Accusato di furto, l'imputato fu condannato a due anni di reclusione. **7.** Quel corso preparatorio mi è costato duemila euro. **8.** Ti stimo moltissimo per la tua lealtà. **9.** La mia abitazione dista due chilometri dal centro. **10.** Chi fra voi ha capito quello che ho detto? **11.** La badante fu ingiustamente incolpata del furto nella villa. **12.** Oggi una coppa piccola di gelato costa due euro. **13.** All'automobilista indisciplinato fu inflitta una multa di venti euro. **14.** La tua vecchia auto è stata valutata solamente mille euro. **15.** Dammi un po' della tua merenda.

2 Costruisci delle frasi secondo gli schemi richiesti.
a. soggetto + predicato verbale + compl. oggetto con attributo + compl. di prezzo
b. soggetto con attributo + c. di specificazione con attributo + predicato nominale
c. soggetto sottinteso + predicato verbale + compl. oggetto + compl. di denominazione
d. soggetto + predicato verbale + compl. oggetto con attributo + compl. di colpa
e. soggetto con attributo + predicato verbale + compl. di distanza

1 IL CASO GENITIVO

Il caso *genitivus* (o *genetivus*) deriva il suo nome dalla radice del verbo *gigno* "creare, produrre" (cfr. pure *genitor*); indica pertanto la "generazione", la derivazione, l'appartenenza. Ha la funzione prioritaria di designare la **"specificazione"**, cioè di chiarire di chi è una certa cosa o persona:

Tullius **Auli** [sottinteso *filius*]   Tullio figlio **di Aulo**

Unità 3 Il genitivo   53

In particolare, si può avere il genitivo dopo un sostantivo, dopo un aggettivo, dopo un participio o dopo un verbo.

2 GENITIVO DIPENDENTE DA SOSTANTIVI

2.1 Genitivo soggettivo ed oggettivo

La distinzione fra questi due tipi di genitivo è più logica che grammaticale.

GENITIVO SOGGETTIVO	GENITIVO OGGETTIVO
Indica la persona o la cosa che compie l'azione espressa dal sostantivo reggente; mutando in voce verbale attiva il nome che lo regge, diviene soggetto: *adventus* **hostium** l'arrivo **dei nemici** (→ *hostes adveniunt*, con *hostes* soggetto)	Indica la persona o la cosa su cui cadono l'azione o il sentimento espressi dal sostantivo: *Metus* **hostium** *milites fugavit.* Il timore **dei [nei confronti dei] nemici** mise in fuga i soldati. (→ *milites* **hostes** *metuunt et fugiunt*, con *hostes* complemento oggetto)

Ovviamente in alcuni casi il genitivo soggettivo può essere distinto da quello oggettivo solo in base al contesto:

Metus **Germanorum** *tantus fuit ut fugĕrent.*	Il timore **dei Germani** fu tale che fuggivano. [sono i Germani a temere e a fuggire → genitivo soggettivo]
Metus **Germanorum** *tantus fuit ut nostri milites fugĕrent.*	Il timore **dei Germani** fu tale che i nostri soldati fuggivano. [qui sono i soldati romani a temere i Germani → genitivo oggettivo]

- Traducendo in italiano, il genitivo oggettivo, oltre che con la preposizione "di", si può rendere con altre preposizioni o locuzioni: *odium* **hostium** "l'odio **contro i /nei confronti dei** nemici"; *amor* **fratrum** "l'amore **verso**, **tra** i fratelli"; *gratia* **beneficii** "la gratitudine **per** il beneficio"; *iudicium* **virtutis** "il giudizio **sulla** virtù".
- Il genitivo plurale di *nos* e *vos* è *nostri/vestri* se oggettivo, *nostrum/vestrum* se partitivo: *memoria* **nostri** *laudabilis est* "il ricordo **di noi** è lodevole" [genitivo oggettivo]; *multi* **vestrum** *ex acie fugerunt* "molti **di voi** fuggirono dal campo di battaglia" [genitivo partitivo].

2.2 Genitivo possessivo

Indica il possesso di una cosa da parte di qualcuno:

domus **regis**	il palazzo **del re**

- Talora si può sottintendere il sostantivo reggente se è intuibile: *Hannĭbal* **Hamilcăris** "Annibale (figlio) di Amilcare" (sott. *filius*); *ventum erat* **ad Vestae** "si era giunti al (tempio) di Vesta" (Or.) (sott. *aedem*).
- I Latini spesso preferivano usare un aggettivo al posto del complemento di specificazione possessiva: non quindi *Romanorum exercitus* ma *exercitus Romanus*.

2.3 Genitivo di convenienza o pertinenza

Indica la persona a cui conviene o si addice una certa azione; lo si trova da solo oppure unito a *proprium* "proprio", *officium* o *munus* "dovere, compito":

| *Hominis* est errare. | È (proprio) dell'uomo sbagliare. |

- Con i pronomi personali, invece di *mei, tui*, ecc., si trovano i neutri *meum, tuum, nostrum, vestrum, eius, eorum*:

  Vestrum est, Quirites, providēre.   È vostro dovere, o Quiriti, provvedere.

- Quando al possessivo di appartenenza si aggiunge un genitivo esplicativo (che concorda solo a livello logico) si ha un costrutto misto:

  Meum est consulis patriam defendere.   È dovere di me console difendere la patria.

Curiosità

Il motto A.E.I.O.U. L'acronimo *A.E.I.O.U.* fu utilizzato dai sovrani della Casa d'Asburgo; le cinque lettere sono le iniziali di un motto, in genere interpretato come *Austriae Est Imperare Orbi Universo*, cioè (con il genitivo di pertinenza!) "È proprio dell'Austria comandare sul mondo intero".
Non mancano però altre possibili soluzioni:
1. *Austria Est Imperio Optime Unita* "L'Austria è ottimamente unita (al concetto di) impero";
2. *Austria Erit In Orbe Ultima* "L'Austria sarà l'ultima (a sopravvivere) al mondo"; ma in questo caso non mancò chi, ostile agli Asburgo, intese ben diversamente: "L'Austria sarà l'ultima tra le nazioni";
3. *Augustus Est Iustitiae Optimus Vindex* "L'imperatore è il migliore vendicatore della giustizia";
4. *Austria Est Imperatrix Omnis Universi* "L'Austria è imperatrice di tutto il mondo". Nel 1951 il filosofo tedesco Eugen Rosenstock-Huessy propose un'interpretazione in chiave europeistica: *Austria Europae Imago, Onus, Unio* "L'Austria è l'immagine dell'Europa, onere ed unione".

2.4 Genitivo epesegetico o dichiarativo

Il **genitivo epesegetico** serve a specificare un concetto generale per mezzo di un concetto particolare:

| *virtus prudentiae* | la virtù **della saggezza** |
| *arbor mali* | l'albero **del melo** |

Ben diverso è il **complemento di denominazione**, che si trova con i nomi geografici, con nomi di persone e con nomi di mesi; esso in latino concorda nel caso con il nome comune:

| *urbs Roma* | la città **di Roma** |

2.5 Genitivo di qualità

Il **complemento di qualità** risponde alla domanda "di che qualità?" ed indica le caratteristiche e le qualità (positive o negative) di una persona o di una cosa:

| *mulier eximiae pulchritudinis* | una donna **di grande bellezza** |

In latino tale complemento si trova **al genitivo o all'ablativo semplice**, con la seguente possibile differenza:

GENITIVO	ABLATIVO
a. qualità morali ed intellettuali permanenti (ingegno, costanza, virtù, ecc.): *Socrates vir fuit* **magnae constantiae** Socrate fu un uomo **di grande costanza**	**a.** qualità fisiche: *Galba* **statura** *fuit* **iusta**, *oculis caeruleis* Galba fu **di statura media**, **di occhi cerulei**
b. determinazioni di peso, misura, tempo, numero, età, ecc.: *Romani classem* **trecentarum navium** *in Africam misērunt.* I Romani inviarono in Africa una flotta **di trecento navi**. *puer* **decem annorum** un bambino **di dieci anni**	**b.** qualità provvisorie dell'animo: **Animo forti** *esto.* Sii **di animo forte**. [ora, in questa occasione]

2.6 Genitivo partitivo

Il **complemento partitivo** risponde alla domanda: "quanti (chi) dei, delle (fra i, fra le)?". Indica dunque una parte rispetto a un tutto (in genere considerabile numericamente):

pars **hostium**	parte **dei nemici**

Può dipendere da:

sostantivi che indicano quantità o numero, come *centuria* "centuria", *iugĕrum* "iugero" (misura agraria di superficie), *libra* "libbra" (misura di peso), *multitudo, pars, legio* "legione", ecc.	*Gaetulorum magna* **pars** *sub Iugurtha erant.* Gran **parte** dei Getuli era sotto il dominio di Giugurta.
comparativi e superlativi	*Maior fratrum multa in bello patravit.* **Il maggiore** dei due fratelli in guerra compì molte imprese. *Caesar* **audacissimus** *omnium ducum Romanorum fuit.* Cesare fu **il più audace** fra tutti i condottieri romani.
pronomi indefiniti ed interrogativi	***nemo** nostrum* **nessuno** di noi
numerali cardinali e ordinali	*Tullus Hostilius* **tertius** *Romanorum regum fuit.* Tullo Ostilio fu **il terzo** dei re di Roma. ***Tria milia** hostium in pugna occiderunt.* In battaglia morirono **tremila** (fra i) nemici.
avverbi di luogo	***Ubi** terrarum vivimus?* (Cic.) **In quale** terra viviamo?
aggettivi e pronomi neutri sostantivati (al nominativo e accusativo singolare, come *aliquantum, aliquid, id, minus, multum, nihil, paulum, plus, plurimum, quantum, tantum*, ecc.)	***Multum** pecuniae tibi datum est.* Ti è stato dato **molto** denaro. [lett. "molto di denaro"] *Navicularum habeo* **aliquid**. (Cic.) Ho **qualche** navicella. [lett. "ho qualcosa di navicelle"]
avverbi di quantità (*parum* "poco", *satis* "abbastanza", ecc.) utilizzati come soggetto o oggetto	***Satis** pecuniae mihi est.* Ho **abbastanza** denaro.

> **NB**
> - Dopo numerali e indefiniti, invece del genitivo partitivo, spesso si trova *e*, *ex*, *de* + **ablativo**:
>   *Unus e filiis captus est.*   Fu catturato uno **tra i figli**.
> - *Uter, uterque, neuter* se sono seguiti da un pronome reggono il genitivo (*Uter vestrum veniet?* "**Chi di voi due** verrà?"); se invece sono seguiti da un sostantivo concordano con esso: *Uterque consul in proelio cecĭdit* "**Entrambi i consoli** caddero in battaglia".
> - Analogamente si comportano *plerīque, pleraeque, plerăque* "la maggior parte":
>   *plerīque eorum*   la maggior parte **di loro**
>   *plerīque Romani*   la maggior parte **dei Romani**
> - La funzione partitiva può essere espressa da altri costrutti, ad es. con *e/ex* + ablativo o *inter* + accusativo:
>   *pauci e civibus*   pochi **fra i cittadini**

3 GENITIVO DIPENDENTE DA AGGETTIVI E PARTICIPI

3.1 Genitivo dipendente da aggettivi

Reggono il genitivo (con valore oggettivo, vd. *supra*) molti aggettivi che indicano:

a.	**desiderio o avversione**, come *avidus, cupĭdus* "desideroso, bramoso", *studiosus* "desideroso, appassionato", *fastidiosus* "noncurante, annoiato", ecc.	*Catilina **cupidus** gloriae erat.* Catilina era **avido** di gloria. ***fastidiosus** litterarum Gaecarum* **noncurante** delle lettere greche
b.	**esperienza, perizia, conoscenza (ed i loro contrari)** come *peritus* "esperto", *prudens* "pratico, avveduto", *imperitus* "inesperto", *conscius* e *gnarus* "consapevole", *inscius* o *nescius* "ignaro", *insuetus* "non abituato", ecc.	*Sempronia saepe caedis **conscia** fuerat.* Sempronia era stata spesso **complice** di omicidio. *Conon **prudens** rei militaris erat.* (Nep.) Conone era **esperto** di arte militare.
c.	**abbondanza o privazione**, come *plenus* "pieno", *refertus* "ricolmo", *fertilis* "fecondo", *inānis* "vuoto", *inops* ed *expers* "privo, povero", *profusus* "prodigo", ecc.	***Referta** Gallia negotiatorum est, **plena** civium Romanorum.* La Gallia è **stracolma** di uomini d'affari, **piena** di cittadini romani.
d.	**memoria e dimenticanza**, come *memor* "memore", *immemor* "immemore", ecc.	***memŏres** beneficiorum, iniuriarum **immemŏres*** **memori** dei benefici, **immemori** delle ingiurie
e.	**partecipazione, comunanza, padronanza, possesso (ed i loro contrari)**, come *compos* "padrone", *impŏtens* "sfrenato", *particeps* e *consors* "partecipe", *alienus* "estraneo", *communis* "comune", ecc.:	*Homo solus **particeps** est orationis et cogitationis.* Solo l'uomo è **fornito** della facoltà di parlare e di pensare.
f.	**uguaglianza e diseguaglianza, somiglianza o dissimiglianza**, come *similis* "simile", *dissimilis* "dissimile", *par* "pari", *dispar* "differente", *propinquus, affinis* "parente", ecc.	*Filius patris **dissimillimus** erat.* Il figlio era **diversissimo** dal padre. *illum hominem, cuius paucos **pares** civitas tulit* (Cic.) quell'uomo, **pari** al quale pochi furono prodotti dalla città
g.	**accusa, colpevolezza e innocenza**, come *sons, noxius* "colpevole", *insons, innoxius* "innocente", *reus* "accusato", ecc.	*Te unum **insontem** culpae cladis hodiernae dei respicere debent.* Gli dèi devono considerarti **il solo innocente** dalla colpa della odierna sconfitta.
h.	**amicizia e ostilità**, come *amicus, inimicus, adversarius, familiaris*, ecc.	***Amici** principum ab omnibus salutantur.* **Gli amici** dei notabili sono salutati da tutti.

3.2 Genitivo dipendente da participi

Molti **participi presenti** dei verbi transitivi assumono un ruolo di **aggettivi**: *amans* "amante", *appětens* "desideroso", *diligens* "amante", *impatiens* "intollerante", *metuens* "timoroso", *neglěgens* "trascurato, negligente", *observans* "osservante", *patiens* "tollerante, resistente", ecc.
In tal caso essi reggono il genitivo:

Nostri milites fortes et **patientes laborum** sunt.	I nostri soldati sono forti e **resistenti alle fatiche**.
Semper **appetentes laudis** fuistis.	Siete sempre stati **desiderosi di lode**.

> **NB**
> - Quando questi participi sono usati con funzione specificamente verbale reggono l'accusativo:
>
> | | |
> |---|---|
> | Troes, **pericula despicientes**, in hostes se coniciebant. | I Troiani, **disprezzando ogni pericolo**, si scagliavano contro i nemici. |
>
> - Si noti dunque la differenza:
>
> | | |
> |---|---|
> | miles **patiens frigŏris** | soldato **tollerante del freddo** [*frigŏris* è genitivo oggettivo dipendente dal participio; il soggetto ha l'abitudine di soffrire il freddo] |
> | miles **patiens frigus** | soldato **che tollera il freddo** [*frigus* è oggetto dipendente dal participio che ha valore verbale; il soggetto compie l'azione temporanea di soffrire il freddo] |

4 GENITIVO DIPENDENTE DA VERBI

Il genitivo in dipendenza da verbi può essere di stima, di prezzo, di colpa, di pena e di memoria; si trova anche con i verbi *interest* e *refert*.

4.1 Genitivo di stima

Il **complemento di stima** esprime quanto viene stimata una persona o una cosa; dipende da verbi estimativi, che significano appunto "considerare, stimare" (ad es. *aestĭmo, duco, existĭmo, facio, habeo, puto,* ecc.). Tali verbi reggono:

a) **il genitivo, se la stima (per lo più riferita a persone) è indeterminata** ed è espressa dagli avverbi *tanti* "tanto", *quanti* "quanto", *magni* (non *multi*) "molto", *pluris* (non *maioris*) "di più", *minoris* "di meno", *minimi* "pochissimo", *permagni* e *plurimi* "moltissimo", *parvi* (non *pauci*) "poco", *dupli* "il doppio", ecc.:

Pompeium **faciebam plurimi**. (Cic.)	**Stimavo tantissimo** Pompeo.

b) **l'ablativo, se la stima (per lo più riferita ad oggetti) è determinata** ed indicata con un'espressione numerica:

Cupido ille **denariis quadringentis** putatus est.	Quella statua di Cupido **fu stimata quattrocento denari**.

> **NB**
> - Si trovano in ablativo anche gli avverbi *multo, paulo, aliquanto* "molto, poco, alquanto", che intensificano il grado della stima:
>
>   **Aliquanto** minoris agri aestimati sunt quam domus.
>   I campi furono stimati **alquanto** meno che la casa.
>
> - Invece di *nihili* spesso si trova *pro nihilo*:
>   **Pro nihilo** suum munus habuit.
>   **Non stimò per nulla** il suo compito.
>
> - Rilevanti sono alcune espressioni colloquiali che indicano l'assenza di stima, come *assis facĕre* "stimare un asse" (cioè per noi "un centesimo"), *flocci facĕre* "stimare quanto un bioccolo di lana", *pili facĕre* "stimare un pelo", *nauci facĕre* "stimare un guscio di noce":
>   Habeo **flocci** Marcum.
>   **Non ho alcuna stima** di Marco.

4.2 Genitivo (e ablativo) di prezzo

Il **complemento di prezzo** dipende da verbi come *conduco* "prendere in affitto", *consto* "costare", *emo* "comprare, pagare", *habĭto* "pagare d'affitto", *liceor* "mettere in vendita", *loco* "dare in affitto", *redĭmo* "riscattare", *vendo* "vendere", *veneo* "andare in vendita, essere venduto". Si trova:

AL GENITIVO	ALL'ABLATIVO
soltanto con **tanti** "a tanto", **quanti** "a quanto", **pluris** "a più", **minoris** "a meno": *Vendo meum non **pluris** quam ceteri, fortasse etiam **minoris**.* (Cic.) Vendo il mio **a prezzo non superiore** agli altri, forse anzi **inferiore**.	negli altri casi, sia se il prezzo è determinato, sia se è indeterminato: *Domus **veniit parvo**, idest tribus talentis.* La casa **fu venduta a poco prezzo**, cioè a tre talenti.

4.3 Genitivo della colpa

Il **complemento di colpa**, al genitivo, si ha in dipendenza da verbi che significano "accusare, incolpare" (*accuso, incuso, insimulo*), "assolvere" (*absolvo*), "condannare" (*condemno, damno*), "chiamare in giudizio" (*ago, arcesso, postulo*), ecc.
In realtà si tratta di una forma ellittica, dato che sono sottintesi gli ablativi *crimine, scelere* "per il delitto di", *nomine* "sotto l'imputazione di", *suspicione* "per il sospetto di", ecc.:

*Accusavit eum (crimine) **furti**.*   Lo accusò **di furto**.

È importante riconoscere alcune ricorrenti tipologie di accusa:
- *ambitus* "di/per broglio elettorale" [il termine deriva dal verbo *ambire* "andare intorno", per sollecitare voti in modo illegale];
- *capĭtis* "di/per delitto capitale" [che merita cioè la pena di morte];
- *coniurationis* "di partecipare ad una congiura";
- *furti* "di/per furto";
- *maiestatis* "di/per lesa maestà";
- *parricidii* "di/per parricidio" [in realtà il *parricida* è l'uccisore di parenti prossimi, non solo del padre];
- *peculatus* "di/per peculato" [reato in virtù del quale un pubblico ufficiale o un incaricato di pubblico servizio, avendo per ragione del suo ufficio o servizio il possesso o

comunque la disponibilità di denaro o di un altro bene mobile altrui, se ne appropria illegalmente];

- ***proditionis*** "di/per tradimento";
- ***repetundarum*** "di/per estorsione" [*repetundarum* è forma arcaica del gerundivo da *repĕto* ed indica lett. il denaro "che deve essere restituito", essendo stato estorto illegalmente];
- ***veneficii*** "di/per avvelenamento".

- Il genitivo di colpa può dipendere anche da aggettivi come *reus* "imputato, accusato", *manifestus* "reo (colpevole) manifesto", ecc.: *reus capitis* "**imputato** di delitto capitale"; *manifestus sceleris* "**reo manifesto** di un delitto".

4.4 Genitivo della pena

I verbi che reggono il **complemento di pena** sono *damno*, *condemno* "condannare", *absolvo*, *libero* "assolvo", *multo* "punire, condannare", ecc.

PENA DETERMINATA	PENA INDETERMINATA
Se la pena è espressa in modo determinato, si usa l'ablativo: *Multare aliquem **bonis**, **exilio**, **vinculis**, **morte**.* Condannare uno **alla confisca dei beni, all'esilio, al carcere, a morte**.	Quando la pena è indeterminata, viene espressa al genitivo con le espressioni ***dupli*** "al doppio", ***tripli*** "al triplo", ***quadrupli*** "al quadruplo", ***quanti*** "a quanto", ***tanti*** "a tanto", ecc.: ***Quanti** damnatus es?* **A che multa** sei stato condannato?

- In età imperiale si trovano espressioni con l'accusativo, come *damnare **ad mortem*** "condannare **a morte**", *damnare **ad metalla*** "condannare **alle miniere**", *damnare **ad bestias*** "condannare **alle belve**" (cioè a lottare con le belve nel circo).
- "Condannare a morte" in latino si esprime non solo con *damnare **capitis*** ma anche con *damnare **capite***, all'ablativo.

4.5 Genitivo con i verbi di memoria

I **verbi di memoria**, indicanti ricordo o dimenticanza, presentano diverse costruzioni:

VERBI ED ESPRESSIONI DI MEMORIA	COSTRUZIONE	ESEMPI
obliviscor "mi dimentico", ***reminiscor*** e ***memini*** "mi ricordo"	a. reggono il **genitivo della persona** (*alicuius*), il **genitivo** (*alicuius rei*) o l'**accusativo della cosa** (*aliquid*) b. se il complemento è espresso mediante un **pronome** o un **aggettivo neutro**, si trova soltanto l'**accusativo** (*aliquid*)	a. ***Magistri** memini, neque umquam obliviscar **ea** quae dicebat.* Mi ricordo **del maestro**, né mai dimenticherò **ciò** che diceva. b. ***Illud** meminisse iuvabit.* Gioverà ricordare **quella cosa**. [con pronome neutro]

recordor "mi ricordo"	**a.** regge il **genitivo** o l'**accusativo della cosa** (*alicuius rei, aliquid*)	**a.** *Flagitiorum suorum recordatur.* Si ricorda **dei suoi delitti**.
	b. può reggere anche ***de*** + **ablativo della cosa** o, più spesso, **della persona** (*de aliquo, de aliqua re*)	**b.** *De te recordor.* Mi ricordo **di te**.
moneo, commoneo, admoneo, commonefacio, "richiamare alle memoria (altrui)"	**a.** reggono l'**accusativo della persona** (*aliquem*); la **cosa** va **in genitivo** o all'**ablativo preceduto da *de*** (*alicuius rei, de aliqua re*)	**a.** *Catilina admonebat alium egestatis, alium cupiditatis.* Catilina ricordava **ad uno la povertà, ad un altro l'ambizione**.
	b. se è espressa da un **pronome neutro**, la **cosa** va in **accusativo** (*aliquid*)	**b.** *Te id commonefacio.* Ti avverto **di questo**.
mihi (*tibi, ei, nobis*, ecc.) *venit in mentem*	**a.** l'espressione regge il **genitivo** sia della persona che della cosa che viene in mente (*alicuius, alicuius rei*)	**a.** *Mihi venit in mentem M. Catonis.* Mi viene in mente **M. Catone**.
	b. se la cosa è un **pronome neutro**, va al **nominativo** (*aliquid*)	**b.** *Nunc mihi ea veniunt in mentem, quae tibi promisi.* Ora mi vengono in mente **le cose** che ti ho promesso.

4.6 Costruzione dei verbi *interest* e *rēfert*

I verbi *interest*, composto di *sum*, e *rēfert*, composto di *fero*, entrambi impersonali, significano "importa, interessa" e si costruiscono così:

PERSONA A CUI IMPORTA	COSA CHE IMPORTA	ESEMPI
in genitivo	**a.** pronome neutro	**a.** *Id matris interest.* **Ciò** interessa **alla madre**.
	b. proposizione infinitiva	**b.** *Patris interest liberos felices esse.* Al padre interessa **che i figli siano felici**.
	c. proposizione completiva, con *ut* + congiuntivo	**c.** *Patris interest ut liberi felices sint.* Al padre interessa **che i figli siano felici**.

- Se la persona è espressa con un pronome personale, anziché il genitivo si trovano le forme in ablativo singolare femminile del possessivo (*meā, tuā, suā, nostrā, vestrā, suā*):

    Nostrā plurimi refert ut cives sint concordes.   **Importa a noi** moltissimo che i cittadini siano concordi.

- Il grado dell'importanza (cioè quanto una cosa importi) si esprime con gli avverbi *quantum, tantum, multum, nihil, maxime, minime*, ecc., oppure con i genitivi di stima *quanti, tanti, parvi, magni, pluris, maximi*, ecc.:

    Multum interest te quam primum venire.   Interessa **molto** che tu venga quanto prima.

▶ Esercizi

A — Analizza e traduci le seguenti frasi, riconoscendo i complementi in genitivo (genitivo dipendente da sostantivi).

1. Est philosophi habere non errantem, sed stabilem certamque opinionem. (Cic.)   2. "Metus hostium" recte dicitur, et cum timent hostes et cum timentur. (Gell.)   3. Rex cum liberis et magna parte pecuniae ex oppido noctu profugit. (Sall.)   4. Bellum adversus Megarenses decretum est insulaque Salamina, devictis hostibus, Atheniensium facta est. (Nep.)   5. Multae istarum arborum mea manu sunt satae. (Cic.)   6. Gallorum omnium fortissimi sunt Belgae. (Ces.)   7. Ubicumque gentium ero, tui et vestrum omnium memoriam numquam deponam. (Cic.)   8. Sit, iudices, sanctum apud vos, humanissimos homines, hoc poëtae nomen, quod nulla umquam barbaria violavit. (Cic.)   9. Appius fuit vehementis ingenii vir. (Liv.)   10. C. Trebonius aggĕrem in altitudinem pedum LXXX exstruit. (Liv.)   11. Indutiae quindĕcim dierum datae hosti erant. (Liv.)   12. Temporis vix satis habui ut rem tantam possem cognoscere. (Cic.)   13. Tua memoria nostri iucunda est nobis et nostram tui benevolentiam auget. (Cic.)   14. Quis nostrum exercitationem ullam corporis suscipit laboriosam, nisi ut aliquid ex ea commodi consequatur? (Cic.)   15. Caesar movebatur etiam misericordia civium, quos interficiendos videbat. (Ces.)

B — Analizza e traduci le seguenti frasi (genitivo dipendente da aggettivi e participi).

1. Apud Platonem Socrates se omnium rerum inscium fingit et rudem. (Cic.)   2. Vos semper appetentes gloriae praeter ceteras gentes atque avidi laudis fuistis. (Cic.)   3. Tyranni, si forte cecidĕrunt, tum intelligitur, quam fuerint inopes amicorum. (Cic.)   4. Vita referta bonis est beata. (Cic.)   5. Dionysius tyrannus, cultros metuens tonsorios, candenti carbone sibi adurebat capillum. (Cic.)   6. Veteres Romani laudis avidi, pecuniae liberales erant. (Sall.)   7. Gloriae te esse avidissimum, quamvis sis sapiens, non negabis, Caesar. (Cic.)   8. Populus est novarum rerum cupiens pavidusque. (Tac.)   9. Andricus postridie venit quam exspectaram; ideo habui noctem plenam timoris ac miseriae. (Cic.)   10. Asia et ceterae provinciae nec virorum inŏpes et pecuniae opulentae. (Tac.)

C — COMPLETAMENTO Inserisci nelle seguenti frasi i termini opportuni, scegliendoli fra le tre opzioni; poi traduci (genitivo dipendente da verbi: di stima, di prezzo, della colpa e della pena).

1. Aristīdes exsilio decem .... (**annorum** - **annis** - **annos**) multatus est. (Nep.)   2. L. Suetius dixit multos cives Romanos Verris imperio crudelissime .... (**mortis** - **mortem** - **morte**) esse multatos. (Cic.)   3. Illi debebant potius .... (**aestimari** - **accusari** - **habēri**) de pecuniis repetundis quam ambĭtus (Cic.)   4. Ego pro Pompeio libenter emŏri possum: facio .... (**pluris** - **nihili** - **magis**) omnium hominum neminem. (Cic.)   5. Miltiădes, ... (**capite** - **caput** - **capitis**) absolutus, pecuniā multatus est. (Nep.)   6. Nulla possessio, nulla vis auri et argenti .... (**minoris** - **pluris** - **multum**) quam virtus aestimanda est. (Cic.)   7. Decretum est ut qui pro Perseo adversus Romanos aliquid aut dixisset aut fecisset, ... (**capitis** - **repetundarum** - **peculatus**) condemnaretur. (Liv.)   8. .... (**quanti** - **tanti** - **pluris**) aestĭmas ista cognoscere? (Sen.)   9. Camillus absens quindĕcim milibus aeris gravis .... (**aestimatur** - **damnatur** - **damnavit**).   10. Lysanias adeptus est ordinem senatorium, sed, ... (**peculatus** - **capitis** - **stupri**) damnatus, et bona et senatorium nomen amisit. (Cic.)

D — Collega la prima parte di ogni frase alla corrispondente seconda parte; poi traduci (genitivo con i verbi di memoria e con *interest* e *refert*).

1. Dormientibus nobis interdum ea veniunt in mentem
2. Non sine magno dolore
3. Dii existimant nihil interesse hominum

a. maxime interesse arbitror. (Cic.)
b. scire quid sit futurum. (Cic.)
c. ubi sint positae villae. (Varr.)
d. quae vigilantes vel vidimus vel fecimus. (Cic.)

4. *Recordare illum, M. Antoni, diem*
5. *Caligula multos honesti ordinis*
6. *Ad discendum magni interest*
7. *Permagni interest*
8. *Hoc ego mea et rei publicae*

e. *quibus magistris utaris.* (Cic.)
f. *ad metalla et munitiones viarum aut ad bestias condemnavit.* (Svet.)
g. *de te recordor.* (Cic.)
h. *quo dictaturam sustulisti.* (Cic.)

E Analizza e traduci le seguenti frasi (verbi di memoria, *interest* e *refert*).

1. *Nostra nihil interest scire ea quae eventura sunt.* (Cic.) 2. *Permagni interest quo tempore tibi haec epistula reddita sit.* (Cic.) 3. *Id tuā nihil referebat.* (Cic.) 4. *Quis est hodie, cui intersit istam legem manēre?* (Cic.) 5. *Utriusque nostrum magni interest, ut te videam.* (Cic.) 6. *Non nostrā magis quam vestrā refert vos non rebellare.* (Cic.) 7. *Non venit vobis in mentem pugna apud Regillum lacum? Adeo et cladium vestrarum et beneficiorum nostrorum erga vos obliti estis?* (Liv.) 8. *Hoc praecipuum amicorum munus est, quae defunctus voluerit meminisse, quae mandaverit exsĕqui.* (Tac.) 9. *Caesar magni interesse arbitrabatur Cingetorīgis auctoritatem inter suos quam plurimum valere.* (Ces.) 10. *Sed tu, qui huius iudicii meministi, cur oblitus es illius?* (Plin. Giov.)

■ EXEMPLUM

33 La simulazione è l'opposto dell'amicizia

Nel cap. 91 del *Laelius de amicitia* Lelio ha affermato che nelle amicizie non vi è nulla di peggio dell'adulazione e della piaggeria. Il concetto viene precisato nel capitolo successivo, in cui si ribadisce che la simulazione "fa a pugni" con l'amicizia, la quale invece rifugge da ogni finzione e da ogni compromesso.

Cum autem omnium rerum simulatio vitiosa est (tollit enim iudicium veri idque adulterat), tum amicitiae repugnat maxime; delet enim veritatem, sine quā nomen amicitiae valēre non potest. Nam cum amicitiae vis sit in eo, ut unus quasi animus fiat ex pluribus, quī id fieri poterit, si ne in uno quidem quoque unus animus erit idemque semper, sed varius, commutabilis, multiplex? Quid enim potest esse tam flexibile, tam devium quam animus eius qui ad alterius non modo sensum ac voluntatem sed etiam vultum atque nutum convertitur?

(Cicerone)

E come poi la simulazione è in ogni cosa colpevole (toglie difatti il discernimento del vero e lo adultera), così specialmente fa a pugni coll'amicizia: distrugge infatti la verità, e senza essa non può aver valore il nome d'amicizia. Difatti, se la forza dell'amicizia sta in questo, che quasi una sola anima si fa di più anime, come potrà ciò avvenire se neppure in uno solo vi sarà una sola anima e la medesima sempre, ma varia, mutevole, molteplice? Che cosa infatti vi può essere tanto pieghevole, tanto ambiguo, quanto l'anima di colui che non solo al sentimento e alla volontà d'un altro, ma all'aspetto del volto e al cenno si muta?

(trad. di C. Saggio)

NOTE LINGUISTICHE	NOTE LESSICALI	NOTE DI TRADUZIONE
nomen amicitiae → genitivo epesegetico. **amicitiae vis** → genitivo di specificazione. **quī id fieri poterit** → l'avverbio *quī* sta per *quomŏdo* ("come"); propr. è una forma arcaica di ablativo da *qui, quae, quod*.	**vitiosa** → nel senso di "colpevole". **animus** → corrisponde alla nostra "anima". **ne... quidem** → significa "neppure"; i due elementi sono separati sempre da una o più parole.	**amicitiae repugnat maxime** → lett. "si oppone soprattutto all'amicizia"; ma la resa del traduttore ("fa a pugni coll'amicizia") è precisa a livello etimologico, con riferimento metaforico al verbo *pugnare* e al "pugno" (*pugnus*).

PRIMO LIVELLO

34 Augusto ed il corvo parlante

Al ritorno dalla battaglia di Azio, Augusto riceve molte congratulazioni. Un artigiano gli vende un corvo parlante che esalta la vittoria dell'imperatore. Anche un altro artigiano porta al principe un corvo, che pronuncia un'analoga frase adulatoria; poi Augusto acquista anche un pappagallo ed una gazza. Un calzolaio, che tenta di addestrare il proprio corvo ad una simile impresa, crede di aver fallito e pronuncia una frase che esprime il suo disappunto; il volatile però memorizza l'espressione e la ripete poi davanti ad Augusto, che compiaciuto acquista il corvo ad un prezzo maggiore rispetto a tutti gli altri animali precedenti.

a. Augusto acquista un corvo parlante
Sublimis Actiaca victoria (Augustus) revertebatur. Occurrit ei inter gratulantes opĭfex corvum tenens, quem instituerat haec dicere: «Ave, Caesar victor imperator». Miratus Caesar officiosam avem viginti milibus nummum emit.

b. Altri acquisti di Augusto
Socius opifĭcis, ad quem nihil ex illa liberalitate pervenerat, adfirmavit Caesari habere illum et alium corvum, quem Augustus sibi afferri postulavit. Adlatus verba quae didicerat expressit: «Ave, victor imperator Antoni». Nihil ea re exasperatus, satis duxit iubere illum dividere donativum cum contubernali. Salutatus similiter a psittăco, emi eum iussit. Idem miratus in picā hanc quoque redemit.

c. Il corvo del calzolaio
Exemplum sutorem pauperem sollicitavit ut corvum institueret ad parem salutationem: qui impendio exhaustus saepe ad avem non respondentem dicere solebat: «Opera et impensa periit». Aliquando tamen corvus coepit dicere dictatam salutationem. Hac audita dum transit Augustus, respondit: «Satis domi salutatorum talium habeo».

d. Augusto acquista anche il corvo del calzolaio
Superfuit corvo memoria, ut et illa quibus dominum querentem solebat audire subtexeret: «Opera et impensa periit». Ad quod Caesar risit, emique avem iussit quanti nullam adhuc emerat.

(Macrobio)

35 Patto fra Dio ed Abramo

Dopo il diluvio universale, i figli di Noè ripopolano il mondo. Ma gli uomini ben presto ricadono nei vizi e solo alcuni di loro rispettano la vera religione e la virtù: fra costoro c'è Abramo, della stirpe di Sem. Dio si rivolge ad Abramo, invitandolo a recarsi in una regione destinata a lui e alla sua numerosa stirpe.

a. I figli di Noè — *Omnes gentes propagatae sunt a filiis Noemis: Semus incoluit Asiam, Chamus Africam, Japhetus Europam.*

b. Gli uomini perseverano nella strada del vizio — *Poena diluvii non deterruit homines a vitiis, sed brevi facti sunt peiores quam prius. Obliti sunt Dei creatoris: adorabant solem et lunam; non verebantur parentes; dicebant mendacium: faciebant fraudem, furtum, homicidium: uno verbo, se contaminabant omnibus flagitiis.*

c. Dio fa un patto con Abramo — *Quidam tamen sancti viri coluerunt veram religionem et virtutem, inter quos fuit Abrahāmus e genere Semi. Deus fecit foedus cum illo his verbis: «Exi e domo paterna, desĕre patriam, et pete regionem quam daturus sum posteris tuis: augebo te prole numerosā; eris pater multarum gentium, ac per te omnes orbis nationes erunt bonis cumulatae. Aspĭce caelum: dinumera stellas, si potes, tua progenies eas aequabit numero».*

(C. F. Lhomond)

SECONDO LIVELLO

36 Doti intellettuali di Carlo Magno

Nella sua *Vita Karoli Magni*, Eginardo dedica alcuni capitoli alla descrizione delle caratteristiche fisiche e intellettuali del sovrano. Nel capitolo precedente ha elencato le sue doti di sobrietà, laboriosità e giustizia; ora ne presenta l'eloquenza, il desiderio di apprendere altre lingue, il culto delle arti liberali. In tutti i campi mostra acuta intelligenza e lodevole zelo.

Erat [Karolus] eloquentia copiosus et exuberans poteratque quicquid vellet apertissime exprimere. Nec patrio tantum sermone contentus, etiam peregrinis linguis ediscendis operam impendit. In quibus Latinam ita didicit, ut aeque illa ac patria lingua orare sit solitus, Graecam vero melius intellegere quam pronuntiare poterat. Adeo quidem facundus erat, ut etiam dicaculus appareret. Artes liberales studiosissime coluit, earumque doctores plurimum veneratus magnis adficiebat honoribus. In discenda grammatica Petrum Pisanum diaconem senem audivit, in ceteris disciplinis Albinum cognomento Alcoinum[1], *item diaconem, de Brittaniā Saxonici generis hominem, virum undecumque doctissimum, praeceptorem habuit, apud quem et rethoricae et dialecticae, praecipue tamen astronomiae ediscendae plurimum et tempŏris et labōris impertivit. Discebat artem computandi et intentione sagaci sidĕrum cursum curiosissime rimabatur.*

(Eginardo)

[1]. *Albinum cognomento Alcoinum*: "Albino, detto Alcuino".

Laboratorio

MORFOLOGIA
1. Individua aggettivi e pronomi indefiniti.

SINTASSI
2. Individua i genitivi partitivi.
3. Riconosci due proposizioni consecutive.

LESSICO
4. Individua i vocaboli che esaltano le doti intellettuali di Carlo Magno.

••○ | 37 Generosità di Alessandro Magno nei confronti delle figlie di re Dario

Nel 333 a.C. Alessandro Magno sconfisse Dario III, l'ultimo re Achemenide dell'impero persiano, nella battaglia di Isso. Dario riuscì a sfuggire alla cattura, ma sua moglie, sua madre e le sue figlie furono catturate. Il re macedone però si dimostrò clemente e generoso con le donne, liberandole da ogni timore e rassicurandole sul loro futuro.

Exinde caedes Persarum secuta est. Caesa sunt peditum sexaginta unum milia, equitum decem milia; capta XL milia. Ex Macedonibus cecidēre pedestres CXXX, equites CL. In castris Persarum multum auri ceterarumque opum inventum. Inter captivos castrorum mater et uxor eademque soror et filiae duae Darii fuēre. Ad quas visendas hortandasque cum Alexander veniret, conspectis armatis invĭcem se amplexae, velut statim moriturae, conplorationem ediderunt. Provolutae deinde genibus Alexandri non mortem, sed, dum Darii corpus sepeliant, dilationem mortis deprecantur. Motus tanta muliĕrum pietate Alexander et Darium vivere dixit et timentĭbus mortis metum dempsit easque et haberi et salutari ut reginas praecepit; filias quoque non sordidius dignitate patris sperare matrimonium iussit.

(Giustino)

Laboratorio

MORFOLOGIA
1. Individua ed analizza due forme verbali abbreviate.

SINTASSI
2. Riconosci nel testo i complementi in genitivo.
3. Che tipo di costrutto è *ad quas visendas*?

COMPRENSIONE DEL TESTO
4. Che cosa chiedono ad Alessandro le figlie di Dario? Che risposta ricevono?

••○ | 38 Il filosofo Atenodoro prende in affitto una casa infestata da un fantasma

Plinio il Giovane, rivolto all'amico Sura, si pone il problema dell'esistenza o meno degli spettri (*phantasmăta*). Ad Atene sorgeva una casa malfamata perché la si credeva infestata da un fantasma. La casa era stata dunque abbandonata dai suoi abitanti; tuttavia il filosofo Atenodoro prende in affitto l'abitazione e finisce per risolvere il mistero del fantasma...

*Venit Athenas philosophus Athenodorus, legit titulum auditoque pretio, quia suspecta vilitas, percunctatus omnia docetur ac nihĭlo minus, immo tanto magis **conducit**. Ubi coepit advesperascere, iubet sterni sibi in prima domus parte, poscit pugillares stilum lumen, suos omnes in interiora dimittit; ipse ad scribendum animum oculos manum intendit, ne vacua mens audita simulacra et inanes sibi metus fingeret. Initio, quale ubīque¹, silentium noctis; dein concŭti² ferrum, vincula movēri. Ille non tollere oculos, non remittere stilum, sed offirmare animum auribusque praetendere. Tum crebrescere fragor, adventare et iam ut in limine, iam ut intra limen audiri. Respicit, videt agnoscitque narratam sibi effigiem. Stabat innuebatque digito similis vocanti. Hic contra ut paulum exspectaret manu significat rursusque ceris et stilo incumbit. Illa scribentis capiti catenis insonabat. Respicit rursus idem quod prius innuentem, nec moratus tollit lumen et sequitur. Ibat illa lento gradu quasi gravis vinculis. Postquam deflexit in aream domus, repente dilapsa deserit comitem. Desertus herbas et folia concerpta signum loco ponit. Postero die adit magistratus, monet ut illum locum effŏdi iubeant. Inveniuntur ossa inserta catenis et implicita, quae corpus aevo terraque putrefactum nuda et exesa reliquerat vinculis; collecta publice sepeliuntur.*

◀ Vedi **Curiosità**

(Plinio il Giovane)

1. *quale ubīque*: "come ovunque".
2. *concŭti*: come quelli immediatamente successivi, si tratta di un infinito storico, indipendente; si possono rendere tutti con degli imperfetti indicativi.

Curiosità

Termini relativi all'affitto Il verbo *conduco, -is, conduxi, conductum, -ĕre* ha il significato-base di "**condurre, portare insieme, raccogliere**"; assume poi il senso specifico di "**prendere in affitto**": es. *conducĕre hortum* "prendere in affitto un orto". Un significato parallelo è quello di "**assoldare, reclutare**": *homines mercede conducti* "uomini assoldati a pagamento" (Cic.). Al verbo *conduco* si collega il sostantivo *conductor* "**affittuario, locatario, pigionale**"; conseguentemente, in italiano "conduttore" è colui che prende in affitto un immobile, per cui deve pagare la "locazione", cioè l'affitto.

Il termine "**locazione**" deriva dal lat. *loco, -are* nel senso di "**dare in affitto**"; il *locator* era colui che concedeva una sua proprietà immobiliare in affitto (da qui il nostro termine "locatore"); analogamente in italiano il "locatario" è la persona o l'ente che prende in locazione un bene mobile o immobile.
Il nostro verbo "affittare" deriva invece dal sostantivo "**fitto**", a sua volta generato dall'espressione "**(prezzo) fitto**" (cioè "prezzo fissato"); in latino non si ha un termine **fittum* ma si trova il participio *fixus* (da *figo, -is, fixi, fixum, -ĕre* "fissare, conficcare").

●● 39 Cicerone preoccupato per la salute del suo liberto Tirone

Marco Tullio Tirone fu schiavo e poi liberto di Cicerone, che lo ricorda spesso nelle sue lettere come suo segretario. La sua salute fu spesso precaria, per cui molte lettere di Cicerone (fra cui questa) ne ricordano le malattie, evidenziando nei suoi confronti affetto e preoccupazione. Tirone tuttavia sopravvisse a Cicerone: dopo la morte del *patronus* (43 a.C.) acquistò una tenuta vicino a Pozzuoli, dove, a detta di San Girolamo, morì nel 4 a.C., all'età di 99 anni.

▶ Vedi **Cave!**

TULLIUS TIRONI SAL.

Aegypta[1] *ad me venit pridie Idus Apriles. Is etsi mihi nuntiavit te plane febri carēre et* **belle habēre***, tamen, quod negavit te potuisse ad me scribere, curam mihi attulit, et eo magis, quod Hermĭa*[2]*, quem eodem die venire oportuerat, non venerat. Incredibili sum sollicitudine de tua valetudine; qua si me liberaris, ego te omni cura liberabo: plura scriberem, si iam putarem libenter te legere posse. Ingenium tuum, quod ego maximi facio, confer ad te mihi tibique conservandum: cura te etiam atque etiam diligenter. Vale.*
Scripta iam epistula Hermĭa venit. Accēpi tuam epistulam vacillantibus litterulis; nec mirum, tam gravi morbo. Ego ad te Aegyptam misi, quod nec inhumanus est et te visus est mihi diligere, ut is tecum esset, et cum eo cocum, quo uterēre. Vale.

(CICERONE)

1. *Aegypta*: "Egitta", uno degli schiavi di Cicerone.   2. *Hermĭa*: "Ermia", altro schiavo di Cicerone.

Cave!

Il verbo *habeo* L'espressione **belle habere** significa qui "**star bene di salute**".
Il verbo **habeo** in latino ha moltissimi significati, anche idiomatici, per cui occorre molta attenzione nel tradurlo secondo i contesti. I suoi valori principali sono:

a. "**reggere, tenere, portare**": *arma habentes* "con le armi";
b. "**contenere**", detto anche di scritti: *editio habebit omnia* "l'edizione definitiva conterrà tutto";
c. "**avere, possedere, abitare, occupare, dominare**": *urbem Romam a principio reges habuēre* "dapprima i re occuparono/dominarono la città di Roma" (Tac.);
d. in senso traslato, "**tenere in pugno, essere sul punto di raggiungere**": *habēre victoriam* "avere la vittoria a portata di mano" (Liv.);
e. con condizioni morali e stati d'animo, "**avere, nutrire, serbare**": *animum fortem habēre* "serbare un animo forte" (Cic.);
f. al passivo, con il nome del predicato: "**essere ritenuto**": *Macedones milites semper habiti sunt fortissimi* "I soldati macedoni sono sempre stati considerati molto forti" (Nep.);
g. "**disporre, ordinare, proporre, presentare**": *orationem in senatu habēre* "presentare in senato un'orazione";
h. "**dare, concedere, offrire**": *alicui honorem habēre* "pagare un salario a qualcuno";
i. relativamente allo stato fisico, "**trovarsi, stare, essere**", precisato da un avverbio: *male habentes* "ammalati" (Aug.);
j. "**avere come/per, ritenere**": *habebantur fidelissimi* "erano ritenuti fedelissimi";
k. "**sapere**": *nihil habeo quod ad te scribam* "non ho/non so che cosa scriverti" (Cic.).

TERZO LIVELLO

●●● | 40 Caio Canio truffato

C. Canius, eques Romanus, nec infacetus et satis litteratus, cum se Syracusas otiandi, ut ipse dicĕre solebat, non negotiandi causa contulisset, dictitabat se hortulos aliquos emere velle, quo invitare amicos et ubi se oblectare sine interpellatoribus posset. Pythius ei quidam, qui argentariam facĕret Syracusis, venales quidem se hortos non habēre, sed licēre uti Canio, si vellet, ut suis, et simul ad cenam hominem in hortos invitavit in posterum diem. Cum ille promisisset, tum Pythius piscatores ad se convocavit et ab iis petivit, ut ante suos hortulos postridie piscarentur, dixitque quid eos facere vellet. Ad cenam tempori venit Canius; opipăre a Pythio adparatum convivium, cumbarum ante oculos multitudo, pro se quisque, quod ceperat, adferebat; ante pedes Pythii pisces abiciebantur. Tum Canius: «Quaeso – inquit – quid est hoc, Pythi? Tantumne piscium? Tantumne cumbarum?» Et ille: «Quid mirum? – inquit – hoc loco est Syracusis quidquid est piscium, hic aquatio, hac villa isti carēre non possunt». Incensus Canius cupiditate contendit a Pythio, ut venderet. Gravate ille primo. Quid multa? Impĕtrat. Emit homo cupidus et locŭples tanti, quanti Pythius voluit. Invitat Canius postridie familiares suos, venit ipse mature, scalmum nullum videt. Quaerit ex proximo vicino, num feriae quaedam piscatorum essent, quod eos nullos vidēret. «Nullae, quod sciam», ille, «sed hic piscari nulli solent. Itaque heri mirabar quid accidisset». Stomachari Canius, sed quid facĕret?

(CICERONE)

Laboratorio

ANALISI STILISTICA
1. Trova una litote presente nel testo.

COMPRENSIONE
2. Che mestiere fa Pizio?
3. In che consiste la truffa di Pizio?

PRODUZIONE
4. Narra in latino l'episodio dal punto di vista di Canio (max. 5 righe).

••• | 41 La morte di Clodio non solo non giova, ma anzi nuoce a Milone

Audīstis, iudices, quantum Clodi interfuerit occīdi Milonem: convertĭte animos nunc vicissim ad Milonem. Quid Milonis intererat interfĭci Clodium? Quid erat cur Milo non dicam admitteret, sed optaret? «Obstabat in spe consulatus Miloni Clodius». At eo repugnante fiebat, immo vero eo fiebat magis; nec me suffragatore meliore utebatur quam Clodio. Valebat apud vos, iudices, Milonis erga me remque publicam meritorum memoria; valebant preces et lacrimae nostrae, quibus ego tum vos mirifice moveri sentiebam; sed plus multo valebat periculorum impendentium timor. Quis enim erat civium qui sibi solutam P. Clodi praeturam sine maximo rerum novarum metu proponeret? Solutam autem fore videbatis, nisi esset is consul, qui eam auderet possetque constringere. Eum Milonem unum esse cum sentiret universus populus Romanus, quis dubitaret suffragio suo se metu, periculo rem publicam liberare? At nunc, Clodio remoto, usitatis iam rebus enitendum est Miloni, ut tueatur dignitatem suam: singularis illa et huic uni concessa gloria, quae cotidie augebatur frangendis furoribus Clodianis, iam Clodi morte cecĭdit. Vos adepti estis, ne quem civem metueretis: hic exercitationem virtutis, suffragationem consulatus, fontem perennem gloriae suae perdidit. Itaque Milonis consulatus, qui vivo Clodio labefactari non poterat, mortuo denique temptari coeptus est. Non modo igitur nihil prodest, sed obest etiam Clodi mors Miloni.

(CICERONE)

Laboratorio

ANALISI STILISTICA
1. Quali due figure retoriche sono individuabili, all'ultimo rigo, nei termini *prodest / obest*?

COMPRENSIONE DEL TESTO
2. Quali timori destava nei cittadini la pretura di Clodio?
3. Perché la morte di Clodio si rivela, a detta di Cicerone, un danno per Milone?

PRODUZIONE
4. Suddividi il brano in sequenze, assegnando a ciascuna un titolo.

●●● | 42 Il beneficio è in ogni caso un bene

Quid est ergo beneficium? Benevola actio tribuens gaudium capiensque tribuendo in id, quod facit, prona et sponte sua parata. Itaque non quid fiat aut quid detur refert, sed qua mente, quia beneficium non in eo, quod fit aut datur, consistit, sed in ipso dantis aut facientis animo. Magnum autem esse inter ista discrīmen vel ex hoc intellegas licet, quod beneficium utĭque bonum est, id autem, quod fit aut datur, nec bonum nec malum est. Animus est qui parva extollit, sordida inlustrat, magna et in pretio habita dehonestat; ipsa, quae adpetuntur, neutram naturam habent, nec boni nec mali: refert, quo illa rector inpellat, a quo forma rebus datur. Non est beneficium ipsum quod numeratur aut traditur, sicut ne in victimis quidem, licet opimae sint auroque praefulgeant, deorum est honor sed recta ac pia voluntate venerantium. Itaque boni etiam farre ac fitilla religiosi sunt; mali rursus non effugiunt inpietatem, quamvis aras sanguine multo cruentavĕrint.

(SENECA)

●●● | 43 Claudio dopo la morte arriva nell'aldilà

Et ille quidem animam ebulliit[1], et ex eo desiit vivere videri. Exspiravit autem dum comoedos audit, ut scias me non sine causa illos timere. Quae in terris postea sint acta, supervacuum est referre. Scitis enim optime, nec periculum est ne excidant memoriae quae gaudium publicum impresserit: nemo felicitatis suae obliviscitur. In caelo quae acta sint, audite: fides penes auctorem erit. Nuntiatur Iovi venisse quendam bonae staturae, bene canum; nescio quid illum minari, assidue enim caput movēre; pedem dextrum trahere. Quaesisse se, cuius nationis esset: respondisse nescio quid perturbato sono et voce confusā; non intellegere se linguam eius, nec Graecum esse nec Romanum nec ullius gentis notae. Tum Iuppiter Herculem, qui totum orbem terrarum pererraverat et nosse videbatur omnes nationes, iubet ire et explorare, quorum hominum esset. Tum Hercules primo aspectu sane perturbatus est, ut qui etiam non omnia monstra timuĕrit. Ut vidit novi generis faciem, insolitum incessum, vocem nullius terrestris animalis sed qualis esse marinis beluis solet, raucam et implicatam, putavit sibi tertium decimum laborem venisse. Diligentius intuenti visus est quasi homo.

(SENECA)

[1]. *animam ebulliit*: "esalò l'anima"; soggetto sottinteso è l'imperatore Claudio.

UNITÀ 4

IL DATIVO

CAVE!	CURIOSITÀ!
Il verbo *studeo* e i suoi significati	Etimologia del termine "profilo"
Quaero e *queror*	

IN ITALIANO
I complimenti di termine, di vantaggio/svantaggio, di fine/scopo

Con il dativo si esprimono diversi complementi, tra cui quelli di termine, di vantaggio/svantaggio e di fine/scopo. A seguire proponiamo degli esercizi per ripassare questi complementi in italiano.

▶ Esercizi

1 Nelle seguenti frasi distingui i complementi di termine, di vantaggio e svantaggio, di fine o scopo (attenzione: non sempre sono presenti).
1. Gianni mi ha regalato un libro avvincente. **2.** Darò una festa in tuo onore. **3.** L'inquinamento è dannoso all'organismo umano. **4.** Mi sto preparando per la festa di domani. **5.** Ho mandato a Milano la documentazione richiesta. **6.** Tuo padre ha agito per il tuo bene. **7.** Il concorrente era in vantaggio sugli altri, per la sua evidente superiorità. **8.** Per la gita devi indossare le scarpe da tennis.

1 IL CASO DATIVO

Il termine "dativo" deriva dal fatto che questo caso si trova in espressioni che significano "dare", seguite dal **complemento di termine**:

| *dare* **alicui** *aliquid* | dare qualcosa **a qualcuno** |

Il dativo è anche il caso dell'apposizione e dell'attributo del complemento di termine, ma esprime anche il **vantaggio** (*dativus commodi*), il **danno** (*dativus incommodi*), l'**interesse** (dativo etico), il **possesso** (dativo di possesso), l'**agente** (dativo d'agente, con il gerundivo), la **relazione** (dativo di relazione).
Può dipendere:
- da **sostantivi** (di rado): *obtemperatio legibus* "**ubbidienza** alle leggi";
- da **aggettivi**: *utilis rei publicae* "**utile** allo stato";
- da **verbi**: *Non scholae sed vitae discimus*. "Non **impariamo** per la scuola, ma per la vita.";
- da **avverbi**: *obviam ire periculis* "andare **incontro** ai pericoli";
- da **interiezioni**: *vae victis* "**guai** ai vinti".

Unità 4 Il dativo 71

2 DATIVO CON AGGETTIVI E CON AVVERBI

Gli **aggettivi** che reggono il dativo possono indicare:

- **convenienza**, **utilità o danno** → *utilis / inutilis* "utile, inutile", *noxius / salutaris* "nocivo / salutare", *damnosus, perniciosus* "rovinoso, dannoso", *acerbus, gravis* "grave, funesto":

| *Fuit hoc* **luctuosum** *suis,* **acerbum** *patriae,* **grave** *bonis omnibus.* (Cic.) | Ciò fu **doloroso** ai suoi, **spiacevole** per la patria, **grave** per tutti i buoni. |

- **facilità e difficoltà / propensione o inettitudine** → *aptus, idoneus* "adatto" / *ineptus* "inadatto", *congruens, conveniens* "consono, conveniente", *facilis / difficilis* "facile / difficile", *habilis* "abile, capace", *inclinis, propensus, proclivis* "incline, proclive", *opportunus* "favorevole":

| *Caesar castris* **idoneum** *locum delegit.* (Ces.) | Cesare scelse un luogo **idoneo** per l'accampamento. |

- **somiglianza e diversità** → *similis / dissimilis* "simile / diverso", *par, aequalis* "uguale", *impar, contrarius* "disuguale, contrario":

| *Canis* **similis** *lupo est.* (Cic.) | Il cane è **simile** al lupo. |

- **vicinanza**, **affinità o parentela** → *aequalis* "coetaneo", *affinis, propinquus* "parente", *cognatus, coniunctus* "consanguineo, congiunto", *communis* "comune", *finitimus* "confinante", *vicinus, proximus* "vicino, prossimo":

| *Est* **finitimus** *oratori poëta.* (Cic.) | Il poeta è **affine** all'oratore. |

- **amicizia o inimicizia, buona disposizione o avversione** → *acceptus* "ben accetto" / *adversus* "avverso", *amicus* "amico" / *inimicus* "nemico", *beneficus* "benefico" / *maleficus* "malefico", *benevolus* "benevolo" / *malevolus* "malevolo", *contrarius, invitus* "avverso, contrario", *fidus* "fido" / *infidus* "infido", *gratus* "riconoscente", *infestus, infensus, invisus* "ostile":

| *Rhodiorum civitas* **infida** *atque* **advorsa** (= *adversa*) *vobis fuit.* (Sall.) | Lo stato dei Rodii fu a voi **nemico** e **malfido**. |

Talvolta il dativo è usato come complemento di **avverbi derivati da aggettivi**, come *obviam* "incontro" (da *obvius* "che viene incontro"), *convenienter* "conformemente, secondo" (da *conveniens* "conforme"), *proxime* (da *proximus* "vicinissimo"):

| **convenienter** *naturae vivere* | vivere **secondo** natura |

3 COMPLEMENTI IN DATIVO

3.1 Dativo di vantaggio o svantaggio

In dativo va il **complemento di vantaggio o di svantaggio**:

| *Aliis praedia coluit, non sibi.* | Coltivò i poderi **per gli altri** e non **per sé**. [vantaggio] |
| *Homo* **homini** *saepe lupus.* | Spesso l'uomo è un lupo **per un altro uomo**. [svantaggio] |

• Alla locuzione italiana "in favore di", "a difesa di" corrisponde in latino *pro* + ablativo:

| *Dimicandum est **pro patria*** | Si deve combattere **per la patria**. |

3.2 Dativo etico

Il **dativo etico** indica l'interesse e la viva partecipazione, da parte di chi parla, nei confronti dell'azione enunciata; si trova con le forme pronominali *mihi, tibi, nobis, vobis*, ma in genere è un costrutto pleonastico:

| *Tu **mihi** istius audaciam defendis?* (Cic.) | Tu **mi** difendi l'audacia di costui? |

3.3 Dativo di relazione

Il **dativo di relazione** (*dativus iudicantis*) indica la persona relativamente alla quale una certa affermazione è valida. Si usa in genere con il participio presente sostantivato:

| *Gomphi est oppidum primum Thessaliae **venientibus** ab Epiro.* (Ces.) | Gonfi è la prima città della Tessaglia **per coloro che vengono** dall'Epiro. |

3.4 Dativo di possesso

Nel costrutto del "**dativo di possesso**" la cosa posseduta si trova al nominativo, mentre al verbo italiano "avere" corrisponde il verbo *esse*, usato come predicato verbale:

| ***Sunt mihi** multi amici.* | **Io ho** (lett. "a me sono") molti amici. |

 • Nell'espressione ***mihi nomen est*** "io mi chiamo", il nome proprio si trova al nominativo come apposizione di *nomen*, oppure al dativo come apposizione del pronome di persona:

| *Mihi nomen **Antonius** (o ***Antonio***) *est.* | Io mi chiamo **Antonio**. |

3.5 Dativo d'agente

Il **complemento d'agente**, nella coniugazione perifrastica passiva, va in dativo (detto di agente), invece che in ablativo retto da *a, ab*:

| *Patria **civibus** amanda est.* | La patria deve essere amata **dai cittadini**. |

Qualora nella proposizione vi sia un altro dativo, il complemento di agente, per evitare ambiguità, si trova in caso ablativo retto da *a, ab*:

| *Hoc **a me** tibi dicendum est.* | **Io** devo dir**ti** questo. |

3.6 Dativo di fine o scopo - Dativo di effetto

Il dativo viene usato per indicare il **fine** o lo **scopo** per cui si compie un'azione e per esprimere a che cosa serve una cosa:

| *Locus **castris** designatus est.* | Fu scelto un posto **per l'accampamento**. |

• Questo complemento si può esprimere pure con *ad* e l'accusativo, oppure con *causā* o *gratiā* (posposti) e il genitivo:

| *Boum cervīces natae sunt* **ad iugum**. | Il collo dei buoi è nato **per il giogo**. |
| *Hoc* **delectationis causā** *feci*. | Ho fatto ciò **per diletto**. |

Simile è il **dativo di effetto**, corrispondente ad espressioni italiane che determinano l'effetto di un'azione ("essere di rovina, riuscire di danno, essere d'ornamento"):

| ***laudi*, *ornamento*, *dedecori*** *esse* | essere (motivo) **di lode, ornamento, disonore** |
| ***auxilio*** *mittĕre* | mandare **in aiuto** |

Al dativo di effetto si ricollega la costruzione del doppio dativo (vd. *infra*).

4 DATIVO CON VERBI

Il dativo si trova come complemento indiretto con molti **verbi transitivi**, per indicare il "termine" verso cui è diretta l'azione del verbo:

| *Natura* **hominibus** *rationem* **dedit**. | La natura **diede agli uomini** la ragione. |
| *Marius* **servis** *arma* **distribuit**. | Mario **distribuì** le armi **agli schiavi**. |

In casi del genere non c'è differenza fra la costruzione latina e quella italiana; ci sono però occasioni in cui le due lingue si comportano diversamente.

4.1 Verbi intransitivi in latino e transitivi in italiano

Alcuni verbi, che in latino sono intransitivi e reggono il dativo, in italiano sono transitivi e reggono un complemento oggetto diretto. I principali sono:

- *adsentor* → *assentor* "adulare"
- *adverso* "ostacolare, avversare"
- *auxilior, opitulor, subvenio, succurro* "aiutare"
- *blandior* "lusingare, accarezzare"
- *faveo* "favorire"
- *ignosco* "perdonare"
- *illudo* "schernire"
- *insidior* "insidiare"
- *invideo* "invidiare"
- *medeor* "medicare"
- *minor, minĭtor* "minacciare"
- *nubo* "sposare" (detto di donna)
- *obsĕquor* "ossequiare"
- *obtrecto* "denigrare, calunniare"
- *occurro* "incontrare"
- *parco* "risparmiare, perdonare"
- *persuadeo, suadeo* "persuadere"
- *plaudo* "applaudire"
- *satisfacio* "soddisfare"
- *servio* "servire"
- *studeo* "desiderare"
- *supervenio* "assalire improvvisamente"
- *supplico* "supplicare"

Ecco alcuni esempi:

| *Quam diu mihi, Catilina*, **insidiatus es**? (Cic.) | Per quanto tempo mi **hai teso insidie**, Catilina? |
| *Probus* **invidet** *nemini*. | Il buono non **invidia** nessuno. |

| *Germani agriculturae non studebant.* | I Germani **non si dedicavano** all'agricoltura. |

- Alcuni di questi verbi possono reggere anche l'accusativo della cosa o del pronome neutro:

  | ***Minari mortem** alicui.* | Minacciare **la morte** a qualcuno. |

- *Nubĕre* significa lett. "velarsi, prendere il velo nuziale" (cfr. *nubes* "nube, velo"), quindi equivale a "sposarsi" nel caso di una donna:

  | *Iulia **Antonio nupsit**.* | Giulia **sposò** (lett. 'prese il velo per') **Antonio**. |

4.2 Verbi intransitivi in latino e in italiano

Alcuni verbi sono intransitivi sia in latino (ove reggono il dativo) sia in italiano (con il complemento di termine). I principali sono:

- *adversor, obsto, obsisto, obsum, officio, repugno* "resistere, opporsi"
- *desum* "venir meno, mancare"
- *displiceo* "dispiacere"
- *impĕro* "comandare, ordinare"
- *indulgeo* "indulgere"
- *noceo, obsum* "nuocere"
- *oboedio, obsĕquor, obtempĕro, pareo* "ubbidire"
- *placeo* "piacere", *displiceo* "dispiacere"
- *prosum, proficio* "giovare"
- *succumbo* "soccombere"

Esempi:

| *Dux militibus **imperavit** ut proelium committerent.* | Il comandante **ordinò** ai soldati di attaccare battaglia. |
| *Magistratibus **oboedire** oportet.* (Cic.) | Bisogna **ubbidire** ai magistrati. |

Ci sono poi verbi intransitivi in entrambe le lingue, che però in italiano reggono un diverso complemento indiretto (non quello di termine):

- *assentio, assentior* "essere d'accordo con"
- *benedico* "dire bene di"
- *confido* "confidare in"
- *credo* "credere in"
- *diffido* "diffidare di"
- *fido* "confidare in"
- *gratulor* "congratularsi con"
- *irascor, succenseo* "adirarsi, sdegnarsi con"
- *maledico* "dire male di"
- *praesum* "essere a capo di"
- *succenseo* "adirarsi con"

Esempi:

| *Omnes tibi **assentiuntur**.* | Tutti **sono d'accordo** con te. |
| *Mihi **benedicis**.* | **Dici bene** di me. |

- *Fido* e *confido* reggono il dativo se il complemento è una persona, mentre reggono l'ablativo quando si tratta di cosa:

  | *Huic legioni Caesar **confidebat** maxime.* | Cesare **confidava** soprattutto **in questa legione**. |

> - *Diffido* regge il dativo sia della persona sia della cosa:
>
>   *Diffido tibi.*   **Diffido di te.**
>
>   *Diffido virtuti tuae.*   **Diffido del tuo valore.**
>
> - *Gratulor* regge il dativo della persona con cui ci si congratula e l'accusativo o l'ablativo (semplice o preceduto da *de*) della cosa della quale ci si congratula:
>
>   *Tibi gratulamur recuperatam libertatem.*   **Ci congratuliamo con te per la riconquistata libertà.**
>   [oppure *Tibi gratulamur (de) recuperata libertate*]

4.3 Costruzione passiva dei verbi che reggono il dativo

In latino i verbi intransitivi che reggono il dativo al passivo si trovano costruiti **impersonalmente**, per cui:
- il soggetto italiano si trova al dativo;
- il verbo va alla 3ª singolare passiva.

Esempi:

Divitibus a pauperibus invidetur.	**I ricchi sono invidiati** dai poveri / **i poveri invidiano** i ricchi.
Ab omnibus civibus victori plausum est.	**Il vincitore fu applaudito** da tutti i cittadini.

4.4 Verbi di eccellenza

I **verbi che significano "superare" e "precedere"** (come *antecedo, antecello, anteeo, antesto/antisto, excello, praesto, praecurro, praecedo, supero, vinco*) in latino presentano:
- **la cosa** in cui si è superiori **in ablativo** (di limitazione)
- **la persona** superata **in dativo oppure in accusativo semplice**.

Esempi:

Veneti scientiā nauticarum rerum reliquos antecedunt. (Ces.)	I Veneti **superano gli altri per la scienza nautica**.

4.5 Dativo con i verbi composti

Molti verbi, composti con preposizioni, reggono (se transitivi) un complemento oggetto; però possono anche reggere un complemento indiretto, espresso in due possibili modi:
- in **dativo** → *bellum inferre Gallis* "muovere guerra **ai Galli**";
- preceduto dalla **stessa preposizione** con cui è composto il verbo, con il caso che tale preposizione e il verbo richiedono → *bellum inferre in Gallos*.

4.6 Verbi con doppia costruzione

Diversi verbi presentano una doppia costruzione. Uno di questi è il verbo *donare*:
- con **il dativo della persona** e **l'accusativo della cosa** (come in italiano)

donare alicui aliquid	donare **a qualcuno qualcosa** (come in italiano)

- con **l'accusativo della persona** e **l'ablativo della cosa**

| donare **aliquem aliqua re** | lett. donare qualcuno con qualcosa |

 • Il verbo *circumdo* "porre intorno, cingere, circondare" si costruisce:
a) con l'accusativo di ciò che si pone intorno e il dativo di ciò che si circonda (*alicui* o *alicui rei aliquid circumdo*):

| *cum **fossam** lecto circumdedisset* (Cic.) | avendo fatto scavare **una fossa** intorno al letto |

b) con l'accusativo di ciò che si circonda e l'ablativo di ciò che si pone intorno (*circumdo aliquem/ aliquid aliqua re*):

| **Muro** *circumdari* **templum** *voluerunt.* (Liv.) | Vollero costruire **un muro attorno al tempio**. |

Alcuni verbi usati intransitivamente hanno un significato con il dativo d'interesse, mentre ne assumono un altro con diverso costrutto; ecco qualche esempio:

COSTRUZIONE CON IL DATIVO D'INTERESSE	DIVERSO COSTRUTTO
caveo alicui "darsi premura per qualcuno": *Caves **Siculis**.* (Cic.) Tu tuteli **i Siciliani**.	**caveo aliquem, aliquid, ab aliquo, ab aliqua re** "guardarsi da qualcuno, da qualcosa": *Cave **canem**.* Attento **al cane**. ***ab insidiis** cavere* guardarsi **dalle insidie**
consulo alicui "provvedere a uno": *Caesar **sibi** quemque consulere iussit.* (Cic.) Cesare comandò che ciascuno provvedesse **a sé**.	**consulo de aliqua re** "deliberare su qualcosa": *De **Rhodiis** consultum est.* (Sall.) Si discusse **sul modo di trattare i Rodii**. **consulo aliquem** "consultare uno": *Me de Antonio consulis.* (Cic.) Tu **mi** consulti **riguardo Antonio**.
provideo, prospicio alicui "provvedere a uno": *Pater **liberis** providit.* Il padre si prese cura **dei figli**.	**provideo, prospicio aliquid** "prevedere qualcosa": *Providerant conditores, ex diversitate morum, **crebra bella**.* (Ces.) I fondatori avevano previsto **frequenti guerre** per la diversità dei costumi.
vaco alicui rei "avere tempo per, attendere a, dedicarsi a una cosa": *Ego philosophïae semper **vaco**.* (Cic.) Io ho sempre tempo **per la filosofia**.	**vaco (a/ab) aliqua re** "essere libero da una cosa": *Qui vacant **a privatis negotiis**, omnibus viribus rei publicae consŭlant.* Coloro che sono liberi **da impegni privati**, provvedano allo stato con tutte le loro forze.

4.7 Doppio dativo

Alcuni verbi si costruiscono col doppio dativo:

- uno indica la persona a vantaggio o a danno della quale si compie l'azione (**dativo di vantaggio o di interesse**);
- l'altro indica la cosa che si ottiene come effetto (**dativo di effetto o di fine**).

VERBI	ESEMPI
sum, fio	Hoc **nobis** est **laudi**. Questo è **per noi motivo di lode**. Id **dolori** fit **omnibus**. Ciò diventa **per tutti (causa) di dolore**.
accipio, do, dono, duco, eo, habeo, mitto, proficiscor, relinquo, tribuo, venio, verto	Hoc **tibi** do (tribuo, duco) **culpae**, **laudi**, **crimini**. Attribuisco questo fatto **a te come colpa**, **lode**, **delitto**.

Esercizi

A COMPLETAMENTO Inserisci in ogni frase l'aggettivo adatto, ricavandolo dal seguente elenco; poi traduci le frasi (dativo con aggettivi).

amicus (2) - inimica - inutiles - carus - ignotas - propior - ignota - utilem - idoneum

1. *Galli constituunt ut ii qui valetudine aut aetate .... sint bello, oppido excedant atque omnia experiantur.* (Ces.) **2.** *Indus non crocodilos modo, ut Nilus, sed etiam delphinos et .... aliis gentibus beluas alit.* (Curzio Rufo) **3.** *Caesar, his rebus cognitis, exploratores centurionesque praemittit, qui locum .... castris deligant.* (Ces.) **4.** *Dumnorix Helvetiis erat ...., quod ex ea civitate Orgetorigis filiam in matrimonium duxerat.* (Ces.) **5.** *Si legem agrariam vobis, Quirites, ... esse intelligerem, auctor eius atque adiutor essem.* (Cic.) **6.** *Quaedam nobis familiaria, quaedam .... sunt.* (Sen.) **7.** *Est hominum naturae maxime .... crudelitas.* (Cic.) **8.** *Pauca querar de M. Antoni iniuria, cui sum ....* (Cic.) **9.** *Vita morti .... fit cotidie.* (Fedr.) **10.** *Eodem anno Agrippa Menenius moritur, vir omni in vita pariter patribus ac plebi ...., post secessionem carior plebi.* (Liv.)

B Analizza e traduci le seguenti frasi, riconoscendo in particolare i complementi in dativo.

1. *Novo homini consulatus mandatur.* (Sall.) **2.** *Captivis Caesar libertatem concessit.* (Ces.) **3.** *Erat illi grandis natu parens, erat uxor quam ante annum virginem acceperat, erat filia quam paulo ante sustulerat.* (Plin. Giov.) **4.** *Barbarus hic ego sum, quia non intelligor ulli.* (Ov.) **5.** *Non sum uni angulo natus. Patria mea totus hic mundus est.* (Sen.) **6.** *Dies colloquio dictus est ex eo die quintus.* (Ces.) **7.** *Dux omnem ex castris equitatum suis auxilio misit.* (Ces.) **8.** *Sol omnibus lucet.* (Petr.) **9.** *Malum consilium consultori pessimum est.* (Gell.) **10.** *Ex aliis negotiis quae ingenio exercentur, in primis magno usui est memoria.* (Cic.) **11.** *Ubi invenies qui honorem amici anteponat suo?* (Cic.) **12.** *Sita Anticyra est laeva parte sinum Corinthiacum intranti.* (Liv.) **13.** *Quid mihi Celsus agit?* (Or.) **14.** *In hac insula est fons aquae dulcis, cui nomen est Arethusa.* (Cic.) **15.** *Haec laus a me tibi tribuenda est.* (Cic.)

C Analizza e traduci le seguenti frasi (verbi intransitivi in latino e transitivi in italiano - verbi intransitivi in latino e in italiano).

1. *Amemus patriam, pareamus senatui, posteritatis gloriae serviamus.* (Cic.) **2.** *Anicia, Pomponii consobrina, nupserat Servio, fratri Sulpicii.* (Nep.) **3.** *Decimae legioni Caesar et indulserat praecipue et propter virtutem maxime confidebat.* (Ces.) **4.** *Regulus, Romam cum venisset, senatui suasit, ne pax cum Poenis fieret.* (Eutr.) **5.** *Bonis nocet quisquis pepercit malis.* (Publ. Siro) **6.** *Saepe maiores, miseriti plebis Romanae, inopiae eius opitulati sunt.* (Sall.) **7.** *Suades mihi ut historiam scribam, et suades non solus: multi hoc me saepe monuerunt et ego volo.* (Plinio il Giov.) **8.** *Efficit hoc philosophia: medetur animis.* (Cic.) **9.** *Maiores nostri imitari quam invidere bonis malebant.* (Sall.) **10.** *Alter causae confidit, alter diffidit.* (Cic.) **11.** *Nero nec populo nec moenibus patriae pepercit.* (Svet.) **12.** *Non placet Antonio consulatus meus, at placuit P. Servilio.* (Cic.) **13.** *Rationi obtemperare debet gubernator.* (Varr.) **14.** *Probus ille vir est qui prodest omnibus, nocet nemini.* (Cic.) **15.** *Neque mihi patris mei beneficia neque vestra decreta auxiliantur.* (Sall.) **16.** *Studuit Caelius Catilinae. Multi boni adulescentes illi homini nequam atque improbo studuerunt.* (Cic.)

▶ Vedi **Cave!**

Sezione 2 Sintassi dei casi

> **Cave!**
>
> **Il verbo *studeo* e i suoi significati**
>
> **1.** Il verbo ***studeo***, *-es*, *-ui*, *-ēre* regge il dativo e significa anzitutto "**adoperarsi con diligenza, applicarsi con zelo**":
>
> *litteris studēre* (Cic.)
> applicarsi allo studio delle lettere
>
> **2.** Indica poi "**darsi da fare per, cercare di, aspirare a**":
>
> *praeturae studēre* (Cic.)
> aspirare alla pretura
>
> *iuri ac legibus cognoscendis studēre* (Cic.)
> aspirare alla conoscenza del diritto e delle leggi
>
> **3.** Un altro significato è "**sostenere, favorire, parteggiare per**", sempre con il dativo:
>
> *Pompeianis rebus studebat.* (Ces.)
> Favoriva la causa di Pompeo.
>
> **4.** Se usato assolutamente (dal I sec. d.C. in poi), ha un valore più simile all'italiano, in quanto vuol dire "**studiare, istruirsi, applicarsi allo studio**":
>
> *Desidioso studēre torqueri est.* (Sen.)
> Per chi è pigro studiare è un tormento.
>
> **5.** Il verbo può reggere una completiva introdotta da ***ut/ne*** + **congiuntivo** (o con il solo congiuntivo):
>
> *Studeo ut rei publicae prosim.*
> Mi do da fare per giovare allo stato.

D PRODUZIONE IN LATINO Volgi al passivo le seguenti frasi (costruzione passiva dei verbi che reggono il dativo).
1. *Dux ignovit hostibus.* **2.** *Magister discipulorum vitiis ignoscit.* **3.** *Romani obsidibus pepercerunt.* **4.** *Romani diis supplicabantur.* **5.** *Cives plaudent militibus victoribus.* **6.** *Hostes templis deorum temperavērunt.*

E Collega la prima parte di ogni frase alla corrispondente seconda parte; poi traduci (verbi di eccellenza, dativo con i verbi composti, verbi con doppia costruzione, doppio dativo).

1. *Romani ceteris gentibus*
2. *Mucius Scaevola ignibus*
3. *Ante lucem ad aedem Veneris venĭmus*
4. *Vacare culpa*
5. *Caesar eas cohortes*
6. *Marcellinus cohortes subsidio*
7. *Archias poeta omnibus*
8. *Boni viri et nunc et saepe antea*

a. *ingenii gloria antecellebat.* (Cic.)
b. *nostris laborantibus submittit ex castris.* (Ces.)
c. *magno praesidio rei publicae fuerunt.* (Cic.)
d. *magnum est solacium.* (Cic.)
f. *prudentia praestiterunt.* (Cic.)
g. *cum exercitu suo coniunxit.* (Ces.)
h. *ut inferremus ignem in aram.* (Plaut.)
i. *manum imposuit.* (Sen.)

F Analizza e traduci le seguenti frasi (verbi di eccellenza, dativo con i verbi composti, verbi con doppia costruzione, doppio dativo).
1. *Nihil est deo similius et gratius quam vir animo perfecte bonus, qui hominibus ceteris antecellit.* (Apul.) **2.** *Iuvenes, etiam cum relaxare animum et dare se iucunditati volent, caveant intemperantiam, meminĕrint verecundiae.* (Cic.) **3.** *Cave tibi, sed cave fortiter a malis artibus et facinorosis illecebris.* (Cic.) **4.** *Mihi credĭte, iudices, et prospicĭte id quod providendum est.* (Cic.) **5.** *Dux saluti prospexit civium, qua intellegebat continēri suam.* (Cic.) **6.** *Hostes oppidum, quod a se teneri non posse iudicabant, ne esset usui Romanis, incenderunt.* (Ces.) **7.** *Petronius pugnans concidit et suis saluti fuit.* (Ces.) **8.** *Offensas vendicaturi bello, Dorienses de eventu proelii oracula consuluerunt.* (Giust.) **9.** *Per vos, Quirites, et gloriam maiorum, tolerate adversa et consulĭte rei publicae.* (Sall.) **10.** *Cimon, dux Atheniensium, victa classe Persarum apud insulam Cypron, milites suos captivorum armis induit.* (Front.) **11.** *Lycurgus vetuit Lacedaemŏni moenia circumdări.* (Giust.) **12.** *Quodam tempore Crotoniatae omnibus corporum viribus antisteterunt.* (Cic.)

VERSIONI

■ EXEMPLUM
44 Atto d'eroismo di un centurione

Mentre Cesare è lontano, l'accampamento dei Romani viene assalito improvvisamente dai Germani. Sul posto si trova il centurione Baculo, malato (*aeger*) e digiuno da cinque giorni; ma costui, comprendendo la difficoltà della situazione, prende le armi e, seguito dai centurioni della coorte di guardia, affronta coraggiosamente i nemici. Gravemente ferito, viene poi tratto in salvo a stento; nel frattempo però ha consentito agli altri di riprendere coraggio e di riorganizzare la difesa.

Erat aeger cum praesidio relictus Publius Sextius Baculus, qui primum pilum ad Caesarem duxerat, cuius mentionem superioribus proeliis fecimus, ac diem iam quintum cibo caruerat. Hic diffisus suae atque omnium saluti inermis ex tabernaculo prodit: videt imminere hostes atque in summo esse rem discrimine: capit arma a proximis atque in porta consistit. Consequuntur hunc centuriones eius cohortis quae in statione erat: paulisper una proelium sustinent. Relinquit animus Sextium gravibus acceptis vulneribus: aegre per manus tractus servatur. Hoc spatio interposito reliqui sese confirmant tantum, ut in munitionibus consistere audeant speciemque defensorum praebeant. (Cesare)

Era rimasto nel campo, malato, Publio Sestio Baculo, che era stato centurione primipilo agli ordini di Cesare e che abbiamo menzionato nelle precedenti battaglie; da cinque giorni non aveva toccato cibo; ora, egli uscì, disarmato, dalla tenda, vide la violenza dei nemici e la gravità della situazione: disperando della salvezza sua e di tutti gli altri, afferrò dalle mani dei più vicini le armi e si portò alla porta. Lo seguirono i centurioni della coorte di guardia e sostennero per un po' tutti insieme la battaglia. Ma Sestio gravemente ferito svenne e, passato da braccia a braccia, venne a fatica tratto in salvo. Nel frattempo, però, gli altri si erano rianimati, tanto che, ripreso coraggio, si disposero sulle linee di fortificazione, dando l'apparenza di una difesa organizzata. (trad. di F. Brindesi)

NOTE LINGUISTICHE

diffisus suae atque omnium saluti → il verbo *diffido* regge il dativo della persona e della cosa.
gravibus acceptis vulneribus → "ricevute gravi ferite", ablativo assoluto.
tantum, ut → "tanto che", introduce due proposizioni consecutive, fra loro coordinate ed i cui verbi sono *audeant* e *praebeant*.

NOTE LESSICALI

primum pilum... duxerat → l'espressione *primum pilum ducĕre* significa lett. "essere centurione del primo manipolo di triarii"; i triarii erano i soldati più anziani ed esperti delle legioni romane e formavano in battaglia la terza linea, come riserva, seguendo gli *hastati* ed i *principes*.

NOTE DI TRADUZIONE

Relinquit animus Sextium → *animus* è soggetto, per cui lett. "la coscienza abbandona Sestio" (cfr. *animus aliquem relinquit* = "qualcuno perde i sensi"); opportunamente Brindesi rende con "Sestio svenne" (sia pur eliminando il presente storico).

PRIMO LIVELLO

45 Vicende di Medea in esilio

Medea, dopo aver ucciso a Corinto i figli avuti con Giasone per vendicarsi dell'abbandono di quest'ultimo, si reca ad Atene, ove sposa il re Egeo. Ma la sacerdotessa di Diana afferma che occorre mandar via dalla città quella donna malefica. Allora Medea riparte alla volta della Colchide; dove libera gli abitanti dai serpenti che li perseguitano.

a. Medea sposa il re Egeo
Medea Corintho exul Athenas ad Aegeum Pandionis filium devenit in hospitium eique nupsit; ex eo natus est Medus.

b. La sacerdotessa di Diana si oppone a Medea
Postea sacerdos Dianae Medeam exagitare coepit regique negabat sacra caste facĕre posse eo, quod in ea civitate esset mulier venefica et scelerata.

c. Nuovo esilio di Medea, che giunge ad Absoris
Tunc iterum exulatur. Medea autem iunctis draconibus ab Athenis Colchos redit; quae in itinere Absorĭdem[1] venit, ubi frater Absyrtus[2] sepultus erat.

d. Medea aiuta gli abitanti di Absoris
Ibi Absoritani serpentium multitudini resistere non poterant; Medea autem ab eis rogata lectas eas in tumulum fratris coniecit, quae adhuc ibi permanentes, si qua autem extra tumulum exit, debitum naturae persolvit.

(Igino)

1. *Absorĭdem*: Absŏris è Ossero, un'isola dell'Adriatico.
2. *Absyrtus*: fratello di Medea, che aveva inseguito lei e Giasone dopo la loro fuga dalla Colchide; Medea ne aveva causato la morte.

46 Gesù calma i venti

Gesù invita i discepoli ad imbarcarsi per attraversare il lago di Tiberiade. Inizia una bufera di vento, ma Gesù dorme tranquillamente. I discepoli terrorizzati lo svegliano; il Maestro si rivolge al vento ed al mare e li placa istantaneamente; rimprovera poi i compagni, che allibiti commentano fra loro l'accaduto.

a. Gesù si rivolge ai discepoli usando parabole
Et talibus multis parabolis loquebatur eis verbum, prout poterant audire; sine parabola autem non loquebatur eis. Seorsum autem discipulis suis disserebat omnia.

b. Gesù e i discepoli si imbarcano
Et ait illis illa die, cum sero esset factum: «Transeamus contra[1]». Et dimittentes turbam, assumunt eum, ita ut erat in navi; et aliae naves erant cum illo.

c. Inizia una bufera di vento
Et facta est procella magna venti, et fluctus mittebat in navem, ita ut impleretur navis.

d. Gesù destato dai discepoli
Et erat ipse in puppi supra cervīcal dormiens; et excĭtant eum et dicunt ei: «Magister, non ad te pertĭnet quia perĭmus?».

e. Gesù placa la tempesta
Et exsurgens comminatus est vento et dixit mari: «Tace, obmutesce!». Et cessavit ventus et facta est tranquillitas magna.

1. *contra*: "dall'altra parte (del lago)".

f. Gesù rimprovera i discepoli

Et ait illis: «Quid timidi estis? Necdum habetis fidem?». Et timuerunt magno timore et dicebant ad alterŭtrum: «Quis putas est iste[2], quia et ventus et mare oboediunt ei?».

(Vangelo di Marco)

2. *qui putas est iste*: "chi credi che sia costui"; costrutto non classico (per *quem putas esse istum*).

SECONDO LIVELLO

47 Un fulgido esempio di generosità

Nel V libro dei suoi *Factorum et dictorum memorabilium libri* Valerio Massimo presenta anzitutto degli esempi di mitezza e clemenza. Nel capitolo precedente ha appunto ricordato la clemenza di Gneo Pompeo. Ora però lo stesso Pompeo, dopo la morte, è vittima di un crudele accanimento; la sua testa recisa viene portata "come dono nefando" a Cesare, che però si comporta in modo compassionevole e generoso nei confronti di colui che era stato suo genero.

Quam praeclarum tributae humanitatis specĭmen Cn. Pompeius, quam miserabile desideratae idem evasit exemplum! Nam qui Tigrānis tempora insigni regio texerat, eius caput tribus coronis triumphalibus spoliatum in suo modo terrarum orbe nusquam sepulturae locum habuit, sed abscisum a corpore inops rogi nefarium Aegyptiae perfidiae munus portatum est etiam ipsi victori miserabile: ut enim id Caesar aspexit, oblitus hostis soceri vultum induit ac Pompeio cum[1] proprias tum et filiae suae lacrimas reddĭdit, caput autem plurimis et pretiosissimis odoribus cremandum curavit. Quod si non tam mansuetus animus divini principis extitisset, paulo ante Romani imperii colŭmen habitum – sic mortalium negotia fortuna versat – inhumatum iacuisset.

(Valerio Massimo)

1. *cum*: è in correlazione con il seguente *tum*; "sia... sia".

Laboratorio

MORFOLOGIA
1. Riconosci gli aggettivi ed indicane le uscite e la classe di appartenenza.

SINTASSI
2. Riconosci i verbi che reggono il dativo.
3. Individua le proposizioni relative.

COMPRENSIONE DEL TESTO
4. In che consiste la generosità di Cesare nei confronti di Pompeo?

48 Lucio Tarquinio, catturato, promette rivelazioni sulla congiura di Catilina

La congiura di Catilina è stata scoperta e diversi congiurati sono stati arrestati. Tra questi si trova Lucio Tarquinio, che promette rivelazioni clamorose, in cambio dell'impunità.

Interea plebs, coniuratione patefacta, quae primo cupida rerum novarum nimis bello favebat, mutata mente, Catilinae consilia exsecrari, Ciceronem ad caelum tollere: velŭti ex servitute erepta gaudium atque laetitiam agitabat. Namque alia belli facinora praedae magis quam detrimento fore, incendium vero crudele, inmoderatum ac sibi maxume calamitosum putabat, quippe cui omnes copiae in usu cotidiano et cultu corporis erant. Post eum diem quidam L. Tarquinius ad senatum adductus erat, quem ad Catilinam proficiscentem ex itinere retractum aiebant. Is cum se diceret indicaturum de coniuratione, si fides publica data esset, iussus a consule, quae sciret, edicere, eadem fere, quae Volturcius, de paratis incendiis, de caede bonorum, de itinere hostium senatum docet; praeterea se missum a M. Crasso, qui Catilinae nuntiaret ne eum Lentulus et Cethegus aliique ex coniuratione deprehensi terrerent eoque magis properaret ad urbem accedere, quo et ceterorum animos reficeret et illi facilius e periculo eriperentur.

(SALLUSTIO)

Laboratorio

MORFOLOGIA
1. Riconosci gli aggettivi ed indicane le uscite e la classe di appartenenza.
2. Trova un avverbio al comparativo ed indicane la corrispondente forma positiva.

SINTASSI
3. Riconosci i costrutti in dativo.
4. Individua un ablativo assoluto.

LESSICO
5. Quale sostantivo, presente nel brano, è una *vox media*?

49 Cicerone invita il senato ad impegnarsi per la salvezza dello stato

Nella parte iniziale della sua IV orazione contro Catilina (pronunciata nel tempio di Giove Statore il 5 dicembre del 63 a.C.) Cicerone, rivolto ai senatori, nota in loro grande preoccupazione per le insidie che incombono su di loro, sulla repubblica e su Cicerone stesso (in qualità di console). L'oratore ammette i pericoli che gravano su tutti, ma invita i padri coscritti a provvedere al bene della nazione impegnandosi con tutte le forze.

Quare, patres conscripti, consulĭte vobis, prospicite patriae, conservate vos, coniuges, liberos fortunasque vestras, populi Romani nomen salutemque defendite; mihi parcere ac de me cogitare desinite. Nam primum debeo sperare omnis deos, qui huic urbi praesĭdent, pro eo mihi ac mereor[1] relaturos esse gratiam; deinde, si quid obtigerit, aequo animo paratoque moriar. Nam neque turpis mors forti viro potest accidere neque immatura consulari nec misera sapienti. Nec tamen ego sum ille ferreus, qui fratris carissimi atque amantissimi praesentis maerore non movear horumque omnium lacrumis, a quibus me circumsessum videtis. Neque meam mentem non domum saepe revocat exanimata uxor et abiecta metu filia et parvulus filius quem mihi videtur amplecti res publica tamquam obsĭdem consulatus mei, neque ille, qui expectans huius exitum diei stat in conspectu meo, gener[2]. Moveo his rebus omnibus, sed in eam partem, uti[3] salvi sint vobiscum omnes, etiamsi me vis aliqua oppresserit, potius quam et illi et nos una rei publicae peste pereamus. Quare, patres conscripti, incumbĭte ad salutem rei publicae; circumspicĭte omnis procellas, quae impendent, nisi providetis.

(CICERONE)

1. *pro eo mihi ac mereor*: "secondo i miei meriti".
2. *gener*: Calpurnio Pisone.
3. *uti*: ut.

LATINO MODERNO

●●● | 50 Una sposina ingenua

Nelle sue *Facetiae* l'umanista toscano Poggio Bracciolini narra piccanti aneddoti a scopo di puro svago letterario. In questa storiella, una fanciulla bolognese, sposata da poco, si lamenta con una nobildonna del fatto che il suo uomo la picchi. Quando le viene chiesto il motivo dei maltrattamenti, la ragazza ammette che ne è causa la sua freddezza nei confronti del marito; ma quando le viene consigliato un atteggiamento più "partecipe", la ragazza fa una candida ammissione di ignoranza...

▶ Vedi **Cave!**

De Bononiensi adulescentula simplici
Adulescentula Bononiensis, noviter nupta, **querebatur** apud honestissimam matronam mihi vicinam, se acriter nimium ac persaepe a viro vapulare. **Quaerente** quamobrem matrona, respondit virum aegre ferre eam, dum matrimonio uteretur, immobilem, in modum trunci, permanēre. «Cur non – inquit illa – viro obsequĕris in lecto, et voluntati pares?» Tum illa: «Nescio, domina, quomodo id fiat – ait –. Nunquam enim aliquis me docuit, quomodo id agendum esset: nam si id scirem, non patĕrer me verberibus a viro caedi». Simplicitas mira puellae, quae, etiam quae naturā percipiuntur a feminis, ignoraret. Hoc uxori postea per iocum recitavi.

(Poggio Bracciolini)

Cave!

Quaero* e *queror Nel brano si trovano due forme che provengono da verbi alquanto somiglianti, anche se facilmente distinguibili con un po' di attenzione:
- con dittongo: ***quaero***, attivo, che significa "**cercare, chiedere**";
- senza dittongo: ***queror***, deponente, che vuol dire "**lamentarsi**".

I paradigmi sono molto diversi (***quaero***, *-is*, ***quaesivi, quaesitum***, *-ĕre*, 3ª / ***queror***, *-eris*, ***questus sum, queri***, 3ª dep.), come i due significati.

Dai due verbi derivano sostantivi differenti:
- da *quaero*: ***quaestio*** "ricerca, questione, processo", ***quaestor*** "questore", ***quaestus*** "ricerca, guadagno"; in italiano, cfr. "questione, questore, questura";
- da *queror*: ***querela*** "lamento, lagnanza", ***querimonia*** "lamento", ***querulus*** "brontolone", ***questus*** "gemito".

■ TERZO LIVELLO

●●● | 51 Importanza fondamentale dell'oratoria

Quid tam porro regium, tam liberale, tam munificum, quam opem ferre supplicibus, excitare adflictos, dare salutem, liberare periculis, retinēre homines in civitate? Quid autem tam necessarium, quam tenere semper arma, quibus vel tectus ipse esse possis vel provocare intĕger vel te ulcisci lacessitus? Age vero, ne semper forum, subsellia, rostra curiamque meditēre, quid esse potest in otio aut iucundius aut magis proprium humanitatis, quam sermo facetus ac nulla in re rudis? Hoc enim uno praestamus vel maxime feris, quod conloquimur inter nos et quod exprimere dicendo sensa possumus. Quam ob rem quis hoc non iure miretur summeque in eo elaborandum esse arbitretur, ut, quo uno homines maxime bestiis praestent, in hoc hominibus ipsis antecellat? Ut vero iam ad illa summa veniamus, quae vis alia potuit aut dispersos homines unum in locum congregare aut a fera agrestique vita ad hunc humanum cultum civilemque deducĕre aut iam constitutis civitatibus leges, iudicia, iura describere? Ac ne plura, quae sunt paene innumerabilia, consecter, comprehendam brevi:

sic enim statuo, perfecti oratoris moderatione et sapientia non solum ipsius dignitatem, sed et privatorum plurimorum et universae rei publicae salutem maxime contineri. Quam ob rem pergĭte, ut facĭtis, adulescentes, atque in id studium, in quo estis, incumbĭte, ut et vobis honori et amicis utilitati et rei publicae emolumento esse possitis.

(Cicerone)

Laboratorio

ANALISI STILISTICA
1. Individua nel brano un'anafora, un'allitterazione ed un polisindeto.

COMPRENSIONE DEL TESTO
2. In che cosa, secondo Cicerone, gli esseri umani si distinguono soprattutto dagli animali?

PRODUZIONE
3. Realizza una scheda sintetica che presenti i principali pregi dell'oratore, elencandoli in latino.

●●● 52 Mirabile integrità dell'ateniese Focione

Phocion Atheniensis etsi saepe exercitibus praefuit summosque magistratus cepit, tamen multo eius notior integritas vitae quam rei militaris labor. Itaque huius memoria est nulla, illīus autem magna fama, ex quo cognomine Bonus est appellatus. Fuit enim perpetuo pauper, cum divitissimus esse posset[1] propter frequentis delatos honores potestatesque summas, quae ei a populo dabantur. Hic cum a rege Philippo[2] munera magnae pecuniae repudiaret legatique hortarentur accipere simulque admonerent, si ipse his facile careret, liberis tamen suis prospiceret, quibus difficile esset in summa paupertate tantam paternam tueri gloriam, his ille: «Si mei similes erunt, idem hic – inquit – agellus illos alet, qui me ad hanc dignitatem perduxit; sin dissimiles sunt futuri, nolo meis impensis illorum ali augerique luxuriam».

(Cornelio Nepote)

1. *cum... posset*: subordinata concessiva.
2. *Philippo*: si tratta di Filippo Arrideo, figlio illegittimo di Filippo II e dunque fratellastro di Alessandro Magno.

●●● 53 I tipi di vita sono tre

Praeterea tria genera sunt vitae, inter quae quod sit optimum quaeri solet: unum voluptati vacat, altĕrum contemplationi, tertium actioni. Primum, deposita contentione depositoque odio quod implacabile diversa sequentibus[1] indiximus, videamus ut haec omnia ad idem sub alio atque alio titulo perveniant: nec ille qui voluptatem probat sine contemplatione est, nec ille qui contemplationi inservit sine voluptate est, nec ille cuius vita actionibus destinata est sine contemplatione est. «Plurimum – inquis – discriminis est utrum aliqua res propositum sit an propositi alterius accessio». Sit sane[2] grande discrimen, tamen alterum sine altero non est: nec ille sine actione contemplatur, nec hic sine contemplatione agit, nec ille tertius, de quo male existimare consensĭmus, voluptatem inertem probat sed eam quam ratione efficit firmam sibi; ita et haec ipsa voluptaria secta in actu est. Quidni in actu sit, cum ipse dicat Epicurus aliquando se recessurum a voluptate, dolorem etiam adpetiturum, si aut voluptati

1. *diversa sequentibus*: "contro chi segue una dottrina diversa dalla nostra" (trad. N. Sacerdoti).
2. *Sit sane*: "Ammettiamo pure che vi sia"; congiuntivo indipendente con valore concessivo.

imminebit paenitentia aut dolor minor pro graviore sumetur? Quo pertinet haec dicere? Ut appareat contemplationem placere omnibus; alii petunt illam, nobis[3] haec statio, non portus est.

(Seneca)

3. *nobis*: "per noi (stoici)".

••• | 54 Il concetto di somiglianza

*De similitudine et dissimilitudine ideo primum dicendum, quod ea res est fundamentum omnium declinationum ac contĭnet rationem verborum. Simile est quod res plerasque habere videtur easdem quas illud cuiusque simile: dissimile est quod videtur esse contrarium huius. Minimum ex duobus constat omne simile, item dissimile, quod nihil potest esse simile, quin alicuius sit simile, item nihil dicitur dissimile, quin addatur quoius sit dissimile. Sic dicitur similis homo homini, equus equo, et dissimilis homo equo: nam similis est homo homini ideo, quod easdem figuras membrorum habent, quae eos divĭdunt ab reliquorum animalium specie. In ipsis hominibus simili de causa vir viro similior quam vir mulĭeri, quod plures habent easdem partis; et sic senior seni similior quam puero. Eo porro similiores sunt qui facie quoque paene eadem, habitu corporis, **filo**: itaque qui plura habent eadem, dicuntur similiores; qui proxume accedunt ad id, ut omnia habeant eadem, vocantur gemini, simillimi.*

(Varrone)

▶ Vedi **Curiosità**

Curiosità

Etimologia del termine "profilo" Il sostantivo "**profilo**" deriva dalla preposizione *pro* seguita dal sostantivo lat. *filum*, che significa anzitutto "**filo**" (di lino, cotone, ecc.), poi "**tessuto**" e quindi "**forma esterna, aspetto, fattezze**": cfr. *esse pari filo* "essere di aspetto uguale" (Lucr.).

Il termine italiano provenne dal verbo *profilare* nei secoli XIV-XV; cfr. francese *profiler*, spagnolo e portoghese *perfilar*.
Una diversa (ma improbabile) ipotesi ipotizza una provenienza da **fig-lum*, voce ritenuta proveniente dal verbo *fingĕre* "**formare**" (cfr. "figura, effigie").

UNITÀ 5

L'ABLATIVO

CURIOSITÀ	CAVE!
Etimologia del termine *septentrio*	Diversi significati del verbo *utor*

IN ITALIANO

- L'ablativo latino ha tre valori fondamentali: separativo, strumentale e locativo. Esso esprime molti complementi italiani, che riepilogheremo nel corso della trattazione; in questa sede ci limitiamo a proporre una verifica delle conoscenze pregresse di analisi logica relative a questi complementi.

▶ Esercizi

1 Nelle seguenti frasi riconosci i complementi di separazione ed allontanamento, di origine e provenienza, di materia, d'agente, di causa efficiente, di paragone e d'argomento (attenzione: non sempre sono presenti).

1. Il bambino ha rotto il vaso di cristallo. **2.** Portami una coperta di lana. **3.** I soldati furono esortati dal comandante. **4.** Il congegno veniva azionato da una leva. **5.** Fai allontanare i bambini dal fuoco. **6.** Ci siamo staccati dal gruppo. **7.** L'italiano deriva dal latino. **8.** Ho studiato molte materie interessanti nel precedente corso di studi. **9.** Parlami dei tuoi progetti. **10.** Che ne sai di lui? **11.** Si emaneranno ulteriori disposizioni sulla procedura da seguire. **12.** Cesare discendeva da illustri antenati. **13.** I genitori di Piero si sono separati per motivi futili. **14.** Giovanni è più giovane di te. **15.** Voglio parlare più chiaramente del solito.

2 Nelle seguenti frasi distingui i complementi di mezzo, di abbondanza, di limitazione, di causa, di compagnia, di modo (attenzione: non sempre sono presenti).

1. Sarai premiato per il tuo impegno. **2.** Eravamo morti di freddo. **3.** A causa del crollo, la strada era interrotta. **4.** Oggi uscirò con i miei amici. **5.** Limiteremo l'uso dell'ascensore per la sicurezza di tutti. **6.** Quel mendicante vive di espedienti. **7.** La porta era chiusa a chiave. **8.** Usciremo in barca a vela. **9.** Ti avvertirò per email. **10.** La Sicilia abbonda di cereali. **11.** La città era priva di abitanti. **12.** La ragazza era alta di statura. **13.** Tu sei bravo solo a parole. **14.** Mio padre era un grande esperto in enigmistica. **15.** Siete diversi per carattere. **16.** Sono uscito con l'ombrello. **17.** Enrica studia con diligenza. **18.** Mi hanno parlato dei tuoi successi a scuola. **19.** Il pubblico seguiva in silenzio. **20.** Gianni avanzava a passo spedito.

3 Nelle seguenti frasi distingui i complementi di differenza, di misura, di esclusione, di scambio e sostituzione (attenzione: non sempre sono presenti).

1. Giulia è più alta di dieci centimetri. **2.** L'isola è inferiore di metà rispetto a quella di fronte. **3.** Sei stato sempre bravo in matematica. **4.** Giovanni è partito senza di me. **5.** Mi piacciono tutti i gusti di gelato, tranne la fragola. **6.** Piero ha pagato per tutta la classe. **7.** La vittoria fu ottenuta dagli atleti con il minimo sforzo. **8.** Ho preso il tuo giaccone invece del mio. **9.** Alla gita verranno tutti eccetto Maurizio. **10.** Non potrai stare senza cibo per tutti quei giorni.

1 IL CASO ABLATIVO

Il termine "ablativo" deriva da *ablatus*, participio passato del verbo *aufĕro*, *aufers*, *abstuli*, *ablatum*, *auferre* "togliere, portare via"; infatti questo caso esprime anzitutto l'idea di separazione o allontanamento. Ma a questa funzione originaria se ne sono poi aggiunte altre due ereditate da due casi estinti, cioè lo strumentale e il locativo.
Si possono dunque distinguere:

- **ablativo propriamente detto o "separativo"**, con valore di allontanamento o separazione (complementi di allontanamento e separazione, origine e provenienza, materia, agente e causa efficiente, paragone, argomento, partitivo, privazione);
- **ablativo strumentale e sociativo** (complementi di mezzo o strumento, abbondanza, limitazione, causa, compagnia e unione, modo o maniera, ecc.);
- **ablativo locativo** (complementi di stato in luogo e di tempo determinato)[1].

2 ABLATIVO PROPRIAMENTE DETTO

2.1 Ablativo di separazione ed allontanamento

Il **complemento di separazione ed allontanamento** indica la persona o la cosa da cui avviene una separazione, un allontanamento o un distacco. In latino si trova **in ablativo semplice o preceduto dalle preposizioni** *ab*, *ex*, *de*; i principali verbi di allontanamento sono: *pello*, *expello*, *depello*, *eicio*, *deicio* "scacciare"; *amoveo*, *arceo*, *avŏco* "allontanare"; *deterreo* "distogliere"; *prohibeo* "astenersi", ecc. Esempi:

*Alexander vix **a se** manus abstinuit.* (Cic.)	A mala pena Alessandro tenne le mani lontane **da sé**.
*Eum exclusit **honoribus**.* (Ces.)	Lo escluse **dalle cariche**.

2.2 Ablativo di origine o provenienza

Il **complemento di origine o provenienza** indica l'origine o la provenienza di una persona o cosa. Lo si trova:

in **ablativo semplice**, per indicare il nome proprio della madre o del padre o la condizione sociale della famiglia	*Mercurius **Iove et Maia** natus est.* (Cic.) Mercurio nacque **da Giove e Maia**. *Archias ortus est **nobili loco**.* (Cic.) Archia nacque **da nobile famiglia**.
in **ablativo retto da *e*, *ex***: a. se è un pronome b. se si allude alla madre con un nome comune c. se l'origine ha senso figurato d. per indicare l'origine di un fiume	a. ***Ex me*** *natus est.* Nacque **da me**. b. *Servius natus est **ex serva**.* Servio nacque **da una schiava**. c. ***Ex magna libertate*** *tyrannus gignitur.* Il tiranno nasce **da una grande libertà**. d. *Rhenus oritur **ex Lepontiis**.* Il Reno nasce **dal territorio dei Leponzi** (popolazione delle Alpi).
in **ablativo retto da *a*, *ab*** per indicare la discendenza remota di un popolo o di una persona	*Plerique Belgae orti sunt **a Germanis**.* La maggior parte dei Belgi discende **dai Germani**.

---

[1]. Nell'ablativo confluì infatti, in gran parte, l'antico caso locativo; in esso poi si risolse anche il caso specifico del complemento di tempo determinato. Tratteremo i complementi di luogo e di tempo nella prossima Unità.

2.3 Ablativo di materia

Il **complemento di materia** indica la materia di cui è fatta una cosa; in latino si può trovare:

- in **ablativo retto da** *e*, *ex*:

| *Lucullus multa pocula **ex auro***. | Lucullo aveva molte coppe **d'oro**. |

- con l'**aggettivo corrispondente** in *-ĕus, -ĕa, -ĕum* concordato come attributo:

| *signum **lignĕum*** | statua **di legno** |

2.4 Ablativo d'agente e di causa efficiente

La distinzione fra questi due complementi, sostanzialmente affini, deriva proprio dalle diverse modalità con cui sono resi in latino.
Il **complemento d'agente** indica la persona dalla quale è compiuta l'azione in una frase passiva: se si volge la frase all'attivo, diventa soggetto; si trova con l'**ablativo retto da** *a*, *ab*:

| *Pompeius in senatu **a Catone** aspere accusatus est.* | Pompeo fu accusato aspramente **da Catone** nel senato. |

Il **complemento di causa efficiente** indica, invece, la cosa da cui è compiuta l'azione espressa dal verbo passivo; va in ablativo semplice:

| ***Nullo labore** animus vinci potest.* | L'animo non può essere vinto **da nessun travaglio**. |

- Il complemento di causa efficiente va però all'ablativo con *a*, *ab* quando si tratta di concetti astratti personificati, come *natura, fortuna, voluptas*, ecc.:

  *Eloquentia **a natura** datur.*   L'eloquenza è data **dalla natura**.

- Analogamente avviene con nomi collettivi che indicano pluralità di persona o esseri animati, come *copia, multitudo, exercitus*, ecc.:

  *Urbs **a** Caesaris **exercitu** expugnata est.*   La città fu espugnata **dall'esercito** di Cesare.

2.5 Ablativo di paragone

Il **complemento di paragone** indica il secondo termine del confronto tra due cose o esseri animati, o tra due qualità appartenenti a una stessa cosa o a uno stesso essere animato. In latino il secondo termine di paragone del **comparativo di maggioranza e minoranza** si può trovare:

- in **ablativo semplice**:

| *Lupus est minus ferox **leone**.* | Il lupo è meno feroce **del leone**. |

- con *quam* e il caso del primo termine:

| *Lupus est minus ferox **quam leo**.* | Il lupo è meno feroce **del leone**. |

In genere si ha:

ABLATIVO	QUAM + CASO DEL PRIMO TERMINE
• quando il secondo termine è espresso da un **pronome relativo**: *Patriam, **quā** nihil potest esse iucundius, nobis reddidisti.* (Cic.) Ci hai restituito la patria, **di cui** niente può essere più bello.	• quando il primo termine di paragone è in un **caso obliquo** o in **accusativo retto da preposizione**: *Homines contentionis cupidiores **quam veritatis**.* (Cic.) Uomini più desiderosi di un litigio che **di verità**.
• quando la **frase** è **negativa** o **interrogativa retorica** o **con valore negativo**: *Mihi nemo est amicior nec carior **Attico**.* Nessuno mi è più amico o più affezionato **di Attico**.	• quando il paragone avviene tra **due verbi**, **due aggettivi** o **due avverbi**: *Puer magis **diligens** est quam **intelligens**.* Il ragazzo è più **volenteroso** che **intelligente**. *Interdum melius est **tacĕre** quam **loqui**.* Talora è meglio **tacere** che **parlare**.
• in alcune **espressioni idiomatiche** con *opinione, spe, exspectatione, solito*, ecc.: *Milites celerius **opinione** pervenērunt.* I soldati arrivarono prima **di quanto si credesse**.	

Il secondo termine di paragone del **comparativo di uguaglianza** si trova sempre nel caso del primo termine, retto dagli avverbi correlativi *tam... quam, ita... ut*:

*Canis **tam** velox est, **quam** lupus / Canis **ita** velox est, **ut** lupus.*	Il cane è (**tanto**) veloce **quanto** il lupo.

2.6 Ablativo di argomento

Il **complemento di argomento** indica l'argomento di cui si parla o scrive; è espresso in **ablativo retto da *de***:

*Scripsi etiam tres libros **de temporibus meis**.* (Cic.)	Ho anche scritto tre libri **sui miei tempi**.

 • Raramente si trova *super* + ablativo:
   *Hac **super re** scribam ad te Rhegio.* (Cic.)   Su questo argomento ti scriverò da Reggio.

• Nei titoli dei libri, dei capitoli e dei brani si trova il nominativo, se si indica il protagonista: *Cato Maior* "Catone Maggiore"; *Lupus et agnus* "Il lupo e l'agnello"; *Mercator* "Il mercante".

• È invece comune l'ablativo retto da *de*, se si indica l'argomento del libro:
   *Tibi mitto **de senectute** librum.* (Cic.)   Ti mando il libro **sulla vecchiaia**.

2.7 Ablativo partitivo

Oltre al genitivo partitivo (es. *aliquis amicorum* "qualcuno degli amici", vd. p. 56) esiste un **ablativo partitivo**, **preceduto da *e*, *ex*, *de***, che indica una specie di provenienza, dato che da un tutto si sceglie una parte:

***Ex tanta multitudine** civium tam pauci fuerunt qui cum eo consentirent.* (Cic.)	**Fra tanta moltitudine** di cittadini ve ne furono così pochi che fossero d'accordo con lui.

3 ABLATIVO STRUMENTALE O SOCIATIVO

3.1 Ablativo di mezzo o strumento

Il **complemento di mezzo o strumento** indica il mezzo o lo strumento con cui si compie un'azione; in latino si trova con:

- l'**ablativo semplice**, se è costituito da un nome di cosa o animale:

| *Rem publicam nostri maiores temperaverunt **institutis et legibus**.* (Cic.) | I nostri antenati ressero lo stato **con le istituzioni e con le leggi**. |

- **per + accusativo** se si tratta di un nome di persona:

| *Caesar **per exploratores** compĕrit Suebos se in silvas recepisse.* (Ces.) | Cesare venne a sapere **dagli esploratori** che i Suebi si erano rifugiati nelle selve. |

- Il verbo *afficio* prende di volta in volta il significato dall'ablativo di mezzo con il quale si costruisce: *afficĕre aliquem beneficio* "beneficare qualcuno", *afficĕre aliquem exilio* "esiliare qualcuno", *afficĕre aliquem laude* "lodare qualcuno", *afficĕre aliquem poena* "punire qualcuno".

Con l'ablativo strumentale sono costruiti i seguenti cinque verbi deponenti (con i loro composti):

fruor, -ĕris (fructus e fruĭtus sum), frui "godere, usufruire"	*Lux, **quā fruimur**, a Deo nobis data est.* La luce **di cui godiamo** ci è stata data da Dio.
fungor, -ĕris, functus sum, fungi "adempiere"	***Functus est** omni civium **munĕre**.* **Adempì tutti i doveri** di cittadino.
potior, -īris, potĭtus sum, potīri "impadronirsi"	*Orgetŏrix arbitrabatur perfacile esse totius Galliae **imperio potiri**.* Orgetorige riteneva che fosse molto facile **impadronirsi del dominio** di tutta la Gallia.
utor, -ĕris, usus sum, uti "usare, servirsi"	*Milites **utuntur armis**.* I soldati **usano le armi**.
vescor, ĕris, vesci "nutrirsi, cibarsi"	***Vescimur bestiis** et terrenis et aquatilibus et volatilibus.* **Ci nutriamo di animali** terrestri, acquatici e volatili.

- Questi verbi nella coniugazione perifrastica passiva presentano la costruzione impersonale:

  | *Nobis recte **utendum est divitiis**.* | Dobbiamo **servirci** bene **delle ricchezze**. |

- Nell'espressione *potiri rerum* "impadronirsi del potere" è sottinteso l'ablativo *summa* (lett. "impadronirsi del complesso del potere"):

  | *Iulianus **rerum potitus est** Parthisque intulit bellum.* (Eutr.) | Giuliano **si impadronì del sommo potere** e portò la guerra ai Parti. |

> • Il verbo *utor* può essere costruito con un doppio ablativo, uno con funzione strumentale, l'altro con funzione predicativa:
>
> *Usus sum **patre meo duce**.*   Mi sono servito **di mio padre come guida**.

3.2 Costruzione di *dignus* e *indignus* +ABLATIVO

Gli aggettivi ***dignus*** "degno" e ***indignus*** "indegno" reggono l'**ablativo** (che può rientrare nell'ambito dell'ablativo strumentale) senza preposizione:

*Aliquid **dignum memoriā** consĕqui.* (Cic.)   Ottenere qualcosa **degno di memoria**.

Dopo questi aggettivi si può trovare anche una **proposizione relativa** introdotta dal pronome *qui, quae, quod*, al congiuntivo presente o imperfetto:

*Dignus es, **qui** a magistro **laudēris**.*   Sei degno **di essere lodato** dal maestro.

3.3 Ablativo di abbondanza e privazione - Costruzione di *opus est*

Il complemento di abbondanza indica ciò di cui si abbonda, mentre il complemento di privazione indica ciò di cui si è privi: entrambi in latino si rendono in ablativo.

Il **complemento di abbondanza** è retto da verbi che indicano appunto abbondanza, come: *abundo, efflŭo, redundo* "abbondare, essere ricco di"; *augĕo, onĕro* "accrescere, caricare di"; *complĕo, implĕo, opplĕo* "riempire, coprire"; *replĕo, farcio, refercio* "rimpinzare".

Può anche dipendere da aggettivi come *locuples, opīmus, uber* "ricco, fertile"; *onustus, plenus* "carico, pieno di":

*Villa **abundat porco, haedo, agno**.* (Cic.)   La fattoria **è ricca di maiali, capretti, agnelli**.

Il **complemento di privazione**, anch'esso in ablativo, dipende da verbi e aggettivi che indicano privazione, mancanza o bisogno (come *careo, egeo* "mancare, essere privo di"; *exŭo, nudo, orbo, privo, spolio* "spogliare, privare di"; *vaco* "esser privo di"; *indigens, nudus, orbus, vacuus* "mancante, privo di"):

*Sapiens **nullā re** eget.*   Il sapiente **non ha bisogno di nulla**.
*Consilium nostrum spero **vacuum periculo** fore.* (Cic.)   Spero che la nostra decisione sarà **priva di pericolo**.

All'ablativo di privazione si ricollega la particolare costruzione di *opus est* "occorre, bisogna", che può essere impersonale o personale:

COSTRUZIONE IMPERSONALE	COSTRUZIONE PERSONALE
• la cosa di cui uno ha bisogno si trova in ablativo; • la persona a cui la cosa occorre è in dativo; • il verbo *sum* va alla 3ª persona singolare: **Multis libris mihi opus est**. **Io ho bisogno di molti libri.**	• la cosa di cui uno ha bisogno è il soggetto; • la persona a cui la cosa occorre è in dativo; • il verbo *sum* concorda con il soggetto: **Multa mihi opus sunt**. **Mi sono necessarie molte cose**, ho bisogno di molte cose.

- La costruzione personale, più rara, ricorre maggiormente quando la cosa che occorre è espressa con il neutro di un aggettivo o di un pronome:

    Quae ad bellum opus sunt senatus decrevit. (Liv.)   Il senato stabilì **quello che era necessario** alla guerra.

- Se la cosa che occorre è espressa con un verbo, si trova l'infinito o la costruzione infinitiva:

    Opus est te multa legĕre.   È necessario **che tu legga** molto.

3.4 Ablativo di limitazione

Il **complemento di limitazione** indica i limiti entro i quali occorre restringere il concetto espresso da un verbo, da un sostantivo o da un aggettivo; è espresso in **ablativo semplice**:

Agesilaus nomine, non potestate fuit rex. (Nep.)   Agesilao fu re **di nome**, non **di fatto**.

- Rientrano nell'ablativo di limitazione espressioni quali: *meā sententiā, meo iudicio, mea opinione* "a mio parere"; *re* "di fatto"; *verbo / verbis* "a parole"; *specie* "in apparenza"; *re vera* "in realtà"; *natione* "di nascita"; *nomine* "di nome", ecc.:

    Meā quidem sententiā, paci semper est consulendum. (Cic.)   **Almeno a mio parere**, si deve sempre provvedere alla pace.

- L'ablativo di limitazione si riscontra in espressioni come *maior, maximus, minor, minimus natu*:

    Ennius fuit maior natu quam Plautus.   Ennio fu maggiore **di età** di Plauto.

3.5 Ablativo di causa

Il **complemento di causa** indica il motivo per cui si compie un'azione; è espresso:

con l'**ablativo semplice** se la causa è **interna**, cioè riferita alla sfera fisica o psichica del soggetto; in tal caso è retto da: a. **verba affectuum**, come *angor, doleo, maereo* "essere afflitto, dolersi"; *delector* "dilettarsi"; *glorior* "vantarsi"; *gaudeo, gratulor, laetor* "rallegrarsi"; *lugeo, fleo* "piangere"; *queror* "lamentarsi", ecc. b. **aggettivi** come *anxius, maestus* "mesto"; *laetus, contentus* "contento"; *fessus* "stanco"; *sollicitus* "preoccupato", ecc.	a. *Adulescentes senum praeceptis gaudent.* I giovani **si dilettano dei consigli** dei vecchi. b. *Hannibal sua gloria anxius fuit.* Annibale era **ansioso per la sua gloria**.
con l'**accusativo retto da *ob* o *propter***, quando la causa è **esterna**, indipendente dal soggetto e dalle sue condizioni	*Propter frigus terra obriguit.* (Cic.) **Per il freddo** la terra gelò.
con ***prae* + ablativo**, quando la causa è **impediente**	*Prae lacrimis scribĕre non possum.* (Cic.) **A causa delle lacrime** non posso scrivere.

- Hanno valore causale ablativi come *consilio* "per consiglio"; *hortatu* "per esortazione"; *impulsu* "per impulso"; *iniussu* "senza l'ordine"; *iussu* "per l'ordine"; *mandatu* "su mandato"; *missu* "su commissione"; *rogatu* "a richiesta":

    Tuo iussu profectus sum. (Plaut.)   Sono partito **per tuo ordine**.

3.6 Ablativo di compagnia e unione

Il **complemento di compagnia** indica la persona in compagnia della quale si compie l'azione espressa dal verbo; se indica una cosa, si chiama più precisamente **complemento di unione**. In latino si trovano entrambi espressi con *cum* + **ablativo**:

*Mithridates **cum uxore** fugit.* (Eutr.)	Mitridate fuggì **con la moglie**. [c. di compagnia]
*Vidi argenteum Cupidinem **cum lampade**.* (Cic.)	Ho visto un Cupido d'argento **con una lampada**. [c. di unione]

 • La preposizione *cum* può essere omessa con termini militari (es. *agmen, classis, copiae, exercitus, eques, equitatus, legio, navis,* ecc.), purché accompagnati da un aggettivo non numerale:

*Pompeius **omnibus copiis** ad mare pervenit.* (Ces.) — Pompeo giunse al mare **con tutte le truppe**.

3.7 Ablativo di modo o maniera

Il **complemento di modo o maniera** indica appunto il modo in cui avviene l'azione espressa dal verbo; si trova:

- in **ablativo retto da *cum***, se il sostantivo che lo forma è usato da solo:

*Fictas fabulas **cum voluptate** legĭmus.* (Cic.)	Leggiamo **con piacere** i racconti immaginari.

- con l'**ablativo semplice** o con il ***cum* interposto**, se il sostantivo è accompagnato da un aggettivo:

*Equites **magno (cum) periculo** proelio dimicabant.* (Ces.)	I cavalieri combattevano **con grande pericolo**.

Si trovano sempre in ablativo semplice:
- i sostantivi che indicano già di per sé modo, costume e consuetudine, come *modus* "modo", *mos* "costume", *ratio* "maniera", *ritus* "usanza":

***more** maiorum*	**secondo l'usanza** degli antenati

- alcune espressioni formate da un sostantivo unito all'aggettivo *nullus*:

***nullo** pacto*	in **nessun** modo

- i sostantivi indicanti parti del corpo:

capite demisso	**a capo basso**

- alcune espressioni avverbiali come *aequo animo* "serenamente", *casu* "per caso", *dolo* "con inganno", *fraude* "con frode", *iniuriā* "a torto", *insidiis* "a tradimento", *iure* "a ragione", *merito* "meritatamente", *ordine* "in ordine", *ratione* "a ragione", *ritu* "alla maniera di", *silentio* "in silenzio", *vi* "con forza", *vitio* "per errore":

*Praetores **merito ac iure** laudantur.*	I pretori sono lodati **meritatamente** ed **a ragione**.

 • Un complemento di modo ovviamente si può esprimere con un avverbio: ***diligenter*** = *cum diligentiā*, ***prudenter*** = *cum prudentiā*.

3.8 Ablativo di misura

Il **complemento di misura o differenza** indica di quanto una persona o una cosa sia superiore o inferiore ad un'altra o più in generale di quanto differiscano fra loro i due termini di un confronto.
Si esprime in **ablativo semplice**:

- con i comparativi:

*Sol **multis partibus maior** est quam terra universa.* (Cic.)	Il sole è **molte volte più grande** di tutta la terra.

- con verbi che indicano eccellenza o precedenza, come *praecēdo*, *praesto*, *supĕro*:

*quanto **ceteris praestet** Lucretia sua*	di quanto **superi tutte le altre** la sua Lucrezia

- con preposizioni ed avverbi che hanno significato comparativo, come *ante*, *post*, *infra*, *supra*, *citra* "al di qua", *ultra* "al di là", *multo / tanto / quanto / paulo / aliquanto*, ecc.:

***Paulo** ante praecepta dedimus.* (Cic.)	**Poco** prima abbiamo dato dei precetti.

3.9 Ablativo di qualità

Il **complemento di qualità** esprime le qualità di un uomo o di una cosa; è costituito da un sostantivo in genere accompagnato da un aggettivo.
Si è già accennato a questo complemento trattando il genitivo; riepiloghiamo qui le modalità con cui compare in latino:

a. **ablativo semplice** o **genitivo** per le qualità morali	**a.** *Cato **singulari** fuit **prudentiā** et **industriā**.* (Nep.) Catone fu **di singolare saggezza** e **laboriosità**. *Appius fuit **vehementis ingenii** vir.* (Liv.) Appio fu un uomo **di grande ingegno**.
b. **ablativo** per le qualità fisiche e le disposizioni momentanee dell'animo.	**b.** *Caesar fuisse tradĭtur **excelsā staturā**.* (Svet.) Si tramanda che Cesare fosse **di alta statura**.

4 ALTRI COMPLEMENTI IN ABLATIVO

Sempre in ablativo si trovano altri complementi che rientrano nel tipo strumentale; alcuni complementi sono stati già analizzati nell'Unità relativa al genitivo; per comodità didattica ne ripetiamo qui i dati essenziali.

COMPLEMENTO	MODO IN CUI È ESPRESSO IN LATINO	ESEMPI
di stima	a. in **ablativo semplice** quando la stima è determinata	a. *Damnatur Timotheus lisque eius aestimatur* **centum talentis**. (Nep.) Timoteo viene condannato e la sua pena pecuniaria è stimata **cento talenti**.
	b. in **genitivo** quando il livello della stima è indeterminato (es. con *magni, parvi, minoris, tanti, quanti*, ecc.)	b. *Sextilius* **magni** *aestimabat pecuniam*. (Cic.) Sestilio stimava **molto** il denaro.
di prezzo	a. in **ablativo semplice**	a. *Emi domum* **sestertiis quindĕcim**. (Cic.) Comprai la casa **a quindicimila sesterzii**.
	b. in **genitivo** solo con *tanti, tantīdem, quanti, pluris, minoris*	b. *Vendo meum frumentum non* **pluris** *quam ceteri*. Vendo il mio grano ad un prezzo non **maggiore** degli altri.
di pena	a. **ablativo semplice** quando la pena è determinata	a. *Torquatus filio* **morte** *multavit*. (Cic.) Torquato condannò il figlio **a morte**.
	b. **genitivo** se la pena è indeterminata	b. *Romani veteres furem* **dupli** *condemnavērunt*. (Cat.) Gli antichi Romani condannarono il ladro a (pagare) **il doppio**.
di colpa	a. al **genitivo** con verbi che denotano la colpa	a. *Miltiades accusatus est* **proditionis**. (Nep.) Milziade fu accusato **di tradimento**.
	b. con ***de* + ablativo** in alcune espressioni giudiziarie (*de veneficiis, de repetundis, de maiestate, de ambitu, de vi*, ecc.)	b. *Verres* **de repetundis** *in ius est vocatus,* **de vi** *Milo*. (Cic.) Verre fu chiamato in giudizio **per estorsione**, Milone **per violenza**.
di esclusione	a. ***sine* + ablativo**	a. *Dicam* **sine cunctatione** *quod sentio*. (Cic.) Dirò **senza esitazione** ciò che penso.
	b. ***praeter* + accusativo**	b. *Omnibus sententiis* **praeter unam**. (Cic.) All'unanimità **meno uno**.
di scambio	a. ***pro* + ablativo**	a. **Pro vallo** *carros obiecērunt*. **Invece del vallo** opposero dei carri.
	b. *loco* (*in locum* con i verbi di moto) **con il genitivo**	b. **In patris locum** *mater venit*. **Invece del padre** venne la madre.
di vantaggio	*pro* + **ablativo**	*Dulce et decorum est* **pro patria** *mori*. (Or.) È dolce e dignitoso morire **per la patria**.

Esercizi

A Analizza e traduci le seguenti frasi, riconoscendo i complementi in ablativo (ablativo propriamente detto: di separazione ed allontanamento, di origine o provenienza, di materia, d'agente e di causa efficiente, di paragone, di argomento, partitivo).

1. Timolĕon Dionysium tota Sicilia depulit. (Cic.) 2. Luna solis lumine collustrari putatur. (Cic.) 3. Caesar cognovit missas legationes ab nonnullis civitatibus Galliae ad Germanos. (Ces.) 4. Divitiacus affirmat futurum esse ut omnes Galli ex Galliae finibus pellerentur atque omnes Germani Rhenum transirent. (Ces.) 5. Maiores nostri superstitionem a religione separaverunt. (Cic.) 6. Non idem licet mihi quod iis qui nobili genere nati sunt. (Cic.) 7. Harmodii et Aristogitŏnis effigies aëneas Xerxes in regnum suum transtulit. (Val. Mass.) 8. Non ex ebŏre tantum Phidias sciebat facere simulacra; faciebat etiam ex aere. (Sen.) 9. Populus Romanus non solum audivit, sed etiam didĭcit nihil esse homini Romano foedius servitute. (Cic.) 10. Opinione celerius confido sceleratissimum latronem poenas daturum (esse). (Cic.) 11. Puerorum feminarumque irae acres magis quam graves sunt. (Sen.) 12. Fama est ludibrio fratris Remum novos transiluisse muros; inde ab irato Romulo interfectum esse. (Liv.) 13. Bestiae ex se natos ita amant ad quoddam tempus et ab eis ita amantur, ut facile earum sensus appareat. (Cic.) 14. Caesar suos a proelio continebat ac satis habebat in praesentia hostem rapinis et pabulationibus prohibēre. (Ces.) 15. Agamemnon immolavit Iphigeniam, qua nihil erat eo anno natum pulchrius. (Cic.) 16. Nostri, tametsi a duce et a fortuna deserebantur, tamen omnem spem salutis in virtute ponebant. (Ces.) 17. Cn. Flavius scriba, patre libertino ortus, aedilis fuit. (Liv.) 18. Difficilis et perobscura quaestio est de natura deorum. (Cic.) 19. Animi virtutes e ratione gignuntur, qua nihil est in homine divinius. (Cic.) 20. Caesar si foro tantum vacasset, non alius ex nostris contra Ciceronem nominaretur. (Quint.)

B Collega la prima parte di ogni frase alla corrispondente seconda parte; poi traduci (ablativo di mezzo, ablativo strumentale con *utor, fruor, fungor, vescor, potior*, costruzione di *dignus* e *indignus*).

1. Qui adipisci veram gloriam volet
2. Suis amplissimis fortunis
3. Diu cum esset pugnatum,
4. Maiores nostri delūbra deorum pietate,
5. Tu mihi obviam mitte
6. Vexati ab hostibus, socii
7. Philosophi, in senatum introducti,
8. Caesar pertinaciam
9. Possunt aliquando oculi
10. Caesar magna difficultate afficiebatur,

a. magna poena adficiendam esse iudicabat. (Ces.)
b. epistulas te dignas. (Cic.)
c. domos suas gloria decorabant. (Sall.)
d. nostram fidem per legatos implōrant. (Liv.)
e. qua ratione ad exercitum pervenire posset. (Ces.)
f. frui non potest. (Cic.)
g. non fungi suo munere. (Cic.)
h. impedimentis castrisque nostri potiti sunt. (Ces.)
i. iustitiae fungatur officiis. (Cic.)
l. interprete usi sunt C. Acilio senatore. (Gell.)

C COMPLETAMENTO Inserisci in ogni frase l'aggettivo o il verbo adatto, ricavandolo dal seguente elenco; poi traduci le frasi (complemento di abbondanza e privazione, costruzione di *opus est*).

eget - libidinibus - opus sunt - abundabat - refertus - opus sit - referta - vacat - opus est - plenum

1. Dicimus .... omni bono esse sapientem. (Sen.) 2. Iste tuus amicus apud me commendatione non .... (Cic.) 3. Animus imbutus malis artibus haud facile .... carebat. (Sall.) 4. Homo .... pecunia erat (Cic.) 5. Ligarius omni culpa .... (Cic.) 6. Magistratibus ...., sine quorum prudentia ac diligentia esse civitas non potest. (Cic.) 7. Quaecumque ad oppugnationem ...., noctu comparantur. (Ces.) 8. Conveniunt duces: quaeritur quid .... facto. (Nep.) 9. Si vita doloribus .... maxime fugienda est, summum malum est vivere cum dolore. (Cic.) 10. C. Caligula, inter cetera vitia, quibus ...., contumeliosus erat. (Sen.)

D Analizza e traduci le seguenti frasi (ablativo strumentale o sociativo: ablativo di mezzo, di abbondanza e privazione, di limitazione, di causa, di compagnia e unione, di modo, di misura, di qualità; altri complementi).

1. *Caesar certior factus est Bellovăcos, qui belli gloria Gallis omnibus praestabant, exercitum comparare.* (Ces.)   2. *Crotoniatae templum Iunonis, quod religiosissime colebant, egregiis picturis locupletare voluerunt.* (Cic.)   3. *Sempronia genere atque forma satis fortunata fuit, litteris Graecis Latinisque docta.* (Sall.)   4. *Ad mortem te, Catilina, iussu consulis duci iam pridem oportebat.* (Cic.)   5. *Hic me complexus est nec loqui prae maerore potuit.* (Cic.)   6. *Iugurtha Publio Scipioni ob merita sua carus erat.* (Sall.)   7. *Propter frigora frumenta in agris matura non erant.* (Ces.)   8. *Alexander, victor Darii, cum matrem eius cepisset, ad videndam eam cum Hephaestione venit.* (C. Rufo)   9. *Verum summa cura studioque conquirĭmus.* (Cic.)   10. *Divitiăcus, multis cum lacrimis Caesarem complexus, ei supplicare coepit.* (Ces.)   11. *Cenabenses ("Gli abitanti di Cènabo") paulo ante mediam noctem silentio ex oppido egressi, flumen transire coeperunt.* (Ces.)   12. *Plebi re non verbo danda libertas.* (Cic.)   13. *Relinquebatur una per Sequănos via, quā Sequănis invitis propter angustias ire non poterant.* (Ces.)   14. *Una ex his navibus, quod erat sine militibus privatoque consilio administrabatur, a Bibŭlo expugnata est.* (Ces.)   15. *Quinctius Varus fuit homo summa religione et summa auctoritate praedĭtus.* (Cic.)   16. *Erat vallis inter duas acies non ita magna, at difficili et arduo ascensu.* (Ces.)   17. *Quanto diutius considero, tanto mihi res videtur obscurior.* (Cic.)   18. *Agesilaus fuit statura humili.* (Nep.)

VERSIONI

■ EXEMPLUM

55 Atteggiamento filopersiano dello spartano Pausania

Il generale spartano Pausania viene definito da Cornelio Nepote "uomo grande, ma incoerente in ogni aspetto della sua vita". Nel 479 a.C., dopo la vittoria greca a Salamina, nella battaglia di Platea in Beozia aveva sconfitto i Persiani guidati da Mardonio. In seguito era stato posto al comando della flotta ellenica e aveva liberato le città greche di Cipro e la città di Bisanzio, indebolendo la potenza navale persiana nell'Egeo. In quella occasione aveva catturato molti nobili persiani e li aveva rimandati di nascosto al re Serse, con cui aveva avviato una trattativa. A questo punto inizia il capitolo qui presentato, che evidenzia l'atteggiamento palesemente filo-orientale di Pausania. Successivamente, quando si trovò il carteggio fra Pausania e Serse, il generale spartano fu condannato a morte; rifugiatosi nel tempio di Atena Calcieca come supplice, vi fu fatto morire di fame e di sete.

Apparatu regio utebatur, veste Medica; satellites Medi et Aegyptii sequebantur, epulabatur more Persarum luxuriosius, quam, qui aderant, perpĕti possent. Aditum petentibus conveniundi non dabat, superbe respondebat, crudeliter imperabat. Spartam redire nolebat: Colonas, qui locus in agro Troade est, se contulerat: ibi consilia cum patriae tum sibi inimica capiebat. Id postquam Lacedaemonii rescierunt, legatos cum clava ad eum miserunt, in *qua* **more illorum** *erat scriptum: nisi domum reverteretur, se* **capitis** *eum damnaturos. Hoc nuntio commotus, sperans se etiam tum pecuniā et potentiā instans periculum posse depellĕre, domum rediit. Huc ut venit, ab ephŏris in vincla publica est coniectus;* **licet enim legibus eorum cuivis ephŏro hoc facere regi.** *Hinc tamen se expedivit; neque eo magis* **carebat suspicione.** *Nam opinio manebat eum cum rege habere societatem.* (Cornelio Nepote)

Ostentava uno sfarzo da re, vestiva alla persiana; si faceva seguire da un corpo di guardia composto di Medi e di Egiziani, dava banchetti come facevano i Persiani, troppo sontuosi perché i convitati non ne fossero infastiditi; non accordava udienza ai richiedenti, rispondeva altezzosamente, era duro nel comando. A Sparta non voleva più ritornare; si era trasferito a Colona, località della Troade, ed ivi prendeva decisioni dannose a sé e alla patria. Venuti a conoscenza di tali cose, gli Spartani gli inviarono messi recanti la *scutala* in cui, con il loro linguaggio cifrato, gli facevano sapere che, se non fosse tornato in patria, sarebbe stato condannato alla pena di morte. Benché turbato, sperando di poter scongiurare il pericolo incombente sia con il danaro sia con la sua influenza, ritornò a Sparta; ma, appena giunto colà, per comando degli efori venne rinchiuso nelle prigioni dello stato: cosa che, secondo le loro leggi, è in facoltà di qualsiasi eforo, anche se si tratti del re. Riuscì a farsene liberare, ma non per questo cessò dall'essere sospettato, poiché perduravano le voci di una sua intesa con il re. (trad. di C. Vitali)

NOTE LINGUISTICHE

Apparatu regio utebatur, veste Medica → il verbo deponente *utor* regge l'ablativo; qui vuol dire "usava", ma per altri suoi significati, vd. *infra*, **Cave!**
cum patriae tum sibi → quando sono in correlazione le congiunzioni *cum… tum* significano "sia… sia"; *patriae* e *sibi* sono dativi di svantaggio.
capitis → genitivo del complemento di pena; ma in latino si trova anche *damnare capite*, con l'ablativo.
carebat suspicione → ablativo di privazione.

NOTE LESSICALI

satellites → il *satelles* era la "guardia del corpo" di un alto personaggio (ad es. re o magistrato); in senso traslato il termine significa "accompagnatore, servitore, ministro" (spesso nel senso negativo di "complice, fautore", considerato l'odio dei Romani per i re); da *satelles* deriva "satellite", che indica i piccoli corpi celesti che girano attorno ai pianeti maggiori.
clava → il "bastone" di cui si parla qui aveva forma cilindrica; gli ordini segreti a Sparta "venivano scritti su una striscia a spirale, e divenivano comprensibili solo se arrotolati su un bastone (*skytàle*) di diametro conosciuto solo dal mittente e dal destinatario" (E. Narducci).

NOTE DI TRADUZIONE

more illorum → lett. "alla loro maniera"; la traduzione "con il loro linguaggio cifrato" è più che altro una glossa, una spiegazione della procedura usata dai Lacedemoni per trasmettere ordine segreti.
licet enim legibus eorum cuivis ephŏro hoc facere regi → la traduzione è molto libera e, nella seconda parte, piuttosto equivoca: "cosa che, secondo le loro leggi, è in facoltà di qualsiasi eforo, anche se si tratti del re" (sembra quasi che l'eforo e il re siano la stessa persona…); lett.: "è lecito infatti, secondo le loro leggi, per qualsiasi eforo fare ciò al re".

PRIMO LIVELLO

●●● | 56 Notizie biografiche sul *Mahatma* Gandhi

In queste righe gli autori della rivista *Adulěscens* presentano dapprima un'immaginaria relazione autobiografica del *Mahatma* Gandhi, che ricorda i momenti più significativi della sua vita: il costante impegno contro l'ingiustizia e la violenza; il metodo non violento con cui ottenne la liberazione dell'India dal dominio britannico; il disappunto per il successivo conflitto indo-pakistano. Infine viene citata l'uccisione del *Mahatma* ad opera di un fanatico nel 1948.

a. Significato di *Mahatma*	«Mihi nomen est Mohandas Karamchad Gandhi, at ab omnibus vocatus sum "Mahātma", quod significat "magna anima".	
b. Lotta non violenta di Gandhi	Pugnavi totam meam vitam contra iniustitiam et violentiam. Ut liberarem meum populum Indicum a dominatu Anglorum, non adhibui neque arma neque bellum, sed oppositionem passivam et pacificam, quae cito se patefecit efficaciorem quam quaelibet ratio bellica.	
c. Progressiva liberazione dell'India	Maxime efficax fuit etiam ieiunium, quo saepe ego coëgi auctoritates Anglicas concedere maiorem libertatem Indis. Tandem, anno MCMXLVII, Britanni reliquerunt Indiam, quae facta est sui iuris.	
d. Lotta contro le caste	Diu etiam luctatus sum ut adducerem meos populares ad abolendas illas quae appellantur "castae", id est ordines stricte discriminati inter se. Multa consecutus sum et florui maxima fama non modo inter meos Indos, sed etiam apud ceteras gentes.	
e. Amarezza per il conflitto indo-pakistano	Sed non valui horrendas fraternasque strages impedire inter Indos Induistas et Mahometanos, cum habitantes Indiae, consecuti libertatem, se diviserunt in duas nationes: "Pakistan" et "Unio Indiana". Hic fuit cruciatus maximus vitae meae».	
f. L'uccisione di Gandhi	Ut fere omnes amantes et agentes pro pace, Gandhi quoque occisus est, septuaginta octo annos natus, a fanatico Induista, anno MCMXLVIII.	

(da Rivista Adulèscens)

●●● | 57 Descrizione del mondo

Lucio Ampelio, che fu probabilmente un maestro di scuola romano, visse nel III/IV secolo d.C. Fu autore di un manualetto, il *Liber memorialis*, che conteneva notizie relative a varie materie erudite (astronomia, geografia, mitologia e storia). La prima parte del testo comprende un'elementare cosmologia, che descrive i quattro elementi e le cinque zone della Terra.

a. Definizione del mondo	Mundus est universitas rerum, in quo omnia sunt et extra quem nihil; qui Graece dicitur cosmos.
b. I quattro elementi del mondo	Elementa mundi quattuor: ignis ex quo est caelum, aqua ex qua mare Oceanum, aër ex quo venti et tempestates, terra quam propter formam eius orbem terrarum appellamus.
c. Le regioni e i cinque cerchi del mondo	Caeli regiones sunt quattuor: oriens, occidens, meridies, *septentrio*. Caelum dividĭtur in circulos quinque: arcticum et antarcticum, qui ob nimiam vim frigoris inhabitabiles sunt; aequinoctialem cui quae subiacet regio catacecaumene[1] dicitur neque incolitur ob nimiam vim ardoris; brumalem et solstitialem sub quibus habitatur (sunt enim temperatissimi); per quos oblicus circulus vadit cum duodĕcim signis, in quibus sol annuum conficit cursum.

▶ Vedi **Curiosità**

(Lucio Ampelio)

---

1. *catacecaumene*: traslitterazione dal greco *Katakekauméne* (Κατακεκαυμένη), regione della Misia o della Meonia, molto ricca di vini.

> **Curiosità**
>
> **Etimologia del termine** *septentrio* Il sostantivo **septentrio** "settentrione" si collega alla **costellazione dell'Orsa Maggiore**, o del Grande Carro; nelle sette stelle che la compongono gli antichi vedevano sette buoi aggiogati (*septem triones*, lett. "**sette buoi da lavoro**"; cfr. *trio, trionis*, "bue che tira l'aratro"). Le sette stelle, ruotando attorno alla stella polare, potevano ricordare il movimento dei buoi durante l'aratura.
> I Greci videro invece nelle sette stelle un'orsa (in greco *àrktos*, da cui "Artico"). Secondo la mitologia greca Callisto era una ninfa dell'Arcadia, compagna prediletta di Artemide (o Diana), la dea della caccia. Zeus, innamoratosi di lei, la sedusse e la rese madre di Arcade; Artemide adirata scacciò Callisto dal suo seguito, mentre Hera, gelosa, la trasformò in orsa. In seguito il figlio Arcade, durante una battuta di caccia, incontrò l'orsa che vagava per i boschi e stava per ucciderla, ma Zeus impedì il matricidio trasformando anche Arcade in orso. Li mise quindi entrambi in cielo: Callisto divenne l'Orsa Maggiore, mentre suo figlio diventò Boote (il custode di buoi), dando il nome alla costellazione vicina all'Orsa Maggiore.

SECONDO LIVELLO

●●○ | 58 Notizie sui druidi

In questo capitolo del *De bello gallico* vengono presentati i privilegi militari e fiscali dei druidi e le caratteristiche della loro dottrina. In particolare, essi parlano dell'immortalità dell'anima (*hoc volunt persuadēre, non interire animas*) e forniscono agli allievi informazioni di carattere astronomico e religioso.

Druĭdes a bello abesse consuerunt neque tributa una cum relĭquis pendunt; militiae vacationem omniumque rerum habent immunitatem. Tantis excitati praemiis et sua sponte multi in disciplinam conveniunt et a parentibus propinquisque mittuntur. Magnum ibi numerum versuum ediscere dicuntur. Itaque annos nonnulli vicenos in disciplina permănent. Neque fas esse existimant ea litteris mandare, cum in reliquis fere rebus, publicis privatisque rationibus Graecis litteris utantur. Id mihi duabus de causis instituisse videntur, quod neque in vulgum disciplinam efferri velint neque eos, qui discunt, litteris confisos minus memoriae studēre: quod fere plerisque accĭdit, ut praesidio litterarum diligentiam in perdiscendo ac memoriam remittant. In primis hoc volunt persuadēre, non interire animas, sed ab aliis post mortem transire ad alios, atque hoc maxime ad virtutem excitari putant metu mortis neglecto. Multa praeterea de sideribus atque eorum motu, de mundi ac terrarum magnitudine, de rerum natura, de deorum immortalium vi ac potestate disputant et iuventuti tradunt.

(Cesare)

Laboratorio

MORFOLOGIA
1. Riconosci un sostantivo indeclinabile.

SINTASSI
2. Riconosci i complementi in ablativo.
3. Trova un ablativo assoluto.

●●● | 59 Prefazione al IV libro del *De architectura*

All'inizio del IV libro del *De architectura* Vitruvio precisa lo scopo della sua opera; mentre altri autori hanno lasciato solo nozioni frammentarie sull'architettura, egli intende esporre "tutto il complesso della materia". Viene quindi riassunto velocemente il contenuto dei precedenti libri e si annunzia poi il contenuto del IV, in cui si parlerà del genere dorico e di quello corinzio, chiarendone le proprietà e le differenze.

Cum animadvertissem, imperator, plures de architectura praecepta voluminaque commentariorum non ordinata sed incepta uti particulas errabundas reliquisse, dignam et utilissimam rem putavi antea disciplinae corpus ad perfectam ordinationem perducere et praescriptas in singulis voluminibus singulorum generum qualitates explicare. Itaque, Caesar, primo volumine tibi de officio eius et quibus eruditum esse rebus architectum oporteat, exposui. Secundo de copiis materiae, e quibus aedificia constituuntur, disputavi; tertio autem de aedium sacrarum dispositionibus et de earum generum varietate quasque et quot habeant species earumque quae sunt in singulis generibus distributiones. Ex tribus generibus quae subtilissimas haberent proportionibus modulorum quantitates ionici generis moribus, docui; nunc hoc volumine de doricis corinthiisque constitutis et omnibus dicam eorumque discrimina et proprietates explicabo.

(Vitruvio)

● ● ● | 60 I magistrati sono indispensabili allo Stato

Nel III libro delle *Leggi* Cicerone si sofferma sulle prerogative delle varie magistrature; in questo passo si sottolinea l'utilità dei magistrati per il bene dello stato.

Magistratibus igitur opus est sine quorum prudentia ac diligentia esse civitas non potest quorumque discriptione omnis rei publicae moderatio continetur. Neque solum iis praescribendus est imperandi sed etiam civibus obtemperandi modus. Nam et qui bene imperat paruerit aliquando necesse est et qui modeste paret videtur qui aliquando imperet dignus esse. Ităque oportet et eum qui paret sperare se aliquo tempore imperaturum et illum qui impĕrat cogitare brevi tempore sibi esse parendum. Nec vero solum ut obtemperent oboediantque magistratibus sed etiam ut eos colant diligantque praescribimus, ut Charondas in suis facit legibus, noster vero Plato Titanum e genere esse statuit eos qui ut illi caelestibus, sic hi adversentur magistratibus. Quae cum ita sint ad ipsas iam leges veniamus si placet.

(Cicerone)

● ● ● | 61 Agostino scolaro svogliato

Nel I libro delle *Confessioni* Sant'Agostino rievoca episodi e fasi della sua fanciullezza e adolescenza. In questo capitolo Agostino ricorda la sua scarsa propensione allo studio ed il fastidio che provava quando era costretto a stare sui libri.

In ipsa tamen pueritia, de qua mihi minus quam de adulescentia metuebatur, non amabam litteras et me in eas urgeri oderam; et urgebar tamen et bene mihi fiebat, nec faciebam ego bene: non enim discerem, nisi cogerer. Nemo autem invitus bene facit, etiamsi bonum est quod facit. Nec qui me urgebant bene faciebant, sed bene mihi fiebat abs te, Deus meus. Illi enim non intuebantur quo referrem quod me discere cogebant, praeterquam ad satiandas insatiabiles cupiditates copiosae inopiae et ignominiosae gloriae. Tu vero, cui numerati sunt capilli nostri, errore omnium qui mihi instabant ut discerem utebaris ad utilitatem meam, meo autem, qui discere nolebam, utebaris ad poenam meam, qua plecti non eram indignus, tantillus puer et tantus peccator. Ita de non bene facientibus tu bene faciebas mihi et de peccante me ipso iuste retribuebas mihi. Iussisti enim et sic est, ut poena sua sibi sit omnis inordinatus animus.

(Agostino)

Laboratorio

SINTASSI

1. Riconosci i complementi in ablativo.
2. Che tipo di proposizione è *ad satiandas insatiabiles cupiditates*?

> **LESSICO**
> 3. Sottolinea i sostantivi che alludono alle varie età della vita.
>
> **ANALISI STILISTICA**
> 4. Trova un esempio di anafora.
>
> **COMPRENSIONE DEL TESTO**
> 5. In che cosa sbagliavano, secondo Agostino, coloro che lo costringevano allo studio?

■ TERZO LIVELLO

●●● | 62 Confronto tra Cesare e Catone Uticense

Igitur iis genus, aetas, eloquentia prope aequalia fuēre, magnitudo animi par, item gloria, sed alia alii. Caesar beneficiis ac munificentia magnus habebatur, integritate vitae Cato. Ille mansuetudine et misericordiā clarus factus, huic severitas dignitatem addiderat. Caesar dando, sublevando, ignoscundo, Cato nihil largiundo gloriam adeptus est. In altero miseris perfugium erat, in altero malis pernicies. Illius facilitas, huius constantia laudabatur. Postremo Caesar in animum induxerat laborare, vigilare; negotiis amicorum intentus sua neglegere, nihil denegare, quod dono dignum esset; sibi magnum imperium, exercitum, bellum novum exoptabat, ubi virtus enitescere posset. At Catoni studium modestiae, decoris, sed maxume severitatis erat; non divitiis cum divite neque factione cum factioso, sed cum strenuo virtute, cum modesto pudore, cum innocente abstinentia certabat; esse quam videri bonus malebat: ita, quo minus petebat gloriam, eo magis illum sequebatur. (SALLUSTIO)

●●● | 63 La vera amicizia racchiude in sé moltissimi beni

Quid dulcius quam habere quicum omnia audeas sic loqui ut tecum? Qui esset tantus fructus in prosperis rebus, nisi haberes, qui illis aeque ac tu ipse gauderet? Adversas vero ferre difficile esset sine eo qui illas gravius etiam quam tu ferret. Denique ceterae res, quae expetuntur, opportunae sunt singulae rebus fere singulis: divitiae, ut utāre; opes, ut colāre; honores, ut laudēre; voluptates, ut gaudeas; valetudo, ut dolore careas et muneribus fungāre corporis. Amicitia res plurimas continet. Quoquo te verteris, praesto est, nullo loco excluditur, numquam intempestiva, numquam molesta est. Itaque non aqua, non igni, ut aiunt, locis pluribus utimur, *quam amicitia. Neque ego nunc de vulgari aut de mediŏcri, quae tamen ipsa et delectat et prodest, sed de vera et perfecta loquor, qualis eorum, qui pauci nominantur, fuit. Nam et secundas res splendidiores facit amicitia et adversas partiens communicansque leviores. Cumque plurimas et maximas commoditates amicitia contineat, tum illa nimirum praestat omnibus, quod bonam spem praelucet in posterum nec delibitari animos aut cadĕre patitur.* (CICERONE)

◀ Vedi **Cave!**

Laboratorio

> **ANALISI STILISTICA**
> 1. Trova nel brano i poliptoti, le anafore e gli omoteleuti.
>
> **COMPRENSIONE DEL TESTO**
> 2. In che cosa, secondo Cicerone, l'amicizia si distingue dalle altre cose desiderate dagli uomini?
>
> **PRODUZIONE**
> 3. Sintetizza in latino (max. 5 righe) quali sono i principali pregi dell'amicizia secondo Cicerone.

> **Cave!**
>
> **Diversi significati del verbo *utor*** Il verbo *utor* presenta diversi significati, talora non immediatamente intuitivi:
> 1. "**servirsi, usare, utilizzare**" → *male uti lege* "abusare della legge";
> 2. "**avere familiarità e dimestichezza con, essere in rapporti con, frequentare**" → *utebar familiarissime Caesare* "ero molto amico di Cesare";
> 3. "**avere, possedere, disporre, godere di**" → *patre usus est diligenti* "ebbe un padre economo", *uti aliquo duce* "avere uno per capo", *meliore condicione uti* "godere di una condizione migliore";
> 4. "**aver bisogno**" → *ambitione nihil uterer* "non avrei bisogno di essere ambizioso".

••• | 64 L'esilio è solo un cambiamento di luogo

Remoto ergo iudicio plurium, quos prima rerum species aufert, videamus quid sit exilium. Nempe loci commutatio. Ne angustare videar vim eius et quidquid pessimum in se habet subtrahere, hanc commutationem loci sequuntur incommoda, paupertas ignominia contemptus. Adversus ista postea configam: interim primum illud intueri volo, quid acerbi adfĕrat ipsa loci commutatio. «Carēre patria intolerabile est». Aspĭce agedum hanc frequentiam, cui vix urbis inmensae tecta sufficiunt: maxima pars istius turbae patria caret. Ex municipiis et coloniis suis, ex toto denĭque orbe terrarum confluxerunt: alios adduxit ambitio, alios necessitas officii publici, alios inposita legatio, alios luxuria opportunum et opulentum vitiis locum quaerens, alios liberalium studiorum cupiditas, alios spectacula; quosdam traxit amicitia, quosdam industria laxam ostendendae virtuti nancta materiam; quidam venalem formam attulērunt, quidam venalem eloquentiam. Nullum non hominum genus concucurrit in urbem et virtutibus et vitiis magna pretia ponentem. Iube istos omnes ad nomen citari et «unde domo» quisque sit quaere: videbis maiorem partem esse quae relictis sedibus suis venerit in maximam quidem ac pulcherrimam urbem, non tamen suam.

(SENECA)

••• | 65 La Filosofia appare a Boezio

Haec dum me cum tacitus ipse reputarem querimoniamque lacrimabilem stili officio signarem, astitisse mihi supra verticem visa est mulier reverendi admŏdum vultus, oculis ardentibus et ultra communem hominum valentiam perspicacibus, colore vivido atque inexhausti vigoris, quamvis ita aevi plena foret ut nullo modo nostrae crederetur aetatis, statura discretionis ambiguae. Nam nunc quidem ad communem sese hominum mensuram cohibebat, nunc vero pulsare caelum summi verticis cacumine videbatur; quae cum altius caput extulisset ipsum etiam caelum penetrabat respicientiumque hominum frustrabatur intuitum. Vestes erant tenuissimis filis subtili artificio indissolubili materia perfectae, quas, uti[1] post eadem prodente[2] cognovi, suis manibus ipsa texuerat; quarum speciem, veluti fumosas imagines solet, calīgo quaedam neglectae vetustatis obduxerat. Harum in extremo margine Π Graecum, in supremo vero Θ legebatur[3] intextum atque inter utrasque litteras in scalarum modum gradus quidam insigniti videbantur, quibus ab inferiore ad superius elementum esset ascensus. Eandem tamen vestem violentorum quorundam[4] sciderant manus et particulas quas quisque potuit abstulerant. Et dextra quidem eius libellos, sceptrum vero sinistra gestabat.

(BOEZIO)

1. *uti*: ut.
2. *eadem prodente*: "quando lei stessa (me) lo rivelò".
3. *in extremo… legebatur*: la π (p greco) è l'iniziale di *pràxis*, mentre la θ (*theta*) è l'iniziale di *theòresis*; i due vocaboli si riferiscono rispettivamente alla filosofia attiva ed a quella speculativa.
4. *violentorum quorundam*: Boezio allude ai "falsi filosofi" che hanno fatto violenza alla Filosofia.

UNITÀ 6

DETERMINAZIONI DI TEMPO E DI LUOGO

CURIOSITÀ	CAVE!
Il calcolo delle ore presso i Romani	*Pus* e *purus*
	Verum

1 DETERMINAZIONI DI TEMPO

Nell'idea di tempo, occorre distinguere fra **tempo determinato** (che indica il tempo preciso in cui avviene un'azione) e **tempo continuato** (relativo al periodo nel corso del quale si svolge un'azione).

1.1 Complemento di tempo determinato

Il complemento di tempo determinato risponde alla domanda "quando?"; si rende con:

- **l'ablativo semplice** se è espresso con un'indicazione di tempo vera e propria (anno, mese, stagione, ecc.):

Prata **hiĕme** *quiescunt,* **vere** *virent,* **aestate** *flavent,* **autumno** *fructibus rubent.*	I prati **in inverno** riposano, **in primavera** sono verdi, **in estate** biondeggiano, **in autunno** rosseggiano per i frutti.

- ***in* + ablativo**, se è espresso con indicazioni generiche (gioventù, vecchiaia, pace, guerra, ecc.):

in adulescentia	nella giovinezza

Anche in questi casi, se c'è l'attributo, si ha l'ablativo semplice:

extrema senectute	nell'estrema vecchiaia

1.2 Complemento di tempo continuato

Il complemento di tempo continuato risponde alla domanda "per quanto tempo?" (*quamdiu?*) ed indica per quanto tempo dura un'azione; in latino si esprime:

- con l'**accusativo**, preceduto o no da *per*:

Duodequadraginta annos tyrannus Syracusanorum fuit Dionysius. (Cic.)	Dionisio fu tiranno dei Siracusani **per 38 anni**.

- con *inter* + accusativo:

inter cenam	durante la cena

- con **l'ablativo** (semplice o preceduto da *in*), se corrisponde all'italiano "durante":

aestate	**durante l'estate**
in vita	**durante la vita**

1.3 Altre determinazioni di tempo

Esistono diverse altre espressioni di tempo determinato o continuato, classificabili in base alla domanda cui rispondono.

DOMANDA CUI RISPONDONO	MODO IN CUI SONO ESPRESSE	ESEMPI
"**in quanto tempo? entro quanto tempo?**" (*quo temporis spatio?*)	**1.** ablativo semplice	**1.** *Saturni stella* **triginta fere annis** *cursum suum conficit.* (Cic.) La stella di Saturno compie il suo corso **in circa trenta anni**.
	2. *intra* o *inter* + accusativo	**2.** *Urbs* **intra paucos dies** *capta est.* (Liv.) La città fu conquistata **entro pochi giorni**.
"**ogni quanto tempo?**" (*quo temporis intervallo?*)	**ablativo semplice**; spesso si ha il numerale ordinale (aumentato di un'unità rispetto all'italiano) + *quisque* + sostantivo in ablativo	*quarto quoque anno* **ogni tre anni** (lett. "ogni quarto anno")
"**quante volte?**" (*quotiens in temporis spatio? quam saepe?*)	**avverbio numerale** + *in* + **ablativo**	*Semel in anno* licet insanire. **Una volta l'anno** è lecito impazzire.
"**fra quanto tempo?**" (*post quod tempus?*)	**1.** *ad* + accusativo	**1.** *ad multos annos* **fra molti anni**
	2. *intra* o *post* + accusativo:	**2.** *intra decem dies* **fra dieci giorni**
	3. ablativo semplice	**3.** *Pecuniam tibi reddam* **hoc triduo aut quadriduo**. Ti restituirò i soldi **fra tre o quattro giorni**.
"**quanto tempo prima/dopo?**" (*quanto ante? quanto post?*)	**1.** ablativo + *ante* (*post*)	**1.** **Paucis diebus ante** *Caesar magno proelio vicerat.* **Pochi giorni prima** Cesare aveva vinto in una grande battaglia.
	2. *ante* (*post*) + accusativo	**2.** **Post annum quintum** *quam expulsus erat, Cimon in patriam revocatus est.* **Cinque anni dopo** che era stato cacciato, Cimone fu richiamato in patria.
"**quanto tempo fa? da quanto tempo? da quando?**" (*quam dudum?*)	**1.** *ante* + accusativo	**1.** **Ante hos sex menses** *male dixisti mihi.* (Fedro) **Sei mesi fa** hai parlato male di me.

		2. *abhinc* + accusativo	2. *Horum pater* **abhinc duo et viginti annos** *mortuus est.* Il padre di costoro morì **ventidue anni fa**.
		3. **accusativo** del numerale ordinale accresciuto di un'unità rispetto all'italiano, se si indica la durata di una cosa	3. *Augustus* **Italiam sextum decimum iam annum** *regit.* Augusto regge l'Italia **da quindici anni**.
		4. *ab* (*ex*) + **ablativo**, se si evidenzia la circostanza da cui si parte per misurare il tempo	4. *Hannibal* **a pueritia** *Romanorum nomen exsecratus est.* Annibale fin **dalla fanciullezza** odiò il nome romano.
"**per quando?**" (*in quod tempus?*)		*in* / *ad* + accusativo	*Amicum* **in postĕrum diem** *invitavi* Invitai l'amico **per il giorno seguente**.
"**fino a quando?**" (*quo usque*)		*in* / *ad* + accusativo (talvolta preceduto da *usque*)	*Bestiae ex se natos amant* **ad quoddam tempus**. (Cic.) Le bestie amano la loro prole (lett. "i nati da loro") **fino a un certo tempo**.
"**da quanto tempo?**" (*ex quo tempore?*)		**accusativo**, spesso accompagnato da *iam*	**Septingentos iam annos** *vivunt.* (Cic.) Vivono **da settecento anni**.

2 COMPLEMENTI DI LUOGO

Il **complemento di stato in luogo** si esprimeva in origine con un caso apposito, il **locativo**; di esso si hanno residui in alcune espressioni (es. *domi* "a casa", *domi militiaeque*, *domi bellique* "in pace e in guerra") e nello stato in luogo dei nomi di città, villaggio e piccola isola della I e II declinazione singolare (es. *Romae* "a Roma", *Corinthi* "a Corinto"). Ecco un quadro riassuntivo dei quattro principali complementi di luogo:

COMPLEMENTO	DOMANDA CUI RISPONDE	MODO IN CUI SI ESPRIME IN LATINO	ESEMPIO
stato in luogo	*ubi?* "dove?"	*in* + ablativo	*In urbe sumus.* Siamo **a Roma**.
		apud/*ad* + accusativo (per indicare prossimità)	*Apud aram* *simulacrum video.* Vedo una statua **presso l'altare**.
moto a luogo	*quo?* "verso dove?"	*in* / *ad* + accusativo	*In hortum eamus.* Andiamo **nel giardino**.
moto da luogo	*unde?* "da dove?"	*a*/*ab*, *e*/*ex*, *de* + ablativo	*Caesar maturat* **ab urbe** *proficisci.* (Cic.) Cesare si affretta a partire **dalla città**.

Unità 6 Determinazioni di tempo e di luogo 107

moto per luogo	qua? "per dove?"	a. **per** + accusativo	a. *Unum **per Sequănos** iter relinquebatur.* Rimaneva una sola via, **attraverso il territorio dei Sequani**.
		b. **ablativo semplice** (di tipo "prosecutivo") **con sostantivi che indicano passaggio** (*flumen*, *iter*, *pons*, *porta*, *via*, ecc.)	b. *Ibam forte **via Sacra**.* (Or.) Mi trovavo ad andare **per la via Sacra**.

Se il complemento di stato in luogo è rappresentato da un nome proprio di città, villaggio o piccola isola si hanno delle costruzioni particolari; lo stesso avviene per i sostantivi ***domus*** "casa" e ***rus*** "campagna". Ecco uno schema riassuntivo:

Stato in luogo

DECLINAZIONE	NUMERO	CASO	ESEMPIO
I - II	singolare	**locativo** (anche con *domus* e *rus*)	***Romae**, **Corinthi**, **Rhodi** vivimus.* Viviamo **a Roma, Corinto, Rodi**. ***domi** / **ruri** sum* sono **a casa / in campagna**.[1]
I - II	plurale	**ablativo semplice**	***Athenis**, **Delphis**, vivimus.* Viviamo **ad Atene, a Delfi**.
III - IV - V	singolare	**ablativo semplice**	***Neapoli**, **Crotone** vivimus.* Viviamo **a Napoli, a Crotone**.

Moto a luogo

DECLINAZIONE	NUMERO	CASO	ESEMPIO
qualunque	qualunque	**accusativo semplice** (anche con *domus* e *rus*)	*Milites **Capuam** pervenerunt.* I soldati giunsero **a Capua**. ***Domum / rus** eo.* Vado **a casa / in campagna**.

Moto da luogo

DECLINAZIONE	NUMERO	CASO	ESEMPIO
qualunque	qualunque	**ablativo semplice** (anche con *domus* e *rus*)	*Venio **Romā**, **Athenis**, **Corintho**.* Vengo **da Roma, Atene, Corinto**. ***Domo / rure** venio.* Vengo **da casa / dalla campagna**.

Moto per luogo

DECLINAZIONE	NUMERO	CASO	ESEMPIO
qualunque	qualunque	***per** + accusativo* (regola generale)	*Transeo **per Mediolanum**.* Passo **per Milano**.

[1] Se *domus* è accompagnato da un aggettivo possessivo o da un genitivo di possesso, il costrutto generale si alterna a quello particolare: ***domi tuae** / **in domo tua** eras* "eri **a casa tua**"; se però *domus* è seguito da un aggettivo non possessivo, vale solo la regola generale: *eo **in pulchram domum*** "vado **in quella bella casa**".

Vanno ricordate altre particolarità dei nomi propri di città, villaggio, piccola isola:

- se sono preceduti da una **preposizione** (*apud* per lo stato in luogo, *ad* per il moto a luogo e *ab* per il moto da luogo) si allude a una **vicinanza** rispetto al luogo:

*Venio **ad Romam**.*	Vengo **nei pressi di Roma**.

- se sono determinati da un'**apposizione** (es. *urbs, insula, oppidum*), i complementi di luogo sono espressi **con le preposizioni**, seguendo la regola generale:

In urbe Neapoli habitamus.	Abitiamo **nella città di Napoli**.
Ab urbe Roma pervenimus.	Giungiamo **dalla città di Roma**.

- se oltre all'apposizione si ha anche un attributo o un complemento di specificazione, essi seguono la loro regola particolare (cioè senza preposizione), mentre l'apposizione e l'attributo seguono la regola generale (con preposizione):

Athenis, ex pulchra urbe, veni.	Sono venuto **dalla bella città di Atene**.
Romae, in maxima urbe, vivo.	Vivo **nella grandissima città di Roma**.

Esercizi

A Analizza e traduci le seguenti frasi, riconoscendo i complementi di tempo in esse contenuti.

1. *Caesar Tarraconem paucis diebus pervenit.* (Ces.) 2. *Legati post diem tertium se ad Caesarem reversuros nuntiant.* (Ces.) 3. *Huc Mitridates ante aliquot dies venit.* (Nep.) 4. *Quaestor fuisti abhinc annos quattuordecim.* (Cic.) 5. *Alexander nocte iter fecerat et prima luce hostium in conspectu erat.* (Curzio Rufo) 6. *Furnium ad annum tribunum plebis videbam fore.* (Cic.) 7. *Hortensius perpaucis ante mortem diebus defendit Appium.* (Cic.) 8. *Autronius se meum condiscipulum in pueritia, familiarem in adulescentia, collegam in quaestura commemorabat fuisse.* (Cic.) 9. *Sub vesperum Caesar portas claudi militesque ex oppido exire iussit.* (Ces.) 10. *Agamemnon cum universa Graecia vix unam urbem cepit decem annis; Alexander autem cum triginta milibus hominum intra paucissimos annos Asiam subegit totam.* (Nep.) 11. *Indutias in triginta annos impetraverunt.* (Liv.) 12. *Sophocles ad summam senectutem tragoedias fecit.* (Cic.) 13. *Camillus Volscorum civitatem, quae per septuaginta annos bellum gesserat, vicit.* (Eutr.) 14. *Dictator nuntiat consulem exercitumque Romanum obsidēri, tertium diem iam clausos esse.* (Liv.) 15. *Adsunt hic Lacedaemonii qui soli septingentos iam annos amplius numquam mutatis legibus vivunt.* (Cic.) 16. *Duodequadraginta annos tyrannus Syracusanorum fuit Dionysius, cum quinque et viginti annos natus dominatum occupavisset.* (Cic.) 17. *Quinto quoque anno Sicilia tota censetur.* (Cic.) 18. *Eodem fere tempore diversis itineribus Brutus Ardeam, Tarquinius Romam venerunt.* (Liv.) 19. *Pythagoras, cum annos XX Crotone egisset, Metapontum migravit, ibique decessit.* (Giust.) 20. *Consilia in horas commutari vides.* (Cic.)

B Analizza e traduci le seguenti frasi, riconoscendo i complementi di luogo in esse contenuti.

1. Pythagoras Aegyptum primo, mox Babyloniam ad perdiscendos sidĕrum motus profectus, summam scientiam consecutus erat. (Giust.)   2. Pompeius, cognito Caesaris adventu, ex eo loco discessit et Mytilenas paucis diebus venit. (Ces.)   3. Thebis in templo Herculis valvae clausae subito se ipsae aperuerunt armaque, quae fixa in parietibus fuerant, sunt humi inventa. (Cic.)   4. Tarquinius, cum restitui in regnum nec Veientium nec Latinorum armis potuisset, Cumas contulisse se dicitur inque ea urbe senio et aegritudine esse confectus. (Cic.)   5. Cum Tullius rure rediĕrit, mittam eum ad te. (Cic.)   6. Nonne mavis sine periculo tuae domi esse quam cum periculo alienae? (Cic.)   7. Aeolii claras urbes condiderunt Smyrnam, Larissam, Mytilenem et alias urbes, quae sunt in Lesbo insula. (Vell. Pat.)   8. Ii qui ab Alesia processerant, maesti, prope victoria desperata, se in oppidum receperunt. (Ces.)   9. Eadem aestate Marcellus ab Nola crebras excursiones in agrum Hirpinum et Samnites fecit. (Liv.)   10. Pompeius, his rebus cognitis, quae erant ad Corfinium gestae, Luceria proficiscitur Canusium atque inde Brundisium. (Ces.)   11. Milites incolumes cum magna praeda eodem ponte in castra revertuntur. (Liv.)   12. Xerxes terra marique bellum intulit Graeciae. (Nep.)   13. Asinius Pollio orator et consularis, qui de Dalmăthis triumphaverat, in villa Tusculana anno octogesimo aetatis suae mortuus est. (Svet.)   14. Livium, praefectum Romanae classis, Deli per aliquot dies adversi venti tenuerunt. (Liv.)   15. Helvetiorum fines in longitudinem milia passuum centum quadraginta, in latitudinem centum octoginta patebant. (Ces.)

C Collega la prima parte di ogni frase alla corrispondente seconda parte; poi traduci (complementi di luogo):

1. Dies fere nullus est quin
2. Cimon Cyprum imperator missus
3. Miramur Athenis Minervam,
4. Brundisio profecti sumus;
5. Demaratus Corinthius se contulisse dicitur Tarquinios,
6. Flumen Arar per fines
7. Roscius ruri
8. Te oro
9. Ut Romae consules,
10. Caesar Tarracone discedit

a. sic Carthagine quotannis bini reges creabantur. (Nep.)
b. assiduus fuit. (Cic.)
c. in urbem Etruriae florentissimam. (Liv.)
d. Haeduorum et Sequanorum in Rhodanum influit. (Ces.)
e. Aedibusque Narbonem atque inde Massiliam pervenit. (Ces.)
f. ut ad me venias. (Cic.)
g. Deli Apollinem, Iunonem Sami. (Cic.)
h. Satyrus domum meam ventitet. (Cic.)
i. per Macedoniam Cyzicum petebamus. (Cic.)
l. in oppido Citio est mortuus. (Nep.)

D COMPLETAMENTO Inserisci in ogni frase il complemento di luogo opportuno; poi traduci.

in media insula - Asia - ex totis ripis - per Mauritaniam - Albae

1. Milites legionis Martiae .... constiterunt, in urbe opportuna, munita, propinqua. (Cic.)   2. Ex .... rediens, cum Megăram versus navigarem, coepi regiones circumcirca prospicĕre. (Cic.)   3. Caesar audiĕrat Pompeium .... cum legionibus iter in Hispaniam facĕre. (Ces.)   4. Hic locus, quod .... est situs, umbilicus Siciliae nominatur. (Cic.)   5. .... in unum atque angustum locum tela iaciebantur. (Ces.)

VERSIONI

EXEMPLUM

66 Teseo ed Arianna

Minosse, re di Creta e figlio di Giove, aveva combattuto contro gli Ateniesi, rendendoli suoi tributari; egli aveva dunque stabilito che ogni anno gli fossero inviati sette giovani ateniesi[1] da dare in pasto al Minotauro, l'orribile mostro nato dal connubio fra Pasifae (moglie di Minosse) e un toro, che viveva nel labirinto costruito da Dedalo. L'eroe ateniese Teseo decide di recarsi a Creta per eliminare il mostro; prima di partire promette al padre Egeo che, in caso di successo, al ritorno avrebbe fatto issare vele bianche sulla sua nave.

Theseus posteaquam Cretam venit, ab Ariadne Minois filia est adamatus adeo, ut fratrem proderet et hospitem servaret; ea enim Theseo monstravit labyrinthi exitum, quo Theseus cum introisset et Minotaurum interfecisset, Ariadnes monitu licium revolvendo foras est egressus eamque, quod fidem ei dederat, in coniugio secum habiturus avexit. Theseus in insula Dia tempestate retentus cogitans, si Ariadnen in patriam portasset, sibi opprobrium futurum, itaque in insula Dia dormientem reliquit; quam Liber amans inde sibi in coniugium abduxit. Theseus autem cum navigaret, oblitus est vela atra mutare, itaque Aegeus pater eius credens Theseum a Minotauro esse consumptum in mare se praecipitavit, ex quo Aegeum pelăgus est dictum. Ariadnes autem sororem Phaedram Theseus duxit in coniugium.

(Igino)

Quando Teseo arrivò a Creta, Arianna, figlia di Minosse, s'innamorò di lui al punto di tradire il fratello per salvare quello straniero. Fu lei infatti a mostrare a Teseo l'uscita dal labirinto: quando l'eroe vi penetrò e uccise il Minotauro, per consiglio di Arianna riguadagnò l'uscita svolgendo un gomitolo di filo e, secondo la promessa che le aveva fatto, la portò via con l'intenzione di sposarla.
Trattenuto da una tempesta sull'isola di Dia, Teseo pensò che si sarebbe coperto di vergogna se avesse portato Arianna in patria; così la abbandonò addormentata sull'isola. Di lei si innamorò Libero, che la portò via da quel luogo facendone la sua sposa. Durante la navigazione Teseo si dimenticò di cambiare le vele e per questo Egeo, credendo che Teseo fosse stato ucciso dal Minotauro, si precipitò nel mare che dal suo nome venne chiamato Egeo. Teseo poi sposò Fedra, sorella di Arianna.

(trad. di G. Guidorizzi)

---

1. Questa è la versione di Igino; ma la più comune parla invece del sacrificio annuale di sette fanciulli e sette fanciulle.

Unità 6 Determinazioni di tempo e di luogo 111

NOTE LINGUISTICHE	NOTE LESSICALI	NOTE DI TRADUZIONE
Cretam venit → complemento di moto a luogo, in accusativo semplice dato che Creta è il nome di un'isola (qui insolitamente considerata piccola da Igino). ***in insula Dia*** → "sull'isola di Dia"; complemento di stato in luogo, che qui è espresso con *in* + ablativo, pur trattandosi di una piccola isola, perché c'è anche l'apposizione *insula*; Dia è generalmente identificata con Nasso, ma secondo altri potrebbe essere un'altra isoletta vicina a Creta. ***si Ariadnen in patriam portasset*** → protasi di un periodo ipotetico del III tipo (irrealtà); *portasset* è forma sincopata (= *portavisset*). ***sibi opprobrium futurum*** → apodosi dipendente del III tipo (tutto dipende da *cogitans*); dopo *futurum* è sottinteso *esse*.	***labyrinthi*** → l'etimologia della parola "labirinto" è controversa. Una prima interpretazione etimologica riporta al termine greco *labýrinthos* (λαβύρινθος) di origine pre-greca, derivato forse dal lidio *labrys* che indicava la bipenne, l'ascia a due lame simbolo del potere reale a Creta. Altri pensano alla radice greca *laf-* di *làs* (λᾶς) "pietra" (cfr. lat. *lapis*), ad indicare le caverne e le cave di metalli. Un'ulteriore improbabile etimologia riconduce ai verbi greci *lambàno* (λαμβάνω) e *rhinào* (ῥινάω) "ingannare, prendere per il naso" (cfr. ῥίς *rhìs* "naso"), nel senso complessivo di "prendere con l'inganno", con riferimento alla conformazione del labirinto. Infine, qualcuno ha pensato ad una derivazione dal greco *leberìs* (λεβηρίς) "coniglio" (cfr. lat. *lepus* "lepre"), con allusione a questo animale che scava cuniculi sotterranei (e proprio da *cuniculus* deriva l'italiano "coniglio").	***quo Theseus cum introisset*** → correttamente il traduttore rende con "quando l'eroe vi penetrò", evitando la ripetizione del nome di Teseo e al tempo stesso risolvendo il nesso relativo *quo* "nel quale", riferito al labirinto. ***foras est egressus*** → lett. "uscì fuori", ma Guidorizzi rende elegantemente con "riguadagnò l'uscita". ***cum navigaret*** → opportuna la resa con un complemento di tempo ("durante la navigazione") anziché con una subordinata temporale (lett. "mentre navigava").

PRIMO LIVELLO

67 Edipo uccide inconsapevolmente suo padre Laio

Edipo, figlio dei sovrani di Tebe Laio e Giocasta, viene abbandonato dai genitori dopo la nascita perché un oracolo afferma che avrebbe ucciso il padre e sposato la madre. Viene però trovato ed allevato da Polibo e Peribea, sovrani di Corinto, privi di figli. Giunto all'età adolescenziale, Edipo si sente dire dai compagni invidiosi che non è figlio di Polibo; turbato, decide di andare a Delfi per chiedere all'oracolo chi siano i suoi veri genitori. Lungo la strada, per una fatale casualità, uccide senza saperlo suo padre Laio.

a. Edipo si sente dire che non è figlio di Polibo

Postquam Oedipus Laii et Iocastes filius ad puberem aetatem pervenit, fortissimus praeter ceteros erat eique per invidiam aequales obiciebant eum subditum esse Polybo, eo quod Polybus tam clemens esset et ille impudens; quod Oedipus sensit non falso sibi obici.

b. Edipo uccide suo padre Laio

Itaque Delphos est profectus sciscitatum de parentibus suis. Interim Laio in prodigiis ostendebatur mortem ei adesse de nati manu. Idem cum Delphos iret, obviam ei Oedipus venit, quem satellites cum viam regi dari iuberent, neglexit. Rex equos immisit et rota pedem eius oppressit; Oedipus iratus inscius patrem suum de curru detraxit et occidit.

(IGINIO)

●○○ | 68 L'Expo di Milano 2015

LATINO MODERNO

Il testo presenta notizie generali sull'Esposizione Universale di Milano inaugurata a Milano il 1° maggio 2015, della durata di sei mesi, che affronta il tema della sana alimentazione; la rassegna è arricchita da spettacoli artistici e musicali ed attira un gran numero di visitatori.

a. Inaugurazione		*Expositio Universalis, in qua plus centum quadraginta nationes intersunt, Kalendis Maiis Mediolani aperta est.*
b. Sei mesi dedicati al tema dell'alimentazione		*Per sex menses Mediolanum erit velut fenestra mercatoria, in qua nationes ad quaestionem respondent, quo modo cibus saluber omnibus in mundo populis praestetur et aequilibrium planetae conservetur.*
c. Spettacoli artistici e musicali		*Inter expositionem in urbe Mediolano et in area expositionis, cuius amplitudo est unius fere milionis metrorum quadratorum, spectacula artistica et musicalia praebentur atque conventus et exhibitiones instituuntur.*
d. Visitatori dell'Expo		*Primo die visitatores fere ducenta quinquaginta milia numerabantur. Omnino plus viginti miliones hospitum expositionem visitaturos esse aestimatur.*

(Nuntii Latini)

SECONDO LIVELLO

●●○ | 69 Malattia e morte di Attico

Tito Pomponio (110 - 32 a.C.) fu un intellettuale di ceto equestre; recatosi ad Atene per evitare le lotte civili, vi restò per quasi vent'anni, ottenendo così il soprannome di Attico. Cornelio Nepote, nella parte conclusiva della sua biografia, ricorda come, dopo una vita priva di ogni malattia, egli avesse contratto una malattia intestinale che si rivelò fatale. Per evitare ulteriori vane sofferenze, Attico si risolve a porre fine ad ogni accanimento terapeutico.

Tali modo cum septem et septuaginta annos complesset atque ad extremam senectutem non minus dignitate quam gratia fortunaeque crevisset tantaque prosperitate usus esset valetudinis, ut annis triginta medicina non indiguisset, nactus est morbum, quem initio et ipse et medici contempserunt. Nam putarunt esse tenesmon, cui remedia celeria faciliaque proponebantur. In hoc cum tres menses sine ullis doloribus, praeterquam quos ex curatione capiebat, consumpsisset, subito tanta vis morbi in imum intestinum prorupit, ut extremo tempore per lumbos fistulae puris *eruperint. Atque hoc priusquam ei accideret, postquam in dies dolores accrescere febresque accessisse sensit, Agrippam generum ad se accersi iussit et cum eo L. Cornelium Balbum Sextumque Peducaeum*[1]*. Hos ut venisse vidit, in cubitum innixus «Quantam – inquit – curam diligentiamque in valetudine mea tuenda hoc tempore adhibuerim, cum vos testes habeam, nihil necesse est pluribus verbis commemorare. Quibus*

◁ Vedi **Cave!**

---

[1]. *L. Cornelium Balbum Sextumque Peducaeum*: il primo era forse il nipote di un collaboratore di Cesare, mentre il secondo era il figlio di un amico di Cicerone.

quoniam, ut spero, satisfeci, me nihil reliqui fecisse, quod ad sanandum me pertineret, reliquum est, ut egomet mihi consulam. Id vos ignorare nolui. Nam mihi stat alere morbum desinere. Namque his diebus quidquid cibi sumpsi, ita produxi vitam, ut auxerim dolores sine spe salutis. Quare a vobis peto, primum, ut consilium probetis meum, deinde, ne frustra dehortando impedire conemini».

(Cornelio Nepote)

Laboratorio

MORFOLOGIA
1. Riconosci una forma verbale sincopata.
2. Individua ed analizza le forme verbali al congiuntivo.

SINTASSI
3. Riconosci nel testo i complementi di tempo determinato.

LESSICO
4. Individua un grecismo.

COMPRENSIONE DEL TESTO
5. Quali sono i sintomi dell'aggravarsi della malattia di Attico?

Cave!

Pus e purus Nel brano compare il riferimento alle *fistulae puris*, cioè agli "ascessi purulenti" che tormentano il povero Attico. Si ha qui il genitivo del sostantivo neutro **pus**, di origine greca (cfr. *pyon* πύον "marciume") che indica il **pus**, l'umore biancastro e viscoso indice di un'infiammazione. Ovviamente bisogna distinguere il vocabolo dall'aggettivo **purus, -a, -um** "puro, senza macchia".

●●●○ | 70 Il regno di Tarquinio il Superbo

L'ultimo re di Roma, Tarquinio il Superbo, inizialmente sconfigge alcuni popoli confinanti, fa la pace con gli Etruschi (ma gli storici moderni hanno dimostrato che egli stesso, come i suoi due predecessori, era etrusco...) e costruisce un tempio di Giove nel Campidoglio. In seguito, durante l'assedio di Ardea, perde il potere perché suo figlio violenta Lucrezia, la nobile e virtuosa moglie di Collatino, provocandone il suicidio. A quel punto Bruto, anch'egli parente di Tarquinio, gli toglie il regno; Tarquinio viene abbandonato anche dall'esercito ed è cacciato da Roma.

L. Tarquinius Superbus, septimus atque ultimus regum, Volscos, quae gens ad Campaniam euntibus non longe ab urbe est, vicit, Gabios civitatem et Suessam Pometiam subegit, cum Tuscis pacem fecit et templum Iovis in Capitolio aedificavit. Postea Ardeam oppugnans, in octavo decimo miliario ab urbe Roma positam civitatem, imperium perdidit. Nam cum filius eius, et ipse Tarquinius iunior, nobilissimam feminam Lucretiam eandemque pudicissimam, Collatini uxorem, stuprasset eaque de iniuria marito et patri et amicis questa fuisset, in omnium conspectu se occidit. Propter quam causam Brutus, parens et ipse Tarquinii, populum concitavit et Tarquinio ademit imperium. Mox exercitus quoque eum, qui civitatem Ardeam cum ipso rege oppugnabat, reliquit; veniensque ad urbem rex portis clausis exclusus est, cumque imperasset annos quattuor et viginti cum uxore et liberis suis fugit. Ita Romae regnatum est per septem reges annis ducentis quadraginta tribus, cum adhuc Roma, ubi plurimum, vix usque ad quintum decimum miliarium possideret.

(Eutropio)

Laboratorio

SINTASSI

1. Che complementi sono, rispettivamente, *euntibus, ab urbe, Iovi, cum ipso rege* e *annos quattuor et viginti*?
2. Come si definisce la forma *regnatum est*?

LESSICO

3. Quale sostantivo avrebbe usato la prosa classica al posto di *femina*?

COMPRENSIONE DEL TESTO

4. Quali città e popoli sono assoggettati da Tarquinio?
5. Quanto durò a Roma la monarchia?

71 L'effimero impero di Vitellio

Aulo Vitellio, originario della Campania, era nato nel 15 d.C. ed era cresciuto alla corte di Tiberio. Aulo aveva la carica di legato in Germania quando nel 69 fu proclamato imperatore da due comandanti delle legioni del Reno per contrastare l'elezione di Galba. Un'altra parte dell'esercito però proclamò imperatore Otone, mentre le legioni di stanza nelle province orientali avevano acclamato imperatore Vespasiano. Vitellio in un primo tempo sconfisse Otone; in seguito però fu vinto e ucciso da Vespasiano nel dicembre dello stesso anno 69. Dell'effimero impero di Vitellio sono segnalate qui le caratteristiche di incapacità, lentezza e smodato amore per le gozzoviglie.

Dein Vitellius imperio potitus est, familia honorata magis quam nobili. Nam pater eius non admodum clare natus tres tamen ordinarios gesserat consulatus. Hic cum multo dedecore imperavit et gravi saevitia notabilis, praecipue ingluvie et voracitate, quippe cum de die saepe quarto vel quinto feratur epulatus. Notissima certe cena memoriae mandata est, quam ei Vitellius frater exhibuit, in qua super ceteros sumptus duo milia piscium, septem milia avium adposita traduntur. Hic cum Neroni similis esse vellet atque id adeo prae se ferret, ut etiam exequias Neronis, quae humiliter sepultae fuerant, honoraret, a Vespasiani ducibus occisus est interfecto prius in urbe Sabino, Vespasiani imperatoris fratre, quem cum Capitolio incendit. Interfectus autem est magno dedecore: tractus per urbem Romam publice, nudus, erecto coma capite et subiecto ad mentum gladio, stercore in vultum et pectus ab omnibus obviis adpetitus, postremo iugulatus et in Tiberim deiectus etiam communi caruit sepultura. Periit autem aetatis anno septimo et quinquagesimo, imperii mense octavo et die uno.

(Eutropio)

72 I Vandali compiono sanguinose scorrerie in Africa

Possidio compose una *Vita di S. Agostino*. Nel 429 la città di cui l'autore era vescovo, Calama, fu invasa dai Vandali; egli si rifugiò allora ad Ippona, che fu a sua volta assediata nel 430; in quel periodo fu accanto ad Agostino, fino alla morte di lui. Uno dei capitoli conclusivi dell'opera è dedicato alla descrizione dell'invasione vandalica in terra africana; vi è anche descritto l'atteggiamento di Agostino che è profondamente amareggiato per questi tragici eventi.

▶ Vedi **Cave!**

Verum *brevi consequenti tempore divina voluntate et potestate provenit, ut[1] manus ingens, diversis telis armata et bellis exercitata, immanium hostium Vandalorum et Alanorum, commixtam secum habens Gothorum gentem aliarumque diversarum personas, ex Hispaniae partibus transmarinis, navibus Africae influxisset et irruisset; universeque per loca Mauritaniarum etiam ad alias nostras transiens provincias et regiones, omni saeviens atrocitate et crudelitate, cuncta quae potuit exspoliatione, caedibus diversisque tormentis, incendiis aliisque innumerabilibus et infandis malis depopulata est, nulli sexui, nulli parcens aetati, nec ipsis Dei sacerdotibus vel ministris, nec ipsis ecclesiarum ornamentis seu instrumentis vel aedificiis. Et hanc ferocissimam hostium grassationem et vastationem ille Dei homo[2] et factam fuisse et fieri non ut ceteri hominum sentiebat et cogitabat: sed altius et profundius ea considerans, et in his animarum praecipue vel pericula vel mortes praevidens, solito amplius fuerunt ei lacrimae panes die ac nocte, amarissimamque et lugubrem prae ceteris suae senectutis iam paene extremam ducebat ac tolerabat vitam.*

(Possidio)

1. *provenit, ut*: "avvenne che".
2. *ille Dei homo*: si tratta di S. Agostino.

Cave!

Verum All'inizio del brano compare la **congiunzione avversativa** ***verum***, che significa "**ma**"; essa in altri contesti può avere **valore affermativo** nel senso di "**in verità, veramente, senza dubbio**". Ma soprattutto, non va confusa con il sostantivo neutro ***verum, -i***, "**la verità, il vero**", o con il corrispondente aggettivo ***verus, -a, -um*** "**vero, reale, autentico**". Bisogna anche evitare di confondere la congiunzione con altre parole simili o assonanti, come il sostantivo neutro ***veru, -us*** ("**spiedo, giavellotto**").

Laboratorio

MORFOLOGIA
1. Riconosci tutti gli aggettivi della II classe.
2. Sottolinea tutte le preposizioni.

SINTASSI
3. Che complementi sono, rispettivamente, *divina voluntate et potestate, brevi consequenti tempore, navibus, per loca*?
4. Come è costruito il verbo *parco*?

COMPRENSIONE DEL TESTO
5. In che senso, secondo Possidio, Agostino aveva un'opinione diversa rispetto agli altri uomini?

TERZO LIVELLO

●●● | 73 Pelopida e gli esuli tebani progettano il rientro in patria

Phoebĭdas[1] Lacedaemonius cum exercitum Olynthum duceret iterque per Thebas faceret, arcem oppidi, quae Cadmea nominatur, occupavit impulsu paucorum Thebanorum, qui, adversariae factioni quo facilius resisterent, Laconum rebus studebant, idque suo privato, non publico fecit consilio. Quo facto eum Lacedaemonii ab exercitu removerunt pecuniaque

1. *Phoebĭdas*: "Febida", generale spartano; la sua occupazione della rocca Cadmea di Tebe risale al 383 a.C.

multarunt, neque eo magis arcem Thebanis reddiderunt, quod susceptis inimicitiis satius ducebant eos obsideri quam liberari. Nam post Peloponnesium bellum Athenasque devictas cum Thebanis sibi rem esse existimabant et eos esse solos, qui adversus resistere auderent. Hac mente amicis suis summas potestates dederant alteriusque factionis principes partim interfecerant, alios in exsilium eiecerant; in quibus Pelopidas hic, de quo scribere exorsi sumus, pulsus patria carebat. Hi omnes fere Athenas se contulerant, non quo sequerentur otium, sed ut, quem ex proximo locum fors obtulisset, eo patriam recuperare niterentur. Itaque cum tempus est visum rei gerendae, communiter cum iis, qui Thebis idem sentiebant, diem delegerunt ad inimicos opprimendos civitatemque liberandam eum, quo maximi magistratus simul consuerant epulari.

(Cornelio Nepote)

Laboratorio

ANALISI STILISTICA
1. Trova nel brano un omoteleuto e un poliptoto.

COMPRENSIONE DEL TESTO
2. Da chi viene ordinata l'occupazione della rocca di Tebe?
3. Che opinione dimostrano di avere gli Spartani riguardo ai Tebani?
4. Per quale motivo gli esuli tebani si sono rifugiati ad Atene?

●●● | 74 Cesare annienta la retroguardia degli Elvezi

Flumen est Arar[1], quod per fines Haeduorum et Sequanorum in Rhodănum influit, incredibili lenitate, ita ut oculis in utram partem fluat iudicari non possit. Id Helvetii ratibus ac lintribus iunctis transibant. Ubi per exploratores Caesar certior factus est tres iam partes copiarum Helvetios id flumen traduxisse, quartam vero partem citra flumen Ararim reliquam esse, **de tertia vigilia** cum legionibus tribus e castris profectus ad eam partem pervenit quae nondum flumen transierat. Eos impeditos et inopinantes adgressus magnam partem eorum concidit; reliqui sese fugae mandarunt atque in proximas silvas abdiderunt. Is pagus appellabatur Tigurinus; nam omnis civitas Helvetia in quattuor pagos divisa est. Hic pagus unus, cum domo exisset, patrum nostrorum memoria L. Cassium consulem interfecerat et eius exercitum sub iugum miserat. Ita sive casu sive consilio deorum immortalium quae pars civitatis Helvetiae insignem calamitatem populo Romano intulerat, ea princeps poenam persolvit. Qua in re Caesar non solum publicas, sed etiam privatas iniurias ultus est, quod eius soceri L. Pisonis avum, L. Pisonem legatum, Tigurini eodem proelio quo Cassium interfecerant.

(Cesare)

◁ Vedi **Curiosità**

1. *Arar*: attuale Saona, affluente del Rodano.

Curiosità

Il calcolo delle ore presso i Romani Non disponendo di orologi, i Romani computavano il tempo basandosi sul **movimento del sole**; calcolavano dunque le ore del giorno proprio in base al sorgere del sole, mentre le ore della notte iniziavano dal tramonto. Ovviamente, secondo le stagioni, la durata delle ore variava, per cui in estate le ore diurne erano più lunghe, mentre il contrario avveniva in inverno.
Il giorno era diviso **in dodici ore**, mediamente dalle sei del mattino alle sei del pomeriggio; l'*hora prima* corrispondeva dunque alle sei-sette del mattino, l'*hora secunda* andava dalle sette alle otto, ecc. La notte era invece suddivisa **in quattro periodi di tre ore ciascuno**, corrispondenti ai turni di guardia delle sentinelle e chiamati analogamente *vigiliae*. La *vigilia prima* andava più o meno dalle sei pomeridiane alle nove, la *secunda* dalle nove a mezzanotte, la *tertia* (quella citata qui da Cesare) da mezzanotte alle tre, la *quarta* dalle tre alle sei.

Unità 6 Determinazioni di tempo e di luogo

●●● | 75 Cesare si ritiene vittima di una palese ingiustizia

Erat iniqua condicio postulare, ut Caesar Arimĭno excederet atque in provinciam reverteretur, ipsum[1] et provincias et legiones alienas tenere; exercitum Caesaris velle dimitti, delectus habere; polliceri se in provinciam iturum neque, ante quem diem iturus sit, definire, ut, si peracto consulatu[2] Caesaris profectus esset, nulla tamen mendacii religione obstrictus videretur; tempus vero colloquio non dare neque accessurum– polliceri[3] magnam pacis desperationem afferebat. Itaque ab Arimĭno M. Antonium cum cohortibus V Arretium mittit; ipse Arimini cum duabus subsistit ibique delectum habere instituit; Pisaurum, Fanum, Anconam singulis cohortibus occupat. Interea certior factus Iguvium Thermum praetorem[4] cohortibus V tenere, oppidum munire, omniumque esse Iguvinorum optimam erga se voluntatem, Curionem cum tribus cohortibus, quas Pisauri et Arimĭni habebat, mittit. Cuius adventu cognito diffisus municipii voluntati Thermus cohortes ex urbe reducit et profugit. Milites in itinere ab eo discedunt ac domum revertuntur. Curio summa omnium voluntate Iguvium recepit. Quibus rebus cognitis, confisus municipiorum voluntatibus, Caesar cohortes legionis XIII ex praesidiis deducit Auximumque proficiscitur.

(Cesare)

1. *ipsum*: Pompeo; è anche il soggetto sottinteso dei successivi infiniti *velle, habere, polliceri, definire*.
2. *consulatu*: si allude in realtà al proconsolato di Cesare in Gallia.
3. *accessurum polliceri*: "promettere che sarebbe venuto".
4. *Thermum praetorem*: "il pretore Termo"; si tratta di Quinto Minucio Termo, ex tribuno della plebe ed ex governatore dell'Asia.

●●● | 76 Precetti per l'uomo che gode di buona salute

Sanus homo, qui et bene valet et suae spontis est, nullis obligare se legibus debet, ac neque medico neque iatralipta egere. Hunc oportet varium habere vitae genus: modo ruri esse, modo in urbe, saepiusque in agro; navigare, venari, quiescere interdum, sed frequentius se exercere; siquidem ignavia corpus hebetat, labor firmat, illa maturam senectutem, hic longam adulescentiam reddit. Prodest etiam interdum balineo, interdum aquis frigidis uti; modo ungui, modo id ipsum neglegere; nullum genus cibi fugere, quo populus utatur; interdum in convictu esse, interdum ab eo se retrahere; modo plus iusto, modo non amplius adsumere; bis die potius quam semel cibum capere, et semper quam plurimum, dummodo hunc concoquat. Sed ut huius generis exercitationes cibique necessariae sunt, sic athletici supervacui: nam et intermissus propter civiles aliquas necessitates ordo exercitationis corpus adfligit, et ea corpora, quae more eorum repleta sunt, celerrime et senescunt et aegrotant.

(Celso)

Laboratorio di analisi

ANALISI STILISTICA
1. Trova nel brano un'anafora e un asindeto.

COMPRENSIONE DEL TESTO
2. Quali attività vengono consigliate all'uomo sano?
3. Che valutazione viene data dall'autore sull'esercizio fisico?

PRODUZIONE
4. Riassumi il brano (max. 5 righe) suddividendolo in brevi sequenze ed assegnando a ciascuna un titolo.

UNITÀ 7

VERBI TRANSITIVI E INTRANSITIVI. TEMPI E ASPETTI DEL VERBO

CURIOSITÀ	CAVE!
Globus	Due verbi dalla quantità diversa: *parēre* e *parĕre*
La corrispondenza epistolare a Roma	

IN ITALIANO
Verbi servili e fraseologici

- **Verbi servili**
  I tre verbi *dovere*, *potere* e *volere* sono chiamati "servili" (o "modali") perché servono a definire una modalità particolare del processo espresso da un altro verbo, che va all'infinito; possono essere usati da soli, come verbi transitivi (*voglio la tua serenità*), ma più spesso sono seguiti da un infinito in funzione di oggetto (*voglio venire da te*).
  Nei tempi composti l'ausiliare è quello richiesto dal verbo all'infinito (*avere* o *essere*): **ho dovuto dargli** un ombrello, **sono dovuto partire** urgentemente.

- **Verbi fraseologici**
  In italiano si utilizzano spesso espressioni come: *Gianni* **si sentì commosso** *dall'accoglienza*, *mio padre* **s,i è lasciato convincere** *dalle mie parole*, *la ragazza* **non seppe trattenere** *le lacrime*. In frasi del genere, i verbi "sentirsi", "lasciare", "sapere" servono solo ad aggiungere una sfumatura al pensiero, a "colorirlo" maggiormente. In tal caso si parla di "verbi fraseologici", usati appunto per determinare meglio un'espressione e per evidenziare la parte che il soggetto prende nell'azione.

- **Verbi causativi**
  Spesso il verbo *fare* e il verbo *lasciare* sono seguiti da un verbo all'infinito; in tale caso il soggetto non compie realmente l'azione: *il generale* **fece costruire** *il ponte, il sole* **fece fiorire** *tutto, Giovanni mi* **fece capire** *la verità, la guardia* **lasciò scappare** *il detenuto*.

▶ Esercizi

1 Nelle seguenti frasi, distingui i verbi transitivi dai verbi intransitivi.

1. Oggi ho visto tua sorella al cinema. **2.** I soldati procedevano lentamente a causa del buio. **3.** I ragazzi furono rimproverati dal professore per il disimpegno. **4.** Nella corsia ospedaliera i malati si aggravarono per il caldo afoso. **5.** Piero ieri sera è tornato tardi a casa.

2 Nelle seguenti frasi, distingui i verbi servili ed i verbi fraseologici.

1. Ieri sono dovuto partire presto con il volo per Milano Linate. **2.** Arturo è voluto andare assolutamente al concerto. **3.** Mio nonno suole leggere per molte ore. **4.** Mi sono lasciato convincere dalle tue parole. **5.** Filippo non era solito gridare. **6.** Devi capire quello che ti dico!

3 Analizza le seguenti forme verbali, distinguendo i tempi dell'indicativo.

1. hai visto **2.** ebbe creduto **3.** avevamo saputo **4.** saranno stati amati **5.** siete arrivati **6.** saremo giunti **7.** udimmo **8.** è stato criticato **9.** eri apprezzato **10.** capirai

1 VERBI TRANSITIVI E INTRANSITIVI

Il verbo è la parte del discorso che esprime un'azione (fatta o subita), uno stato o un modo di essere; il termine deriva dal lat. *verbum* "parola", dato che il verbo è la parola per eccellenza, la più importante nel discorso.

I verbi sono **di forma transitiva** se esprimono un'azione che dal soggetto passa direttamente sull'oggetto senza preposizione: *fratrem tuum **video*** "**vedo** tuo fratello".

I verbi sono invece **intransitivi** se indicano azioni che non passano fuori dal soggetto se non indirettamente oppure se denotano uno stato o un modo di essere del soggetto: *Caesar in castra **pervenit*** "Cesare **giunse** all'accampamento".

1.1 Uso assoluto di alcuni verbi transitivi

Alcuni verbi transitivi latini (per lo più appartenenti al linguaggio militare e marinaresco) possono essere adoperati **in modo assoluto**, cioè con il complemento oggetto sottinteso, peraltro facilmente desumibile:

- *appellere* (sott. *navem*) "approdare"
- *conscendere* (sott. *navem*) "imbarcarsi"
- *educere* (sott. *exercitum*) "uscire in battaglia"
- *merere* (sott. *stipendium*) "fare il soldato"
- *movere* (sott. *castra*) "levare l'accampamento"
- *solvere* (sott. *ancoras* o *navem*) "salpare"
- *tenere* (sott. *cursum*): "tenere la rotta"

1.2 Verbi con doppia costruzione transitiva o intransitiva

Molti verbi attivi possono essere usati sia come transitivi sia come intransitivi; il loro significato, ovviamente, cambia:

VERBO	VALORE TRANSITIVO	VALORE INTRANSITIVO
ago	*agere aliquid* "fare qualcosa, condurre": *En ipse capellas protinus aeger **ago***. (Virg.) Ecco che io stesso, malandato, **spingo avanti** senza soste le caprette.	*agere cum aliquo de aliqua re* "trattare con uno di qualcosa": *De pace **egerunt** hostes*. I nemici **fecero trattative** per la pace.
animadverto	*animadvertere aliquid* "notare, esaminare qualcosa": *Illud etiam **animadverto*** (Cic.) Anche questo **faccio notare**.	*animadvertere in aliquem* "prendere provvedimenti contro qualcuno": *Patrio iure in filium **animadvertit***. (Cic.) In forza del diritto paterno **prese provvedimenti** contro il figlio.
appĕto	*appetere aliquid* "desiderare qualcosa" *Caesar regnum **appetebat***. Cesare **aspirava** al potere assoluto.	*appetere* "avvicinarsi" *Dies **appetebat** septimus*. (Cic.) **Si avvicinava** il settimo giorno.
concedo	*concedere aliquid* "concedere qualcosa" *Pater **concedit** liberorum peccata*. Il padre **perdona** gli errori dei figli.	*concedere* "ritirarsi" ***Concede** animo aequo*. (Lucr.) **Vai via** di buon animo.
consŭlo	*consulere aliquem* "consultare qualcuno" *Legati oraculum **consuluerunt***. Gli ambasciatori **consultarono l'oracolo**.	*consulere alicui* "provvedere a qualcuno" *Vobis **consulite***. **Provvedete** a voi stessi.

Sezione 2 Sintassi del verbo

differo	differre aliquid "differire, rimandare qualcosa"	differre ab aliquo / ab aliqua re "differire, essere differente da qualcosa"
	Reliqua in crastinum **differo**. Rinvio le altre cose a domani.	Pater a filio **differt**. Il padre **è diverso** dal figlio.
maturo	maturare aliquid "accelerare, affrettare qualcosa"	maturare "affrettarsi"
	Id ei **maturavit** mortem. Ciò gli **accelerò** la morte.	Caesar **maturat** ab urbe proficisci. (Ces.) Cesare **si affretta** a partire dalla città.

1.3 Verbi che assumono significato intransitivo nella forma passiva

Alcuni verbi transitivi latini diventano intransitivi nella forma passiva assumendo un valore "mediale":

Caesar castra **movit**.	Cesare **spostò** l'accampamento. [transitivo]
Exercitus **movetur**.	L'esercito **si muove**. [intransitivo]

1.4 Osservazioni sull'uso della forma passiva

La forma passiva in tutte le persone è propria solo dei verbi transitivi; però i verbi intransitivi possono essere resi al passivo nella terza persona singolare e con valore impersonale:

- *curritur* "si corre";
- *eundum est* "si deve andare";
- *ventum est* "si giunse".

2 DIATESI MEDIA E VERBI RIFLESSIVI - L'AZIONE RECIPROCA

Il passivo ha spesso senso **riflessivo** (con un uso che viene definito "mediale"): *delector* "mi diletto", *excrucior* "mi tormento", *exerceor* "mi esercito", *laetor* "mi rallegro", ecc.
In genere, ai verbi riflessivi italiani corrispondono in latino:

- un verbo intransitivo attivo o deponente, di valore riflessivo, ma senza la presenza di pronomi personali: *abstineo* "mi astengo", *advento*, *appropinquo* "mi avvicino"; *ulciscor* "mi vendico", ecc.;
- un verbo transitivo attivo o deponente accompagnato dai pronomi *me, te, se, nos, vos*, oppure un verbo passivo: *me delecto* "mi rallegro", *delectamur* "ci divertiamo".

> **NB** • L'**azione reciproca** (cioè scambiata fra più soggetti) in latino si può esprimere:
>
> a) con *inter se, inter nos, inter vos*:
> Amate **inter vos** ut fratres.   Amatevi **fra voi** come fratelli.
>
> b) con *alius* (o *alter*) raddoppiato:
> **Alius alium** videt.   Si vedono **fra loro**.
> **Alter alterum** videt.   Si vedono **fra loro (due)**.
>
> c) con la ripetizione del sostantivo:
> **Boni bonos** diligunt. (Cic.)   I buoni si amano **fra loro**.
>
> d) con un verbo che già di per sé indichi reciprocità:
> Dona **commutare**.   **Scambiarsi** reciprocamente doni.

3 VERBI FRASEOLOGICI E CAUSATIVI

In latino, lingua più essenziale dell'italiano e contraria alle perifrasi inutili, i verbi fraseologici italiani non esistono; è però possibile, nel tradurre, utilizzare le nostre espressioni fraseologiche quando appare opportuno:

Fugere **cogor**.	**Mi vedo costretto** a fuggire.
Ne verbum quidem **dixit**.	**Non seppe dire** neppure una parola.

Si definiscono invece "**causativi**" quei verbi che enunciano un'azione che il soggetto non compie da sé e direttamente, ma che fa compiere da altri:

Artemisia nobile illud Halicarnassi **fecit** *sepulcrum*.	Artemisia **fece innalzare** ad Alicarnasso quel celebre mausoleo. [è evidente che non lo ha costruito materialmente lei...]

Alcuni costrutti latini possono essere resi con il costrutto italiano costituito dal **verbo "fare" + infinito**:

- *iubeo* + **accusativo ed infinito**, nel senso di "comandare, ordinare":

Vercingetorix **iubet** *portas* **claudi**. (Ces.)	Vercingetorige **fa chiudere** le porte della città.

- *curo* + **gerundivo**, nel senso di "prendere provvedimenti affinché":

Caesar aedem Iovis **reficiendam curavit**. (C. Nep.)	Cesare **fece restaurare** il tempio di Giove.

- *facio, efficio, impello, induco* + **ut e congiuntivo**, nel senso di "fare in modo che":

Sol **efficit ut** *omnia* **floreant**.	Il sole **fa fiorire** ogni cosa.

- *cogo* + **accusativo ed infinito** nel senso di "costringere, obbligare":

Calvus et ipse errabat et alios **errare cogebat**.	Calvo sia sbagliava lui sia **faceva sbagliare** anche gli altri.

- *facio* o *induco* + **participio presente** quando "fare" significa "rappresentare, introdurre, mettere in scena" (detto specialmente di personaggi di opere letterarie):

Polyphemum Homerus cum ariete **colloquentem facit**. (Cic.)	Omero **fa parlare** Polifemo con un ariete.

- *facio* + **infinito passivo** quando "fare" ha un significato simile a "dire, pensare, credere":

Plato **construi** *a Deo atque* **aedificari** *mundum* **facit**. (Cic.)	Platone **fa costruire** ed **edificare** il mondo da Dio. [= ritiene che il mondo sia costruito ed edificato da Dio]

4 TEMPI E ASPETTI DEL VERBO

I tempi del verbo latino indicano non solo il **momento** (presente, passato o futuro) in cui si compie l'azione, ma anche l'**aspetto**, cioè la qualità dell'azione.
Esistono tre possibili aspetti dell'azione, in base alla sua durata:

- **durativa o imperfettiva**, quando il fatto è considerato nel suo svolgimento (cioè è iniziato ma non è ancora terminato) → *flebam* "piangevo";
- **momentanea**, **puntuale o assoluta**, quando il datto è visto in sé, senza tener conto della sua durata → *fleo* "piango (ora)", *flevit* "pianse" nel senso di "scoppiò a piangere";
- **resultativa o perfettiva**, quando l'azione è già conclusa → *fleverunt* "piansero".

Il latino contrappose al tema del presente (*infectum*) un unico tema (*perfectum*) che accorpava i due temi greci dell'aoristo (azione momentanea) e del perfetto (azione compiuta); ecco dunque la distinzione dei tempi verbali in base all'aspetto:

TEMA	AZIONE INDICATA	ESEMPIO	TEMPI
infectum	azione "non conclusa", in corso di svolgimento → **azione durativa o imperfettiva**	*Nostri milites strenue **pugnabant**.* I nostri soldati **combattevano** valorosamente. (azione in corso)	1. presente 2. imperfetto 3. futuro semplice
perfectum	azione "conclusa" (cfr. *perficio*) → **azione già compiuta o perfettiva**	*Ad maiora nos natura **genuit**.* La natura ci **ha creati** per cose più grandi. (azione compiuta)	1. perfetto 2. piuccheperfetto 3. futuro anteriore

Fra tali tempi si possono avere rapporti di:

- **contemporaneità** → quando un'azione avviene mentre se ne verifica un'altra:

| *Dico me esse laetum.* | Dico (ora) che io (ora) sono lieto. |

- **anteriorità** → quando un'azione avviene prima che se ne verifichi un'altra:

| *Dico te fuisse iniustum.* | Dico (ora) che tu (prima) sei stato ingiusto. |

- **posteriorità** → quando un'azione avviene dopo che ne è avvenuta un'altra:

| *Dico eum fore audacem.* | Dico (ora) che lui (poi) sarà audace. |

La correlazione fra i tempi in latino è molto rigorosa (***consecutio temporum***).

4.1 Il presente

Il presente indicativo esprime:

- un'azione momentanea nel presente:

| ***Accipio*** *omen.* | **Accetto** l'augurio. |

- un'azione durativa nel presente:

| *Iamdudum **splendet** focus.* (Or.) | Già da tempo **risplende** il mio focolare. |

Da notare alcuni usi specifici:
- **presente gnomico o sentenzioso**, in proverbi, sentenze ed affermazioni generali:

*Ignis aurum **probat**.* (Sen.)	Il fuoco **mette alla prova** l'oro.

- **presente letterario**, per riferire l'opinione di uno scrittore, un filosofo, ecc.:

***Negat** Epicurus iucunde posse vivi nisi cum virtute vivatur.* (Cic.)	Epicuro **dice** che non si può vivere gioiosamente se non si vive virtuosamente.

- **presente storico**, per indicare un'azione passata ma presentata come se si svolgesse nel presente per vivacizzare la descrizione:

*Caesar suas copias in proximum collem **subducit**, aciem **instruit**.* (Ces.)	Cesare **ritira** le sue truppe sul colle più vicino e **prepara** lo schieramento.

- **presente conativo**, per esprimere un'azione non compiuta ma tentata:

*Hostes **transeunt**.* (Liv.)	I nemici **tentano di passare**.

- **presente di consuetudine**:

*Cotidie aliquid **scribo**.* (Cic.)	Ogni giorno **sono solito scrivere** qualcosa.

 • Con la congiunzione temporale *dum* "mentre, nel momento in cui" si trova il presente storico anche in corrispondenza dell'imperfetto italiano, per evidenziare un'azione simultanea a quella della principale:

***Dum** Romae **consulĭtur**, Saguntum oppugnabatur.* (Liv.)	**Mentre** a Roma **si discuteva** (lett. 'si discute'), Sagunto era espugnata.

4.2 L'imperfetto

Esprime un'azione non compiuta (*imperfecta*), che dura nel passato:

***Clamabat** ipse Quinctius.* (Cic.)	Lo stesso Quinzio **gridava**.

Si possono distinguere alcuni speciali tipi di imperfetto:
- **iterativo o di consuetudine**, che indica un'azione abituale nel passato:

*Tauri hospites Dianae **immolabant**.*	I Tauri **solevano sacrificare** gli ospiti a Diana.

- **conativo**, che esprime azione tentata nel passato:

*Britanni nostros intra munitiones ingredi **prohibebant**.* (Ces.)	I Britanni **cercavano d'impedire** ai nostri di penetrare dentro le fortificazioni.

- **concomitante o descrittivo**, che indica un'azione contemporanea alla principale (espressa, questa, con il perfetto):

*Verres in forum venit: **ardebant** oculi, toto ex ore crudelitas **eminebat**.* (Cic.)	Verre venne nel foro: i suoi occhi **mandavano lampi**, da tutto il suo portamento **spiccava** la crudeltà.

4.3 Il futuro semplice

Il futuro semplice indica un'azione, durativa o momentanea, che accadrà in avvenire, in un momento posteriore a quello in cui si parla di essa:

Cito **revertar** *atque haec* **conficiam**. (Cic.)	Presto **tornerò** e **porterò a termine** queste cose. [azione momentanea]
Aegritudo perturbatio est animi; semper igitur ea sapiens **vacabit**. (Cic.)	La tristezza è un turbamento dell'animo; dunque il sapiente ne **sarà** sempre **privo**. [azione durativa]

4.4 Il perfetto

Il perfetto può indicare:

- un'azione passata che si considera totalmente conclusa, senza più alcun riferimento al presente (**perfetto storico**); esso corrisponde al nostro **passato remoto**:

T. Aufidius **vixit** *ad summam senectutem*. (Cic.)	Tito Aufidio **visse** sino all'estrema vecchiaia.

- un'azione passata i cui effetti perdurano nel presente (**perfetto logico**); corrisponde al **passato prossimo** italiano, ma anche ad un **presente**:

Ita **vixi** *ut non frustra me natum existimem*. (Cic.)	**Sono vissuto** in modo da non ritenere di essere nato invano.

I perfetti logici di alcuni verbi assumono il valore di veri e propri presenti, esprimendo lo stato che deriva da un'azione passata:

- *consuevi* "ho preso l'abitudine → "sono solito"

Qui mentiri solet, peierare **consuevit**. (Cic.)	Chi è solito mentire, **è solito** spergiurare.

- *didici* "ho imparato → "so"

Quae illi litteris, ea ego militando **didici**. (Sall.)	Quelle cose che essi (hanno appreso) sui libri, io le **so** grazie alla mia attività di soldato.

- *memini* "ho richiamato alla memoria → "ricordo"

Omnia **meminit** *Siron Epicuri dogmata*. (Cic.)	Sirone **ricorda** tutte le dottrine di Epicuro.

- *novi* "ho conosciuto → "so, conosco"

Si ego hos bene **novi**. (Cic.)	Se li **conosco** bene.

- *odi* "ho preso in odio → "odio"

Odi *falsas inscriptiones statuarum*. (Cic.)	**Odio** le false epigrafi delle statue.

Unità 7 Verbi transitivi e intransitivi. Tempi e aspetti del verbo

Il **perfetto gnomico** è usato per enunciare proverbi, sentenze, fatti accaduti in passato e che sogliono ripetersi:

| *Festinatio multos pessum **dedit**.* (Tac.) | La fretta **rovina** molti. |

 • L'idea di uno stato presente derivato da un'azione passata può essere espressa in latino con una **perifrasi formata da** *habeo* **+ participio perfetto**: *cognitum habeo* (anziché *cognovi*) "so", *compertum habeo* "so bene"; da questo costrutto perifrastico, tipico del *sermo cotidianus*, derivano i tempi composti italiani con l'ausiliare "avere": *statutum habeo* "ho stabilito".

4.5 Il piuccheperfetto

Il piuccheperfetto indica azione compiuta nel passato, anteriore rispetto ad un'altra azione pure passata:

| ***Scripseram*** *epistulam, cum amicus adfuit.* (Cic.) | **Avevo scritto** la lettera, quando comparve l'amico. |

 • Il piuccheperfetto dei verbi col perfetto logico corrisponde all'imperfetto: *memineram* "ricordavo", *noveram* "sapevo", *oderam* "odiavo".

4.6 Il futuro anteriore

Il futuro anteriore indica un'azione che si considera compiuta nel futuro in rapporto ad un'altra azione futura:

| *Ut sementem **feceris**, ita metes.* (Cic.) | Come **avrai seminato**, così mieterai. [uso relativo] |

Si può anche trovare usato assolutamente, cioè senza relazione con un'altra azione futura, soprattutto quando si vuole esprimere in modo energico un fatto che si immagina come già compiuto:

| *Ego certe meum rei publicae atque imperatori officium **praestitero**.* (Ces.) | Io certamente **farò** il mio dovere nei confronti dello stato e del generale. |

4.7 Legge dell'anteriorità

Nel determinare il rapporto temporale fra due azioni non contemporanee, in latino si ha un uso dei tempi differente rispetto all'italiano:

LATINO	ITALIANO	DISCORDANZA DI TEMPI NELLA DIPENDENTE
1. *Hostes necant omnes captivos quos **ceperunt*** ("catturarono").	1. I nemici uccidono tutti i prigionieri che **catturano**.	perfetto latino / presente italiano
2. *Hostes necabant omnes captivos quos **ceperant*** ("avevano catturato").	2. I nemici uccidevano tutti i prigionieri che **catturavano**.	piuccheperfetto latino / imperfetto italiano
3. *Hostes necabunt omnes captivos quos **ceperint*** ("avranno catturato").	3. I nemici uccideranno tutti i prigionieri che **cattureranno**.	futuro anteriore latino / futuro semplice italiano.

4.8 Tempi dello stile epistolare

I Latini, quando scrivevano le lettere, si collocavano mentalmente al tempo in cui la lettera sarebbe stata recapitata al destinatario; quindi modificavano i tempi dei verbi e le corrispondenti espressioni avverbiali di tempo:

- il **presente** dello scrivente diventava **imperfetto** o **perfetto** per il destinatario:

| *Nihil **habebam** quod scriberem.* | Non **ho** niente da scriverti. |

- il **perfetto** diventava **piuccheperfetto**:

| *Ad tuas omnes epistulas **rescripseram** pridie.* | A tutte le tue lettere **ho risposto** ieri. |

- **il futuro** diventava coniugazione perifrastica attiva con *eram*:

| *Ego tabellarios postero die ad vos **eram missurus**.* | Domani vi **manderò** i corrieri. |

Inoltre: *hodie* "oggi" → *eo die* "quel giorno"; *heri* "ieri" → *pridie* "il giorno prima"; *cras* "domani" → *postridie* o *postero die* "il giorno dopo".

Esercizi

A Analizza e traduci le seguenti frasi (uso assoluto di alcuni verbi transitivi, verbi con doppia costruzione transitiva o intransitiva, verbi che assumono significato intransitivo nella forma passiva, osservazioni sull'uso della forma passiva).
1. *De Catilinae coniuratione paucis absolvam.* (Sall.) **2.** *Iam comitiorum appetebat tempus.* (Liv.) **3.** *Maiores nostri suos agros studiose colebant, non alienos cupide appetebant.* (Cic.) **4.** *Lacedaemonii sua sponte Atheniensibus imperii maritimi principatum concesserunt.* (Nep.) **5.** *Themistocles e civitate eiectus Argos concessit.* (Nep.) **6.** *Bona facile mutantur in peius.* (Quint.) **7.** *Totius diei pugna atque itineribus defessi, rem in posterum diem distulerunt.* (Ces.) **8.** *Gallorum mores differunt a Romanis.* (Giust.) **9.** *Res in periculum vertitur.* (Pl.) **10.** *Ad arma concurritur.* (Ces.) **11.** *Servari iustitia non potest.* (Cic.) **12.** *Veteres orationes legi desitae sunt.* (Cic.) **13.** *Mihi ab istis nihil iam noceri potest.* (Cic.) **14.** *Bello Athenienses undique premi sunt coepti.* (Nep.) **15.** *Conventus iam diu fieri desierunt.* (Cic.) **16.** *Captivi a praetore sub corona venierunt.* (Liv.) **17.** *Terra marique simul coeptae sunt oppugnari Syracusae.* (Liv.) **18.** *Corpora quidem exercitationum defatigatione ingravescunt, animi autem exercendo levantur.* (Cic.) **19.** *Si me navigatio non morabitur, propediem te videbo.* (Cic.) **20.** *Hannibal in propinquis urbi montibus moratus est.* (Nep.)

B Analizza e traduci le seguenti frasi (diatesi media e verbi riflessivi - azione reciproca).
1. *Hoc proprium est animi bene constituti, et laetari bonis rebus et dolēre contrariis.* (Cic.) **2.** *Aër movetur nobiscum; quacumque enim imus, quacumque movemur, videtur quasi locum dare et cedere.* (Cic.) **3.** *Auster, qui per biduum flaverat, in Africum se vertit.* (Ces.) **4.** *Alius alium timet et homo hominem et ordo ordinem.* (Cic.) **5.** *Delectamur, cum scribimus.* (Cic.) **6.** *Inter se cives, quasi vicissent, gratulabantur.* (Cic.) **7.** *Omnis equitatus effundĭtur castris, simul et peditibus*

signum ad exeundum datur. (Liv.)   **8.** *In eam se consuetudinem Suebi adduxerunt, ut lavarentur in fluminibus.* (Ces.)   **9.** *Non modo pax non invenitur, sed augetur atque inflammatur odium.* (Cic.)   **10.** *In aethere astra volvuntur.* (Cic.)

C Nel tradurre le seguenti frasi cerca di rendere i verbi evidenziati in neretto con opportune espressioni fraseologiche italiane.

1. *Cenatus ad Pompeium lectica **latus sum**.* (Cic.)   **2.** ***Trahĭmur** omnes studio laudis, et optimus quisque maxime gloria ducitur.* (Cic.)   **3.** *His lacrimis non **movetur** Milo.* (Cic.)   **4.** *Opinionibus vulgi **rapĭmur** in errorem.* (Cic.)   **5.** *Equidem **angor** animo.* (Cic.)   **6.** *Paulo ante, iudices, lacrimas non **tenebamus**.* (Cic.)

D COMPLETAMENTO Completa ogni frase inserendo la forma appropriata fra quelle qui di seguito elencate; poi traduci (verbi causativi).

a) *inducunt*   b) *coëgit*   c) *disserentes*   d) *iussit*   e) *curat*   f) *effecerunt*

1. *Terror belli Etrusci dictatorem dici* .... (Liv.)
2. *Caesar pontem in Arare faciendum* .... *atque ita exercitum traducit.* (Ces.)
3. *Augurem Tiresiam poëtae numquam* .... *deplorantem caecitatem suam.* (Cic.)
4. *C. Claudius consul, cum in castra redisset, caput Hasdrubalis, quod servatum cum cura attulĕrat, proïci ante hostium stationes* .... (Liv.)
5. *Res bello bene gestae* .... *ut Samnites quoque amicitiam Romanorum petĕrent.* (Liv.)
6. *Quidam poeta facit inter se Socratem atque Epicurum* .... *, quorum aetates non annis sed saeculis scimus esse disiunctas.* (Cic.)

E COMPLETAMENTO Inserisci nelle seguenti frasi l'opportuna voce verbale, scegliendola fra le tre opzioni; poi traduci (tempi dell'indicativo).

1. *Arbores seret diligens agricola, quarum* .... (*aspicit - aspexit - aspiciet*) *bacam ipse numquam.* (Cic.)   **2.** *Multa memini, multa audivi, multa* .... (*legebam - legi - legam*): *nihil ex omnium saeculorum memoria tale cognovi.* (Cic.)   **3.** *L. Catilina iuventutem, quam, ut supra* .... (*dicemus - dicimus - diximus*), *illexĕrat, multis modis mala facinora edocebat.* (Sall.)   **4.** *Qui Agesilai virtutes* .... (*noverant - noverunt - noverint*), *non poterant admirari satis.* (Nep.)   **5.** *Romam cum* .... (*veni - veniam - venero*), *quae perspexero scribam ad te, maxime de dictatura.* (Cic.)   **6.** *Ego certe meum rei publicae officium* .... (*praesto - praestitero - praestem*). (Ces.)   **7.** *Non imprudenter* .... (*facies - facis - feceris*), *si me hoc celaveris.* (Nep.)   **8.** *Cum* .... (*perspexeram - perspexerim - perspexero*) *voluntatem nobilium, scribam ad te.* (Cic.)   **9.** *Hoc extremo vitae tempore homines facere* .... (*consuescunt - consuescant - consueverunt*). (Ces.)   **10.** *Domi militiaeque boni mores* .... (*colebant - colebantur - colo*). (Sall.)

F Collega la prima parte di ogni frase alla corrispondente seconda parte; poi traduci (legge dell'anteriorità, stile epistolare).

1. *Verres, cum rosam viderat,*
2. *Ego tabellarios postero die*
3. *Haec scripsi a.d. XVI Kal. Februrarias ante lucem:*
4. *Caesar, quos laborantes conspexĕrat,*
5. *Ego eodem die post meridiem*
6. *De Carthagine vereri non ante desinam,*
7. *Incredibili sum sollecitudine de tua valetudine;*
8. *Haec ego tibi scribebam*

a. *eo die senatus erat futurus.* (Cic.)
b. *Vatinium eram defensurus.* (Cic.)
c. *ad vos eram missurus.* (Cic.)
d. *quam illam excisam esse cognovero.* (Cic.)
e. *tum incipere ver arbitrabatur.* (Cic.)
f. *qua si me liberaris, ego te omni cura liberabo.* (Cic.)
g. *hora noctis nona.* (Cic.)
h. *his subsidia submittebat.* (Ces.)

VERSIONI

■ EXEMPLUM

77 Le terribili notizie relative ai Germani provocano grave scoraggiamento nell'esercito di Cesare

Cesare ha appreso che Ariovisto (capo degli Svevi, Germani provenienti dall'area del Mar Baltico) si dirige verso la principale città dei Sèquani, Vesonzione (attuale Besançon), con lo scopo di impadronirsene. Il condottiero romano ritiene necessario impedirlo, vista l'importanza strategica di quella città. Marciando giorno e notte, Cesare occupa Vesonzione e vi pone un presidio militare. Ma in quei giorni gli abitanti del luogo ed i mercanti riferiscono ai Romani terrificanti notizie sui Germani, seminando il panico tra i soldati.

Dum paucos dies ad Vesontionem rei frumentariae commeatusque causa moratur[1], *ex percontatione nostrorum vocibusque Gallorum ac mercatorum, qui ingenti magnitudine corporum Germanos, incredibili virtute atque exercitatione in armis esse praedicabant (saepe numero sese cum his congressos ne vultum quidem atque aciem oculorum dicebant ferre potuisse), tantus subito timor omnem exercitum occupavit ut non mediocriter omnium mentes animosque perturbaret. Hic primum ortus est a tribunis militum, praefectis, reliquisque qui ex urbe amicitiae causa Caesarem secuti non magnum in re militari usum habebant: quorum alius alia causa inlata, quam sibi ad proficiscendum necessariam esse diceret, petebat ut eius voluntate discedere liceret; non nulli pudore adducti, ut timoris suspicionem vitarent, remanebant. Hi neque vultum fingere neque interdum lacrimas tenere poterant: abditi in tabernaculis aut suum fatum querebantur aut cum familiaribus suis commune periculum miserabantur. Vulgo totis castris testamenta obsignabantur.*

(CESARE)

1. *moratur*: soggetto sottinteso *Caesar*.

Era da pochi giorni a Vesonzione intento a raccogliere grano e vettovaglie, quando le insistenti domande dei nostri e le dicerie dei Galli e dei mercanti, che attribuivano ai Germani enorme prestanza fisica, incredibile valore e addestramento militare – nei molti scontri con loro non avevano potuto sostenere nemmeno l'espressione del volto e l'intensità dello sguardo – gettarono all'improvviso tanto terrore in tutto l'esercito, da sconvolgere non poco la mente e gli animi di tutti. I primi a spaventarsi furono i tribuni militari, i comandanti dei contingenti ausiliari e gli altri ufficiali che avevano seguito Cesare dalla capitale per amicizia, senza possedere gran pratica di guerra. Chi adducendo un pretesto chi un altro, per cui dicevano di essere costretti a partire, costoro gli chiedevano licenza e permesso di andarsene; qualcuno rimaneva, spinto dalla vergogna

Unità 7 Verbi transitivi e intransitivi. Tempi e aspetti del verbo   **129** e per evitare il sospetto di viltà, ma non riusciva a fingere in volto e a trattenere di tanto in tanto le lacrime. Acquattati nelle tende o lamentavano la propria sorte o commiseravano insieme ai familiari il comune pericolo. Dappertutto nel campo vi era chi faceva testamento.

(trad. di C. Carena)

NOTE LINGUISTICHE	NOTE LESSICALI	NOTE DI TRADUZIONE
alius alia causa inlata → "chi adducendo un pretesto chi un altro"; abituale costrutto brachilogico con poliptoto di *alius*: cfr. *alii in alio loco* "alcuni in un luogo, altri in un altro". *remanebant* → imperfetto che descrive un'azione durativa nel passato. *querebantur* → altro imperfetto durativo, da *queror* "lamentarsi". *totis castris* → con l'aggettivo *totus* (ma anche con i sinonimi *cunctus* ed *universus*), lo stato in luogo si può esprimere, come qui, in ablativo semplice.	*saepe numero* → l'avverbio *saepe* "spesso" si trova a volte unito a *numero* (a volte formando un unico avverbio, *saepenumero*), nel senso di "ripetutamente". *ne... quidem* → "nemmeno, neppure"; la parola o la frase negata si pone sempre fra i due termini. *in tabernaculis* → nel linguaggio militare *tabernaculum* significa "tenda, baracca".	*ex percontatione nostrorum vocibusque Gallorum ac mercatorum* → in latino si hanno due ablativi di moto da luogo figurato (lett. "in seguito alle domande fatte dai nostri ed alle dicerie dei Galli e dei mercanti..."); Carena modifica il soggetto e rende con "le insistenti domande dei nostri e le dicerie dei Galli e dei mercanti... gettarono all'improvviso tanto terrore...". *testamenta obsignabantur* → Carena rende con "vi era chi faceva testamento", evitando (come spesso è opportuno fare) la costruzione passiva (lett. "testamenti erano firmati", anzi "suggellati").

PRIMO LIVELLO

78 Successi militari di Pompeo contro i pirati e contro Mitridate

Pompeo, con azione fulminea, debella i pirati che infestavano il Mediterraneo; gli è poi affidato il comando della guerra contro Mitridate (re del Ponto), e Tigrane (genero di Mitridate e re dell'Armenia). Mitridate, sconfitto dalle legioni romane ed abbandonato dall'esercito, passa nel Bosforo e poco dopo si toglie la vita (63 a.C.).

a. Pompeo sconfigge in pochi mesi i pirati

Dum haec geruntur, piratae omnia maria infestabant ita, ut Romanis toto orbe victoribus sola navigatio tuta non esset. Quare id bellum Cn. Pompeio decretum est. Quod intra paucos menses ingenti et felicitate et celeritate confecit.

b. Pompeo vince anche Mitridate

Mox ei delatum etiam bellum contra regem Mithridatem et Tigranem. Quo suscepto Mithridatem in Armenia minore nocturno proelio vicit, castra diripuit, quadraginta milia eius occidit, viginti tantum de exercitu suo perdidit et duos centuriones. Mithridates cum uxore fugit et duobus comitibus.

c. Mitridate si suicida

Neque multo post, cum in suos saeviret, Pharnacis, filii sui, apud milites seditione ad mortem coactus venenum hausit. Hunc finem habuit Mithridates. Periit autem apud Bosphorum, vir ingentis industriae consiliique. Regnavit annis sexaginta, vixit septuaginta duobus, contra Romanos bellum habuit annis quadraginta.

(Eutropio)

79 Ultime fasi della vita di Cesare

Cesare si reca in Spagna per affrontare i figli di Pompeo; dopo aspri combattimenti, nell'ultimo dei quali presso Munda rischia la sconfitta, ottiene la vittoria. Dopo aver posto fine alle guerre civili, Cesare torna a Roma, ove però il suo comportamento autoritario provoca contro di lui una congiura dei senatori; alle idi di marzo del 44 a.C. Cesare viene quindi ucciso.

a. Cesare in Spagna affronta i figli di Pompeo

Caesar statim ad Hispanias est profectus, ubi Pompeii filii, Cn. Pompeius et Sex. Pompeius, ingens bellum praeparaverant. Multa proelia fuerunt, ultimum apud Mundam civitatem, in quo adeo Caesar paene victus est, ut fugientibus suis se voluerit occidere, ne post tantam rei militaris gloriam in potestatem adulescentium, natus annos sex et quinquaginta, veniret. Denique reparatis suis vicit. Ex Pompeii filiis maior occisus est, minor fugit.

b. Il comportamento di Cesare provoca una congiura

Inde Caesar bellis civilibus toto orbe compositis Romam rediit. Agere insolentius coepit et contra consuetudinem Romanae libertatis. Cum ergo et honores ex sua voluntate praestaret, qui a populo antea deferebantur, nec senatui ad se venienti adsurgeret aliaque regia et paene tyrannica faceret, coniuratum est in eum a sexaginta vel amplius senatoribus equitibusque Romanis.

c. I capi della congiura

Praecipui fuerunt inter coniuratos duo Bruti[1] ex eo genere Bruti, qui primus Romae consul fuerat et reges expulerat, et C. Cassius[2] et Servilius Casca[3].

d. L'assassinio di Cesare

Ergo Caesar, cum senatus die inter ceteros venisset ad curiam[4], tribus et viginti vulneribus confossus est.

(Eutropio)

1. *duo Bruti*: si tratta di Decimo Giunio Bruto Albino e Marco Giunio Bruto; il primo aveva militato con Cesare in Gallia ed era stato da lui nominato governatore della Gallia Cisalpina; il secondo, che prima era stato seguace di Pompeo, era stato perdonato da Cesare.
2. *C. Cassius*: Caio Cassio Longino, del partito di Pompeo.
3. *Servilius Casca*: ex tribuno della plebe, fu il primo a pugnalare Cesare.
4. *ad curiam*: nel palazzo delle adunanze del senato, la Curia di Pompeo al Campo Marzio.

SECONDO LIVELLO

80 Il ratto delle Sabine

A causa della penuria di donne, lo stato romano rischia l'estinzione; allora Romolo decide di agire d'astuzia: organizza dei solenni ludi in onore di Nettuno ed invita le genti confinanti ad assistervi. Nel corso dei ludi vengono rapite le figlie dei Sabini.

Romulus aegritudinem animi dissimulans ludos ex industria parat Neptuno equestri sollemnes; Consualia vocat. Indici deinde finitimis spectaculum iubet; quantoque apparatu tum sciebant aut poterant, concelebrant ut rem claram exspectatamque facerent. Multi mortales convenēre, studio etiam videndae novae urbis, maxime proximi quique, Caeninenses, Crustumini, Antemnates; iam Sabinorum omnis multitudo cum liberis ac coniugibus venit. Inuitati hospitaliter per domos cum situm moeniaque et frequentem tectis urbem vidissent, mirantur tam brevi rem Romanam crevisse. Ubi spectaculi tempus venit deditaeque eo mentes cum oculis erant, tum ex composito orta vis signoque dato iuventus Romana ad rapiendas virgines discurrit. Magna pars forte in quem quaeque inciderat raptae: quasdam forma excellentes, primoribus patrum destinatas, ex plebe homines quibus datum negotium erat domos deferebant. Unam longe ante alias specie ac pulchritudine insignem a *globo* Thalassi cuiusdam raptam ferunt multisque sciscitantibus cuinam eam ferrent, identidem ne quis violaret Thalassio ferri clamitatum[1]; inde nuptialem hanc vocem factam.

(Livio)

▶ Vedi **Curiosità**

1. *clamitatum*: sott. *est*; costr.: *identidem clamitatum (est) (puellam) ferri Thalassio, ne quis violaret.*

Laboratorio

MORFOLOGIA
1. Sottolinea ed analizza le forme verbali all'indicativo.
2. Nell'ultimo periodo analizza le forme pronominali *cuinam* e *quis*.

SINTASSI
3. Individua i presenti storici.
4. Trova una proposizione finale negativa.

Curiosità

Globus Il sostantivo maschile *globus* (dubbiosamente collegato a *gleba* "zolla di terra" e *glomus* "gomitolo") vuol dire anzitutto "**globo, sfera**", ad indicare ogni corpo sferico: *globus terrae* "il globo terrestre" (Cic.).
Passa poi ad indicare un "**mucchio**", un ammasso dalla forma sferica: *globi flammarum* "vortici di fiamme" (Virg.).

Da qui si giunge al valore di "**ammasso di uomini**", quindi "agglomerato, frotta, stuolo, schiera": *globus iuvenum* "una schiera di giovani".
L'ultimo valore è quello di "**riunione (per uno scopo), conciliabolo, circolo**", in genere nel senso cattivo di "**cricca, banda**": *globus nobilitatis* "la cricca dei nobili" (Sall.).

●●●○ | **81 Le Sabine, che erano state rapite dai Romani, chiedono ai mariti e ai padri di riconciliarsi**

In seguito al ratto delle loro figlie, i Sabini e gli altri popoli confinanti muovono guerra a Roma. Un'aspra battaglia fra Romani e Sabini è in corso nella vallata tra il Palatino e il Campidoglio; i Romani stanno per prevalere, quando le donne sabine che erano state rapite dai Romani si pongono in mezzo alle due schiere, invitandole a cessare lo scontro.

Tum Sabinae mulieres, quarum ex iniuria bellum ortum erat, crinibus passis scissaque veste, victo malis muliebri pavore, ausae se inter tela volantia inferre, ex transverso impetu facto dirimere infestas acies, dirimere iras, hinc patres, hinc viros orantes, ne sanguine se nefando soceri generique respergerent, ne parricidio maculārent partus suos, nepotum illi, hi liberum progeniem. «*Si adfinitatis inter vos, si conubii piget, in nos vertite iras; nos causa belli, nos volnerum ac caedium viris ac parentibus sumus; melius peribimus quam sine alteris vestrum viduae aut orbae vivemus*». *Movet res cum multitudinem tum duces; silentium et repentina fit quies; inde ad foedus faciendum duces prodeunt. Nec pacem modo sed civitatem unam ex duabus faciunt. Regnum consociant: imperium omne conferunt Romam. Ita geminata urbe ut Sabinis tamen aliquid daretur Quirites a Curibus*[1] *appellati.*

(Livio)

1. *A Curibus*: *Cures* era l'antica capitale dei Sabini, situata sulla riva sinistra del Tevere a nord di Roma; l'etimologia di *Quirites* da *Cures* è tuttavia incerta.

82 Cicerone deluso dal comportamento di Pompeo

Iniziata la guerra civile fra Cesare e Pompeo, Cicerone si è schierato dalla parte di quest'ultimo. Ma in una lettera ad Attico, scritta dalla villa di Formia il 18 marzo del 49 a.C., egli si mostra deluso dalle azioni di Pompeo e gli pare di essere stato pazzo sin dall'inizio.

CICERO ATTICO SAL.

Nihil habebam quod scriberem; neque enim novi quicquam audieram et ad tuas omnis rescripseram pridie. Sed cum me aegritudo non solum somno privaret verum ne vigilare quidem sine summo dolore pateretur, tecum ut quasi loquerer, in quo uno acquiesco, hoc nescio quid nullo argumento proposito scribere institui. Amens mihi fuisse a principio videor et me una haec res torquet quod non omnibus in rebus labentem vel potius ruentem Pompeium tamquam unus manipularis secutus sim. Vidi hominem die quarto decimo ante Kalendas Februarias[1] *plenum formidinis. Illo ipso die sensi quid ageret. Numquam mihi postea placuit nec umquam aliud in alio peccare destitit. Nihil interim ad me scribere, nihil nisi fugam cogitare. Quid quaeris? Sicut en tôis erotikôis*[2] *alienat quod immunde, insulse, indecore fit, sic me illius fugae neglegentiaeque deformitas avertit ab amore. Nihil enim dignum faciebat qua re eius fugae comitem me adiungerem. Nunc emergit amor, nunc desiderium ferre non possum, nunc mihi nihil libri, nihil litterae, nihil doctrina prodest. Ita dies et noctes tamquam avis illa mare prospecto, evolare cupio. Do, do poenas temeritatis meae. Etsi quae fuit illa temeritas? Quid feci non consideratissime?*

(Cicerone)

1. *die quarto decimo ante Kalendas Februarias*: il 17 gennaio, cioè il giorno in cui Pompeo aveva lasciato Roma.

2. *en tôis erotikôis*: "nelle faccende d'amore"; Cicerone si esprime qui in lingua greca.

Laboratorio

MORFOLOGIA

1. Scrivi i paradigmi dei verbi da cui provengono le forme *scriberem, pateretur, torquet, secutus sim, prodest*.

SINTASSI

2. Riconosci le caratteristiche dello stile epistolare.

ANALISI STILISTICA

3. Sottolinea nel testo due anafore.

COMPRENSIONE DEL TESTO

4. Perché, pur non avendo novità, Cicerone ha deciso di scrivere ad Attico?
5. Che cosa rimprovera Cicerone a Pompeo?

●●● | 83 Un'arguta vecchietta siracusana

Nel VI libro dei suoi *Fatti e detti memorabili* Valerio Massimo ha inizialmente ricordato qualche caso insigne di pudicizia; ora presenta alcuni esempi di *libere dicta aut facta*, cioè "detti e fatti espressi o compiuti liberamente" e, nella sezione riservata agli esempi stranieri (non romani), cita un gustoso aneddoto relativo ad una vecchietta siracusana che va contro corrente rispetto a tutti i suoi concittadini, i quali auguravano ogni male a Dionisio il Vecchio. Quando il tiranno viene a sapere la cosa, convoca l'anziana donna, che gli rivela il motivo del suo atteggiamento… Dopo questa rivelazione, divertito, Dionisio lascia andare via la vecchia senza prendere alcun provvedimento contro di lei.

Senectutis ultimae quaedam Syracusis omnibus Dionysii tyranni exitium propter nimiam morum acerbitatem et intolerabilia onera votis expetentibus sola cotidie matutino tempore deos ut incolumis ac sibi superstes esset orabat. Quod ubi is cognovit, non debitam sibi admiratus benivolentiam arcessivit eam et quid ita hoc aut quo merito suo faceret interrogavit. Tum illa «certa est – inquit – ratio propositi mei: puella enim, cum gravem tyrannum haberemus, carere eo cupiebam. Quo interfecto aliquanto taetrior arcem occupavit. Eius quoque finiri dominationem magni aestimabam. Tertium te superioribus inportuniorem habere coepimus rectorem. Itaque ne, si tu fueris absumptus, deterior in locum tuum succedat, caput meum pro tua salute devoveo». Tam facetam audaciam Dionysius punire erubuit.

(Valerio Massimo)

■ TERZO LIVELLO

●●● | 84 Annibale in Siria

At Hannibal anno tertio, postquam domo profugerat, L. Cornelio Q. Minucio consulibus[1]*, cum quinque navibus Africam accessit in finibus Cyrenaeorum, si forte Carthaginienses ad bellum Antiochi spe fiduciaque inducere posset, cui iam persuaserat, ut cum exercitibus in Italiam proficisceretur. Huc*[2] *Magonem fratrem excivit. Id ubi Poeni resciverunt, Magonem eadem, qua fratrem, absentem affecerunt poena. Illi*[3] *desperatis rebus cum solvissent naves ac vela ventis dedissent, Hannibal ad Antiochum*[4] *pervenit. De Magonis interitu duplex memoria prodita est. Namque alii naufragio, alii a servolis ipsius interfectum eum scriptum reliquerunt. Antiochus autem, si tam in agendo bello consiliis eius* **parēre** *voluisset, quam in suscipiendo instituerat, propius Tiberi quam Thermopylis de summa imperii dimicasset*[5]*. Quem etsi multa stulte conari videbat, tamen nulla deseruit in re. Praefuit paucis navibus, quas ex Syria iussus erat in Asiam ducere, hisque adversus Rhodiorum classem in Pamphylio mari conflixit. Quo cum multitudine adversariorum sui superarentur, ipse, quo cornu rem gessit, fuit superior.*

(Cornelio Nepote)

▶ Vedi **Cave!**

1. *L. Cornelio Q. Minucio consulibus*: l'anno è il 193 a.C.
2. *Huc:* cioè in Cirenaica.
3. *Illi*: Annibale e Magone.
4. *ad Antiochum*: era il re seleucide Antioco III di Siria; l'anno è il 195 a.C.
5. *dimicasset*: Annibale aveva consigliato ad Antioco di portare la guerra in Italia, ma egli preferì combattere in Grecia, ove fu sconfitto dai Romani alle Termopili (191 a.C.) e a Magnesia (189), finendo per sottoscrivere la pace di Apamea, con cui cedette ai Romani l'Asia Minore fino al Tauro.

Laboratorio

ANALISI STILISTICA

1. Sottolinea nel testo un asindeto, un'anastrofe ed un'anafora.

COMPRENSIONE

2. Qual è la versione di Nepote, relativamente alla morte di Magone?
3. Che fa Annibale quando si accorge che i suoi consigli non sono seguiti da Antioco?

PRODUZIONE

4. Scrivi un breve testo in latino, con il quale Annibale invita Antioco a portare la guerra in Italia.

Cave!

Due verbi dalla quantità diversa: *parēre* e *parĕre* Non si devono confondere i verbi *parēre* (con quantità della penultima lunga) e *parĕre* (con la penultima breve).
Il primo verbo è *pareo, -es, parui, -ēre*, della 2ª coniugazione; significa "**apparire**", ma anche "**assistere**" e soprattutto "**ubbidire**": *parēre legibus* "ubbidire alle leggi".
Il secondo è *pario, -is, pepĕri, (partum)*, *-ĕre*, della 3ª coniugazione; vuol dire "**partorire**" e quindi anche "**produrre, procurare**"; cfr. il sostantivo maschile *partus, -us* "il parto".
Parallelamente, vanno distinti l'aggettivo *parens* (propr. participio presente da *pareo*) nel senso di "**ubbidiente**" (e quindi *parentes* può voler dire "sudditi") e *parens* (collegato a *pario*) "**genitore**".

●●● | 85 Cicerone annuncia ad Attico la nascita di suo figlio Marco

CICERO ATTICO SAL.

L. Iulio Caesare, C. Marcio Figulo consulibus[1] filiolo me auctum scito salva Terentia. Abs te tam diu nihil litterarum! Ego de meis ad te rationibus scripsi antea diligenter. Hoc tempore Catilinam, competitorem nostrum, defendere cogitamus[2]. Iudices habemus, quos volumus, summa accusatoris voluntate. Spero, si absolutus erit, coniunctiorem illum nobis fore in ratione petitionis; sin aliter acciderit, humaniter feremus. Tuo adventu nobis opus est maturo; nam prorsus summa hominum est opinio tuos familiares nobiles homines adversarios honori nostro fore. Ad eorum voluntatem mihi conciliandam maximo te mihi usui fore video. Quare Ianuario mense, ut constituisti, cura ut Romae sis. (CICERONE)

1. *L. Iulio Caesare, C. Marcio Figulo consulibus*: erano i consoli designati per l'anno successivo; la lettera è dell'estate del 65 a.C.
2. *defendere cogitamus*: Cicerone pensa di assumere la difesa di Catilina, accusato di estorsione, sperando di riceverne in cambio l'appoggio nella campagna elettorale per il consolato dell'anno successivo.

Curiosità

La corrispondenza epistolare a Roma
La lettera latina prevedeva uno schema di intestazione di questo tipo: *M. Tullius Cicero Terentiae suae s.p.* (= *salutem plurimam*) *dicit* "M. Tullio Cicerone augura tantissima salute alla sua Terenzia". Poteva poi comparire la sigla *S.V.B.E.E.Q.V.* (*si vales / valetis bene est, ego quoque valeo* "se stai /state bene, va bene; anch'io sto bene"). Seguiva poi il testo della lettera, di varia lunghezza, ma in genere obbediente al criterio della *brevitas*. La lettera terminava con una delle seguenti formule di saluto: *vale / valete* "stai / state bene", *cura (fac) ut valeas* "cura di star bene, riguàrdati".
Lo schema conclusivo indica la **data di consegna**: es. *d. VIII Idus Apriles* "(lettera) consegnata (ai corrieri) il giorno VIII prima delle Idi di Aprile (= 6 aprile)"; la sigla *d.* era appunto l'abbreviazione di *data*, cioè "consegnata" al corriere; e proprio da questo participio deriva il nostro termine italiano "data".

••• | 86 Una spaventosa pestilenza

Pestilentia, quae priore anno in boves ingruerat, eo verterat in hominum morbos. Qui inciderant, haud facile septimum diem superabant; qui superaverant, longinquo, maxime quartanae, implicabantur morbo. Servitia maxime moriebantur; eorum strages per omnis vias insepultorum erat. Ne liberorum quidem funeribus Libitina sufficiebat. Cadavera intacta a canibus ac volturibus tabes absumebat; satisque constabat nec illo nec priore anno in tanta strage boum hominumque volturium usquam visum. Cum pestilentiae finis non fieret, senatus decrevit, uti decemviri libros Sibyllinos adirent. Ex decreto eorum diem unum supplicatio fuit, et Q. Marcio Philippo verba praeeunte populus in foro votum concepit, si morbus pestilentiaque ex agro Romano emota esset, biduum ferias ac supplicationem se habiturum.

(Livio)

LATINO MODERNO

••• | 87 Il linguaggio

Cum igitur homo non nature instinctu, sed ratione moveatur, et ipsa ratio vel circa discretionem vel circa iudicium vel circa electionem diversificetur in singulis, adeo ut fere quilibet sua propria specie videatur gaudere, per proprios actus vel passiones, ut brutum animal, neminem alium intelligere opinamur. Nec per spiritualem speculationem, ut angelum, alterum alterum introire contingit, cum grossitie[1] atque opacitate mortalis corporis humanus spiritus sit obtectus. Oportuit ergo genus humanum ad comunicandas inter se conceptiones suas aliquod rationale signum et sensuale habere: quia, cum de ratione accipere habeat et in rationem portare, rationale esse oportuit; cumque de una ratione in aliam nichil[2] deferri possit nisi per medium sensuale, sensuale esse oportuit. Quare, si tantum rationale esset, pertransire non posset; si tantum sensuale, nec a ratione accipere nec in rationem deponere potuisset. Hoc equidem signum est ipsum subiectum nobile de quo loquimur: nam sensuale quid est[3] in quantum sonus est; rationale vero in quantum aliquid significare videtur ad placitum.

(Dante)

1. *grossitie*: "spessore"; vocabolo postclassico.
2. *nichil*: forma tarda per *nihil*; da essa deriva il termine "nichilismo".
3. *sensuale quid est*: "è qualcosa di sensibile".

UNITÀ 8

USO DEI MODI NELLE PROPOSIZIONI INDIPENDENTI

CURIOSITÀ	CAVE!
Macte virtute esto	*Bonum e bonus*

IN ITALIANO

Per una più facile assimilazione del contenuto di questa Unità occorre ricordare bene:

- tempi dell'indicativo, del congiuntivo e del condizionale in italiano;
- uso del congiuntivo e del condizionale in italiano;
- caratteristiche del modo imperativo italiano.

Negli esercizi di verifica di seguito proposti si mira appunto all'accertamento di questi prerequisiti essenziali.

▶ Esercizi

1 Analizza (modo, tempo, persona, numero, diatesi) le seguenti forme verbali.

1. che tu sia venuto **2.** essi vanno **3.** che egli sappia **4.** che tu abbia visto **5.** che egli fosse stato rimproverato **6.** fa' **7.** avevate parlato **8.** che tu sia partito **9.** che egli stimi **10.** avremo visto **11.** che tu sia lodato **12.** mi laverò **13.** che voi siate stati visti **14.** avremmo potuto **15.** vieni! **16.** eravate stati amati **17.** sarete assunti **18.** che voi foste puniti **19.** che voi faceste **20.** che essi fossero arrivati.

2 Completa le seguenti frasi inserendo le forme verbali al congiuntivo o al condizionale.

1. Se Paolo mi avesse parlato, io .... **2.** Non .... niente se tu non mi avessi spiegato tutto prima. **3.** Voglio che tu .... sempre felice. **4.** Sembra che .... impossibile ottenere il silenzio in questa classe. **5.** .... che mi dicessi tutto. **6.** .... la volontà di Dio! **7.** In questo brano si vede come la descrizione del Manzoni .... estremamente precisa. **8.** Non .... un centesimo sulla vittoria di Luigi. **9.** Se tu volessi, ... risultati senz'altro migliori. **10.** Non credo che Piero .... quello che gli hai detto.

3 Completa le seguenti frasi inserendo le forme verbali all'imperativo.

1. .... un po' di frutta, per favore!
2. Quando entra il dirigente scolastico, ragazzi, ...!
3. ...., non avere fretta!
4. Quando arrivi allo stop, ...
5. Domani mattina .... presto per andare alla gita!

1 IL MODO INDICATIVO

L'indicativo è il modo della realtà e della certezza; chi parla indica con esso un fatto reale o che ritiene tale, senza aggiungere alcuna illazione personale:

***Cogito*, ergo *sum*.** (Cartesio)	**Penso**, dunque **esisto**.
Canis **latrat**.	Il cane **abbaia**.

L'uso dell'indicativo latino fin qui è analogo a quello italiano; vi sono però delle situazioni in cui il latino usa l'indicativo laddove l'italiano adopererebbe invece il condizionale o il congiuntivo.

1.1 Uso dell'indicativo latino al posto del condizionale italiano

Il latino usa l'indicativo al posto del condizionale italiano nei seguenti casi:

CASI IN CUI AL CONDIZIONALE ITALIANO CORRISPONDE L'INDICATIVO LATINO	USO DEI TEMPI	ESEMPI
con i **verbi che significano possibilità**, **convenienza**, **necessità**, **interesse** (*debeo* "dovrei", *possum* "potrei", *interest* "interesserebbe", *oportet* "bisognerebbe", *praestat* "sarebbe meglio", ecc.)	a. indicativo presente latino → per indicare la convenienza, necessità e possibilità al presente; cfr. condizionale presente italiano b. indicativo imperfetto, perfetto e piuccheperfetto → per indicare le stesse modalità al passato; cfr. condizionale passato italiano	a. *pugnare* **possum** **potrei** combattere b. *pugnare* **poteram** **avrei potuto** combattere [e potrei ancora] *pugnare* **potui** **avrei potuto** combattere [ora non potrei più] *pugnare* **potueram** **avrei potuto** combattere [ora non è più possibile]
con le espressioni composte da una voce del **verbo *sum*** in unione con: a. un **aggettivo neutro** b. un **genitivo di pertinenza** c. un **possessivo**	a. indicativo presente latino → condizionale presente italiano b. indicativo imperfetto, perfetto e piuccheperfetto → condizionale passato italiano	a. *pulchrum est* **sarebbe bello** b. ***Stulti est*** *hoc dicere*. **Sarebbe da sciocco** dire ciò. c. ***Meum fuit*** *haec agere*. **Sarebbe stato mio dovere** fare queste cose.
con la coniugazione **perifrastica passiva** (e talora con quella attiva)		*Hoc unum* ***dicendum erat***. Questo soltanto **si sarebbe dovuto dire**.

Sezione 2 Sintassi del verbo

con i **verba voluntatis** e **opinionis** (es. *volo, nolo, malo, puto, arbitror*, ecc.), specialmente in frasi negative e sempre al tempo passato	condizionale passato italiano	non **sperabam** non **avrei sperato**

1.2 Uso dell'indicativo latino al posto del congiuntivo italiano

All'indicativo latino corrisponde a volte il congiuntivo italiano; ciò avviene:

dopo i pronomi ed avverbi raddoppiati o composti con *-cumque*	***Quisquis es***, vir mulierque, fave! (Tib.) **Chiunque tu sia**, uomo o donna, osserva un religioso silenzio!
dopo le particelle disgiuntive *sive... sive, seu... seu*	*Sive **habes** quid, sive nihil **habes**.* (Cic.) Sia che tu **abbia** qualcosa sia che tu non **abbia** niente.

2 IL MODO CONGIUNTIVO

A differenza dell'indicativo, il congiuntivo è il modo della **soggettività**, delle cose ritenute possibili e opinabili ma non sicure. Il congiuntivo è principalmente il modo delle proposizioni subordinate, ma lo si può trovare anche in proposizioni indipendenti. Ecco uno specchio riassuntivo delle varie tipologie di congiuntivo indipendente:

TIPOLOGIA	CARATTERISTICHE	TEMPI UTILIZZATI	ESEMPI
congiuntivo esortativo	• esprime un'esortazione, un consiglio, un comando attenuato; si trova in genere alla 1ª plurale, ove sostituisce l'imperativo • è alla 2ª singolare quando il comando è simile ad un'affettuosa esortazione o a un consiglio • anche alla 3ª singolare e plurale compare in sostituzione dell'imperativo • la negazione è introdotta da *ne*	congiuntivo presente	• *Paulo maiora **canamus**.* (Virg.) **Cantiamo** argomenti un po' più elevati. • *Cautus **sis**, mi Tiro.* (Cic.) **Sii** cauto (= dovresti essere cauto), o mio Tirone. • *Donis impii **ne** placare **audeant** deos.* (Cic.) Gli empi **non osino** placare con doni gli dèi.
congiuntivo potenziale o eventuale	• esprime la possibilità, la potenzialità di una cosa o di un fatto, sia nel presente e nel passato • corrisponde in italiano ad un condizionale o ad un'espressione con i verbi "potere, volere, osare" • il soggetto è in genere indeterminat • la negazione è *non* o *haud*	1. **congiuntivo presente o perfetto** quando si parla di cosa possibile nel presente 2. **congiuntivo imperfetto** quando si parla di cosa possibile nel passato	1. *aliquis **dicat** /aliquis **dixerit*** qualcuno **potrebbe dire** 2. *aliquis **diceret*** qualcuno **avrebbe potuto dire**
congiuntivo dubitativo o deliberativo	• esprime un dubbio, un'incertezza • si adopera nelle domande dirette dubitative, quindi è facilmente riconoscibile dal punto interrogativo che lo segue	1. **congiuntivo presente** per esprimere un dubbio nel presente 2. **congiuntivo imperfetto**, per esprimere un dubbio nel passato	1. *quid **faciam**?* che dovrei fare? 2. *quid **facerem**?* che avrei dovuto fare?

congiuntivo desiderativo o ottativo	• esprime un desiderio o un augurio; • quasi sempre è preceduto da *utinam* (talora da *si*) "ah se, volesse il cielo che" • nella forma negativa si ha *ne / utinam ne / utinam nemo, nihil, nullus*, ecc. • la negazione è *ne*, se è seguita da altra negativa, prosegue con *neve* o *neu*	1. **congiuntivo presente**, per esprimere desiderio realizzabile nel presente 2. **congiuntivo imperfetto**, per esprimere desiderio irrealizzabile nel presente 3. **congiuntivo perfetto**, per esprimere desiderio realizzabile nel passato 4. **congiuntivo piuccheperfetto**, per esprimere desiderio irrealizzabile nel passato	1. *Utinam* haec **fiant!** Voglia il cielo che queste cose **avvengano**! 2. *Utinam Caesar* **viveret!** Ah se Cesare **fosse vivo**! (ma è morto) 3. *Utinam hoc* **feceris!** Volesse il cielo che tu **abbia fatto** ciò. (è possibile che tu l'abbia fatto) 4. *Utinam te* **servavissem!** Ah se **avessi potuto salvarti**! (ma non è stato possibile).
congiuntivo concessivo	• con esso si concede o si ammette una cosa; in genere si accoglie, in parte, la tesi dell'interlocutore, per poi contestarla • alla proposizione con il congiuntivo concessivo ne segue in genere un'altra che esprime il pensiero opposto • la negazione è sempre *ne*	1. **congiuntivo presente**, se la concessione riguarda il momento in cui si parla 2. **congiuntivo perfetto**, se la concessione riguarda il passato 3. a volte (ma non sempre!) questo congiuntivo è preceduto dalle congiunzioni concessive *ut* e *licet* o è seguito da *sane*	1. *Ne sit sane* summum malum dolor, malum certe est. (Cic.) **Ammettiamo pure che** il dolore **non sia** il male maggiore; ma certo è un male. 2. *Ne aequaveritis* Hannibali Philippum: Pyrrho certe aequabitis. (Liv.) **Ammettiamo pure che voi non eguagliate** Filippo ad Annibale; certo lo eguaglierete a Pirro. 3. *Haec* **sint** *falsa* **sane**; invidiosa certe non sunt. (Cic.) **Ammettiamo che siano** false queste cose; certo non sono mosse da invidia.
congiuntivo suppositivo	• costituisce in effetti un periodo ipotetico espresso in forma paratattica e non ipotattica • la negazione è *non*	1. **congiuntivo presente** e **congiuntivo perfetto** quando la supposizione è verosimile, rispettivamente, nel presente o nel passato 2. il **congiuntivo imperfetto** e il **congiuntivo piuccheperfetto** quando la supposizione è impossibile, rispettivamente, nel presente o nel passato	1. *Roges me*: nihil respondeam. **Supponiamo che tu mi faccia una domanda**: non risponderei nulla. 2. *Dedisses* huic animo par corpus, fecisset quod optabat. (Cic.) **Supponiamo che tu avessi dato** [cosa non avvenuta] a quest'animo un corpo conforme, avrebbe fatto ciò che desiderava.

3 IL MODO IMPERATIVO

L'imperativo esprime un **comando**, positivo o negativo. In latino ha due tempi:

- il **presente**, per esprimere un comando che deve essere subito eseguito:

> *Egredĕre* aliquando ex urbe. (Cic.)   **Esci** una buona volta dalla città.

- il **futuro**, per esprimere un comando da attuarsi nel futuro, oppure un precetto perenne o una massima (ad es. nelle leggi e nei decreti):

> *Deorum Manium iura sacra* **sunto**.   **Siano** sempre sacri i diritti degli dèi Mani.

> **NB**
> - Il comando si può attenuare con formule di cortesia come *quaeso / quaesŭmus* "di grazia", *te oro* "ti prego", *obsĕcro te* "ti scongiuro", *fac ut* "procura di", *sis* (= *si vis*) "se vuoi, se ti pare":
>
>   Tu, **quaeso**, crebro ad me scribe.   Tu, **ti prego**, scrivimi di frequente.
>
> - Il comando invece si rafforza con *age / agĭte / agĕdum* "orsù", *modo* "dunque", *quin* "dunque":
>
>   **quin dic**   **parla dunque**
>   Mittite **agĕdum** legatos. (Liv.)   **Orsù, mandate** degli ambasciatori!

L'imperativo negativo si può esprimere:

- con *ne* + 2ª persona del congiuntivo perfetto, se il comando è piuttosto energico:

  *Hannibal, **ne transieris** Hibērum.* (Liv.)   Annibale, **non attraversare** l'Ebro.

- con *ne* + 1ª o 3ª persona del congiuntivo presente:

  *Ne difficilia **optemus**.*   **Non desideriamo** cose difficili.

- con *ne* + imperativo positivo (solo nei testi poetici e nei decreti):

  Ne cede malis. (Virg.)   **Non cedere** alle sventure.

- con *noli / nolite* + infinito:

  Noli isto modo agere cum Verre. (Cic.)   **Non agire** in questo modo con Verre.

- con *cave / cavēte* + congiuntivo presente (con omissione di *ne* per asindeto):

  Cave haec dicas.   **Guardati dal dire** questo.

- con *fac ne / vide ne* + congiuntivo presente:

  Fac ne falsum dicas.   **Fai in modo di non dire** il falso.

Esercizi

A Analizza e traduci le seguenti frasi (uso dell'indicativo latino in luogo del condizionale e del congiuntivo italiano).

1. *Melius fuit perisse quam haec videre.* (Cic.)   2. *De his plura dixi fortasse quam debui, sed pauciora quam volui.* (Plin. Giov.)   3. *Memorare possum quibus in locis maximas hostium copias populus Romanus parva manu fuderit, quasi urbes natura munitas pugnando ceperit.* (Sall.)   4. *Aut non suscipienda fuit ista causa, Antoni, aut, cum suscepisses, defendenda usque ad extremum.* (Cic.)   5. *Vos ego beatissimas semper esse volui.* (Cic.)   6. *Longum est ea dicere, sed hoc brevi dicam.* (Cic.)   7. *Veniet tempus mortis et quidem celeriter, sive retractabis, sive properabis; volat enim aetas.* (Cic.)   8. *Utcumque se ea res habuit, Tiberius matris litteris accitur.* (Tac.)   9. *Catoni, quoquo modo se res habet, profecto resistemus.* (Cic.)   10. *Romulus centum creat senatores, sive quia is numerus satis erat sive quia soli centum erant, qui creari patres possent.* (Liv.)   11. *Omnes cives Romani, ubicumque sunt, vestram severitatem desiderant.* (Cic.)   12. *Qui legem ignorat, is est iniustus, sive est illa scripta uspiam, sive nusquam.* (Cic.)

B Analizza e traduci le seguenti frasi, riconoscendo le varie tipologie di congiuntivo indipendente.

1. Ne sint in senectute vires; ne postulantur quidem vires a senectute. (Cic.)   *2. Est ut dicis, Cato: sed fortasse dixerit quispiam tibi propter opes et copias tolerabiliorem senectutem videri.* (Cic.)   *3. Ipsos Germanos crediderim minimeque aliarum gentium adventibus et hospitiis mixtos.* (Tac.)   *4. Vellem aut Epicurus doctrinis fuisset instructior aut ne deterruisset alios a studiis.* (Cic.)   *5. Sint sane ista bona quae putantur, honores, divitiae, voluptates, cetera; tamen in eis potiundis exultans laetitia turpis est.* (Cic.)   *6. Varios vultus digredientium ab nuntiis cerneres, ut* ("secondo che") *cuique laeta aut tristia nuntiabantur.* (Liv.)   *7. Utinam minus cupidi vitae fuissemus!* (Cic.)   *8. Ne sim salvus, si aliter scribo ac sentio.* (Cic.)   *9. Dares hanc vim Marco Crasso; in foro, mihi crede, saltaret.* (Cic.)   *10. Ego tibi irascerer, tibi possem irasci?* (Cic.)   *11. Utrum eius superbiam prius commemorem an crudelitatem?* (Cic.)   *12. Negas tantam similitudinem in rerum natura esse. Ne sit sane: videri certe potest.* (Cic.)   *13. Quid agerem, iudices? Contenderem contra tribunum plebis, privatus, armis?* (Cic.)   *14. Quis dubitet quin in virtute divitiae sint?* (Cic.)   *15. Credas mihi velim.* (Cic.)

C COMPLETAMENTO Nelle seguenti frasi inserisci la forma opportuna (congiuntivo indipendente).

incidisset - negaverim - defenderem - taceat - attingant - possim - violet - cerneres - dicatur - roges

1. Confecto proelio, tum vero .... quanta audacia fuisset in exercitu Catilinae. (Sall.)   *2. Cur Cornelium non ....?* (Cic.)   *3. .... me qualem naturam deorum esse ducam: nihil fortasse respondeam.* (Cic.)   *4. .... sane Catilina eiectus a me, dummodo eat in exilium.* (Cic.)   *5. Qui dedit beneficium, ...; narret, qui accepit.* (Sen.)   *6. Utinam ne Phormioni id in mentem ....* (Ter.)   *7. Ne quis ius civium Romanorum ....* (Cic.)   *8. Non .... tristem atrocemque vobis visam esse orationem meam.* (Liv.)   *9. Utinam conata efficere ....!* (Cic.)   *10. Si qui voluptatibus ducuntur, ne .... rem publicam.* (Cic.)

D Collega la prima parte di ogni frase alla corrispondente seconda parte; poi traduci (uso dell'imperativo).

1. Pacem vult M. Antonius?
2. Cavete inulti
3. Ad me litteras, ut quam primum laetitia afficiar,
4. Nocturna sacrificia
5. Tu, si in Formiano non erimus,
6. Hoc facito;
7. Valetudinem tuam
8. Cum commode navigare poteris,
9. Nolite id velle
10. Omnibus de rebus fac

a. ne sunto. (Cic.)
b. ut quam primum sciam. (Cic.)
c. quod fieri non potest. (Cic.)
d. hoc ne feceris. (Cic.)
e. Arma deponat, roget, deprecetur. (Cic.)
f. cura diligenter. (Cic.)
g. ad nos veni. (Cic.)
h. animam amittatis. (Sall.)
i. in Pompeianum venito. (Cic.)
l. mittito. (Cic.)

E Analizza e traduci le seguenti frasi (imperativo negativo).

1. Ne transieris Hiberum! Ne quid tibi sit cum Saguntinis! (Liv.)   *2. Nolite inimicis meis dare laetitiam.* (Cic.)   *3. Nolite pati, patres conscripti, regnum Numidiae, quod vestrum est, per scelus et sanguinem familiae nostrae tabescere.* (Sall.)   *4. Cave ignoscas!* (Cic.)   *5. Noli putare quemquam, Brute, pleniorem aut uberiorem C. Gracco ad dicendum fuisse.* (Cic.)   *6. Eripite nos ex servitute. Nolite sinere nos cuiquam servire.* (Cic.)   *7. Ne id vestra intersto neve in sollicitudine estote.* (Cic.)   *8. Tu ne quaesieris (scire nefas) quem mihi, quem tibi / finem di dederint.* (Or.)   *9. Alte spectare si voles atque hanc sedem et aeternam domum contueri, neque te sermonibus vulgi dederis, nec in praemiis humanis spem posueris rerum tuarum.* (Cic.)   *10. Cave aliter facias.* (Cic.)

VERSIONI

EXEMPLUM

88 Splendida lode del poeta Archia

L'orazione *Pro Archia* fu pronunciata da Cicerone nel 62 a.C. in difesa del poeta Archia di Antiochia, suo amico, che era stato accusato da un tale Grazio di avere usurpato il diritto di cittadinanza romana.
In questo brano le lodi che l'oratore fa del suo assistito sono eccezionali ed incondizionate; in realtà, per quanto ne sappiamo, gli scritti di Archia erano quasi tutti poemetti encomiastici, privi di pregi poetici. La difesa di Cicerone si basò più che altro su una serie di considerazioni generali relative alla grandezza della poesia ed al valore della cultura, con una lunga *argumentatio extra causam* di tipo epidittico - dimostrativo più che giudiziario.

Hunc (= Archiam) ego non diligam, non admirer, non omni ratione defendendum putem? Atque sic a summis hominibus eruditissimisque accepimus, ceterarum rerum studia et doctrina et praeceptis et arte constare, poëtam natura ipsa valere et mentis viribus excitari et quasi divino quodam spiritu inflari. Qua re suo iure noster ille Ennius[1] *"sanctos" appellat poëtas, quod quasi deorum aliquo dono atque munere commendati nobis esse videantur. Sit igitur, iudices, sanctum apud vos, humanissimos homines, hoc poëtae nomen, quod nulla umquam barbaria violavit. Saxa et solitudines voci respondent*[2]*, bestiae saepe immanes cantu flectuntur atque consistunt*[3]*; nos instituti rebus optimis non poëtarum voce moveamur?*

(CICERONE)

"Non dovrei avere dell'affetto per lui, non dovrei ammirarlo, non dovrei sentirmi obbligato a difenderlo con ogni mezzo? Inoltre, ed è questo un concetto che ci viene da uomini di grandissimo prestigio e cultura, lo studio delle altre discipline è fatto di dottrina generale, precettistica e abilità tecnica, mentre il poeta si vale di un talento del tutto naturale, è mosso dalla potenza della sua mente ed è pervaso come da un afflato divino. Per questo ben a ragione il nostro celebre Ennio chiama 'sacri' i poeti, perché sembrano esserci stati affidati quasi per dono benevolo degli dèi. Sia dunque, o giudici, sacro presso di voi, uomini coltissimi, questo nome di poeta, che mai nessuna gente, per quanto barbara, ha osato oltraggiare. Le rupi e i deserti rispondono al suono di una voce, spesso bestie feroci si arrestano placate dal canto: e noi, educati dai migliori insegnamenti, non dovremmo sentirci toccati dalla voce dei poeti?"

(trad. di G. BERTONATI)

---

1. *noster ille Ennius*: "quel nostro famoso Ennio"; Ennio, uno dei massimi poeti latini dell'età arcaica, autore del poema epico-storico *Annales* e di numerose opere teatrali.
2. *Saxa et solitudines voci respondent*: allusione al fenomeno dell'eco.
3. *bestiae... consistunt*: riferimento al mito del poeta Orfeo, che con la cetra riusciva ad ammansire le fiere.

Unità 8 Uso dei modi nelle proposizioni indipendenti

143

NOTE LINGUISTICHE	NOTE LESSICALI	NOTE DI TRADUZIONE
diligam... admirer → congiuntivi dubitativi. *quod... commendati nobis esse videantur* → "poiché sembra che... ci siano stati affidati"; la causale è di tipo soggettivo. *non poëtarum voce moveamur?* → *moveamur* è congiuntivo dubitativo: "non dovremmo essere commossi?".	*omni ratione* → qui *ratio* ha il significato di "mezzo". *suo iure* → espressione che significa "a buon diritto, a ragione". *nulla umquam barbaria* → si noti l'uso dell'astratto per il concreto ("barbarie" per "popoli barbari").	*et doctrina et praeceptis et arte* → la traduttrice rende pienamente la pregnanza lessicale dei tre sostantivi: "dottrina generale, precettistica e abilità tecnica". *poëtam natura ipsa valere*: "mentre il poeta si vale di un talento del tutto naturale"; opportunamente la traduzione italiana allarga e chiarisce il testo latino. *aliquo dono atque munere* → ottima la resa con l'endiadi: "per dono benevolo". *violavit* → "ha osato oltraggiare"; si noti l'espressione fraseologica utilizzata dalla Bertonati.

PRIMO LIVELLO

89 Le nozze di Cana

Invitato con Maria e i discepoli ad uno sposalizio a Cana, Gesù viene indotto dalla madre a compiere il suo primo miracolo; infatti, quando il vino è terminato, Gesù trasforma in vino l'acqua con cui i servi hanno riempito le anfore. Il maestro di tavola si compiace con lo sposo per l'ottimo vino, meravigliandosi che esso sia stato insolitamente servito alla fine del trattenimento.

a. Gesù invitato alle nozze a Cana
Et die tertia nuptiae factae sunt in Cana Galilaeae; et erat mater Iesu ibi. Vocatus est autem et Iesus et discipuli eius ad nuptias.

b. Finisce il vino
Et deficiente vino, dicit mater Iesu ad eum: «Vinum non habent». Et dicit ei Iesus: «Quid mihi et tibi est[1], mulier? Nondum venit hora mea». Dicit mater eius ministris: «Quodcumque dixerit vobis, facite».

c. Gesù dice ai servi di riempire le anfore di acqua
Erant autem ibi lapideae hydriae[2] sex positae, secundum purificationem Iudaeorum, capientes singulae metretas[3] binas vel ternas. Dicit eis Iesus: «Implete hydrias aqua». Et impleverunt eas usque ad summum. Et dicit eis Iesus: «Haurite nunc, et ferte architriclino». Et tulerunt.

d. L'architriclino loda il vino
Ut autem gustavit architriclinus[4] aquam vinum factam, et non sciebat unde esset, ministri autem sciebant, qui hauserant aquam, vocat sponsum architriclinus, et dicit ei: «Omnis homo primum bonum vinum ponit; et cum inebriati fuerint, tunc id quod deterius est; tu autem servasti bonum vinum usque adhuc».

(VANGELO DI GIOVANNI)

1. *Quid mihi et tibi est*: "Che cosa importa a me e te".
2. *hydriae*: "idrie", anfore per l'acqua con tre manici.
3. *metretas*: "metrete", unità di misura della capacità, ognuna pari a circa 40 litri.
4. *architriclinus*: era il "maestro di tavola", che doveva vigilare sul servizio e gustare le vivande (ed il vino) prima che fossero imbandite ai convitati.

90 Il calvo e l'ortolano

Un calvo chiede dei meloni ad un ortolano; questi però non solo non glieli dà, ma aggiunge degli sferzanti improperi. Ne deriva una violenta zuffa fra i due, che si chiude addirittura con la decapitazione dell'ortolano. La favola si rivolge a coloro che danno agli altri risposte negative e sgarbate.

a. La richiesta del calvo
Calvus petiit a vicino hortolano, ut daret sibi de melonibus[1].

b. Sprezzante risposta negativa dell'ortolano
Ille deridens dixit: «Vade calve, vade calve, tibi nolo meos dare melones, quia tu rusticus es. Hieme et aestate semper habeat mala tua calvaria: muscae et tabani super frontem tuam, qui comedant et bibant sanguinem de ipso capite calvo, et postea stercorizent[2]».

c. Sanguinosa lite tra i due personaggi
Calvus iratus, evaginans gladium, apprehendit capillos eius[3], ut interficeret. Hortolanus, accipiens unum melonem, percussit calvum in fronte. Calvus praevalens amputavit caput eius.

d. Morale della favola
Qui nec petentibus bona tribuunt, neque bonis sermonibus vel responsis tribuunt.

(ADEMARO DI CHABANNES)

1. *de melonibus*: occorre premettere un oggetto, come *unum* o *nonnullum*.
2. *stercorizent*: "lo coprano di sterco"; il verbo *stercorizare* appartiene al latino tardo, giacché si trova per la prima volta nella *Mulomedicina* di Chirone (IV sec. d.C.).
3. *apprehendit capillos eius*: "in questa favola incoerente e sconclusionata, presente solo nella redazione di Ademaro, l'unico elemento di una certa vivacità ed efficacia è costituito dal fatto che il calvo, nel momento in cui sta per mettere in atto la sua crudele vendetta, afferra l'avversario… per i capelli, operando una specie di pena di contrappasso" (F. Bertini, *Il monaco Ademaro e la sua raccolta di favole fedriane*, Tilgher, Genova 1975, p. 144).

SECONDO LIVELLO

91 Sulla via dell'esilio, Cicerone scrive ai suoi cari una lettera piena di amarezza

Cicerone sta per imbarcarsi a Brindisi per recarsi in esilio; ha in mente di andare a Cizico (in Asia Minore), ma poi si fermerà in Grecia a Tessalonica (l'attuale Salonicco). L'oratore invia alla moglie Terenzia ed ai figli Tulliola e Marco Cicerone una lettera piena di amarezza, tenerezza ed ansia per il futuro; in particolare egli deplora la legge ingiustissima (*legis improbissimae*) proposta contro di lui dal suo nemico Clodio, tribuno della plebe, in forza della quale era stato esiliato. La lettera fu scritta il 30 aprile del 58 a.C.

TULLIUS S.P.D. TERENTIAE ET TULLIOLAE ET CICERONI SUIS

Ego minus saepe ad vos do litteras quam possum, propterea quod[1] cum[2] omnia mihi tempora sunt misera, tum vero, cum aut scribo ad vos aut vestras lego, conficior lacrimis, sic ut ferre non possim. Quod utinam minus vitae cupidi fuissemus! Certe nihil aut non multum in vita mali vidissemus. Quod si nos ad aliquam alicuius commodi aliquando recuperandi spem fortuna reservavit[3], minus est erratum a nobis; sin haec mala fixa sunt, ego vero te quam primum, mea vita, cupio videre et in tuo complexu emori, quando

1. *propterea quod*: introducono una proposizione causale.
2. *cum*: è in correlazione con il seguente *tum*; "sia… sia".
3. *Quodsi… reservavit*: costr.: *Quodsi fortuna reservavit nos ad aliquam spem recuperandi aliquando alicuius commodi*.

neque di, quos tu castissime coluisti, neque homines, quibus ego semper servivi, nobis gratiam rettulerunt. Nos Brundisi apud M. Laenium Flaccum[4] dies XIII fuimus, virum optimum, qui periculum fortunarum et capitis sui prae mea salute neglexit, neque legis improbissimae poena deductus est quo minus hospiti et amicitiae ius officiumque praestaret. Huic utinam aliquando gratiam referre possimus! Habebimus quidem semper. Brundisio profecti sumus pridie Kalendas Maias. Per Macedoniam Cyzicum petebamus. O me perditum! O afflictum! Quid nunc rogem te, ut venias, mulierem aegram, et corpore et animo confectam? Non rogem? Sine te igitur sim?

(CICERONE)

4. *M. Laenium Flaccum*: era un amico di Tito Pomponio Attico, a sua volta fraterno amico di Cicerone.

Laboratorio

MORFOLOGIA

1. Analizza le seguenti forme verbali: *conficior, fuissemus, emori, rettulerunt, deductus est, profecti sumus, rogem*.
2. Trova nel testo gli esempi di *pluralis maiestatis*.

SINTASSI

3. Che valore ha il *cum* nelle frasi coordinate *cum aut scribo ad vos aut vestras lego*?
4. Che tipo di proposizione è *ut... non possim*?

COMPRENSIONE DEL TESTO

5. Perché Cicerone scrive ai familiari il meno possibile?

92 Alessandro ed il medico Filippo

Dopo un bagno nelle acque fredde di un fiume, Alessandro Magno si ammala e chiede aiuto al medico Filippo, suscitando così le invidie dei suoi colleghi. A questo punto inizia il brano qui proposto, che ricorda una bieca macchinazione organizzata per screditare Filippo; egli infatti viene ingiustamente accusato da una lettera di Parmenione (un dignitario del re) di attentare alla vita di Alessandro. Il condottiero si mostra dapprima tentennante e incerto, ma poi decide di mettere alla prova la fedeltà del medico, che gliela dimostrerà pienamente guarendolo dalla malattia.

Inter haec a Parmenione fidissimo purpuratorum litteras accipit, quibus ei denuntiabat ne salutem suam Philippo committeret: mille talentis a Dareo et spe nuptiarum sororis eius esse corruptum. Ingentem animo sollicitudinem litterae incusserant et, quidquid in utramque partem aut metus aut spes subiecerat, secreta aestimatione pensabat: «Bibere perseverem, ut si venenum datum fuerit, ne inmerito quidem, quidquid acciderit, evenisse videatur? Damnem medici fidem? In tabernaculo ergo me opprimi patiar? At satius est alieno me mori scelere, quam metu nostro». Diu animo in diversa versato, nulli quid scriptum esset enuntiat epistulamque sigillo anuli sui impresso pulvino, cui incubabat, subiecit. Inter has cogitationes biduo absumpto inluxit a medico destinatus dies, et ille cum poculo, in quo medicamentum diluerat, intravit. Quo viso, Alexander levato corpore in cubili epistulam a Parmenione missam sinistra manu tenens accipit poculum et haurit interritus; tum epistulam Philippum legere iubet, nec a vultu legentis movit oculos ratus aliquas conscientiae notas in ipso ore posse deprehendere. Ille epistula perlecta plus indignationis quam pavoris ostendit, proiectisque amiculo et litteris ante lectum: «Rex – inquit – semper quidem spiritus meus ex te pependit, sed nunc vere, arbitror, sacro et venerabili ore tuo trahitur. Crimen parricidii, quod mihi obiectum est, tua salus diluet: servatus a me vitam mihi dederis».

(CURZIO RUFO)

93 Catone invita i senatori a non indugiare nel punire i congiurati

Dopo la cattura di un gruppo di aderenti alla congiura di Catilina, il console Cicerone ha convocato il senato per chiedere che cosa si debba fare dei prigionieri. Interviene allora Marco Porcio Catone (il futuro Uticense), che deplora la corruzione dilagante e condanna aspramente le esitazioni e il latente buonismo dei senatori, invitandoli invece a condannare senza pietà i congiurati.

Nolite existumare maiores nostros armis rem publicam ex parva magnam fecisse. Si ita res esset, multo pulcherrumam eam nos haberemus, quippe sociorum atque civium, praeterea armorum atque equorum maior copia nobis quam illis est. Sed alia fuēre quae illos magnos fecēre, quae nobis nulla sunt: domi industria, foris iustum imperium, animus in consulendo liber, neque delicto neque lubidini obnoxius. Pro his nos habemus luxuriam atque avaritiam, publice egestatem, privatim opulentiam; laudamus divitias, sequimur inertiam; inter bonos et malos discrimen nullum; omnia virtutis praemia ambitio possidet. Neque mirum: ubi vos separatim sibi quisque consilium capitis, ubi domi voluptatibus, hic pecuniae aut gratiae servitis, eo fit ut impetus fiat in vacuam rem publicam. Sed ego haec omitto. Coniuravēre nobilissimi cives patriam incendere; Gallorum gentem infestissumam nomini Romano ad bellum arcessunt; dux hostium cum exercitu supra caput est: vos cunctamini etiam nunc et dubitatis quid intra moenia deprehensis hostibus faciatis? Misereamini, censeo: deliquēre homines adulescentuli per ambitionem; atque etiam armatos dimittatis; ne ista vobis mansuetudo et misericordia, si illi arma ceperint, in miseriam convertat.

(Sallustio)

94 Costanzo associa al trono suo cugino Giuliano e lo pone a capo delle Gallie

L'imperatore Costanzo è preoccupato per le notizie provenienti dalle Gallie, ove nessuno riesce ad opporsi alle devastanti invasioni barbariche. Decide allora di proclamare "Cesare", associandolo quindi al trono, il suo giovane cugino Giuliano. Avviene quindi la cerimonia di investitura, cui segue il discorso che qui riportiamo, nel quale Costanzo conferisce a Giuliano l'incarico di difendere le Gallie, rivolgendogli pressanti esortazioni e garantendogli la sua costante collaborazione.

«Recepisti primaevus[1] originis tuae splendidum florem, amantissime mihi omnium frater[2]; aucta gloria mea, confiteor, qui iustus in deferenda suppari potestate nobilitati mihi propinquae[3], quam ipsa potestate videor esse sublimis. Adesto igitur laborum periculorumque particeps, et tutelam ministerii suscipe Galliarum, omni beneficentia partes levaturus afflictas: et si hostilibus[4] congredi sit necesse, fixo gradu consiste inter signiferos ipsos, audendi in tempore consideratus hortator, pugnantes accendens praeeundo cautissime, turbatosque subsidiis fulciens, modesteque increpans desīdes, verissimus testis adfuturus industriis et ignavis. Proinde urgente rei magnitudine, perge vir fortis[5], ducturus viros itidem fortes. Aderimus nobis vicissim amoris robusta constantia, militabimus simul, una[6] orbem pacatum, deus modo velit quod oramus, pari moderatione pietateque recturi.

1. *primaevus*: "molto giovane".
2. *frater*: qui vuol dire "cugino".
3. *nobilitati mihi propinquae*: "a un mio nobile parente".
4. *hostilibus*: hostibus.
5. *vir fortis*: "tu che sei uomo valoroso".
6. *una*: "insieme"; da collegare a *recturi*, posto alla fine del periodo.

Mecum ubique videberis praesens, et ego tibi quodcumque acturo non deero. Ad summam i, propera sociis omnium votis, velut assignatam tibi ab ipsa re publica, stationem[7] cura pervigili defensurus».

(AMMIANO MARCELLINO)

7. *stationem*: "il tuo posto di combattimento".

Laboratorio

MORFOLOGIA
1. Riconosci ed analizza le forme verbali all'imperativo.
2. Individua un gerundio e scrivi il paradigma del verbo da cui proviene.

SINTASSI
3. Individua i participi futuri e chiariscine il valore sintattico.

LESSICO
4. Che si intende per *signifer*? Come è composto il vocabolo?

ANALISI STILISTICA
5. Individua due iperbati.

TERZO LIVELLO

●●● | 95 Occorre imitare gli uomini che hanno consolidato lo stato romano

Quis Carthaginiensium pluris fuit Hannibale consilio, virtute, rebus gestis, qui unus cum tot imperatoribus nostris per tot annos de imperio et de gloria decertavit? Hunc sui cives e civitate eiecerunt: nos etiam hostem litteris nostris et memoria videmus esse celebratum. Qua re imitemur nostros Brutos, Camillos, Ahalas, Decios, Curios, Fabricios, Maximos, Scipiones, Lentulos, Aemilios, innumerabilis alios qui hanc rem publicam stabiliverunt; quos equidem in deorum immortalium coetu ac numero repono. Amemus patriam, pareamus senatui, consulamus **bonis**; *praesentis fructus neglegamus, posteritatis gloriae serviamus; id esse optimum putemus quod erit rectissimum; speremus quae volumus, sed quod acciderit feramus; cogitemus denique corpus virorum fortium magnorumque hominum esse mortale, animi vero motus et virtutis gloriam sempiternam; neque[1] hanc opinionem si in illo sanctissimo Hercule consecratam videmus, cuius corpore ambusto vitam eius et virtutem immortalitas excepisse dicatur, minus existimemus eos qui hanc tantam rem publicam suis consiliis aut laboribus aut auxerint aut defenderint aut servarint esse immortalem gloriam consecutos.*

(CICERONE)

▶ Vedi **Cave!**

1. *neque*: si collega, a notevole distanza, al successivo *minus existimemus*.

Laboratorio

ANALISI STILISTICA
1. Riconosci nel testo un chiasmo e un omoteleuto.

COMPRENSIONE DEL TESTO
2. A che mira il riferimento ad Annibale nella prima parte del passo?
3. Quale caratteristica accomuna i personaggi storici ricordati da Cicerone?

> **Cave!**
>
> **Bonum e bonus** Il dativo *bonis* nel brano di Cicerone indica lett. "i buoni"; ma per l'autore l'aggettivo ***bonus**, -a, -um* assume il valore politico di "**cittadino migliore socialmente**", quindi "**ricco**" (sia che fosse uno degli aristocratici o *optimates*, sia che fosse uno della borghesia formata dai cavalieri o *equites*); e non a caso l'oratore auspicò la ***concordia bonorum omnium***, cioè l'unione di tutti coloro che socialmente erano "buoni". Più in generale, ***bonus*** può avere tanti valori, materiali e immateriali: "**buono**, **valente**, **prode**, **sano**, **prospero**, **favorevole**, **onesto**, ecc.". Occorre poi stare molto attenti a riconoscere l'uso sostantivato dell'aggettivo: il termine neutro ***bonum*** indica "**il bene**"; spesso lo si trova al plurale: ***bona*** sono dunque "**i beni, le sostanze, le ricchezze**": *esse in bonis* può voler dire "essere in possesso dei beni" (Cic.); c'è anche il valore di "**utile, vantaggio, ricompensa**", per cui *bonum publicum* è il "vantaggio dello stato", il "bene pubblico".

●●● | 96 Bisogna concedere degli svaghi all'età giovanile

Detur aliqui ludus aetati; sit adulescentia liberior, non omnia voluptatibus denegentur; non semper superet vera illa et derecta ratio; vincat aliquando cupiditas voluptasque rationem, dum modo illa in hoc genere praescriptio moderatioque teneatur. Parcat iuventus pudicitiae suae, ne spoliet alienam, ne effundat patrimonium, ne faenore trucidetur, ne incurrat in alterius domum atque famam, ne probrum castis, labem integris, infamiam bonis inferat, ne quem vi terreat, ne intersit insidiis, scelere careat. Postremo cum paruerit voluptatibus, dederit aliquid temporis ad ludum aetatis atque ad inanis hasce adulescentiae cupiditates, revocet se aliquando ad curam rei domesticae, rei forensis reique publicae, ut ea, quae ratione antea non perspexerat, satietate abiecisse et experiendo contempsisse videatur. Ac multi quidem et nostra et patrum maiorumque memoria, iudices, summi homines et carissimi cives fuerunt quorum, cum adulescentiae cupiditates defervissent, eximiae virtutes firmata iam aetate exstiterunt.

(Cicerone)

●●● | 97 Il tribuno Lentulo tenta invano di convincere il console Emilio Paolo a salvarsi

Cn. Lentulus tribunus militum cum praetervehens equo sedentem in saxo cruore oppletum consulem vidisset, «L. Aemili – inquit – quem unum insontem culpae cladis hodiernae dei respicere debent, cape hunc equum, dum et tibi virium aliquid superest et comes ego te tollere possum ac protegere. Ne funestam hanc pugnam morte consulis feceris; etiam sine hoc lacrimarum satis luctusque est». Ad ea consul: «Tu quidem, Cn. Corneli, **macte virtute esto**; *sed cave, frustra miserando, exiguum tempus e manibus hostium evadendi absumas. Abi, nuntia publice patribus urbem Romanam muniant, ac priusquam victor hostis adveniat praesidiis firment; privatim Q. Fabio L. Aemilium praeceptorum eius memorem et vixisse adhuc et mori. Me in hac strage militum meorum patere exspirare, ne aut reus iterum*[1] *e consulatu sim aut accusator collegae exsistam ut alieno crimine innocentiam meam protegam». Haec eos agentes prius turba fugientium civium, deinde hostes oppressēre; consulem ignorantes quis esset obruēre telis, Lentulum in tumultu abripuit equus. Tum undique effuse fugiunt.*

◁ Vedi **Curiosità**

(Livio)

---

[1]. *reus iterum*: "di nuovo accusato"; allude ad una passata accusa di peculato, in seguito alla quale era stato condannato il suo collega Livio Salinatore.

Laboratorio

LESSICO
1. Sottolinea i termini del lessico militare.

ANALISI STILISTICA
2. Riconosci nel testo un polisindeto ed un omoteleuto.

COMPRENSIONE DEL TESTO
3. Che cosa dice il tribuno al console ferito?
4. Quali raccomandazioni rivolge Emilio Paolo a Lentulo?
5. Come si conclude la conversazione fra i due personaggi?

PRODUZIONE
6. Riassumi il brano (max. 5 righe).

Curiosità

Macte virtute esto L'aggettivo *mactus, -a, -um* significa più o meno "**soddisfatto, onorato**" (cfr. il verbo *macto* "onorare, sacrificare"); derivava secondo gli antichi da *magis auctus* ("maggiormente accresciuto"), ma in realtà l'etimo è incerto.
Il vocabolo si trova solo nelle forme *mactus* e *macte* e principalmente in due situazioni:
a) nel linguaggio sacrificale, nel senso di "**sii onorato con**" (+ **ablativo**) → *macte vino inferio esto* "accetta l'offerta del vino dato nei sacrifici"; *macte hoc porco piaculo immolando esto* "sii onorato con / accetta il sacrificio espiatorio di questo maiale" (Cat.);
b) come **congratulazione** e lode **indirizzata a degli uomini, con l'ablativo o il genitivo**: *macte virtute esto* "sia gloria a te per la tua virtù" o semplicemente *macte virtute!* "che coraggio!", *macte animi!* "lode a te per il tuo animo!" (Marz.).
Usato da solo, *macte* equivale a "**bene! bravo!**".

••• | 98 La facoltà di apprendere è connaturata nell'uomo

Igitur, nato filio, pater spem de illo primum quam optimam capiat: ita diligentior a principiis fiet. Falsa enim est querela, paucissimis hominibus vim percipiendi quae tradantur esse concessam, plerosque vero laborem ac tempora tarditate ingenii perdere. Nam contra plures reperias et faciles in excogitando et ad discendum promptos. Quippe id est homini naturale, ac sicut aves ad volatum, equi ad cursum, ad saevitiam ferae gignuntur, ita nobis propria est mentis agitatio atque sollertia, unde origo animi caelestis creditur. Hebetes vero et indociles non magis secundum naturam hominis eduntur quam prodigiosa corpora et monstris insignia, sed hi pauci admodum fuerunt. Argumentum, quod[1] *in pueris elucet spes plurimorum: quae cum emoritur aetate, manifestum est non naturam defecisse, sed curam. «Praestat tamen ingenio alius alium». Concedo; sed plus efficit aut minus: nemo reperitur, qui sit studio nihil consecutus. Hoc qui perviderit, protinus ut erit parens factus, acrem quam maxime datur curam spei futuri oratoris inpendat. Ante omnia, ne sit vitiosus sermo nutricibus: quas, si fieri posset, sapientes Chrysippus*[2] *optavit, certe, quantum res pateretur, optimas eligi voluit. Et morum quidem in his haud dubie prior ratio est, recte tamen etiam loquantur.*

(Quintiliano)

1. *Argumentum, quod*: "Ne è prova il fatto che". 2. *Chrysippus*: "Crisippo", filosofo stoico del III sec. a.C.

UNITÀ 9

FORME NOMINALI DEL VERBO

CURIOSITÀ	CAVE!
Satellites	Ad hoc
	Aes mutuum

1 LE FORME NOMINALI DEL VERBO

Le forme nominali del verbo sono così chiamate perché da un lato partecipano della **natura del verbo**, poiché hanno generi e tempi tipici delle forme verbali e reggono un caso; dall'altra partecipano della **natura del nome** poiché sono declinabili e possono essere utilizzate nel periodo in funzione di sostantivi o aggettivi.

Esse sono: l'**infinito** e il **participio** (di cui parleremo in questa Unità); il **gerundio**, il **gerundivo** e il **supino** (da noi trattati nella prossima Unità). Tali forme, per la mancanza della persona, sono anche chiamate "modi indefiniti" o "infiniti" del verbo, in opposizione ai modi finiti (indicativo, congiuntivo e imperativo).

2 L'INFINITO

L'infinito può avere un **uso nominale** (in funzione di soggetto, predicato o oggetto) ed un **uso verbale** (nelle proposizioni infinitive soggettive e oggettive); può anche essere usato come **predicato verbale indipendente** in una frase principale (infinito storico, esclamativo, in funzione dichiarativa).

2.1 Uso nominale dell'infinito

L'infinito presente o passato, usato come sostantivo, può compiere le funzioni di **soggetto**, **oggetto** e **predicato nominale**.

USO DELL'INFINITO	CARATTERISTICHE	ESEMPI
infinito come soggetto	si trova con: a. forme del verbo *sum*, accompagnate di solito da un aggettivo neutro o da un sostantivo; b. con un verbo o una frase impersonale indicante convenienza, dovere, piacere, ecc.;	a. *Errare humanum est.* **Sbagliare** è cosa umana. b. *Oportet sacra diis facere.* Occorre **fare** sacrifici agli dèi.
infinito come predicato (di uso raro)	si trova con *est* o *fuit*, quando il soggetto è un pronome neutro o un altro infinito;	*Vivere est militare.* Vivere è **fare il soldato**. (equivale a *vita est militia*)

Unità 9 Forme nominali del verbo 151

infinito come oggetto	si adopera con: a. verbi servili come *possum, queo, nequeo, soleo, debeo, volo, nolo, malo* b. altri verbi in funzione servile, come *conor* "tentare", *disco* "imparare", *doceo* "insegnare", *constituo, decerno, statuo* "deliberare, decidere", *festīno, maturo, propĕro* "affrettarsi", ecc.	a. **Possum** *de hac re plura* **dicere**. (Cic.) Potrei **dire** di più su questo argomento. b. *Caesar* **statuerat** *proelio* **decertare**. (Ces.) Cesare aveva stabilito di dare battaglia.

 • Se l'infinito che fa da soggetto o predicato è costituito dal verbo *esse* o da un verbo copulativo ed è accompagnato da un nome del predicato, questo va in accusativo:

Sapientis est **esse temperantem**. (Cic.)   È proprio del saggio **essere temperante**.

• Con *licet* il nome che fa da predicato si accorda per attrazione con il dativo:

Licuit esse **otioso** *Themistocli*. (Cic.)   A Temistocle sarebbe stato lecito vivere **lontano dalle attività pubbliche**.

2.2 Uso verbale dell'infinito

Le proposizioni soggettive e le proposizioni oggettive sono espresse in latino con la costruzione dell'accusativo con l'infinito:

Longum est **nunc me explicare omnia**.	Richiede tempo **che io ora spieghi tutto quanto**. [soggettiva]
Dico **providentia deorum mundum administrari**. (Cic.)	Dico **che il mondo è guidato dalla provvidenza divina**. [oggettiva]

Nelle **proposizioni soggettive** la costruzione dell'accusativo + infinito si trova:

• con le locuzioni formate da un aggettivo neutro o un sostantivo + il verbo *sum*:

Fama est *Caesarem vicisse*.	**È fama** che Cesare abbia vinto.

• con i verbi impersonali:

Oratorem irasci minime **decet**. (Cic.)	Non **conviene** affatto che l'oratore si adiri.

• con le forme passive dei verbi di percezione (*verba sentiendi*) o di asserzione (*verba dicendi*):

Nuntiatum est *Gallos pervenire*.	**Fu annunziato** che i Galli arrivavano.

Nelle **proposizioni oggettive** si ha l'accusativo con l'infinito in dipendenza da verbi di percezione (*verba sentiendi*), di affermazione (*verba declarandi* o *dicendi*), di volontà (*verba voluntatis*), di sentimento (*verba affectuum*):

Stoici mundum **censent** *regi numine deorum*.	Gli stoici **ritengono** che il mondo sia retto dalla volontà degli dèi. [*censent* → *verbum sentiendi*]

*Thales aquam **dicit** esse initium rerum.* (Cic.)	Talete **dice** che l'acqua è la causa prima delle cose. [*dicit* → *verbum declarandi*]
*In Britanniam te profectum non esse **gaudeo**.*	**Sono lieto** che tu non sia partito per la Britannia. [*gaudeo* → *verbum affectuum*]

L'accusativo con l'infinito si trova **in funzione dichiarativa** (o esplicativa o "epesegetica") quando chiarisce un termine della reggente; tale termine anticipa il contenuto dell'infinitiva e può trattarsi di:

- un pronome neutro:

*Redeo **ad unum illud**, me tuum esse.* (Cic.)	Torno a dirti **solo questo**: che io sono tuo.

- un avverbio (es. *sic, ita*):

*Ego **sic** existimo, Mario non solum propter virtutem imperia mandata esse.*	Io la penso **così**, cioè che a Mario furono affidate cariche militari non solo per il suo valore.

- un sostantivo:

*Una **salus** victis, nullam sperare salutem.* (Virg.)	Per i vinti (c'è) un'unica **salvezza**, cioè non sperare alcuna salvezza.

Molti verbi che reggono proposizioni oggettive presentano costruzioni alternative, puntualmente segnalate dal vocabolario, che dovrà essere sempre consultato attentamente; ci limitiamo qui a ricordare alcune di esse:

- i ***verba sentiendi*** possono essere seguiti dal participio predicativo dell'oggetto: *vidi eum venientem* ("lo vidi **mentre veniva**");
- verbi come ***censeo, dico, moneo, nuntio, persuadeo, respondeo***, ecc., se contengono in sé l'idea di un comando si costruiscono con ***ut*** (o ***ne***) **+ congiuntivo**; in caso contrario hanno il normale **accusativo + infinito**:

*Senatus **censet ut** consules operam **dent** ad servandam rem publicam.*	Il senato **decreta** che i consoli **si adoperino** a salvare lo stato. [idea di comando]
*Cato **censebat** Carthaginem **esse delendam**.*	Catone **riteneva** che Cartagine **dovesse essere distrutta**. [non c'è alcun comando]

- i ***verba voluntatis*** (*volo, nolo, malo, cupio*, ecc.) vogliono:
a) **l'accusativo con l'infinito** se il soggetto è diverso da quello della dipendente (*volebat te Romae manere* "egli voleva che tu restassi a Roma");
b) **l'infinito semplice** se il soggetto è identico (*nolebat proficisci* "non voleva partire");
- ***iubeo*** e ***veto*** sono costruiti **personalmente** al passivo:

*Milites **iussi sunt** castra movere.*	Ai soldati **si comandò** di spostare l'accampamento.

- se ***iubeo*** si riferisce a deliberazioni ufficiali, può essere seguito da ***ut*** **+ congiuntivo**:

*Senatus **iussit ut** Verres in ius **vocaretur**.*	Il senato **comandò che** Verre **fosse sottoposto a processo**.

Unità 9 Forme nominali del verbo

- i **verba affectuum** ammettono anche **quod** + **congiuntivo o indicativo**, se si evidenzia la causa del sentimento:

| *Mirabar quod* nihil ad me *scribebas*. | **Mi meravigliavo che non scrivessi** nulla. |

2.3 Infinito con il nominativo

L'infinito con il nominativo si trova nella **costruzione personale**, con verbi come:
- *videor* "sembra che io":

| *Videris* bonus fuisse. | **Sembra** che tu sia stato buono. |

- **verba dicendi** al passivo (es. *dicor* "si dice che io", *narror* "si narra che io", *trador* "si tramanda che io", ecc.):

| *Cicero traditur* eloquentissimus fuisse. | **Si tramanda** che Cicerone fu molto eloquente. |

- **verba iudicandi** al passivo (es. *credor, existimor, putor* "si crede che io"):

| *Creditur* Marius audax fuisse. | **Si crede** che Mario sia stato audace. |

- **verba iubendi** e **vetandi** al passivo (*iubeor, imperor* "si comanda che io", *vetor, prohibeor* "si proibisce che io"):

| *Iubeor* proficisci. | Mi **si comanda** di partire. |
| *Vetor* pugnare. | Mi **si vieta** di combattere. |

- **verba accusandi** al passivo (*arguor, insimulor* "mi si accusa"):

| *Alcibiades absens insimulatur Athenis mysteria Cereris enuntiavisse.* (Giust.) | Alcibiade in contumacia **viene accusato** ad Atene di aver svelato i misteri di Cerere. |

2.4 Infinito nelle proposizioni indipendenti: infinito storico ed infinito esclamativo

L'infinito compare anche nelle proposizioni indipendenti come:
- **infinito storico o descrittivo**, che sostituisce l'imperfetto indicativo nelle narrazioni, che diventano così più vivaci e incalzanti:

| *Alii fugere, alii arma capere.* | Alcuni **fuggivano**, altri **prendevano** le armi. |

- **infinito esclamativo**, che esprime stupore, meraviglia, sdegno, ecc.; in esso il soggetto latino (e ciò che ad esso si riferisce) va **all'accusativo** (talora rafforzato dall'enclitica *-ne*) ed i tempi sono il presente e il perfetto:

| *Tene hoc fecisse!* | Tu **hai fatto** (lett. 'avere fatto') ciò! |

3 TEMPI DELL'INFINITO

L'infinito ha tre tempi: presente, perfetto, futuro. Questi tempi sono usati in dipendenza del tempo della proposizione reggente.

INFINITO PRESENTE	INFINITO PERFETTO	INFINITO FUTURO
indica un'azione o uno stato contemporaneo rispetto al verbo reggente: *Dicis Marcum **errare**.* Tu dici che Marco **sbaglia**. *Dicebas me honestum **esse**.* Dicevi che io **ero** onesto.	indica un'azione o uno stato anteriore rispetto al verbo reggente: *Dicis Marcum **erravisse**.* Tu dici che Marco **ha sbagliato**. *Dicebas me honestum **fuisse**.* Dicevi che io **ero stato** onesto.	indica un'azione che ancora si deve compiere, rispetto alla proposizione reggente: *Dicis Marcum **erraturum esse**.* Tu dici che Marco **sbaglierà**. *Dicebas me **erraturum esse**.* Dicevi che io **avrei sbagliato**.

 L'infinito futuro può essere sostituito da ***fore ut*** o ***futurum esse ut*** + **congiuntivo** (presente o imperfetto, secondo il tempo del verbo reggente); ciò avviene soprattutto con i verbi privi di supino (es. *disco, -is, didĭci, -, -ĕre*), che non possono formare un infinito futuro:

*Credo **fore ut** discipuli omnia **discant**.*   **Credo** che gli alunni **impareranno** ogni cosa.

- La stessa circonlocuzione si trova quando si deve rendere un infinito futuro passivo, preferendola alle forme come *laudatum iri*:

*Spero **fore ut** hostes a Romanis **vincantur**.*   **Spero** che i nemici **saranno vinti** dai Romani.

4 IL PARTICIPIO

Il participio si chiama così perché **partecipa** delle proprietà del nome e del verbo; infatti:

- si declina come un aggettivo o un nome e, come aggettivo, concorda con il termine a cui si riferisce:

*Astrologi motus **errantium** stellarum notaverunt.*   Gli astrologi osservarono i moti delle stelle **erranti**.

- possiede i vari tempi e, come un verbo, può reggere il caso che gli è proprio:

*Ab omnibus vituperantur viri **invidentes** divitiis alienis.*   Da tutti sono biasimati gli uomini **che invidiano le altrui ricchezze**.

Il participio latino ha tre tempi: presente, perfetto e futuro; ci sono verbi però che mancano di alcuni di essi:

VERBI	FORMA	PARTICIPIO PRESENTE	PARTICIPIO PERFETTO	PARTICIPIO FUTURO
transitivi	attiva	*laudans*	–	*laudaturus*
transitivi	passiva	–	*laudatus*	–
transitivi	deponente	*admirans*	*admiratus*	*admiraturus*
intransitivi	attiva	*veniens*	–	*venturus*
intransitivi	deponente	*moriens*	*mortuus*	*moriturus*

4.1 Participio presente

Si trova con i verbi attivi e con i deponenti (sia transitivi sia intransitivi); ha pertanto sempre un valore attivo:

| *legens* | colui che legge |

Indica un'azione contemporanea a quella del verbo da cui dipende:

| *Milites **aggredientes** interfecti sunt.* | I soldati, **mentre davano l'assalto**, furono uccisi. |

 • Molti participi sono sentiti come veri e propri aggettivi ed hanno quindi anche i loro gradi di comparazione: ad es. *diligens* "diligente" (da *diligo*) presenta il comparativo *diligentior* e il superlativo *diligentissimus*.

4.2 Participio perfetto

Il participio perfetto ha sempre forma passiva; si trova:
- nei verbi transitivi passivi, con **significato passivo**: *amatus* "amato";
- nei verbi deponenti, con **significato attivo**: *hortatus* "avendo esortato", *profectus* (da *proficiscor*) "essendo partito".

Indica un'azione anteriore a quella espressa dal verbo della proposizione reggente:

| *Ligures, paulisper se **tutati**, mox in deditionem concesserunt.* (Liv.) | I Liguri, **dopo essersi difesi** per un po', ben presto si arresero. |

Vanno ricordati alcuni participi perfetti di verbi deponenti che possono avere anche un significato passivo:
- ***adeptus*** (da *adipiscor*) "che ha ottenuto / ottenuto";
- ***comitatus*** (da *comitor*) "che ha accompagnato / accompagnato";
- ***confessus*** (da *confiteor*) "che ha confessato / confessato";
- ***dimensus*** (da *dimetior*) "che ha misurato / misurato";
- ***expertus*** (da *experior*) "che ha sperimentato / sperimentato";
- ***machinatus*** (da *machinor*) "che ha macchinato / macchinato";
- ***meditatus*** (da *meditor*) "che ha meditato / meditato";
- ***pactus*** (da *paciscor*) "che ha patteggiato / patteggiato";
- ***populatus*** (da *populor*) "che ha devastato / devastato".

Il participio perfetto di alcuni verbi deponenti e semideponenti può avere valore di presente:
- ***arbitratus*** (da *arbitror*) "avendo creduto / credendo";
- ***ausus*** (da *audeo*) "avendo osato / osando";
- ***diffisus*** (da *diffido*) "avendo diffidato / diffidando";
- ***fisus*** (da *fido*) e ***confisus*** (da *confido*) "avendo confidato / confidando";
- ***gavisus*** (da *gaudeo*) "avendo goduto / godendo";
- ***secutus*** (da *sequor*) "avendo seguito / seguendo";
- ***usus*** (da *utor*) "avendo usato / usando";
- ***veritus*** (da *vereor*) "avendo temuto / temendo".

 • Il participio perfetto *ratus* (da *reor*) ha quasi sempre valore di presente ("credendo").

Alcuni participi perfetti, pur appartenendo a verbi che non sono deponenti, hanno **valore attivo** anziché passivo:

- *cenatus* da *ceno* "che ha pranzato";
- *pransus* da *prandeo* "che ha fatto colazione";
- *iuratus* da *iuro* "che ha giurato" (anche *iniuratus* "che non ha giurato");
- *potus* da *poto* "che ha bevuto".

- Il participio perfetto di alcuni verbi, unito con *habeo*, talora sostituisce il perfetto attivo e denota azione passata dall'effetto perdurante: *compertum habeo* "ho appreso > so molto bene".
- Si noti l'uso del **participio perfetto congiunto**:

T. Manlius Gallum caesum torque spoliavit. (Liv.)	Tito Manlio spogliò della collana il Gallo **ucciso**.

- Sono ricorrenti espressioni come *ante Christum natum* "prima della nascita di Cristo", *ab Urbe condita* "dalla fondazione di Roma".

4.3 Participio futuro

Ha sempre forma attiva e valore attivo. Lo hanno tutti i verbi, tranne quelli privi di supino, come *disco* "imparare".
Esprime un'azione futura, posteriore rispetto all'eventuale verbo reggente. Lo si trova spesso in unione con *sum* nella **coniugazione perifrastica attiva**, per indicare azione imminente o intenzione di compiere una cosa:

pugnaturus sum	**sto per combattere / ho intenzione di combattere**

- Il participio futuro da solo può avere valore finale:

Hannibal mare inferum petit oppugnaturus Neapolim. (Liv.)	Annibale si dirige al Mar Tirreno **per assaltare** Napoli.

5 USO NOMINALE DEL PARTICIPIO

5.1 Participio sostantivato

A volte il participio, adoperato da solo, ha valore di sostantivo; lo si può rendere con una proposizione relativa o con un nome:

Intelligenti pauca.	**Per chi è intelligente**, (bastano) poche parole.

5.2 Participio attributivo

Il participio può avere **valore attributivo**; in tal caso corrisponde ad un aggettivo o ad una proposizione relativa:

Urbem florentem incendium delevit.	Un incendio distrusse una città **fiorente** (= **che era in fiore**).

5.3 Participio predicativo

Il participio può essere usato in funzione di predicato (**participio predicativo**):

- **come nome del predicato** dopo il verbo *sum* o un altro verbo copulativo:

| *Animalium alia rationis expertia sunt, alia* **utentia**. | Alcuni degli animali sono privi di ragione, altri ne sono **forniti**. |

- **come complemento predicativo**, dopo verbi appellativi, estimativi, di percezione, dopo *facio* e *fingo* "rappresentare, formare", nonché con le perifrasi con il verbo *habeo*:

| *Vidi populum* **plaudentem**. | Ho visto il popolo **applaudire** / **che applaudiva**. |
| *Homerus Laertem* **colentem** *agrum facit.* | Omero rappresenta Laerte **che coltiva** il campo. |

6 USO VERBALE DEL PARTICIPIO

6.1 Participio appositivo (o congiunto)

Il participio spesso è adoperato come apposizione di un sostantivo; in tal caso corrisponde ad una proposizione subordinata italiana di vario tipo:

- **proposizione causale**:

| *Hannibal,* **verens** *ne dederetur, Cretam venit.* (Nep.) | Annibale, **poiché temeva** di essere consegnato, giunse a Creta. |

- **proposizione concessiva**:

| *Interdum* **cupientes** *tenere risum non possumus.* (Cic.) | Talvolta, **pur desiderando** trattenere il riso, non possiamo. |

- **proposizione finale**:

| *Syracusani oratores ad Marcellum mittunt, nihil* **petentes** *aliud quam incolumitatem sibi liberisque suis.* (Liv.) | I Siracusani mandano degli ambasciatori da Marcello **per chiedere** nient'altro che l'incolumità per sé e per i propri figli. |

- **proposizione ipotetica**:

| *Id, silentio noctis* **conati***, sese effecturos sperabant.* (Ces.) | Speravano di compiere ciò, se l'**avessero tentato** nel silenzio della notte. |

- **proposizione modale**:

| *Honestum illud Solonis est, senescere se multa in dies* **addiscentem**. | È degno di stima quel famoso detto di Solone, cioè che invecchiava **apprendendo** (= **con l'apprendere**) molte cose di giorno in giorno. |

- **proposizione temporale**:

| *Mihi* **cenanti** *liber legitur.* (Plin.) | A me viene letto un libro **mentre ceno**. |

6.2 Ablativo assoluto

L'ablativo assoluto si chiama così perché è un costrutto "sciolto" (*absolutus*) da ogni legame grammaticale con la proposizione principale; esso sostituisce una **proposizione subordinata**, esprimendo le circostanze in cui o per cui si compie l'azione della reggente. Esso può essere formato da un **nome** e da un **participio presente o perfetto**:

Maiores nostri, **expulsis regibus**, *liberi fuerunt.*	I nostri antenati, **dopo aver cacciato i re**, furono liberi.
*Legatis haec **nuntiantibus**, magnus exortus est clamor.*	**Quando gli ambasciatori annunziarono** queste cose, si levò un grande clamore.

- L'ablativo assoluto si può rendere in italiano con una proposizione subordinata di vario tipo (temporale, causale, concessiva o ipotetica).

- Se il participio è **presente**, l'ablativo assoluto si trova con qualsiasi verbo:

Xerxe regnante, Themistocles in Asiam se contulit.	**Regnando Serse**, Temistocle si recò in Asia.
Appropinquante vespere, domum rediit.	**Avvicinandosi la sera**, ritornò a casa.
Hortantibus militibus, Caesar proelium commisit.	**Esortandolo i soldati**, Cesare attaccò il combattimento.

- Se il participio è **perfetto**, l'ablativo assoluto si trova soltanto coi verbi **deponenti intransitivi** o **transitivi attivi**:

*Caesar, **devictis Gallis**, Romam rediit.*	Cesare, **vinti i Galli**, ritornò a Roma. [verbo *devinco* transitivo attivo]
Profectis liberis, pater maestus erat.	**Essendo partiti i figli**, il padre era triste. [verbo *proficiscor* deponente intransitivo]

6.3 Particolarità nell'uso dell'ablativo assoluto

Con il participio futuro l'ablativo assoluto è raro:

*Antiochus Ephesi securus admodum de bello Romano erat, tamquam non **transituris** in Asiam **Romanis**.*	Antioco se ne stava ad Efeso, del tutto tranquillo sulla guerra dei Romani, **come se i Romani non stessero per passare** in Asia.

L'ablativo assoluto si ha anche **con i nomi e gli aggettivi**; in tali casi è sottinteso il participio presente di *sum*, mancante in latino; i nomi che formano questo tipo di ablativo assoluto ellittico sono in genere quelli indicanti cariche o età, mentre gli aggettivi più comuni sono *conscius, inscius, invitus, ignarus, vivus*, ecc.:

- *auctore Miltiade*   su proposta di Milziade;
- *Cicerone quaestore*   durante la questura di Cicerone;
- *Hannibale puero*   quando Annibale era fanciullo;
- *invito senatu*   contro la volontà del senato;
- *me ignaro*   senza che io lo sappia (sapessi).

Una speciale forma di ablativo assoluto è formata da un participio neutro (*audito, cognĭto, comperto, explorato, nuntiato*, ecc.) che sostituisce un'intera proposizione ed è seguito da una proposizione soggettiva o interrogativa o finale:

*Consul, **audito** hostes ad lacum pervenisse, eduxit copias e castris.*	Il console, **avendo udita la notizia** che i nemici erano giunti presso il lago, trasse le sue milizie fuori dall'accampamento.
*Multi, **incerto** quo fugerent, in tenebris necati sunt.*	Molti, **non sapendo** dove fuggire, furono uccisi nelle tenebre.

▸ Esercizi

A Analizza e traduci le seguenti frasi, distinguendo i vari usi dell'infinito in funzione nominale (come soggetto, predicato e complemento oggetto).

1. *Improbi hominis est mendacio fallere; mutare sententiam turpe est.* (Cic.) **2.** *Docto homini vivere est cogitare.* (Cic.) **3.** *Idem velle atque idem nolle, ea demum firma amicitia est.* (Sall.) **4.** *De futuris rebus semper difficile est dicere.* (Cic.) **5.** *Desinunt suum iudicium adhibere.* (Cic.) **6.** *Cavēre decet, timēre non decet.* (Cic.) **7.** *Verres Minervae templum spoliare conatus est.* (Cic.) **8.** *Te exopto quam primum videre.* (Cic.) **9.** *Tempus est maiora conari.* (Liv.) **10.** *Non est istud vivere, sed alienae vitae interesse.* (Sen.) **11.** *Fortium virorum est mortem contemnere.* (Curz.) **12.** *Animus ea dicere reformidat.* (Cic.) **13.** *Hieronymus dolore vacare summum bonum dixit.* (Cic.) **14.** *Facinus est vincire civem Romanum, scelus verberare, prope parricidium necare; quid dicam esse in crucem attollere?* (Cic.) **15.** *Est operae pretium diligentiam maiorum recordari.* (Cic.) **16.** *Humanitas vetat superbum esse.* (Sen.) **17.** *Est aliud iracundum esse, aliud iratum.* (Cic.) **18.** *Est tuae sapientiae magnitudinisque animi quid amiseris oblivisci.* (Cic.) **19.** *Illis timidis et ignavis esse licet: vobis necesse est fortibus viris esse.* (Liv.) **20.** *Aristippus non dubitavit summum malum dolorem dicere.* (Cic.)

B Analizza e traduci le seguenti frasi (uso verbale dell'infinito).

1. *Mea virtute atque diligentia coniurationem patefactam esse decrevistis.* (Cic.) **2.** *Stultum est me praecipere quid agatis.* (Cic.) **3.** *Multis de causis Caesar statuit sibi Rhenum esse transeundum.* (Ces.) **4.** *Desine, quaeso, simulare te gloriae studiosum fuisse.* (Cic.) **5.** *Terentii fabellae ("commedie") propter elegantiam sermonis putabantur a C. Laelio scribi.* (Cic.) **6.** *Gaius Carbo tribunus plebis vim Africano attulisse existimatus est.* (Cic.) **7.** *Thrasymacus et Gorgias primi traduntur arte quadam verba vinxisse.* (Cic.) **8.** *Te in Epirum salvum venisse et, ut scribis, ex sententia navigasse vehementer gaudeo.* (Cic.) **9.** *Non me praeterit Gallos fama belli praestare.* (Liv.) **10.** *Verisimile non est odio fuisse parenti filium.* (Cic.) **11.** *Magno erit tibi ornamento nobilissimum adulescentem beneficio tuo salvum esse.* (Cic.) **12.** *Nocte in urbem nuntiatum est exercitum Sabinum praedabundum ad Anienem amnem pervenisse; ibi passim diripi et incendi villas.* (Liv.) **13.** *Necesse est, qui fortis sit, eundem esse magni animi.* (Cic.) **14.** *Facile me a te vinci posse certo scio.* (Cic.) **15.** *Regnante Lucio Tarquinio Superbo, Sybarim Pythagoras venisse reperitur.* (Cic.) **16.** *Senatus iussit ut Caesar Romam reverteretur.* (Ces.) **17.** *Malo te sapiens hostis metuat, quam stulti cives laudent.* (Liv.) **18.** *Dictator tribunis militum impĕrat, ut iubeant milites cum armis redire in ordines suos.* (Liv.) **19.** *M. Clodius censebat ut Pompeius in suas provincias proficisceretur, ne qua esset armorum causa.* (Ces.) **20.** *Illud tibi persuadeas velim, omnia mihi explicata fore, si te videro.* (Cic.)

C Analizza e traduci le seguenti frasi (infinito storico ed esclamativo).

1. *Milites Iugurthae, postquam in aedes irrupēre, divorsi regem quaerere, dormientis alios, alios occursantis interficere, scrutari loca abdita, clausa effringere, strepitu et tumultu omnia miscere.* (Sall.) **2.** *Verres tum petere ab illis, tum minari, tum metum ostendere.* (Cic.) **3.** *Mulieres, quibus rei publicae magnitudine belli timor insolitus incesserat, adflictare sese, manus supplicis (= supplices) ad caelum tendere, miserari parvos liberos, rogitare, omnia pavere, superbia atque deliciis omissis sibi patriaeque diffidere.* (Sall.) **4.** *Sed, postquam L. Sulla, armis recepta re publica, bonis initiis* *malos eventus habuit, rapere omnes, trahere, domum alius, alius agros cupere, neque modum neque modestiam victores habēre, foeda crudeliaque in civis facinora facere.* (Sall.) **5.** *Milites Romani perculsi tumultu insolito, arma capĕre alii, alii se abdĕre, pars territos confirmare, trepidare omnibus locis.* (Sall.) **6.** *Romani domi militiaeque intenti festinare, parare, alius alium hortari, hostibus obviam ire, libertatem patriam parentesque armis tegere.* (Sall.) **7.** *Reges populique finitumi interea Romae multa simul moliri: consulibus insidias tendere, parare incendia, opportuna loca armatis hominibus obsidere.* (Sall.) **8.** *Iste tum petere, tum minari, tum spem tum metum ostendere.* (Cic.) **9.** *Me miserum! Te in tantas aerumnas propter me incidisse!* (Cic.) **10.** *Literni domicilium et sedem fuisse domitoris Africae!* (Liv.) **11.** *Tene haec posse ferre!* (Cic.)

D Collega la prima parte di ogni frase alla corrispondente seconda parte; poi traduci (tempi dell'infinito):

1. *Caesar audierat Pompeium per Mauritaniam*
2. *Ego me spero Athenis*
3. *Athenienses iurare publice solebant*
4. *Galbam, Africanum, Laelium*
5. *Veientes Romam ipsam*
6. *Legati Parthos in Syriam transisse*
7. *Huius me constantiae puto*
8. *Cum inimici nostri venire dicentur,*

a. *omnem suam esse terram, quae oleam ferret.* (Cic.)
b. *fore mense Septembri.* (Cic.)
c. *cum legionibus iter in Hispaniam facere.* (Ces.)
d. *fore ut numquam paeniteat.* (Cic.)
e. *nuntiaverunt.* (Cic.)
f. *se oppugnaturos minabantur.* (Liv.)
g. *tum in Epirum ibo.* (Cic.)
h. *doctos fuisse traditum est.* (Cic.)

E Analizza e traduci le seguenti frasi, distinguendo gli usi del participio.
1. *Eis amicis sociisque confisus, Catilina opprimundae rei publicae consilium ceperat.* (Sall.) **2.** *Adde inscitiam pransi, poti, oscitantis ducis.* (Cic.) **3.** *Clodi animum perspectum habeo, cognitum, iudicatum.* (Cic.) **4.** *Nos cenati solvimus.* (Cic.) **5.** *Dionysius in Italia classem opperiebatur adversariorum, ratus neminem sine magnis copiis ad se venturum.* (C. Nep.) **6.** *Sapiens nocituram potentiam vitat.* (Sen.) **7.** *Erigite mentes auresque vestras et me de invidiosis rebus dicentem attendite.* (Cic.) **8.** *Navigantibus moveri videntur ea, quae stant.* (Cic.) **9.** *Consuetudo imitanda medicorum est, qui leviter aegrotantes leniter curant.* (Cic.) **10.** *Inituri matrimonium veteres, sicut in rebus cunctis, auspicia colligebant.* (Nepoz.) **11.** *Romani moris fuit, ut bella gesturi de parte praedae aliquid numinibus pollicerentur.* (Serv.) **12.** *Imperaturus omnibus eligi debet ex omnibus.* (Plin. Giov.) **13.** *Vir bonus et sapiens et legibus parens utilitati omnium plus quam suae consulit.* (Cic.) **14.** *Magna pars hominum est quae non peccatis irascitur, sed peccantibus.* (Sen.) **15.** *Tiresiam, quem sapientem fingunt poëtae, numquam inducunt deplorantem caecitatem suam.* (Cic.) **16.** *Iacet corpus dormientis ut mortui.* (Cic.) **17.** *Omne malum nascens facile opprimitur, inveteratum fit plerumque robustius.* (Cic.) **18.** *Legati veniunt auxilium implorantes.* (Liv.)

F COMPLETAMENTO Inserisci nelle seguenti frasi i termini opportuni, scegliendoli fra le tre opzioni; poi traduci (ablativo assoluto e sue particolarità).
1. *Bellum Gallicum C. Caesare* .... (**consule - imperatore - tribuno**) *gestum est.* (Cic.) **2.** *Claudius historiam in adulescentia,* .... (**hortans - hortaturo - hortante**) *Tito Livio, Sulpicio vero etiam adiuvante, scribere adgressus est.* (Svet.) **3.** *Pythagoras, Tarquinio Superbo* .... (**regnante - consule - hoste**), *in Italiam venit.* (Cic.) **4.** *Nemo erit, qui credat te* .... (**consule - invito - milite**) *provinciam tibi esse decretam.* (Cic.) **5.** *Caesar, coacto* .... (**hoste - Cicerone - senatu**), *inimicorum iniurias commemorat.* (Ces.) **6.** *Maximas virtutes iacere omnes necesse est,* .... (**virtute - sapientia - voluptate**) *dominante.* (Cic.) **7.** *Romanae urbis parens, Romulus, non solum* .... (**auspicato - inaugurato - explorato**) *urbem condidisse, sed ipse etiam optimus augur fuisse traditur.* (Cic.) **8.** *Hannibal Hibērum copias traiecit,* .... (**omissis - praemissis - occisis**) *qui Alpium saltus specularentur.* (Liv.)

VERSIONI

■ EXEMPLUM

99 Esemplare lealtà del popolo romano

Una sezione del VI libro dei *Factorum et dictorum memorabilium libri* di Valerio Massimo è dedicata alla *fides publica*, la "pubblica lealtà", il rispetto dei patti. Viene qui ricordata la lungimiranza con cui i Romani, dopo aver sconfitto una flotta cartaginese al largo della Sicilia, durante i colloqui per la pace si mostrano magnanimi nei confronti del condottiero nemico Annone, cui viene risparmiata un'umiliazione analoga a quella che invece era stata inflitta dai Cartaginesi al console romano Cornelio Asina.

Speciosa illa quoque Romana fides. Ingenti Poenorum classe circa Siciliam devicta, duces eius fractis animis consilia petendae pacis agitabant. Quorum Hamilcar ire se ad consules negabat audere, ne eodem modo catenae sibi inicerentur, quo ab ipsis Cornelio Asinae consuli fuerant iniectae. Hanno autem, certior Romani animi aestimator, nihil tale timendum ratus maxima cum fiducia ad conloquium eorum tetendit. Apud quos cum de fine belli ageret, et tribunus militum ei dixisset posse illi merito evenire quod Cornelio accidisset, uterque consul tribuno tacere iusso «Isto te – inquit – metu, Hanno, fides civitatis nostrae liberat». Claros illos fecerat tantum hostium ducem vincire potuisse, sed multo clariores fecit noluisse.

(Valerio Massimo)

Degna di ammirazione fu altresì la lealtà romana nella vicenda che segue. Dopo che una flotta cartaginese era stata sgominata nei pressi delle coste siciliane, i suoi ammiragli, scoraggiati, progettavano tra loro di chiedere la pace. Di essi Amilcare diceva che non aveva il coraggio di presentarsi ai consoli per timore di essere arrestato, così come i Cartaginesi avevano fatto nei confronti del console Cornelio Asina. Annone, invece, miglior conoscitore della psicologia romana, giudicando che nulla di simile ci fosse da temere, venne con la massima fiducia a colloquio con i vincitori. E mentre trattava con loro circa la fine della guerra, quando un tribuno militare intervenne dicendogli che a lui poteva ragionevolmente capitare quanto era toccato a Cornelio, ambedue i consoli ordinarono al tribuno di tacere e dissero: «Da questo timore ti libera, o Annone, la lealtà del nostro popolo». Famosi li aveva resi la possibilità di mettere in catene sì gran generale nemico, ma più famosi essi divennero per non averlo voluto.

(trad. di R. Faranda)

NOTE LINGUISTICHE	**NOTE LESSICALI**	**NOTE DI TRADUZIONE**
Ingenti Poenorum classe... devicta → ablativo assoluto con valore temporale. *negabat audere* → lett. "negava di osare"; ma *nego* equivale a "dire che non", quindi è meglio rendere con "diceva di non osare". *ratus* → "giudicando"; participio perfetto da *reor*, con valore attivo. *tribuno tacere iusso* → ablativo assoluto ("essendo stato comandato al tribuno di tacere"), al limite della correttezza sintattica visto il sottile legame con la proposizione principale.	*fides* → indica la "lealtà", il rispetto della parola data. *tantum hostium ducem* → *tantus* corrisponde a "così grande": "un così grande condottiero dei nemici".	*fractis animis* → lett. "con gli animi spezzati" (da *frango*); opportunamente sintetizzato dal traduttore con "scoraggiati". *potuisse* → infinito in funzione di soggetto; opportunamente reso dal traduttore con "la possibilità di". *multo clariores fecit noluisse* → la traduzione è libera: "più famosi essi divennero per non averlo voluto"; in realtà *noluisse* è a sua volta infinito in funzione di soggetto e si contrappone (antitesi ed omoteleuto) al precedente *potuisse*: "il non averlo voluto li rese di gran lunga più famosi".

PRIMO LIVELLO

●●● | 100 Ifigenia in Tauride

Oreste, perseguitato dalle Furie dopo aver ucciso la madre Clitemnestra, apprende dall'oracolo di Delfi che per trovare pace dovrà recarsi in Tauride dal re Toante e dovrà da lì condurre ad Argo la statua di Diana. Parte allora con Pilade, ma al loro arrivo i due amici vengono catturati dai Tauri che intendono immolarli. Sacerdotessa di Diana è però Ifigenia, la sorella di Oreste che era stata creduta morta; riconosciuto il fratello, la fanciulla con un espediente salva i due giovani e fugge via con loro.

a. Oreste consulta l'oracolo, che gli dice di recarsi in Tauride

Orestem Furiae cum exagitarent, Delphos sciscitatum est profectus[1], quis tandem modus esset aerumnarum. Responsum est, ut in terram Taurinam ad regem Thoantem, patrem Hypsipyles[2], iret indeque de templo Dianae signum Argos afferret; tunc finem fore malorum.

b. Oreste e Pilade vengono catturati dai Tauri

Sorte audita, cum Pylade, Strophii filio, sodale suo, navem conscendit celeriterque ad Tauricos fines devenerunt, quorum fuit institutum ut[3], qui intra fines eorum hospes venisset, templo Dianae immolaretur. Ubi Orestes et Pylades, cum in spelunca se tutarentur et occasionem captarent, a pastoribus deprehensi ad regem Thoantem sunt deducti.

c. Ifigenia riconosce il fratello

Quos Thoas suo more vinctos in templum Dianae, ut immolarentur, duci iussit, ubi Iphigenīa, Orestis soror, fuit sacerdos; eosque ex signis atque argumentis, qui essent, quid venissent, postquam resciit, abiectis ministeriis[4] ipsa coepit signum Dianae avellere.

1. *Delphos... profectus*: costr.: *profectus est Delphos sciscitatum*.
2. *Hypsipyles*: "di Ipsipile"; genitivo femminile singolare della declinazione greca.
3. *quorum fuit institutum ut... immolaretur*: "che avevano l'usanza di immolare".
4. *ministeriis*: "oggetti sacri".

d. Ifigenia inganna il re Toante

Quo rex cum intervenisset et rogitaret, cur id faceret, illa ementita est dicitque eos sceleratos signum contaminasse; quod impii et scelerati homines in templum essent adducti, signum expiandum ad mare ferri oportere et iubere eum interdicere civibus, ne quis eorum extra urbem exiret.

e. Ifigenia fugge con Oreste e Pilade

Rex sacerdoti dicto audiens fuit; occasione Iphigenia nacta, signo sublato, cum fratre Oreste et Pylade in navem ascendit ventoque secundo ad insulam Zminthen delati sunt.

(Igino)

101 Un fulgido esempio di vera amicizia

Un cittadino siracusano, Mero, intende uccidere il crudele tiranno Dionisio; scoperto e catturato, viene condannato a morte. Chiede allora tre giorni di tempo per celebrare le nozze di sua sorella, lasciando come garante il suo amico Selinunzio. Il sovrano concede il rinvio, minacciando però di uccidere Selinunzio se Mero avesse ritardato.

▶ Vedi **Curiosità**

a. Mero vuole uccidere il tiranno Dionisio

*In Sicilia Dionysius tyrannus crudelissimus cum esset suosque cives cruciatibus interficeret, Moerus tyrannum voluit interficere; quem **satellites** cum deprehendissent armatum, ad regem perduxerunt.*

b. Selinunzio garante di Mero

Qui interrogatus respondit se regem voluisse interficere; quem rex iussit crucifigi; a quo Moerus petit tridui commeatum, ut sororem suam nuptui collocaret, et daret tyranno Selinuntium amicum suum et sodalem, qui sponderet eum tertio die venturum. Cui rex indulsit commeatum ad sororem collocandam dicitque rex Selinuntio, nisi ad diem Moerus veniret, eum eandem poenam passurum et dimitti Moerum.

c. Il maltempo ritarda il ritorno di Mero

Cum Moerus, collocata sorore, reverteretur, repente tempestate et pluvia orta, flumen ita increvit ut nec transiri nec transnatari posset; ad cuius ripam Moerus consedit et flere coepit, ne amicus pro se periret. Phalaris autem Selinuntium crucifigi cum iuberet, ideo quod horae sex tertii iam diei essent nec veniret Moerus, cui Selinuntius respondit diem adhuc non praeteriisse.

d. All'ultimo minuto Mero arriva

Cumque iam horae novem essent, rex iubet duci Selinuntium in crucem. Qui cum duceretur, vix tandem Moerus liberato flumine consequitur carnificem exclamatque a longe: «Sustine carnifex, adsum quem Selinuntius spopondit». Quod factum regi nuntiatur; quos rex ad se iussit perduci rogavitque eos, ut se in amicitiam reciperent, vitamque Moero concessit.

(Igino)

Curiosità

Satellites In latino **satelles**, *-itis*, significa "**guardia del corpo**", di un principe, un re, un notabile, un uomo importante, ecc.; al plurale, i **satellites** costituivano la "**scorta**", il "seguito" del personaggio: *per medios ire satellites* "passare in mezzo alle guardie" (Orazio *Odi* III 16, 9).

In senso traslato, più genericamente, *satelles* significa "**accompagnatore, servitore, guardiano, ministro**": per Orazio *satelles orci*, "guardiano dell'inferno", è Caronte; per Cicerone (*Tuscolanae* II 24) *Iovis pinnata satelles*, "ministro alato di Giove", è l'aquila.

In senso negativo la parola passa a indicare

il "**complice**", lo "**sgherro**", il "**sicario**": *sectatores vel potius satellites* "seguaci o meglio complici" (Tacito *Annali* XVI 22, 2). Nel 1610 Keplero spostò il termine in campo astronomico, alludendo quindi ai "**satelliti**", come la Luna rispetto alla Terra, che sono in un certo senso "**seguaci**" e "**servitori**" **dei pianeti**.

SECONDO LIVELLO

102 Oscure trame di Catilina

Catilina, che aspirava al consolato per l'anno successivo (il 62 a.C.), ha ricevuto una nuova sconfitta elettorale; ha allora organizzato un attentato contro i consoli nel Campo Marzio, che però è fallito. Catilina ora invia i suoi congiurati in varie zone, ove li ritiene più utili; intanto a Roma egli è in piena attività, organizzando insidie e crimini, senza concedersi pause. Una notte convoca i capi della congiura in casa di M. Porcio Leca, lamentandosi della loro inerzia e rivelando le sue intenzioni.

Igitur C. Manlium Faesulas atque in eam partem Etruriae, Septimium quendam Camertem[1] in agrum Picenum, C. Iulium in Apuliam dimisit, praeterea alium alio, quem ubique opportunum sibi fore credebat. Interea Romae multa simul moliri: consulibus insidias tendere, parare incendia, opportuna loca armatis hominibus obsidere, ipse cum telo esse, item alios iubere, hortari uti semper intenti paratique essent; dies noctisque festinare, vigilare, neque insomniis neque labore fatigari. Postremo, ubi multa agitanti nihil procedit, rursus intempesta nocte coniurationis principes convocat penes M. Porcium Laecam, ibique, multa de ignavia eorum questus, docet se Manlium praemisisse ad eam multitudinem quam ad capiunda arma paraverat, item alios in alia loca opportuna, qui initium belli facerent, seque ad exercitum proficisci cupere, si prius Ciceronem oppressisset; eum sui consiliis multum officere.

(SALLUSTIO)

1. *Septimium quendam Camertem*: "un certo Settimio di Camerino".

Laboratorio

MORFOLOGIA
1. Sottolinea le forme verbali al congiuntivo.
2. Riconosci ed analizza aggettivi e pronomi indefiniti.

SINTASSI
3. Individua gli infiniti storici, distinguendoli dai normali infiniti dipendenti.

COMPRENSIONE DEL TESTO
4. Quali iniziative illegali organizza Catilina in città?
5. Che intende fare Catilina prima di raggiungere il suo esercito?

103 Potenza marittima dei Veneti

Nei capitoli immediatamente precedenti Servio Sulpicio Galba, legato di Cesare, ha sconfitto alcune tribù galliche. Dopo questi fatti Cesare, credendo di aver ormai soggiogato l'intera Gallia, parte per l'Illirico per conoscere quella regione; ma improvvisamente in Gallia la situazione si complica a causa dei Veneti, che incitano alla rivolta le popolazioni galliche, per tornare alla libertà ereditata dagli avi e per non tollerare di essere schiavi dei Romani.

His rebus gestis cum omnibus de causis Caesar pacatam Galliam existimaret, superatis Belgis, expulsis Germanis, victis in Alpibus Sedunis, atque ita inita hieme in Illyricum profectus esset, quod eas quoque nationes adire et regiones cognoscere volebat, subitum bellum in Gallia coortum est. Eius belli haec fuit causa: P. Crassus adulescens cum legione septima proximus mare Oceanum in Andibus hiemarat. Is, quod in his locis inopia frumenti erat, praefectos tribunosque militum complures in finitimas civitates frumenti causa dimisit; quo in numero est T. Terrasidius missus in Esuvios, M. Trebius Gallus in Coriosolitas, Q. Velanius cum T. Sillio in Venetos. Huius est civitatis longe amplissima auctoritas omnis orae maritimae regionum earum, quod et naves habent Veneti plurimas, quibus in Britanniam navigare consuerunt, et scientia atque usu nauticarum rerum reliquos antecedunt et in magno impetu maris atque aperto paucis portibus interiectis, quos tenent ipsi, omnes fere qui eo mari uti consuerunt habent vectigales.

(Cesare)

●●● | 104 Casi di morte dovuti alla gioia eccessiva

In questa sezione delle sue *Notti attiche*, Gellio afferma che "è ricordato dalla letteratura e lo attesta la tradizione che molti furono raggiunti dalla morte in seguito a una grande e imprevista gioia" (trad. Rusca). Cita quindi gli esempi di Policrita, una nobildonna di Nasso, del poeta comico Filippide, dei tre figli di Diagora di Rodi e di una donna romana, tutti vittime di un'immensa gioia inattesa.

Cognito repente insperato gaudio exspirasse animam refert Aristoteles philosophus Polycritam, nobilem feminam Naxo insula. Philippides quoque, comoediarum poeta haut ignobilis, aetate iam edita, cum in certamine poetarum praeter spem vicisset et laetissime gauderet, inter illud gaudium repente mortuus est. De Rhodio etiam Diagora celebrata historia est. Is Diagoras tres filios adulescentes habuit, unum pugilem, alterum pancratiasten, tertium luctatorem. Eos omnes vidit vincere coronarique Olympiae eodem die et, cum ibi eum tres adulescentes amplexi coronis suis in caput patris positis saviarentur, cum populus gratulabundus flores undique in eum iaceret, ibidem in stadio inspectante populo in osculis atque in manibus filiorum animam efflavit. Praeterea in nostris annalibus scriptum legimus, qua tempestate apud Cannas exercitus populi Romani caesus est, anum matrem nuntio de morte filii adlato luctu atque maerore affectam esse; sed is nuntius non verus fuit, atque is adulescens non diu post ex ea pugna in urbe redit: anus repente filio viso copia atque turba et quasi ruina incidentis inopinati gaudii oppressa exanimataque est.

(Aulo Gellio)

Laboratorio

MORFOLOGIA
1. Individua ed analizza gli infiniti.
2. Riconosci gli avverbi di tempo.

SINTASSI
3. Sottolinea ed analizza gli ablativi assoluti.

COMPRENSIONE DEL TESTO
4. Di quale personaggio non viene ricordato il motivo della gioia letale?
5. A quale epoca risale l'aneddoto relativo alla vecchia madre romana?

LATINO MODERNO

●●● | 105 Astuto inganno di una donna infedele

L'umanista Poggio Bracciolini nelle sue *Facetiae* racconta aneddoti e novelle, spesso di carattere boccaccesco. In questo caso narra di una donna, sposata ad un ingenuo contadino braccato dai creditori, che ha una relazione extraconiugale; una volta il marito rientra improvvisamente a casa mentre l'amante si trova in casa; la donna riesce però a ingannare il consorte, facendogli credere che i fanti del podestà stiano per tornare per catturarlo per i debiti non pagati. Il marito viene allora nascosto nella colombaia mentre i due amanti si godono la notte indisturbati.

De muliere quae virum defraudavit

Petrus, contribulis meus, olim mihi narravit fabulam ridiculosam et versutia dignam muliebri. Is rem habebat[1] cum femina nupta agricolae haud multum prudentis, et is[2] foris in agro saepius ob pecuniam debitam pernoctabat. Cum aliquando amicus intrasset ad mulierem, vir insperatus rediit in crepusculo: tum illa, subito collocato subtus lectum[3] adultero, in maritum versa, graviter illum increpavit, quod redisset, asserens velle eum degere in carceribus: «Modo, – inquit, – praetoris satellites ad te capiendum universam domum perscrutati sunt, ut te abriperent ad carcerem: cum dicerem te foris dormire solitum, abierunt, comminantes se paulo post reversuros». Quaerebat homo perterritus abeundi modum: sed iam portae oppidi clausae erant. Tum mulier: «Quid agis, infelix? Si caperis, actum est»[4]. Cum ille uxoris consilium tremens quaereret, illa ad dolum prompta: «Ascende, – inquit – ad hoc columbarium: eris ibi hac nocte, ego ostium extra occludam, et removebo scalas, ne quis te ibi esse suspicari queat». Ille uxoris paruit consilio. Ea, obserato ostio, ut viro facultas egrediendi non esset, amotis scalis, hominem ex ergastulo[5] eduxit, qui simulans lictores praetoris iterum advenisse, magna excitata turba, muliere quoque pro viro loquente, ingentem latenti timorem incussit. Sedato tandem tumultu, ambo in lectum profecti ea nocte Veneri operam dederunt; vir delituit inter stercora et columbos.

(POGGIO BRACCIOLINI)

1. *rem habebat*: "aveva una relazione".
2. *is*: riferito all'*agricola*.
3. *subtus lectum*: "sotto il letto"; *subtus* è qui preposizione, mentre nel latino classico è usato da Catullo, Livio e altri come avverbio ("di sotto, per di sotto"); da esso deriva l'italiano "sotto".
4. *actum est*: "è fatta", cioè "è finita per te".
5. *ex ergastulo*: qui significa "dal nascondiglio".

TERZO LIVELLO

●●● | 106 Silla, benché totalmente inesperto di guerra, in breve tempo si distingue più di tutti

Igitur Sulla, uti supra dictum est, postquam in Africam atque in castra Mari[1] cum equitatu venit, rudis antea et ignarus belli, sollertissumus omnium in paucis tempestatibus factus est. **Ad hoc** milites benigne appellare; multis rogantibus aliis per se ipse dare beneficia, invitus accipere, sed ea properantius quam **aes mutuum** reddere, ipse ab nullo repetere; magis id laborare ut illi quam plurumi deberent; ioca atque seria cum humillumis agere; in operibus, in agmine atque ad vigilias multus adesse neque interim, quod prava ambitio solet, consulis aut cuiusquam boni famam laedere; tantummodo neque consilio neque manu priorem alium pati, plerosque antevenire. Quibus rebus et artibus brevi Mario militibusque carissimus factus[2].

◀ Vedi **Cave!**

(SALLUSTIO)

1. *Mari*: genitivo da *Marius*.
2. *factus*: sott. *est*.

Laboratorio

ANALISI STILISTICA

1. Trova un esempio di *variatio*.

COMPRENSIONE

2. Come si comporta Silla con i soldati?
3. Da quale dettaglio emerge la correttezza e la signorilità di Silla?

PRODUZIONE

4. Elenca in latino, in una breve scheda, le qualità evidenziate da Silla.

Cave!

Ad hoc Siccome la preposizione *ad* può indicare ciò che viene dopo, ciò che si aggiunge a qualcosa, l'espressione *ad hoc*, frequente nella prosa sallustiana, significa "**inoltre, oltre a ciò**". Nello stesso significato si trova anche *ad id* e, al plurale, *ad haec*.
Occorre memorizzare bene l'espressione *ad hoc*, perché è difficile trovarla nel vocabolario e perché si può essere indotti in errore dall'abitudine italiana ad usarla proverbialmente nel senso di "**a proposito**" (ad es.: "questa tua idea è stata proprio *ad hoc*").

Aes mutuum Il sostantivo neutro *aes, aeris* significa "**rame, bronzo**" e a Roma indicava anche **una moneta**, **l'asse**.
Il termine passa poi a indicare genericamente il **denaro**, dando origine ad alcune espressioni idiomatiche: *aes mutuum* è il denaro "**preso in prestito**" ed equivale quindi a "**debito**" (cfr. il verbo *mutuo* "prendere in prestito", l'aggettivo sostantivato *mutuum* "prestito" e i derivati italiani *mutuo, mutuare*).
Il vocabolo più comune per indicare i **debiti** era però *aes alienum* (propr. "**denaro d'altri**"): *aere alieno demersum esse* "essere sommerso dai debiti" (Liv.).

●●● | 107 Cesare sbarca in Britannia

His rebus gestis, Labieno in continenti cum tribus legionibus et equitum milibus duobus relicto ut portus tueretur et rem frumentariam provideret quaeque in Gallia gererentur cognosceret consiliumque pro tempore et pro re caperet, ipse cum quinque legionibus et pari numero equitum, quem in continenti reliquerat, ad solis occasum naves solvit et leni Africo provectus media circiter nocte vento intermisso cursum non tenuit, et longius delatus aestu, orta luce sub sinistra Britanniam relictam conspexit. Tum rursus aestus commutationem secutus remis contendit ut eam partem insulae caperet, qua optimum esse egressum superiore aestate cognoverat. Qua in re admodum fuit militum virtus laudanda, qui vectoriis gravibusque navigiis non intermisso remigandi labore longarum navium cursum adaequarunt. Accessum est ad Britanniam omnibus navibus meridiano fere tempore, neque in eo loco hostis est visus; sed, ut postea Caesar ex captivis cognovit, cum magnae manus eo convenissent, multitudine navium perterritae, quae cum annotinis privatisque, quas sui quisque commodi fecerat, amplius octingentae uno erant visae tempore, a litore discesserant ac se in superiore loca abdiderant.

(Cesare)

●●● | 108 Cicerone assassinato dai sicari di Antonio

M. Cicero sub adventum triumvirorum cesserat urbe, pro certo habens, id quod erat, non magis Antonio eripi se quam Caesari Cassium et Brutum posse. Primo in Tusculanum fugit, inde transversis itineribus in Formianum, ut ab Caieta navim conscensurus, proficiscitur.

Unde aliquotiens in altum provectum cum modo venti adversi rettulissent, modo ipse iactationem navis pati non posset, taedium tandem eum et fugae et vitae cepit: regressusque ad superiorem villam, quae paulo plus mille passibus a mari abest, «Moriar – inquit – in patria saepe servata». Satis constat servos fortiter fideliterque paratos fuisse ad dimicandum; ipsum deponi lecticam et quietos pati quod sors iniqua cogeret iussisse. Prominenti ex lectica praebentique immotam cervicem caput praecisum est. Nec satis stolidae crudelitati militum fuit. Manus quoque, scripsisse in Antonium exprobrantes, praeciderunt. Ita relatum caput ad Antonium, iussuque eius inter duas manus in rostris positum; ubi ille consul, ubi saepe consularis, ubi eo ipso anno adversus Antonium, quanta nulla umquam humana vox cum admiratione eloquentiae, auditus fuerat.

(Seneca il Vecchio)

••• | 109 Patologie dei reni

At renes ubi affecti sunt, diu male habent. Peius est, si frequens biliosus vomitus accedit. Oportet conquiescere; cubare molliter; solvere alvum; si aliter non respondet, etiam ducere; saepe desidere in aqua calida; neque cibum neque potionem frigidam assumere; abstinere ab omnibus salsis, acribus, acidis, pomis; bibere liberaliter; adicere, modo cibo, modo potioni, piper, porrum, ferulam, album papaver, quae maxime inde urinam movere consuerunt. Auxilio quoque his exulceratis sunt, si adhuc ulcera purganda sunt, cucumeris semina detractis corticibus sexaginta, nuclei ex pinu sylvestri duodecim, anisi quod tribus digitis sumi possit, croci paulum contrita, et in duas mulsi potiones divisa. Si vero dolor tantum levandus est, eiusdem cucumeris semina triginta, iidem nuclei viginti, nuces Graecae quinque, croci paululum, contrita et cum lacte potui data. Ac super quoque recte quaedam malagmata iniiciuntur; maximeque ea quae humori extrahendo sunt.

(Cornelio Celso)

Laboratorio

LESSICO
1. Individua i termini del linguaggio medico.

ANALISI STILISTICA
2. Sottolinea gli omoteleuti.

COMPRENSIONE
3. Quali terapie vengono consigliate per le malattie dei reni?
4. In particolare, come può essere sedato il dolore?

PRODUZIONE
5. Ricava dal testo una breve ricetta medica (max. 5 righe).

UNITÀ 10

GERUNDIO, GERUNDIVO, PERIFRASTICA PASSIVA, SUPINO

CURIOSITÀ
L'arte "venatoria"

1 IL GERUNDIO

Il **gerundio** latino appartiene alle forme nominali del verbo; infatti come nome è declinabile e, in quanto verbo, può reggere un complemento.
Lo si usa per esprimere i **casi indiretti dell'infinito presente**, cioè genitivo, dativo, ablativo + l'accusativo retto da *ad* (raramente da *in, inter, ob, propter*).
L'infinito presente si adopera soltanto come soggetto o complemento oggetto.
Il gerundio ha valore attivo, quindi si trova soltanto con i verbi attivi e con i verbi deponenti.

CASO	ESEMPIO	TRADUZIONE
nominativo	*legere* utile est	"**leggere** è utile"
genitivo	ars *legendi*	"l'arte **del leggere**"
dativo	aptus *legendo*	"adatto **a leggere**"
accusativo	*legere* cupio paratus sum **ad legendum**	"desidero **leggere**" "sono pronto **a leggere**"
ablativo	*legendo* discitur	"**leggendo (con il leggere)** si impara"

2 IL GERUNDIVO

Il gerundivo è un **aggettivo verbale**, quindi concorda in genere, numero e caso con il sostantivo cui si riferisce; avendo valore passivo, si ha solo con i verbi transitivi, attivi o deponenti:

amandus, -a, -um	da amare, amabile
hortandus, -a, -um	da esortare

3 USO DEL GERUNDIO E DEL GERUNDIVO

In latino si trova indifferentemente la costruzione del gerundio o quella del gerundivo:
- al genitivo → *cupidus **colendi*** [gerundio] ***agros*** / *cupidus **colendorum** agrorum* [gerundivo] "desideroso di coltivare i campi";

170   Sezione 2   Sintassi del verbo

- all'ablativo semplice → *legendo* [gerundio] *libros* discimus / *legendis* [gerundivo] *libris discimus* "leggendo i libri impariamo".

In alcuni casi si trova solo il gerundio, ad es.:
- con i verbi transitivi usati assolutamente, cioè senza complemento oggetto

| *Erat studiosus* **audiendi**. (Nep.) | Era desideroso **di ascoltare**. |

- con i verbi intransitivi

| *Sapientia ars* **vivendi** *putanda est*. (Cic.) | La sapienza si deve ritenere l'arte **di vivere**. |

- con i verbi transitivi che hanno per oggetto un pronome neutro o un aggettivo neutro

| *furor aliena* **vastandi** (Sen.) | il furore **di devastare** le cose degli altri |

Infine in altri casi in presenza del complemento oggetto si ha soltanto il gerundivo:
- al **dativo**

| *Consul* **placandis dis** *dat operam*. | Il console si prende cura **di placare gli dèi**. |

- all'**accusativo retto da** *ad* o altre preposizioni

| **Ad bella suscipienda** *Gallorum alacer est animus*. (Ces.) | L'animo dei Galli è pronto **ad intraprendere le guerre**. |

- all'**ablativo retto da preposizione**

| **in legendis libris** *occupatus* | occupato **a leggere i libri** |

- Il genitivo dipende di solito: a) da un nome: *ars* **loquendi** "l'arte **del parlare**"; b) da un aggettivo costruito con il genitivo, come *cupidus, studiosus, peritus*, ecc.: *vir* **dicendi** *peritus* "uomo esperto **di eloquenza**", *cupidus* **videndi** *patris* "desideroso **di vedere il padre**"; c) da *causā* o *gratiā* posposte, con valore finale: **ludendi** *gratiā* "allo scopo **di scherzare**".

- Il dativo dipende, di solito, da aggettivi indicanti attitudine, convenienza, opportunità, come *aptus, accomodatus, par, idoneus, utilis*: *loca* **opportuna proeliando** "luoghi adatti al combattere".

- Il dativo del gerundivo può formare espressioni verbali che indichino interesse o fine:

  | **Ludis faciendis** *praeerit praetor*. | Il pretore presiederà **alla celebrazione dei giochi pubblici**. |

- È frequente l'uso del dativo pure con nomi di magistrati, funzionari pubblici ed istituzioni, per indicare le mansioni cui sono adibiti: *quindecemviri* **sacris faciundis** "quindecemviri **addetti a compiere i riti sacri**".

- L'accusativo si trova con aggettivi che indicano attitudine (*aptus, idoneus, opportunus, utilis*, ecc.): *locus* **ad rem gerendam** *opportunus* "luogo adatto **a compiere la cosa**"; tale accusativo è sempre retto dalla preposizione *ad* e corrisponde ad una proposizione finale:

  | *Legati venerunt* **ad pacem petendam**. | I legati vennero **per chiedere la pace**. |

- L'ablativo, se è adoperato senza preposizione, indica il mezzo o lo strumento con cui si ottiene qualcosa:

  | **Libris legendis** *erudimur*. | **Col leggere i libri** ci istruiamo. |

4 IL GERUNDIVO IN FUNZIONE DI COMPLEMENTO PREDICATIVO

Il gerundivo può assumere la funzione di **complemento predicativo** dell'oggetto o del soggetto (secondo che i verbi siano usati all'attivo o al passivo) con verbi come *concedere* "concedere", *dare* "dare", *mittere* "mandare", *suscipere* "prendere", *tradere* "affidare", ecc., in espressioni che assumono valore finale dato che indicano lo scopo di un'azione:

*Vobis **filios erudiendos** trado.*	Vi affido **i figli da istruire**.
*Patres Metello in Iugurtham **bellum gerendum** dederunt.*	I senatori affidarono a Metello **la guerra che doveva essere combattuta** contro Giugurta.

5 IL GERUNDIVO NELLA PERIFRASTICA PASSIVA

Il gerundivo, unito alle forme del verbo *sum*, si adopera nella **coniugazione perifrastica passiva**, per indicare la necessità o l'opportunità che una cosa sia fatta o avvenga.
La perifrastica passiva si rende in italiano con il verbo *dovere* o con le espressioni *bisogna*, *occorre*, *è necessario*, ecc., seguite dall'infinito; la persona che deve compiere l'azione (complemento d'agente), se espressa, va in dativo (dativo d'agente):

***Patria** omnibus **amanda est**.*	Da tutti la patria **deve essere amata** = tutti **devono amare** la patria.

Esistono due possibili costruzioni della perifrastica passiva:

COSTRUZIONE PERSONALE	COSTRUZIONE IMPERSONALE
Omnibus virtus sequenda est. Tutti devono seguire la virtù.	*Proficiscendum est nobis.* Noi dobbiamo partire.
• si ha se il verbo latino è transitivo • la cosa svolge la funzione di soggetto ed è al nominativo, e con essa si accorda il gerundivo (in genere, numero e caso) • la persona da cui deve essere compiuta l'azione (complemento di agente) si trova in dativo, mentre il verbo *esse* si accorda in numero e persona col soggetto	• si ha se il verbo latino è intransitivo o se, pur essendo transitivo, non ha il complemento oggetto espresso • il gerundivo si trova al neutro singolare • il verbo *esse* è alla 3ª persona singolare • il complemento d'agente è al dativo (d'agente)

 • Se c'è rischio di confusione tra il complemento d'agente espresso al dativo e un altro dativo compreso nella frase, il latino torna ad esprimere il complemento d'agente con l'ablativo preceduto da *a* o *ab*:

A me tibi persuadendum est.   Io ti devo persuadere.

6 IL SUPINO ATTIVO E PASSIVO

Il supino è un **nome verbale**, usato all'attivo (in *-um*) e al passivo (in *-u*). Le due forme sono rispettivamente assimilabili ad un accusativo e ad un ablativo della IV declinazione.
Il **supino attivo** si trova:

• in dipendenza da verbi di moto per esprimere lo scopo, il fine di un movimento:

| *Admonitum* venimus te, non *flagitatum*. (Cic.) | Siamo venuti **per ammonirti**, non **per importunarti**. |

- con verbi non di moto per indicare comunque una destinazione:

| *Filiam ei **nuptum** dedit.* (Liv.) | Gli diede la figlia **in sposa** / **perché la sposasse**. |

Il **supino passivo** si trova soprattutto in dipendenza da aggettivi (es. *facilis, difficilis, honestus, iucundus, utilis, gravis, turpis, incredibilis, mirabilis, nefarius*, ecc.) e dai sostantivi indeclinabili *fas* "lecito" / *nefas* "illecito"; in questi casi il supino è utilizzato per limitare il concetto espresso dall'aggettivo o dal nome che lo regge:

| *Id facile **intellectu** est.* (Cic.) | Ciò è facile **a comprendersi**. |

Dato il suo valore passivo, questo supino non può reggere alcun complemento; può però reggere una proposizione (infinitiva o interrogativa indiretta):

| *Facile est **intellectu**, quam beata ea vita sit.* | È facile **a comprendersi** quanto sia felice una tal vita. |

I più comuni supini in *-u* sono: *dictu, factu, auditu, visu, cognitu, inventu, intellectu, memoratu, scitu*, ecc.:

| *Nefas est **dictu** miseram fuisse Fabii Maximi senectutem.* (Cic.) | Non è lecito **a dirsi** che la vecchiaia di Fabio Massimo sia stata infelice. |

NB • Talora il supino passivo si trova usato anche in dipendenza dagli aggettivi *dignus* o *indignus*: *dignus **memoratu** nuntius* "notizia degna di essere ricordata" (tuttavia più comune è *dignus qui memoretur*).

Esercizi

 Analizza e traduci le seguenti frasi, distinguendo il gerundio dal gerundivo.
1. Non solum ad discendum propensi sumus, verum etiam ad docendum. (Cic.) **2.** Quod probat multitudo, hoc idem doctis probandum est. (Cic.) **3.** Lex agraria iubet comitia decemviris habere creandis. (Cic.) **4.** Claudius Appius, decemvir legibus scribendis, causa fuit plebi secedendi a patribus. (Liv.) **5.** Classe celeriter perfecta, Themistocles maritimos praedones consectando mare tutum reddidit. (Nep.) **6.** Nobis est perfruendum honestis voluptatibus. (Cic.) **7.** Homo amens me auctorem fuisse Caesaris interficiendi criminatur. (Cic.) **8.** Illud genus armorum erat aptum tegendis corporibus. (Liv.) **9.** Lex est recta ratio imperandi atque prohibendi. (Cic.) **10.** In virtute satis est praesidii ad bene vivendum. (Cic.) **11.** In rebus gerendis tarditas et procrastinatio odiosa est. (Cic.) **12.** Ulciscendae iniuriae facilior ratio est quam beneficii remunerandi. (Cic.) **13.** Comitiis omnibus perficiendis undecim dies Caesar tribuit. (Ces.) **14.** Stoici Epicureis irridendi sui facultatem dederunt. (Cic.) **15.** Breve tempus aetatis satis longum est ad bene vivendum. (Cic.) **16.** Germani in castra venerunt sui purgandi causa. (Ces.)

B COMPLETAMENTO Inserisci nelle seguenti frasi i termini opportuni, scegliendoli fra le tre opzioni; poi traduci (gerundivo predicativo).

1. Caesar reliquum exercitum Q. Titurio Sabino ducendum .... (*dedit - curavit - misit*). (Ces.)
2. Statuas quaestores .... (*demoliendum - demoliendas - ad demoliendum*) locaverunt. (Cic.)
3. Antigonus Eumenem mortuum propinquis .... (*sepeliendum - sepeliendis - sepelire*) tradidit. (Nep.)
4. Agros suos pro alienis .... (*populandas - populandum - populandos*) obiecit. (Liv.)
5. Populus Romanus Crasso bellum .... (*gerere - gerendi - gerendum*) dedit. (Cic.)
6. Iudex volet haec bonis civibus .... (*defendendi - defendendum - defendenda*) tradere. (Cic.)
7. Caesar pontem in Arare .... (*faciendam - faciendum - faciendi*) curavit. (Ces.)
8. Numa primus focum Vestae virginibus .... (*colendum - colere - colenda*) dedit. (Flor.)

C Collega la prima parte di ogni frase alla corrispondente seconda parte; poi traduci (coniugazione perifrastica passiva; supino attivo e passivo).

1. Nos qui vivimus, cum moriendum sit,
2. Tantum cibi et potionis adhibendum,
3. O rem non modo visu foedam,
4. Novo imperatori apud novos milites
5. Quam primum ad meum officium
6. Bocchus legatos Romam miserat
7. Quod optimum factu videbitur,
8. Nefas est dictu miseram

a. foedus et amicitiam petitum. (Sall.)
b. facies. (Cic.)
c. revertendum mihi esse existimavi. (Cic.)
d. nonne miseri sumus? (Cic.)
e. sed etiam auditu! (Cic.)
f. pauca verba facienda sunt. (Liv.)
g. fuisse talem senectutem. (Cic.)
i. ut reficiantur vires, non opprimantur. (Cic.)

VERSIONI

■ EXEMPLUM

110 Rispetto degli Spartani per gli anziani

Valerio Massimo, nella sua raccolta di *exempla*, sta ricordando alcuni casi di *verecundia*, il "rispetto". Dopo aver parlato di alcuni esempi romani, l'autore cita un episodio avvenuto ad Atene: durante uno spettacolo teatrale solo gli ambasciatori spartani si alzano e cedono il posto migliore ad un anziano venuto ad assistere ai ludi. Il pubblico applaude, ma uno degli Spartani aggiunge uno sferzante ed ironico commento.

Athenis quidam ultimae senectutis vir, cum spectatum ludos in theatrum venisset eumque nemo e civibus sessum reciperet, ad Lacedaemoniorum legatos forte pervenit. Qui hominis aetate moti canos eius et annos adsurgendi officio venerati sunt sedemque ei inter ipsos honoratissimo loco dederunt. Quod ubi fieri populus aspexit, maximo plausu alienae urbis verecundiam comprobavit. Ferunt tunc unum e Lacedaemoniis dixisse: "Ergo Athenienses quid sit rectum sciunt, sed id facere neglegunt".

(Valerio Massimo)

In Atene un tale molto vecchio, venuto ad assistere ai giochi in teatro, non trovò chi gli facesse posto. Quando arrivò per caso là dove si trovavano degli ambasciatori spartani, costoro, impietositi dalla sua tarda età, in omaggio ai suoi capelli bianchi e ai lunghi anni, si alzarono e gli cedettero il migliore dei posti che occupavano. Il popolo, accortosene, approvò la prova di rispetto data da quegli stranieri con un fragoroso applauso. Si narra che allora uno degli Spartani abbia detto: «Dunque gli Ateniesi sanno quel ch'è giusto, ma non si curano di farlo».

(trad. di R. Faranda)

NOTE LINGUISTICHE

cum spectatum ludos in theatrum venisset → *spectatum* è supino attivo con valore finale, in dipendenza dal verbo di moto *venisset*.
eumque nemo e civibus sessum reciperet → *sessum* è supino attivo dal verbo *sedeo* (vd. *infra*, **Cave!**).
sessum... recipere → significa "accogliere, far sedere accanto a sé"; *e civibus* è complemento partitivo.
adsurgendi officio → lett. "con l'omaggio dell'alzarsi"; *adsurgendi* è gerundio da *adsurgo*.

NOTE LESSICALI

verecundiam → il termine latino indica propr. "il sentimento di colui che si vergogna di fronte a qualcosa" e quindi il "timore di offendere la santità, la dignità".

NOTE DI TRADUZIONE

maximo plausu → la traduzione "con un fragoroso applauso" deve far capire come sia possibile rendere di volta in volta gli attributi con un significato opportuno nel contesto; ad es., cercando *maximus* nel vocabolario (sotto la voce *magnus*), sicuramente non si troverà "fragoroso", ma non si dovrà esitare ad applicare all'applauso questo aggettivo che gli si adatta perfettamente.

■ PRIMO LIVELLO

●●● 111 Nessuna precauzione vale ad evitare il destino

Il re Creso sogna la morte violenta del figlio Ati; cerca allora con ogni precauzione di tenere il giovane lontano da ogni pericolo. Ma quando un cinghiale devasta la regione, il figlio ottiene dal padre di poter andare a caccia della bestia; un imprevedibile incidente provoca la morte del ragazzo.

a. Creso sogna che suo figlio Ati sia ucciso

Efficax et illa quietis imago, quae Croesi regis animum maximo prius metu, deinde etiam dolore confecit: nam e duobus filiis et ingeni agilitate et corporis dotibus praestantiorem imperiique successioni destinatum Atym existimavit ferro sibi ereptum.

b. Il re cerca di salvaguardare il figlio

Itaque quidquid ad evitandam denuntiatae cladis acerbitatem pertinebat, nulla ex parte patria cura cessavit advertere. Solitus erat iuvenis ad bella gerenda mitti, domi retentus est: habebat armamentarium omnis generis telorum copia refertum, id quoque amoveri iussum: gladio cinctis comitibus utebatur, vetiti sunt propius accedere.

c. Ati va a caccia del cinghiale

Necessitas tamen aditum luctui dedit: cum enim ingentis magnitudinis aper Olympi montis culta crebra cum agrestium strage vastaret inusitatoque malo regium imploratum esset auxilium, filius a patre extorsit ut ad eum opprimendum mitteretur, eo quidem facilius, quod non dentis sed ferri saevitia in metu reponebatur.

Unità 10 Gerundio, gerundivo, perifrastica passiva, supino 175

d. **Morte del giovane**

Verum dum acri studio interficiendi suem omnes sunt intenti, pertinax casus inminentis violentia lanceam petendae ferae gratia missam in eum detorsit et quidem eam potissimum dextram nefariae caedis crimine voluit aspergi, cui tutela filii a patre mandata erat.

(Valerio Massimo)

●●● | 112 Il patto sociale tra gli uomini

Se gli uomini vivono in comunità per aiutarsi reciprocamente, occorre sempre soccorrere un uomo che ha bisogno di aiuto. Quando gli uomini hanno fondato una comunità con gli altri uomini, non mantenere il patto di mutua assistenza va ritenuto il più grande delitto. Infatti chi non dà soccorso, si esime anche dal riceverlo; ma un uomo non può vivere senza gli altri esseri umani.

a. **L'aiuto reciproco è una necessità**

Si hac de causa sunt homines congregati, ut mutuis auxiliis imbecillitatem suam tuerentur; succurrendum est igitur homini, qui egeat auxilio. Cum enim praesidii causa homines societatem cum hominibus inierint et sanxerint, foedus illud inter homines a principio ortus sui ictum aut violare, aut non conservare, summum nefas putandum est.

b. **Chi nega il suo aiuto agli altri è asociale**

Nam qui se a praestando auxilio removet, etiam ab accipiendo se removeat necesse est; quia nullius opera indigere se putat, qui alteri suam denegat. Huic vero, qui se ipse dissociat ac secernit a corpore, non ritu hominis, sed ferarum more vivendum est.

c. **Occorre mantenere il vincolo della società umana**

Quod si fieri non potest, retinendum est igitur omni modo vinculum societatis humanae, quia homo sine homine nullo modo potest vivere. Sin vero (ut illi alii disputant) humanitatis ipsius causa facta est hominum congregatio, homo certe hominem debet agnoscere.

d. **La solidarietà è propria degli uomini civilizzati**

Quod si fecerunt illi rudes et adhuc feri homines, et fecerunt nondum constituta loquendi ratione, quid putemus hominibus expolitis, et sermonis rerumque omnium commercio inter se copulatis esse faciendum, qui assueti hominibus solitudinem ferre non possunt?

(Lattanzio)

■ SECONDO LIVELLO

●● | 113 Differenti doveri dei giovani e degli anziani

Nel I libro del *De officiis* Cicerone indaga sul concetto di *honestum*, *iustitia*, *beneficentia* (la liberalità) e *magnitudo animi*. L'autore passa poi ad analizzare la virtù della *temperantia* (ovvero il decoro morale). In questo ambito si inserisce il brano qui presentato, che discute sui doveri relativi alle diverse età, distinguendo in particolare quelli dei giovani e quelli degli anziani.

Et quoniam officia non eadem disparibus aetatibus tribuuntur aliaque sunt iuvenum, alia seniorum, aliquid etiam de hac distinctione dicendum est. Est igitur adulescentis maiores natu vereri exque iis deligere optimos et probatissimos, quorum consilio atque auctoritate nitatur; ineuntis enim aetatis inscitia senum constituenda et regenda prudentia est¹. Maxime autem haec aetas a libidinibus arcenda est exercendaque in labore patientiaque et animi et corporis, ut eorum et in bellicis et in civilibus officiis vigeat industria. Atque etiam cum relaxare animos et dare se iucunditati volent, caveant intemperantiam, meminerint verecundiae, quod erit facilius, si in eiusmodi quidem rebus maiores natu nolent interesse. Senibus autem labores corporis minuendi, exercitationes animi etiam augendae videntur, danda vero opera, ut et amicos et iuventutem et maxime rem publicam consilio et prudentia quam plurimum adiuvent. Nihil autem magis cavendum est senectuti quam ne languori se desidiaeque dedat; luxuria vero cum omni aetati turpis, tum senectuti foedissima est. Sin autem etiam libidinum intemperantia accessit, duplex malum est, quod et ipsa senectus dedecus concipit et facit adulescentium impudentiorem intemperantiam.   (Cicerone)

1. **ineuntis enim... est**: costr.: enim inscitia ineuntis aetatis constituenda et regenda est prudentia senum.

Laboratorio

MORFOLOGIA
1. Individua i sostantivi della IV declinazione.

SINTASSI
2. Individua i gerundivi e riconoscine l'uso.
3. Riconosci i congiuntivi esortativi.

LESSICO
4. Sottolinea i sostantivi che indicano virtù morali.

●●● 114 Le tre principali forme di governo

In questo passo del *De republica* Cicerone definisce le tre forme di governo (monarchia, aristocrazia, democrazia) concludendo che nessuna delle tre è perfetta in sé; tuttavia ognuna di esse è tollerabile e tale da poter essere preferibile ad un'altra secondo le circostanze.

Omnis ergo populus, qui est talis coetus multitudinis qualem exposui, omnis civitas, quae est constitutio populi, omnis res publica, quae ut dixi populi res est, consilio quodam regenda est, ut diuturna sit. Id autem consilium primum semper ad eam causam referendum est quae causa genuit civitatem. Deinde aut uni tribuendum est, aut delectis quibusdam, aut suscipiendum est multitudini atque omnibus. Quare cum penes unum est omnium summa rerum, regem illum unum vocamus, et regnum eius rei publicae statum. Cum autem est penes delectos, tum illa civitas optimatium arbitrio regi dicitur. Illa autem est civitas popularis (sic enim appellant), in qua in populo sunt omnia. Atque horum trium generum quodvis, si teneat illud vinculum quod primum homines inter se rei publicae societate devinxit, non perfectum illud quidem neque mea sententia optimum, sed tolerabile tamen, ut aliud alio possit esse praestantius. Nam vel rex aequus ac sapiens, vel delecti ac principes cives, vel ipse populus, quamquam id est minime probandum, tamen nullis interiectis iniquitatibus aut cupiditatibus posse videtur aliquo esse non incerto statu.   (Cicerone)

115 Occorre scegliere un luogo salubre per costruirvi un teatro

Nei capitoli precedenti del suo *De architectura*, Vitruvio ha parlato della realizzazione del foro. Ora passa a dare le indicazioni per la costruzione di un teatro, che dovrà essere collocato in un luogo salubre e non troppo esposto al sole del mezzogiorno.

Cum forum constitutum fuerit, tum deorum immortalium diebus festis ludorum spectationibus eligendus est locus theatro quam saluberrimus, uti in primo libro de salubritatibus in moenium conlocationibus est scriptum. Per ludos enim cum coniugibus et liberis persedentes delectationibus detinentur et corpora propter voluptatem immota patentes habent venas, in quas insidunt aurarum flatus, qui, si a regionibus palustribus aut aliis regionibus vitiosis advenient, nocentes spiritus corporibus infundent. Itaque, si curiosius eligetur locus theatro, vitabuntur vitia. Etiamque providendum est, ne impetus habeat a meridie. Sol enim cum implet eius rotunditatem, aer conclusus curvatura neque habens potestatem vagandi versando confervescit et candens adurit excoquitque et inminuit e corporibus umores. Ideoque maxime vitandae sunt his rebus vitiosae regiones et eligendae salubres.

(Vitruvio)

Laboratorio

SINTASSI

1. Che complemento è *per ludos*?
2. Riconosci due coniugazioni perifrastiche passive ed un gerundio.

LESSICO

3. Trova i termini tecnici del campo semantico architettonico.

COMPRENSIONE DEL TESTO

4. Che rischi esistono, in caso di scelta errata della collocazione del teatro?

116 La vita degli uomini è divisa in tre parti

Fabio Fulgenzio (468 circa - 533 d.C.), di origine berbera, fu vescovo di Ruspe, nell'Africa settentrionale, che all'epoca era occupata dai Vandali. Fra le sue opere sono pervenuti i *Mithologiarum libri tres*, un esempio di esegesi allegorica della mitologia antica; nel II libro viene analizzata la leggenda del giudizio di Paride (*fabula de iudicio Paridis*), alla quale viene premessa una riflessione sui tre tipi possibili di vita umana: quella teoretica o contemplativa, quella pratica o attiva e quella "filargica" (dal greco *philargikòs* "che ama l'ozio") o voluttuaria. Di ognuna vengono poi brevemente sintetizzate le caratteristiche.

Philosophi tripertitam humanitatis voluerunt vitam, ex quibus primam theoreticam, secundam practicam, tertiam filargicam voluerunt, quas nos Latine contemplativam, activam, voluptariam nuncupamus. Prima igitur contemplativa est quae ad sapientiam et ad veritatis inquisitionem pertinet, quam apud nos episcopi, sacerdotes ac monachi, apud illos philosophi gesserunt; quibus nulla lucri cupiditas, nulla furoris insania, nullum livoris toxicum, nullus vapor libidinis, sed tantum indagandae veritatis contemplandaeque iustitiae cura macerat, fama ornat, pascit spes. Secunda activa est quae tantum vitae commodis anxiata, ornatui petax, habendi insatiata, rapiendi cauta, servandi sollicita geritur; plus enim quod habeat cupit quam quod sapiat quaerit, nec considerat quod expediat, ubi intercedit quod rapiat; denique ideo non perstat stabile, quia non venit honeste; hanc enim vitam penes antiquos aliqui tyranni, penes nos mundus omnis gerit. Voluptaria vero vita est quae libidinis tantummodo noxia nullum honestum reputat bonum, sed solam vitae adpetens corruptelam aut libidine mollitur aut homicidiis cruentatur aut rapina succenditur aut livoribus rancidatur; sed hoc penes illos Epicurei ac voluptarii, penes nos vero huiusmodi vita natura, non crimen est; et quia bonum nemo gerit, nec nasci bonum licet. (FULGENZIO)

TERZO LIVELLO

117 Importanza delle lettere greche e latine

Ex his studiis haec quoque crescit oratio et facultas; quae, quantacumque in me est, numquam amicorum periculis defuit. Quae si cui levior videtur, illa quidem certe, quae summa sunt, ex quo fonte hauriam sentio. Nam nisi multorum praeceptis multisque litteris mihi ab adulescentia suasissem, nihil esse in vita magno opere expetendum nisi laudem atque honestatem, in ea autem persequenda omnis cruciatus corporis, omnia pericula mortis atque exsili parvi esse ducenda, numquam me pro salute vestra in tot ac tantas dimicationes atque in hos profligatorum hominum cotidianos impetus obiecissem. Sed pleni omnes sunt libri, plenae sapientium voces, plena exemplorum vetustas: quae iacerent in tenebris omnia, nisi litterarum lumen accederet. Quam multas nobis imagines non solum ad intuendum, verum etiam ad imitandum fortissimorum virorum expressas scriptores et Graeci et Latini reliquerunt! Quas ego mihi semper in administranda re publica proponens animum et mentem meam ipsa cogitatione hominum excellentium conformabam.

(CICERONE)

Laboratorio

ANALISI STILISTICA
1. Sottolinea le allitterazioni.

COMPRENSIONE DEL TESTO
2. Quale vantaggio Cicerone afferma di aver tratto dagli studi letterari?
3. In quale ambito l'autore ha messo in pratica gli insegnamenti degli scrittori da lui studiati?

118 Una cosa è il dolore, un'altra il disagio

Cretum quidem leges, quas sive Iuppiter sive Minos sanxit de Iovis quidem sententia, ut poetae ferunt, itemque Lycurgi laboribus erudiunt iuventutem, venando currendo, esuriendo sitiendo, algendo aestuando. Spartae vero pueri ad aram sic verberibus accipiuntur, "ut multus e visceribus sanguis exeat"[1], non numquam etiam, ut, cum ibi essem, audiebam, ad necem; quorum non modo nemo exclamavit umquam, sed ne ingemuit quidem. Quid ergo? Hoc pueri possunt, viri non poterunt? Et mos valet, ratio non valebit? Interest aliquid inter laborem et dolorem. Sunt finitima omnino, sed tamen differt aliquid. Labor est functio quaedam vel animi vel corporis gravioris operis et muneris, dolor autem motus asper in corpore alienus a sensibus. Haec duo Graeci illi, quorum copiosior est lingua quam nostra, uno nomine appellant. Itaque industrios homines illi studiosos vel potius amantis doloris appellant, nos commodius laboriosos; aliud est enim laborare, aliud dolere. O verborum inops interdum, quibus abundare te semper putas, Graecia! Aliud, inquam, est dolere, aliud laborare. Cum varices secabantur C. Mario, dolebat; cum aestu magno ducebat agmen, laborabat. Est inter haec quaedam tamen similitudo; consuetudo enim laborum perpessionem dolorum efficit faciliorem.

(CICERONE)

◀ Vedi **Curiosità**

1. *ut... exeat*: citazione di un verso da una tragedia a noi ignota.

Laboratorio

LESSICO

1. Sottolinea i termini che alludono alle sofferenze fisiche.

ANALISI STILISTICA

2. Riconosci nel testo gli asindeti e gli omoteleuti.

PRODUZIONE

3. Scrivi un breve testo argomentativo (max. 5 righe) per approvare o confutare l'opinione qui espressa.

Curiosità

L'arte "venatoria" In latino il termine che indica la caccia è **venatio, -onis**, da collegare al verbo **venor, -atus sum, -ari** "andare a caccia"; **venator** è il "cacciatore" e **venatorius** è l'aggettivo corrispondente, da cui deriva l'italiano "**arte venatoria**"; c'è anche il femminile **venatrix** "cacciatrice", spesso riferito alla dea Diana.

La reggia di Venaria Reale, nei pressi di Torino, prende nome appunto dalla destinazione venatoria della reggia.
Il verbo italiano "**cacciare**" (nel senso di "andare a caccia") deriva invece dal francese **chasser** e dal latino tardo **caciare** < **captiare**, deformazioni dell'antico **captare**, che era il frequentativo di **capio** "**prendere**".

●●● | **119 Il saggio può giovare ad un altro saggio**

An sapiens sapienti prosit scire desideras. Dicimus plenum omni bono esse sapientem et summa adeptum: quomodo prodesse aliqui possit summum habenti bonum quaeritur. Prosunt inter se boni. Exercent enim virtutes et sapientiam in suo statu continent; desiderat uterque aliquem cum quo conferat, cum quo quaerat. Peritos luctandi usus exercet; musicum qui paria didicit movet. Opus est et sapienti agitatione virtutum; ita quemadmodum ipse se movet, sic movetur ab alio sapiente. Quid sapiens sapienti proderit? Impetum illi dabit, occasiones actionum honestarum commonstrabit. Praeter haec aliquas cogitationes suas exprimet; docebit quae invenerit. Semper enim etiam sapienti restabit quod inveniat et quo animus eius excurrat. Malus malo nocet facitque peiorem, iram eius incitando, tristitiae adsentiendo, voluptates laudando; et tunc maxime laborant mali ubi plurimum vitia miscere et in unum conlata nequitia est. Ergo ex contrario bonus bono proderit. «Quomodo?» inquis. Gaudium illi adferet, fiduciam confirmabit; ex conspectu mutuae tranquillitatis crescet utriusque laetitia.

(SENECA)

LATINO MODERNO

●●● | **120 La provvidenza divina ha additato all'uomo due fini da perseguire**

Duos igitur fines providentia illa inenarrabilis homini proposuit intendendos: beatitudinem scilicet huius vitae, quae in operatione[1] propriae virtutis consistit et per terrestrem paradisum figuratur; et beatitudinem vitae eternae, quae consistit in fruitione divini aspectus ad quam propria virtus ascendere non potest, nisi lumine divino adiuta, quae per paradisum celestem intelligi datur. Ad has quidem beatitudines, velut ad diversas conclusiones, per diversa media venire oportet. Nam ad primam per phylosophica documenta venimus, dummodo illa sequamur secundum virtutes morales et intellectuales operando; ad secundam vero per documenta spiritualia quae humanam rationem transcendunt, dummodo illa sequamur secundum virtutes theologicas operando, fidem spem scilicet et caritatem.

(DANTE)

1. *in operatione*: "nell'attuazione".

UNITÀ 11

LA COORDINAZIONE E LA SUBORDINAZIONE

CURIOSITÀ	CAVE!
Il trionfo	*Esse* nel senso di "mangiare"
	Cum... tum

IN ITALIANO
Gli esercizi mirano a verificare le nozioni relative alla distinzione fra coordinazione e subordinazione.

▶ Esercizi

1 Nelle seguenti frasi riconosci le congiunzioni, distinguendo quelle coordinative e quelle subordinative (alcune frasi potrebbero non contenerne nessuna).

1. Ieri sono venuti Antonio e Piero.   **2.** Non voleva parlare con me né vedermi.   **3.** L'alunna era stata molto brillante, perciò le era stato assegnato un bel premio.   **4.** Prima della partenza ero molto teso.   **5.** Dimmi che cosa vuoi oppure taci.   **6.** Al matrimonio erano presenti i parenti, gli amici nonché alcuni colleghi di Giuseppe.   **7.** Poiché mi hai criticato senza motivo, sono adirato con te.   **8.** Lucia non vuole questa macchina, bensì quell'altra.   **9.** Cesare arringò i soldati affinché combattessero valorosamente.   **10.** Sono arrivato presto; infatti ho preso l'aereo.

2 Nelle seguenti frasi indica la tipologia delle congiunzioni coordinanti sottolineate, scegliendola fra quelle elencate.

1. Volevo partire, **però** poi sono restato. [avversativa - disgiuntiva - conclusiva]
2. I miei amici sono stati sgarbati **e** sono stati puniti. [avversativa - copulativa - disgiuntiva]
3. Giovanni studia molto, **eppure** non ottiene buoni risultati. [disgiuntiva - copulativa - avversativa]
4. C'è molto caldo, **infatti** imperversa l'anticiclone africano. [copulativa - dichiarativa - avversativa]
5. Quest'anno partirete **o** resterete in città? [copulativa - disgiuntiva - avversativa]

3 Nei seguenti periodi sottolinea la proposizione principale; distingui poi le proposizioni subordinate e le coordinate.

1. Prima di partire, salutammo tutti gli amici, ma ci dimenticammo di Luisa, che si offese molto.   **2.** Anna capiva di non essere più la bambina di prima, ma sapeva di non essere ancora una donna adulta.   **3.** La ragazza che hai visto ieri sera era arrivata da Roma per vedermi.   **4.** Dato che mi dici queste cose, credo che prenderò dei provvedimenti appena potrò.   **5.** Arrivò, posò la valigia e capì di essere meno stanco di quanto pensasse.   **6.** Cesare, temendo che gli mancassero i viveri e che i nemici lo assediassero, mandò messaggeri a Roma.   **7.** Gli Spartani, consultato l'oracolo, appresero che avrebbero perso la guerra anche se fossero ricorsi ai più grandi generali.   **8.** Giunti a Torino e vista la nostra parente, ripartimmo per continuare il viaggio e visitare la Val d'Aosta.   **9.** Il filosofo Anassagora, quando udì che il figlio era morto, disse al nunzio che egli non era sorpreso, poiché suo figlio era un mortale.   **10.** Sembrò che i Romani vincessero, ma invece persero la battaglia pur avendo combattuto valorosamente.   **11.** Ieri sei andata da Lucia per restituirle il tablet che ti aveva prestato.

1 COORDINAZIONE E SUBORDINAZIONE

Le proposizioni nel periodo si possono collegare fra loro per coordinazione o per subordinazione.

Si ha la **coordinazione** quando sono unite fra loro due o più proposizioni dello stesso tipo (principali con principali, dipendenti con altre dipendenti di uguale valore e grado):

| *Romani vicerunt **et hostes fugerunt***. | I Romani vinsero **e i nemici fuggirono**. [unione di due principali] |

Si ha invece la **subordinazione** (o ipotassi) quando una proposizione dipende da un'altra (la "reggente"):

| *Cupio / te **esse felicem***. | Desidero **che tu sia felice**. |

Una subordinata può dipendere da una proposizione principale, ma anche da un'altra subordinata:

| *Caesar iussit milites / castra movere / **ut proelium committerent***. | Cesare comandò ai soldati di spostare l'accampamento **per attaccare battaglia**. |

Si può quindi parlare di **subordinate di II grado**; ma ce ne possono essere anche di grado successivo al secondo.

2 LA COORDINAZIONE

Le principali **congiunzioni coordinative** utilizzate sono:

- **copulative** → *et*, *ac*, *atque*, *-que* "e", *etiam*, *quoque* "anche";
- **copulative negative** → *nec*, *neque* "né, e non" (negano, in genere, un'intera proposizione); *et non*, *ac non* "e non" (usate quando la negazione riguarda un solo termine della proposizione); *ne... quidem* "neppure"; *neve* e *neu* (quando nella proposizione precedente c'è un comando negativo o una finale negativa);
- **disgiuntive** → *aut* "o" (usata per separare concetti distinti od opposti), *vel* "o" (quando la distinzione è lieve, anche con valore correttivo), *-ve* "o" enclitica, *sive*, *seu* "o, ossia, o piuttosto" (rettificano un concetto precedente);
- **avversative** → *sed*, *verum* "ma, però", *vero*, *autem* "ma, però, d'altra parte" (avversative deboli, che non si trovano mai all'inizio della frase), *at* "ma, ma al contrario" (è l'avversativa più forte), *atqui* "eppure", *ceterum* "del resto", *tamen* o *nihilo minus* (*nihilomĭnus*) "tuttavia, però, nondimeno" (seguono in genere una precedente proposizione concessiva);
- **dichiarative o causali** → *nam* (o *namque*) "infatti", *enim* (o *etenim*) "infatti";
- **conclusive** → *ergo*, *igitur* (in genere posposto) "dunque, quindi"; *itaque*, *quam ob rem*, *qua de causa*, *quapropter*, *quocirca* "pertanto"; *proinde* "e perciò"; *idcirco* "appunto per questo" (poco frequente, in genere con proposizioni finali e causali).

> **NB**
> - A volte *et* significa "anche":
>   *Quae tu vidisti, **et** ego vidi.*   Le cose che hai visto, le ho viste **anche** io.
> - La coordinazione copulativa può avvenire per **asindeto**, cioè senza congiunzioni:
>   *Concordia maxuma, minima avaritia erat.* (Sall.)   Massima era la concordia (e) minima l'avidità.

- Il contrario è il **polisindeto**, costituito da due o più congiunzioni coordinanti:

*Exoritur clamor**que** virum clangor**que** tubarum.* (Virg.)	Si innalza un grido di uomini **e** fragore di trombe.

- La congiunzione *quod* si può trovare in funzione coordinativa davanti a *si* "se", *nisi*, *ni* "se non", *etsi* "sebbene", *quia* "perché", *quoniam* "giacché", *utinam* "volesse il cielo che", ecc.:

Per se ius est expetendum et colendum; ***quod si*** *ius, etiam iustitia.* (Cic.)	Di per sé deve essere desiderato e venerato il diritto; **e** se (lo deve essere) il diritto, anche la giustizia.

- Correlative copulative sono: ***et... et*** (raro *-que... -que*) e ***cum... tum*** "sia... sia", ***modo... modo*** "ora... ora", ***neque... neque*** "né... né", ***nec... nec*** "né...né".
- Correlative disgiuntive sono: ***aut... aut***, ***vel... vel***, ***sive... sive*** o ***seu... seu***, ecc.
- Correlative avversative sono: ***non modo / non solum / non tantum.... sed (etiam)*** "non solo... ma anche"; si ha anche l'asindeto avversativo:

Vulpes pilum mutat, ***non*** *mores.*	La volpe cambia il pelo, (**ma**) **non** i costumi.

3 LA CONSECUTIO TEMPORUM

Nelle proposizioni subordinate latine (espresse con l'indicativo, con il congiuntivo o con l'infinito), i tempi sono usati con valore relativo, cioè indicano (rispetto al verbo della proposizione reggente) un rapporto di contemporaneità, anteriorità o posteriorità. Questo rapporto dei tempi è regolato da un insieme di norme che costituiscono la ***consecutio temporum*** ("correlazione dei tempi").

3.1 *Consecutio temporum* dell'indicativo

RAPPORTO TRA DIPENDENTE E REGGENTE	CARATTERISTICHE	ESEMPI
contemporaneità	uso in genere simile all'italiano	*Iam **faciam** quodcumque **voles**.* (Tib.) Ormai **farò** tutto quello che **vorrai**.
anteriorità	legge dell'anteriorità (vd. p. 126)	*Si **veneris**, felix **ero**.* Se **verrai** (lett. 'sarai venuto'), **sarò** felice.
posteriorità	verbo della dipendente espresso con la perifrastica attiva	*Id quod non **futurum est** mihi praedicas.* (Plin.) Mi dici ciò che non **avverrà**.

3.2 *Consecutio temporum* del congiuntivo

La scelta dei tempi del congiuntivo, per esprimere un rapporto di contemporaneità, anteriorità o posteriorità, dipende dal tempo (principale o storico) della sovraordinata.

TEMPO DELLA PRINCIPALE	TEMPO DELLA DIPENDENTE IN CASO DI CONTEMPORANEITÀ	TEMPO DELLA DIPENDENTE IN CASO DI ANTERIORITÀ	TEMPO DELLA DIPENDENTE IN CASO DI POSTERIORITÀ
TEMPI PRINCIPALI → presente futuro semplice futuro anteriore perfetto logico	**congiuntivo presente:** *Non dubito quin* **vincas**. Non dubito che tu **vinca**.	**congiuntivo perfetto:** *Non dubito quin* **viceris**. Non dubito che tu **abbia vinto**.	**congiuntivo perifrastico con *sim*:** *Non dubito quin* **victurus sis**. Non dubito che **vincerai**.
TEMPI STORICI → imperfetto perfetto storico piuccheperfetto	**congiuntivo imperfetto:** *Non dubitabam quin* **vinceres**. Non dubitavo che tu **vincessi**.	**congiuntivo piuccheperfetto:** *Non dubitabam quin* **vicisses**. Non dubitavo che tu **avessi vinto**.	**congiuntivo perifrastico con *essem*:** *Non dubitabam quin* **victurus esses**. Non dubitavo che **avresti vinto**.

> **NB**
> - In dipendenza da un **presente storico** si possono trovare sia tempi principali sia tempi secondari:
>
>   *Sabinus huic* **persuadet**, *uti ad hostes* **transeat**. (Ces.)   Sabino lo **induce** (= indusse) **a passare** al nemico.
>
>   *Orgetŏrix Castico* **persuadet** *ut regnum* **occuparet**. (Ces.)   Orgetorige **persuade** (= persuase) Castico **a occupare** il regno.
>
> - In dipendenza dai **perfetti "logici"**, se prevale il riferimento al risultato presente dell'azione, sono preferiti i tempi principali; ciò avviene per lo più con i perfetti *novi*, *cognovi*, *accepi*, *didici* (= *scio*), *memini*, ecc.:
>
>   **Novi** *quid* **feceris**.   So che cosa **hai fatto**.

3.3 *Consecutio temporum* in proposizioni subordinate di grado superiore al primo

Oltre che da una proposizione principale, una proposizione subordinata al congiuntivo può dipendere: da un'altra proposizione al congiuntivo; da un infinito; da un nome verbale (participio, gerundio, supino); da un aggettivo o un sostantivo.

Proposizioni subordinate dipendenti da una subordinata al congiuntivo

Una proposizione subordinata al congiuntivo, dipendente da un'altra proposizione pure al congiuntivo, regola il suo tempo su quello della reggente:

PROPOSIZIONE REGGENTE AL CONGIUNTIVO	PROPOSIZIONE DIPENDENTE AL CONGIUNTIVO	ESEMPI
tempi principali del congiuntivo (presente, futuro perifrastico in *-urus sim*)	1. contemporaneità → presente	1. *Non dubito quin* **scias** *quid* **agam**. Non dubito che tu **sappia** che cosa io **faccia**.
	2. anteriorità → perfetto	2. *Non dubito quin* **scias** *quid* **egerim**. Non dubito che tu **sappia** che cosa **ho fatto**.
	3. posteriorità → futuro perifrastico in *-urus sim*	3. *Non dubito quin* **scias** *quid* **acturus sim**. Non dubito che tu **sappia** che cosa **farò**.

tempi storici del congiuntivo (imperfetto, perfetto, piuccheperfetto, futuro perifrastico in *-urus essem*)	1. contemporaneità → imperfetto	1. *Non dubitabam quin **scires** quid **agerem**.* Non dubitavo che tu **sapessi** che cosa **facevo**.
	2. anteriorità → piuccheperfetto	2. *Non dubitabam quin **scires** quid **egissem**.* Non dubitavo che tu **sapessi** che cosa **avevo fatto**.
	3. posteriorità → futuro perifrastico in *-urus essem*	3. *Non dubitabam quin **scires** quid **acturus essem**.* Non dubitavo che tu **sapessi** che cosa **avrei fatto**.

Proposizioni subordinate dipendenti da una subordinata all'infinito

Quando la proposizione subordinata dipende da un infinito:

TEMPO DELL'INFINITO	TEMPO DELLA DIPENDENTE AL CONGIUNTIVO	ESEMPI
infinito presente o futuro	si regola sul tempo della principale	*Cupio scire* quid **agas**. Desidero sapere che cosa **fai**. *Cupiebam scire* quid **ageres**. Desideravo sapere che cosa **facessi**.
infinito perfetto	segue la dipendenza dei tempi storici, senza badare al tempo della principale	*Satis **docuisse videor** hominis natura quanto omnes **anteiret** animantes.* (Cic.) Mi sembra di **aver fatto capire** abbastanza quanto la natura dell'uomo **sia superiore** a quella di tutti gli esseri viventi.

Proposizioni subordinate dipendenti da un participio, un gerundio, un supino, un sostantivo o un aggettivo

Se la proposizione subordinata al congiuntivo dipende da un participio, da un gerundio, da un supino o da un nome o un aggettivo, il tempo si regola sul verbo della proposizione principale; esempi:

- con il **participio**:

*Hannibal, **verens** ne **dederetur**, Cretam venit.* (Nep.)	Annibale, **temendo** di **essere consegnato**, venne a Creta.

- con il **gerundio**:

*Cupidus eram **audiendi** quid **gestum esset**.* (Cic.)	Ero desideroso **di udire** che cosa **fosse stato fatto**.

- con il **supino**:

*Consultum quid **facerent** legati venerunt.* (Ces.)	Gli ambasciatori andarono **per prendere consiglio** su ciò che **dovessero fare**.

- con un **sostantivo**:

Metu ne *circumdentur*, *recedunt hostes.* (Ces.)	I nemici si ritirano **per timore di essere circondati**.

- con un **aggettivo**:

Plebs, **incerta** *quales* **habitura** *consules esset, coetus nocturnos facere* (= *faciebat*). (Liv.)	La plebe, (poiché era) **incerta** su quali consoli **avrebbe avuto**, teneva riunioni notturne.

3.4 Casi di violazione della *consecutio temporum*

Non tutte le proposizioni subordinate al congiuntivo seguono la *consecutio temporum*. Si sottraggono alla *consecutio*:

- le **proposizioni consecutive**;
- l'**imperfetto congiuntivo potenziale o dubitativo**;
- le **espressioni parentetiche restrittive**;
- il **periodo ipotetico di III tipo** (irrealtà);
- le **proposizioni finali**;
- le **proposizioni complementari dirette di tipo volitivo/iussivo**.

Proposizioni consecutive

Le **proposizioni consecutive**, poiché esprimono un rapporto causa-effetto, in cui l'effetto si può verificare a distanza di tempo dalla causa scatenante, presentano una certa libertà nell'uso dei tempi:

Verres Siciliam ita **vexavit** *ac* **perdidit**, *ut ea restitui in antiquum statum nullo modo* **possit**. (Cic.)	Verre **oppresse** e **rovinò** a tal punto la Sicilia, che essa non **può** in alcun modo essere riportata allo stato precedente. [tempo storico nella principale, a indicare l'azione passata (*vexavit ac perdidit*), e congiuntivo presente nella dipendente dato che la conseguenza è attuale (*ut... nullo modo possit*)]

Congiuntivi dubitativi e potenziali

I **congiuntivi indipendenti dubitativi o potenziali**, riferiti al passato, conservano l'imperfetto congiuntivo anche in dipendenza da un tempo principale:

Quaero a te cur C. Cornelium non **defenderem**. (Cic.)	Ti **chiedo** perché non **avrei dovuto difendere** C. Cornelio.

Parentetiche restrittive

Le **espressioni parentetiche restrittive** (*quod sciam* "per quel che ne so", *quod meminerim* "per quel che mi ricordo", *quod audierim* "per quel che io abbia sentito", ecc.) non osservano la *consecutio*:

Epicurus se unus, **quod sciam**, *sapientem profiteri ausus est*. (Cic.)	Il solo Epicuro, **per quello che ne so**, osò proclamarsi sapiente.

Periodo ipotetico di III tipo

L'apodosi di un **periodo ipotetico di III tipo** (cioè dell'irrealtà), ha sempre l'imperfetto e il piuccheperfetto, anche quando dipende da un tempo principale:

*Tanta mihi cum eo necessitudo **est**, ut, si mea res esset, non magis **laborarem**.* (Cic.)	Io **ho** con lui un tale vincolo d'amicizia che, se la cosa fosse mia, non mi **preoccuperei** di più.

Proposizioni finali e complementari volitive-iussive

Le **proposizioni finali** ammettono soltanto due tempi:
- il congiuntivo presente, in dipendenza da un tempo principale;
- il congiuntivo imperfetto, in dipendenza da un tempo storico.

In esse infatti l'azione è considerata **sempre contemporanea** all'azione della reggente:

*Caesar **hortatur** milites ut Gallos **vincant**.*	Cesare **esorta** i soldati affinché **sconfiggano** i Galli.
*Caesar **hortatus est** milites ut Gallos **vincerent**.*	Cesare **esortò** i soldati affinché **sconfiggessero** i Galli.

Lo stesso vale per le proposizioni complementari dirette di tipo volitivo o iussivo:

*Tibi **persuadeo** ut **venias**.*	Ti **persuado** a **venire**.
*Tibi **persuadebam** ut **venires**.*	Ti **persuadevo** a **venire**.

4 L'ATTRAZIONE MODALE CONGIUNTIVI "DEL PUNTO DI VISTA"

Tutte le proposizioni subordinate (soprattutto le relative), dipendenti da un'altra proposizione con il verbo al congiuntivo o all'infinito perfetto, si spostano dall'indicativo al congiuntivo (**attrazione modale**), **purché facciano parte integrante della proposizione reggente**:

*Nemo adhuc inventus est, cui, quod **haberet**, esset satis.* (Cic.)	Non si è ancora trovato nessuno per il quale fosse abbastanza ciò che **aveva**.

Viceversa, se la subordinata è "**incidentale**", cioè non è parte integrante della reggente, non si ha attrazione modale:

*Caesar cohortes, quae in stationibus **erant**, secum proficisci iussit.* (Ces.)	Cesare ordinò che le coorti, che **erano** nei posti di guardia, partissero con lui. [qui la proposizione relativa *quae... erant* ha l'indicativo perché è una semplice incidentale]

In molti casi, la presenza del congiuntivo latino (in luogo dell'indicativo italiano) è riconducibile soltanto ad esigenze espressive; il congiuntivo infatti indica il pensiero soggettivo di una persona, oppure esprime eventualità o possibilità; si può dunque parlare di **congiuntivi obliqui o eventuali**. Si vedano i seguenti esempi:

*Quis autem eum diligat quem **metuat**?* (Cic.)	Chi poi potrebbe amare colui che **teme**?
*Laudat Africanum Panetius quod **fuerit** abstinens.* (Cic.)	Panezio loda l'Africano perché **(a suo parere) fu** disinteressato.

Se poi viene rimarcata una qualità specifica di un individuo o di un gruppo di persone, si può avere il cosiddetto **congiuntivo caratterizzante**, che in italiano può essere reso con l'indicativo:

*Fuere qui **crederent** M. Licinium Crassum non ignarum eius consilii fuisse.* (Cic.)	Vi furono (alcuni) **che credevano** che Marco Licinio Crasso non fosse stato ignaro di questa decisione.

▶Esercizi

A Analizza e traduci le seguenti frasi, distinguendo la coordinazione copulativa, negativa e correlativa.

1. *Propter tot, tantos, tam praecipitesque casus clarissimorum hominum atque optimorum virorum me semper ab omni contentione ac dimicatione revocasti.* (Cic.) **2.** *Id utile videbatur neque erat.* (Cic.) **3.** *Et audio te et video libenter.* (Cic.) **4.** *Neque turpis mors forti viro potest accidere, neque immatura consulari, nec misera sapienti.* (Cic.) **5.** *Di neque non diligunt nos, neque ignorant futura.* (Cic.) **6.** *Est adventus Caesaris in exspectatione, neque tu id ignoras.* (Cic.) **7.** *Mamertina civitas improba non erat, etiam erat inimica improborum.* (Cic.) **8.** *Exempla quaerimus, et ea non antiqua.* (Cic.) **9.** *Etiam nunc regredi possumus; quod si ponticulum transierimus, omnia armis agenda erunt.* (Svet.) **10.** *Publio neque opera neque consilio neque labore neque gratia neque testimonio defui.* (Cic.) **11.** *Et promissa non facienda non numquam neque semper deposita reddenda sunt.* (Cic.) **12.** *L. Bestia, vir et acer et non indisertus, tristes exitus habuit consulatus.* (Cic.)

B Analizza e traduci le seguenti frasi, distinguendo la coordinazione disgiuntiva, avversativa, dichiarativa e conclusiva.

1. *Omne pronuntiatum est verum aut falsum.* (Cic.) **2.** *Di immortales! Cur ego non adsum vel spectator laudum tuarum vel particeps vel socius vel minister consiliorum?* (Cic.) **3.** *Difficile factu est, sed conabor tamen.* (Cic.) **4.** *Non quid nobis utile, verum quid necessarium sit, quaerimus.* (Cic.) **5.** *Pompeius timebat non ea solum, quae timenda erant, sed omnia.* (Cic.) **6.** *Est philosophi habere non errantem et vagam, sed stabilem certamque sententiam.* (Cic.) **7.** *O rem difficilem atque inexplicabilem! Atqui explicanda est.* (Cic.) **8.** *Omnes sapientes fortes (sunt); non cadit igitur in sapientem aegritudo.* (Cic.) **9.** *Is pagus appellatur Tigurinus; nam omnis civitas Helvetia in quattuor pagos divisa est.* (Ces.) **10.** *Si mihi arma capienda essent, strenue caperem. Etenim exiguum nobis vitae curriculum natura circumscripsit, immensum gloriae.* (Cic.) **11.** *Galli turpe ducunt frumentum manu quaerere, ităque armati alienos agros demĕtunt.* (Cic.) **12.** *In fuga foeda mors est, in victoria gloriosa. Etenim Mars ipse ex acie fortissumum quemque pignerari solet.* (Cic.) **13.** *Nemo fideliter diligit quem fastidit; nam et calamitas querula est et superba felicitas.* (Curz.) **14.** *Idcirco sum tardior, quod non invenio fidelem tabellarium.* (Cic.) **15.** *Nihil, quod crudele, utile; est enim hominum naturae, quam sequi debemus, maxime inimica crudelitas.* (Cic.)

C Analizza e traduci le seguenti frasi (*consecutio temporum* nelle subordinate di I grado).

1. Caesar petit a Gallis ut se frumento iuvent. (Ces.) **2.** Aeschines in Demosthenem invehitur, quod is septimo die post filiae mortem hostias immolavisset. (Cic.) **3.** Neque quid agam neque quid acturus sim scio. (Cic.) **4.** Quam fortiter ferres communes miserias, non intellexi; quam me amares, facile perspexi. (Cic.) **5.** Caesar, ne ex castris egredi cogatur, triginta dierum frumentum habere omnes iubet. (Ces.) **6.** Pompeius, ne duobus circumcluderetur exercitibus, ex eo loco discedit. (Ces.) **7.** Servis suis Rubrius ut ianuam clauderent imperat. (Cic.) **8.** Tum alii alios hortari ut repeterent pugnam. (Liv.) **9.** Valerius Horatiusque vociferari, ut de re publica liceret dicere. (Liv.) **10.** Ista quam necessaria fuerint non facile dixerim. (Cic.) **11.** Latini cum incursionem in agrum Romanum fecissent, repetentibus res Romanis superbe responsum reddunt. (Liv.) **12.** Id Alcibiadi diutius celari non potuit; erat enim ea sagacitate, ut decipi non posset, praesertim cum animum attendisset ad cavendum. (Nep.)

D **COMPLETAMENTO** Inserisci nelle seguenti frasi i termini opportuni, scegliendoli fra le tre opzioni; poi traduci (*consecutio temporum* in proposizioni subordinate di grado superiore al primo).

1. Solon cum interrogaretur cur nullum supplicium constituisset in eum qui parentem necasset, respondit se id neminem .... (*fecisse - facere - facturum*) putasse. (Cic.) **2.** Athenienses miserunt Delphos consultum quidam .... (*fecissent - facerent - faciant*) de rebus suis. (Nep.) **3.** Clamor a Servi Tarquinique fautoribus oritur, et concursus populi fiebat in curiam apparebatque regnaturum qui .... (*vicerit - vicisset - perdidisset*). **4.** Tarquinium dixisse ferunt exsulantem tum se .... (*intellecturum esse - intellegere - intellexisse*) quos fidos amicos habuisset, quos infidos. (Cic.) **5.** Cupido incessit animos iuvenum sciscitandi ad quem eorum regnum Romanum .... (*venturum esset - venisset - veniat*). (Liv.) **6.** Eos tu reprehendis quod cupidi coronae laureae .... (*fuerunt - fuerint - fuissent*), cum bella aut parva aut nulla gessissent. (Cic.) **7.** In Italia video esse nullum agellum qui non in Caesaris potestate .... (*esse - esset - sit*). (Cic.)

E Collega la prima parte di ogni frase alla corrispondente seconda parte; poi traduci (attrazione modale - congiuntivo eventuale, obliquo e caratterizzante).

1. Sic cena Cimoni coquebatur, ut,
2. Recte Socrates exsecrari eum solebat,
3. Apud Germanos mercatoribus est aditus, ut,
4. Saepe tempore fit ut,
5. Ac tantum fuit in militibus studii, ut eos,
6. Quamvis multa non probentur, quae Caesar statuerit,
7. Socrates dicere solebat omnes
8. Caelius Antipater scribit quendam se vidisse
9. Hoc tibi plane unum adprobare vellem,
10. Concede nihil esse bonum,

a. qui navigavisset ex Hispania in Aethiopiam commercii gratia. (Plin.)
b. quod turpe plerumque haberi soleat, inveniatur non esse turpe. (Cic.)
c. quos invocatos vidisset in foro, omnes ad se vocaret. (Nep.)
d. nisi quod honestum sit. (Cic.)
e. omnia me illa sentire quae dicerem. (Sen.)
f. qui de tertia vigilia exissent, ante horam diei IX consequerentur. (Ces.)
g. quae bello ceperint, quibus vendant habeant. (Ces.)
h. tamen otii pacisque causa illa soleo defendere. (Cic.)
i. in eo quod scirent satis esse eloquentes. (Cic.)
l. qui primus utilitatem a iure seiunxisset. (Cic.)

■ EXEMPLUM
121 Aristide ostracizzato

Aristide, figlio di Lisimaco, fu un celebre politico e militare ateniese, vissuto all'incirca fra il 530 e il 462 a.C. Dopo aver contribuito all'abbattimento della tirannide di Ippia nel 510 a.C., fu uno degli strateghi che sconfissero i Persiani a Maratona nel 490 a.C. In seguito fu arconte per due volte, ma nel 482 a.C. fu "ostracizzato" (cioè allontanato per dieci anni) da Atene, dato che si era opposto ad una legge, proposta da Temistocle, che destinava il ricavato delle miniere d'argento di Laurion alla costruzione di navi da guerra.

Aristides, Lysimachi filius, Atheniensis, aequalis fere fuit Themistocli. Itaque cum eo de principatu contendit; namque obtrectarunt inter se. In his autem cognitum est, quanto antestaret eloquentia innocentiae. Quamquam enim adeo excellebat Aristides abstinentia, ut unus post hominum memoriam, quem quidem nos audierimus, cognomine Iustus sit appellatus, tamen a Themistocle collabefactus, testula illa exsilio decem annorum multatus est. Qui quidem cum intellegeret reprimi concitatam multitudinem non posse cedensque animadvertisset quendam scribentem, ut patria pelleretur, quaesisse ab eo dicitur, quare id faceret aut quid Aristides commisisset, cur tanta poena dignus duceretur. Cui ille respondit se ignorare Aristiden, sed sibi non placere, quod tam cupide elaborasset, ut praeter ceteros Iustus appellaretur.

(Cornelio Nepote)

Aristide, figlio di Lisimaco, ateniese, era quasi coetaneo di Temistocle e con lui fu in lotta per il predominio nella vita politica: né l'uno né l'altro rifuggirono dalle reciproche denigrazioni; e in essi si poté constatare quanto l'arte della parola giunga ad avere il sopravvento sulla rettitudine. Infatti per quanto Aristide rifulgesse di tanta dirittura morale da essere soprannominato il Giusto – e fu il solo, a memoria d'uomo, ch'io sappia –, pure, demolito nella sua reputazione da Temistocle, fu condannato con il ben noto sistema dell'ostracismo a un esilio di dieci anni. Si racconta che, persuaso che nulla sarebbe valso a sedare la folla ormai sobillata, stava appunto andandosene, quando vide un tizio che scriveva il suo voto per farlo espellere dalla patria e gli chiese quale ragione ve lo spingesse o quale colpa avesse commesso Aristide per essere giudicato degno di così grave condanna. Quegli rispose che non conosceva nemmeno Aristide, ma che non poteva soffrire che si fosse dato tanto da fare per essere chiamato lui solo, ad esclusione di tutti gli altri, il Giusto.

(trad. di C. Vitali)

NOTE LINGUISTICHE	NOTE LESSICALI	NOTE DI TRADUZIONE
Qui quidem → nesso relativo; "e lui in verità". *animadvertisset quendam scribentem* → il verbo di percezione (*animadverto*) vuole dopo di sé il participio predicativo *scribentem* (cfr. inglese *I see you writing* "vedo che tu scrivi"). *quare id faceret aut quid Aristides commisisset* → interrogative indirette coordinate. *Aristiden* → accusativo alla greca. *Quod tam cupide elaborasset* → la causale ha il congiuntivo perché si esprime l'opinione del cittadino ateniese.	*aequalis* → è un aggettivo sostantivato, che significa "compagno, coetaneo" e talora "contemporaneo". *de principatu contendit* → il sostantivo *principatus* significa qui "supremo comando, supremazia"; sarebbe improprio tradurre ad occhio con "principato". *innocentiae* → il sostantivo *innocentia* (da *in-* negativo + *noceo* "nuocere") ha un significato più ampio rispetto all'italiano "innocenza"; infatti può voler dire, come qui, "rigida onestà, disinteresse, integrità".	*namque obtrectarunt* (= *obtrectaverunt*) *inter se* → il traduttore rende con un'espressione fraseologica: "né l'uno né l'altro rifuggirono dalle reciproche denigrazioni" (lett. "ed infatti cercarono di nuocersi a vicenda", dato che *obtrecto* significa propr. "denigrare, essere ostile, criticare, nuocere"). *testula illa* → la traduzione chiarisce meglio: "con il ben noto sistema dell'ostracismo"; il sostantivo *testula* indica il "piccolo coccio" (l'*òstrakon* dei Greci) su cui gli Ateniesi scrivevano il nome della persona che volevano allontanare per dieci anni dalla città.

■ PRIMO LIVELLO

122 Le fasce climatiche

Eratostene ha diviso il mondo in due parti, una meridionale e una settentrionale; quest'ultima è più salubre e più fertile e gode di un clima temperato; invece nella parte interna del continente gli inverni sono lunghi e rigidi e il clima è avverso alle coltivazioni.

a. L'Italia è più adatta dell'Asia alle coltivazioni

Primum cum orbis terrae divisus sit in duas partes ab Eratosthene maxume secundum naturam, ad meridiem versus et ad septemtriones, et sine dubio quoniam salubrior pars septemtrionalis est quam meridiana, et quae salubriora illa fructuosiora, dicendum utique Italiam magis etiam fuisse opportunam ad colendum quam Asiam, primum quod est in Europa, secundo quod haec temperatior pars quam interior.

b. Regioni inadatte alle coltivazioni

Nam intus paene sempiternae hiemes, neque mirum, quod sunt regiones inter circulum septemtrionalem et inter cardinem caeli, ubi sol etiam sex mensibus continuis non videtur. Itaque in oceano in ea parte ne navigari quidem posse dicunt propter mare congelatum. Illic in semestri die aut nocte quem ad modum quicquam seri aut alescere aut meti possit?

(VARRONE)

123 Il diluvio universale

LATINO MODERNO

Indignato dai vizi degli uomini, Dio decide di sterminarli con un diluvio; intende però risparmiare Noè e la sua famiglia. Noè, per suggerimento di Dio, costruisce un'immensa arca e vi si imbarca con la famiglia e con una coppia per ogni specie animale. Il diluvio sommerge il mondo, ma l'arca naviga al di sopra delle acque assicurando la salvezza ai suoi occupanti. Quando, dopo molti mesi, la forza della tempesta si attenua, Noè fa dei tentativi per comprendere se davvero il diluvio sia cessato; infine, rassicurato, esce dall'arca con tutti gli altri superstiti.

a. **Dio decide di distruggere il genere umano**
Postquam numerus hominum crevit, omnia vitia invaluēre. Quare offensus Deus statuit perdere hominum genus diluvio. Attamen pepercit Noëmo et liberis eius, qui colebant virtutem.

b. **La costruzione dell'arca**
Noëmus, admonitus a Deo, exstruxit ingentem arcam in modum navis; linivit eam bitumine, et in eam induxit par unum omnium avium et animantium.

c. **Il genere umano è distrutto dal diluvio**
Postquam Noëmus ipse ingressus est in arcam cum coniuge, tribus filiis et totidem nuribus, aqua maris et omnium fontium eruperunt. Simul pluvia ingens cecidit per quadraginta dies et totidem noctes. Aqua operuit universam terram, ita ut superaret quindecim cubitis[1] altissimos montes. Omnia absumpta sunt diluvio; arca autem sublevata aquis fluitabat in alto.

d. **Il diluvio cessa**
Deus immisit ventum vehementem, et sensim aquae imminutae sunt. Tandem mense undecimo postquam diluvium coeperat, Noemus aperuit fenestram arcae, et emisit corvum, qui non est reversus. Deinde emisit columbam. Quum[2] ea non invenisset locum ubi poneret pedem, reversa est ad Noëmum, qui extendit manum, et intulit eam in arcam.

e. **Noè e la sua famiglia escono dall'arca**
Columba rursum emissa attulit in ore suo ramum olivae virentis, quo finis diluvii significabatur. Noëmus egressus est ex arca, postquam ibi inclusus fuerat per annum totum ipse et familia eius: eduxit secum aves ceteraque animantia.

(C.F. Lhomond)

1. *quindĕcim cubitis*: un cubito equivale più o meno a 44 cm.
2. *Quum*: cum.

SECONDO LIVELLO

••• | 124 Abilità oratoria di Ortensio

Il *Brutus* presenta una storia dell'eloquenza romana dalle origini fino a Ortensio Ortalo e Cicerone. Nel passo che segue Cicerone ricorda proprio Quinto Ortensio Ortalo, grande oratore e avvocato che fu esponente dell'arianesimo, la tendenza opposta all'atticismo.

▶ Vedi **Cave!**

Hortensius ardebat autem cupiditate sic, ut in nullo umquam flagrantius studium viderim. Nullum enim patiebatur esse diem quin aut in foro diceret aut meditaretur extra forum. Saepissume autem eodem die utrumque faciebat. Adtuleratque minime volgare genus dicendi; duas quidem res quas nemo alius: partitiones, quibus de rebus dicturus esset, et conlectiones, memor et quae essent dicta contra quaeque ipse dixisset. Erat in verborum splendore elegans, compositione aptus, facultate copiosus; eaque erat **cum** summo ingenio **tum** exercitationibus maxumis consecutus. Rem complectebatur memoriter, dividebat acute, nec praetermittebat fere quicquam, quod esset in causa aut ad confirmandum aut ad refellendum. Vox canora et suavis, motus et gestus etiam plus artis habebat quam erat *oratori satis. Hoc igitur florescente Crassus est mortuus, Cotta pulsus, iudicia intermissa bello[1], nos[2] in forum venimus.*

(CICERONE)

1. *bello*: si riferisce alla guerra "sociale" del 90 a.C. 2. *nos*: "io"; *pluralis maiestatis*.

Laboratorio

MORFOLOGIA
1. Individua i sostantivi della III declinazione.
2. Sottolinea gli aggettivi.

SINTASSI
3. Che complementi sono, rispettivamente, *cupiditate, in foro, summo ingenio*?

COMPRENSIONE DEL TESTO
4. Quali erano le due caratteristiche specifiche dell'eloquenza di Ortensio?

Cave!

Cum… tum Non bisogna confondere *cum… tum*, congiunzioni correlative che significano "sia… sia", rispettivamente con la **preposizione** *cum* (che regge l'ablativo) e l'**avverbio di tempo** *tum*. In particolare, nel testo della versione precedente la frase *eaque erat cum summo ingenio tum exercitationibus maxumis consecutus* risulta insidiosa proprio perché *cum* è seguito da *summo ingenio* e può sembrare che lo regga; ma la presenza del successivo *tum* deve aiutare ad evitare l'errore.

125 Lo stato romano fu ingrandito dai generali che ubbidirono alle prescrizioni della religione

Nel II libro del *De natura deorum* Lucilio Balbo espone la dottrina stoica della provvidenza. Successivamente Balbo, citando alcuni esempi storici, ha ricordato come il culto degli dèi e l'osservanza dei precetti religiosi abbiano acquistato nel mondo romano un'importanza sempre maggiore. Viceversa, nel passo che qui presentiamo, vengono deplorati degli esempi di trascuratezza nelle pratiche religiose che hanno provocato gravi danni allo stato.

Nihil nos P. Clodi bello Punico primo temeritas movebit, qui etiam per iocum deos inridens, cum cavea liberati pulli non pascerentur, mergi eos in aquam iussit, ut biberent, quoniam **esse** *nollent? Qui risus classe devicta multas ipsi lacrimas, magnam populo Romano cladem attulit. Quid collega eius, L. Iunius, eodem bello nonne tempestate classem amisit, cum auspiciis non paruisset? Itaque Clodius a populo condemnatus est, Iunius necem sibi ipse conscivit. C. Flaminium Coelius[1] religione neglecta cecidisse apud Transumenum scribit cum magno rei publicae vulnere. Quorum exitio intellegi potest eorum imperiis rem publicam amplificatam, qui religionibus paruissent. Et si conferre volumus nostra cum externis, ceteris rebus aut pares aut etiam inferiores reperiemur, religione, id est cultu deorum, multo superiores.*

◀ Vedi **Cave!**

(CICERONE)

1. *Coelius*: "Celio"; si tratta di Celio Antipatro, che aveva composto un'opera storica sulle guerre puniche.

Laboratorio

MORFOLOGIA
1. Individua i pronomi e precisane la tipologia.
2. Sottolinea le forme verbali all'indicativo perfetto.

SINTASSI
3. Riscontra nel testo l'applicazione delle norme della *consecutio temporum*.

LESSICO
4. Sottolinea e distingui i sostantivi del campo semantico della guerra.

Cave!

***Esse* nel senso di "mangiare"** Nel brano compare l'infinito *esse*, che però non proviene dal verbo *sum*; si tratta infatti dell'**infinito secondario** da *edo, -is, edi, esum, edĕre* "**mangiare**". In questa antica coniugazione atematica il tema *ed-* si univa direttamente alle desinenze, provocando mutamenti fonetici: *ed-se > esse*. Altre forme omografe rispetto a *sum* (ma da esso distinguibili per la quantità lunga della vocale *e*) erano: la 2ª e 3ª persona singolare del presente indicativo *ēs* (= *edis*) ed *ēst* (= *edit*); l'imperfetto congiuntivo *essem* (= *edĕrem*), *esses*, ecc.; l'imperativo presente *es* / *este* (= *ede* / *edite*) e l'imperativo futuro *esto* / *estote* (*edĭto* / *editote*). Al passivo si trova *estur* "si mangia" (= *edĭtur*).
Probabilmente anche a causa di tutte queste forme alternative e delle possibili confusioni, il verbo *edo* fu progressivamente sostituito dal più semplice e regolare *mandūco* (propr. "**masticare**") da cui derivano l'italiano "**mangiare**" e il francese *manger*.

126 Esempi spartani di disprezzo per la morte

Nel I libro delle *Tusculanae disputationes* Cicerone presenta alcune lezioni di filosofia. Tema della prima disputa è se la morte sia un male. Un allievo afferma che la morte è un male per tutti, ma Cicerone contesta questa opinione; anzitutto smonta il timore degli inferi (che è frutto di superstizioni), poi passa a dimostrare che la morte non solo non è un male, ma addirittura può essere considerata un bene. Nel passo immediatamente precedente, Cicerone ha ricordato l'ultimo discorso di Socrate condannato a morte. Seguono ora alcuni esempi di disprezzo della morte verificatisi presso gli Spartani.

Sed quid ego Socratem aut Theramenem, praestantis viros virtutis et sapientiae gloria, commemoro, cum Lacedaemonius quidam, cuius ne nomen quidem proditum est, mortem tantopere contempserit, ut, cum ad eam duceretur damnatus ab ephoris et esset voltu hilari atque laeto dixissetque ei quidam inimicus: «Contemnisne leges Lycurgi?», responderit; «Ego vero illi maximam gratiam habeo, qui me ea poena multaverit, quam sine mutuatione et sine versura possem dissolvere». O virum Sparta dignum! Ut mihi quidem, qui tam magno animo fuerit, innocens damnatus esse videatur. Pari animo Lacedaemonii in Thermopylis occiderunt, in quos Simonides[1]: «Dic, hospes, Spartae nos te hic vidisse iacentis, / dum sanctis patriae legibus obsequimur». Quid ille dux Leonidas dicit? «Pergite animo forti, Lacedaemonii, hodie apud inferos fortasse cenabimus». Fuit haec gens fortis, dum Lycurgi leges vigebant. E quibus unus, cum Perses hostis in conloquio dixisset glorians: «Solem prae iaculorum multitudine et sagittarum non videbitis», «In umbra igitur – inquit – pugnabimus».

(CICERONE)

1. *Simonides*: si tratta di Simonide di Ceo (556-468 a.C. circa), esponente della lirica corale greca.

127 Vercingetorige muove le sue truppe contro Cesare

Il VII libro del *De bello Gallico* presenta dapprima una situazione di calma apparente nella Gallia, che sembra ormai pacificata dalle legioni romane. I Galli, però, cominciano ad organizzare una rivolta, a capo della quale si pone presto Vercingetorige, un giovane condottiero della tribù degli Arverni.

Vercingetorix, ubi de Caesaris adventu cognovit, oppugnatione destitit atque obviam Caesari proficiscitur. Ille oppidum Biturigum positum in via Noviodunum oppugnare instituerat. Quo ex oppido cum legati ad eum venissent oratum ut sibi ignosceret suaeque vitae consuleret, ut celeritate reliquas res conficeret, qua pleraque erat consecutus, arma conferri, equos produci, obsides dari iubet. Parte iam obsidum tradita, cum reliqua administrarentur, centurionibus et paucis militibus intromissis, qui arma iumentaque conquirerent, equitatus hostium procul visus est, qui agmen Vercingetorigis antecesserat. Quem simul atque oppidani conspexerunt atque in spem auxili venerunt, clamore sublato arma capere, portas claudere, murum complere coeperunt. Centuriones in oppido, cum ex significatione Gallorum novi aliquid ab eis iniri consili intellexissent, gladiis destrictis portas occupaverunt suosque omnes incolumes receperunt.

(CESARE)

TERZO LIVELLO

128 L'amore per il sapere è innato negli esseri umani

Tantus est igitur innatus in nobis cognitionis amor et scientiae, ut nemo dubitare possit quin ad eas res hominum natura nullo emolumento invitata rapiatur. Videmusne ut pueri ne verberibus quidem a contemplandis rebus perquirendisque deterreantur? Ut pulsi recurrant? Ut aliquid scire se gaudeant? Ut id aliis narrare gestiant? Ut pompa, ludis atque eius modi spectaculis teneantur ob eamque rem vel famem et sitim perferant? Quid vero? Qui ingenuis studiis atque artibus delectantur, nonne videmus eos nec valitudinis nec rei familiaris habere rationem omniaque perpeti ipsa cognitione et scientia captos et cum maximis curis et laboribus compensare eam, quam ex discendo capiant, voluptatem? Ut mihi quidem Homerus huius modi quiddam vidisse videatur in iis, quae de Sirenum cantibus finxerit. Neque enim vocum suavitate videntur aut novitate quadam et varietate cantandi revocare eos solitae, qui praetervehebantur, sed quia multa se scire profitebantur, ut homines ad earum saxa discendi cupiditate adhaerescerent.

(CICERONE)

Laboratorio

ANALISI STILISTICA
1. Individua nel testo un esempio di chiasmo.

COMPRENSIONE DEL TESTO
2. Quale deduzione deriva dall'osservazione del comportamento dei fanciulli?
3. Quale esempio letterario viene ricordato nel brano?

••• | 129 Dall'Oriente la corruzione si diffonde a Roma

Luxuriae enim peregrinae origo ab exercitu Asiatico[1] *invecta in urbem est. Ii primum lectos aeratos, vestem stragulam pretiosam, plagulas et alia textilia, et quae tum magnificae supellectilis habebantur, monopodia et abacos Romam advexerunt. Tunc psaltriae sambucistriaeque*[2] *et convivalia alia ludorum oblectamenta addita epulis; epulae quoque ipsae et cura et sumptu maiore apparari coeptae. Tum coquus, vilissimum antiquis mancipium et aestimatione et usu, in pretio esse*[3]*, et quod ministerium fuerat, ars haberi coepta. Vix*[4] *tamen illa, quae tum conspiciebantur, semina erant futurae luxuriae. In* **triumpho** *tulit Cn. Manlius coronas aureas ducenta duodecim pondo, argenti pondo ducenta viginti milia, auri pondo duo milia centum tria, tetrachmum Atticum centum viginti septem milia, cistophori ducenta quinquaginta, Philippeorum aureorum nummorum sedecim milia trecentos viginti; et arma spoliaque multa Gallica carpentis travecta, duces hostium duo et quinquaginta ducti ante currum. Militibus quadragenos binos denarios divisit, duplex centurioni, triplex in equites, et stipendium duplex in pedites dedit; multi omnium ordinum donati militaribus donis currum secuti sunt.*

(Livio)

▶ Vedi **Curiosità**

---

1. *ab exercitu Asiatico*: si tratta dell'esercito romano che aveva combattuto in Asia.
2. *psaltriae sambucistriaeque*: "suonatrici di cetra e di sambuca"; *psaltria* era la suonatrice del *psalterium*, uno strumento a corde simile alla cetra; invece la *sambuca* era uno strumento triangolare a corda, simile all'odierna arpa.
3. *in pretio esse*: è retto dal *coepta* del periodo seguente.
4. *Vix*: va collegato a *conspiciebantur*.

Curiosità

Il trionfo Ai generali vincitori di una guerra in cui, in un'unica battaglia, fossero morti almeno 5000 nemici, il senato decretava il **trionfo** (*triumphum decernere*). Il *triumphus* consisteva in una processione in cui il **generale vittorioso (*imperator*)**, con la *toga picta* e la *tunica palmata* (decorata con disegni di foglie di palma), coronato d'alloro, con uno scettro d'avorio in mano, entrava a Roma dalla *porta triumphalis* su un carro trainato da quattro cavalli bianchi, preceduto dai littori. Percorsa la Via Sacra, saliva poi al Campidoglio fra due ali di folla che lo acclamava con il grido **io triumphe** "evviva, o trionfo!". Il corteo era precduto dai senatori, dai trombettieri (*tubicīnes*), dai soldati (che portavano il bottino e le spoglie della vittoria) e dai prigionieri incatenati; i soldati rivolgevano al loro comandante **versi di lode** ma anche frizzi e **scherzi mordaci (*carmina triumphalia*)**, che "esorcizzavano" l'eccessiva fortuna del loro capo, ricordandogli la sua condizione mortale. Nel momento culminante del trionfo, inoltre, lo schiavo che teneva l'alloro della vittoria sulla testa del generale gli sussurrava all'orecchio: *Memento mori! Memento te hominem esse!* ("Ricordati che devi morire! Ricorda che sei un uomo!"). Arrivato infine sul Campidoglio, il generale sacrificava nel tempio di Giove Capitolino un toro candido e deponeva la sua corona d'alloro.

L'etimologia del termine *triumphus* è incerta; forse deriva dal greco **thrìambos** (θρίαμβος) che indicava un **inno in onore di Dioniso** (il Bacco dei Latini) ed anche un epiteto del dio; il vocabolo greco si può collegare a sua volta al verbo **thréomai** (θρέομαι) "**urlare, lamentarsi**" e al sostantivo **thòrybos** (θόρυβος) "**baccano, chiasso**". Nel termine latino, la presenza del *ph* in corrispondenza del *b* greco ha fatto ipotizzare una mediazione etrusca; è però documentata una forma arcaica *triumpus*, forse ricollegabile ad un composto da *tri-* ("tre volte") e *pes* ("piede"), per cui alcuni intendono come "**danza trionfale di tre passi**".

●●● | 130 Una donna coraggiosa

Aegrotabat Caecina Paetus maritus eius[1], aegrotabat et filius, uterque mortifere, ut videbatur. Filius decessit eximia pulchritudine, pari verecundia, et parentibus non minus ob alia carus quam quod filius erat. Huic illa ita funus paravit, ita duxit exsequias, ut ignoraret maritus; quin immo quotiens cubiculum eius intraret, vivere filium atque etiam commodiorem esse simulabat, ac persaepe interroganti, quid ageret puer, respondebat: «Bene quievit, libenter cibum sumpsit». Deinde, cum diu cohibitae lacrimae vincerent prorumperentque, egrediebatur; tunc se dolori dabat; satiata, siccis oculis, composito vultu, redibat, tamquam orbitatem foris reliquisset. Praeclarum quidem illud eiusdem, ferrum stringere, perfodere pectus, extrahere pugionem, porrigere marito, addere vocem immortalem ac paene divinam: «Paete, non dolet». Sed tamen ista facienti, ista dicenti, gloria et aeternitas ante oculos erant; quo maius est sine praemio aeternitatis, sine praemio gloriae, abdere lacrimas, operire luctum, amissoque filio matrem adhuc agere.

(Plinio il Giovane)

1. *eius*: "di lei"; si parla di Arria Maggiore, moglie di Cecina Peto, che fu condannato a morte dall'imperatore Claudio nel 42 d.C.; dato che il marito esitava a precedere con la sua morte volontaria l'esecuzione della pena capitale, la donna s'immerse il pugnale nel petto e lo consegnò poi al marito minimizzando la gravità del suicidio.

Laboratorio

ANALISI STILISTICA
1. Individua nel testo gli asindeti.

COMPRENSIONE DEL TESTO
2. Che cosa fa Arria quando il figlio muore?
3. Quali elementi dimostrano, pur nel comportamento eroico, l'umana fragilità della donna?

PRODUZIONE
4. Riassumi il brano (max. 4 righe).

●●● | 131 La congiunzione *atque* può avere vari significati

*"Atque" particula a grammaticis quidem coniunctio esse dicitur conexiva[1]. Et plerumque sane coniungit verba et conectit; sed interdum alias quasdam potestates habet non satis notas nisi in veterum litterarum tractatione atque cura exercitis. Nam et pro adverbio valet, cum dicimus "aliter ego feci atque tu", significat enim "aliter quam tu", et, si gemina fiat, auget incenditque rem de qua agitur, ut animadvertimus in Q. Enni annalibus, nisi memoria in hoc versu labor: "atque atque accedit muros Romana iuventus". Cui significationi contrarium est, quod itidem a veteribus dictum est "deque". Et praeterea pro alio quoque adverbio dicitur, id est "statim", quod in his Vergili versibus ***[2] existimatur obscure et insequenter particula ista posita esse: "sic omnia fatis / in peius ruere ac retro sublapsa referri, / non aliter quam qui adverso vix flumine lembum / remigiis subigit, si brachia forte remisit, / atque illum in praeceps prono rapit alveus amni"[3].*

(Aulo Gellio)

1. *conexiva*: "copulativa".
2. Nel testo è presente una breve lacuna.
3. Citazione da Virgilio *Georgiche* I 199-203.

UNITÀ 12

CLASSIFICAZIONE DELLE PROPOSIZIONI DIPENDENTI

CURIOSITÀ	CAVE!
Continens	*Casa* e *domus*

IN ITALIANO
Le subordinate completive dirette

- Le proposizioni subordinate completive, o complementari dirette, sono proposizioni dipendenti che **completano** il senso della frase reggente, svolgendo nel periodo la stessa funzione svolta nella proposizione dal soggetto e dal complemento oggetto.
- A questo tipo di proposizione appartengono anzitutto le proposizioni soggettive e le proposizioni oggettive.
- Le soggettive svolgono la funzione di soggetto di una reggente che abbia il predicato di forma impersonale (vd. in proposito le nozioni ricordate nell'Unità 1, p. 18).
- Le oggettive invece svolgono la funzione di complemento oggetto della reggente.

▶ Esercizi

1 Nelle seguenti frasi distingui le proposizioni soggettive da quelle oggettive, precisando di volta in volta se sono in forma esplicita o implicita.

1. Sembra opportuno fermarsi un po'. **2.** Ho capito che hai studiato molto. **3.** Cesare sembrava poter conquistare la Gallia senza ulteriori battaglie. **4.** Ho proibito a mio figlio di uscire con questo freddo. **5.** È evidente che è stata colpa tua. **6.** Occorre affrettarsi per arrivare in tempo. **7.** Penso che Giuseppe sia più adatto di Filippo a questo incarico. **8.** Mi sembrava di aver fatto tutto il possibile. **9.** Spero che tu possa venire presto a trovarmi. **10.** Si dice che questo inverno sarà molto rigido.

2 Nelle seguenti proposizioni, tutte introdotte da *che* (congiunzione o pronome), riconosci e sottolinea solo le proposizioni oggettive.

1. I ragazzi che sono venuti ieri erano amici miei. **2.** Sembra che tu sia stato assunto. **3.** Credo che Michele abbia ragione. **4.** Vorrei che Anna la smettesse di criticarmi sempre. **5.** Era chiaro che qualcosa non aveva funzionato. **6.** Sono stato più felice che se avessi vinto io. **7.** Ritengo che la questione potrebbe essere risolta facilmente. **8.** Mi auguro che arriviate in orario. **9.** Si pensa che tu possa farcela. **10.** Non ricordavo più che mi avevi dato un appuntamento.

1 CLASSIFICAZIONE DELLE PROPOSIZIONI DIPENDENTI

Nel periodo, le **proposizioni dipendenti** (o **subordinate** o **secondarie**) completano la proposizione reggente; secondo la tipologia di completamento, si possono distinguere in questo modo:

TIPOLOGIA DI PROPOSIZIONE DIPENDENTE	ESEMPI
proposizioni completive (o complementari) dirette o sostantive → svolgono nel periodo la funzione svolta in una proposizione da un sostantivo non preceduto da preposizione:	
a. infinitive soggettive e oggettive	a. *Oportet **Romanos vincere**.* Occorre che **i Romani vincano**. *Cupio **me esse clementem**.* Desidero **essere clemente**.
b. proposizioni completive (o complementari) introdotte da *quod*	b. *In hoc sumus sapientes, **quod** Deum **colimus**.* Siamo sapienti in questo, cioè **nel fatto che veneriamo** Dio.
c. proposizioni completive "pseudo-consecutive" introdotte da *ut* dichiarativo (con negazione *ut non*)	c. *Reliquum est **ut** de officiis **disseram**.* (Cic.) Rimane **che** io **parli** dei doveri.
d. proposizioni completive "pseudo-finali" introdotte da *ut* volitivo (con negazione *ne*)	d. *Damocles exoravit tyrannum **ut** abire sibi **liceret**.* (Cic.) Damocle scongiurò il tiranno che gli fosse permesso di andar via.
e. proposizioni completive introdotte da *quin* e *quominus*	e. *Nihil impediit **quin proficiscerer**.* Nulla mi impedì di partire. [= *nihil impediit meam profectionem*]
f. proposizioni interrogative indirette e dubitative.	f. *Ex te quaero **quid dicas**.* Ti chiedo che cosa dici. [= *verba tua*]
proposizioni subordinate indirette, o avverbiali o circostanziali → svolgono nel periodo la stessa funzione svolta, nella proposizione, da un complemento indiretto o da un avverbio, precisando la circostanza in cui si svolge l'azione:	
a. proposizioni finali	a. ***Ut patriam servemus**, pugnamus.* Combattiamo **per salvare la patria**.
b. proposizioni consecutive	b. *Tanta vis est probitatis, **ut eam** in hoste etiam **diligamus**.* (Cic.) Tale è la forza dell'onestà **che la amiamo** anche in un nemico.
c. proposizioni causali	c. ***Quoniam iam nox est**, in vestra discedite tecta.* (Cic.) **Poiché è ormai notte**, andate alle vostre case.
d. proposizioni temporali e narrative	d. *Verres, **cum rosam viderat**, tum ver incipere arbitrabatur.* (Cic.) Verre, **quando vedeva una rosa**, allora credeva che iniziasse la primavera.
e. proposizioni concessive	e. ***Tametsi miserum est**, tamen possum ei aliquo modo ignoscere.* (Cic.) **Anche se è doloroso**, tuttavia in qualche modo potrei perdonarlo.
f. proposizioni avversative	f. ***Cum pace nobis frui liceat**, bellum saepe optamus.* (Cic.) **Mentre sarebbe lecito a noi godere la pace**, spesso desideriamo la guerra.
g. proposizioni comparative	g. ***Atrocius** fuit bellum **quam putarant cives**.* La guerra fu **più atroce di quanto i cittadini avevano pensato**.

h. proposizioni modali e limitative i. proposizioni condizionali e ipotetiche	h. *Fac **ut vis***. Fai **come vuoi**. i. *Oderint, **dum metuant***. (Svet.) Mi odino, **purché mi temano**.
proposizioni attributive-appositive o aggettive → svolgono nel periodo una funzione analoga a quella svolta nella proposizione da un attributo, da un participio con valore attributivo o da un nome con valore appositivo: **proposizioni relative proprie**, cioè con l'indicativo.	*optimates, **qui rei publicae praesunt*** (Cic.) gli ottimati, **che sono a capo dello stato** [= *optimates rei publicae praesidentes*]

2 PROPOSIZIONI INFINITIVE

Nell'Unità II 9, parlando dell'uso verbale dell'infinito, abbiamo già trattato le **infinitive soggettive** e **oggettive** (vd. pp. 152-153); ci limitiamo qui a ricordare che:

- l'infinito può svolgere la funzione di soggetto, oggetto e predicato; analogamente, una proposizione infinitiva può svolgere le stesse tre funzioni;

- nelle infinitive latine il soggetto va in accusativo, il verbo è all'infinito, la parte nominale del predicato va in accusativo:

*Omnes sciunt **Romanos audaces fuisse***.	Tutti sanno **che i Romani furono audaci**.

L'accusativo con l'infinito (e a volte anche l'infinito semplice) si trova spesso anche in **funzione dichiarativa (o esplicativa o epesegetica)** per chiarire un termine della reggente, che anticipa il contenuto dell'infinitiva stessa; si possono verificare questi casi:

- **determinazione di un nome**:

*Est haec saeculi quaedam **macula atque labes**, virtuti hominem invidere.* (Cic.)	È questa, per dir così, **una macchia e un'onta** della nostra generazione, che un uomo possa invidiare la virtù.

- **determinazione di un pronome neutro**:

***Hoc** quidem apparet, nos ad agendum esse natos.* (Cic.)	**Questo** in verità appare evidente, cioè che noi siamo nati per agire.

- **determinazione di un avverbio o di una locuzione avverbiale**:

*Ego **sic** existimo, Mario non solum propter virtutem imperia mandata esse.*	Io ritengo **così**, cioè che a Mario non solo per la sua virtù furono affidate cariche militari.

3 LA PROPOSIZIONE OGGETTIVA ESPLICITA NEL LATINO POSTCLASSICO

Nel latino postclassico, già nei testi cristiani, è frequente la sostituzione dell'oggettiva all'accusativo + infinito con una subordinata **dichiarativa esplicita introdotta da *quod/quia***, all'indicativo o al congiuntivo, molto più simile al costrutto dell'italiano:

*Audistis **quia dictum est***. (Vangelo secondo Matteo)	Avete sentito **che è stato detto**.
*Dico vobis **quod multi venient***. (Vangelo secondo Matteo)	Vi dico **che molti verranno**.

Tale costruzione apparteneva forse di già alla lingua parlata latina, ma fu anche importante l'influsso delle costruzioni esplicite greche introdotte dalle congiunzioni ὡς (*hos*), ὅτι (*hoti*), ecc.

▶Esercizi

A Analizza e traduci le seguenti frasi, distinguendo le proposizioni infinitive soggettive dalle oggettive.
1. Caesar adventare et iam iamque adesse eius equites falso nuntiabantur. (Ces.) 2. In Britanniam te profectum non esse gaudeo. (Cic.) 3. Vos video esse miserrimas. (Cic.) 4. Caesar cognoscit et montem a suis teneri et Helvetios castra movisse. (Ces.) 5. Docui per litteras id fieri non posse. (Cic.) 6. Huius me constantiae puto fore ut numquam paeniteat. (Cic.) 7. Spero nostram amicitiam non egere testibus. (Cic.) 8. Ego L. Metellum memini bonis esse viribus extremo tempore aetatis. (Cic.) 9. Nec sine causa dictum est nihil facilius quam lacrimas inarescere. (Quint.)

B Traduci le seguenti notizie di cronaca recente, tratte dal sito finlandese *Nuntii Latini*, individuando ed analizzando le proposizioni infinitive:
1. Primus minister Russiae Dmitri Medvedev primo ministro Finniae Juha Sipilä nuntium gratulatorium misit. Laudat relationes, quae inter Russiam et Finniam tradito more sunt amicales. Affirmat se in commercio, oeconomia, investionibus, scientia innovationibusque ad cooperationem excolendam paratum esse. (02.06.2015) 2. Muhammed Mursi, pristinus praesidens Aegypti, una cum centum fere aliis sociis Ordinis fratrum Musulmanorum capitis damnatus est. Unio Europaea hanc sententiam a iudicibus Aegyptiis dictam valde reprehendit. Federica Mogherini, ministra Unionis a rebus exteris et securitatis negat poenam mortis cum iis postulatis congruere, quae ius internationale Aegyptiis imposuerit. (22.05.2015) 3. Myopia sive difficultas longe videndi apud iuvenes Europaeos valde increbruit. Ex materia in diversis regionibus Europae collecta patet iam dimidiam fere partem hominum viginti quinque annis maiorum, sed undetriginta annis minorum illo vitio laborare. Constat iuventutem Asiae iam pridem oculos non satis prospicientes habere, et nunc eadem debilitas in Europam manavit. (22.05.2015) 4. Cum in Unione Europaea quaereretur, qui homines vita sua contentissimi essent, apparuit Finnos una cum Suecis et Danis primum locum occupare. Investigatio effecta est ab Eurostat, officio statistico Unionis. Felicitatem plurimum auxit bona valetudo, sed magni erant etiam condiciones oeconomicae et relationes sociales. Miserrimi inventi sunt in Bulgaria. Inter posteriores erant etiam Graeci, Cyprii, Hungari, Portugalli. Praeterea apparuit iuvenes esse contentiores vita sua quam generationes seniores. Inter sexus nulla fere differentia reperta est, nam viri in Unione Europaea paululo tantum contentiores erant quam feminae. (27.03.2015)

VERSIONI

■ EXEMPLUM

132 La natura si accontenta di un vitto modesto

Nella parte finale delle *Tusculanae disputationes* Cicerone discute la teoria del piacere epicureo ed in particolare la classificazione dei desideri in tre categorie: naturali e necessari, naturali e non necessari, non naturali e non necessari. In questo contesto si inserisce una riflessione sulla moderazione nell'alimentazione, che viene esaltata attraverso alcuni esempi storici.

Parvo cultu natura contenta est. Etenim quis hoc non videt, desideriis omnia ista condiri? Darius[1] in fuga cum aquam turbidam et cadaveribus inquinatam bibisset, negavit umquam se bibisse iucundius: numquam videlicet sitiens biberat. Nec esuriens Ptolomaeus ederat; cui cum peragranti Aegyptum comitibus non consecutis cibarius in casa panis datus esset, nihil visum est illo pane iucundius. Socraten ferunt, cum usque ad vesperum contentius ambularet quaesitumque esset ex eo, quare id faceret, respondisse se, quo melius cenaret, obsonare ambulando famem. Quid? victum Lacedaemoniorum in philitiis nonne videmus? Ubi cum tyrannus cenavisset Dionysius, negavit se iure illo nigro, quod cenae caput erat, delectatum. Tum is qui illa coxerat: «Minime mirum; condimenta enim defuerunt». «Quae tandem?» inquit ille. «Labor in venatu, sudor, cursus ad Eurotam[2], fames, sitis; his enim rebus Lacedaemoniorum epulae condiuntur».

(Cicerone)

La natura si accontenta di un vitto modesto. In effetti, chi non vede che l'appetito dà sapore a tutti i cibi? Dario[1] nella sua fuga dovette bere acqua torbida e inquinata da cadaveri, e dichiarò che mai aveva bevuto una bevanda più deliziosa; evidentemente non aveva mai bevuto sotto lo stimolo della sete. Né Tolomeo aveva mai mangiato spinto dalla fame: durante un suo viaggio attraverso l'Egitto, poiché era rimasto separato dal suo seguito, in una capanna gli fu offerto del pane grossolano: trovò che nessun cibo era più piacevole. Socrate, si racconta, passeggiava di buon passo fino a sera e quando gli fu chiesto il motivo di quel comportamento, rispose che, per cenare meglio, passeggiando faceva provvista di appetito. E poi non vediamo forse il trattamento degli Spartani nei loro banchetti in comune? Una volta che il tiranno Dionisio vi prese parte, dichiarò che non gli era piaciuto il famoso brodo nero, che costituiva il piatto principale; intervenne il cuoco: «Non c'è da meravigliarsi: mancava il condimento». «Qual è?» chiese l'altro. «La fatica della caccia, il sudore, la corsa lungo l'Eurota[2], la fame, la sete: questi sono i condimenti dei banchetti spartani».

(trad. di F. Demolli)

---

1. *Darius*: si tratta del re di Persia Dario III, che fu sconfitto da Alessandro Magno ad Isso (333 a.C.) e a Gaugamela (330 a.C.); in seguito perì vittima di una congiura.

2. *ad Eurotam*: era un fiume del Peloponneso, vicino a Sparta. Esiste ancora; anzi è stato causa di inondazioni nel 1999 e nel novembre del 2005.

NOTE LINGUISTICHE	**NOTE LESSICALI**	**NOTE DI TRADUZIONE**
quis hoc non videt, desideriis omnia ista condiri? → la proposizione interrogativa diretta (*quis non videt*) contiene in sé il complemento oggetto *hoc*, che è prolettico rispetto alla successiva infinitiva dichiarativa-epesegetica *desideriis... condiri*. *negavit umquam se bibisse iucundius* → il verbo *declarandi*, cioè *nego*, è seguito dall'infinitiva oggettiva; *nego* significa propr. "dico che non". *Socraten* → accusativo alla greca, in *-en*. *quo melius cenaret* → finale introdotta da *quo* per la presenza del comparativo *melius*.	*cibarius in casa panis* → da notare che il *cibarius panis* era il pane nero, grossolano e ordinario, che si dava ai servi; per il sost. *casa* vd. **Cave!** *obsonare... famem* → il verbo *obsono* significa propr. "comprare il companatico (*obsonium / opsonium*), fare provvista di cibo"; qui regge metaforicamente il sost. *famem* e quindi equivale a "fare provvista di appetito". *in philitiis* → *philitia, -orum*, erano le frugali "mense comuni" (i "sissizi") degli Spartiati. *iure illo nigro* → molto ingannevole può essere il sostantivo neutro *ius, iuris* "brodo, sugo", assolutamente identico a *ius, iuris* "diritto". Il brodo nero" (*mélas zomòs* μέλας ζωμός) era il piatto tradizionale degli Spartani, simbolo della frugalità dei loro costumi.	*sitiens... esuriens* → il traduttore rende i due participi con delle efficaci perifrasi ("sotto lo stimolo della sete" e "spinto dalla fame"). *comitibus non consecutis* → lett. "non seguendolo i suoi compagni" (da *comes*); la traduzione è opportunamente esplicativa ("poiché era rimasto separato dal suo seguito"). *nihil visum est illo pane iucundius* → Demolli omette il verbo *videor* (lett. "nulla sembrò più piacevole di quel pane") e rende con "trovò che nessun cibo era più piacevole", fra l'altro evitando la ripetizione del sostantivo *panis*.

Cave!

Casa e domus In latino "casa" si dice *domus*; il termine *casa* indica invece qualcosa di più riduttivo e umile, una "casetta" o "casupola", se non addirittura una "capanna", in genere localizzata in campagna.

La forma *casa* in latino sarebbe dovuta passare a **cara* a causa del fenomeno del **rotacismo** (passaggio delle *-s-* intervocaliche a *-r-*); il fatto che sia rimasta così dimostra che si tratta di un **termine di sostrato**, appartenente cioè ad una lingua preromana, forse il **sabino**. Proprio per questo si trattava di un vocabolo nato in un **ambito** non cittadino, **agricolo**; ed anche in seguito la *casa* divenne espressione della *rusticitas* rispetto alla *urbanitas* della *domus*. Il termine *domus* designava inoltre la casa anche in quanto simbolo della famiglia, organizzata intorno al *dominus*, il *pater familias*.

Il termine *domus* nel latino cristiano diede origine al sostantivo "**duomo**", attraverso l'espressione **domus Dei** "casa di Dio", nonché ad aggettivi come "**domestico**". Nella lingua sarda permane il sostantivo *domu* per indicare la casa.

All'inizio del Medio Evo, insieme con le città, scomparvero le grandi abitazioni, sostituite da dimore in campagna; sempre più diffuso fu dunque il sostantivo *casa*, fra l'altro più semplice nella declinazione e nella costruzione, che prevalse su *domus* nel latino medievale e poi in italiano.

■ PRIMO LIVELLO

133 Giasone, Medea ed Absirto

Giasone, dopo aver conquistato il vello d'oro grazie all'aiuto di Medea, fugge via con lei; Eeta, padre della maga, manda il figlio Absirto al loro inseguimento. Il giovane raggiunge i fuggiaschi in Istria, presso il re Alcinoo; costui viene eletto arbitro della contesa e rinvia la decisione all'indomani. Parlando con la moglie Arete, le confida la sua intenzione di consegnare Medea a Giasone solo nel caso che non fosse stata più vergine. Arete riferisce ciò a Giasone, che la notte stessa possiede Medea, ottenendo così l'indomani la sua consegna. Absirto continua il suo inseguimento ma nell'isola di Minerva viene ucciso da Giasone.

a. Eeta manda Absirto a inseguire Giasone e Medea

Aeeta ut resciit Medeam cum Iasone profugisse, nave comparata misit Absyrtum filium cum satellitibus armatis ad eam persequendam.

b. Absirto sfida Giasone a duello

Qui cum in Adriatico mari in Histria eam persecutus esset ad Alcinoum regem et vellet armis contendere, Alcinous se inter eos interposuit, ne bellarent; quem iudicem sumpserunt, qui eos in posterum distulit.

c. Alcinoo a colloquio con la moglie

Qui cum tristior esset et interrogatus est a coniuge Arete, quae causa esset tristitiae, dixit se iudicem sumptum a duabus diversis civitatibus, inter Colchos et Argivos. Quem cum interrogaret Arete, quidnam esset iudicaturus, respondit Alcinous, si virgo fuerit Medea, parenti redditurum, sin autem mulier, coniugi.

d. Giasone fa sua Medea

Hoc cum audivit Arete a coniuge, mittit nuntium ad Iasonem, et is Medeam noctu in antro devirginavit. Postero autem die cum ad iudicium venissent et Medea mulier esset inventa, coniugi est tradita.

e. Giasone uccide Absirto

Nihilominus cum profecti essent, Absyrtus timens patris praecepta persecutus est eos in insulam Minervae; ibi cum sacrificaret Minervae Iason et Absyrtus intervenisset, ab Iasone est interfectus. Cuius corpus Medea sepulturae dedit, atque inde profecti sunt.

(Igino)

134 "Uno di voi mi tradirà"

Dopo aver lavato i piedi ai discepoli, Gesù comunica che uno di loro lo tradirà. Alla richiesta di Giovanni, risponde che il traditore sarà colui cui egli darà il pane intinto nel piatto; subito dopo offre a Giuda Iscariota il pezzo di pane, invitandolo a compiere in fretta quello che deve fare. Giuda, ormai posseduto da Satana, esce nella notte e va a denunziare il Maestro.

a. Gesù comunica ai discepoli che uno di loro lo tradirà

Cum haec dixisset Iesus, turbatus est spiritu et protestatus est et dixit: «Amen, amen dico vobis quia unus ex vobis tradet me». Aspiciebant ergo ad invicem discipuli, haesitantes de quo diceret. Erat ergo recumbens unus ex discipulis[1] eius in sinu Iesu, quem diligebat Iesus. Innuit ergo huic Simon Petrus et dicit ei: «Quis est de quo dicit?». Itaque cum recubuisset ille supra pectus Iesu, dicit ei: «Domine, quis est?». Respondit Iesus: «Ille est cui ego intinctum panem porrexero».

b. Gesù dà il pane a Giuda

Et cum intinxisset panem, dedit Iudae Simonis Iscariotae. Et post buccellam tunc introivit in illum Satanas. Dicit ei Iesus: «Quod facis, fac citius».

---

1. *unus ex discipulis*: si tratta di Giovanni.

c. Nessuno comprende le parole di Gesù

Hoc autem nemo scivit discumbentium ad quid[2] dixerit ei; quidam enim putabant, quia loculos habebat Iudas, quod dixisset ei Iesus: «Eme ea quae opus sunt nobis ad diem festum», aut egenis ut aliquid daret. Cum ergo accepisset ille buccellam, exivit continuo; erat autem nox.

(Vangelo di Giovanni)

2. *ad quid*: "a quale scopo".

SECONDO LIVELLO

135 Incredibili prodigi avvengono subito dopo la notizia che i Cartaginesi hanno rotto l'armistizio con i Romani

Dopo la sconfitta di Annibale, Scipione ha imposto agli ambasciatori cartaginesi un armistizio di tre mesi; ha inoltre chiesto la consegna del suo grande rivale, che però ha già abbandonato l'Africa. Intanto a Roma una precedente notizia, secondo la quale i nemici avevano rotto l'armistizio, ha provocato il panico; giungono contemporaneamente notizie di straordinari prodigi.

Romae ad nuntium primum rebellionis Carthaginiensium trepidatum fuerat iussusque erat Ti. Claudius mature classem in Siciliam ducere atque inde in Africam traicere, et alter consul M. Servilius ad urbem morari donec quo statu res in Africa essent sciretur. Segniter omnia in comparanda deducendaque classe ab Ti. Claudio consule facta erant quod patres de pace Scipionis potius arbitrium esse quibus legibus daretur quam consulis censuerant[1]. Prodigia quoque nuntiata sub ipsam famam rebellionis attulerant terrorem: Cumis solis orbis minui visus et pluit lapideo imbri, et in Veliterno agro terra ingentibus cavernis consedit arboresque in profundum haustae; Ariciae forum et circa tabernae, Frusinone murus aliquot locis et porta de caelo tacta; et in Palatio lapidibus pluit. Id prodigium more patrio novendiali sacro, cetera hostiis maioribus expiata. Inter quae etiam aquarum insolita magnitudo in religionem versa; nam ita abundavit Tiberis ut ludi Apollinares circo inundato extra portam Collinam ad aedem Erycinae Veneris parati sint. Ceterum ludorum ipso die, subita serenitate orta, pompa duci coepta ad portam Collinam revocata deductaque in circum est cum decessisse inde aquam nuntiatum esset; laetitiamque populo et ludis celebritatem addidit sedes sua sollemni spectaculo reddita.

(Livio)

1. *patres... censuerant*: costr.: *patres censuerant potius Scipionis quam consulis esse arbitrium de pace, quibus legibus daretur*.

Laboratorio

MORFOLOGIA
1. Individua i sostantivi della III declinazione.
2. Riconosci gli aggettivi della II classe ed indicane le uscite.

SINTASSI
3. Sottolinea le proposizioni infinitive.
4. Trova i gerundivi ed analizzane l'uso.

> **LESSICO**
> 5. Che cosa si intende per "novendiale" sacro? Da che cosa deriva il termine?
>
> **COMPRENSIONE DEL TESTO**
> 6. Quali sono i prodigi ricordati da Livio?
> 7. Che avviene in occasione dei ludi Apollinari?

●●○ | 136 Alessandro Magno e il nodo di Gordio

Alessandro, nella primavera del 333, giunge a Gordio, che si trova tra il Mar Nero e il Mar di Panfilia. Qui, nel tempio di Giove, il condottiero trova il carro su cui aveva viaggiato Gordio, padre del mitico re Mida; tale carro è aggiogato con un nodo inestricabile. Un'antica profezia promette a chi scioglierà questo nodo il dominio dell'Asia. Ed Alessandro, con un ingegnoso espediente, riesce nell'impresa.

Alexander, urbe[1] in dicionem suam redacta, Iovis templum intrat. Vehiculum quo Gordium, Midae patrem, vectum esse constabat, aspexit, cultu haud sane a vilioribus vulgatisque usu abhorrens. Notabile erat iugum adstrictum conpluribus nodis in semetipsos inplicatis et celantibus nexus. Incolis deinde adfirmantibus editam esse oraculo sortem, Asiae potiturum, qui inexplicabile vinculum solvisset, cupido incessit animo sortis eius explendae. Circa regem erat et Phrygum turba et Macedonum, illa explicatione suspensa, haec sollicita ex temeraria regis fiducia, quippe series vinculorum ita adstricta, ut unde nexus inciperet quove se conderet nec ratione nec visu perspici posset; solvere adgressus iniecerat curam ei ne in omen verteretur irritum inceptum. Ille nequaquam diu luctatus cum latentibus nodis: «Nihil – inquit – interest quomodo solvantur», gladioque ruptis omnibus loris oraculi sortem vel elusit vel implevit.

(CURZIO RUFO)

1. *urbe*: si tratta di Gordio, città della Frigia.

Laboratorio

> **MORFOLOGIA**
> 1. Analizza le seguenti forme verbali: *redacta, aspexit, solvisset, inciperet, iniecerat, solvantur, implevit*.
>
> **SINTASSI**
> 2. Sottolinea una proposizione infinitiva e indicane la reggente.
> 3. Che tipo di proposizione è *qui inesplicabile vinculum solvisset*?
>
> **COMPRENSIONE DEL TESTO**
> 4. Che cosa temono i Frigi e i Macedoni che assistono al tentativo di Alessandro?
> 5. Che tipo di commento è implicito nell'espressione conclusiva *sortem vel elusit vel implevit*?

●●● | 137 Gli ambasciatori di Tiro provocano l'ira di Alessandro Magno

Alessandro ha conquistato quasi tutta la Fenicia; solo la città di Tiro non è ancora in possesso degli invasori. Gli ambasciatori di questa città dapprima mostrano manifestazioni di amicizia ad Alessandro, ma poi ne provocano l'ira; essi infatti intendono proibire al re di fare un sacrificio ad Ercole in città, consentendoglielo solo al di fuori di essa. Sdegnato, Alessandro inizia l'assedio di Tiro.

Iam tota Syria, iam Phoenice quoque, excepta Tyro, Macedonum erat, habebatque rex castra in *continenti*, a qua urbem angustum fretum dirimit. Tyros, et magnitudine et claritate ante omnes urbes Syriae Phoenicesque memorabilis, facilius societatem Alexandri acceptura videbatur quam imperium. Coronam igitur auream donum legati adferebant, commeatusque large et hospitaliter ex oppido advexerant. Ille dona ut ab amicis accipi iussit, benigneque legatos adlocutus Herculi, quem praecipue Tyrii colerent, sacrificare velle se dixit: Macedonum reges credere ab illo deo ipsos genus ducere, se vero ut id faceret etiam oraculo monitum. Legati respondent esse templum Herculis extra urbem in ea sede quam Palaetyron ipsi vocent: ibi regem deo sacrum rite facturum. Non tenuit iram Alexander, cuius alioqui potens non erat. Itaque: «Vos quidem – inquit – fiducia loci, quod insulam incolitis, pedestrem hunc exercitum spernitis, sed brevi ostendam in continenti vos esse. Proinde sciatis licet aut intraturum me urbem aut oppugnaturum».

(Curzio Rufo)

▶ Vedi **Curiosità**

Curiosità

Continens Il participio-aggettivo *continens* ha diversi significati: "**contiguo, vicino**", "**temperante, parco, rispettoso dei limiti**", "**ininterrotto, continuo**"; proprio da quest'ultimo valore derivò l'espressione **terra continens** "**terraferma, spazio continuo di terra**", che fu poi sostantivata con l'omissione di *terra*.

Esisteva anche il sostantivo plurale **continentia** nel senso di "**vicinanze**": *continentia Urbis* erano i "sobborghi di Roma", al di fuori del pomerio. Dall'altro significato di *continens* ("sobrio, temperante") deriva il sostantivo **continentia** "**moderazione, continenza**", come pure il suo opposto *incontinentia* "**incontinenza, incapacità di frenarsi**".

●●● | 138 Zeusi e Parrasio

Plinio il Vecchio narra un celebre aneddoto, relativo ad una gara fra i pittori Parrasio e Zeusi; quest'ultimo dipinse dell'uva in maniera così naturalistica che degli uccelli vennero a beccarla. La vittoria sembrava sua, sicché egli disse a Parrasio di scostare la tenda che copriva il suo quadro; ma la tenda in realtà era dipinta e Zeusi perse la gara, dato che lui aveva ingannato gli uccelli, mentre il suo rivale era riuscito ad ingannare lui.

Descendisse Parrhasius[1] in certamen cum Zeuxide[2] traditur et, cum ille detulisset uvas pictas tanto successu, ut in scaenam aves advolarent, ipse detulisse linteum pictum ita veritate repraesentata, ut Zeuxis, alitum iudicio tumens, flagitaret tandem, remoto linteo, ostendi picturam; atque, intellecto errore, concederet palmam ingenuo pudore, quoniam ipse volucres fefellisset, Parrhasius autem se artificem. Fertur et postea Zeuxis pinxisse puerum uvam ferentem, ad quas cum advolassent aves, eadem ingenuitate processit iratus operi et dixit: «Uvam melius pinxi quam puerum; nam, si et hoc consummassem, aves timere debuerant».

(Plinio il Vecchio)

1. *Parrhasius*: "Parrasio" di Efeso, pittore greco attivo principalmente ad Atene tra il 440 e il 385 a.C.

2. *cum Zeuxide*: "con Zeusi"; celebre pittore greco, vissuto nella seconda metà del V secolo a.C.

■ TERZO LIVELLO

●●● | 139 Vanità dell'interpretazione dei sogni

Quid? Ipsorum interpretum coniecturae nonne magis ingenia declarant eorum quam vim consensumque naturae? Cursor ad Olympia proficisci cogitans visus est in somnis curru *quadrigarum vehi. Mane ad coniectorem*[1]. *At ille «Vinces – inquit –; id enim celeritas significat et vis equorum». Post idem ad Antiphontem. Is autem «Vincāre – inquit – necesse est; an non intellegis quattuor ante te cucurrisse?». Ecce alius cursor (atque horum somniorum et talium plenus est Chrysippi liber, plenus Antipatri; sed ad cursorem redeo): ad interpretem detulit aquilam se in somnis visum esse factum. At ille: «Vicisti; ista enim avi volat nulla vehementius». Huic eidem Antipho «Baro, – inquit – victum te esse non vides? Ista enim avis insectans alias avis et agitans semper ipsa postrema est». Parere quaedam matrona cupiens, dubitans essetne praegnans, visa est in quiete obsignatam habere naturam. Rettulit*[2]. *Negavit eam, quoniam obsignata fuisset, concipere potuisse. At alter praegnantem esse dixit; nam inane obsignari nihil solere. Quae est ars coniectoris eludentis ingenio? An ea quae dixi et innumerabilia quae conlecta habent Stoici quicquam significant nisi acumen hominum ex similitudine aliqua coniecturam modo huc, modo illuc ducentium?*

(CICERONE)

1. *Mane ad coniectorem*: "La mattina dopo, eccolo dall'interprete".
2. *Rettulit*: "(Lo) riferì (ad un interprete)".

Laboratorio

LESSICO
1. Ricerca il significato del sostantivo *baro*; ti sembra che il termine italiano "barone" derivi da esso?

ANALISI STILISTICA
2. Individua nel testo almeno un esempio di poliptoto e di allitterazione.

COMPRENSIONE DEL TESTO
3. Che sogno fa la matrona che desidera avere figli?
4. Quando l'autore parla di *acumen* degli interpreti di sogni, intende rivolgere loro una lode?

PRODUZIONE
5. Prova a scrivere in latino una delle risposte degli interpreti di sogni (max. 4 righe).

••• | 140 Alcune battute stravaganti

Sunt etiam illa subabsurda, sed eo ipso nomine saepe ridicula, non solum mimis perapposita, sed etiam quodam modo nobis: ut illud Nasicae, qui cum ad poetam Ennium venisset eique ab ostio quaerenti Ennium ancilla dixisset domi non esse, Nasica sensit illam domini iussu dixisse et illum intus esse; paucis post diebus cum ad Nasicam venisset Ennius et eum ad ianuam quaereret, exclamat Nasica domi non esse, tum Ennius «Quid? Ego non cognosco vocem – inquit – tuam?». Hic Nasica: «Homo es impudens: ego cum te quaererem ancillae tuae credidi te domi non esse, tu mihi non credis ipsi?». Est bellum[1] *illud quoque, ex quo is, qui dixit, inrideatur in eo ipso genere, quo dixit; ut, cum Q. Opimius consularis, qui adulescentulus male audisset,* **festivo** *homini Egilio, qui videretur mollior nec esset, dixisset «Quid tu, Egilia mea? Quando ad me venis cum tua colu et lana?». «Non pol – inquit – audeo, nam me ad famosas vetuit mater accedere». Salsa sunt etiam, quae habent suspicionem ridiculi absconditam, quo in genere est Siculi illud, cui cum familiaris quidam quereretur quod diceret uxorem suam suspendisse se de ficu, «Amabo te – inquit – da mihi ex ista arbore quos seram surculos».*

(CICERONE)

▶ Vedi **Cave!**

1. *bellum*: l'aggettivo *bellus* ha qui il valore di "garbato, grazioso, leggiadro".

> **Cave!**
>
> **Festivus** L'aggettivo *festivus* è un "**falso amico**"; il nostro "**festivo**" infatti in latino è *festus* (*dies festus* "giorno festivo") e l'unica eccezione attestata (*dies festivus*) è solo in poesia, in un frammento scenico di Ennio.
>
> I significati comuni di *festivus* invece alludono al carattere ed alle maniere simpatiche di qualcuno: "**spiritoso, gentile, grazioso, allegro, piacevole, cordiale**".

••• | 141 Il console Claudio fa gettare la testa di Asdrubale davanti ai corpi di guardia dell'esercito di Annibale

C. Claudius consul cum in castra redisset, caput Hasdrubalis, quod servatum cum cura attulerat, proici ante hostium stationes, captivosque Afros vinctos, ut erant, ostendi, duos etiam ex iis solutos ire ad Hannibalem et expromere quae acta essent iussit. Hannibal, tanto simul publico familiarique ictus luctu, adgnoscere se fortunam Carthaginis fertur dixisse; castrisque inde motis, ut omnia auxilia, quae diffusa latius tueri non poterat, in extremum Italiae angulum Bruttios contraheret, et Metapontinos, civitatem universam, excitos sedibus suis, et Lucanorum qui suae dicionis erant in Bruttium agrum traduxit.

(Livio)

••• | 142 Disperazione di un cristiano dopo la conquista della Terra Santa ad opera di Saladino

LATINO MODERNO

Igitur Sarraceni congregati sunt circa lignum Dominicum et regem et ceteros, devastantes ecclesiam. Quid multa? Praevaluerunt Sarraceni contra Christianos et fecerunt in eos quaecumque voluerunt. Heu mihi! Quid dicam? Libet magis plorare et plangere quam aliquid dicere. Heu mihi! Dicam pollutis labiis qualiter pretiosum lignum Dominicum nostrae redemptionis tactum sit damnatis manibus damnatorum? Vae mihi misero, quod in diebus miserae vitae meae talia cogor videre. Vae autem et genti peccatrici, populo gravi iniquitate, per quem omnium Christianorum fides blasphematur, et pro quibus Christus iterum cogitur flagellari et crucifigi. O dulce lignum et suave, sanguine Fili Dei roratum atque lavatum! O crux alma, in qua salus nostra pependit, per quam et chyrographum mortis deletum est, et vita in protoplasto perdita recuperata est! Quo mihi adhuc est vivere, ligno vitae sublato? Et vere credo sublatum esse, quoniam fides Filii crucis evanuit, quin impossibile est sine fide placere Deo. Vae nobis miseris, qui armaturam nostram, peccatis exigentibus, amisimus! Sublatum igitur lignum est nostrae salutis, dignum ab indignis, indigne heu! heu! asportatum. Nec mirum si corporalem sanctae crucis substantiam fortitudine visibilium inimicorum amiserunt, quam iamdudum spiritualiter bonis operibus iustitiae deficientibus, mente et spiritu perdiderant. Plangite super hoc omnes adoratores crucis, et plorate, atque veram crucem in cordibus vestris recta fide et inconcussa pingite, et confortamini in spe, quoniam crux non deserit sperantes in se, nisi prius ipsa deseratur.

(Anonimo, *De expugnatione Terrae Sanctae per Saladinum*)[1]

1. La *Conquista della Terra Santa ad opera del Saladino* fu scritta poco dopo la sconfitta dei cavalieri crociati ad opera di Saladino (1187); l'autore è un testimone oculare, forse appartenente ai Templari.

UNITÀ 13

PROPOSIZIONI COMPLEMENTARI DIRETTE

CURIOSITÀ	CAVE!
Pedisequus	Testis

1 LE PROPOSIZIONI COMPLETIVE

Oltre alle infinitive, in latino esistono diverse tipologie di proposizioni completive (o complementari) dirette o sostantive:

- completive introdotte da *quod*;
- completive introdotte da *ut* dichiarativo (con negazione *ut non*) e da *ut* volitivo (con negazione *ne*);
- completive introdotte da *quin* e *quominus*.

2 PROPOSIZIONI COMPLETIVE CON *QUOD*

Le proposizioni **completive introdotte da *quod*** possono avere:

1) **funzione dichiarativa-epesegetica**, quando chiariscono un pronome neutro (in genere *hoc, id, illud*), un avverbio prolettico (come *sic, ita, ex eo, inde,* ecc.) o un sostantivo contenuti nella reggente:

Illud est admiratione dignum, **quod** Regulus captivos retinendos censuit. (Cic.)	**Questo** è degno di ammirazione, **cioè il fatto che** Regolo ritenne di dover trattenere i prigionieri.

2) **funzione di proposizioni soggettive/oggettive**, in dipendenza da alcuni verbi ed alcune espressioni, come si vede dal seguente prospetto:

PROPOSIZIONI COMPLETIVE CON *QUOD* IN DIPENDENZA DA	ESEMPI
verbi ed espressioni **di accadimento** come *bene, commode, percommode, opportune, male fit / evenit / accidit quod* "accade opportunamente, inopportunamente che"	***Percommode accidit, quod*** non adest Aquilius. (Cic.) **Molto opportunamente accade che** non sia presente Aquilio.
verba affectuum (che esprimono sentimenti, lode o rimprovero) → *gaudeo, laetor, gratulor, doleo, indignor, queror, miror, moleste fero, laudo, probo,* ecc.	***Gaudeo et gratulor quod*** Fusco Salinatori filiam tuam destinasti. (Plin. Giov.) **Sono contento e mi congratulo per il fatto che** hai promesso in sposa tua figlia a Fusco Salinatore.
espressioni come ***bene/male facio quod*** "faccio bene/male a..."	***Bene facis quod*** me adiuvas. (Cic.) **Fai bene ad** aiutarmi.

210 Sezione 2 Sintassi del periodo

espressioni come **huc** (oppure *eo, eodem, ad id*) **accedit quod** "a ciò si aggiunge che", **adde quod** "aggiungi (il fatto) che", **praetereo / mitto quod** "tralascio il fatto che"	**Huc accedit, quod** multos milites absumit morbus. **A ciò si aggiunge il fatto che** la malattia si porta via molti soldati. **Praetereo quod** eam sibi domum delegit. (Cic.) **Tralascio il fatto che** ella scelse per sé quella casa.
aggettivi neutri, come **gratum / iucundum / molestum est quod** "è gradito, piacevole, molesto il fatto che..."	**Gratum est** mihi **quod** venisti. **Mi è gradito che** tu sia venuto.

- A volte le dichiarative sono espresse con l'accusativo e l'infinito:

  Redeo ad opinionem meam, Torno alla mia opinione, **cioè** che tu **devi**
  tibi **esse proficiscendum**. **partire**.

- Talora *quod*, a inizio di periodo, vuol dire "quanto al fatto che"; in tal caso costituisce una formula di passaggio da un argomento all'altro:

  Quod *me putas cupidum pecuniae,* **Quanto al fatto che** tu mi credi avido di
  multum falleris. denaro, ti sbagli di grosso.

- Non mancano esempi di **quod** **dichiarativo + congiuntivo obliquo**, quando il fatto è presentato da un punto di vista soggettivo (analogamente a quanto avviene con le proposizioni causali):

  Me una haec res torquet, **quod** *non* Questa cosa sola mi tormenta, **cioè il fatto che**
  Pompeium **secutus sim**. (Cic.) **non ho seguito** Pompeo.

3 PROPOSIZIONI COMPLETIVE CON *UT*

Le proposizioni **completive introdotte da *ut*** e seguite dal congiuntivo possono dipendere:

- da un'espressione di volontà (volitive o "pseudo-finali", con negazione *ne*);
- da un'espressione dichiarativa ("pseudo-consecutive", o "dichiarativo-consecutive", con negazione *ut non*).

3.1 Proposizioni completive con *ut / ne*

Le completive di questo tipo si possono anche definire "**pseudo-finali**" perché, pur presentando un'analogia con le finali per il carattere volitivo (cfr. la negazione *ne*), **non esprimono un fine, ma sono oggetto o soggetto della loro reggente**:

Cura **ut valeas**.	Cerca **di star bene**. [equivalente a *cura valetudinem*]

Il modo è sempre il congiuntivo presente e imperfetto, secondo le norme della *consecutio temporum* relative alla contemporaneità (congiuntivo presente rispetto a un tempo principale, congiuntivo imperfetto rispetto a un tempo storico).
Nel seguente prospetto riepiloghiamo i casi (piuttosto numerosi) in cui si riscontrano queste completive con *ut/ne*:

COMPLETIVE CON *UT*/*NE* IN DIPENDENZA DA	ESEMPI
verbi che significano "badare, preoccuparsi, cercare, fare in modo che" (**verba curandi** ed **efficiendi**) → *caveo* "guardarsi"; *curo, facio, efficio, perficio* "cercare, fare in modo che"; *consulo, prospicio, provideo* "provvedere"; *laboro, studeo* "mi adopero"; *nitor, operam do* "sforzarsi, procurare"; *video* "vedere, cercare di"	*Date operam ut valeatis.* (Cic.) **Procurate di** stare bene. *Si potest virtus efficere ne miser aliquis sit.* (Sen.) Se la virtù può **far sì che** uno **non** sia infelice.
verbi che significano "esortare, consigliare, comandare, persuadere" (**verba suadendi**, **hortandi** ed **imperandi**) → *hortor, cohortor, moneo, admoneo* "esortare"; *impero, iubeo, praecipio, edico* "comandare"; *adduco, moveo, impello, induco, cogo* "indurre, costringere"; *suadeo, persuadeo* "persuadere"	*Eos hortatus sum ne causae communi deessent.* (Cic.) Li **ho esortati a non** venire meno alla causa comune.
verbi che significano "chiedere, pregare" (**verba postulandi**) → *rogo, peto, oro, quaero, posco, postulo, reposco, flagito* "chiedere"; *praecor* "pregare", *impetro* "impetrare"	*Te oro ut ad me statim venias.* (Cic.) Ti **prego di** venire subito da me.
verba voluntatis e verbi che significano "stabilire, decidere" → *volo* "volere", *nolo* "non volere", *malo* "preferire"; *cupio, opto* "desiderare"; *placet* "piace, si decide"; *statuo, constituo, decerno, censeo* "decidere"	*Valerio triumphus, Manlio ut ovans ingrederetur urbem decretum est.* (Cic.) **Si decise che** Valerio entrasse in città con il trionfo, Manlio con un'ovazione.
verbi che significano "**ottenere**, **concedere**, **permettere**" → *adipiscor, consequor, obtineo* "ottenere"; *cedo, concedo, permitto, do* "concedere"	*Obtinuit ut legiones inter se dividerent.* (Liv.) **Ottenne che** si dividessero fra loro le legioni.
verbi ed espressioni **impersonali** → *interest, refert, oportet, necesse est, licet*	*Magni mea interest ut te videam antequam discedam.* (Cic.) Mi **interessa** molto vederti prima di partire.

A volte alcuni dei verbi sopra elencati si costruiscono **in modo paratattico**, ovvero omettendo la congiunzione *ut*; ciò avviene, ad es., con i *verba voluntatis*, che hanno:

- il congiuntivo preceduto da **velim**, **nolim**, **malim** se il desiderio è **realizzabile**:

Velim venias.	**Vorrei che tu venissi.** (cosa possibile)

- il congiuntivo preceduto da **vellem**, **nollem** e **mallem** se il desiderio **non** è **realizzabile**:

Vellem Caesar viveret.	**Vorrei che Cesare vivesse.** (cosa impossibile)

Analoghe costruzioni paratattiche si trovano:

- con gli **imperativi** *cave* "guardati da", *fac* "fa' in modo che", *sine* "permetti che":

Cave hoc existimes.	**Guardati dal credere** ciò.
Sinite abeam. (Plaut.)	**Lasciate che io vada.**

- con espressioni che indicano **un comando** o **un decreto**:

Quotienscumque sit decretum, darent operam magistratus, ne quid res publica detrimenti caperet. (Ces.)	Tutte le volte che **si era decretato che** i magistrati **provvedessero** a che lo stato non ricevesse alcun danno.

- con ***certiorem facere***:

*Milites **certiores facit intermitterent** proelium.* (Ces.)	**Informò** i soldati **di interrompere** il combattimento.

3.2 *Verba timendi*

Un tipo affine di costruzione è costituito dalle completive con i ***verba timendi*** (*timeo, vereor, metuo* "temere") e con le espressioni di timore (*metus est, timor est, periculum est*, ecc.). Queste subordinate sono introdotte da *ne* o *ut* e presentano tutti i tempi del congiuntivo (secondo le norme della *consecutio*).
Si ha la completiva con **ne** quando si teme che avvenga una cosa indesiderata (*timeo ne* = "temo che"):

*Senatores **timebant ne** plebs pacem acciperet.* (Liv.)	I senatori **temevano che** la plebe accettasse la pace.

Si ha la completiva con **ut** o **ne non** quando si teme che non si verifichi una cosa desiderata (*timeo ut* = "temo che non"):

***Vereor ut** Dolabella nobis prodesse possit.*	**Temo che** Dolabella **non** possa esserci utile.

 • Se il verbo o l'espressione di timore è preceduta da negazione (es. *non timeo, non vereor*) si ha: *non timeo ne* "non temo che"; *non timeo ne... non* "non temo che non":

***Non vereor ne** tibi displiceat.* (Cic.)	**Non temo che** ti dispiaccia.
***Non vereor ne** hoc officium meum iudici **non** probem.* (Cic.)	**Non temo di non** rendere gradito questo mio incarico al giudice.

- Con l'infinito, *timeo* e *vereor* significano "esitare, non osare":

***Vereor laudare** praesentem.*	**Esito a lodare** uno che è presente.

3.3 Proposizioni completive con *ut / ut non*

Qualcuno definisce queste proposizioni "**pseudo-consecutive**", o dichiarativo-consecutive; esse infatti hanno una costruzione analoga alle consecutive, però non esprimono una vera e propria conseguenza di ciò che viene espresso nella proposizione reggente. Il modo è il congiuntivo, secondo le norme della *consecutio temporum* relative alla contemporaneità (rispetto a un tempo principale il congiuntivo presente, rispetto a un tempo storico il congiuntivo imperfetto) e all'anteriorità (rispetto a un tempo principale il congiuntivo perfetto, rispetto a un tempo storico il congiuntivo piuccheperfetto).
Ecco il prospetto riassuntivo delle occasioni in cui si riscontrano queste completive con *ut/ut non*:

COMPLETIVE CON *UT/UT NON* IN DIPENDENZA DA	ESEMPI
verbi ed espressioni di "avvenimento" → *accidit, contingit, evenit, fit* "avviene, accade", *fieri potest ut* "può accadere che"	***Accidit ut** Verres veniret Lampsacum.* (Cic.) **Accadde che** Verre giungesse a Lampsaco.

verbi ed espressioni impersonali → *restat, reliquum est, superest ut* "resta, rimane che", *sequitur, consequitur, efficitur ut* "ne segue, ne consegue che", *interest, refert* "importa", *accedit ut* "si aggiunge che", *tantum abest ut* "tanto manca che", *in eo est ut* "è sul punto di"	*Reliquum est ut de officiis disseram.* (Cic.) **Resta che** io discuta dei doveri. *Tantum abest ut scribi contra nos nolimus, ut etiam optemus.* (Cic.) **Siamo tanto lontani dal** non volere che si scriva contro di noi, che anzi lo desideriamo.
espressioni costituite da un **aggettivo/ sostantivo neutro + una voce del verbo esse** → *aequum est* "è giusto", *consuetudo est* "è consuetudine", *falsum / verum est* "è falso, è vero", *lex est* "è legge", *mos est* "è costume", *munus est, officium est* "è dovere, è compito", *satis est* "è abbastanza", *tempus est* "è tempo", *verisimile est* "è verosimile", ecc.:	*Mos est hominum, ut nolint eundem plurimis rebus excellere.* (Cic.) **È costume** degli uomini **di** non volere che uno si distingua in più cose.

4 PROPOSIZIONI COMPLETIVE INTRODOTTE DA *QUIN*

Alcune proposizioni completive dirette sono introdotte dalla congiunzione **quin**; in genere la loro reggente è negativa (o di senso negativo), oppure contiene una domanda retorica o un'altra frase negativa; il verbo di queste subordinate è al modo congiuntivo, mentre il tempo è determinato dalla *consecutio temporum* (vd. Unità 11, p. 183).
Ecco un prospetto riassuntivo delle principali occorrenze delle completive con *quin*:

COMPLETIVE CON *QUIN* IN DIPENDENZA DA	ESEMPI
verbi ed espressioni negative e interrogative che indicano dubbio (*verba dubitandi*) → *non dubito* "non dubito", *non est dubium* "non c'è dubbio", *quis dubitat?* "chi dubita?", ecc.	*Non dubito quin* hoc verum non *sit*. **Non dubito che** ciò non **sia** vero.
espressioni come: **facere non possum** "non posso fare a meno di...", **fieri non potest** "non si può fare a meno di", **non multum / paulum / nihil abest** "non manca molto / poco / nulla", **nihil praetermitto** "non tralascio nulla", *non omitto* "non tralascio", **temperare non possum** "non posso trattenermi", **vix abstineo, vix me teneo** "a stento mi trattengo"	*Facere non possum quin* cotidie ad te mittam litteras. (Cic.) **Non posso fare a meno di** mandarti una lettera ogni giorno. *Paulum afuit quin* Fabius Varum interficeret. (Ces.) **Poco mancò che** Fabio uccidesse Varo.

- Quando *dubito* significa "esitare" si costruisce con l'infinito:

  Quis fortis pro patria mortem **oppetere dubitavit**?   Quale uomo valoroso **esiterà ad affrontare** la morte per la patria?

- *Quin* può essere usato come formula di passaggio nelle proposizioni indipendenti e con l'indicativo, per indicare un'esortazione o una nuova riflessione:

  Quin igitur *expergiscimini*? (Sall.)   **Perché dunque** non vi svegliate?

5 PROPOSIZIONI COMPLETIVE CON I *VERBA IMPEDIENDI* E *RECUSANDI*

I **verba impediendi** e **recusandi** indicano appunto impedimento, rifiuto, ostacolo; essi sono:
- *impedio, intercludo, prohibeo, interdico* "impedire, proibire, vietare";

- *detineo, teneo* "trattenere";
- *deterreo* "spaventare, distogliere";
- *obsto, obsisto, officio, resisto* "fare ostacolo, opporsi";
- *recuso* "rifiutare, ricusare".

Questi verbi sono spesso seguiti da proposizioni completive introdotte:
- da **quominus** o **quin** se la reggente è negativa:

| *Nec aetas **impedit quominus** studia teneamus.* (Cic.) | L'età (avanzata) **non** (ci) **impedisce di continuare a tenerci occupati.** |

- da **ne** (e raramente da *quominus*) quando la reggente è positiva:

| *Impedivit **ne** in oppidum inirem.* | **Impedì che** io **entrassi** in città. |

- A volte *quominus* si può scrivere staccato (*quo minus*); in tal caso diventa assai più insidioso e occorre saperlo riconoscere:

  *Non recusabo, **quo minus** omnes mea legant.* (Cic.)   Non rifiuterò **che** tutti leggano le mie opere.

Esercizi

A Analizza e traduci le seguenti frasi (proposizioni sostantive introdotte da *quod*).
1. *Una consolatio est quod ea condicione nati sumus, ut nihil quod homini accidere possit recusare debeamus.* (Cic.) 2. *Hoc praestat amicitia propinquitati, quod ex propinquitate benevolentia tolli potest, ex amicitia non potest.* (Cic.) 3. *Adicite ad haec, quod civitatem nostram magnae parti vestrum dedimus.* (Liv.) 4. *Bene mihi evenit quod mittor ad mortem.* (Cic.) 5. *Accidit peropportune, quod ad Antonium audiendum venisti.* (Cic.) 6. *Illud me movet, quod video omnes bonos abesse Roma.* (Cic.) 7. *Praetereo quod ego te plurimi facio.* (Cic.) 8. *Illud amicitia omnibus praestat, quod bona spe praelucet in posterum, nec debilitari animos aut cadere patitur.* (Cic.) 9. *Nec miserae [Iphigeniae] prodesse in tali tempore quibat / quod patrio princeps donarat nomine regem.* (Lucr.) 10. *Accessit huc, quod postridie Hortensius in theatrum introiit.* (Cels.)

B Collega la prima parte di ogni frase alla corrispondente seconda parte; poi traduci (proposizioni completive con *ut / ne*).

1. Danda opera est ut ea res
2. Hannibal effecit ut
3. Caesar suis imperavit
4. Placitum est ut
5. Cavendum est, ne assentatoribus
6. Senectutem ut adipiscantur
7. Videndum est ut ea libertate utamur
8. Ex te flagito

a. imperator in Hispaniam mitteretur. (Nep.)
b. quae prosit amicis, noceat nemini. (Cic.)
c. omnes optant. (Cic.)
d. ut omnia quae cognoveris ad me cito rescribas. (Cic.)
e. in aprico loco considerent. (Cic.)
f. aut prosit aut certe ne obsit rei publicae. (Cic.)
g. patefaciamus aures neve adulari nos sinamus. (Cic.)
h. ne quod telum in hostes reicerent. (Ces.)

C Analizza e traduci le seguenti frasi (costruzioni paratattiche - *verba timendi*).
1. *Velim ad me rescribas quotidie.* (Cic.) 2. *Labienum Treboniumque hortatur, ad eam diem revertantur.* (Ces.) 3. *Vincatis oportet.* (Cic.) 4. *Quid sis acturus, meditēre censeo.* (Cic.) 5. *Fac ego intellegam tu quid sentias.* (Cic.) 6. *Caesar timuit ne homines perditi incenderent urbem et*

moenia delerent. (Bell. Hisp.) **7.** Timebam ne evenirent ea, quae acciderunt. (Cic.) **8.** Non vereor ne hunc errorem meum philosophi irrideant. (Cic.) **9.** Tanti mali vereor ne consolatio nulla possit vera reperiri. (Cic.) **10.** Metui ne etiam in ceteris rebus in errorem inciderem. (Cic.) **11.** Non vereor ne, quod ne suspicari quidem puterim, videar id cogitasse (Cic.) **12.** Vereor ne molestus sim vobis. (Cic.) **13.** Metui ne tu me amare desineres. (Cic.) **14.** Si Pompeius manet, vereor ne exercitum firmum habere non possit; sin discedit, quid nobis agendum sit, nescio. (Cic.) **15.** Non est periculum ne te de re publica disserentem deficiat oratio. (Cic.) **16.** Pavor ceperat milites ne mortiferum esset Scipionis vulnus. (Liv.) **17.** Vereor ne haec qui non viderunt omnia me nimis augere atque ornare arbitrentur. (Cic.) **18.** Vis tu non timere, ne semel fiat, quod cotidie fit? (Sen.) **19.** Non vereor ne non scribendo te expleam. (Cic.) **20.** Vereor ne, dum defendam meos, non parcam tuis. (Cic.)

D COMPLETAMENTO Inserisci nelle seguenti frasi l'opportuna voce verbale, scegliendola fra le tre opzioni; poi traduci (proposizioni completive con *ut / ut non*).
1. *Fieri non potest ut quis Romae .... (esset - sit - esse) cum est Athenis.* (Cic.) **2.** *Tantum .... (abest - est - fit) ut meam ille sententiam moveat, ut valde ego ipsi, quod de sua sententia decesserit, paenitendum putem.* (Cic.) **3.** *Saepe enim tempore .... (abest - est - fit) ut, quod turpe plerumque haberi soleat, inveniatur non esse turpe.* (Cic.) **4.** *Soli hoc contigit sapienti, ut nihil .... (fiat - fecerit - faciat) invitus, nihil dolens, nihil coactus.* (Cic.) **5.** *Thrasibulo contingit ut .... (Augustum - patriam - hostes) e servitute in libertatem vindicaret.* (C. Nep.) **6.** *Iam prope erat .... (ut - ut non - ne) consulum quidem maiestas coerceret iras hominum.* (Liv.) **7.** *Datur haec venia antiquitati, ut miscendo humana divinis primordia urbium augustiora .... (faciet - faciat - sit).* (Liv.) **8.** *................ (accidit - fit - fieri) nullo pacto potest ut non dicas quid non probes.* (Cic.)

E Analizza e traduci le seguenti frasi (proposizioni completive introdotte da *quin*).
1. *Mihi numquam dubium fuit quin tibi essem carissimus.* (Cic.) **2.** *Quis dubitet quin in virtute divitiae sint?* (Cic.) **3.** *Germani retineri non potuerant, quin tela in nostros conicerent.* (Ces.) **4.** *Treveri nullum tempus intermiserunt quin trans Rhenum legatos mitterent.* (Ces.) **5.** *Non dubito quin habuerit vim magnam semper oratio.* (Cic.) **6.** *Prorsus nihil abest, quin sim miserrimus.* (Cic.) **7.** *Praeterire non potui, quin scriberem ad te.* (Cic.) **8.** *Non dubito quin probaturus sim vobis defensionem meam.* (Cic.) **9.** *Non erat dubium quin totius Galliae plurimum Helvetii possent.* (Ces.) **10.** *Facere non potui quin tibi quoque et sententiam et voluntatem declararem meam.* (Cic.) **11.** *Nemo fuit omnino militum quin vulneraretur.* (Cic.) **12.** *Non est dubium quin omnia, quae mala putentur, sint improvisa graviora.* (Cic.) **13.** *Nec dubito quin studiose omnia facturus sis.* (Cic.) **14.** *Lucius Lamia nullum periculum pro me adire dubitavit.* (Cic.) **15.** *Quin igitur ulciscimur Graeciam?* (Curz. Rufo) **16.** *Idibus Novembribus (13.11.2015) vesperi Lutetiae Parisiorum impetus terroristicus atrocissimus factus est, quo circa centum triginta homines occisi et amplius trecenti graviter vulnerati sunt. Dubium non est, quin haec strages auspiciis ordinis ISIS effecta est.* (Nuntii Latini)

F Analizza e traduci le seguenti frasi (completive con i *verba impediendi* e *recusandi*).
1. *Quid obstat quominus sit beatus deus?* (Cic.) **2.** *Non recusamus, quin omnia patiamur.* (Liv.) **3.** *Nihil impedit quominus id, quod maxime placeat, facere possimus.* (Cic.) **4.** *Impedior religione, quo minus exponam multa.* (Cic.) **5.** *Isocrates infirmitate vocis, ne in publico diceret, impediebatur.* (Plin. Giov.) **6.** *M. Atilius Regulus in senatum venit, mandata exposuit, sententiam ne diceret recusavit.* (Cic.) **7.** *Legati dixerunt Germanos non recusare, si lacessantur, quin armis contendant.* (Ces.) **8.** *Domitius non dubitandum existimavit, quin proelio decertaret.* (Ces.) **9.** *Non est quod fastidiosi isti te deterreant quominus servis tuis hilarem te praestes.* (Sen.) **10.** *Hiemem credo adhuc prohibuisse quo minus de te certum haberemus quid ageres.* (Cic.)

G COMPLETAMENTO Completa le seguenti frasi inserendo la congiunzione esatta (*quod, ut, ut non, ne, quin, quominus*); quindi traduci.
1. *Non sum veritus .... viderer adsentari.* (Cic.) **2.** *Dolor te tenuit .... ad ludos venires.* (Cic.) **3.** *Casus id .... facerem impedivit.* (Cic.) **4.** *Vereor .... placari possit.* (Ter.) **5.** *Hasdrubal metu .... dederetur Scipioni urbe excessit.* (Liv.) **6.** *Non dubitabam .... Quintus, frater meus, te aut Dyrrachi aut in istis locis uspiam visurus esset.* (Cic.)

VERSIONI

EXEMPLUM

143 Mirabile eloquenza di Catone il Censore e di Catone Uticense

Nell'VIII libro dei suoi *exempla*, Valerio Massimo sta analizzando dei casi di *studium et industria*, cioè (con un'endiadi) "zelo operoso". In questo brano viene presentato l'esempio di Catone il Censore, che in età molto avanzata continuava a difendere lo stato rintuzzando le critiche dei suoi avversari politici, e del suo discendente Catone Uticense, il quale aveva un tale ardore di apprendere che, in attesa delle riunioni del senato, leggeva testi greci.

Cato sextum et octogesimum annum agens, dum in re publica tuenda iuvenili animo perstat, ab inimicis capitali crimine accusatus causam suam egit, neque aut memoriam eius quisquam tardiorem aut firmitatem lateris ulla ex parte quassatam aut os haesitatione inpeditum animadvertit, quia omnia ista in suo statu aequali ac perpetua industria continebat. Quin etiam in ipso diutissime actae vitae fine disertissimi oratoris Galbae[1] *accusationi defensionem suam pro Hispania opposuit. Idem Graecis litteris erudiri concupivit, quam sero, inde aestimemus, quod etiam Latinas paene iam senex didicit, cumque eloquentia magnam gloriam partam haberet, id egit, ut iuris civilis quoque esset peritissimus. Cuius mirifica proles propior aetati nostrae Cato ita doctrinae cupiditate flagravit, ut ne in curia quidem, dum senatus cogitur, temperaret sibi quo minus Graecos libros lectitaret. Qua quidem industria ostendit aliis tempora deesse, alios temporibus.*

(Valerio Massimo)

All'età di ottantacinque anni Catone, mentre con giovanile entusiasmo continuava a difendere la repubblica, accusato di delitto capitale dai suoi nemici, assunse la propria difesa né alcuno poté dire di averne avvertito un rallentamento della memoria o il minimo indebolimento di polmoni o qualche difficoltà di pronunzia, perché conservava tutte le sue capacità in una condizione costante, dovuta all'ininterrotta sua attività. Anzi, sul finire della sua vita longeva rispose all'accusa dell'eloquentissimo Galba con l'orazione in difesa della Spagna. Volle vivamente apprendere anche la lingua greca: quanto tardi, si può capire dal fatto che si diede agli studi del Latino ch'era ormai quasi vecchio: pur avendo raggiunto grande gloria nell'eloquenza, volle far ciò per approfondire le sue

---

1. *Galbae*: si tratta di Servio Sulpicio Galba, che nel 151 a.C. fu nominato pretore della provincia della Spagna Ulteriore, durante la guerra contro i Lusitani. Galba riuscì a sottomettere questo popolo, ricorrendo anche all'inganno. Al ritorno di Galba a Roma (149 a.C.) il tribuno della plebe Lucio Scribonio Libone accusò Galba per il massacro dei Lusitani; fu proprio Catone a sostenere l'accusa, ma Galba, con le sue doti oratorie e con la sua astuzia, riuscì a farsi assolvere.

conoscenze anche nel diritto civile. Il suo meraviglioso discendente, vissuto non molto prima di noi, arse a tal punto dal desiderio di sapere, che nemmeno nella Curia, in attesa che si radunasse il senato, si tratteneva dal leggere testi greci. Con questo suo zelo operoso egli dimostrava che ad alcuni manca il tempo, ma che altri se lo lasciano sfuggire.

(trad. di R. Faranda)

NOTE LINGUISTICHE

Quin etiam → uso di *quin* come congiunzione coordinativa, nel senso di "ma anzi, ma al contrario".
inde... quod etiam Latinas paene iam senex didicit → si noti l'uso del *quod* dichiarativo (l'elemento prolettico è *inde*: "da qui... cioè dal fatto che").
cumque eloquentia magnam gloriam partam haberet → il participio perfetto *partam* (da *pario*) è unito con il verbo *habeo* in un costrutto perifrastico che costituisce l'antenato del passato prossimo italiano.
quo minus Graecos libros lectitaret → completiva retta dal verbo *temperaret*, che può rientrare nei *verba impediendi* e *recusandi*.

NOTE LESSICALI

ab inimicis → il termine *inimicus* indica i nemici personali, gli "avversari"; diverso è *hostis*, che è il nemico esterno, straniero.
causam suam egit → *causam agere* è espressione giuridica che indica il "trattare", "difendere" una causa; in questo caso Catone si difende personalmente dalle accuse.
lectitaret → *lectito* è frequentativo di *lego*, nel senso di "leggere sempre".
industria → il termine indica appunto lo "zelo operoso", l'attività indefessa.

NOTE DI TRADUZIONE

firmitatem lateris ulla ex parte quassatam → lett. "la vigoria del fianco in alcun modo abbattuta"; ma il traduttore rende bene con "il minimo indebolimento di polmoni", dato che *latus* significa propr. "lato, fianco", ma anche metonimicamente "forza, vigore" e, parlando di oratori, "polmoni".
ut iuris civilis quoque esset peritissimus → lett. "affinché fosse espertissimo anche del diritto civile"; più libera ma opportuna la resa del traduttore ("per approfondire le sue conoscenze anche nel diritto civile").

■ PRIMO LIVELLO

●●● | 144 Estrema generosità dell'ateniese Cimone

L'ateniese Cimone è così generoso che non pone guardiani nei suoi poderi, consentendo a ognuno di fruirne; inoltre si fa sempre scortare da accompagnatori forniti di denaro per poter dare immediato aiuto economico ai bisognosi. La sua ospitalità e la sua generosità sono rivolte a tutti; addirittura egli provvede ai funerali di coloro che non hanno i mezzi per pagarseli. Non c'è dunque da stupirsi che sia stato molto rimpianto dopo la sua morte.

a. Cimone consente di accedere ai suoi poderi

Hunc Athenienses non solum in bello, sed etiam in pace diu desideraverunt. Fuit enim tanta liberalitate, cum compluribus locis praedia hortosque haberet, ut numquam in eis custodem imposuerit fructus servandi gratia, ne quis impediretur, quo minus eius rebus, quibus quisque vellet, frueretur.

▶ Vedi **Curiosità**

b. Generosità di Cimone verso i poveri

Semper eum *pedisequi* cum nummis sunt secuti ut, si quis opis eius indigeret, haberet, quod statim daret, ne differendo videretur negare. Saepe, cum aliquem offensum fortuna videret minus bene vestitum, suum *amiculum* dedit.

▶ Vedi **Cave!**

c. Cimone offre a tutti aiuto

Cotidie sic cena ei coquebatur, ut, quos invocatos vidisset in foro, omnis devocaret; quod facere nullo die praetermittebat. Nulli fides eius, nulli opera, nulli res familiaris defuit; multos locupletavit; complures pauperes mortuos, qui unde efferrentur, non reliquissent, suo sumptu extulit. Sic se gerendo, minime est mirandum, si et vita eius fuit secura et mors acerba.

(Cornelio Nepote)

Curiosità

Pedisequus Il sostantivo **pedisequus** significa "**accompagnatore, servo, lacchè**"; è composto, evidentemente da **pes**, *pedis* + **sequor** "colui che segue a piedi". Nell'antica Roma, il termine indicava appunto lo schiavo che aveva l'incarico di scortare a piedi il proprio padrone; durante l'Impero, divenne la denominazione dei subalterni di diversi funzionari. Si poteva usare il termine anche in senso metaforico: *divitiae, quae virtutis pedisequae sint* (Rhet. ad Herennium).
Esisteva pure il femminile **pedisequa** nel senso di "**ancella, accompagnatrice**".
Nell'uso odierno, in senso figurato, viene definito "pedissequo" chi o ciò che segue qualcuno o qualcosa passivamente, senza alcuna originalità.

Cave!

Amiculum Il sostantivo **amiculum** significa "**mantello, soprabito, sopravveste**"; era un capo d'abbigliamento unisex, indossato però in particolare dalle cortigiane. Il termine è collegabile al verbo **amicio, -is, amicui / amixi, amictum, -ire**, che vuol dire "**coprire, avvolgere, mettersi indosso**"; come osserva Georges, è "il termine proprio dell'indossare, mettersi la sopravveste; contrapposto a *induere* dell'infilare un abito e *vestire* del coprire, vestire il corpo in generale". Il verbo si usa pure metaforicamente: *nive amicta loca* "luoghi coperti di neve" (Catullo LXIII 70).
Ovviamente non va confuso con **amiculus** diminutivo di **amicus**, che significa "**caro amico, amichetto**" (cfr. Cicerone *Verrine* III 39 e Catullo XXX 2).

145 Chi la fa l'aspetti

LATINO MODERNO

Uno sparviero, appollaiato su un nido per tenere d'occhio una lepre, insidia i piccoli dell'usignolo. La madre dei piccoli tenta di salvarli, accettando di cantare per lo sparviero; questi si appresta ugualmente a divorare gli uccellini, ma viene sorpreso e catturato da un uccellatore.

a. Lo sparviero insidia i piccoli dell'usignolo

In nidum[1] lusciniae cum sederet accipiter, ut specularetur auritum[2], parvos in illo invenit pullos. Supervenit luscinia et rogabat illum parcere pullis.

b. La richiesta dello sparviero

Ait accipiter: «Faciam quod vis, si mihi bone cantaveris». Et quamvis se praecederet animo, tamen metu pavebat.

c. Lo sparviero inizia a divorare uno degli uccellini

Denique coacta et dolore plena cantavit. Acceptor qui praedam captaverat, ait: «Non bene cantasti»; apprehenditque unum de pullis eius et devorare coepit.

---

1. *In nidum*: forma non classica di complemento di stato in luogo (= *in nido*).
2. *auritum*: in Fedro *auritus* è in genere l'asino; ma qui, secondo La Penna, si tratta di una lepre.

d. Un uccellatore cattura lo sparviero   *Ex diverso venit auceps et, calamo silenter levato, acceptore contracto visco[3], in terram deiecit.*

e. Morale della favola   *Qui aliis insidiantur, timere debent ne capiantur.*

(Ademaro di Chabanne)

3. *acceptore... visco*: "avendo immobilizzato lo sparviero col vischio" (trad. Bertini), con *acceptore contracto* ablativo assoluto e *visco* complemento o di mezzo.

SECONDO LIVELLO

●●● | 146 Annibale con un'astuzia salva i suoi tesori

In fuga dai Romani, Annibale si rifugia a Gortina, nell'isola di Creta. Comprende poi di essere in pericolo a causa della cupidigia dei Cretesi, dato che ha con sé molto denaro. Ricorre dunque ad un astuto espediente per ingannare gli abitanti della città e riesce così a conservare le sue ricchezze.

Hannibal, Antiocho fugato, verens ne dederetur, quod sine dubio accidisset, si sui fecisset potestatem[1], Cretam ad Gortynios venit, ut ibi, quo se conferret, consideraret. Vidit autem vir omnium callidissimus in magno se fore periculo, nisi quid providisset, propter avaritiam Cretensium: magnam enim secum pecuniam portabat, de qua sciebat exisse famam. Itaque capit tale consilium: amphoras complures complet plumbo, summas[2] operit auro et argento. Has, praesentibus principibus, deponit in templo Dianae, simulans se suas fortunas illorum fidei credere. His in errorem inductis, statuas aeneas, quas secum portabat, omni sua pecunia complet easque in propatulo domi abicit. Gortynii templum magna cura custodiunt, non tam a ceteris quam ab Hannibale, ne ille, inscientibus iis, tolleret secumque duceret[3]. Sic conservatis suis rebus Poenus illusis Cretensibus omnibus ad Prusiam in Pontum pervenit.

(Cornelio Nepote)

1. *si sui fecisset potestatem*: *si fecisset potestatem sui comprehendendi*, cioè "se si fosse lasciato prendere".
2. *summas* (sott. *amphoras*): "la sommità (delle anfore)".
3. *tolleret secumque duceret*: sott. *amphoras*.

Laboratorio

MORFOLOGIA
1. Nell'espressione *nisi quid providisset* che cosa è *quid*?
2. È regolare l'uso di *domi* come genitivo di specificazione (*in propatulo domi*)?

SINTASSI
3. Sottolinea i presenti storici.
4. Distingui ed analizza le proposizioni introdotte dalla congiunzione *ne*.

LESSICO
5. Qual è l'esatto significato del sostantivo *avaritia*?

COMPRENSIONE DEL TESTO
6. In che modo Annibale inganna gli abitanti di Gortina?

147 Pelopida muore in battaglia

Pelopida, con Epaminonda, contribuì alla nascita e al consolidamento dell'egemonia di Tebe sulla Grecia. Nel 368 a.C. però Tebe intervenne per risolvere i dissidi fra le città tessale e il tiranno di Fere, Alessandro; quest'ultimo riuscì a catturare Pelopida, che fu liberato dall'amico Epaminonda. Il desiderio di vendetta indusse poi Pelopida ad affrontare in battaglia a Cinoscefale, nel 364 a.C., il tiranno nemico; ma quando la vittoria era già a portata di mano, il generale tebano, tradito dall'ira che lo accecava, commise un'imprudenza che gli fu fatale.

Conflictatus autem est cum adversa fortuna. Nam et initio, sicut ostendimus, exul patria caruit, et cum Thessaliam in potestatem Thebanorum cuperet redigere legationisque iure satis tectum se arbitraretur, quod apud omnes gentes sanctum esse consuesset, a tyranno Alexandro Pheraeo simul cum Ismenia[1] comprehensus in vincla coniectus est. Hunc Epaminondas recuperavit, bello persequens Alexandrum. Post id factum numquam animo placari potuit in eum, a quo erat violatus. Itaque persuasit Thebanis, ut subsidio Thessaliae proficiscerentur tyrannosque eius expellerent. Cuius belli cum ei summa esset data eoque cum exercitu profectus esset, non dubitavit, simulac conspexit hostem, confligere. In quo proelio Alexandrum ut animadvertit, incensus ira equum in eum concitavit, proculque digressus a suis, coniectu telorum confossus concidit. Atque hoc secunda victoria accidit: nam iam inclinatae erant tyrannorum copiae. Quo facto omnes Thessaliae civitates interfectum Pelopidam coronis aureis et statuis aeneis liberosque eius multo agro donarunt.

(Cornelio Nepote)

[1] *Ismenia*: "Ismenia"; fu uno degli ambasciatori spartani alla corte persiana.

Laboratorio

SINTASSI
1. Analizza le due proposizioni introdotte dalla congiunzione *ut*.
2. Che costruzione presenta, nel testo, il verbo *dubito*? Come si può motivare?

COMPRENSIONE DEL TESTO
3. Da che cosa Pelopida si riteneva (a torto) abbastanza protetto?
4. Come si svolge il combattimento decisivo fra Pelopida e Alessandro di Fere?

148 La crisi incalzante del *mos maiorum*

Gaio Lelio, fedele amico di Scipione Emiliano, sta discutendo sul tema dell'amicizia; in questo passo egli afferma che la vera amicizia consiste nel non domandare cose vergognose e nel non farle qualora ci vengano richieste; Lelio constata però che il costume degli antenati è ormai corrotto e deplora i tentativi, a suo dire autoritari, di Tiberio Gracco; teme poi un imminente tribunato di Caio Gracco e si mostra preoccupato per il "serpeggiare" del crescente male democratico.

Haec igitur lex in amicitia sanciatur, ut neque rogemus res turpes nec faciamus rogati. Turpis enim excusatio est et minime accipienda cum in ceteris peccatis, tum si quis contra rem publicam se amici causa fecisse fateatur. Etenim eo loco, Fanni et Scaevola, locati sumus ut nos longe prospicere oporteat futuros casus rei publicae. Deflexit iam aliquantum de spatio curriculoque consuetudo maiorum. Ti. Gracchus regnum occupare conatus est, vel regnavit is quidem paucos menses. Num quid simile populus Romanus audierat aut viderat? Hunc etiam post mortem secuti amici et propinqui quid in P. Scipione[1] effecerint, sine lacrimis non queo dicere. Nam Carbonem[2], quocumque modo potuimus, propter recentem poenam Ti. Gracchi sustinuimus; de C. Gracchi autem tribunatu[3] quid expectem, non libet augurari. Serpit deinde res; quae proclivis ad perniciem, cum semel coepit, labitur. Videtis in tabella iam ante quanta sit facta labes, primo Gabinia lege, biennio autem post Cassia[4]. Videre iam videor populum a senatu disiunctum, multitudinis arbitrio res maximas agi. Plures enim discent quem ad modum haec fiant, quam quem ad modum iis resistatur. (CICERONE)

1. *P. Scipione*: si tratta di P. Cornelio Scipione Nasica, console nel 138 a.C. e poi pontefice massimo; si oppose alla riforma agraria di Tiberio Gracco e ne provocò la morte nel 133 a.C. In seguito però, a causa dell'indignazione popolare, dovette andarsene da Roma.
2. *Carbonem*: Gaio Papirio Carbone; sostenne le riforme di Tiberio Gracco e collaborò con Gaio Gracco, fratello di Tiberio, alla realizzazione delle leggi agrarie, in qualità di *triumvir agris dividendis*.
3. *De... tribunatu*: il *Laelius de amicitia*, da cui è tratto il brano, è ambientato nel 129 a.C.; il tribunato di Caio Gracco, qui fortemente temuto, si realizzò nel 123 e nel 122 a.C.
4. *Gabinia lege... Cassia*: la *lex Gabinia* presentata nel 139 dal tribuno A. Gabinio, prescriveva l'elezione segreta dei magistrati; la *lex Cassia*, proposta nel 137 dal tribuno G. Cassio, estese a tutti i giudizi del popolo (esclusi quelli relativi all'alto tradimento) le disposizioni della *lex Gabinia*.

Laboratorio

SINTASSI
1. Riconosci la tipologia delle proposizioni subordinate introdotte dalla congiunzione *ut*.
2. Che tipo di risposta attende l'interrogativa introdotta da *num*?

LESSICO
3. Individua i vocaboli del lessico politico-istituzionale.

COMPRENSIONE DEL TESTO
4. Di che cosa viene accusato Tiberio Gracco?
5. Quale grave conseguenza, secondo Lelio, è derivata dalle leggi Gabinia e Cassia?

149 Triste lettera di Cicerone ai familiari

Cicerone scrive dall'esilio di Tessalonica una lettera alla consorte Terenzia ed ai figli Tullia e Cicerone. Il tono è molto triste e amareggiato; l'autore vede la sua famiglia in preda alla disperazione e ne soffre amaramente. Egli esprime però grande ammirazione per il coraggio e l'affetto della moglie ed è addolorato per averle provocato tante sventure.

Noli putare me ad quemquam longiores epistulas scribere, nisi si quis ad me plura scripsit, cui puto rescribi oportere; nec enim habeo, quod scribam, nec hoc tempore quidquam difficilius facio. Ad te vero et ad nostram Tulliolam non queo sine plurimis lacrimis scribere; vos enim video esse miserrimas, quas ego beatissimas semper esse volui idque praestare debui et, nisi tam timidi fuissemus, praestitissem. Hem, mea lux, meum desiderium, unde omnes opem petere solebant! Te nunc, mea Terentia, sic vexari, sic iacere in lacrimis et sordibus, idque fieri mea culpa, qui ceteros servavi, ut nos periremus! Obsecro te, mea vita, quod ad sumptum attinet, sine alios, qui possunt, si modo volunt, sustinere, et valetudinem istam infirmam, si me amas, noli vexare; nam mihi ante oculos dies noctesque versaris:

omnes labores te excipere video; timeo ut sustineas. Sed video in te esse omnia; quare, ut id, quod speras et quod agis, consequamur, servi valetudini. Ego, ad quos scribam, nescio, nisi ad eos, qui ad me scribunt, aut [ad eos,] de quibus ad me vos aliquid scribitis. Longius, quoniam ita vobis placet, non discedam; sed velim quam saepissime litteras mittatis, praesertim si quid est firmius, quod speremus. Valete, mea desideria, valete.
D. a. d. III. Non. Oct. Thessalonica.

(CICERONE)

●●● | 150 Atto di clemenza di Quinto Metello

Valerio Massimo dedica una parte della sua raccolta di esempi al tema della mitezza e della clemenza. In questo brano si ricorda un atto di clemenza di Quinto Metello Macedonico, che diede prova di generosità durante l'assedio di Centobriga (in Spagna).

Q. vero Metellus Celtibericum in Hispania gerens bellum, cum urbem Centobrigam obsideret et iam admota machina partem muri, quae sola convelli poterat, disiecturus videretur, humanitatem propinquae victoriae praetulit: nam cum Rhoetogenis filios, qui ad eum transierat, Centrobigenses machinae ictibus obiecissent, ne pueri in conspectu patris crudeli genere mortis consumerentur, quamquam ipse Rhoetogenes negabat esse inpedimento quominus etiam per exitium sanguinis sui expugnationem perageret, ab obsidione discessit. Quo quidem tam clementi facto etsi non unius civitatis moenia, omnium tamen Celtiberarum urbium animos cepit effecitque ut ad redigendas eas in dicionem populi Romani non multis sibi obsidionibus opus esset.

(VALERIO MASSIMO)

■ TERZO LIVELLO

●●● | 151 Cicerone amareggiato dal fatto che il foro romano non sia più sede della libera eloquenza

Equidem angor animo non consili, non ingeni, non auctoritatis armis egere rem publicam, quae didiceram tractare quibusque me adsuefeceram quaeque erant propria cum praestantis in re publica viri tum bene moratae et bene constitutae civitatis. Quod si fuit in re publica tempus ullum, cum extorquere arma posset e manibus iratorum civium boni civis auctoritas et oratio, tum profecto fuit, cum patrocinium pacis exclusum est aut errore hominum aut timore. Ita nobismet ipsis accidit ut, quamquam essent multo magis alia lugenda, tamen hoc doleremus quod, quo tempore aetas nostra perfuncta rebus amplissimis tamquam in portum confugere deberet non inertiae neque desidiae, sed oti moderati atque honesti, cumque ipsa oratio iam nostra canesceret haberetque suam quandam maturitatem et quasi senectutem, tum arma sunt ea sumpta, quibus illi ipsi[1], qui didicerant eis uti gloriose, quem ad modum salutariter uterentur non reperiebant. Itaque ei mihi videntur fortunate beateque vixisse cum in ceteris civitatibus tum maxume in nostra, quibus cum auctoritate rerumque gestarum gloria tum etiam sapientiae laude perfrui licuit.

(CICERONE)

---

1. *illi ipsi*: Cesare e Pompeo, che avevano portato Roma alla catastrofica guerra civile.

Laboratorio

ANALISI STILISTICA

1. Risolvi con un'endiadi l'espressione *auctoritas et oratio*.

COMPRENSIONE DEL TESTO

2. Quali sono, in particolare, i fattori che provocano l'amarezza di Cicerone?
3. Chi sono, secondo il giudizio conclusivo dell'autore, coloro che sono vissuti in maniera fortunata e felice?

PRODUZIONE

4. Realizza una breve scheda fissando, attraverso titoletti sintetici, i concetti principali del brano.

●●● | 152 Inutilità del timore della morte

Itaque non deterret sapientem mors, quae propter incertos casus cotidie imminet, propter brevitatem vitae numquam potest longe abesse, quo minus in omne tempus rei publicae suisque consulat, cum posteritatem ipsam, cuius sensum habiturus non sit, ad se putet pertinere. Quare licet etiam mortalem esse animum iudicantem aeterna moliri, non gloriae cupiditate, quam sensurus non sis, sed virtutis, quam necessario gloria, etiamsi tu id non agas, consequatur. Natura vero si se sic habet, ut, quo modo initium nobis rerum omnium ortus noster adferat, sic exitum mors, ut nihil pertinuit ad nos ante ortum, sic nihil post mortem pertinebit. In quo quid potest esse mali, cum mors nec ad vivos pertineat nec ad mortuos? Alteri nulli sunt, alteros non attinget. Quam qui leviorem faciunt, somni simillimam volunt esse: quasi vero quisquam ita nonaginta annos velit vivere, ut, cum sexaginta confecerit, reliquos dormiat; ne sui quidem id velint, non modo ipse. Endymion[1] *vero, si fabulas audire volumus, ut nescio quando in Latmo obdormivit, qui est mons Cariae, nondum, opinor, est experrectus. Num igitur eum curare censes, cum Luna laboret, a qua consopitus putatur, ut eum dormientem oscularetur? Quid curet autem, qui ne sentit quidem? Habes somnum imaginem mortis eamque cotidie induis: et dubitas quin sensus in morte nullus sit, cum in eius simulacro videas esse nullum sensum?*

(CICERONE)

1. *Endymion*: bellissimo pastore che viveva sul monte Latmo, presso Mileto; ottenne da Giove (di cui era figlio o nipote) un sonno eterno che gli consentì di restare sempre giovane; durante questo letargo fu visto da Selene (personificazione della Luna), che se ne innamorò. Cicerone segue però la versione del mito secondo cui fu proprio Selene a provocare il sonno eterno di Endimione "per baciarlo nel sonno".

●●● | 153 Polemica contro la vuota enfasi dei declamatori

Num alio genere Furiarum declamatores inquietantur, qui clamant: «Haec vulnera pro libertate publica excepi; hunc oculum pro vobis impendi: date mihi ducem, qui me ducat ad liberos meos, nam succisi poplites membra non sustinent»? Haec ipsa tolerabilia essent, si ad eloquentiam ituris viam facerent. Nunc et rerum tumore et sententiarum vanissimo strepitu hoc tantum proficiunt ut, cum in forum venerint, putent se in alium orbem terrarum delatos. Et ideo ego[1] *adulescentulos existimo in scholis stultissimos fieri, quia nihil ex his, quae in usu habemus, aut audiunt aut vident, sed piratas*[2] *cum catenis in litore stantes, sed tyrannos edicta scribentes quibus imperent filiis ut patrum suorum capita praecidant, sed responsa in pestilentiam data, ut virgines tres aut plures immolentur, sed mellitos verborum globulos, et omnia dicta factaque quasi papavere et sesamo sparsa. Qui inter haec nutriuntur, non magis sapere possunt quam bene olere qui in culina habitant. Pace vestra liceat dixisse, primi omnium eloquentiam perdidistis. Levibus enim atque inanibus sonis ludibria quaedam excitando, effecistis ut corpus orationis enervaretur et caderet.*

(Petronio)

1. *ego*: sta parlando Encolpio, il giovane protagonista e narratore del romanzo *Satyricon*, che polemizza con il retore Agamennone criticando aspramente la vacuità delle esercitazioni retoriche del tempo.

2. *piratas*: il riferimento ai pirati era frequente sia nelle declamazioni retoriche sia nelle commedie greche e latine, nonché nei romanzi.

Laboratorio

ANALISI STILISTICA
1. Individua nel testo un polisindeto, un poliptoto e un'anafora.

COMPRENSIONE DEL TESTO
2. Qual è, secondo il parere di Encolpio, la situazione delle scuole di retorica?

PRODUZIONE
3. Riscrivi il brano in latino dal punto di vista opposto (max. 5 righe), sostenendo l'utilità dei temi proposti dai retori del tempo.

●●● | 154 Incontenibile sregolatezza dell'imperatore Nerone

Super ingenuorum paedagogia[1] et nuptarum concubinatus, Vestali virgini Rubriae vim intulit. Acten libertam paulum afuit quin iusto sibi matrimonio coniungeret, summissis consularibus viris[2] qui regio genere ortam peierarent. Puerum Sporum exsectis **testibus** *etiam in muliebrem naturam transfigurare conatus cum dote et flammeo per sollemnia nuptiarum celeberrimo officio deductum ad se pro uxore habuit; exstatque cuiusdam non inscitus iocus bene agi potuisse cum rebus humanis, si Domitius pater talem habuisset uxorem. Hunc Sporum, Augustarum ornamentis excultum lecticaque vectum, et circa conventus mercatusque Graeciae ac mox Romae circa Sigillaria[3] comitatus est identidem exosculans. Nam matris concubitum appetisse et ab obtrectatoribus eius, ne ferox atque impotens mulier et hoc genere gratiae praevaleret, deterritum nemo dubitavit, utique postquam meretricem, quam fama erat Agrippinae simillimam, inter concubinas recepit. Olim etiam quotiens lectica cum matre veheretur, libidinatum inceste ac maculis vestis proditum affirmant.*

(Svetonio)

◁ Vedi **Cave!**

1. *Super ingenuorum paedagogia*: "Oltre alle sregolatezze con giovani ragazzi" (trad. E. Noseda).
2. *summissis consularibus viris*: "dopo aver assoldato alcuni ex consoli".
3. *Sigillaria*: festa romana in cui ci si scambiavano doni, ad es. figurine di cera o argilla; il termine *sigillum* indica appunto la "figurina", la "statuetta".

Laboratorio

LESSICO
1. Che cosa indicava il sostantivo *flammeum* e perché si chiamava così?

ANALISI STILISTICA
2. Individua nel testo almeno un omoteleuto e un polisindeto.

COMPRENSIONE DEL TESTO
3. Quale menzogna fa inventare Nerone a proposito della liberta Acte? E a quale scopo?

> **Cave!**
>
> **Testis** Il sostantivo *testis, -is* indica il "testimone", il "teste"; compare dunque in **espressioni giuridiche** come *testibus uti* o *testes dare, edere, adhibere* "produrre testimoni", ecc.; nel **linguaggio della Chiesa** *testis* sarà anche usato nel senso di "**martire**" (testimone della fede, dal greco μάρτυς *martys* "testimone").
> Qui però i *testes* sono i "**testicoli**", termine attestato anche in Plauto; in particolare, il comico di Sarsina usa anche l'aggettivo derivato *intestabilis* con un doppio senso giuridico (indicando chi non ha la capacità giuridica di fare da testimone o non ha capacità di fare testamento) ed... anatomico (alludendo a chi è privo di testicoli, un eunuco. Il termine italiano deriva dal diminutivo *testiculus*.

●●● | 155 Popolazioni stanziate in Germania

Validiores olim Gallorum res[1] fuisse summus auctorum divus Iulius tradit; eoque credibile est etiam Gallos in Germaniam transgressos: quantulum enim amnis obstabat quo minus, ut quaeque gens evaluerat, occuparet permutaretque sedes promiscuas adhuc et nulla regnorum potentia divisas? Igitur inter Hercyniam silvam Rhenumque et Moenum amnes Helvetii, ulteriora Boii, Gallica utraque gens, tenuēre. Manet adhuc Boihaemi nomen[2] significatque loci veterem memoriam quamvis mutatis cultoribus. Sed utrum[3] Aravisci in Pannoniam ab Osis, Germanorum natione, an Osi ab Araviscis in Germaniam commigraverint, cum eodem adhuc sermone institutis moribus utantur, incertum est, quia pari olim inopia ac libertate eadem utriusque ripae bona malaque erant. Treveri et Nervii circa adfectationem Germanicae originis ultro ambitiosi sunt, tamquam per hanc gloriam sanguinis a similitudine et inertia Gallorum separentur. Ipsam Rheni ripam haud dubie Germanorum populi colunt, Vangiones, Triboci, Nemetes. Ne Ubii[4] quidem, quamquam Romana colonia esse meruerint ac libentius Agrippinenses conditoris sui nomine vocentur, origine erubescunt, transgressi olim et experimento fidei super ipsam Rheni ripam conlocati, ut arcerent, non ut custodirentur.

(Tacito)

1. *Gallorum res*: "la potenza dei Galli"; il termine generico *res* va specificato.
2. *Boihaemi nomen*: "il nome 'Boemia'"; derivava da *Boi Haim* (cfr. ingl. *home*) "dimora dei Boi".
3. *utrum*: nel tradurre, occorre inserire prima il successivo *incertum est*; è in correlazione con *an* (interrogativa indiretta disgiuntiva: "se... o").
4. *Ubii*: "gli Ubii"; popolazione che occupava la riva destra del Reno, nei pressi dell'attuale Wiesbaden; nel 38 a.C., sotto la pressione dei Suebi, furono trasferiti sulla riva sinistra da Agrippa; nel 50 d.C. era stata fondata presso di loro la colonia di *Claudia Ara Agrippinensis* (attuale Colonia), dedicata dall'imperatore Claudio alla moglie Agrippina.

UNITÀ 14

PROPOSIZIONI INTERROGATIVE DIRETTE E INDIRETTE

CURIOSITÀ	CAVE!
Latrunculus	*Proxime*

IN ITALIANO
Gli esercizi seguenti mirano a verificare le conoscenze relative alle proposizioni interrogative dirette e indirette in italiano.

▶ **Esercizi**

1 Nei seguenti periodi distingui le dichiarative dalle interrogative indirette.

1. Non so quanti possano apprezzare la tua azione.   **2.** Fammi sapere che cosa devo fare per accontentarti.   **3.** Ti chiedo il favore di aiutarmi.   **4.** Vorrei sapere con chi intendi partire per le vacanze.   **5.** Ho l'impressione che tu ti stia sbagliando.   **6.** Gli alunni hanno l'obbligo di frequentare regolarmente le lezioni.

2 Trasforma le interrogative dirette in indirette (es. "Vieni?" → "Ti chiedo se vieni").

1. Hai capito le sue intenzioni?   **2.** Mi aiuterai a risolvere il problema?   **3.** Vuoi ascoltare le mie ragioni?   **4.** Pensi ancora a quella ragazza?   **5.** Mi sono spiegato chiaramente?   **6.** I tuoi amici saranno già arrivati a destinazione?

3 Inventa cinque proposizioni interrogative dirette disgiuntive e trasformale poi in altrettante proposizioni interrogative indirette disgiuntive (es.: "vieni oggi o domani?" → "ti chiedo se vieni oggi o domani").

1 PROPOSIZIONI INTERROGATIVE

Le proposizioni interrogative si suddividono in dirette e indirette:

Quid fecisti?	**Che cosa hai fatto?** [interrogativa diretta]
Dic mihi **quid feceris**.	Dimmi **che cosa hai fatto**. [interrogativa indiretta]

Le proposizioni interrogative dirette e indirette, a loro volta, si dividono in semplici (con un solo membro di interrogazione) e composte o disgiuntive (con due membri di interrogazione opposti o diversi fra loro):

Estne hoc verum?	**Questa cosa è vera?** [interrogativa diretta semplice]

Unità 14 Proposizioni interrogative dirette e indirette 227

Estne hoc verum an falsum?	**Questa cosa è vera o falsa?** [interrogativa diretta disgiuntiva]
Ex te quaero num hoc verum sit.	Ti chiedo **se questa cosa sia vera**. [interrogativa indiretta semplice]
Ex te quaero utrum hoc verum sit an falsum.	Ti chiedo **se questa cosa sia vera o falsa**. [interrogativa indiretta disgiuntiva]

Come si vede dagli esempi, le interrogative dirette, semplici o doppie, hanno di regola il modo indicativo, mentre le interrogative indirette si trovano al congiuntivo.

> **NB** • A volte nelle interrogative dirette si trova il congiuntivo indipendente (potenziale o dubitativo):
> *Cur istum non **defenderem**?* Perché non **avrei dovuto difendere** costui?

2 PROPOSIZIONI INTERROGATIVE DIRETTE

2.1 Interrogative dirette semplici

Le interrogative dirette semplici possono essere introdotte:

- da **pronomi interrogativi**, come *quis, quid, qualis, quot,* ecc.:

***Quid** agis?*	**Che** fai?
***Quis** te vidit?*	**Chi** ti ha visto?

- da **avverbi interrogativi**, come *cur, quomodo, quando, ubi, unde,* ecc.:

***Ubi** est pater tuus?*	**Dov**'è tuo padre?
***Quando** abibis?*	**Quando** andrai via?

- **dalle particelle interrogative** *-ne, nonne* e *num*;
- raramente, dal semplice **tono della voce**:

Nescis quo valeat nummus? (Or.)	Non sai a che serva il denaro?

Riguardo alle particelle interrogative *-ne*, *nonne* e *num*:

- *-ne* (enclitica) si trova nelle **domande reali**, quando la risposta che si attende è davvero incerta:

*Licet**ne** dicere?* (Cic.)	È lecito parlare? [→ risposta incerta]

- *nonne* ("non è forse vero che", "forse che non") si trova nelle **domande retoriche che attendono risposta affermativa**:

***Nonne** milies melius fuit perire?* (Cic.)	**Non** sarebbe **forse** stato meglio morire mille volte? [→ certamente sì]

- *num* ("forse, forse che") si trova nelle **domande retoriche che attendono risposta negativa**:

***Num** barbarorum Romulus rex fuit?* (Cic.)	**Forse che** Romolo fu re di barbari? [→ no di certo]

2.2 Interrogative dirette disgiuntive

Un'interrogativa disgiuntiva (o "doppia") è formata da due membri, che costituiscono un *aut-aut*, escludendosi a vicenda (es. "sei felice o triste?").
In latino, in corrispondenza della frase italiana "ciò è vero o falso?", si possono avere le seguenti possibilità:

- *utrum... an* → *utrum hoc verum est an falsum?*
- *-ne... an* → *verumne hoc est an falsum?*
- *... an* → *verum hoc est an falsum?*

 • Se il secondo termine dell'interrogativa in italiano è espresso con "o no", in latino si trova *an non* o *necne*:

Sunt haec tua verba necne? (Cic.)   Queste sono le tue parole **oppure no**?

2.3 Uso della particella *an*

La particella *an*, che si incontra in genere nel secondo membro delle interrogazioni, può avere valore **correttivo**, **negativo**, **determinativo**; spesso si trova all'inizio di un'interrogativa semplice diretta, ad esempio:

- quando si contrappongono due pensieri, il secondo dei quali viene ritenuto più vero:

| *An Scythes Anacarsis potuit pro nihilo pecuniam ducere; nostrates philosophi facere non poterunt?* (Cic.) | **Forse che** lo scita Anacarsi poté considerare niente il denaro e i nostri filosofi non potranno fare altrettanto? |

- quando si afferma l'impossibilità di una cosa dimostrandone l'assurdità:

| *An potest quisquam dubitare?* (Cic.) | **Forse** qualcuno può dubitare? |

- quando si esprime un concetto conseguente ad una precedente interrogazione:

| *Quando oraculorum vis evacuit? an (= nonne) postquam homines minus creduli esse coeperunt?* (Cic.) | Quando svanì la forza degli oracoli? **Non forse** dopo che gli uomini iniziarono ad essere meno creduloni? |

- quando si conferma una precedente affermazione con un'interrogazione, dimostrando che l'affermazione opposta è inaccettabile:

| *Oratorem vero irasci minime decet, simulare non dedecet; an tibi irasci tum videmur?* (Cic.) | All'oratore non si addice certamente l'adirarsi, gli conviene fingere (l'ira); **o forse** ti sembra che noi ci adiriamo? |

3 PROPOSIZIONI INTERROGATIVE INDIRETTE

Le interrogative indirette sono delle proposizioni dipendenti, sostantive complementari dirette; sono rette da verbi di domanda (*interrogo*, *expeto*, *quaero*, ecc.) o da sostantivi ed aggettivi che esprimono domanda o incertezza. Vogliono sempre il modo **congiuntivo** e rispettano la *consecutio temporum*.
Anche le interrogative indirette possono essere **semplici** o **disgiuntive** (o **doppie**).

Unità 14 Proposizioni interrogative dirette e indirette   **229**

3.1 Interrogative indirette semplici

Possono essere introdotte:

- dagli stessi **pronomi**, **aggettivi** o **avverbi** che introducono le interrogative dirette:

| *Ex te quaero quid de hoc sentias.* | Ti chiedo **che cosa** ne pensi. |

- dalle **particelle interrogative** *-ne* (**enclitica**), *num* e *nonne*.

In particolare si trovano:

- l'enclitica *-ne* o *num* "se", **indifferentemente**, quando la risposta è incerta o negativa:

| *Num hoc feceris ex te scire cupio.* | Voglio sapere da te **se hai fatto ciò**. [→ risposta incerta] |
| *Ex te quaero mortemne ames / num mortem ames.* | Ti chiedo **se ami la morte**. [→ risposta negativa] |

- *nonne*, quando si aspetta risposta senz'altro affermativa:

| *Quaesitum est a Socrate nonne sapientem beatum putaret.* (Cic.) | Fu chiesto a Socrate **se non era vero che riteneva felice il sapiente**. [→ risposta positiva] |

> **NB**
> - La risposta affermativa corrispondente al nostro "sì" in latino viene espressa:
>   a) ripetendo la parola principale:
>   "*Vidistine hunc virum?*" "**Vidi**"   "Hai visto quest'uomo?" "**Sì, l'ho visto**"
>   b) usando un avverbio affermativo (*utique, certe, ita, quidem, sane*, ecc.):
>   "*Venistine Romam?*" "**Certe**"   "Sei venuto a Roma?" "**Sì, certo**"
>   In particolare, l'italiano "sì" deriva da *sic*.
>
> - La risposta negativa corrispondente al nostro "no", in latino viene espressa:
>   a) ripetendo la parola principale preceduta dall'avverbio *non*:
>   "*Solusne haec facies?*" "**Non solus**"   "Farai queste cose da solo?" "**No**"
>   b) usando un avverbio negativo (*minime, minime vero, non ita, nequaquam, haud quaquam*, ecc.):
>   "*Num Romani fugient?*" "**Minime vero**"   "Forse i Romani fuggiranno?" "**Niente affatto**"

3.2 Interrogative indirette disgiuntive

Le interrogative indirette disgiuntive esprimono, in dipendenza da un'altra proposizione, due o più concetti che si escludono a vicenda. Possono essere introdotte da:

- **utrum... an** → *Scire volo utrum id iustum an iniustum sit.*   Voglio sapere **se** ciò sia giusto **o** ingiusto.
- **-ne... an** → *Scire volo iustumne id an iniustum sit.*
- **... an** → *Scire volo iustum id an iniustum sit.*
- **... -ne** → *Scire volo iustum id iniustumne sit.*

NB • Il secondo termine della disgiuntiva, se corrisponde all'italiano "o no", è espresso da **necne**:

| *Quaero, potuerit Roscius partem suam petere* **necne**. (Cic.) | Chiedo se Roscio abbia potuto chiedere la sua parte **o no**. |

3.3 Interrogative indirette dubitative

Un tipo particolare di interrogative indirette sono le **dubitative**, che esprimono in particolare dubbio, esitazione, incertezza; dipendono da verbi ed espressioni di dubbio (*dubito, haud scio, ignoro, nescio, dubius / incertus sum, dubium / incertum est, in incerto / in dubio est*, ecc.):

| **Dubito num** *idem tibi suadere* **debeam**. (Plin. Giov.) | **Non so se debba** suggerirti la stessa cosa. |

Possono essere introdotte da pronomi o avverbi (*quis* "chi", *quando* "quando", *ubi* o *quo* "dove", ecc.):

| *Dubitatis etiam* **cui** *tanta praeda quaesita sit?* (Cic.) | Ancora dubitate **per chi** sia stato accumulato così tanto bottino? |

Più spesso, però, sono introdotte dalle seguenti particelle:
- **an** "se non", quando, pur essendovi un dubbio, si pensa di fare ciò di cui si dubita:

| *Dubito* **an** *exspectem*. | Non so **se non** debba aspettare. (→ forse sì) |

- **an non** "se", quando non si intende fare ciò di cui si dubita:

| *Dubito* **an non** *exspectem*. | Non so **se** debba aspettare. (→ forse no) |

- **num** o **-ne** "se", per indicare un dubbio assoluto:

| *Erat incertum visurus***ne** *te esset tabellarius*. (Cic.) | Non si sapeva **se** il corriere ti avrebbe visto. (→ dubbio assoluto) |

▶Esercizi

A Analizza e traduci le seguenti frasi (interrogative dirette semplici e disgiuntive - uso di *an*).

1. *Si te rogavero aliquid, nonne respondebis?* (Cic.) 2. *Omnisne pecunia dissoluta est?* (Cic.) 3. *Rectene interpretor sententiam tuam?* (Cic.) 4. *Ubinam gentium sumus? In qua urbe vivimus? Quam rem publicam habemus?* (Cic.) 5. *Aristides nonne ob eam causam expulsus est patria, quod praeter modum iustus esset?* (Cic.) 6. *Nunc tuum consilium exquiro: Romamne venio, an hic maneo, an Arpinum fugiam?* (Cic.) 7. *Quae sunt perdita consilia? An ea quae pertinent ad libertatem populi Romani recuperandam?* (Cic.) 8. *An tu haec non credis? Minime vero.* (Cic.) 9. *Quid ad me venitis? An speculandi causa?* (Ces.) 10. *An eandem Romanis in bello virtutem quam in pace lasciviam adesse creditis?* (Tac.) 11. *Adeone effeminata corpora militum nostrorum esse putamus, adeo molles animos, ut hiemem durare in castris, abesse ab domo non possint?* (Liv.) 12. *Unde igitur ordiar? An ea attingam quae modo dixi?* (Cic.) 13. *Quomodo Sextus Roscius patrem occidit? Ipse percussit an aliis occidendum dedit?* (Cic.) 14. *Quid est libertas? Potestas vivendi ut velis. Quis igitur vivit ut vult, nisi qui recte vivit?* (Cic.) 15. *Si tyrannidem occupare, si patriam prodere conabitur pater, silebitne filius?* (Cic.)

B Collega la prima parte di ogni frase alla corrispondente seconda parte; poi traduci (interrogative indirette semplici e disgiuntive).

1. *Qui sis, unde natus sis,*
2. *Dubito an Venusiam tendam*
3. *Sane velim scire*
4. *Videndum est cum omnibusne*
5. *Dubitabam tu has litteras essesne accepturus;*
6. *Quid futurum sit*
7. *Frater tuus quanti me faciat semperque fecerit*
8. *Non possum existimare utrum ipse erret*

a. *omnes inde Romanos excessisse respondit.* (Tac.)
b. *tibi exspectem.* (Cic.)
c. *esse hominem qui ignoret arbitror neminem.* (Cic.)
d. *num censum impediant tribuni.* (Cic.)
e. *an vos in errorem ducere velit.* (Cic.)
f. *pax esse possit.* (Cic.)
g. *reputa.* (Liv.)
h. *erat enim incertum visurusne te esset tabellarius.* (Cic.)

C   COMPLETAMENTO Inserisci nelle seguenti proposizioni interrogative la congiunzione opportuna (*-ne* o *num* o *nonne*).

1. .... *ulla maiora beneficia possunt esse quam quae in liberos patres conferunt?* (Sen.)
2. *Quid?* .... *philosophorum optimus et gravissimus quisque confitetur multa se ignorare et multa sibi etiam atque etiam esse discenda?* (Cic.)   3. .... *leniorem quam in Asia Dolabella fuit, in Italia ore putatis Antonium?* (Cic.)   4. *Disputatur* .... *interire virtus in homine possit.* (Cic.)   5. *Socrates, cum esset ex eo quaesitum Archelaum, Macedonum regem,* .... *beatum putaret: «Haud scio – inquit – numquam enim cum eo locutus sum».* (Cic.)   6. *Quaero* .... *quis ante te tam fuerit nefarius qui id fecerit.* (Cic.)   7. *Rex interrogavit: «Estis* .... *vos legati oratoresque missi a populo Conlatino?»* (Cic.)   8. .... *dubitas id me imperante facere quod iam tua sponte faciebas?* (Cic.)

EXEMPLUM

156   Eumene, prigioniero di Antigono, mantiene un atteggiamento fiero e orgoglioso

Eumene di Cardia era stato segretario di Filippo II e poi capo della cancelleria di Alessandro Magno. Alla morte di quest'ultimo (323 a.C.), fu uno dei suoi successori ("diadochi") ed ottenne le satrapie di Paflagonia e Cappadocia. Durante le guerre fra i diadochi, Eumene affrontò Antigono Monoftalmo e lo tenne a lungo in scacco sull'altopiano iranico. Dopo la battaglia della Paretacene (autunno del 316 a.C.), fu tradito dai suoi e consegnato ad Antigono. In questo brano si vede quale sia stato l'atteggiamento fiero e quasi arrogante di Eumene durante la prigionia; dopo tre giorni in carcere se la prende con il sovrintendente Onomarco, lamentandosi di non essere stato ancora ucciso.

Itaque cum Eumenem Antigonus in custodiam dedisset et praefectus custodum quaesisset, quem ad modum servari vellet, «Ut acerrimum – inquit – leonem aut ferocissimum elephantum». Nondum enim statuerat, conservaret eum necne. Veniebat autem ad Eumenem utrumque genus hominum, et qui propter odium fructum oculis ex eius casu capere vellent et qui propter veterem amicitiam colloqui consolarique cuperent; multi etiam, qui eius formam cognoscere studebant, qualis esset, quem tam diu tamque valde timuissent, cuius in pernicie positam spem habuissent victoriae. At Eumenes cum diutius in vinclis esset, ait Onomarcho, penes quem summa imperii erat custodiae, se mirari, quare iam tertium diem sic teneretur: non enim hoc convenire Antigoni prudentiae, ut sic deuteretur victo; quin aut interfici aut missum fieri iuberet. Hic cum ferocius Onomarcho loqui videretur, «Quid tu? – inquit – animo si isto eras, cur non in proelio cecidisti potius, quam in potestatem inimici venires?» Huic Eumenes «Utinam quidem istud evenisset! Sed eo non accidit, quod numquam cum fortiore sum congressus. Non enim cum quoquam arma contuli, quin is mihi succubuerit».

(Cornelio Nepote)

Lo tenne quindi prigioniero; e al capo dei carcerieri che gli domandava in qual modo volesse che fosse custodito, rispose: «Come un ferocissimo leone o un elefante selvaggio»; infatti non aveva ancora deciso se risparmiarlo o no. Due diverse categorie di persone venivano a vedere Eumene; quelli che, odiandolo, volevano saziarsi della vista della sua rovina, e quelli che, memori dell'antica amicizia, desideravano parlargli e dargli qualche conforto; ma anche molti altri, curiosi di vedere da vicino la faccia di colui che avevano temuto tanto e per tanto tempo da far loro pensare a una possibilità di vittoria solo nel caso della sua fine. Ma Eumene, tenuto in carcere più di quanto pensasse, con Onomarco, il sovrintendente alla prigione, fece le sue maraviglie di essere tenuto rinchiuso da ben tre giorni: non s'addiceva alla prudenza di Antigono usar con un vinto così: o ammazzarlo o rendergli la libertà. E Onomarco, a cui quel modo di parlare sembrava troppo ardito: «Che!», disse, «se la pensavi così, perché non hai preferito morire combattendo che cadere in mano del tuo avversario?» E a lui Eumene: «Almeno fosse accaduto! Ma non poteva accadere, perché non mi era mai accaduto di combattere con uno più forte di me; non venni mai alle mani con alcuno senza che quegli abbia avuto la peggio».

(trad. di C. Vitali)

NOTE LINGUISTICHE

quem ad modum... vellet → proposizione interrogativa indiretta.
conservaret eum necne → in questa interrogativa indiretta la congiunzione *necne*, significa "o no".
quem... timuissent → la relativa ha il congiuntivo per attrazione modale, dato che fa parte integrante del senso complessivo del periodo.
Utinam quidem istud evenisset! → costruzione del congiuntivo indipendente del tipo desiderativo-ottativo.
quin is mihi succubuerit → proposizione di tipo consecutivo, in cui *quin* equivale a "senza che".

NOTE LESSICALI

formam → il sostantivo *forma* ha diversi significati; qui ha il valore generico di "aspetto, figura"; più spesso ha il valore di "bellezza"; in altri casi ha valori specifici ("foggia, genere; figura retorica; impronta, conio; disposizione"; ecc.).
ferocius → comparativo dell'avverbio *ferociter*, collegabile all'aggettivo *ferox*, che è *vox media*, avendo sia valori positivi ("coraggioso, valoroso, indomito") sia negativi ("feroce, duro, arrogante, tracotante").

NOTE DI TRADUZIONE

qui propter odium fructum oculis ex eius casu capere vellent → lett. "coloro che, a causa del loro odio, con gli occhi volevano ricavare un vantaggio dalla sua sventura"; ottimamente il traduttore rende con "quelli che, odiandolo, volevano saziarsi della vista della sua rovina".
Hic cum ferocius Onomarcho loqui videretur → lett. "poiché costui dava ad Onomarco l'impressione di parlare con troppa arroganza"; il traduttore rende più liberamente: "Onomarco, a cui quel modo di parlare sembrava troppo ardito".

PRIMO LIVELLO

●●● | 157 Il giudizio di Tiresia

Il pastore Tiresia sul monte Cillene infastidisce due serpenti in amore e viene perciò trasformato in donna; in seguito riesce a ritornare all'aspetto antico. Quando Giunone e Giove discutono su chi, fra uomo e donna, goda di più in amore, Tiresia viene scelto come giudice, data la sua competenza "bisessuale". Giunone, però, che si vede dare torto, punisce il pastore rendendolo cieco; Giove allora lo consola con due doni.

a. Tiresia trasformato in donna
In monte Cyllenio Tiresias Everis filius pastor dracones venerantes[1] dicitur baculo percussisse, alias calcasse; ob id in mulieris figuram est conversus.

b. Tiresia torna uomo
Postea monitus a sortibus in eodem loco dracones cum calcasset, redit in pristinam speciem.

c. Una disputa fra Giove e Giunone
Eodem tempore inter Iovem et Iunonem fuit iocosa altercatio, quis magis de re venerea voluptatem caperet, masculus an femina, de qua re Tiresiam iudicem sumpserunt, qui utrumque erat expertus.

d. Tiresia punito da Giunone e premiato da Giove
Is cum secundum Iovem iudicasset, Iuno irata manu aversa eum excaecavit; at Iovis ob id fecit, ut septem aetates viveret vatesque praeter ceteros mortales esset.

(IGINO)

1. *venerantes*: "che si congiungevano in amore"; gli antichi grammatici rilevano qui un significato rarissimo del verbo *venero*, con derivazione dal nome della dea Venere, nel senso di *coeuntes*.

LATINO MODERNO

●●● | 158 Al fuoco, al fuoco!

Un ragazzo si propone, da adulto, di fare il vigile del fuoco; un increscioso episodio gli fa cambiare idea: un incendio, scatenatosi nella sua casa, provoca l'intervento dei vigili del fuoco; un coraggioso pompiere salva prima il giovane e poi il suo cagnolino.

a. Perché non farò il pompiere
Mihi proposueram: cum adolevero, siphonariam artem exercebo! Quae res animos prorsus commovet! Postea consilium mutavi meum. Cuius rei causam vobis aperiam.

b. Un incendio nella notte
Improvisus diutinusque rumor me cubantem excitavit magis magisque appropinquante sirene siphonariorum. Ubinam quidem incendium? Num quae domus in nostra via posita urebatur?

c. Intervento di un vigile del fuoco
Utique! Aquarium automatum hic prorsus apud domum meam constitit! Repente de lectulo exsilio et siphonarium aspicio cum scalis usque ad ianuam meam pervenisse. Qui mihi auxiliatus est, ut exirem, effecitque ut, lubribulo[1] adhibito, ad humum incolumis laberer.

d. Salvataggio del cagnolino
Sed humi depositus, en, memini catuli mei! Tum siphonarius: «Egomet – inquit – rem curabo!». Tum iterum scalas occupavit, catulum inter flammas reciperavit atque, eum amplexus, domumque cursus ingressus, ad me cum catulo rediit. Strenuus quidem homo fuit!

1. *lubribulo*: è lo scivolo con cui i pompieri fanno scendere le persone dagli edifici in fiamme.

e. La mia nuova aspirazione

Certe siphonarii labor valde commovet animum! At, cum haec accidissent, consilium mutavi, ut supra dixi! Nunc igitur puerorum magister esse volo!

(Rivista *Iúvenis*)

SECONDO LIVELLO

159 La Patria personificata incita Cicerone ad uccidere Catilina

La prima *Catilinaria* è la redazione scritta dell'orazione pronunciata da Cicerone di fronte al senato l'8 novembre del 63 a.C.; il giorno prima Cicerone, che era console, era stato informato della congiura di Catilina e aveva deciso di convocare d'urgenza il senato per denunciare pubblicamente la trama eversiva. Nell'orazione Cicerone si rivolge direttamente a Catilina, presente in assemblea, per smascherarne gli intenti. Per accrescere la drammaticità dell'effetto, l'oratore inserisce due prosopopee (o personificazioni) della patria: nella prima ha immaginato che la repubblica si rivolga a Catilina, invitandolo ad andarsene da una città che non lo vuole più; nella seconda, che qui presentiamo, lo stato parla allo stesso Cicerone, accusandolo di non fare abbastanza per provvedere alla sua salvezza.

Etenim, si mecum patria, quae mihi vita mea multo est carior, si cuncta Italia, si omnis res publica loquatur: «M. Tulli, quid agis? Tune eum, quem esse hostem comperisti, quem ducem belli futurum vides, quem expectari imperatorem in castris hostium sentis, auctorem sceleris, principem coniurationis, evocatorem servorum et civium perditorum, exire patiēre, ut abs te non emissus ex urbe, sed immissus in urbem esse videatur? Nonne hunc in vincla duci, non ad mortem rapi, non summo supplicio mactari imperabis? Quid tandem te impedit? mosne maiorum? At persaepe etiam privati in hac re publica perniciosos cives morte multarunt. An leges, quae de civium Romanorum supplicio rogatae sunt? At numquam in hac urbe, qui a re publica defecerunt, civium iura tenuerunt. An invidiam posteritatis times? Praeclaram vero populo Romano refers gratiam, qui te, hominem per te cognitum nulla commendatione maiorum tam mature ad summum imperium per omnis honorum gradus extulit, si propter invidiam aut alicuius periculi metum salutem civium tuorum neglegis. Sed, si quis est invidiae metus, non est vehementius severitatis ac fortitudinis invidia quam inertiae ac nequitiae pertimescenda. An, cum bello vastabitur Italia, vexabuntur urbes, tecta ardebunt, tum te non existimas invidiae incendio conflagraturum?».

(Cicerone)

Laboratorio

MORFOLOGIA
1. Individua ed analizza le forme verbali all'infinito.
2. Sottolinea i comparativi.

SINTASSI
3. Evidenzia nel testo le proposizioni interrogative dirette.

COMPRENSIONE DEL TESTO
4. Quali rimproveri rivolge la Patria a Cicerone?

160 Cicerone rinfaccia a Verre i suoi furti di opere d'arte

Gaio Licinio Verre fu dal 73 al 71 a.C. propretore della Sicilia, amministrando la provincia in modo disonesto, compiendo furti e atti illeciti di concussione e provocando lo sdegno degli abitanti, che chiesero aiuto a Cicerone. L'oratore arpinate pronunciò contro Verre le orazioni *Verrinae*. In questo brano Cicerone cita famose statue di insigne fattura depredate dal corrotto governatore.

Quid? signum Paeanis[1] ex aede Aesculapi praeclare factum, sacrum ac religiosum, non sustulisti? Quod omnes propter pulchritudinem visere, propter religionem colere solebant. Quid? ex aede Liberi simulacrum Aristaei[2] non tuo imperio palam ablatum est? Quid? ex aede Iovis religiosissimum simulacrum Iovis Imperatoris, quem Graeci Urion[3] nominant, pulcherrime factum nonne abstulisti? Quid? ex aede Liberae Panisci[4] caput illud pulcherrimum, quod visere solebamus, num dubitasti tollere? Atque ille Paean sacrificiis anniversariis simul cum Aesculapio apud illos colebatur; Aristaeus, qui, ut Graeci ferunt, Liberi filius inventor olei esse dicitur, una cum Libero patre apud illos eodem erat in templo consecratus. Iovem autem Imperatorem quanto honore in suo templo fuisse arbitramini? Conicere potestis, si recordari volueritis quanta religione fuerit eadem specie ac forma signum illud quod ex Macedonia captum in Capitolio posuerat T. Flamininus. (Cicerone)

1. *signum Paeanis*: "la statua di Apollo guaritore".
2. *Aristaei*: "divinità greca della natura, protettore dell'agricoltura e della pastorizia.
3. *Urion*: il termine, di origine greca, significa "che manda venti favorevoli" e dunque "che porta le cose a buon fine".
4. *Panisci*: "del piccolo Pan".

Laboratorio

LESSICO
1. Quali sono i possibili significati del sostantivo *signum*?

ANALISI STILISTICA
2. Individua le anafore.

PRODUZIONE
3. Trasforma il brano dell'orazione in un breve testo narrativo italiano (max. 5 righe).

161 Anche i Romani sono stati contagiati dalla passione per una sterile erudizione

Seneca nel suo *De brevitate vitae* sta analizzando i fattori che contribuiscono a far sprecare stoltamente il tempo che ci è concesso di vivere; a suo parere non sono veri *otiosi* (cioè dediti alle lodevoli attività dell'intelletto) coloro che si dedicano a piaceri faticosi e dispersivi. In particolare, in questo brano il filosofo critica la mania del nozionismo nata in Grecia ma ormai dilagata anche a Roma.

▶ Vedi **Curiosità**

Persequi singulos longum est, quorum aut latrunculis *aut pila aut excoquendi in sole corporis cura consumpsēre vitam. Non sunt otiosi quorum voluptates multum negotii habent. Nam de illis nemo dubitabit quin operose nihil agant, qui litterarum inutilium studiis detinentur, quae iam apud Romanos quoque magna manus est. Graecorum iste morbus fuit quaerere quem numerum Ulixes remigum habuisset, prior scripta esset Ilias an Odyssia, praeterea an eiusdem esset auctoris, alia deinceps huius notae, quae, sive contineas[1], nihil tacitam conscientiam iuvant, sive proferas non doctior videaris sed*

1. *sive contineas*: "se le tieni per te" (trad. A. Traina).

molestior. Ecce Romanos quoque invasit inane studium supervacua discendi; his diebus audivi quendam referentem quae primus quisque ex Romanis ducibus fecisset: primus navali proelio Duilius[2] *vicit, primus Curius Dentatus*[3] *in triumpho duxit elephantos. Etiamnunc ista, etsi ad veram gloriam non tendunt, circa civilium tamen operum exempla versantur; non est profutura talis scientia, est tamen quae*[4] *nos speciosa rerum vanitate detineat.*

(SENECA)

2. *Duilius*: Gaio Duilio, che sconfisse nel 260 a.C. i Cartaginesi al largo di Milazzo.
3. *Curius Dentatus*: sconfisse Pirro (re dell'Epiro) a Benevento, ottenendo il trionfo nel 275 a.C.
4. *quae*: "tale che"; introduce una relativa impropria con valore consecutivo.

Curiosità

Latrunculus Il sostantivo **latrunculus** è propr. diminutivo di **latro, latronis**, termine che indicava anzitutto il "**soldato mercenario**" ma poi, in senso traslato, un "**avventuriero**" o, peggio, un "**ladro di strada**", un bandito. Siccome **gli scacchi** o la dama nascevano come "**giochi di guerra**", le **pedine** furono chiamate **latrones** o **latrunculi**; gli scacchi erano dunque definiti **lusus latrunculorum** e Varrone usa l'espressione *ludere latrunculis* (*De lingua Latina* X 22).
Il *latrunculorum lusus* fu molto in auge fra i **legionari romani**. Secondo l'archeologo Philip Crummy il reperto corrisponderebbe ad una variante del *latrunculorum lusus* e risalirebbe al I secolo d.C. Purtroppo non è possibile ricostruire le regole precise del gioco, che era così noto a tutti che nessuno pensò mai di spiegarne le norme.
Alcuni storici pensano che il *lusus* latino derivasse dal gioco persiano dello *Chatrang*; altri ritengono che l'origine fosse indiana (dal gioco detto *Shaturanga*) o addirittura cinese (con il gioco dello *Siang Ki*). Furono poi sicuramente i Romani a divulgare il *latrunculorum lusus* ed i suoi derivati nel territorio europeo.

●●● | **162 Plinio è ben felice di scegliere un precettore per i figli di un suo amico**

Plinio il Giovane indirizza una lettera a Giunio Maurico, fratello di Aruleno Rustico (filosofo stoico amico di Trasea Peto e in seguito oppositore di Domiziano); l'autore è grato all'amico di avergli affidato la ricerca di un *praeceptor* per i figli di suo fratello. All'espletamento dell'incarico Plinio si appresta con la sua consueta disponibilità e con una punta del suo immancabile narcisismo.

C. PLINIUS MAURICO SUO S.

Quid a te mihi iucundius potuit iniungi, quam ut praeceptorem fratris tui liberis quaererem? Nam beneficio tuo in scholam redeo, et illam dulcissimam aetatem quasi resumo: sedeo inter iuvenes ut solebam, atque etiam experior quantum apud illos auctoritatis ex studiis habeam. Nam **proxime** *frequenti auditorio inter se coram multis ordinis nostri clare iocabantur; intravi, conticuerunt; quod non referrem, nisi ad illorum magis laudem quam ad meam pertineret, ac nisi sperare te vellem posse fratris tui filios probe discere. Quod superest, cum omnes qui profitentur audiero, quid de quoque sentiam scribam, efficiamque quantum tamen epistula consequi potero, ut ipse omnes audisse videaris. Debeo enim tibi, debeo memoriae fratris tui hanc fidem hoc studium, praesertim super tanta re. Nam quid magis interest vestra, quam ut liberi – dicerem tui, nisi nunc illos magis amares – digni illo patre, te patruo reperiantur? quam curam mihi etiam si non mandasses vindicassem. Nec ignoro suscipiendas offensas in eligendo praeceptore, sed oportet me non modo offensas, verum etiam simultates pro fratris tui filiis tam aequo animo subire quam parentes pro suis. Vale.*

◀ Vedi **Cave!**

(PLINIO IL GIOVANE)

Laboratorio

SINTASSI
1. Evidenzia nel testo le proposizioni interrogative.
2. Com'è costruito il verbo *interest*?
3. Riconosci i gerundivi e chiariscine la funzione sintattica.

LESSICO
4. Cerca nel vocabolario i possibili significati del sostantivo *simultas*.

COMPRENSIONE DEL TESTO
5. Quale avvenimento recente racconta Plinio nella lettera?
6. Che cosa si ripromette di comunicare presto all'amico?
7. Per quale motivo Plinio è così contento di assumersi l'incarico affidatogli?

Cave!

Proxime L'avverbio **proxime** in genere allude a qualcosa che è avvenuto di recente, per cui ha il valore di "**poco fa, poc'anzi, ultimamente**". Peraltro, il valore (più simile all'italiano) di "**fra poco, prossimamente**" è pure attestato. Occorrerà dunque di volta in volta ricavare dal contesto l'accezione giusta. L'ambiguità deriva dal fatto che l'avverbio è superlativo da **prope**, che propr. significa "**vicino**" **nel tempo e**, come qui, **nello spazio** (quindi con il duplice possibile valore di "imminente" o "da poco trascorso").

LATINO MODERNO

163 Dante rifiuta di tornare in patria a condizioni umilianti

Dante fu condannato nel 1302 all'esilio e all'esclusione perpetua dai pubblici uffici. Nel maggio del 1315 la Signoria di Firenze concesse un'amnistia agli esuli, purché pagassero una multa e ammettessero le proprie colpe. Ma Dante, in questa lettera a uno sconosciuto amico fiorentino, ribadisce orgogliosamente la sua innocenza e rifiuta sdegnosamente le umilianti condizioni per il ritorno.

Estne ista revocatio gratiosa qua Dantes Aligherii revocatur ad patriam, per trilustrium fere perpessus exilium? Hocne meruit innocentia manifesta quibuslibet? Hoc sudor et labor continuatus in studio? Absit a viro phylosophiae domestico temeraria tantum cordis humilitas, ut more cuiusdam Cioli[1] et aliorum infamium quasi vinctus ipse se patiatur offerri! Absit a viro predicante iustitiam ut perpessus iniurias, iniuriam inferentibus, velut benemerentibus, pecuniam suam solvat! Non est hec[2] via redeundi ad patriam, pater mi[3]; sed si alia per vos ante aut deinde per alios invenitur quae famae Dantisque honori non deroget, illam non lentis passibus acceptabo; quod si per nullam talem Florentia introitur, numquam Florentiam introibo. Quidni? nonne solis astrorumque specula ubique conspiciam? nonne dulcissimas veritates potero speculari ubique sub celo[4], ni prius inglorium, immo ignominiosium, populo Florentinaeque civitati me reddam? Quippe nec panis deficiet.

(Dante)

---

1. *Cioli*: un certo Ciolo degli Abbati, che era un emerito truffatore, era stato graziato.
2. *hec*: forma medievale per *haec*.
3. *pater mi*: il destinatario è probabilmente un religioso.
4. *celo*: sta per *caelo*, ablativo da *caelum*.

TERZO LIVELLO

••• | 164 Temistocle rifiuta di apprendere la mnemotecnica

Sed ego non de praestanti quadam et eximia, sed prope de vulgari et communi prudentia disputo. Ita apud Graecos fertur incredibili quadam magnitudine consili atque ingeni Atheniensis ille fuisse Themistocles; ad quem quidam doctus homo atque in primis eruditus accessisse dicitur eique artem memoriae, quae tum primum proferebatur, pollicitus esse se traditurum; cum ille quaesisset quidnam illa ars efficere posset, dixisse illum doctorem, ut omnia meminisset; et ei Themistoclem respondisse gratius sibi illum esse facturum, si se oblivisci quae vellet quam si meminisse docuisset. Videsne quae vis in homine acerrimi ingeni, quam potens et quanta mens fuerit? Qui ita responderit, ut intellegere possemus nihil ex illius animo, quod semel esset infusum, umquam effluere potuisse; cum quidem ei fuerit optabilius oblivisci posse potius quod meminisse nollet quam quod semel audisset vidissetve meminisse.

(Cicerone)

Laboratorio

LESSICO
1. Sottolinea i termini del campo semantico della memoria e del ricordo.

ANALISI STILISTICA
2. Individua le allitterazioni, i poliptoti e gli omoteleuti.

COMPRENSIONE DEL TESTO
3. Perché Temistocle rifiuta di apprendere la mnemotecnica?

••• | 165 Pompeo scrive al senato lamentando di averne ricevuto pochi aiuti

Si adversus vos patriamque et deos penatis tot labores et pericula suscepissem, quotiens a prima adulescentia ductu meo scelestissumi hostes fusi et vobis salus quaesita est, nihil amplius in absentem me statuissetis quam adhuc agitis, patres conscripti, quem contra aetatem proiectum ad bellum saevissumum cum excercitu optume merito, quantum est in vobis, fame, miserruma omnium morte, confecistis. Hacine spe populus Romanus liberos suos ad bellum misit? Haec sunt praemia pro volneribus et totiens ob rem publicam fuso sanguine? Fessus scribundo mittundoque legatos omnis opes et spes privatas meas consumpsi, cum interim a vobis per triennium vix annuus sumptus datus est. Per deos immortalis, utrum censetis me vicem aerari praestare an exercitum sine frumento et stipendio habere posse? Equidem fateor me ad hoc bellum maiore studio quam consilio profectum, quippe qui nomine modo imperi a vobis accepto, diebus quadraginta exercitum paravi hostisque in cervicibus iam Italiae agentis ab Alpibus in Hispaniam submovi; per eas iter aliud atque Hannibal, nobis opportunius, patefeci. Recepi Galliam, Pyrenaeum, Lacetaniam, Indigetis et primum impetum Sertori victoris novis militibus et multo paucioribus sustinui hiememque castris inter saevissumos hostis, non per oppida neque ex ambitione mea egi. Quid deinde proelia aut expeditiones hibernas, oppida excisa aut recepta enumerem? Quando res plus valet quam verba.

(Sallustio)

••• | 166 Paragone fra gli uomini e le formiche

O quam ridiculi sunt mortalium termini! Ultra Histrum Dacos nostrum arceat imperium, Haemo[1] Thraces includat, Parthis obstet Euphrates, Danuvius Sarmatica ac Romana disterminet, Rhenus Germaniae modum faciat, Pyrenaeus medium inter Gallias et Hispanias iugum extollat, inter Aegyptum et Aethiopias arenarum inculta vastitas iaceat. Si quis formicis det intellectum hominis, nonne et illae unam aream in multas provincias divident? Cum te in illa vere magna sustuleris, quotiens videbis exercitus subrectis ire vexillis et, quasi magnum aliquid agatur, equitem modo ulteriora explorantem, modo a lateribus effusum, libebit dicere: «It nigrum campis agmen»[2]: formicarum iste discursus est, in angusto laborantium. Quid illis et nobis interest, nisi exigui mensura corpusculi? Punctum est istud in quo navigatis, in quo bellatis, in quo regna disponitis: minima, etiam cum illis utrimque Oceanus occurrit. Sursum ingentia spatia sunt, in quorum possessionem animus admittitur: at ita si minimum secum ex corpore tulit, si sordidum omne detersit, et expeditus levisque ac contentus modico emicuit.

(SENECA)

1. *Haemo*: "con l'Emo", catena montuosa della Tracia.
2. *It nigrum campis agmen*: "Va il nero stuolo per i campi" (trad. D. Vottero); è un emistichio di Ennio citato da Virgilio (*Eneide* IV 404).

••• | 167 Si deve ritenere più utile l'istruzione privata o quella pubblica?

Hoc igitur potissimum loco tractanda quaestio est, utiliusne sit domi atque intra privatos parietes studentem continere, an frequentiae scholarum et velut publicatis praeceptoribus[1] tradere. Quod quidem cum iis a quibus clarissimarum civitatium mores sunt instituti, tum eminentissimis auctoribus video placuisse. Non est tamen dissimulandum esse nonnullos qui ab hoc prope publico more privata quadam persuasione dissentiant. Hi duas praecipue rationes sequi videntur: unam, quod moribus magis consulant fugiendo turbam hominum eius aetatis quae sit ad vitia maxime prona, unde causas turpium factorum saepe extitisse utinam falso iactaretur: alteram, quod, quisquis futurus est ille praeceptor, liberalius tempora sua inpensurus uni videtur quam si eadem in pluris partiatur. Prior causa prorsus gravis: nam si studiis quidem scholas prodesse, moribus autem nocere constaret, potior mihi ratio vivendi honeste quam vel optime dicendi videretur. Sed mea quidem sententia iuncta ista atque indiscreta sunt: neque enim esse oratorem nisi bonum virum iudico et fieri, etiam si potest, nolo.

(QUINTILIANO)

1. *publicatis praeceptoribus*: "Quintiliano parla di precettori *publicati*, e non *publici*, poiché allude a insegnanti che raccoglievano più bambini ma venivano pagati direttamente dalle famiglie; il secondo aggettivo avrebbe designato invece docenti pagati dallo Stato" (S. Corsi, *Quintiliano - La formazione dell'oratore*, BUR, Milano 1997, p. 75).

Laboratorio

LESSICO
1. Sottolinea i termini appartenenti al campo semantico della scuola e dell'istruzione.

ANALISI STILISTICA
2. Individua le allitterazioni presenti nel testo.
3. Riconosci un iperbato.

COMPRENSIONE DEL TESTO

4. A chi appare preferibile la frequentazione delle scuole pubbliche?
5. Quali sono le motivazioni dei fautori dell'istruzione privata (cioè domestica)?
6. Quali considerazioni di carattere etico vengono formulate dall'autore?

PRODUZIONE

7. Crea due brevi testi italiani (max. 5 righe ciascuno) che sostengano rispettivamente le ragioni dell'istruzione privata e di quella pubblica.

●●● | 168 Elogio dello stile ciceroniano

Hic tu fortasse iamdudum requiras quo in numero locem M. Tullium, qui caput atque fons Romanae facundiae cluet. Eum ego arbitror usquequaque verbis pulcherrimis elocutum et ante omnis alios oratores ad ea, quae ostentare vellet, ornanda magnificum fuisse. Verum is mihi videtur a quaerendis scrupulosius verbis procul afuisse vel magnitudine animi vel fuga laboris vel fiducia non quaerenti etiam sibi quae vix aliis quaerentibus subvenirent, praesto adfutura. Itaque conperisse videor, ut qui eius scripta omnia studiosissime lectitarim, cetera eum genera verborum copiosissime uberrimeque tractasse, verba propria, translata, simplicia, conposita et quae in eius scriptis ubique dilucent, verba honesta, saepenumero etiam amoena, quo tamen in omnibus eius orationibus paucissima admodum reperias insperata atque inopinata verba, quae nonnisi cum studio atque cura atque vigilantia atque multa veterum carminum memoria indagantur. Insperatum autem atque inopinatum verbum appello, quod praeter spem atque opinionem audientium aut legentium promitur, ita ut, si subtrahas atque eum, qui legat, quaerere ipsum iubeas aut nullum aut non ita significando adcommodatum verbum aliud reperiat. Quamobrem te magno opere conlaudo quod ei rei curam industriamque adhibes, ut verbum ex alto eruas et ad significandum adcommodes. Verum, ut initio dixi, magnum in ea re periculum est, ne minus apte aut parum dilucide aut non satis decore, ut a semidocto, conlocetur: namque multo satius est volgaribus et usitatis quam remotis et requisitis uti, si parum significet. Haud sciam, an utile sit demonstrare, quanta difficultas, quam scrupulosa et anxia cura in verbis probandis adhibenda sit, ne ea res animos adulescentium retardet aut spem adipiscendi debilitet.

(FRONTONE)

UNITÀ 15

PROPOSIZIONI FINALI E CONSECUTIVE

CURIOSITÀ	CAVE!
Il quadrato del *sator*	Un particolare significato del verbo *cognosco*

IN ITALIANO

■ **Proposizioni finali**

Le **proposizioni finali** esprimono il fine, lo scopo o l'obiettivo in vista del quale si svolge il processo descritto dalla reggente.

Le finali possono essere:

- **esplicite**, introdotte da "affinché", "perché", "onde", "acciocché" (ormai desueto) o dalle locuzioni "allo scopo che", "in modo che", ecc.: *Lavoro intensamente* **perché (affinché) tutto sia pronto in tempo**.
- **implicite**, con "per", "di", "a" + infinito: *Ho fatto di tutto* **per arrivare puntuale**.

■ **Proposizioni consecutive**

Le **proposizioni consecutive** esprimono la conseguenza o l'effetto di ciò che è indicato nella reggente. Una consecutiva è sempre preceduta, nella reggente, da un elemento correlativo "anticipatore", che può essere un avverbio ("così, tanto, talmente", ecc.), un aggettivo ("tale, tanto", ecc.) o una locuzione avverbiale ("a tal punto che, in tal modo, in maniera", ecc.):

*C'era **così** freddo **che siamo rimasti in casa**.*

Le consecutive possono essere:

- **esplicite**, introdotte dalla congiunzione "che": *Hai urlato così forte* **che mi hai spaventato**.
- **implicite**, con il verbo all'infinito introdotto dalle preposizioni "da", "per": *Sei troppo astuto* **per farti ingannare**.

Nelle consecutive esplicite il verbo va:

1) all'**indicativo** se la conseguenza è reale: *Sei così alto* **che quasi tocchi il tetto**.
2) al **congiuntivo** se è possibile: *La maestra ha spiegato in modo tale* **che tutti gli alunni capissero**.
3) al **condizionale** se è eventuale o subordinata a una condizione: *Sei così stupido* **che ti prenderei a schiaffi**.

▶ Esercizi

1 Completa i seguenti periodi inserendo una proposizione finale.

1. Ho parlato al mio amico .... **2.** Cesare spostò le sue truppe .... **3.** Questo libro è stato scritto .... **4.** Mi hai telefonato all'alba .... **5.** I Romani lottarono contro Cartagine ....

2 Trasforma le finali implicite in esplicite o viceversa.

1. I Romani costruirono alte mura per difendere l'accampamento. **2.** Molti uomini si batterono per realizzare i loro ideali. **3.** Dovrai lavorare sodo affinché tu raggiunga il tuo scopo. **4.** Cesare inviò degli esploratori per poter conoscere le intenzioni dei nemici. **5.** Il generale lasciò poche truppe per difendere i confini.

3 Nei seguenti periodi, distingui le proposizioni finali e le proposizioni consecutive (attenzione: alcuni non ne contengono).

1. Questa scheda è stata realizzata per fornire le informazioni essenziali. **2.** Sono venuto da te perché volevo vedere come stavi. **3.** Il tempo era così brutto che rinunciammo alla gita. **4.** Il medico è stato così bravo, che sono guarito perfettamente. **5.** Occorre studiare molto per essere promossi. **6.** Sono così stanco che qualche giorno di pausa mi farà bene. **7.** Hai detto così perché non sei un vero amico. **8.** Questo libro è così noioso che ho smesso di leggerlo. **9.** La situazione era tale da provocare seria preoccupazione. **10.** Bisogna onorare gli eroi che combatterono affinché la patria fosse salva.

1 LE PROPOSIZIONI COMPLEMENTARI INDIRETTE

Come si è visto (vd. Sez. II Unità 12, pp. 199-200) le proposizioni dipendenti complementari indirette, o avverbiali o circostanziali, svolgono nel periodo la funzione svolta nella proposizione dai complementi indiretti o dagli avverbi.
A questa categoria appartengono anzitutto le proposizioni finali e consecutive, di cui ci occupiamo in questa Unità.

2 PROPOSIZIONI FINALI

In latino le finali si trovano espresse in vari modi; il più comune consiste in una **complementare indiretta esplicita introdotta da *ut*** (se si tratta di frase positiva) **o *ne*** (se la finale è negativa), con il **verbo al modo congiuntivo**:

| *Legum servi sumus **ut liberi esse possimus***. (Cic.) | Siamo servi delle leggi **per poter essere liberi**. |
| *Nolo esse laudator, **ne videar adulator**.* (Rhetorica ad Herennium) | Non voglio essere uno che loda, **per non sembrare un adulatore**. |

I tempi usati sono soltanto due, regolati dalla *consecutio temporum*:

- **congiuntivo presente** (in dipendenza da una reggente con tempo principale):

| *Venio ut te **videam**.* | Vengo **per vederti**. |

- **congiuntivo imperfetto** (in dipendenza da una reggente con tempo storico):

| *Veni ut te **viderem**.* | Venni **per vederti**. |

2.1 Particolarità delle proposizioni finali

Si osservino le seguenti particolarità delle finali:

- invece di *ut*, davanti a un comparativo, si usa **quo** (= *ut eo*):

| *Quo facilius* bellum vinceret, Caesar auxilia poposcit. (Ces.) | **Per** vincere **più facilmente** la guerra, Cesare chiese aiuto. |

- a volte però **quo** viene usato anche in frasi prive di comparativi, forse per accentuare il **senso strumentale** (*quo* = *ut eo*, "affinché in questo modo"):

| *quo* animi iudicum incenderentur (Cic.) | **perché** gli animi dei giudici fossero infiammati |

- davanti a un **pronome dimostrativo** (espresso o sottinteso), anziché la congiunzione *ut* si trova il **pronome relativo** *qui* (**relative improprie finali**, su cui vedi p. 311):

| *Missi sunt milites* **qui** (= *ut ii*) *loca explorarent*. (Ces.) | Furono mandati soldati **per esplorare i luoghi**. |

- per unire due finali negative coordinate si usano le congiunzioni **ne... neve** (**neu**):

| *Caesar ad Lingones nuntios misit,* **ne** *Helvetios frumento* **neve** *alia re iuvarent*. (Ces.) | Cesare mandò araldi presso i Lingoni, affinché **non** aiutassero gli Elvezi **né** con grano **né** con altri mezzi. |

- con **pronomi**, **aggettivi pronominali** e **avverbi negativi**, la negazione passa da questi alla congiunzione: *ne quis, ne qui, ne ullus* "affinché nessuno" (e non **ut nemo*), *ne quid* "affinché nulla" (e non **ut nihil*), *ne umquam* "affinché mai" (e non **ut numquam*):

| **Ne quis** *miretur qui sim, paucis eloquar.* (Plauto) | **Perché nessuno** mi chieda con stupore chi sono, lo dirò in breve. |

2.2 Altri modi di esprimere la proposizione finale

Esistono diversi altri modi in cui il latino esprime la proposizione finale, in forma implicita:

TIPO DI COSTRUTTO FINALE	ESEMPIO E TRADUZIONE
ad + gerundio o gerundivo all'accusativo	***Ad depopulandam regionem*** *progressi sunt.* (Ces.) Avanzarono **per saccheggiare la regione**.
genitivo del gerundio o del gerundivo seguito da *causa* o *gratia*	***Pabulandi causa*** *milites egressi sunt.* (Ces.) I soldati uscirono **per far foraggio**.
supino in -um dopo un verbo di moto	*Bituriges ad Haeduos legatos mittunt subsidium* ***rogatum***. (Ces.) I Biturigi mandano dei legati agli Edui **per chiedere** aiuto.
participio presente (poco usato in epoca classica) e **participio futuro attivo**, sempre dopo un verbo di moto	*Perseus rediit belli casum de integro* ***tentaturus***. (Liv.) Perseo tornò **per ritentare** la sorte della guerra.

3 PROPOSIZIONI CONSECUTIVE

Le proposizioni consecutive si esprimono sempre in forma esplicita, con il congiuntivo preceduto dalla congiunzione **ut** se la frase è affermativa, da **ut non** (e quindi *ut nemo, ut nihil, ut numquam*, ecc.) se la frase è negativa.

Le consecutive sono in genere (ma non sempre!) precedute, nella reggente, da **particelle prolettiche** "**antecedenti**", come *sic, ita* "così", *tam* "tanto", *talis* "tale", *tantus* "tanto grande", *tantum* o *tantopere* "tanto", *adeo* "talmente", *eo usque* "a tal punto", *eiusmodi* "di tal genere", ecc.:

| *Tanta est vis honesti, ut speciem utilitatis obscuret.* (Cic.) | È **così grande** la forza dell'onestà, **da oscurare** l'idea dell'utile. |

Le proposizioni consecutive **possono sfuggire alle regole della** *consecutio temporum*; infatti la conseguenza di una certa azione può essere lontana da questa nel tempo:

| *Siciliam Verres ita vexavit ac perdidit, ut ea restitui in antiquum statum nullo modo possit.* (Cic.) | Verre **oppresse e rovinò** a tal punto la Sicilia [*in passato*], che questa non si **può** in alcun modo riportare [*oggi*] all'antica condizione. |

3.1 Particolarità delle proposizioni consecutive

Anche le proposizioni consecutive presentano dei casi particolari:

- la conseguenza può essere espressa anche mediante una relativa al congiuntivo (**relative improprie consecutive**):

| *Neque tu is es, qui quid sis nescias.* (Cic.) | Né tu sei tale **da non sapere** che cosa sei. |

- gli aggettivi *dignus* e *indignus* possono essere seguiti a loro volta da una relativa al congiuntivo con valore consecutivo:

| *Hic liber dignus est qui legatur.* | Questo libro è **degno di essere letto**. |

- nelle relative negative che hanno valore consecutivo, al posto di *qui non / quod non* si può trovare **quin**:

| *Nemo est quin hoc dicat.* | Non c'è nessuno **che non** dica ciò. |

- se nella reggente c'è un comparativo, la consecutiva è introdotta da **quam ut** ("per, perché"):

| *Maior sum, quam ut mancipium sim mei corporis.* (Sen.) | Sono **troppo grande per** essere schiavo del mio corpo. |

- a differenza di quanto avviene nelle finali, i pronomi, aggettivi e avverbi negativi **conservano la negazione**, sicché si può avere *ut nemo, ut nullus* "cosicché nessuno", *ut nihil* "cosicché nulla", ecc.:

| *Sapiens eo modo vivit, ut nihil faciat invitus.* | Il saggio vive in modo tale **da non** fare nulla controvoglia. |

Unità 15 Proposizioni finali e consecutive

Esercizi

A Collega le domande della colonna di sinistra alle risposte della colonna di destra:

1. Quale negazione presentano le finali?
2. Quale negazione presentano le consecutive?
3. Quale congiunzione introduce una finale se vi è un comparativo?
4. Che tipo di proposizione subordinata sono le finali e le consecutive?
5. Che tipo di proposizione subordinata sono le completive?
6. Come si definiscono le relative finali e le relative consecutive?

a. *ne*
b. complementari dirette
c. improprie
d. complementari indirette
e. *ut non*
f. *quo*

B Analizza e traduci le seguenti frasi (proposizioni finali e loro particolarità).

1. *Veniebat Laelius ad cenam, ut animo quieto satiaret desideria naturae.* (Cic.) 2. *Istae quidem artes, si modo aliquid, valent ut paulum acuant et tamquam inritent ingenia puerorum, quo facilius possint maiora discere.* (Cic.) 3. *Maiores nostri ab aratro abduxerunt Cincinnatum illum, ut dictator esset.* (Cic.) 4. *Nostri milites cursus represserunt et ad medium spatium restiterunt, ne consumptis viribus appropinquarent hostibus.* (Ces.) 5. *Ab initio res quem ad modum gesta sit, vobis exponemus, quo facilius cognoscere possitis.* (Cic.) 6. *Caesar equitatum, qui sustineret hostium impetum, misit.* (Ces.) 7. *Darius Cyri filiam in matrimonium recepit, regnum firmaturus.* (Giust.) 8. *L. Aelius scribebat orationes, quas alii dicerent.* (Cic.) 9. *Galli ad Clusium venerunt, legionem Romanam castraque oppugnaturi.* (Liv.) 10. *Aves quae conviviis comparantur, ut inmotae facile pinguescant, in obscuro continentur.* (Sen.) 11. *Lycurgus convivari omnes publice iussit, ne cuius divitiae in occulto essent.* (Giust.) 12. *Dionysius Dioni navem dedit, qua Corinthum deveheretur.* (Nep.) 13. *Ad te cohortandi gratia scripsimus.* (Cic.) 14. *Principes civitatis Roma sui conservandi causa profugerunt.* (Cic.) 15. *Carthaginienses legatos alios ad Scipionem, ut indutias facerent, alios Romam ad pacem petendam mittunt.* (Liv.) 16. *Plerique perverse, ne dicam impudenter, habere talem amicum volunt, quales ipsi esse non possunt.* (Cic.) 17. *Omnes homines summa ope niti decet, ne vitam silentio transeant.* (Sall.) 18. *Moneo vos, ne tantum scelus impunitum omittatis.* (Sall.)

C Analizza e traduci le seguenti frasi (proposizioni consecutive e loro particolarità).

1. *Non sum ita hebes, ut istud dicam.* (Cic.) 2. *Te ita laudo, ut non pertimescam.* (Cic.) 3. *Ariovistus tantam arrogantiam sumpserat, ut ferendus non videretur.* (Ces.) 4. *In summa opinionum perversitate versamur, ut paene cum lacte nutricis errorem suxisse videamur.* (Cic.) 5. *Liger ex nivibus creverat, ut omnino vado non posse transiri videretur.* (Ces.) 6. *Dion eo rem perduxit, ut pacem Dionysius tyrannus facere vellet.* (Nep.) 7. *Chabrias indulgebat sibi liberalius, quam ut invidiam vulgi effugere posset.* (Nep.) 8. *Flavius longius iam progressus erat, quam ut regredi posset.* (Tac.) 9. *Ita praeclara est recuperatio libertatis, ut ne mors quidem sit in repetenda libertate fugienda.* (Cic.) 10. *Tanta vis probitatis est, ut eam in hoste etiam diligamus.* (Cic.) 11. *Romani ex loco superiore strage ac ruina fudēre Gallos, ut numquam postea temptaverint tale pugnae genus.* (Ces.) 12. *Hannibal, velut ereditate relictum, odium paternum erga Romanos sic conservavit, ut prius animam quam id deposuerit.* (Nep.) 13. *Nemo tam clarus erat quin indignus illo honore videretur.* (Sall.) 14. *Tantum abest ut huic rei fidem tribuam, ut etiam omnino falsam esse credam.* (Cic.) 15. *Sic viguit Pythagoreorum nomen, ut nulli alii docti viderentur.* (Nep.) 16. *Cum iam in eo esset ut muros invaderet miles, deditio est facta.* (Liv.) 17. *Quis est tam stultus, quamvis sit adulescens, cui sit exploratum se ad vesperum esse victurum?* (Cic.) 18. *Ita vixi ut non frustra me natum existimem.* (Cic.) 19. *Nihil est tam difficile et arduum quod non humana mens vincat.* (Sen.) 20. *Quis est tam excors, quem ista moveant?* (Cic.)

D Traduci le seguenti notizie di cronaca recente, tratte dal sito finlandese *Nuntii Latini*, individuando ed analizzando le proposizioni finali e consecutive.

1. *Rex Hispaniae abdicaturus* - Juan Carlos, rex Hispaniae, oratione televisifica nuntiavit se coronam esse abdicaturum, ut novae generationi locum daret. Novum regem fore principem hereditarium Felipe, qui ad regnum paratus esset et novum saeculum incoharet. Juan Carlos censebat illum in munere gerendo stabilitatem necessariam praelaturum esse. Abdicatio postulat, ut constitutio Hispaniae mutetur. (06.06.2014) 2. *De sacculis plasticis* - Jerry Brown, gubernator Californiae, legi subscripsit, quae incolas huius civitatis sacculis plasticis uti vetat. Iam antea idem interdictum in nonnullis urbibus valere coeperat. Nova lex eo spectat, ut aquae et viridaria Californiae puriora fiant neve litora, nemora aut etiam Oceanus eiectamentis plasticis, quae in natura non dissolvantur, omnino repleantur. (10.10.2014) 3. *Quid Franciscus dixerit* - Papa Franciscus, dum Philippinas visitat, viros monuit, ut despectui feminarum finem facerent et magis quam ante verba earum audirent. «Societatis hodiernae – inquit – maxime interest scire, quid feminae de rebus communibus censeant. Nos viri interdum tam avidi gloriae nostrae augendae sumus, ut ostentatores animi masculi vocemur». (23.01.2015)

VERSIONI

■ EXEMPLUM

169 Vulcano punisce Venere e Marte per il loro adulterio

L'episodio dell'adulterio tra Marte e Venere era già presente in Omero (*Odissea* VIII 266-369); l'aedo Demodoco, nella reggia dei Feaci, racconta che il dio del sole, Helios, una volta vide Ares ed Afrodite che si incontravano di nascosto nella casa di Efesto, per cui lo riferì al marito tradito. Efesto fabbricò allora una rete dorata nella quale, durante il successivo incontro amoroso, i due rimasero intrappolati e bloccati in posizione imbarazzante e compromettente. Efesto per di più chiamò gli altri dèi dell'Olimpo per mostrare loro i due amanti. Nella raccolta mitografica di Igino viene riproposto l'episodio senza particolari varianti, tranne la precisazione della nascita di Armonia dal rapporto adulterino.

Vulcanus cum resciit Venerem cum Marte clam concumbere et se virtuti eius obsistere non posse, catenam ex adamante fecit et circum lectum posuit, ut Martem astutia deciperet. Ille cum ad constitutum venisset, concidit cum Venere in plagas adeo, ut se exsolvere non posset. Id Sol cum Vulcano nuntiasset, ille eos nudos cubantes vidit; deos omnis convocavit; qui ut viderunt, riserunt. Ex eo Martem, id ne faceret, pudor terruit. Ex eo conceptu nata est Harmonia, cui Minerva et Vulcanus vestem sceleribus tinctam muneri dederunt, ob quam rem progenies eorum scelerata exstitit. Soli autem Venus ob indicium ad progeniem eius semper fuit inimica.

(Igino)

Quando Vulcano seppe che Venere si coricava di nascosto con Marte, sapendo di non poter competere fisicamente con lui, fabbricò una catena di adamante e la dispose attorno al letto, per sorprendere Marte con l'astuzia. Quando Marte si presentò all'appuntamento, si trovò impigliato nella trappola insieme a Venere, in modo tale da non potersi liberare. Il Sole riferì la cosa a Vulcano che li vide nudi nel letto. Allora egli convocò tutti gli dèi, che assistettero allo spettacolo. Da allora Marte si guardò bene dal ripetere l'adulterio. Da quell'amplesso nacque Armonia, a cui Minerva e Vulcano regalarono una veste ricamata con scene di delitto. Ecco perché i suoi discendenti furono predisposti al delitto. Venere poi fu sempre nemica ai discendenti del Sole a causa di quella delazione.

(trad. di G. GUIDORIZZI)

NOTE LINGUISTICHE

Vulcanus cum resciit → proposizione temporale; si noti l'anastrofe di *cum*, che è posposto al soggetto.
ut Martem astutia deciperet → proposizione finale.
adeo, ut se exsolvere non posset → proposizione consecutiva.
id ne faceret, pudor terruit → costr. *pudor terruit ne id faceret*, con la costruzione dei *verba impediendi*.

NOTE LESSICALI

concumbere → il verbo significa "sdraiarsi, giacere"; ma ha la stessa valenza dell'italiano "andare a letto" in senso erotico.
ad constitutum → il termine nasce come participio del verbo *constituo* "collocare, stabilire"; come sostantivo significa "luogo o tempo convenuto" e quindi "appuntamento".

NOTE DI TRADUZIONE

ex adamante → Guidorizzi traduce "di adamante"; propr. *adămas* (che è un grecismo) indica "il ferro più duro", "l'acciaio"; in Plinio vuol dire anche "diamante".
qui ut viderunt, riserunt → lett. "che, come li videro, scoppiarono a ridere"; stavolta la traduzione "che assistettero allo spettacolo" fa perdere qualcosa, cioè il dettaglio della risata "omerica" degli dèi.

PRIMO LIVELLO

170 Il tiranno Dionisio trama contro Dione

Il filosofo Platone gode di tale autorevolezza presso il tiranno siracusano Dionisio II da indurlo a rinunciare al potere; ma Dionisio viene poi distolto da questa saggia intenzione ed anzi incrudelisce assai di più. In seguito, invidioso del favore popolare nei confronti del suo parente Dione (discepolo di Platone), Dionisio lo manda a Corinto; invia quindi su un'altra nave le ricchezze di Dione, per dimostrare di aver agito solo per garantire la propria sicurezza. Quando apprende che Dione si prepara a muovergli guerra, si occupa dell'educazione del figlio di lui in modo da condurlo alle più indegne passioni.

a. Dionisio, indotto da Filisto, mantiene la tirannide

Plato autem tantum apud Dionysium auctoritate potuit valuitque eloquentia, ut ei persuaserit tyrannidis facere finem libertatemque reddere Syracusanis; a qua voluntate Philisti[1] consilio deterritus aliquanto crudelior esse coepit.

1. *Philisti*: storico greco, autore di una *Storia d'Egitto* e di una *Storia della Sicilia*.

b. Dionisio allontana Dione da Siracusa

Qui quidem cum a Dione se superari videret ingenio, auctoritate, amore populi, verens ne, si eum secum haberet, aliquam occasionem sui daret opprimendi, navem ei triremem dedit, qua Corinthum deveheretur, ostendens se id utriusque facere causa, ne, cum inter se timerent, alteruter alterum praeoccuparet.

c. Dionisio invia a Dione tutte le sue ricchezze

Id cum factum multi indignarentur magnaeque esset invidiae tyranno, Dionysius omnia, quae moveri poterant Dionis, in navis imposuit ad eumque misit. Sic enim existimari volebat, id se non odio hominis, sed suae salutis fecisse causa.

d. Dionisio corrompe il figlio di Dione

Postea vero quam audivit eum in Peloponneso manum comparare sibique bellum facere conari, Areten, Dionis uxorem, alii nuptum dedit filiumque eius sic educari iussit, ut indulgendo turpissimis imbueretur cupiditatibus. Nam puero, priusquam pubes esset, scorta adducebantur, vino epulisque obruebatur.

(Cornelio Nepote)

171 Alessandro si invaghisce della principessa Rossane e decide di sposarla

Alessandro giunge nella Battriana, regione governata dal satrapo Ossiarte (oggi nel nord dell'Afghanistan). Durante un banchetto organizzato da quest'ultimo, entrano nella sala trenta nobili fanciulle, fra le quali spicca per bellezza la figlia del satrapo, di nome Rossane. Alessandro si innamora istantaneamente della ragazza e, deciso a sposarla, proclama che per consolidare il nuovo regno occorre che Persiani e Macedoni si uniscano in matrimonio.

a. Alessandro giunge nella Battriana

Inde pervenit in regionem, cui Oxyartes satrapes nobilis praeerat, qui se regis potestati fideique permisit. Ille imperio ei reddito haud amplius quam ut duo ex tribus filiis secum militarent exegit. Satrapes etiam eum, qui penes ipsum relinquebatur, tradit.

b. Trenta nobili fanciulle

Barbara opulentia convivium, quo regem accipiebat, instruxerat. Id cum multa comitate celebraretur, introduci triginta nobiles virgines iussit.

c. Splendida bellezza di Rossane, figlia di Ossiarte

Inter quas erat filia ipsius, Roxane nomine, eximia corporis specie et decore habitus in barbaris raro. Quae, quamquam inter electas processerat, omnium tamen oculos convertit in se, maxime regis minus iam cupiditatibus suis imperantis inter obsequia Fortunae, contra quam non satis cauta mortalitas est.

d. Alessandro auspica matrimoni misti

Itaque ille, qui uxorem Darei, qui duas filias virgines, quibus forma praeter Roxanen comparari nulla potuerat, haud alio animo quam parentis aspexerat, tunc in amorem virgunculae, si regia stirpi compararetur, ignobilis ita effusus est, ut diceret ad stabiliendum regnum pertinere Persas et Macedones conubio iungi; hoc uno modo et pudorem victis et superbiam victoribus detrahi posse.

(Curzio Rufo)

SECONDO LIVELLO

172 Amilcare si adopera per il bene di Cartagine

Tornato a Cartagine dopo la I guerra punica, il generale Amilcare trova la patria in pessime condizioni e dilaniata da lotte intestine e rivolte. Ben presto però Amilcare libera la città dai nemici interni ed esterni e riporta la tranquillità. In seguito si farà assegnare una spedizione armata in Spagna, portando con sé il figlio Annibale, destinato a diventare il più grande nemico dei Romani.

At ille[1] ut Carthaginem venit, multo aliter ac sperarat[2] rem publicam se habentem cognovit. Namque diuturnitate externi mali tantum exarsit intestinum bellum, ut numquam in pari periculo fuerit Carthago, nisi cum deleta est. Primo mercenarii milites, qui adversus Romanos fuerant, desciverunt; quorum numerus erat viginti milium. Hi totam abalienarunt Africam, ipsam Carthaginem oppugnarunt. Quibus malis adeo sunt Poeni perterriti, ut etiam auxilia ab Romanis petierint eaque impetrarint. Sed extremo, cum prope iam ad desperationem pervenissent, Hamilcarem imperatorem fecerunt. Is non solum hostis a muris Carthaginis removit, cum amplius centum milia facta essent armatorum, sed etiam eo compulit, ut locorum angustiis clausi plures fame quam ferro interirent. Omnia oppida abalienata, in his Uticam atque Hipponem, valentissima totius Africae, restituit patriae. Neque eo fuit contentus, sed etiam finis imperii propagavit, tota Africa tantum otium reddidit, ut nullum in ea bellum videretur multis annis fuisse.

(Cornelio Nepote)

1. *ille*: Amilcare.
2. *multo aliter ac sperarat*: "molto diversamente da come aveva sperato".

Laboratorio

MORFOLOGIA
1. Sottolinea i pronomi e distinguine la tipologia.

SINTASSI
2. Evidenzia nel testo le proposizioni consecutive.

COMPRENSIONE DEL TESTO
3. Chi si ribella anzitutto a Cartagine?
4. A quale imprevedibile aiuto ricorre Cartagine nel momento del bisogno?

173 Aspro combattimento fra Cesare e gli Elvezi

Nel 58 a.C. Cesare, che è ancora a Roma, apprende che gli Elvezi si preparano a migrare verso le regioni occidentali della Gallia, attraversando il territorio della provincia romana della Gallia Narbonense. Immediatamente il condottiero romano si reca in Gallia preparandosi ad affrontare gli Elvezi in battaglia; ad un certo punto però, sospendendo l'inseguimento dei nemici, si dirige verso Bibracte, grande e ricco centro degli Edui, per rifornirsi di grano. Gli Elvezi, intenzionati a tagliare i rifornimenti ai Romani, cambiano i loro piani originari e inseguono la retroguardia romana. Ha luogo quindi un aspro combattimento, al termine del quale i barbari si ritirano.

Postquam id animum advertit, copias suas Caesar in proximum collem subduxit equitatumque, qui sustineret hostium impetum, misit. Ipse interim in colle medio triplicem aciem instruxit legionum quattuor veteranarum; in summo iugo duas legiones quas in Gallia citeriore proxime conscripserat et omnia auxilia conlocavit, ita ut supra se totum montem hominibus compleret; impedimenta sarcinasque in unum locum conferri et eum ab iis qui in superiore acie constiterant muniri iussit. Helvetii cum omnibus suis carris secuti impedimenta in unum locum contulerunt; ipsi confertissima acie, reiecto nostro equitatu, phalange facta sub primam nostram aciem successerunt. Caesar primum suo, deinde omnium ex conspectu remotis equis, ut aequato omnium periculo spem fugae tolleret, cohortatus suos proelium commisit. Milites loco superiore pilis missis facile hostium phalangem perfregerunt. Ea disiecta gladiis destrictis in eos impetum fecerunt. Gallis magno ad pugnam erat impedimento quod pluribus eorum scutis uno ictu pilorum transfixis et conligatis, cum ferrum se inflexisset, neque evellere neque sinistra impedita satis commode pugnare poterant, multi ut diu iactato bracchio praeoptarent scutum manu emittere et nudo corpore pugnare. Tandem vulneribus defessi et pedem referre et, quod mons suberat circiter mille passuum spatio, eo se recipere coeperunt. (CESARE)

174 Vita dolorosa di Elvia, madre di Seneca

Il filosofo Seneca, esiliato in Corsica dall'imperatore Claudio, indirizza all'adorata madre Elvia una *consolatio* per confortarla dal dolore della forzata separazione (42-43 d.C.). La donna, del resto, non è alla sua prima triste esperienza: si può anzi dire che la cattiva sorte non le abbia mai dato tregua, costellando di lutti la sua esistenza.

Nullam tibi fortuna vacationem dedit a gravissimis luctibus, ne natalem quidem tuum excepit: amisisti matrem statim nata, immo dum nasceris, et ad vitam quodam modo exposita es. Crevisti sub noverca, quam tu quidem omni obsequio et pietate, quanta vel in filia conspici potest, matrem fieri coegisti; nulli tamen non magno constitit etiam bona noverca. Avunculum indulgentissimum, optimum ac fortissimum virum, cum adventum eius expectares, amisisti; et ne saevitiam suam fortuna leviorem diducendo faceret, intra tricesimum diem carissimum virum[1], ex quo mater trium liberorum eras, extulisti. Lugenti tibi luctus nuntiatus est omnibus quidem absentibus liberis, quasi de industria in id tempus coniectis malis tuis ut nihil esset ubi se dolor tuus reclinaret. Transeo tot pericula, tot metus, quos sine intervallo in te incursantis pertulisti: modo modo in eundem sinum ex quo tres nepotes emiseras ossa trium nepotum recepisti; intra vicesimum diem quam filium meum in manibus et in osculis tuis mortuum funeraveras, raptum me audisti: hoc adhuc defuerat tibi, lugere vivos. (SENECA)

1. *virum*: si tratta di Lucio Annea Seneca detto il Vecchio o il Retore, padre del filosofo Seneca, morto nel 39/40 d.C.; la famiglia era originaria di Cordova in Spagna.

175 Claudio, imperatore dissoluto e crudele

Nella sua biografia di Claudio, che regnò dal 41 al 54, Svetonio presenta tutte le caratteristiche di questo imperatore; in questo pezzo viene descritto il suo gusto per le gozzoviglie, per il gioco e per le donne, nonché per i feroci spettacoli del circo.

*Cibi vinique quocumque et tempore et loco appetentissimus, **cognoscens** quondam in Augusti foro ictusque nidore prandii, quod in proxima Martis aede Saliis apparabatur, deserto tribunali ascendit ad sacerdotes unaque decubuit. Nec temere umquam triclinio*

◀ Vedi **Cave!**

abscessit nisi distentus ac madens, et ut statim supino ac per somnum hianti pinna in os inderetur ad exonerandum stomachum. Somni brevissimi erat. Nam ante mediam noctem plerumque vigilabat, ut tamen interdiu nonnumquam in iure dicendo obdormisceret vixque ab advocatis de industria vocem augentibus excitaretur. Libidinis in feminas profusissimae, marum omnino expers. Aleam studiosissime lusit, de cuius arte librum quoque emisit, solitus etiam in gestatione ludere, ita essedo alveoque adaptatis ne lusus confunderetur. Saevum et sanguinarium natura fuisse, magnis minimisque apparuit rebus. Tormenta quaestionum poenasque parricidarum repraesentabat exigebatque coram. Cum spectare antiqui moris supplicium Tiburi concupisset et deligatis ad palum noxiis carnifex deesset, accitum ab urbe vesperam usque opperiri perseveravit. Quocumque gladiatorio munere, vel suo vel alieno, etiam forte prolapsos iugulari iubebat, maxime retiarios, ut expirantium facies videret.

(Svetonio)

Laboratorio

SINTASSI

1. Evidenzia nel testo le proposizioni finali.
2. Che complemento sono, rispettivamente, *libidinis… profusissimae / de… arte / natura / ab urbe*?

COMPRENSIONE DEL TESTO

3. Che cosa induce Claudio ad abbandonare le sue funzioni di giudice nel foro di Augusto?
4. Che avviene in genere dopo che Claudio ha terminato un abbondante banchetto?

Cave!

Un particolare significato del verbo *cognosco* Nel brano il verbo *cognosco* compare in uno specifico **significato giuridico**: ha infatti il valore di "**sedere come giudice**", "**giudicare in un processo**". Analogamente, in Cicerone *Verres cognoscebat* vuol dire "Verre conduceva l'istruttoria / istruiva il processo" (*Verrinae* II 26), mentre in Cesare *cognita causa* significa "effettuata un'indagine" (*De bello Gallico* VI 9, 8). Parallelamente, il sostantivo *cognitio* a livello giuridico può voler dire "**inchiesta, istruttoria, processo**": *dies cognitionis* è "il giorno del dibattimento" (Cic. *Brutus* 87).

LATINO MODERNO

●●● | 176 Il martirio di Dionisia

L'autore africano Vittore di Vita (V sec. d.C.), che faceva parte del clero cartaginese, scrisse una *Historia persecutionis Vandalicae*. Nel III libro Vittore narra le persecuzioni compiute da Unerico, re dei Vandali e Alani. Nonostante la sua fede ariana all'inizio egli fu tollerante con coloro che professavano la religione secondo il credo niceno; ma poi iniziò a perseguitare i cattolici punendo tutti coloro della sua etnia che si erano convertiti e cercando di incamerare i loro beni. In questo passo Unerico organizza sevizie e torture; in particolare Vittore ricorda il martirio della matrona Dionisia, che offre un mirabile esempio di resistenza alle violenze e di fede cristiana.

Addidit itaque bestia illa[1], sanguinem sitiens innocentum, episcopis necdum adhuc in exilium directis per universas Africanae terrae provincias uno tempore tortores crudelissimos destinare, ut nulla remansisset domus et locus, ubi non fuisset eiulatus et luctus, ut nulli aetati, nullo parceretur sexui, nisi illis qui eorum succumberent

1. *bestia illa*: si tratta di Unerico.

voluntati. Hos fustibus, illos suspendio, alios ignibus concremabant: mulieres et praecipue nobiles contra iura naturae nudas omnino in facie publica cruciabant. Ex quibus unam nostram Dionysiam cursim ac breviter nominabo. Cum viderent eam non solum audacem, sed etiam matronis ceteris pulchriorem, ipsam primo nisi sunt fustibus expoliatam aptare. Quae cum pateretur diceretque de domino suo secura: «Qualiterlibet cruciate, verecunda tamen membra nolite nudare», amplius illi magis furentes celsiori loco vestimentis exutam consistunt, spectaculum eam omnibus facientes. Quae inter ictus virgarum, dum rivuli sanguinis toto iam corpore fluitarent, libera voce dicebat: «Ministri diaboli, quod ab obprobrium meum facere conputatis, ipsa laus mea est»; et quia esset scripturarum divinarum scientia plena, artata poenis et ipsa iam martyr alios ad martyrium confortabat. Quae suo sancto exemplo paene universam suam patriam liberavit.

(Vittore di Vita)

Laboratorio

SINTASSI
1. Che tipo di proposizione è *ut nulla remansisset domus et locus*?
2. Quale tipologia di infinito si trova nella forma *destinare*?
3. Che costrutto è *nolite nudare*?
4. Sottolinea i nessi relativi.

LESSICO
5. Quali termini appartengono al lessico cristiano?

ANALISI STILISTICA
6. Riconosci le correlazioni presenti nel testo.

COMPRENSIONE DEL TESTO
7. A quale classe sociale appartengono prevalentemente le donne vittime delle violenze?
8. Che cosa chiede Dionisia ai suoi carnefici? E quale è la risposta di costoro?

TERZO LIVELLO

●●● | 177 Il mondo è governato dalla natura

Omnium autem rerum quae natura administrantur seminator et sator *et parens, ut ita dicam, atque educator et altor est mundus omniaque sicut membra et partes suas nutricatur et continet. Quod si mundi partes natura administrantur, necesse est mundum ipsum natura administrari. Cuius quidem administratio nihil habet in se quod reprehendi possit; ex his enim naturis quae erant quod effici optimum potuit effectum est. Doceat ergo aliquis potuisse melius; sed nemo umquam docebit, et si quis corrigere aliquid volet aut deterius faciet aut id quod fieri non potuerit desiderabit. Quod si omnes mundi partes ita constitutae sunt ut neque ad usum meliores potuerint esse neque ad speciem pulchriores, videamus utrum ea fortuitane sint an eo statu quo cohaerere nullo modo potuerint nisi sensu moderante divinaque providentia. Si igitur meliora sunt ea quae natura quam illa quae arte perfecta sunt, nec ars efficit quicquam sine ratione, ne natura quidem rationis expers est habenda.*

◀ Vedi **Curiosità**

(Cicerone)

1. *signum Paeanis*: "la statua di Apollo guaritore".

Laboratorio

ANALISI STILISTICA
1. Individua i polisindeti e i poliptoti.

COMPRENSIONE DEL TESTO
2. Quale concezione del mondo emerge dal brano?
3. Qual è il rapporto fra natura ed arte?

PRODUZIONE
4. Riassumi il brano (max. 5 righe), suddividendolo in sequenze ed assegnando a ciascuna un titolo.

Curiosità

Il quadrato del *sator* Il sostantivo *sator, -oris* è un termine tecnico agricolo che significa "**seminatore, piantatore**"; metaforicamente acquisisce il valore di "**creatore, generatore, autore**" (per Virgilio Giove è *sator hominum deorumque*). Il termine compare nel famoso "**quadrato del Sator**", una misteriosa iscrizione latina visibile in numerosi reperti archeologici, trovati un po' ovunque in Europa ed in Asia, in forma di quadrato magico, composta da cinque parole di cinque lettere ciascuna: **SATOR AREPO TENET OPERA ROTAS**. La loro giustapposizione dà luogo a una frase **palindroma**: infatti le cinque parole possono essere lette sia orizzontalmente da sinistra verso destra e viceversa, sia verticalmente dall'alto verso il basso e viceversa. Al centro del quadrato, la parola TENET forma una croce palindromica.

Molto discusso è il significato della frase formata dalle cinque parole; ad una prima occhiata si avrebbe:
SATOR = il seminatore / **AREPO** = ? / **TENET** = tiene, gestisce / **OPERA** = (in) opera / **ROTAS** = le ruote.
Particolarmente problematico è il **termine non latino *arepo***; secondo alcuni, esso alluderebbe ad un tipo di **carro celtico** esistente in Gallia, chiamato *arepos*, per cui la traduzione sarebbe: "Il seminatore, con il carro, tiene con cura le ruote". Ma su *arepo* si è pensato di tutto: che sia un **nome proprio** ("Arepo, il seminatore, tiene con maestria l'aratro"), che alluda all'**aratro** ("Il seminatore con il suo aratro trattiene con il suo lavoro le ruote"), che sia l'insieme di **due parole** (*a repo* "ahimé io striscio", detto dal serpente biblico), ecc.

La presenza del quadrato palindromo in molte chiese medievali ha indotto a ritenere che il simbolo sia espressione della cultura cristiana di quel periodo; identificando il *sator*, il seminatore, con il Creatore (si pensi alla parabola evangelica del seminatore e del granello di senape), si è proposto di interpretare così: "**Il Creatore, l'autore di tutte le cose, mantiene con cura le proprie opere**". Una soluzione più ingegnosa è stata proposta dal Grosser (*Ein neuer Vorschlag zur Deutung der Sator-Formel*, in "Archiv für Religionswissenschaft", XXIV 1926, pp. 165-169); costui, osservando con spirito da enigmista l'insieme delle lettere che compongono il quadrato, ha notato che esse possono comporre una croce, in cui la parola **PATERNOSTER** si incrocia sulla lettera *N*: avanzano due *A* e due *O*, che possono porsi ai quattro estremi della croce, a indicare l'*alpha* e l'*omega*, cioè il principio e la fine.

Il quadrato sarebbe dunque un sigillo nascosto, una **crux dissimulata**, in uso tra i primi cristiani ai tempi delle persecuzioni.

●●● | 178 Critiche ai poeti e ad Epicuro

Sed videsne, poetae quid mali adferant? Lamentantes inducunt fortissimos viros, molliunt animos nostros, ita sunt deinde dulces, ut non legantur modo, sed etiam ediscantur. Sic ad malam domesticam disciplinam vitamque umbratilem et delicatam cum accesserunt etiam poetae, nervos omnes virtutis elidunt. Recte igitur a Platone eiiciuntur ex ea civitate quam finxit ille, cum optimos mores et optimum rei publicae statum exquireret. At vero nos, docti scilicet a Graecia, haec a pueritia et legimus et ediscimus, hanc eruditionem liberalem et doctrinam putamus. Sed quid poetis irascimur? Virtutis magistri, philosophi inventi sunt, qui summum malum dolorem dicerent. At tu, adulescens, cum id tibi paulo ante dixisses videri, rogatus a me, etiamne maius quam dedecus, verbo de sententia destitisti. Roga hoc idem Epicurum; maius dicet esse malum mediocrem dolorem quam maximum dedecus; in ipso enim dedecore mali nihil esse, nisi sequantur dolores. Quis igitur Epicurum sequitur dolor, cum hoc ipsum dicit, summum malum esse dolorem? quo dedecus maius a philosopho nullum expecto.

(CICERONE)

●●● | 179 Nulla di imprevisto può capitare al sapiente

Ergo, hic, quisquis est qui moderatione et constantia quietus animo est sibique ipse placatus, ut nec tabescat molestiis nec frangatur timore nec sitienter quid expetens ardeat desiderio nec alacritate futili gestiens deliquescat, is est sapiens quem quaerimus, is est beatus, cui nihil humanarum rerum aut intolerabile ad demittendum animum aut nimis laetabile ad ecferendum videri potest. Quid enim videatur ei magnum in rebus humanis, cui aeternitas omnis totiusque mundi nota sit magnitudo? Nam quid aut in studiis humanis aut in tam exigua brevitate vitae magnum sapienti videri potest, qui semper animo sic excubat, ut ei nihil inprovisum accidere possit, nihil inopinatum, nihil omnino novum? Atque idem ita acrem in omnis partis aciem intendit, ut semper videat sedem sibi ac locum sine molestia atque angore vivendi, ut, quemcumque casum fortuna invexerit, hunc apte et quiete ferat. Quod qui faciet, non aegritudine solum vacabit, sed etiam perturbationibus reliquis omnibus. His autem vacuus animus perfecte atque absolute beatos efficit, idemque concitatus et abstractus ab integra certaque ratione non constantiam solum amittit, verum etiam sanitatem.

(CICERONE)

●●● | 180 Movimenti delle truppe di Cesare e di Pompeo

Haec eodem fere tempore Caesar atque Pompeius cognoscunt. Nam praetervectas Apolloniam Dyrrachiumque naves viderant ipsi, sed quo essent eae delatae, primis diebus ignorabant. Cognitaque re, diversa sibi ambo consilia capiunt: Caesar, ut quam primum se cum Antonio coniungeret; Pompeius, ut venientibus in itinere se opponeret, si imprudentes ex insidiis adoriri posset, eodemque die uterque eorum ex castris stativis a flumine Apso[1] exercitum educunt: Pompeius clam et noctu, Caesar palam atque interdiu. Sed Caesari circuitu maiore iter erat longius, adverso flumine, ut vado transire posset; Pompeius, quia expedito itinere flumen ei transeundum non erat, magnis itineribus ad Antonium contendit atque eum ubi appropinquare cognovit, idoneum locum nactus ibi copias collocavit suosque omnes in castris continuit ignesque fieri prohibuit, quo occultior esset eius adventus. Haec ad Antonium statim per Graecos deferuntur. Ille missis ad Caesarem nuntiis unum diem sese castris tenuit; altero die ad eum pervenit Caesar. Cuius adventu cognito Pompeius, ne duobus circumcluderetur exercitibus, ex eo loco discedit omnibusque copiis ad Asparagium Dyrrachinorum pervenit atque ibi idoneo loco castra ponit.

(CICERONE)

---

1. *Apso*: fiume dell'Epiro che sfocia nell'Adriatico (oggi Semeni).

Laboratorio

LESSICO
1. Sottolinea i termini tecnici del linguaggio militare.
2. Che significa l'espressione *magnis itineribus*?

ANALISI STILISTICA
3. Evidenzia i passi in cui prevale la narrazione paratattica.

COMPRENSIONE DEL TESTO
4. In quale regione si svolgono gli eventi narrati?
5. Perché il cammino di Cesare risulta più lungo e difficoltoso?
6. Perché Pompeo proibisce ai suoi uomini di accendere dei fuochi?

PRODUZIONE
7. Riassumi il brano (max. 5 righe), suddividendo il testo in sequenze ed assegnando a ciascuna un titolo.

●●● | 181 Straordinari prodigi preannunciano la morte di Caligola

Futurae caedis multa prodigia exstiterunt. Olympiae simulacrum Iovis, quod dissolvi transferrique Romam placuerat, tantum cachinnum repente edidit, ut machinis labefactis opifices diffugerint; supervenitque ilico quidam Cassius nomine, iussum se somnio affirmans immolare taurum Iovi. Capitolium Capuae Id. Mart.[1] de caelo tactum est, item Romae cella Palatini atriensis. Nec defuerunt qui coniectarent altero ostento periculum a custodibus domino portendi, altero caedem rursus insignem, qualis eodem die[2] facta quondam fuisset. Consulenti quoque de genitura sua Sulla mathematicus certissimam necem appropinquare affirmavit. Monuerunt et Fortunae Antiatinae[3], ut a Cassio caveret; qua causa ille Cassium Longinum Asiae tum proconsulem occidendum delegaverat, inmemor Chaeream Cassium nominari. Pridie quam periret, somniavit consistere se in caelo iuxta solium Iovis impulsumque ab eo dextri pedis pollice et in terras praecipitatum.

(SVETONIO)

1. *Id. Mart.*: abbreviazione per *idibus Martiis* "alle idi di marzo", cioè il 15 del mese.
2. *eodem die*: alle idi di marzo, nel 44 a.C., era stato ucciso Giulio Cesare.
3. *Fortunae Antiatinae*: "le Fortune di Anzio"; erano due dee venerate nella città laziale, che fornivano oracoli.

Laboratorio

ANALISI STILISTICA
1. Quali due figure retoriche si notano nelle forme *Cassio... Cassium... Cassium*?

COMPRENSIONE DEL TESTO
2. Dove avvengono gli eventi prodigiosi che segnalano l'imminente fine di Caligola?
3. Quale equivoco induce Caligola a far uccidere il proconsole Cassio Longino?

PRODUZIONE
4. Realizza una breve scheda sintetica elencando in latino gli avvenimenti che preannunciano la morte di Caligola.

UNITÀ 16

PROPOSIZIONI CAUSALI E TEMPORALI

CURIOSITÀ	CAVE!
Conigli e cunicoli	Un verbo di forma attiva e significato passivo: *vapŭlo*

IN ITALIANO

■ **Proposizioni causali**

Le **proposizioni causali** indicano la causa e la giustificazione di un fatto o di un'azione indicati nella proposizione reggente; in italiano possono essere esplicite o implicite.
Le causali esplicite sono introdotte dalle congiunzioni *perché, poiché, siccome*, ecc. o da espressioni come *dal momento che, per il fatto che*, ecc.: *Ti apprezzo* **perché sei onesto**.
Le causali implicite sono introdotte da un infinito passato con *per* oppure da un gerundio o un participio: ***Vedendo ciò*** (= *poiché ho visto ciò*) *mi sono arrabbiato*.

■ **Proposizioni temporali**

Le **proposizioni temporali** indicano in quale circostanza di tempo si compie l'azione espressa dalla reggente; il rapporto di tempo può specificarsi in vari modi (**contemporaneità, anteriorità, posteriorità**).

▶ Esercizi

1 Nei seguenti periodi, riconosci le proposizioni causali e le proposizioni temporali (attenzione: alcuni non ne contengono).

1. Non sono venuto ieri perché non ce l'ho fatta. **2.** Poiché non la vedevo arrivare, ero preoccupato. **3.** Sono rimasto zitto non perché fossi d'accordo, ma perché non volevo replicare in quella sede. **4.** Essendo guasto il motore, la macchina non poteva ripartire. **5.** Ti spiego tutto perché tu non possa sbagliare. **6.** Starò qui finché vorrai. **7.** Oggi i ragazzi si avviliscono ogni volta che vengono rimproverati. **8.** Ti chiedo perché fai ciò. **9.** Prima di parlare, rifletti, perché non devi essere frettoloso. **10.** Mentre dormivamo, c'è stato un forte temporale.

2 Trasforma le causali e temporali in complementi di causa e di tempo o viceversa.

1. Prima dell'arrivo, ti telefonerò. **2.** Dopo la partenza di Carlo, eravamo tristi. **3.** Per la stanchezza non sono riuscito a finire il lavoro. **4.** Durante il compito in classe nessun alunno poteva uscire dall'aula. **5.** A causa di queste tue parole sono rimasto molto male. **6.** Al suono della campana inizierà l'intervallo. **7.** Finché i nostri amici saranno qui saremo felici di ospitarli. **8.** Per la folla eccessiva non si poteva entrare nel negozio. **9.** Ti ringrazio del regalo bellissimo. **10.** Essendoci molto buio non si poteva continuare a camminare.

1 PROPOSIZIONI CAUSALI

In latino le proposizioni causali sono introdotte da varie congiunzioni (***quod***, ***quia***, ***quoniam*** "poiché, giacché, perché", ***quandoquidem***, ***quando*** "dal momento che", ***siquĭdem*** "giacché, se è vero che", ***cum*** "poiché", ecc.).
Le causali si esprimono con l'indicativo o con il congiuntivo, secondo lo schema seguente:

MODO	TIPO DI CAUSA	ESEMPIO
indicativo	**causa oggettiva**, cioè causa presentata dall'autore come un dato oggettivo e reale	*Catilina prohibitus erat consulatum petere,* ***quod intra legitimos dies profiteri nequiverat***. (Sall.) A Catilina era stato proibito di candidarsi al consolato, **poiché non aveva potuto dare il suo nome entro i giorni stabiliti** (dalla legge).
congiuntivo	**causa soggettiva**, cioè non valida per tutti, ma ritenuta tale dal soggetto che agisce nella proposizione principale	*Laudat Africanum Panaetius,* ***quod fuerit abstinens***. (Cic.) Panezio loda l'Africano **perché fu moderato**.

In particolare sull'uso delle congiunzioni causali si noti:

CONGIUNZIONE	MODO RETTO DALLA CONGIUNZIONE	ESEMPI
quod, ***quia***, ***quoniam*** "poiché, perché"	• indicativo (causa reale)	• *Solis exortus, cursus, occasus nemo admiratur,* ***propterea quod cotidie fiunt***. (Cic.) Nessuno si meraviglia della nascita, del corso, del tramonto del sole, **poiché avvengono ogni giorno**. (dato oggettivo)
	• congiuntivo (causa soggettiva)	• *Noctu ambulabat in publico Themistocles,* ***quod somnum capere non posset***. (Cic.) Temistocle di notte camminava per strada, **perché [a suo dire] non riusciva a prendere sonno**.
cum "poiché, perché"	• congiuntivo, con i tempi regolati dalla *consecutio temporum*	• ***Cum vita sine amicis metus plena sit***, *ratio ipsa monet amicitias comparare.* (Cic.) **Poiché la vita senza amici è piena di paura**, la ragione stessa induce a procurarsi amicizie.
quando, ***quandoquidem***, ***siquidem*** "poiché, perché, dal momento che"	• indicativo (causa oggettiva)	• ***Quando ita tibi libet***, *ave atque vale.* (Plaut.) **Dato che a te piace così**, tanti saluti.

> **NB**
> - *Quod* e, più di rado, *quia*, possono essere anticipati da espressioni come *idcirco, eo, propterea, ea re, ob eam causam*, ecc.:
>   *Idcirco te amo, **quod** es diligens.*   **Per questo** ti voglio bene, **perché** sei diligente.
> - *Cum* può essere preceduto da *utpote, quippe, praesertim* per rafforzare il concetto causale:
>   *Nihil est virtute amabilius, **quippe cum** propter virtutem etiam eos, quos numquam vidimus, diligamus.* (Cic.)   Nulla è più amabile della virtù, **proprio perché** a causa della virtù amiamo anche coloro che non abbiamo mai visto.
> - Le proposizioni **relative improprie con senso causale** sono sempre al congiuntivo e sono introdotte dal pronome relativo *qui, quae, quod*, oppure da *quippe qui, utpote qui, praesertim qui*, ecc.:
>   *O fortunate adulescens, **qui** Homerum tuae virtutis praeconem **inveneris**!* (Cic.)   O giovane fortunato, **dato che hai trovato** Omero come araldo della tua virtù!

Si osservi inoltre che si usa sempre il congiuntivo dopo le espressioni *est / non est quod* "c'è / non c'è ragione di", *nihil est quod* "non c'è nessuna ragione di", *non habeo quod* "non ho ragione di":

Nihil est quod adventum nostrum **extimescas**. (Cic.)	**Non c'è motivo che** tu **tema** il nostro arrivo.
Non habeo quod iis **succenseam**. (Cic.)	**Non ho motivo di adirarmi** con loro.

2 PROPOSIZIONI TEMPORALI

Le proposizioni temporali in latino sono introdotte da congiunzioni che possono reggere:
a) il solo **indicativo**;
b) l'**indicativo** e il **congiuntivo**.

CONGIUNZIONI TEMPORALI CON IL SOLO INDICATIVO	ESEMPI
ut, ubi "quando, allorché"	*Pompeius **ut** equitatum suum pulsum **vidit**, acie excessit.* (Ces.) Pompeo **quando vide** la sua cavalleria messa in fuga, uscì dal campo di battaglia.
ut primum, ubi primum, cum primum "appena, non appena"	*Marius, **ubi primum** magistratum ingressus est, ad bellum quo gesturus erat animum intendit.* (Sall.) Mario, **non appena iniziò a ricoprire la magistratura**, rivolse l'animo alla guerra che intendeva fare.
simul ac (atque), simul ut, statim ut "appena che, non appena"	*Simul aliquid audiero, scribam ad te.* (Cic.) **Non appena saprò qualcosa**, ti scriverò[1].
quotiens, quotienscumque "ogni volta che" (spesso in correlazione con *totiens*, esprimono azione ripetuta ed ammettono tutti i tempi dell'indicativo)	*Quotiens foras ire volo, me retines.* (Plaut.) **Ogni volta che voglio uscire**, mi trattieni
postquam / postea quam "dopo che"; con tutti i tempi dell'indicativo	*Plane relegatus mihi videor **postquam** in Phormiano sum.* (Cic.) Mi pare di essere del tutto relegato **da quando mi trovo nella villa di Formia**.

[1]. Per l'uso del futuro anteriore in latino in corrispondenza del futuro semplice italiano, si rivedano le osservazioni fatte a proposito della legge dell'anteriorità (vd. p. 126).

CONGIUNZIONI TEMPORALI CON L'INDICATIVO O IL CONGIUNTIVO	ESEMPI
cum "quando, ogni volta che, mentre, allorché": → con l'**indicativo** (*cum* **semplicemente temporale**)	*Animus, nec* **cum adest**, *nec* **cum discedit**, *apparet.* (Cic.) L'anima non si mostra né **quando c'è**, né **quando va via**.
→ con l'**indicativo** (*cum* **iterativo**)	*Me,* **cum huc veni**, *hoc ipsum nihil agere delectat* (Cic.) **Quando** (= **ogni volta che**) vengo qui, mi rallegra questo stesso non far nulla.
→ con l'**indicativo** (*cum coincidens*, che esprime un'azione continuata che accompagna quella espressa dalla principale con valore leggermente avversativo)	*Caedebatur virgis civis Romanus,* **cum interea nullus gemitus audiebatur.** (Cic.) Era percosso con le verghe quel cittadino romano, **mentre intanto non si udiva alcun gemito**.
→ con l'**indicativo** (*cum inversum* o *additivum*, equivalente al nostro "quand'ecco", con funzione coordinante più che subordinante, ad indicare un fatto che avviene improvvisamente sovrapponendosi a quello indicato nella reggente)	*Vixdum epistulam tuam legeram,* **cum ad me Curtius venit.** (Cic.) Avevo appena letto la tua lettera, **quand'ecco che Curzio venne da me**.
→ con il **congiuntivo** (*cum historicum* o *narrativum*, che più che una determinazione temporale indica una determinazione di concatenazione logica fra gli eventi)	*Caesar,* **cum Rubiconem transisset**, *patriae hostis est iudicatus.* Cesare, **avendo** (= **quando/poiché aveva**) **attraversato il Rubicone**, fu ritenuto nemico della patria.
dum con due possibili accezioni[1] 1. nel senso di "**mentre**"; in tal caso, se indica azione contemporanea a quella della principale, qualunque sia il tempo di questa, regge l'**indicativo presente**	*Archimedes,* **dum** *in pulvere quaedam* **describit** *attentius, ne patriam quidem captam esse sensit.* (Cic.) Archimede, **mentre disegnava** con molta attenzione qualcosa nella polvere, non si accorse nemmeno che la sua patria era stata presa.
2. nel senso di "**finché, per tutto il tempo che**", con **tutti i tempi dell'indicativo**	*Fuit haec gens fortis,* **dum** *Lycurgi leges* **vigebant**. (Cic.) Questo popolo fu forte **finché vigevano** le leggi di Licurgo.
donec, quoad, quamdiu "finché, per tutto il tempo che": → reggono l'**indicativo**, se si indica un'azione **realmente avvenuta**	*Hinc non proficiscar,* **donec (quoad)** *omnia videro.* Non partirò di qui, **finché non vedrò tutto**.
→ reggono il **congiuntivo**, quando più che la realtà di un fatto si evidenzia **la sua attesa**	*Caesar exspectandum sibi statuit,* **dum equitatus reverteretur**. Cesare stabilì di dover aspettare, **finché non tornasse la cavalleria**.
antequam e *priusquam* "prima che": → reggono l'**indicativo** quando indicano un **fatto reale**	**Antequam pro C. Murena dicere instituo**, *pro me ipse pauca dicam.* (Cic.) **Prima di cominciare a parlare in difesa di C. Murena**, dirò poche cose io stesso per me.

---

1. Se seguito da un congiuntivo *dum* introduce una proposizione condizionale (vd. Unità 18, p. 295): *Oderint,* **dum metuant**. (Svet.) "Mi odino, **purché mi temano**".

| → reggono il **congiuntivo** quando indicano un fatto **possibile** o **atteso** | ***Priusquam hostes admoverent***, *eos Caesar est aggressus.*
Prima che i nemici avanzassero (= potessero avanzare), Cesare li attaccò. |

- Le congiunzioni *antequam* e *priusquam* possono anche essere scisse nei loro elementi e scritte *ante... quam, prius... quam,* con in mezzo l'inserzione di qualche parola:

  | *Hostes terga verterunt neque **prius** fugere destiterunt, **quam** ad flumen Rhenum pervenerunt.* (Ces.) | I nemici volsero le spalle e non smisero di fuggire **prima di** arrivare al fiume Reno. |

- L'ablativo assoluto può costituire una forma implicita di proposizione temporale:

  | ***Victis hostibus***, *dux Romam rediit.* | **Dopo aver vinto i nemici**, il comandante tornò a Roma. |

3 IL *CUM* NARRATIVO O *HISTORICUM*

Il *cum* **narrativo** o ***historicum*** è un costrutto di particolare interesse, perché specifico del latino. Esso nacque forse per colmare una lacuna della lingua latina, povera – a differenza del greco – di participi (le mancavano ad es. i participi presenti e futuri passivi o i participi passati attivi); il *cum* narrativo dipende sempre da un tempo storico ed ha, a rigore, solo due tempi: il **congiuntivo imperfetto** se l'azione è contemporanea a quella della reggente; il **congiuntivo piuccheperfetto** se l'azione è anteriore a quella della reggente. Si noti, inoltre, che, se si parla di *cum* narrativo o *historicum* in particolare per le proposizioni temporali, il costrutto latino del *cum* + congiuntivo costituisce una subordinata **polivalente**, che ha molte funzioni o significati (soprattutto causale, temporale, concessiva, ipotetica). In questa veste polifunzionale, il *cum* può essere seguito da **tutti i tempi del congiuntivo**:

PRINCIPALE	SUBORDINATA COL *CUM* → CONTEMPORANEITÀ CON LA PRINCIPALE	SUBORDINATA COL *CUM* → ANTERIORITÀ RISPETTO ALLA PRINCIPALE
tempo principale → presente, futuro	**1.** cong. presente latino ***Cum** hoc **putes**, erras.* **Pensando (poiché / se pensi)** ciò, sbagli.	**2.** cong. perfetto latino ***Cum** hoc **putaveris**, erras.* **Avendo tu pensato (poiché hai pensato)** ciò, sbagli.
tempo storico → imperfetto, perfetto, piuccheperfetto	**3.** cong. imperfetto latino ***Cum** hoc **putares**, errabas.* **Pensando (poiché / se pensavi)** ciò, sbagliavi.	**4.** cong. piuccheperfetto latino ***Cum** hoc **putavisses**, erravisti.* **Avendo tu pensato (poiché hai pensato)** queste cose, hai sbagliato.

▸ Esercizi

A Analizza e traduci le seguenti frasi (proposizioni causali).
1. *Mulieres ideo bene olere, quia nihil olebant, videbantur.* (Cic.) **2.** *Multi queruntur, quod non magnitudine corporum aequemus elephantos, velocitate cervos, levitate aves, quod sagacitate nos narium canes vincant, acie luminum aquilae, spatio aetatis corvi.* (Sen.)

3. Unguentarios urbe Lacedaemonii expulerunt et propere cedere finibus suis iusserunt, quia oleum disperderent. (Sen.) **4.** Qui istinc veniunt, superbiam tuam accusant, quod negent te percontantibus respondere. (Cic.) **5.** Aggrediar alia, quoniam quiescere non possumus. (Cic.) **6.** Non est quod nos paupertas a philosophia revocet, ne egestas quidem. (Sen.) **7.** Qui classibus praeerant, crebris Pompei litteris castigabantur, quoniam primo venientem Caesarem non prohibuissent. (Ces.) **8.** Ista sapientia non magno aestimanda est, siquidem non multum differt ab insania. (Cic.) **9.** Phalereus Demetrius Periclem, principem Graeciae, vituperat, quod tantam pecuniam in praeclara illa Propylaea coniecerit. (Cic.) **10.** Quae cum ita sint, quid est quod de Archiae civitate dubitetis, praesertim cum aliis quoque in civitatibus fuerit adscriptus? (Cic.) **11.** Quoniam haec est vita, quid moror in terris? (Cic.) **12.** Iugurtha, ut erat impigro atque acri ingenio, multo labore multaque cura in tantam claritudinem brevi pervenerat, ut nostris vehementer carus esset. (Sall.) **13.** Oppidani, utpote cum commeatu carerent, se obsidentibus dederunt. (Liv.) **14.** Videbatur nobis exercitus Caesaris audaciae plus habere quippe qui patriae bellum intulisset. (Cic.) **15.** Prima pars corporis caput datumque illi hoc nomen eo quod sensus omnes et nervi inde initium capiant, atque ex eo omnis vigendi causa oriatur. (Isidoro di Siviglia)

B Analizza e traduci le seguenti frasi (proposizioni temporali).

1. Vix agmen novissimum extra munitiones processerat, cum Galli proelium committere non dubitaverunt. (Ces.) **2.** Epaminondas usque eo ferrum retinuit, quoad renuntiatum est Boeotos vicisse. (Nep.) **3.** Cum ver esse coeperat dabat se Verres labori atque itineribus. (Cic.) **4.** Hostes, ubi primum nostros equites conspexerunt, celeriter in eos impetum fecerunt. (Ces.) **5.** Galli, proelio superati, simul atque se ex fuga receperunt, statim ad Caesarem legatos de pace miserunt. (Ces.) **6.** Si a vobis, id quod non spero, deserar, tamen animo non deficiam et id quod suscepi, quoad potero, perferam. (Cic.) **7.** Donec eris felix, multos numerabis amicos, tempora si fuerint nubila, solus eris. (Cic.) **8.** Caesar dum reliquae naves eo convenirent, in ancoris expectavit. (Ces.) **9.** Ut ad te venero, omnia narrabo. (Cic.) **10.** Dum ea Romani parant consultantque, iam Saguntum summa vi oppugnatur. (Liv.) **11.** Non faciam finem rogandi, quoad nuntiatum erit te id fecisse. (Cic.) **12.** Catilina, postquam fusas copias seque cum paucis relictum videt, in confertissimos hostes incurrit, ibique pugnans confoditur. (Sall.) **13.** Antequam de meo adventu audire potuissent, in Macedoniam perrexi. (Cic.) **14.** Ut quisque primus venerat, sub muro consistebat. (Ces.) **15.** Caesar cum primum potuit ad exercitum contendit. (Ces.) **16.** Antequam de accusatione ipsa dico, de accusatorum spe pauca dicam. (Cic.) **17.** Simul ac me Dyrrachium attigisse audivit Plancius, statim ad me lictoribus dimissis, insignibus abiectis, veste mutata profectus est. (Cic.) **18.** Expectare dum hostium copiae augerentur equitatusque reverteretur Caesar summae dementiae esse iudicabat. (Ces.)

C Collega la prima parte di ogni frase alla corrispondente seconda parte; poi traduci (proposizioni causali e temporali).

1. Cum Caesar in Galliam venit,
2. Molesta veritas,
3. Dionysius, cum in communibus suggestis consistere non auderet,
4. Lysander, cum vellet Lycurgi leges commutare,
5. Quoniam multum potest provisio animi et praeparatio ad minuendum dolorem,
6. Dumnŏrix Helvetiis erat amicus,
7. Pompeius ut equitum suum pulsum vidit,
8. Elpinice negavit se passuram Miltiadis progeniem in vinculis publicis interire,

a. quod ex civitate Orgetorigis filiam in matrimonium duxerat. (Ces.)
b. quoniam prohibere posset. (Nep.)
c. siquidem ex ea nascitur odium. (Cic.)
d. acie excessit seque in castra recepit. (Ces.)
e. contionari ex alta turri solebat. (Cic.)
f. prohibitus est religione. (Cic.)
g. alterius Gallorum factionis principes erant Aedui, alterius Sequani. (Ces.)
h. sint semper omnia homini humana meditata. (Cic.)

VERSIONI

EXEMPLUM

182 I Britanni sobillano i connazionali alla resistenza contro i Romani

Durante la campagna in Britannia i Romani sono disorientati dalla tattica di combattimento dei barbari, che utilizzano dei carri da guerra (*essĕda*) a due ruote con cui riescono a scompigliare le file nemiche. Cesare rianima i suoi soldati e li riconduce all'accampamento; una serie di violente perturbazioni atmosferiche impediscono poi le ostilità; i Britanni intanto mandano messi in tutte le direzioni per indurre tutti alla rivolta contro gli invasori.

Quibus rebus perturbatis nostris novitate pugnae tempore oportunissimo Caesar auxilium tulit: namque eius adventu hostes constiterunt, nostri se ex timore receperunt. Quo facto, ad lacessendum hostem et committendum proelium alienum esse tempus arbitratus suo se loco continuit et brevi tempore intermisso in castra legiones reduxit. Dum haec geruntur, nostris omnibus occupatis, qui erant in agris reliqui discesserunt. Secutae sunt continuos complures dies tempestates, quae et nostros in castris continerent et hostem a pugna prohiberent. Interim barbari nuntios in omnes partes dimiserunt paucitatemque nostrorum militum suis praedicaverunt et quanta praedae faciendae atque in perpetuum sui liberandi facultas daretur, si Romanos castris expulissent, demonstraverunt. His rebus celeriter magna multitudine peditatus equitatusque coacta ad castra venerunt.

(Cesare)

Tutto questo turbò i nostri; ma al momento più opportuno li soccorse Cesare. Il suo arrivo bloccò i nemici e rianimò i nostri. Ottenuto questo risultato, non giudicò che il tempo fosse adatto per sfidare il nemico e dare battaglia; si mantenne nelle sue posizioni e poco dopo ricondusse le legioni nell'accampamento. Mentre tutti i nostri erano occupati in queste operazioni, si ritirarono anche quelli fra i nemici che erano rimasti nelle campagne. Seguirono parecchi giorni di ininterrotti temporali, che costrinsero i nostri negli accampamenti e impedirono ai nemici di attaccar battaglia. I barbari ne approfittarono per spedire messi da ogni parte, illustrando ai loro connazionali l'esiguità delle nostre truppe e la possibilità che si offriva di far bottino e garantirsi un'eterna libertà, se si fossero snidati i Romani dal loro accampamento. Con questi argomenti radunarono celermente una grande massa di fanti e di cavalieri, con cui mossero alla volta del nostro accampamento.

(trad. di C. Carena)

NOTE LINGUISTICHE	NOTE LESSICALI	NOTE DI TRADUZIONE
Dum haec geruntur → con la congiunzione *dum* si trova il presente indicativo anche in dipendenza da un tempo storico successivo (*discesserunt*). ***nostris omnibus occupatis*** → ablativo assoluto con valore temporale. ***qui*** → *ii qui*. ***quae continerent... et prohiberent*** → relative improprie coordinate al congiuntivo, entrambe con valore consecutivo ("tali da trattenere... e da impedire").	***His rebus*** → come spesso accade, è opportuno dare a *res* un valore adeguato al contesto; qui, ad es., "con questi mezzi, con questi argomenti". ***ad castra venerunt*** → si noti che la preposizione *ad* (e non *in*) specifica che il movimento dei Britanni avviene in senso ostile ("contro" e non "verso").	***Interim barbari nuntios in omnes partes dimiserunt*** → il traduttore omette *interim* ("nel frattempo") e rende *dimiserunt* con un'espressione fraseologica ("ne approfittarono per spedire"). ***si Romanos castris expulissent*** → lett. "se avessero cacciato via i Romani dall'accampamento"; più vivace la traduzione di Carena: "se si fossero snidati i Romani dal loro accampamento".

PRIMO LIVELLO

183 I Romani combattono contro Giugurta

I Romani portano la guerra a Giugurta, re di Numidia, che ha usurpato il trono ad Aderbale e Iempsale, figli di suo zio Micipsa; ma i generali romani mandati contro di lui si lasciano corrompere. Il console Metello riesce a riportare l'esercito alla consueta disciplina e combatte vittoriosamente contro l'usurpatore. Caio Mario, che subentra a Metello, sconfigge definitivamente Giugurta. La guerra giugurtina si svolse fra il 111 e il 105 a.C.

a. I Romani combattono contro Giugurta
P. Scipione Nasica et L. Calpurnio Bestia consulibus Iugurthae, Numidarum regi, bellum inlatum est, quod Adherbalem et Hiempsalem, Micipsae filios, fratres suos, reges et populi Romani amicos, interemisset.

b. Giugurta corrompe Bestia e Albino
Missus adversus eum consul Calpurnius Bestia, corruptus regis pecunia, pacem cum eo flagitiosissimam fecit, quae a senatu improbata est. Postea contra eundem insequenti anno Sp. Postumius Albinus profectus est. Is quoque per fratrem ignominiose contra Numidas pugnavit.

c. Metello combatte contro Giugurta
Tertio missus est Q. Caecilius Metellus consul. Is exercitum a prioribus ducibus corruptum ingenti severitate et moderatione correctum, cum nihil in quemquam cruentum faceret, ad disciplinam Romanam reduxit. Iugurtham variis proeliis vicit, elephantos eius occidit vel cepit, multas civitates ipsius in deditionem cepit.

d. Mario vince la guerra
Et cum iam finem bello positurus esset, successum est ei[1] a C. Mario. Is Iugurtham et Bocchum[2], Mauritaniae regem, qui auxilium Iugurthae ferre coeperat, pariter superavit.

(Eutropio)

1. *successum est ei*: "gli successe"; costruzione impersonale che, a rigore, non sarebbe stata necessaria.
2. *Bocchum*: "Bocco", re della Mauritania e suocero di Giugurta.

184 Diario di una schiappa: Greg e il suo amico

LATINO MODERNO

Il diario di una schiappa (*Diary of a wimpy Kid*), celebre best-seller di Jeff Kinney (2007), è stato tradotto in latino da Monsignor Daniel B. Gallagher, insigne latinista nonché curatore del profilo twitter di Papa Francesco. Il titolo latino è *Commentarii de Inepto Puero*. In questo episodio il protagonista, Greg (*Gregorius*) Heffley, racconta il suo rapporto con l'amico Rowley (*Rolandus*) Jefferson.

a. Greg va a casa di Rowley	*Quoniam nihil faciundum[1] fuit mihi hodie, adivi domum amici mei Rolandi. Praesenti tempore, ne quid mentiar, Rolandus est amicissimus mihi, sed potest semper fieri ut alium in locum eius substituam.*
b. Un litigio fra i due	*Revera ipse aliquid tam molestum mihi fecit ut ego eum evitarem usque ab initio anni scholaris.*
c. Rowley invita Greg a giocare a casa sua	*Quodam die scholari expleto, dum res nostras in loculamentis excipimus, Rolandus mihi accessit dicens: «Visne ludere domi meae?». Iam sescenties exhortatus sum Rolandum ut diceret "morari" potius quam "ludere", quia studentes in schola media non "ludunt" sed "morantur". Sed quamvis pluries eum commonuerim de re, numquam in animo tenet.*
d. Evoluzione del rapporto fra i due amici	*Inde ab initio scholae mediae, multum curo famam meam. Rolando tamen me circumstante, haud facile est. Rolandum vero primum conveni abhinc paucos annos cum familia eius migravit in nostram viciniam.*
e. Un utile manuale	*Mater eius emit ei enchiridion inscriptum Quomodo in gratiam aliorum venire, et venit domum meam ut ista artificia novis amicis sibi coniungendis probaret. Gaudeo quidem me ascivisse eum, quia omnibus dolis quibus Roderigus[2] me fallit, Ronaldum fallere possum.*

(Jeff Kinney tradotto da Daniel B. Gallagher)

1. *faciundum*: arcaismo di stampo "sallustiano"; corrisponde alla forma classica *faciendum*.
2. *Roderigus*: Rodrick è il fratello maggiore di Greg, diciottenne e molto prepotente; costringe spesso Greg a sopportare i suoi scherzi e soprusi. Fa parte di una band musicale, che coltiva il genere *heavy metal*.

SECONDO LIVELLO

185 Tradimento dell'ateniese Focione

L'ateniese Focione, che aveva ricoperto importanti cariche militari e politiche, era noto soprattutto per la sua integrità morale (*integritas vitae*). Giunto all'età di ottant'anni, però, egli incappa nell'odio dei concittadini, essendosi messo d'accordo con l'oratore filomacedone Demade per consegnare la città ad Antipatro, uno dei successori di Alessandro Magno; Focione inoltre aveva fatto esiliare Demostene, oratore fieramente antimacedone, pur avendo motivi di riconoscenza nei suoi confronti. In seguito, informato che Nicanore, prefetto del re macedone Cassandro, si appresta alla conquista del Pireo, mente affermando che non c'è alcun pericolo; e quando Nicanore occupa il porto, Focione rifiuta di mettersi al comando della reazione popolare.

Idem (Phocion) cum prope ad annum octogesimum prospera pervenisset fortuna, extremis temporibus magnum in odium pervenit suorum civium, primo quod cum Demade[1] de urbe tradenda Antipatro[2] consenserat eiusque consilio Demosthenes cum ceteris, qui bene de re publica meriti existimabantur, populi scito in exilium erant expulsi. Neque in eo solum offenderat, quod patriae male consuluerat, sed etiam quod amicitiae fidem non praestiterat. Namque auctus adiutusque a Demosthene eum, quem tenebat, ascenderat gradum. Hunc non solum in periculis non defendit, sed etiam prodidit. Concidit autem maxime uno crimine, quod, cum apud eum summum esset imperium populi et Nicanorem, Cassandri[3] praefectum, insidiari Piraeo a Dercylo moneretur, Phocion negavit esse periculum seque eius rei obsidem fore pollicitus est. Ad quem[4] recuperandum cum populus armatus concurrisset, ille non modo neminem ad arma vocavit, sed ne armatis quidem praeesse voluit.

(CORNELIO NEPOTE)

1. *Demade*: oratore ateniese filomacedone, avversario politico di Demostene.
2. *Antipatro*: reggente del trono di Macedonia dopo la morte di Alessandro Magno.
3. *Cassandri*: figlio di Antipatro e nuovo re di Macedonia.
4. *Ad quem*: riferito al porto del Pireo.

Laboratorio

MORFOLOGIA
1. Individua i verbi della III coniugazione e trascrivine il paradigma.

SINTASSI
2. Riconosci nel testo le proposizioni causali.
3. Sottolinea ed analizza le proposizioni introdotte dalla congiunzione *cum*.

COMPRENSIONE DEL TESTO
4. Perché fu rimproverato a Focione di essere venuto meno ai doveri dell'amicizia?

186 | I Germani si ritirano oltre il Reno

Durante la campagna contro i Germani, avvengono cruenti scontri fra le truppe di Cesare e i barbari. In un combattimento appena concluso, molti centurioni sono caduti valorosamente; fra i soldati, una parte viene circondata dai nemici e massacrata, una parte si mette in salvo nell'accampamento. A questo punto i Germani, vedendo i Romani ben difesi, si ritirano al di là del fiume Reno.

Germani desperata expugnatione castrorum, quod nostros iam constitisse in munitionibus videbant, cum ea praeda quam in silvis deposuerant trans Rhenum sese receperunt. Ac tantus fuit etiam post discessum hostium terror ut ea nocte, cum Gaius Volusenus missus cum equitatu ad castra venisset, fidem non faceret adesse cum incolumi Caesarem exercitu. Sic omnino animos timor praeoccupaverat ut paene alienata mente deletis omnibus copiis equitatum se ex fuga recepisse dicerent neque incolumi exercitu Germanos castra oppugnaturos fuisse contenderent. Quem timorem Caesaris adventus sustulit. Reversus ille eventus belli non ignorans unum, quod cohortes ex statione et praesidio essent emissae, questus ne minimo quidem casu locum relinqui debuisse, multum fortunam in repentino hostium adventu potuisse iudicavit, multo etiam amplius, quod paene ab ipso vallo portisque castrorum barbaros avertisset. Quarum omnium rerum maxime admirandum videbatur, quod Germani, qui eo consilio Rhenum transirent, ut Ambiorigis[1] fines depopularentur, ad castra Romanorum delati optatissimum Ambiorigi beneficium obtulerunt.

(CESARE)

1. *Ambiorigis*: Ambiorige era il capo degli Eburoni; fu promotore di una rivolta contro i Romani, repressa da Cesare.

187 Razionalismo ed empirismo in medicina

In questo passo del *De Medicina* di Celso sono illustrate le due opposte tendenze delle medicina antica: quella razionalista (basata sulla *ratio* del medico, ossia la sua cultura generale di tipo filosofico-umanistico) e quella empirista (fondata sull'*usus* o *experientia*, cioè un sapere tecnico-pratico).

Quoniam autem ex tribus medicinae partibus ut difficillima, sic etiam clarissima est ea, quae morbis medetur, ante omnia de hac dicendum est. Et quia prima in eo dissensio est, quod alii sibi experimentorum tantummodo notitiam necessariam esse contendunt, alii nisi corporum rerumque ratione comperta non satis potentem usum esse proponunt, indicandum est, quae maxime ex utraque parte dicantur, quo facilius nostra quoque opinio interponi possit. Igitur ii, qui rationalem medicinam profitentur, haec necessaria esse proponunt: abditarum et morbos continentium causarum notitiam, deinde evidentium; post haec etiam naturalium actionum, novissime partium interiorum. Abditas causas vocant, in quibus requiritur, ex quibus principiis nostra corpora sint, quid secundam, quid adversam valetudinem faciat.
Contra ii, qui se Empiricos ab experientia nominant, evidentes quidem causas ut necessarias amplectuntur: obscurarum vero causarum et naturalium actionum quaestionem ideo supervacuam esse contendunt, quoniam non conprehensibilis natura sit. Non posse vero conprehendi patere ex eorum, qui de his disputarunt, discordia, cum de ista re neque inter sapientiae professores, neque inter ipsos medicos conveniat.

(Cornelio Celso)

188 Occorre volgere lo sguardo al sommo bene, che è lo scopo di tutta la vita

In questa lettera a Lucilio Seneca chiarisce che, ogni volta che l'amico vorrà sapere cosa cercare o evitare, dovrà rivolgere lo sguardo al sommo bene, che è il fine di tutta la vita; ad esso ogni nostra azione deve conformarsi.

Quotiens quid fugiendum sit aut quid petendum voles scire, ad summum bonum, propositum totius vitae tuae, respice. Illi enim consentire debet quidquid agimus: non disponet singula, nisi cui iam vitae suae summa proposita est. Nemo, quamvis paratos habeat colores, similitudinem reddet, nisi iam constat quid velit pingere. Ideo peccamus quia de partibus vitae omnes deliberamus, de tota nemo deliberat. Scire debet quid petat ille qui sagittam vult mittere, et tunc derigere ac moderari manu telum: errant consilia nostra, quia non habent quo derigantur; ignoranti quem portum petat nullus suus ventus est. Necesse est multum in vita nostra casus possit, quia vivimus casu. Quibusdam autem evenit ut quaedam scire se nesciant; quemadmodum quaerimus saepe eos cum quibus stamus, ita plerumque finem summi boni ignoramus appositum. Nec multis verbis nec circuitu longo quod sit summum bonum colliges: digito, ut ita dicam, demonstrandum est nec in multa spargendum. Quid enim ad rem pertinet in particulas illud diducere? cum possis dicere "summum bonum est quod honestum est" et, quod magis admireris, "unum bonum est quod honestum est, cetera falsa et adulterina bona sunt".

(Seneca)

189 Deplorevoli esempi di bestiale crudeltà

Una sezione dei *Factorum et dictorum memorabilium libri IX* di Valerio Massimo è il *De crudelitate*, in cui appunto vengono presentati cruenti episodi di crudeltà. Dopo alcuni esempi romani, Valerio si sofferma su casi avvenuti presso i popoli stranieri, citando la crudeltà del re persiano Artaserse (nei confronti dei suoi parenti), degli Ateniesi (ai danni dei ragazzi di Egina), del tiranno di Agrigento Falaride (contro il costruttore del celebre toro di bronzo in cui venivano rinchiusi i prigionieri) e degli Etruschi (inventori di un'atroce tortura).

Apertior et taetrior alterius Ochi cognomine Artaxerxis crudelitas, qui Atossam sororem atque eandem socrum[1] vivam capite defodit et patruum cum centum amplius filiis ac nepotibus vacua area destitutum iaculis confixit nulla iniuria lacessitus, sed quod in his maximam apud Persas probitatis et fortitudinis laudem consistere videbat. Consimili genere aemulationis instincta civitas Atheniensium indigno gloriae suae decreto Aeginensium iuventuti pollices abscidit, ut classe potens populus in certamen maritimarum virium secum descendere nequiret. Non agnosco Athenas timori remedium a crudelitate mutuantis. Saevus etiam ille aenei tauri inventor[2], quo inclusi subditis ignibus longo et abdito cruciatu mugitus resonantem spiritum edere cogebantur, ne eiulatus eorum humano sono vocis expressi Phalaridis tyranni misericordiam implorare possent. Quam quia calamitosis deesse voluit, taeterrimum artis suae opus primus inclusus merito auspicatus est. Ac ne Etrusci quidem parum feroces in poena excogitanda, qui vivorum corpora cadaveribus adversa adversis alligata atque constricta, ita ut singulae membrorum partes singulis essent adcommodatae, tabescere simul patiebantur, amari vitae pariter ac mortis tortores.

(Valerio Massimo)

1. *atque eandem socrum*: "che era anche sua suocera".
2. *inventor*: si trattava di Perillo di Atene, che di mestiere era fonditore di ottone; costui costruì un toro di bronzo, vuoto all'interno e con un'apertura su un fianco, in cui venivano rinchiusi gli oppositori del tiranno; veniva poi acceso un fuoco sotto il toro, rendendo incandescente il metallo e provocando la morte delle vittime, arrostite a fuoco lento.

Laboratorio

MORFOLOGIA
1. Individua i pronomi e riconoscine la tipologia.

SINTASSI
2. Trova nel testo le proposizioni causali.
3. Esamina la funzione delle due congiunzioni *ut* presenti nel brano.

COMPRENSIONE DEL TESTO
4. Per quale motivo Artaserse uccide lo zio paterno con figli e nipoti?
5. Perché gli Ateniesi tagliano i pollici dei giovani Egineti?

190 Etimologia del termine *anima*

Isidoro (560 circa - 636), vescovo di Siviglia durante il dominio dei Visigoti, fu esponente di spicco della cultura del periodo. Fra le sue opere ci sono le *Etymologiae*, una grande enciclopedia in cui la materia è ordinata secondo i vocaboli a partire dalla loro etimologia. Nel libro XI si ha un compendio di antropologia, piuttosto disorganico e frammentario; in questo brano l'autore discute l'etimologia del termine *anima*.

Anima autem a gentilibus nomen accepit, eo quod ventus sit. Unde et Graece ventus animos[1] dicitur, quod ore trahentes aerem vivere videamur: sed apertissime falsum est, quia multo prius gignitur anima quam concipi aer ore possit, quia iam in genetricis utero vivit. Non est

1. *animos*: traslitterazione del greco *ànemos* (ἄνεμος), che significa propr. "vento".

igitur aer anima, quod putaverunt quidam qui non potuerunt incorpoream eius cogitare naturam. Spiritum idem esse quod animam Evangelista pronuntiat dicens: «Potestatem habeo ponendi animam meam, et rursus potestatem habeo sumendi eam»[2]. De hac quoque ipsa Domini anima passionis tempore memoratus Evangelista ita protulit, dicens: «Et inclinato capite emisit spiritum»[3]. Quid est enim emittere spiritum nisi quod animam ponere? Sed anima dicta propter quod vivit: spiritus autem vel pro spiritali natura, vel pro eo quod inspiret in corpore. Item animum idem esse quod animam; sed anima vitae est, animus consilii. Unde dicunt philosophi etiam sine animo vitam manere, et sine mente animam durare: unde et amentes[4]. Nam mentem vocari ut sciat, animum ut velit.

(Isidoro di Siviglia)

2. *Potestatem... eam*: citazione dal Vangelo di Giovanni (10, 18).
3. *Et... spiritum*: altra citazione da Giovanni (19, 30).
4. *unde et amentes*: "da qui anche il termine *amentes*" (trad. F. Gasti).

Laboratorio

SINTASSI
1. Riconosci nel testo le proposizioni causali.

COMPRENSIONE DEL TESTO
2. Secondo l'autore è valida la teoria materialista che assimila l'anima all'aria?
3. A parere di Isidoro, spirito e anima sono la stessa cosa?
4. Che differenza c'è fra *anima* e *animus*?

TERZO LIVELLO

••• | 191 Le armi della vecchiaia sono la conoscenza e l'esercizio della virtù

Aptissima omnino sunt, Scipio et Laeli, arma senectutis artes exercitationesque virtutum, quae in omni aetate cultae, cum diu multumque vixeris, mirificos efferunt fructus, non solum quia numquam deserunt, ne extremo quidem tempore aetatis (quamquam id quidem maximum est), verum etiam quia conscientia bene actae vitae multorumque bene factorum recordatio iucundissima est. Ego[1] *Q. Maximum*[2], *eum qui Tarentum recepit, senem adulescens ita dilexi, ut aequalem; erat enim in illo viro comitate condita gravitas, nec senectus mores mutaverat. Quamquam eum colere coepi non admodum grandem natu, sed tamen iam aetate provectum. Anno enim post consul primum fuerat quam ego natus sum, cumque eo quartum consule adulescentulus miles ad Capuam profectus sum quintoque anno post ad Tarentum. Quaestor deinde quadriennio post factus sum, quem magistratum gessi consulibus Tuditano et Cethego*[3], *cum quidem ille admodum senex suasor legis Cinciae*[4] *de donis et muneribus fuit. Hic et bella gerebat ut adulescens, cum plane grandis esset, et Hannibalem iuveniliter exsultantem patientia sua molliebat.*

(Cicerone)

1. *Ego*: a parlare è Catone il Censore.
2. *Q. Maximum*: si tratta del celebre Quinto Fabio Massimo soprannominato il "Temporeggiatore" (*Cunctator*) per la sua attendistica tecnica di guerriglia nel conflitto con Annibale.
3. *consulibus Tuditano et Cethego*: furono i consoli dell'anno 204 a.C.
4. *legis Cinciae*: era una legge suntuaria, proposta nel 204 a.C. dal tribuno Cincio Alimento; vietava ogni rimunerazione per il patronato in giudizio e forse anche ogni donazione spropositata.

Laboratorio

ANALISI STILISTICA
1. Individua un'antitesi, un'allitterazione e un omoteleuto.

COMPRENSIONE DEL TESTO
2. Quali doti di Fabio Massimo sono esaltate dal narratore?

PRODUZIONE
3. Scrivi un breve testo latino che sintetizzi i lati positivi della vecchiaia qui indicati da Catone.

••• | 192 Fallimentare ambasceria romana in Gallia

In iis nova terribilisque species visa est, quod armati – ita mos gentis erat – in concilium venerunt. Cum verbis extollentes gloriam virtutemque populi Romani ac magnitudinem imperii petissent[1] ne Poeno bellum Italiae inferenti per agros urbesque suas transitum darent[2], tantus cum fremitu risus dicitur ortus ut vix a magistratibus maioribusque natu iuventus sedaretur; adeo stolida impudensque postulatio visa est censere, ne in Italiam transmittant Galli bellum, ipsos id avertere in se agrosque suos pro alienis populandos obicere. Sedato tandem fremitu, responsum legatis est neque Romanorum in se meritum esse neque Carthaginiensium iniuriam ob quae aut pro Romanis aut adversus Poenos sumant arma; contra ea audire sese gentis suae homines agro finibusque Italiae pelli a populo Romano stipendiumque pendere et cetera indigna pati. Eadem ferme in ceteris Galliae conciliis dicta auditaque, nec hospitale quicquam pacatumve satis prius auditum quam Massiliam venēre. Ibi omnia ab sociis inquisita cum cura ac fide cognita: praeoccupatos iam ante ab Hannibale Gallorum animos esse; sed ne illi quidem ipsi satis mitem gentem fore – adeo ferocia atque indomita ingenia esse – ni subinde auro, cuius avidissima gens est, principum animi concilientur. Ita peragratis Hispaniae et Galliae populis legati Romam redeunt haud ita multo post quam consules in provincias profecti erant.

(Livio)

1. *petissent*: soggetto sottinteso *legati Romani*.
2. *darent*: stavolta soggetto sottinteso è *Galli*.

••• | 193 Operazioni militari di Annibale nei pressi di Casilino

Postremo Hannibal castris ante ipsa moenia oppositis parvam urbem[1] parvumque praesidium summa vi atque omnibus copiis oppugnare parat, ac dum instat lacessitque corona undique circumdatis moenibus, aliquot milites et promptissimum quemque e muro turribusque ictos amisit. Semel ultro erumpentes agmine elephantorum opposito prope interclusit trepidosque compulit in urbem satis multis ut ex tanta paucitate interfectis; plures cecidissent ni nox proelio intervenisset. Postero die omnium animi ad oppugnandum accenduntur, utique postquam corona aurea muralis proposita est atque ipse dux castelli plano loco positi segnem oppugnationem Sagunti expugnatoribus exprobrabat, Cannarum Trasumennique et Trebiae singulos admonens universosque. Inde vineae quoque coeptae agi cuniculique; nec ad varios conatus hostium aut vis ulla aut ars deerat sociis Romanorum. Propugnacula adversus vineas statuere, transversis **cuniculis** *hostium cuniculos excipere, et palam et clam coeptis obviam ire, donec pudor etiam Hannibalem ab incepto avertit,*

▶ Vedi **Curiosità**

1. *parvam urbem*: si tratta di *Casilinum*, città campana sul fiume Volturno, vicino a Capua.

castrisque communitis ac praesidio modico imposito, ne omissa res videretur, in hiberna Capuam concessit. Ibi partem maiorem hiemis exercitum in tectis habuit, adversus omnia humana mala saepe ac diu duratum, bonis inexpertum atque insuetum. (LIVIO)

Laboratorio

ANALISI STILISTICA
1. Individua le allitterazioni, un poliptoto e un'antitesi.

COMPRENSIONE DEL TESTO
2. Casilino è una città molto grande e ben difesa?
3. L'assalto delle truppe di Annibale avviene senza perdite significative?

Curiosità

Conigli e cunicoli Il sostantivo *cuniculus*, di origine iberica, indicava in latino il "**coniglio**", ma anche la "**galleria sotterranea**", il "**cunicolo**" scavato da questo animale. In particolare, nel lessico militare il *cuniculus* era **il condotto sotterraneo** utilizzato per penetrare all'interno delle città assediate; il *cunicularius* era appunto il **soldato** (diremmo oggi del genio militare) **incaricato di scavare cunicoli** di questo tipo.

••• | 194 Esperienze scolastiche di Agostino

Deus, deus meus, quas ibi miserias expertus sum et ludificationes, quandoquidem recte mihi vivere puero id proponebatur, obtemperare monentibus, ut in hoc saeculo florerem et excellerem linguosis artibus ad honorem hominum et falsas divitias famulantibus. Inde in scholam datus sum ut discerem litteras, in quibus quid utilitatis esset ignorabam miser. Et tamen, si segnis in discendo essem, **vapulabam**. *Laudabatur enim hoc a maioribus, et multi ante nos vitam istam agentes praestruxerant aerumnosas vias, per quas transire cogebamur multiplicato labore et dolore filiis Adam. Invenimus autem, domine, homines rogantes te et didicimus ab eis, sentientes te, ut poteramus, esse magnum aliquem qui posses etiam non apparens sensibus nostris exaudire nos et subvenire nobis. Nam puer coepi rogare te, auxilium et refugium meum, et in tuam invocationem rumpebam nodos linguae meae et rogabam te parvus non parvo affectu, ne in schola vapularem. Et cum me non exaudiebas, quod non erat ad insipientiam mihi, ridebantur a maioribus hominibus usque ab ipsis parentibus, qui mihi accidere mali nihil volebant, plagae meae, magnum tunc et grave malum meum.* (AGOSTINO)

◁ Vedi **Cave!**

Cave!

Un verbo di forma attiva e significato passivo: *vapŭlo* Il verbo *vapŭlo, -as, -are* ha il significato passivo di "**essere percosso, bastonato, battuto**"; il verbo è frequente nei testi comici, dove era ricorrente la scena della bastonatura, ad es. degli schiavi: *ego vapulando, ille verberando* "io a prenderle, lui a darle" (Terenzio). Si badi dunque bene alla traduzione: es. *vapulavi* "fui bastonato".
Il verbo era utilizzato anche nel **linguaggio agricolo**, a indicare la **battitura delle olive**: *olea quae vapulavit marciscet* "l'oliva che è stata bacchiata appassisce" (Varrone). In senso traslato, *vapulo* significa "**subire danni**": *vapulat peculium* "si disperde il patrimonio" (Plauto).
Un termine derivato, creato ironicamente da Plauto, è ***vapularis***: il suo *tribunus vapularis* ("**tribuno piglia botte**", *Persa* 222) costituisce un'evidente parodia del *tribunus militaris*.

UNITÀ 17

ALTRE COMPLEMENTARI INDIRETTE

CURIOSITÀ	CAVE!
Imbecillus	Il sostantivo *notitia*

IN ITALIANO

■ **Proposizioni concessive**

Le proposizioni concessive affermano una circostanza che, pur opponendosi a quanto viene dichiarato nella reggente, non ne impedisce l'attuazione: **Pur conoscendo le difficoltà che ci aspettano**, affronteremo la prova.
In italiano:
– nella forma esplicita sono introdotte da *benché, anche se, sebbene, quantunque, nonostante che*, ecc.:

Benché tu sia saggio, stavolta hai sbagliato.

– nella forma implicita sono introdotte da *pure* + gerundio o participio:

Pur sapendolo, ci sono cascato.

■ **Proposizioni avversative**

Le proposizioni avversative esprimono un fatto o un concetto che si contrappone al contenuto della reggente. In italiano sono introdotte da *mentre, laddove*:

Credevo che fosse simpatico, **mentre invece aveva un carattere impossibile**.

■ **Proposizioni comparative**

Le proposizioni comparative fungono da secondo termine nel confronto che si fa con quanto viene affermato nella reggente:

La situazione non è tale **quale mi sarei aspettato**.

Secondo il rapporto esistente fra reggente e dipendente, le comparative possono essere di maggioranza, di minoranza e di eguaglianza:

– le comparative di maggioranza sono introdotte da *più, meglio, maggiormente*:

Quell'operaio lavora **più di quanto debba**.

– le comparative di minoranza sono introdotte da *meno* o *peggio*:

Quest'auto è meno veloce **di quanto pensassi**.

– le comparative di uguaglianza sono introdotte dalla congiunzione *come* o dai pronomi (o aggettivi o avverbi) *quanto* e *quale*:

Quel cane non è tanto mansueto **come sembra**.

■ **Proposizioni modali**

Le proposizioni modali indicano il "modo" in cui avviene quanto affermato nella reggente; sono introdotte da *come, nel modo che*:

*Quella ragazza è proprio bella **come dicevano**.*

Esistono modali implicite con il gerundio:

*La ragazza entrò nella stanza **sorridendo**.*

■ Proposizioni limitative

Le proposizioni limitative esprimono un concetto o un fatto che delimita e restringe l'ambito di validità di quanto detto nella reggente; svolgono dunque una funzione simile a quella del complemento di limitazione.

Nella forma esplicita sono introdotte dalle locuzioni *per quanto, per quello che, in base a quello che, secondo quanto*, ecc. ed hanno il verbo all'indicativo; se introdotte dalla congiunzione *che* hanno il verbo al congiuntivo:

***Secondo quanto ho letto nei giornali**, domani il tempo migliorerà.*

Nella forma implicita sono introdotte da *per, (in) quanto a, a, da*, ecc. ed hanno il verbo all'infinito:

***A vederlo**, non diresti che è così bravo.*

▶ Esercizi

1 Nei seguenti periodi, riconosci le proposizioni concessive e le proposizioni avversative (attenzione: non sempre ve ne sono!).

1. Tu sottovaluti il pericolo, mentre in realtà è notevole. **2.** Mentre i Romani combattevano, fece notte. **3.** Anche se non vuoi ascoltarmi, tenterò di convincerti. **4.** Sebbene la situazione fosse difficile, tuttavia manteneva una calma esemplare. **5.** Avete criticato il mio lavoro, mentre era volenteroso ed accurato. **6.** Per difficile che sia, lo studio non ci spaventa. **7.** Quantunque le pratiche burocratiche siano assai lente, tuttavia non ci scoraggiamo. **8.** Se vuoi venire, vieni pure. **9.** Nonostante tu sia diligente, il tuo profitto è ancora insufficiente. **10.** Anziché aspettare, gli andai incontro.

2 Nei seguenti periodi, riconosci le proposizioni comparative, distinguendo fra comparative di uguaglianza, di maggioranza, di minoranza e comparative ipotetiche (attenzione: non sempre ve ne sono!).

1. Ti chiedo quanti giorni intendi restare. **2.** Gianni è proprio così antipatico come mi avevano detto. **3.** La ditta ha lavorato più intensamente di quanto prevedesse il contratto. **4.** L'anestesista è stato più bravo di quanto mi aspettassi. **5.** Maria ha agito come se non le importasse niente di me. **6.** Le cose non sono andate così come avevi previsto. **7.** I suoi genitori spendono per lei più di quanto dovrebbero. **8.** Mia zia vuol bene ad Anna come se fosse sua figlia. **9.** Piuttosto che arrendersi, i soldati preferirono morire. **10.** Vedo che non hai fatto meno di quanto occorresse.

3 Completa i seguenti periodi, formando proposizioni modali o limitative.

1. ...., la soluzione è facile. **2.** L'insegnante spiegò ai ragazzi .... **3.** Agisci sempre .... **4.** ...., Laura non è qui. **5.** ...., tu sarai il primo dei nuovi assunti. **6.** ...., è un vero campione! **7.** ...., si è fatto amare da tutti. **8.** Ha fatto una figuraccia, ...

4 Nei seguenti periodi distingui le proposizioni concessive, avversative, comparative, modali e limitative.

1. Mi ha aiutato dandomi la mano. **2.** Questa casa, quanto prima sarà conclusa, tanto prima sarà abitata dai miei amici. **3.** Il generale era sicuro che la battaglia sarebbe andata come aveva stabilito. **4.** Per quanto ho studiato, Alessandro Magno fu uno dei più grandi condottieri di tutti i tempi. **5.** Questa tua azione, più che offendermi, mi ha creato disagio. **6.** Pur rimanendo in casa, osservai tutto dalla finestra. **7.** Quantunque non avessi capito le sue vere intenzioni, tuttavia mi comportai amichevolmente con lui. **8.** Piero è amato da tutti, mentre Luca ha un carattere difficile. **9.** Per quanto tu me lo chieda insistentemente, non verrò con te.

1 PROPOSIZIONI CONCESSIVE

Le **proposizioni concessive** in latino possono essere espresse con:

- **l'indicativo** quando la concessione è ritenuta **reale** o semplicemente constatata;
- **il congiuntivo** quando la circostanza è **soggettiva**, cioè supposta o ritenuta possibile.

Nella sovraordinata si trovano spesso i correlativi *tamen*, *nihilominus* "tuttavia, nondimeno":

| *Quamvis id dicas*, *tamen* nemo tibi credit. | **Anche se dici questo**, **tuttavia** non ti crede nessuno. |

Per quanto riguarda le congiunzioni che introducono le proposizioni concessive, si osservi il seguente prospetto riassuntivo.

CONGIUNZIONI CONCESSIVE CON L'INDICATIVO	ESEMPI
quamquam	*Quamquam excellebat Aristides abstinentia, tamen exilio decem annorum multatus est.* (Nep.) **Benché Aristide si distinguesse per il suo disinteresse**, tuttavia fu condannato ad un esilio di dieci anni.
tametsi	*Est tamen hoc aliquid, **tametsi non est satis**.* (Cic.) Questo è tuttavia qualcosa, **anche se non è abbastanza**.
etsi	*Romani, **etsi quietae res ex Etruria nuntiabantur**, tamen urbem muniebant.* (Liv.) I Romani, **anche se dall'Etruria era annunziata una situazione tranquilla**, tuttavia fortificavano la città.

CONGIUNZIONI CONCESSIVE CON IL CONGIUNTIVO	ESEMPI
quamvis	*Quod turpe est, **id quamvis occultetur**, tamen honestum fieri nullo modo potest.* (Cic.) Ciò che è turpe, **benché sia nascosto**, tuttavia non può in alcun modo divenire onesto.
etiamsi (= *etiam si*)	*Utilitas efflorescit ex amicitia, **etiamsi tu eam minus secutus sis**.* (Cic.) Il vantaggio sboccia dall'amicizia, **anche se tu non l'hai cercato**.
ut (negazione *ut non*)	***Ut desint vires**, tamen est laudanda voluntas.* (Ov.) **Benché manchino le forze**, tuttavia deve essere lodata la volontà.
cum	*Phocion fuit perpetuo pauper, **cum divitissimus esse posset**.* (Nep.) Focione fu sempre povero, **anche se poteva essere ricchissimo**.
licet (seguito, per la *consecutio temporum*, solo dal congiuntivo presente o perfetto, in base al suo valore originario di indicativo presente)	***Licet ipsa vitium sit ambitio**, frequenter tamen causa virtutum est.* (Quint.) **Sebbene l'ambizione sia di per sé un vizio**, tuttavia frequentemente è causa di virtù.

NB
- Le congiunzioni che reggono l'indicativo possono anche essere seguite dal congiuntivo obliquo o dal congiuntivo richiesto dall'attrazione modale.

- Il *cum* concessivo può essere rafforzato da *praesertim* "tanto più che, con tutto che":

  | *Nimis abes diu,* **praesertim cum** *sis in propinquis locis.* (Cic.) | Manchi da troppo tempo, **benché** tu sia in luoghi vicini. |

- *Quamvis* si può trovare unito, anche senza verbo, ad un aggettivo o ad un avverbio di grado positivo:

  | *lex* **quamvis** *iniqua* | una legge **per quanto ingiusta sia** |
  | **quamvis** *lente* | **benché lentamente** |

- Anche nel caso delle concessive si possono trovare proposizioni **relative improprie** con questo valore:

  | *Cato,* **qui sero Graecas litteras attigisset**, *tamen cum doctissimis viris disputabat.* (Cic.) | Catone, **sebbene avesse studiato tardi le lettere greche**, tuttavia disputava con gli uomini più dotti. |

- Una proposizione concessiva, in forma implicita, può essere espressa con un participio:

  | *Catilinae,* **multa agitanti**, *nihil procedit.* (Sall.) | A Catilina, **sebbene faccia molti tentativi**, non riesce nulla. |

- Anche l'ablativo assoluto può avere valore concessivo:

  | **Multis obsistentibus**, *haec impetravi.* (Cic.) | **Benché molti mi si opponessero**, ottenni queste cose. |

2 PROPOSIZIONI AVVERSATIVE

Le **proposizioni avversative** sono introdotte in latino dal *cum* (avversativo) seguito dal **congiuntivo**:

| *Homo solus est ex tot animantium generibus particeps rationis,* **cum cetera sint omnia expertia**. (Cic.) | Soltanto l'uomo, fra tante specie di esseri viventi, è dotato di ragione, **mentre tutte le altre ne sono prive**. |

- Si trovano proposizioni relative improprie con valore avversativo:

  | *Cur tantopere Graecos poetas diligis,* **qui** (= *cum tu*) *Romanos* **fastidias**? | Perché ami tanto i poeti greci, **mentre** non **puoi soffrire** quelli latini? |

3 PROPOSIZIONI COMPARATIVE

Le **proposizioni comparative** esprimono il **secondo termine di paragone** rispetto alla proposizione principale; in latino si distinguono in:

- **reali** (con l'**indicativo**):

  | *Conon plura concupivit* **quam efficere potuit**. (Nep.) | Conone desiderò più cose **di quante ne potesse realizzare**. |

- **ipotetiche** (con il **congiuntivo**):

  | *Gellius,* **quasi mea culpa bona perdiderit**, *ita est mihi inimicus.* (Cic.) | Gellio, **come se avesse perso i beni per colpa mia**, a tal punto mi è ostile. |

Unità 17 Altre complementari indirette

3.1 Proposizioni comparative reali

Le **comparative reali**, secondo il rapporto esistente fra reggente e dipendente, possono essere:

- di **maggioranza**;
- di **minoranza**;
- di **uguaglianza**, **somiglianza** o **diversità**.

Le **comparative di maggioranza** o di **minoranza** sono introdotte dalla congiunzione *quam* e si presentano all'**indicativo** (a differenza, a volte, dall'uso italiano, che prevede spesso il congiuntivo o il condizionale):

Longiores hoc loco sumus **quam** *necesse est*.	Su questo punto sono più lungo **di quanto sia/sarebbe necessario**.
Alcibiades timebatur non minus **quam** *diligebatur*. (Nep.)	Alcibiade era temuto non meno **di quanto fosse amato**.

Le proposizioni **comparative di uguaglianza** si trovano invece in latino secondo il seguente prospetto:

CONGIUNZIONI CHE INTRODUCONO LE COMPARATIVE DI UGUAGLIANZA	ESEMPI
atque e ***ac***, dopo aggettivi o avverbi che indicano somiglianza, uguaglianza o il loro contrario, come ad es. *aequus* "uguale", *alius* "diverso", *contrarius* "opposto", *dissimilis* "diverso", *idem* "medesimo", *par* "pari", *similis* "simile", *aeque* "ugualmente", *aliter* e *contra* "diversamente", *pariter* "ugualmente", *perinde* e *similiter* "similmente", *secus* "diversamente", ecc.	*Aliter atque ostenderam*, *facio*. (Cic.) Faccio **diversamente da quello che avevo mostrato**. *Par desiderium sui reliquit apud populum Romanum Labienus* **ac** *T. Gracchus reliquerat*. (Cic.) Labieno lasciò nel popolo romano un rimpianto di sé **pari a quello che aveva lasciato Tiberio Gracco**.
ut, *sicut*, *velut*, *quemadmodum*, *tamquam*, *quomodo*, ecc., spesso in correlazione con *ita*, *sic*, *eodem modo*, *perinde*, *proinde*, ecc.	*Quemadmodum senectus adulescentiam sequitur*, **ita** *mors senectutem*. (Cic.) **Come la vecchiaia segue la giovinezza**, **così** la morte (segue) la vecchiaia.

 • Con *idem* il secondo membro, oltre che con *ac* e *atque*, può essere espresso dal pronome relativo:

Servi **eisdem** *moribus esse solent*, **quibus** *domini*.	I servi sogliono avere gli **stessi** costumi dei padroni. (anziché *eisdem... ac domini*)

3.2 Proposizioni comparative ipotetiche

Nelle **proposizioni comparative ipotetiche** il fatto che è paragonato ad un altro è soltanto immaginato e supposto; esse, introdotte in italiano da "come se, quasi che", in latino sono precedute da ***ut si***, ***velut si***, ***tamquam si***, ***tamquam***, ***quasi***, ***ac si***, ***aeque ac si***, ***proinde ac si***, ***proinde quasi***, ***non secus ac si***, ***perinde ac si***, ecc.
Il verbo è al **congiuntivo** ed è regolato dalla *consecutio temporum*, per cui a volte i tempi risultano diversi rispetto all'italiano:

Parvi primo orti sic iacent, **tamquam** *omnino sine animo sint*. (Cic.)	I piccoli appena nati giacciono così inerti **come se fossero del tutto privi di animo**.

*Hic est obstandum, **velut si ante Romana moenia pugnemus**.* (Liv.)	Qui bisogna resistere, **come se combattessimo davanti alle mura di Roma**.

Le comparative ipotetiche possono anche essere costituite da un ablativo assoluto, da un participio, da un sostantivo o da un aggettivo, preceduti da una congiunzione comparativa:

*Q. Fabium Maximum senem adulescens ita dilexi, **ut aequalem** (= ut si aequalis esset).* (Cic.)	Da ragazzo ho amato il vecchio Quinto Fabio Massimo, **come se fosse stato mio coetaneo**.

4 PROPOSIZIONI MODALI E LIMITATIVE

Le **proposizioni modali** sono introdotte in latino dalle congiunzioni *ut (uti)*, *sicut (sicuti)*, *velut*, *quemadmodum*, *utcumque* seguite dall'indicativo.

*Haec, **utcumque erunt**, haud in magno equidem ponam discrimine.* (Liv.)	Queste cose, **comunque saranno**, non le terrò in gran conto.

Esiste anche, ma è rara, la **forma implicita** con l'**ablativo semplice del gerundio o del gerundivo** (corrispondente ad un complemento di modo o mezzo) e talora il participio presente appositivo.

Errando discitur.	**Sbagliando** s'impara.

Le **proposizioni limitative** (o **restrittive**) in latino sono introdotte da *ut, quoad, quatenus, prout, quantum, quod*, ecc., seguite dall'**indicativo**; spesso sono in forma incidentale, con il verbo all'indicativo:

*Cicero, **ut mihi quidem videtur**, optimus oratorum fuit.*	Cicerone, **almeno per quello che mi pare**, fu il migliore tra gli oratori.
***Quoad potero**, tuam famam et dignitatem tuebor.* (Cic.)	**Per quanto mi sarà possibile**, difenderò la tua fama e la tua dignità.

> **NB** • Talora *quod* può avere il congiuntivo in espressioni incidentali:
> *quod sciam* — ch'io sappia
> *quod meminerim* — per quello che ricordo

Esercizi

A Analizza e traduci le seguenti frasi (proposizioni concessive).
1. Quod vere dicimus, etiamsi a nullo laudetur, natura est laudabile. (Cic.) **2.** Senectus, quamvis non sit gravis, tamen aufert viriditatem. (Cic.) **3.** Galli, repentina re perturbati, etsi ab hoste ea dicebantur, tamen non neglegenda existimabant. (Ces.) **4.** Quamquam omnis virtus nos ad se allicit, tamen iustitia et liberalitas id maxime efficit. (Cic.) **5.** Quoniam causam suscepi, licet

undique omnes immineant terrores periculaque impendeant omnia, succurram atque subibo. (Cic.) **6.** *Caesar res bello gesserat, quamvis rei publicae calamitosas, attamen magnas.* (Cic.) **7.** *Tyrannus, quamquam figura est hominis, morum tamen immanitate et feritate vastissimas vincit beluas.* (Cic.) **8.** *Haec patria nonne impetrare debeat, etiamsi vim adhibere non possit?* (Cic.) **9.** *Quamquam, ut nunc se res habet, non dubito quin hanc salutem anteponas illi victoriae.* (Cic.) **10.** *Regulus, cum retineretur a propinquis et ab amicis, ad supplicium redire maluit quam fidem hosti datam fallere.* (Cic.) **11.** *Illa, quamvis ridicula essent, sicut erant, mihi tamen risum non moverunt.* (Cic.) **12.** *Nicias, etsi invito me, tamen eodem me auctore profectus est.* (Cic.) **13.** *Medici, quamquam intellegunt saepe, tamen numquam aegris dicunt illo morbo eos esse morituros.* (Cic.) **14.** *Caesar, etsi dimicare optaverat, tamen, admiratus tantam multitudinem hostium, castra castris hostium confert.* (Ces.) **15.** *Socrates, cum facile posset educi e custodia, noluit.* (Cic.)

B COMPLETAMENTO
Inserisci nelle seguenti proposizioni il termine opportuno scegliendo fra le tre opzioni proposte; poi traduci (proposizioni avversative).

1. *Nihil satis paratum ad bellum in praesentia habebant Romani, non exercitum, non ducem, ... (**quamvis - cum - dum**) Perseus omnia praeparata atque instructa haberet.* (Liv.) **2.** *Cur Lysias amatur, ... (**cum - et - quamquam**) penitus ignoretur Cato?* (Cic.) **3.** *(Pompeiani) exercitui Caesaris luxuriem obiciebant, ... (**cum - quod - cui**) semper omnia ad necessarium usum defuissent.* (Ces.) **4.** *Sabinus idoneo omnibus rebus loco castris sese tenebat, ... (**quia - cum - ut**) Viridovix contra eum duorum milium spatio consedisset.* (Ces.) **5.** *Proximis nonis tu non affuisti, ... (**cum - qui - quod**) diligentissime semper illum diem solitus esses obire.* (Cic.) **6.** *............... (**Dum - Ut - Cum**) pace nobis frui liceat, bellum saepe optamus.* (Cic.) **7.** *Illud quaero, ... (**quod - cur - quamvis**) tam subito mansuetus in senatu fuerit Antonius, cum in edictis tam fuisset ferus.* (Cic.) **8.** *Cum in miseriis versemur, multi contra in magnis vivunt .... (**doloribus - voluptatibus - periculis**).* (Cic.)

C
Analizza e traduci le seguenti frasi (proposizioni comparative reali di maggioranza, minoranza ed uguaglianza; comparative ipotetiche).

1. *Atheniensium res gestae, sicuti ego aestumo, satis amplae magnificaeque fuere, verum aliquanto minores tamen, quam fama feruntur.* (Sall.) **2.** *Pausanias ut virtutibus eluxit, sic vitiis est obrutus.* (Nep.) **3.** *Plura dixi quam ratio postulabat.* (Cic.) **4.** *Fortius pro libertate loquebantur quam pugnabant.* (Nep.) **5.** *Tullia nostra longe alia in fortuna est, atque eius pietas ac dignitas postulabat.* (Cic.) **6.** *In eo magistratu pari diligentia se Hannibal praebuit ac fuerat in bello.* (Nep.) **7.** *Ut putasti, ita est.* (Cic.) **8.** *De Africanis rebus longe alia nobis, ac tu scripseras, nuntiantur.* (Cic.) **9.** *Sabini plus cladium quam intulerant acceperunt.* (Liv.) **10.** *Absentis Ariovisti crudelitatem, velut si coram adesset, horrebant Sequani.* (Ces.) **11.** *Peto a te hoc diligentius, quam si mea res esset.* (Cic.) **12.** *Xenomenes tam te diligit, quam si vixerit tecum.* (Cic.) **13.** *Litteras Graecas avide arripui, quasi diuturnam sitim explere cupiens.* (Cic.) **14.** *Antonius Plancum sic contemnit, tamquam si illi aqua et igni interdictum sit.* (Cic.) **15.** *Inter se impii cives, quasi vicissent, gratulabantur.* (Cic.)

D
Collega la prima parte di ogni frase alla corrispondente seconda parte; poi traduci (proposizioni modali e limitative).

1. *Urbem Romam, sicuti ego accepi,*	**a.** *ut tum erant tempora, diti.* (Nep.)
2. *Traditum est Clisthenem magnopere,*	**b.** *valde laudo.* (Cic.)
3. *Multae erant in Q. Fabio,*	**c.** *suscipe me totum.* (Cic.)
4. *Si me, sicut soles, amas,*	**d.** *quoad facere poteris, scribere ad me.* (Cic.)
5. *Orationes Catonis, ut illis temporibus,*	**e.** *ut in homine Romano, litterae.* (Cic.)
6. *T. Pomponius Atticus patre usus est diligenti et,*	**f.** *ut illis temporibus, in dicendo valuisse.* (Cic.)
7. *Velim ne intermittas,*	**g.** *condidere atque habuere initio Troiani.* (Sall.)
8. *Huic, quantum est situm in nobis,*	**h.** *et opem et salutem ferre debemus.* (Cic.)

VERSIONI

■ EXEMPLUM

195 Aufidio Basso fronteggia serenamente i malanni della vecchiaia

In questa lettera Seneca riferisce sui malanni che affliggono lo storico Aufidio Basso, ormai anziano; tuttavia il suo spirito vivace, temprato dalla filosofia epicurea, non si lascia fiaccare, per cui egli rimane sereno e distaccato anche se tormentato dai malanni fisici.

Bassum Aufidium, virum optimum, vidi quassum, aetati obluctantem. Sed iam plus illum degravat quam quod possit attolli; *magno senectus et universo pondere incubuit. Scis illum semper infirmi corporis et exsucti fuisse; diu illud continuit et, ut verius dicam, concinnavit: subito defecit.* Quemadmodum *in nave quae* sentinam trahit *uni rimae aut alteri obsistitur, ubi plurimis locis laxari coepit et cedere, succurri non potest navigio dehiscenti, ita in senili corpore aliquatenus imbecillitas sustineri et fulciri potest. Ubi tamquam in putri aedificio omnis iunctura diducitur, et dum alia excipitur, alia discinditur, circumspiciendum est quomodo exeas. Bassus tamen noster alacer animo est:* hoc philosophia praestat, *in conspectu mortis hilarem esse et in quocumque corporis habitu fortem laetumque nec deficientem* quamvis deficiatur. *Magnus* gubernator *et scisso navigat velo et,* si exarmavit, *tamen reliquias navigii aptat ad cursum. Hoc facit Bassus noster et* eo animo vultuque finem suum spectat quo alienum spectare nimis securi putares.

(Seneca)

Ho visto Aufidio Basso, un uomo veramente saggio; è malandato e lotta con l'età, ma ormai questa grava troppo su di lui perché egli possa riaversi. La vecchiaia gli è addosso con tutto il suo gran peso. Tu sai come egli sia sempre stato di corpo gracile e magro; l'ha tenuto insieme, o meglio l'ha raggiustato, per quanto ha potuto; d'un tratto è crollato. In una nave che fa acqua si cerca di riparare ora l'una ora l'altra falla. Ma quando comincia a cedere in più parti, non è più possibile porre riparo e impedire che lo scafo si sfasci. Così la debolezza di un corpo senile può essere sostenuta e puntellata fino a un certo punto; quando, come in un edificio cadente, cede ogni giuntura, e mentre una viene aggiustata un'altra si stacca, non resta che cercare il modo di uscirne fuori. Tuttavia il nostro Basso è di spirito vivace. La filosofia dà questo vantaggio: l'animo si mantiene sereno anche al cospetto della morte, e qualunque sia la condizione del corpo, è forte, lieto e non si lascia fiaccare, anche se si fiaccano le forze fisiche. Un pilota di valore continua a navigare anche con la vela a brandelli; e, se ha perduto il sartiame, riesce a mantenere la rotta anche con la carcassa della nave. Questo fa il nostro Basso e guarda la sua fine con l'animo e il volto più sereni che se assistesse alla fine di un altro.

(trad. di G. Monti)

NOTE LINGUISTICHE	**NOTE LESSICALI**	**NOTE DI TRADUZIONE**
iam plus illum degravat quam quod possit attolli → proposizione comparativa reale di maggioranza (*plus... quam... possit*). **Quemadmodum** → introduce un'altra comparativa, stavolta di uguaglianza; è in correlazione con il successivo *ita*. **hoc philosophia praestat** → *hoc* prolettico rispetto alla successiva infinitiva. **quamvis deficiatur** → proposizione concessiva con il congiuntivo ("anche se si fiaccano le forze fisiche").	**sentinam trahit** → l'espressione, tratta dal linguaggio tecnico della navigazione, equivale a "fa acqua"; la *sentina* era la "stiva", il fondo della nave. **gubernator** → il termine, dal campo semantico della navigazione in cui significava appunto "pilota, timoniere", passò in senso traslato a indicare il "rettore", il "guidatore" o "governatore" dello stato; ciò in virtù di una famosa assimilazione metaforica fra la nave e lo stato, attestata da numerosi riscontri letterari in Grecia e a Roma. **si exarmavit** → altra espressione del linguaggio marinaresco; *exarmo* significa "disarmare, togliere l'armamento / l'attrezzatura" ad una nave.	**magno senectus et universo pondere incubuit** → il traduttore opportunamente toglie l'iperbato ("con tutto il suo gran peso"); volge inoltre il verbo al presente ("gli è addosso"), mentre in latino si ha il perfetto da *incumbo*. **et scisso navigat velo** → elegante la traduzione "continua a navigare anche con la vela a brandelli"; in latino *scisso... velo* è un ablativo assoluto, costituito dall'unione del verbo *scindo* e del sostantivo *velum* "vela". **eo animo vultuque finem suum spectat quo alienum spectare nimis securi putares** → lett. "guarda alla sua fine con quello spirito e quel volto che riterresti eccessivamente tranquilli persino per uno che guardasse (la morte di) un altro"; senz'altro più efficace la versione di Giuseppe Monti.

PRIMO LIVELLO

196 I Britanni si oppongono allo sbarco dei Romani nella loro isola

I Britanni, accortisi dell'arrivo delle navi romane, accorrono per impedire lo sbarco imminente sulle coste dell'isola; i soldati di Cesare sono in grave difficoltà: le loro navi si sono dovute fermare lontano dalla spiaggia, per cui ora essi devono avanzare a guado, appesantiti dalle armi; inoltre devono fronteggiare gli attacchi nemici. I Britanni sono invece avvantaggiati dal fatto di non avere alcun impaccio e dalla conoscenza del luogo.

a. I Britanni contrastano lo sbarco dei Romani

At barbari, consilio Romanorum cognito praemisso equitatu et essedariis, quo plerumque genere in proeliis uti consuerunt, reliquis copiis subsecuti nostros navibus egredi prohibebant.

b. Gravi difficoltà dei Romani

Erat ob has causas summa difficultas, quod naves propter magnitudinem nisi in alto constitui non poterant, militibus autem, ignotis locis, impeditis manibus, magno et gravi onere armorum oppressis simul et de navibus desiliendum et in fluctibus consistendum et cum hostibus erat pugnandum,

c. Condizione favorevole dei Britanni	*cum illi aut ex arido aut paulum in aquam progressi omnibus membris expeditis, notissimis locis, audacter tela coicerent et equos insuefactos incitarent.*
d. I Romani sono disorientati	*Quibus rebus nostri perterriti atque huius omnino generis pugnae imperiti, non eadem alacritate ac studio quo in pedestribus uti proeliis consuerant utebantur.*

(CESARE)

197 La guerra fra Eteocle e Polinice

Edipo, dopo aver scoperto di aver ucciso suo padre Laio e sposato la madre Giocasta, si acceca e affida il regno ai figli Eteocle e Polinice, raccomandando loro di governare ad anni alterni. Polinice, allo scadere dell'anno, chiede il potere al fratello, ma questi si rifiuta di cedergielo; allora, alleatosi con altri sei comandanti, Polinice assedia Tebe. Ne segue una guerra feroce, in cui entrambi i fratelli perderanno la vita.

a. Eteocle non cede il potere a Polinice	*Polynices Oedipodis filius anno peracto regnum ab Eteocle fratre repetit; ille cedere noluit.*
b. I sette contro Tebe	*Itaque Polynices Adrasto rege adiuvante cum septem ductoribus Thebas oppugnatum venit.*
c. La morte dei due fratelli	*Ibi Capaneus, quod contra Iovis voluntatem Thebas se capturum diceret, cum murum ascenderet, fulmine est percussus; Amphiaraus terra est devoratus; Eteocles et Polynices inter se pugnantes alius alium interfecerunt.*
d. Il funerale di Eteocle e Polinice	*His cum Thebis parentaretur, etsi ventus vehemens esset, tamen fumus se numquam in unam partem convertit, sed alius alio seducitur.*
e. La profezia di Tiresia	*Ceteri cum Thebas oppugnarent et Thebani rebus suis diffiderent, Tiresias Eueris filius augur praemonuit, si ex dracontea progenie[1] aliquis interiisset, oppidum ea clade liberari.*
f. Il sacrificio di Meneceo	*Menoeceus cum vidit se unum civium salutem posse redimere, muro se praecipitavit; Thebani victoria sunt potiti.*

(IGINO)

[1]. *ex dracontea progenie*: "dalla stirpe del drago"; si tratta dei discendenti degli "sparti" (= "seminati"), i guerrieri nati dai denti del drago ucciso da Cadmo, mitico fondatore della città di Tebe; essi uscirono all'improvviso dalla terra armati di tutto punto, colpendosi a vicenda; ne sopravvissero cinque: a uno di questi, Echione, Cadmo concesse in sposa sua figlia Agave.

SECONDO LIVELLO

198 Cesare si appresta alla spedizione in Britannia

Nel 55 a.C., dopo aver compiuto un'incursione in Germania con esito positivo, Cesare, benché la buona stagione stesse terminando, decide di sbarcare in Britannia per compiervi una ricognizione e per punire i Britanni, che nelle precedenti guerre galliche avevano sempre fornito aiuti ai nemici di Roma.

Exigua parte aestatis reliqua Caesar, etsi in his locis, quod omnis Gallia ad septentriones vergit, maturae sunt hiemes, tamen in Britanniam proficisci contendit, quod omnibus fere Gallicis bellis hostibus nostris inde subministrata auxilia intellegebat et, si tempus anni ad bellum gerendum deficeret, tamen magno sibi usui fore arbitrabatur, si modo insulam adisset et genus hominum perspexisset, loca, portus, aditus cognovisset; quae omnia fere Gallis erant incognita. Neque enim temĕre praeter mercatores illo adiit quisquam, neque iis ipsis quicquam praeter oram maritimam atque eas regiones quae sunt contra Gallias notum est. Itaque vocatis ad se undique mercatoribus neque quanta esset insulae magnitudo, neque quae aut quantae nationes incolerent, neque quem usum belli haberent aut quibus institutis uterentur, neque qui essent ad maiorum navium multitudinem idonei portus reperire poterat.

(Cesare)

Laboratorio

MORFOLOGIA

1. Nella frase *Neque enim temĕre praeter mercatores illo adiit quisquam* che cosa è *illo*?

SINTASSI

2. Sottolinea una proposizione concessiva e una proposizione causale.
3. Distingui le proposizioni relative e le proposizioni interrogative indirette.
4. Che complemento è *magno... usui*?

LESSICO

5. Che differenza di significato c'è fra i due plurali del sostantivo *locus*, cioè *loci* e *loca*?

●●● | 199 L'oratore Marco Antonio ricorda un dibattito sull'eloquenza svoltosi ad Atene

Nel *De oratore* di Cicerone alcuni oratori discutono gli aspetti essenziali della retorica e dell'oratoria. Nel seguente brano interviene Marco Antonio, che ricorda un suo soggiorno ad Atene, in occasione del quale partecipò a un dibattito sull'eloquenza in cui ci si chiedeva se essa si basasse sulla pratica o su una conoscenza scientifica.

Namque egomet[1], qui sero ac leviter Graecas litteras attigissem, tamen cum pro consule in Ciliciam proficiscens venissem Athenas, compluris tum ibi dies sum propter navigandi difficultatem commoratus; sed, cum cotidie mecum haberem homines doctissimos, eos fere ipsos, qui abs te modo sunt nominati, cum hoc nescio quo modo apud eos increbruisset me in causis maioribus sicuti te solere versari, pro se quisque ut poterat de officio et de ratione oratoris disputabat. Horum alii, sicuti iste ipse Mnesarchus, hos, quos nos oratores vocaremus, nihil esse dicebat nisi quosdam operarios lingua celeri et exercitata; oratorem autem, nisi qui sapiens esset, esse neminem, atque ipsam eloquentiam, quod ex bene dicendi scientia constaret, unam quandam esse virtutem, et qui unam virtutem haberet, omnis habere easque esse inter se aequalis et paris; ita, qui esset eloquens, eum virtutes omnis habere atque esse sapientem. Sed haec erat spinosa quaedam et exilis oratio longeque ab nostris sensibus abhorrebat.

(Cicerone)

1. *egomet*: parla l'oratore Marco Antonio.

Laboratorio

SINTASSI
1. Riconosci una proposizione concessiva e una proposizione modale.

LESSICO
2. Ricerca nel vocabolario i vari significati del sostantivo *oratio*.

ANALISI STILISTICA
3. Trova nel brano i poliptoti e gli omoteleuti.

COMPRENSIONE DEL TESTO
4. Di quale argomento iniziarono a parlare i dotti ateniesi alla presenza di Antonio?
5. Quale concezione della virtù fu proposta nel dibattito?

200 Giugurta si presenta a Roma per difendersi dall'accusa di aver usurpato il trono di Numidia

Il re di Numidia Micipsa, alla sua morte, divise in parti uguali il regno tra i due figli Aderbale e Iempsale e il nipote Giugurta; ma quest'ultimo uccise prima Iempsale e poi Aderbale, che aveva richiesto aiuto al senato romano. Giugurta inviò allora alcuni emissari per corrompere con l'oro i funzionari romani. Nel frattempo il tribuno Memmio persuase il popolo a mandare in Africa il pretore Lucio Cassio affinché conducesse Giugurta a Roma garantendogli l'incolumità. Ora l'usurpatore, deposta ogni pompa reale, si presenta a Roma in vesti dimesse; la plebe è divisa sul da farsi e molto agitata; Memmio fa entrare Giugurta, ne denuncia i delitti e lo invita a discolparsi.

Igitur Iugurtha contra decus regium cultu quam maxime miserabili cum Cassio Romam venit. Ac tametsi in ipso magna vis animi erat, confirmatus ab omnibus, quorum potentia aut scelere cuncta ea gesserat, quae supra diximus, C. Baebium tribunum plebis magna mercede parat, cuius impudentia contra ius et iniurias omnis munitus foret. At C. Memmius advocata contione, quamquam regi infesta plebes erat et pars in vincula duci iubebat, pars, nisi socios sceleris sui aperiret, more maiorum de hoste supplicium sumi, dignitati quam irae magis consulens sedare motus et animos eorum mollire, postremo confirmare fidem publicam per sese inviolatam fore. Post, ubi silentium coepit, producto Iugurtha verba facit, Romae Numidiaeque facinora eius memorat, scelera in patrem fratresque ostendit. Quibus iuvantibus quibusque ministris ea egerit, quamquam intellegat populus Romanus, tamen velle manufesta magis ex illo habere. Si verum aperiat, in fide et clementia populi Romani magnam spem illi sitam; sin reticeat, non sociis saluti fore, sed se suasque spes corrupturum.

(SALLUSTIO)

201 Un esempio di rispetto estremo per la giustizia

Nella sezione *De iustitia* della sua raccolta di aneddoti morali, Valerio Massimo ha dapprima citato alcuni fulgidi esempi romani; ha poi ricordato qualche personaggio greco insigne per giustizia: Pittaco, Temistocle, Zaleuco. Ora egli cita un episodio relativo a Caronda, legislatore di Turii (colonia greca in Calabria), che rimane vittima, per coerenza, di una legge da lui stesso proposta.

Sed aliquanto Charondae Thurii praefractior et abscisior iustitia. Ad vim et cruorem usque seditiosas contiones civium pacaverat lege cavendo ut, si quis eas cum ferro intrasset, continuo interficeretur. Interiecto deinde tempore e longinquo rure gladio cinctus domum repetens, subito indicta contione sic ut erat in eam processit, ab eoque, qui proxime constiterat, solutae a se legis suae admonitus «Idem – inquit – ego illam sanciam» ac protinus ferro, quod habebat, destricto incubuit, cumque liceret culpam vel dissimulare vel errore defendere, poenam tamen repraesentare maluit, ne qua fraus iustitiae fieret.

(Valerio Massimo)

Laboratorio

SINTASSI
1. Riconosci le tipologie delle proposizioni subordinate.

LESSICO
2. Trova i vocaboli del lessico giuridico.

ANALISI STILISTICA
3. Che figura retorica sono, rispettivamente, *praefractior et abscisior* e *vel... vel*?

COMPRENSIONE DEL TESTO
4. Che cosa aveva disposto per legge Caronda e per quale motivo?
5. In che modo egli applica la legge?

●●● | 202 Plinio, intenzionato a comprare un podere, chiede consiglio all'amico Calvisio Rufo

In questa lettera Plinio il Giovane chiede all'amico Calvisio Rufo un consiglio sull'acquisto di un fondo agricolo contiguo ai suoi possedimenti; egli è da un lato allettato dall'opportunità di ampliare la sua proprietà, dall'altro teme i crescenti rischi che un investimento del genere comporterebbe.

C. PLINIUS CALVISIO RUFO SUO S.

Assumo te in consilium rei familiaris, ut soleo. Praedia agris meis vicina atque etiam inserta venalia sunt. In his me multa sollicitant, aliqua nec minora deterrent. Sollicitat primum ipsa pulchritudo iungendi; deinde, quod non minus utile quam voluptuosum, posse utraque eadem opera eodem viatico invisere, sub eodem procuratore ac paene isdem actoribus habere, unam villam colere et ornare, alteram tantum tueri. Inest huic computationi sumptus supellectilis, sumptus atriensium, topiariorum, fabrorum atque etiam venatorii instrumenti; quae plurimum refert unum in locum conferas an in diversa dispergas. Contra vereor ne sit incautum, rem tam magnam isdem tempestatibus isdem casibus subdere; tutius videtur incerta fortunae possessionum varietatibus experiri. Habet etiam multum iucunditatis soli caelique mutatio, ipsaque illa peregrinatio inter sua. Iam, quod deliberationis nostrae caput est, agri sunt fertiles, pingues, aquosi; constant campis, vineis, silvis, quae materiam et ex ea reditum sicut modicum ita statum praestant. Sed haec felicitas terrae **imbecillis** *cultoribus fatigatur. Nam possessor prior saepius vendidit pignora, et dum reliqua colonorum minuit ad tempus*[1]*, vires in posterum exhausit, quarum defectione rursus reliqua creverunt.*

(Plinio il Giovane)

1. *ad tempus*: "provvisoriamente".

> **Curiosità**
>
> **Imbecillus** L'aggettivo *imbecillus*, *-a*, *-um* (che si trova anche nella forma *imbecillis*, *-e*) significa "**debole, fiacco, privo di forze**"; deriva da *in-* privativo + *baculum* "**bastone**" (di cui *bacillum* è il diminutivo); quindi in origine indica chi è "**senza bastone**" e, per l'appunto, "debole".
>
> Il derivato italiano "imbecille" trasferisce la debolezza dall'ambito fisico a quello mentale. I termini greci corrispondenti a *baculum* e *bacillum* erano βάκτρον (*bàktron*, "bastone") e il suo diminutivo βακτήριον (*baktèrion*, "bastoncino"). Ed in effetti i "batteri" hanno la forma di bastoncini.

●●● | 203 Bisogna cercare di piacere attraverso le doti dello spirito, rifuggendo dalle lusinghe della carne

Il discorso di Tertulliano *De cultu feminarum* (*L'eleganza delle donne*) deplora l'eccessiva cura (*cultus*) con cui le donne si adornano e si agghindano, divenendo pericolosamente seduttive e rischiando di trascinare gli uomini al peccato e alla perdizione. Nel brano qui riportato l'autore sminuisce l'importanza della bellezza fisica e invita a non vantarsi dei piaceri della carne, cercando invece di essere apprezzati per le doti spirituali.

Nam etsi accusandus decor non est, ut felicitas corporis, ut divinae plasticae accessio, ut animae aliqua vestis bona, timendus est tamen vel propter iniuriam et violentiam sectatorum; quam etiam pater fidei Abraham in uxoris suae specie pertimuit et sororem mentitus Saram[1]. Salutem contumelia redemit. Nunc non sit timenda dignitas formae, ut nec possidentibus gravis, nec appetentibus exitiosa, nec coniunctis periculosa; non exposita temptationibus, non circumdata scandalis existimetur. Sufficit, quod angelis Dei non est necessaria. Nam ubi pudicitia, ibi vacua pulchritudo, quia proprie usus et fructus pulchritudinis corporis luxuria, nisi si quis aliam messem decori corporis arbitratur. Illae sibi formositatem et datam extendant et non datam requirant, quae quod ab illa flagitatur sibi quoque praestare se putant, cum alteri praestant. Dicet aliquis: «Quid ergo? Non et exclusa luxuria et admissa castitate laude formae sola frui et de bono corporis gloriari licet?» Viderit, quem iuvat de carne gloriari[2]. Nobis autem primo quidem nullum gloriae studium est quia gloria exaltationis ingenium est, porro exaltatio non congruit professoribus humilitatis ex praescriptis Dei. Deinde si omnis gloria vana et stuporata, quanto magis quae in carne, nobis dumtaxat! Nam etsi gloriandum est, in spiritu bonis non in carne placere velle debemus, quia spiritalium sectatores sumus. (TERTULLIANO)

1. *sororem mentitus Saram*: come si legge nella *Genesi* (12, 10 ss.) Abramo, prima di entrare in Egitto, temendo che gli Egiziani potessero ucciderlo per rapirgli la bella moglie Sara, fece credere che la donna fosse sua sorella e quindi libera da vincoli coniugali, per ricevere così doni dai pretendenti.
2. *Viderit... gloriari*: "Libero di vantarsi della carne colui a cui piace" (trad. S. Isetta).

■ TERZO LIVELLO

●●● | 204 Occorre anteporre l'interesse di tutti a quello personale

Mundum autem censent[1] regi numine deorum, eumque esse quasi communem urbem et civitatem hominum et deorum, et unum quemque nostrum eius mundi esse partem; ex

1. *censent*: sogg. sott. "i filosofi stoici".

quo illud natura consequi, ut communem utilitatem nostrae anteponamus. Ut enim leges omnium salutem singulorum saluti anteponunt, sic vir bonus et sapiens et legibus parens et civilis officii non ignarus utilitati omnium plus quam unius alicuius aut suae consulit. Nec magis est vituperandus proditor patriae quam communis utilitatis aut salutis desertor propter suam utilitatem aut salutem. Ex quo fit, ut laudandus is sit, qui mortem oppetat pro re publica, quod deceat cariorem nobis esse patriam quam nosmet ipsos. Quoniamque illa vox inhumana et scelerata ducitur eorum, qui negant se recusare quo minus ipsis mortuis terrarum omnium deflagratio consequatur – quod vulgari quodam versu Graeco pronuntiari solet –, certe verum est etiam iis, qui aliquando futuri sint, esse propter ipsos consulendum. Ex hac animorum affectione testamenta commendationesque morientium natae sunt. Quodque nemo in summa solitudine vitam agere velit ne cum infinita quidem voluptatum abundantia, facile intellegitur nos ad coniunctionem congregationemque hominum et ad naturalem communitatem esse natos.

(CICERONE)

Laboratorio

ANALISI STILISTICA
1. Individua nel testo un poliptoto, un'allitterazione e un polisindeto.

COMPRENSIONE DEL TESTO
2. Quale opinione del mondo esprimono gli Stoici?
3. Perché si deve particolarmente esaltare chi affronta la morte per la patria?

PRODUZIONE
4. Riassumi il brano, suddividendolo in sequenze ed assegnando a ciascuna di esse un titolo.

●●● | 205 Non dobbiamo essere schiavi del corpo

Fateor insitam esse nobis corporis nostri caritatem; fateor nos huius gerere tutelam. Non nego indulgendum illi, serviendum nego; multis enim serviet qui corpori servit, qui pro illo nimium timet, qui ad illud omnia refert. Sic gerere nos debemus, non tamquam propter corpus vivere debeamus, sed tamquam non possimus sine corpore; huius nos nimius amor timoribus inquietat, sollicitudinibus onerat, contumeliis obicit; honestum ei vile est cui corpus nimis carum est. Agatur eius diligentissime cura, ita tamen ut, cum exiget ratio, cum dignitas, cum fides, mittendum in ignes sit. Nihilominus quantum possumus evitemus incommoda quoque, non tantum pericula, et in tutum nos reducamus, excogitantes subinde quibus possint timenda depelli. Quorum tria, nisi fallor, genera sunt: timetur inopia, timentur morbi, timentur quae per vim potentioris eveniunt. Ex his omnibus nihil nos magis concutit quam quod ex aliena potentia impendet; magno enim strepitu et tumultu venit. Naturalia mala quae rettuli, inopia atque morbus, silentio subeunt nec oculis nec auribus quicquam terroris incutiunt: ingens alterius mali pompa est; ferrum circa se et ignes habet et catenas et turbam ferarum quam in viscera immittat humana.

(SENECA)

●●● | 206 I rivolgimenti politici e civili favorirono in passato lo sviluppo dell'oratoria

Magna eloquentia, sicut flamma, materia alitur et motibus excitatur et urendo clarescit. Eadem ratio in nostra quoque civitate antiquorum eloquentiam provexit. Nam etsi horum quoque temporum oratores ea consecuti sunt, quae composita et quieta et beata re publica tribui fas erat, tamen illa perturbatione ac licentia plura sibi adsequi videbantur, cum mixtis omnibus et moderatore uno carentibus tantum quisque orator saperet, quantum erranti populo persuaderi poterat. Hinc leges assiduae et populare nomen, hinc contiones magistratuum paene pernoctantium in rostris, hinc accusationes potentium reorum et adsignatae etiam domibus inimicitiae, hinc procerum factiones et assidua senatus adversus plebem certamina. Quae singula etsi distrahebant rem publicam, exercebant tamen illorum temporum eloquentiam et magnis cumulare praemiis videbantur, quia quanto quisque plus dicendo poterat, tanto facilius honores adsequebatur, tanto magis in ipsis honoribus collegas suos anteibat, tanto plus apud principes gratiae, plus auctoritatis apud patres, plus *notitiae* ac nominis apud plebem parabat.

(TACITO) ◁ Vedi **Cave!**

Cave!

Il sostantivo *notitia* Il sostantivo *notitia* è un "**falso amico**"; non significa infatti "notizia", bensì "**notorietà, fama, conoscenza**" (cfr. l'aggettivo *notus*).
Il termine presenta diversi altri significati secondo gli ambiti in cui viene usato: in senso filosofico, *notitia* vuol dire "**nozione, idea, concetto**" (*notitiae rerum* sono per Cicerone i "concetti generali"); in ambito burocratico indica un "**elenco scritto**", un registro, una lista (ad es. di funzionari pubblici); in senso erotico, *notitia* è la "**conoscenza carnale**" (ad es. *feminae notitiam habere* per Cesare equivale ad "avere rapporti intimi con una donna").
Al termine italiano "notizia" in latino corrispondono *nuntius* ("annuncio, informazione") e *rumor* ("notizia vaga, diceria").

Laboratorio

ANALISI STILISTICA
1. Individua nel testo le anafore, un'allitterazione, un polisindeto ed una similitudine.

COMPRENSIONE DEL TESTO
2. A che cosa viene paragonata l'eloquenza e perché?
3. Quali vantaggi forniva il possesso di un'efficace eloquenza?

●●● | 207 Opere di ornamento ed utilità pubblica realizzate da Carlo Magno

LATINO MODERNO

Qui[1] cum tantus in ampliando regno et subigendis exteris nationibus existeret et in eiusmodi occupationibus assidue versaretur, opera tamen plurima ad regni decorem et commoditatem pertinentia diversis in locis inchoavit, quaedam etiam consummavit. Inter quae praecipua fere non inmerito videri possunt basilica sanctae Dei genitricis Aquisgrani opere mirabili constructa et pons apud Mogontiacum[2] in Rheno quingentorum passuum longitudinis – nam tanta est ibi fluminis latitudo; qui tamen uno, antequam decederet, anno incendio conflagravit, nec refici potuit propter festinatum illius decessum, quamquam in ea meditatione esset, ut pro ligneo lapideum restitueret. Inchoavit et palatia operis egregii, unum haud longe a Mogontiaco civitate, iuxta villam cui vocabulum est Ingilenheim, alterum Noviomagi[3] super Vahalem[4] fluvium, qui Batavorum insulam a parte meridiana praeterfluit. Praecipue tamen aedes sacras ubicumque in toto regno suo vetustate conlapsas conperit, pontificibus et patribus[5], ad quorum curam pertinebant, ut restaurarentur, imperavit, adhibens curam per legatos, ut imperata perficerent.

(EGINARDO)

1. *Qui*: "Ed egli", riferito a Carlo Magno.
2. *apud Mogontiacum*: "presso Magonza".
3. *Noviomagi*: "a Nimega".
4. *Vahalem*: "Waal".
5. *pontificibus et patribus*: "ai vescovi ed ai prelati".

UNITÀ 18

PROPOSIZIONI CONDIZIONALI. PERIODO IPOTETICO

CURIOSITÀ	CAVE!
Dal letame alla letizia	L'esclamazione *hercule*
	Furantes e *furentes*

IN ITALIANO

■ Proposizioni condizionali (o ipotetiche) e periodo ipotetico

Le **proposizioni condizionali (o ipotetiche)** sono le subordinate che indicano la "condizione" in seguito alla quale può avverarsi ciò che viene espresso nella reggente.

L'unione della proposizione condizionale con la reggente costituisce un **periodo ipotetico**; in esso la subordinata contenente la condizione o l'ipotesi costituisce la **protasi** ed è introdotta da "se, qualora"; la reggente si chiama invece **apodosi**: *se vuoi venire* [protasi], *telefona* [apodosi].

Il periodo ipotetico presenta tre tipi: della **realtà** o obiettività, della **possibilità** e dell'**irrealtà**:

Se dici questo, sbagli. [realtà – l'ipotesi è presentata come un dato di fatto; si usano i tempi dell'indicativo e, nell'apodosi, anche l'imperativo: *se vuoi, porta pure un amico con te*]

Se andassi a Roma, ti divertiresti. [l'ipotesi è ritenuta un'eventualità possibile; i modi sono il congiuntivo imperfetto nella protasi e il condizionale presente nell'apodosi]

Se Cesare non fosse stato ucciso, sarebbe divenuto imperatore. [l'ipotesi è presentata come qualcosa di irreale, irrealizzato o irrealizzabile]

Il periodo infine può essere:

– indipendente, se l'apodosi è principale: *Se vieni, mi fai piacere.*
– dipendente, quando l'apodosi dipende da un altro verbo, che vuole dopo di sé il congiuntivo oppure l'infinito: *Non c'è dubbio che, se venissi, mi faresti piacere.*

▶ Esercizi

1 Distingui i seguenti periodi ipotetici secondo il tipo (I, II, III), individuando in ognuno la protasi e l'apodosi.

1. Se agisci così, sarai criticato da tutti. **2.** Se i Romani avessero sconfitto i Germani, oggi la Germania sarebbe una nazione neolatina. **3.** Se ti impegnassi di più, potresti ottenere ottimi risultati. **4.** Se vai a Torino, non dimenticare di visitare la reggia di Venaria. **5.** Se fossi arrivato puntuale, non avremmo perso il treno. **6.** Se vedi Michela, dille di prepararsi a nuove e maggiori fatiche. **7.** Se mi aveste chiesto la mia opinione, avrei detto che ero contrario. **8.** Se dirai sempre la verità, tutti ti apprezzeranno maggiormente.

> **2** Completa le seguenti frasi, coniugando opportunamente gli infiniti fra parentesi e badando alla correlazione dei modi e dei tempi nel periodo ipotetico.
>
> **1.** Se Giacomo non .... (*venire*) in tempo, telefonerei a casa sua. **2.** Se .... (*immaginare*) le tue intenzioni, non avrei agito in quel modo. **3.** Se qualcuno mi .... (*cercare*), digli che non ci sono. **4.** .... (*ottenere*) un risultato migliore, se mi fossi impegnato di più. **5.** Se tu non .... (*consegnare*) il compito in tempo, l'insegnante ti avrebbe punito.

1 PERIODO IPOTETICO INDIPENDENTE

1.1 Periodo ipotetico indipendente di primo tipo o della realtà

In latino, come in italiano, il periodo ipotetico di **primo tipo**, o **della realtà**, si ha quando la protasi esprime un'ipotesi sicura ed obiettivamente vera, di cui l'apodosi esprime la conseguenza necessaria. Come l'italiano, il latino utilizza in questa tipologia l'**indicativo** (in tutti i tempi) sia nella protasi sia nell'apodosi:

*Si hoc **dicis**, **erras**.*	Se **dici** questo, **sbagli**.
*Si hoc **dixisti**, **erravisti**.*	Se **hai detto** questo, **hai sbagliato**.
*Si hoc **dices**, **errabis**.*	Se **dirai** questo, **sbaglierai**.

> - Si ha un periodo ipotetico "misto" del primo tipo quando l'apodosi è all'imperativo, oppure quando si ha un congiuntivo potenziale o ottativo:
>
> | | |
> |---|---|
> | *Si innocens est, **absolvite**!* | Se è innocente, **assolvetelo**! |
> | *Quid **timeam**, si aut non miser post mortem aut beatus futurus sum?* (Cic.) | Perché **dovrei temere**, se dopo la morte o non sarò infelice o sarò felice? |
>
> - La protasi presenta il congiuntivo potenziale invece dell'indicativo se il soggetto è indeterminato:
>
> | | |
> |---|---|
> | *Vita, **si uti scias**, longa est.* (Sen.) | La vita, **se tu sapessi** usarla. (= se la si sapesse usare), è lunga. |

1.2 Periodo ipotetico indipendente di secondo tipo o della possibilità

Il periodo ipotetico di **secondo tipo** presenta nella protasi un'ipotesi possibile e nell'apodosi una conseguenza ritenuta altrettanto possibile.
Se l'ipotesi è considerata realizzabile nel presente o nel futuro, si ha il **congiuntivo presente** sia nella protasi sia nell'apodosi:

*Illud, si quis dicere **velit**, perabsurdum **sit**.* (Cic.)	Se uno **volesse** dire ciò, **sarebbe** del tutto assurdo.

Se la possibilità di realizzazione è riferita al passato, si ha il **congiuntivo perfetto** nella protasi e il **congiuntivo presente** (talora anche il perfetto) nell'apodosi:

*Sapiens, si **quaesitum** ex eo **sit** stellarum numerus par an impar sit, nescire se **dicat**.* (Cic.)	Il saggio, se gli **fosse stato chiesto** se il numero delle stelle sia pari o dispari, **direbbe** di non saperlo.

- Al posto del congiuntivo, nell'apodosi si può trovare l'indicativo presente con i "falsi condizionali" (vd. in proposito p. 138) *possum* "potrei", *debeo* "dovrei", *longum est* "sarebbe lungo", *necesse est* "sarebbe necessario", ecc.:

| *Neque amicitiam tueri **possumus**, nisi aeque amicos et nosmetipsos **diligamus**.* (Cic.) | E non **potremmo** conservare l'amicizia, se non **volessimo bene** agli amici come a noi stessi. |

Il periodo ipotetico di secondo tipo è frequente nei cosiddetti *exempla ficta*, cioè in quegli esempi immaginari che vengono addotti per convalidare un'affermazione:

| *Si is, qui apud te pecuniam deposuerit, bellum **inferat** patriae, **reddas**ne depositum?* (Cic.) | Se uno, che avesse depositato presso di te del denaro, **facesse** guerra alla patria, tu **restituiresti** il deposito? |

1.3 Periodo ipotetico indipendente di terzo tipo o dell'irrealtà

Nel periodo ipotetico **del terzo tipo**, o **dell'irrealtà**, colui che parla o scrive ritiene impossibile l'ipotesi formulata nella protasi e altrettanto irrealizzabile la sua conseguenza contenuta nell'apodosi. Nel caso di irrealtà nel **presente** si trova il **congiuntivo imperfetto**:

| *Nisi Alexander **essem**, ego vero **vellem** esse Diogenes.* (Cic.) | Se non **fossi** Alessandro, **vorrei** essere Diogene. |

Per l'irrealtà nel **passato** si ha il **congiuntivo piuccheperfetto** (sia nella protasi sia nell'apodosi):

| *C. Gracchus, diutius si **vixisset**, vel paternam **esset** vel avitam gloriam **consecutus**.* (Cic.) | Caio Gracco, se **fosse vissuto** più a lungo, **avrebbe ottenuto** la gloria di suo padre o quella dei suoi avi. |

Anche per il periodo ipotetico dell'irrealtà esistono casi di **periodo ipotetico "misto"** con apodosi all'indicativo e protasi al congiuntivo; in particolare nell'apodosi:

- anziché il congiuntivo piuccheperfetto, si può trovare l'**indicativo perfetto** o **piuccheperfetto dei cosiddetti "falsi condizionali"**:

| *Deleri totus exercitus **potuit**, si victores **persecuti essent** fugientes.* (Liv.) | **Si sarebbe potuto** distruggere tutto l'esercito, se i vincitori **avessero inseguito** i fuggitivi. |

- si può trovare l'**indicativo con la coniugazione perifrastica attiva e passiva**:

| *Si P. Sextius **occisus esset**, **fuistis**ne ad arma **ituri**?* (Liv.) | Se Publio Sestio **fosse stato ucciso**, **sareste corsi** alle armi? |

- si può avere l'**indicativo perfetto se il verbo è introdotto da** *paene* **e** *prope*:

| *Pons Sublicius iter **paene dedit**, nisi unus vir **fuisset**.* (Liv.) | Il ponte Sublicio **per poco** non **dava** il passaggio ai nemici, se non **vi fosse stato** un solo eroe. |

Si ha talora l'**indicativo piuccheperfetto (o l'imperfetto)** (al posto del congiuntivo), per indicare un fatto che si sarebbe immancabilmente verificato, se circostanze inaspettate non lo avessero impedito:

*Praeclare **viceramus**, nisi Lepidus fugientem Antonium **recepisset**.* (Cic.)	**Avremmo vinto** (lett. 'avevamo già vinto') splendidamente, se Lepido non **avesse accolto** Antonio che fuggiva.

1.4 Periodo ipotetico indipendente con protasi implicita

In tutti e tre i tipi di periodo ipotetico la protasi può essere espressa in forma implicita:

I tipo →

*Omnia, **nobis victoribus** (= si vicerimus), proclivia erunt.*	**A noi vincitori** (= **se saremo vincitori**), tutto sarà agevole.

II tipo →

*Possim id neglegere **proficiens** (= si proficiam).*	Potrei trascurare ciò **avvantaggiandomene** (= **se me ne avvantaggiassi**).

III tipo →

*Quaenam sollicitudo vexaret impios, **sublato suppliciorum metu** (= si sublatus esset suppliciorum metus)?* (Cic.)	Quale inquietudine tormenterebbe i malvagi, **tolta** (= **se fosse tolta**) la paura del castigo?

2 PERIODO IPOTETICO DIPENDENTE

Nel periodo ipotetico dipendente l'apodosi può presentare:

- il verbo all'**infinito** (con soggetto in accusativo):

*Puto **te errare**, si hoc dicas.*	Credo **che sbagli**, se dici questo.

- il verbo al **congiuntivo** (retto da *ut*, *ne*, *quin*, ecc.):

*Non dubito **quin**, si hoc dicas, **erres**.*	Non dubito **che**, se dici questo, **sbagli**.

2.1 Periodo ipotetico dipendente con apodosi all'infinito

Nel periodo ipotetico di **I tipo** dipendente da verbi che reggono l'accusativo con l'infinito (*verba sentiendi*, *declarandi*, ecc.), si trova:

- **l'apodosi all'infinito presente, perfetto o futuro** secondo le regole delle proposizioni infinitive;
- **la protasi al congiuntivo**, secondo le norme della *consecutio* (**presente e perfetto** in dipendenza da un tempo principale, **imperfetto e piuccheperfetto** in dipendenza da un tempo storico).

CON APODOSI INDIPENDENTE	CON APODOSI DIPENDENTE ALL'INFINITO
Si hoc dicis, erras. Se dici questo, sbagli. (realtà nel presente)	*Puto **te errare**, si hoc dicas.* Credo **che**, se dici questo, **sbagli**. *Putabam te **errare**, si hoc **diceres**.* Credevo **che**, se dicevi questo, **sbagliavi**.

Unità 18 Proposizioni condizionali. Periodo ipotetico   **291**

Si hoc dixisti, erravisti. **Se hai detto questo, hai sbagliato.** (realtà nel passato)	*Puto te erravisse, si hoc dixeris.* Credo **che, se hai detto questo, hai sbagliato.** *Putabam te erravisse, si hoc dixisses.* Credo **che, se avevi detto questo, avevi sbagliato.**
Si hoc dices (dixeris), errabis. **Se dirai questo, sbaglierai.** (realtà nel futuro)	*Puto te erraturum esse, si hoc dicas (dixeris).* Credo **che, se dirai questo, sbaglierai.** *Putabam te erraturum esse, si hoc diceres (dixisses).* Credo **che, se avessi detto** (lett.: **dicessi**) **questo, avresti sbagliato.**

Nel periodo ipotetico di **II tipo**:
- l'apodosi si trova all'**infinito futuro in** *-urum esse*;
- la protasi è al **congiuntivo**, secondo le norme della *consecutio*.

CON APODOSI INDIPENDENTE	CON APODOSI DIPENDENTE ALL'INFINITO
Si hoc dicas, erres. **Se dicessi questo, sbaglieresti.** (possibilità nel presente o nel futuro)	*Puto te erraturum esse, si hoc dicas.* Credo **che, se dicessi** questo, **sbaglieresti.** *Putabam te erraturum esse, si hoc diceres.* Credevo **che, se avessi detto** (lett.: **dicessi**) questo, **avresti sbagliato.**
Si hoc dixeris, erraveris. **Se avessi detto questo, avresti sbagliato.** (possibilità nel passato)	*Puto te erraturum esse, si hoc dixeris.* Credo **che, se avessi detto** questo, **avresti sbagliato.** *Putabam te erraturum esse, si hoc dixisses.* Credevo **che, se avessi detto** questo, **avresti sbagliato.**

Nel periodo ipotetico di **III tipo**:
- l'apodosi ha la forma dell'**infinito futuro in** *-urum fuisse*;
- la protasi si trova al **congiuntivo imperfetto** o **piuccheperfetto**, come se il periodo ipotetico fosse indipendente, **sottraendosi così alla** *consecutio*.

CON APODOSI INDIPENDENTE	CON APODOSI DIPENDENTE ALL'INFINITO
Si hoc diceres, errares. **Se dicessi questo, sbaglieresti.** (irrealtà nel presente)	*Puto te erraturum fuisse, si hoc diceres.* Credo **che, se dicessi** questo, **sbaglieresti.** *Putabam te erraturum fuisse, si hoc diceres.* Credevo **che, se avessi detto** (lett.: **dicessi**) questo, **avresti sbagliato.**
Si hoc dixisses, erravisses. **Se avessi detto questo, avresti sbagliato.** (irrealtà nel passato)	*Puto te erraturum fuisse, si hoc dixisses.* Credo **che, se avessi detto** questo, **avresti sbagliato.** *Putabam te erraturum fuisse, si hoc dixisses.* Credevo **che, se tu avessi detto** questo, **avresti sbagliato.**

• Se il verbo dell'apodosi è passivo o è privo di supino, si può avere la perifrasi *futurum fuisse ut* + congiuntivo imperfetto:

Nisi nuntii de Caesaris victoria **essent allati**, existimabant plerique **futurum fuisse ut** oppidum **amitteretur**. (Ces.)	I più credevano che, se non **fossero state riferite** le notizie sulla vittoria di Cesare, la città **sarebbe stata perduta**.

Allorché nell'apodosi si ha un verbo come *possum*, *debeo*, *oportet*, *decet*, un *verbum voluntatis*, una locuzione del tipo *longum est*, *facile est* o una perifrastica passiva si può trovare l'**infinito presente** per esprimere **irrealtà nel presente** e l'**infinito perfetto** per esprimere **irrealtà nel passato**:

Intellegitur, si voluptatem aspernari non possemus, magnam **habendam esse** *senectuti gratiam.* (Cic.)	Si capisce che, se non potessimo disprezzare il piacere, **dovremmo avere** grande riconoscenza per la vecchiaia.
Putatis Licinium, si in numero civium non esset, **adsciscendum fuisse**. (Cic.)	Credete che Licinio, se non fosse già nel numero dei cittadini, **avrebbe dovuto esservi incluso**.

2.2 Periodo ipotetico dipendente con apodosi al congiuntivo

Nel periodo ipotetico di **I tipo** o **II tipo**, quando la protasi e l'apodosi dipendono da un verbo che regge il congiuntivo, esse vanno **al congiuntivo** nei tempi richiesti dalla *consecutio temporum*.

■ Periodo ipotetico di I tipo

CON APODOSI INDIPENDENTE	CON APODOSI DIPENDENTE AL CONGIUNTIVO
Si hoc dicis, erras. Se dici questo, sbagli. (realtà nel presente)	*Non dubito quin,* **si hoc dicas**, *erres*. Non dubito che, **se dici questo**, sbagli. *Non dubitabam quin,* **si hoc diceres**, *errares*. Non dubitavo che, **se dicevi questo**, sbagliavi.
Si hoc dixisti, erravisti. Se hai detto questo, hai sbagliato. (realtà nel passato)	*Non dubito quin,* **si hoc dixeris**, *erraveris*. Non dubito che, **se hai detto questo**, hai sbagliato. *Non dubitabam quin,* **si hoc dixisses**, *erravisses*. Non dubitavo che, **se avevi detto questo**, avevi sbagliato.
Si hoc dices, errabis. Se dirai questo, sbaglierai. (realtà nel futuro)	*Non dubito quin, si hoc* **dicas** (*dixeris*), *erraturus sis*. Non dubito che, **se dirai questo**, sbaglierai. *Non dubitabam quin, si hoc* **diceres** (*dixisses*), *erraturus esses*. Non dubitavo che, **se avessi detto questo**, avresti sbagliato.

■ Periodo ipotetico di II tipo

CON APODOSI INDIPENDENTE	CON APODOSI DIPENDENTE AL CONGIUNTIVO
Si hoc dicas, erres. Se dicessi questo, sbaglieresti. (possibilità nel presente o nel futuro)	*Non dubito quin,* **si hoc dicas**, *erres* (*erraturus sis*). Non dubito che, **se tu dicessi questo**, sbaglieresti.

Unità 18 Proposizioni condizionali. Periodo ipotetico   **293**

	*Non dubitabam quin, **si hoc diceres**, errares (**erraturus esses**).* Non dubito che, **se avessi detto** (lett.: **dicessi**) **questo**, avresti sbagliato (lett.: sbaglieresti).
Si hoc dixeris, erraveris. **Se avessi detto questo, avresti sbagliato.** (possibilità nel passato)	*Non dubito quin, **si hoc dixeris, erraveris**.* Non dubitavo che, **se avessi detto questo**, **avresti sbagliato**. *Non dubitabam quin, **si hoc dixisses, erravisses**.* Non dubitavo che, **se avessi detto questo**, **avresti sbagliato**.

- Se l'apodosi del I e del II tipo presenta un'idea di futuro, si può trovare, anziché il congiuntivo presente o imperfetto, la perifrastica attiva con *sim* o *essem*, o (nel II tipo) anche *possim* / *possem* + infinito presente, soprattutto quando c'è un "falso condizionale" presente:

*Scire volo **quid facturus sis**, si eum videas.*	Voglio sapere **che cosa farai (faresti)** se lo vedrai (vedessi).
*Non dubito **quin** errare **possis**, si hoc dicas.*	Non dubito che **sbaglieresti (potresti sbagliare)**, se dicessi questo.

Nel **III tipo** si trovano, sia nella protasi sia nell'apodosi, gli **stessi tempi che si avrebbero nel periodo ipotetico indipendente, cioè l'imperfetto e il piuccheperfetto congiuntivo**, qualunque sia il tempo (storico o principale) della reggente; ciò costituisce un'infrazione alla *consecutio*.

■ Periodo ipotetico di III tipo

CON APODOSI INDIPENDENTE	CON APODOSI DIPENDENTE AL CONGIUNTIVO
Si hoc diceres, errares. **Se dicessi questo, sbaglieresti.** (irrealtà nel presente)	*Non dubito quin, **si hoc diceres, errares**.* Non dubito che, **se dicessi questo, sbaglieresti**. *Non dubitabam quin, **si hoc diceres, errares**.* Non dubitavo che, **se avessi detto** (lett.: **dicessi**) **questo**, avresti sbagliato (lett.: sbaglieresti).
Si hoc dixisses, erravisses. **Se avessi detto questo, avresti sbagliato.** (irrealtà nel passato)	*Non dubito quin, **si hoc dixisses, erraturus fueris** (**erravisses**).* Non dubito che, **se avessi detto questo**, **avresti sbagliato**. *Non dubitabam quin, **si hoc dixisses, erraturus fueris** (**erravisses**).* Non dubitavo che, **se avessi detto questo**, **avresti sbagliato**.

Si noti infine, sempre a proposito del periodo ipotetico dipendente:

- nell'apodosi del III tipo si incontra spesso *-urus fuerim* al posto del piuccheperfetto se il verbo è attivo ed ha il participio futuro:

*Haud dubium est quin, si vicisset Xerxes, barbari Graeciam libertate **privaturi fuerint**.*	Non c'è dubbio che, se avesse vinto Serse, i barbari **avrebbero privato** la Grecia della libertà.

- anche nel periodo ipotetico dipendente la **protasi** può essere **implicita**:

*Timeo ne, **coactus**, verum dicat.*	Temo che, **(se sarà) costretto**, dica la verità.

3 PROPOSIZIONI CONDIZIONALI INTRODOTTE DA ALTRE PARTICELLE

Oltre alla congiunzione *si* il periodo ipotetico, specialmente se ha la protasi negativa o avversativa, può essere introdotto da varie altre particelle.

PARTICELLA IPOTETICA	SIGNIFICATO	CARATTERISTICHE	ESEMPIO
nisi	"se non, qualora non, a meno che non, fuorché, eccetto che, salvo se"	in genere nega l'intera proposizione; però si usa anche in espressioni come **nisi fallor**, **nisi me fallit** "se non m'inganno"	*Neque id facerem*, **nisi** *necesse esset*. (Cic.) E non lo farei, **se non** fosse necessario.
si non	"se non, nel caso che non"	in genere nega solo un termine della proposizione	*Sapientius faceres*, **si non** *curares*. (Cic.) Agiresti più saggiamente **se non** te ne curassi.
si minus, *sin*	"se no, se invece"	è posto perlopiù senza un verbo proprio; si usa per negare, in forma ellittica, una condizione posta in precedenza	*Dolores si tolerabiles sunt, feramus:* **sin minus***, aequo animo e vita exeamus.* (Cic.) Se i dolori sono tollerabili, sopportiamoli: **se no**, di buon animo usciamo dalla vita.
si forte	"se mai, se forse, se per caso"	s'interpone talvolta nel discorso (cfr. il nostro "semmai, tutt'al più, in ogni caso")	*Graecis verbis licebit utare* (= *utaris*), *cum voles,* **si** *te Latina* **forte** *deficient.* Ti sarà lecito usare parole greche, quando vorrai, **se per caso** ti mancheranno i vocaboli latini.
nisi forte o *nisi vero*	"se non forse, se non per caso, se pure non, salvo che"	seguite dall'indicativo, quasi sempre usate in senso ironico	*Nemo saltat sobrius,* **nisi forte** *insanit.* (Cic.) Nessuno si mette a ballare da sobrio, **salvo che** sia pazzo.
qui, *quae*, *quod*	"se uno, se qualcuno"	il pronome relativo può essere usato in funzione ipotetica, equivalendo a *si qui*, *si quis*	*Haec* **qui** (= *si quis*) *dicat, nonne stultus habeatur?* **Se uno** dicesse ciò, non verrebbe ritenuto stolto?

4 PROPOSIZIONI CONDIZIONALI RESTRITTIVE

Un tipo particolare di subordinata condizionale è costituito dalle proposizioni restrittive, che indicano la condizione necessaria senza cui non può realizzarsi l'azione espressa dalla reggente; sono introdotte da **dum**, **modo**, **dummŏdo** "purché, pur di", **dum ne**, **modo ne**, **dummŏdo ne** "purché non, pur di non", sempre seguite dal congiuntivo:

Oderint, **dum metuant**. (Svet.)   (Mi) odino, **purché (mi) temano**.

Unità 18 Proposizioni condizionali. Periodo ipotetico

• A volte la restrittiva può essere introdotta da **nedum**, che significa "non che, tanto meno, figurarsi se":

Vix in ipsis tectis et oppidis frigus vitatur, **nedum** in mari et in via sit facile abesse ab iniuria temporis. (Cic.)

A stento si evita il freddo nelle case e nelle città, **figurarsi se** in mare e in viaggio è facile sottrarsi all'ingiuria del tempo.

Esercizi

A Analizza e traduci le seguenti frasi (periodo ipotetico indipendente del I tipo).

1. *Si nos saepe leviora moverunt, vox ipsa deorum immortalium non mentes omnium permovebit?* (Cic.) **2.** *Si te iam, Catilina, comprehendi, si interfici iussero, credo, erit verendum mihi ne non hoc potius omnes boni serius a me quam quisquam crudelius factum esse dicat.* (Cic.) **3.** *Si quis minorem fructum putat ex Graecis versibus percipi, quam ex Latinis, vehementer errat.* (Cic.) **4.** *Spero, si Catilina absolutus erit, coniunctiorem illum nobis fore in ratione petitionis* ("nella campagna elettorale"); *sin aliter acciderit, humaniter feremus.* (Cic.) **5.** *Erras, si existimas nobiscum vitia nasci: supervenerunt, ingesta sunt.* (Sen.) **6.** *Si quid contra patriam paravisti, nefarium suscepisti scelus.* (Cic.) **7.** *Si cui populo licere oportet consacrare origines suas et ad deos referre auctores, ea belli gloria est populo Romano.* (Liv.) **8.** *Si tempus est ullum iure hominis necandi, illud est non modo iustum, verum etiam necessarium, cum vi vis illata defenditur.* (Cic.) **9.** *Quid est Sicilia, si agri cultionem sustuleris?* (Cic.) **10.** *Si quid egero, faciam ut scias.* (Cic.)

B Analizza e traduci le seguenti frasi (periodo ipotetico indipendente del II tipo).

1. *Si omnia facienda sint, quae amici velint, non amicitiae tales, sed coniurationes putandae sint.* (Cic.) **2.** *Si quis vos interroget, quid respondeatis?* (Liv.) **3.** *Si quis deus mihi largiatur, ut ex hac aetate repuerascam et in cunis vagiam, valde recusem* (Cic.) **4.** *Si unusquisque nostrum ad se rapiat commoda aliorum, societas hominum et communitas evertatur necesse est.* (Cic.) **5.** *Ego, si Scipionis desiderio me moveri negem, mentiar.* (Cic.) **6.** *Thucydidem imitari neque possim, si velim, neque velim fortasse, si possim.* (Cic.) **7.** *Ne tu* ("Certamente tu") *iam mecum in gratiam redeas, si scias quam me pudeat nequitiae tuae.* (Cic.) **8.** *Tum ego nequiquam hac dextra Capitolium arcemque servaverim, si civem commilitonemque meum in servitutem ac vincula duci videam.* (Liv.) **9.** *Si praedonibus pactum pretium non attuleris, nulla fraus sit.* (Cic.) **10.** *Orestes, si accusetur matricidii, hoc dicat: «Iure feci; illa enim patrem meum occiderat».* (Cic.)

C Analizza e traduci le seguenti frasi (periodo ipotetico indipendente del III tipo).

1. *Si venisses ad exercitum, a tribunis militaribus visus esses; non es autem ab his visus; non es igitur ad exercitum profectus.* (Cic.) **2.** *Precarer deos, nisi meas preces audire desissent.* (Cic.) **3.** *Si regum atque imperatorum animi virtus in pace ita ut in bello valeret, aequabilius atque constantius sese res humanae haberent.* (Sall.) **4.** *Si Catilina in urbe remansisset, dimicandum nobis cum illo fuisset.* (Cic.) **5.** *Quid facere potuissem, nisi eum vitae cursum tenuissem?* (Cic.) **6.** *Caesar paene Aethiopia tenus Aegyptum penetravit, nisi exercitus sequi recusasset.* (Svet.) **7.** *Num igitur, si Scipio ad centesimum annum vixisset, senectutis eum suae paeniteret?* (Cic.) **8.** *Si Neptunus quod Theseo promiserat non fecisset, Theseus Hippolyto filio non esset orbatus.* (Cic.) **9.** *Si inveniretur aliqua civitas, in qua nemo peccaret, supervacuus esset inter innocentes orator, sicut inter sanos medicus.* (Cic.) **10.** *Si primo proelio Catilina superior aut aequa manu discessisset, profecto magna clades atque calamitas rem publicam oppressisset.* (Sall.)

D Collega la prima parte di ogni frase alla corrispondente seconda parte; poi traduci (periodi ipotetici indipendenti di tipo misto).

1. Turpis est excusatio,
2. Ita qui sentiet,
3. Longius labebar,
4. Si unum diem morati essetis,
5. Reges Lacedaemoniorum reducere exercitum voluerunt,
6. Ista discuntur facile, si habeas
7. Si velim,
8. Difficilior oppugnatio facta erat,

a. moriendum omnibus fuit. (Liv.)
b. nisi me retinuissem. (Cic.)
c. nisi intervenisset Tyrtaeus. (Giust.)
d. qui docere fideliter possit et scias etiam discere. (Cic.)
e. nonne possum? (Cic.)
f. ni T. Quinctius cum quattuor milibus delectorum militum supervenisset. (Liv.)
g. non apertissime insaniat? (Cic.)
h. si quis contra rem publicam se amici causa fecisse fateatur. (Cic.)

E Analizza e traduci le seguenti frasi, riconoscendo le varie tipologie di periodo ipotetico con apodosi dipendente all'infinito.

1. Theophrastus moriens accusasse naturam dicitur, quod hominibus tam exiguam vitam dedisset: quorum si aetas potuisset esse longinquior, futurum fuisse ut omni doctrina hominum vita erudiretur. (Cic.)   2. Hannibal, nisi domi civium invidia debilitatus esset, Romanos videtur superare potuisse. (Nep.)   3. Duodecim tabulae nocturnum furem quoquo modo, diurnum autem, si se telo defenderet, interfici impune voluerunt. (Cic.)   4. Equidem Platonem existimo, si genus forense dicendi tractare voluisset, gravissime et copiosissime potuisse dicere. (Cic.)   5. Apparebat, si Hamilcar diutius vixisset, Hamilcare duce, Poenos arma Italiae illaturos fuisse. (Liv.)   6. Hoc statuo, si amicus esset Clodius Pompeio, laudaturum illum non fuisse. (Cic.)   7. Cum Naxum ferretur, ubi tum Atheniensium erat exercitus, sensit Themistocles, si eo pervenisset, sibi esse pereundum. (Nep.)   8. Negat Epicurus iucunde posse vivi, nisi cum virtute vivatur. (Cic.)

F Analizza e traduci le seguenti frasi, riconoscendo le varie tipologie di periodo ipotetico con apodosi dipendente al congiuntivo.

1. Res in eum locum venerat ut, nisi Caesari Octaviano deus quidam illam mentem dedisset, in potestatem M. Antonii veniendum fuerit. (Cic.)   2. Haud dubium fuit quin, nisi ea mora intervenisset, castra eo die Punica capi potuerint. (Liv.)   3. Callicrates divinat etiam quae futura fuerint, si Philippus vixisset. (Liv.)   4. Ovidii Medea videtur mihi ostendere quantum ille vir praestare potuerit, si ingenio suo imperare quam indulgere maluisset. (Quint.)   5. Is qui nocere alteri cogitat, timet ne, nisi id fecerit, ipse aliquo afficiatur incommodo. (Cic.)   6. Catilina P. Umbreno negotium dat ut legatos Allobrogum, si possit, impellat ad societatem belli. (Sall.)   7. Quaero a te nonne oppressam rem publicam putes, si tot tam facinorosi recepti sint. (Cic.)   8. Quis dubitat quin, si Saguntinis obsessis impigre tulissemus opem, totum in Hispaniam aversuri bellum fuerimus? (Liv.)

G COMPLETAMENTO Inserisci nelle seguenti proposizioni il termine opportuno scegliendo fra le tre opzioni proposte; poi traduci (congiunzioni ipotetiche; proposizioni condizionali restrittive).

1. Dicatur sane Catilina esse eiectus a me; .... (*dummodo - nisi - si minus*) eat in exilium. (Cic.)   2. Tissaphernes .... (*dum - si non - nihil aliud*) quam bellum comparavit. (Nep.)   3. Polycratem Samium felicem appellabant; nihil ei acciderat, quod nollet, ... (*si non - nisi - dummodo*) quod anulum, quo delectabatur, in mari abiecerat. (Cic.)   4. Si spem videro, me ad te conferam; .... (*nisi - quae - sin*) ista evanuerint, aliquid aliud videbimus. (Cic.)   5. Defendet, si poterit; .... (*si vero - nisi - sin minus*) poterit, negabit. (Cic.)   6. Gallia omnes aequo animo belli patitur iniurias, ... (*nisi - si non - dummodo*) repellat periculum servitutis. (Cic.)   7. Haec ego non ferrem, ... (*quod - dum - nisi*) me in philosophiae portum contulissem. (Cic.)   8. Danda opera est ne qua amicorum discidia fiant; .... (*nisi - modo - sin*) tale aliquid evenerit, ut extinctae potius amicitiae quam oppressae videantur. (Cic.)

VERSIONI

■ EXEMPLUM

208 Un ambasciatore scita si rivolge senza timore ad Alessandro Magno

Durante la campagna militare di Alessandro in Scizia, venti ambasciatori degli Sciti si presentano al re; il più anziano dei legati rinfaccia all'invasore la sua avidità, che lo induce a desiderare il mondo intero per sé. Eppure egli dovrebbe pensare alle difficoltà dell'impresa e ricordare che gli Sciti non hanno mai toccato la sua terra e chiedono solo di essere lasciati in pace.

Igitur unum ex his maximum natu locutum accepimus: «Si di habitum corporis tui aviditati animi parem esse voluissent, orbis te non caperet: altera manu Orientem, altera Occidentem contingeres; et hoc adsecutus scire velles ubi tanti numinis[1] fulgor conderetur. Sic quoque, concupiscis quae non capis. Ab Europa petis Asiam; ex Asia transis in Europam. Deinde, si humanum genus omne superaveris, cum silvis et nivibus et fluminibus ferisque bestiis gesturus es bellum. Quid? tu ignoras arbores magnas diu crescere, una hora exstirpari? Stultus est, qui fructus earum spectat, altitudinem non metitur. Vide ne, dum ad cacumen pervenire contendis, cum ipsis ramis, quos conprehenderis, decidas. Leo quoque aliquando minimarum avium pabulum fuit; et ferrum robigo consumit. Nihil tam firmum est cui periculum non sit etiam ab invalido. Quid nobis tecum est? Numquam terram tuam attigimus. Quis sis, unde venias, licetne ignorare in vastis silvis viventibus? nec servire ulli possumus, nec imperare desideramus».

(Curzio Rufo)

Abbiamo dunque appreso che il più anziano degli ambasciatori disse: «Se gli dei avessero voluto che il tuo aspetto fisico fosse pari all'avidità del tuo animo, il mondo intero non ti potrebbe contenere: con una mano toccheresti l'Oriente, con l'altra l'Occidente; e una volta raggiunto questo risultato, tu vorresti sapere dove si nasconda lo splendore d'una così possente divinità. Ma anche così come sei tu desideri cose che non sei in grado di avere. Dall'Europa ti volgi all'Asia, dall'Asia passi all'Europa. In seguito, se sarai riuscito a vincere tutto il genere umano, combatterai con le selve e le nevi e i fiumi e le bestie feroci. E che? Ignori forse che i grandi alberi crescono lentamente, ma sono divelti in un'ora sola? È stolto chi considera i loro frutti, e non ne misura l'altezza. Bada di non cadere, mentre cerchi di raggiungere la vetta, con gli stessi rami che avrai afferrato. Anche il leone talvolta serve da pasto ai più piccoli uccelli; e la ruggine consuma il ferro. Non c'è nulla di così stabile che non debba temere anche ciò che è debole. Che cosa abbiamo

---

1. *tanti numinis*: allude al Sole.

noi a che fare con te? Non abbiamo mai toccato la tua terra. Non ci è consentito, vivendo nelle sterminate foreste, ignorare chi tu sei e donde vieni? Non possiamo essere soggetti a nessuno e a nessuno desideriamo comandare».

(trad. di A. GIACONE)

NOTE LINGUISTICHE

Si di habitum corporis tui aviditati animi parem esse voluissent, orbis te non caperet → periodo ipotetico dell'irrealtà con il congiuntivo piuccheperfetto *voluissent* nella protasi e il congiuntivo imperfetto *caperet* nell'apodosi.

si humanum genus omne superaveris, cum silvis et nivibus et fluminibus ferisque bestiis gesturus es bellum → periodo ipotetico della realtà riconoscibile dall'uso dell'indicativo nella protasi e nell'apodosi.

Vide ne... decidas → costruzione dei *verba curandi*, con la completiva al congiuntivo introdotta da *ne*.

NOTE LESSICALI

habitum → il sostantivo *habitus* significa "apparenza, aspetto esteriore", quindi "forma del corpo, portamento, conformazione, corporatura"; talora indica la maniera di vestire, l'abbigliamento (come nel termine italiano *abito*); in senso traslato vuol dire "condizione, natura, stato, situazione".

exstirpari → il verbo *exstirpo* "estirpare, svellere, sradicare", tipico del linguaggio agricolo, è composto da *ex* e da *stirps* "tronco, ceppo (con le radici)"; quest'ultimo sostantivo passa anche ad indicare la "stirpe", sempre con metafora tratta dall'ambito botanico.

NOTE DI TRADUZIONE

hoc adsecutus scire velles ubi tanti numinis fulgor conderetur → traduzione pressoché letterale ("una volta raggiunto questo risultato, tu vorresti sapere dove si nasconda lo splendore d'una così possente divinità"); si noti però che per la *consecutio temporum* il latino ha l'imperfetto congiuntivo *conderetur* nell'interrogativa indiretta introdotta da *ubi*, mentre Giacone rende opportunamente al presente ("dove si nasconda").

Sic quoque, concupiscis quae non capis → stavolta il traduttore procede più liberamente ed analiticamente, utilizzando anche un'espressione fraseologica ("Ma anche così come sei tu desideri cose che non sei in grado di avere").

PRIMO LIVELLO

209 Una sprezzante risposta di Temistocle

Il generale ateniese Temistocle, discutendo con un abitante di Serifo (un'isoletta delle Cicladi pietrosa e sterile), risponde in modo pungente ad una provocazione del suo interlocutore; la battuta – *mutatis mutandis* – si può applicare anche alla vecchiaia.

a. Temistocle ribatte ad un abitante di Serifo

Themistocles fertur Seriphio cuidam in iurgio respondisse, cum ille dixisset non eum sua, sed patriae gloria splendorem adsecutum: «Nec hercule – inquit – si ego Seriphius essem, nec tu, si Atheniensis, clarus umquam fuisses».

◁ Vedi **Cave!**

b. La battuta si può applicare alla vecchiaia

Quod eodem modo de senectute dici potest. Nec enim in summa inopia levis esse senectus potest ne sapienti quidem, nec insipienti etiam in summa copia non gravis.

(CICERONE)

> **Cave!**
>
> **L'esclamazione *hercule*** Molto frequente è nei testi latini l'esclamazione *hercule* "**per Ercole**"; era una formula asseverativa ed enfatica, usata per confermare qualcosa, soprattutto nei giuramenti; si potrebbe quindi rendere con "**certamente! in verità!**"; compare a volte nella forma *hercle* ed accompagnata da altre particelle asseverative come *sane*, *certe*, *profecto*: *sane quidem hercle* "proprio così per Ercole" (Cic. *De legibus* II 8). Era usata principalmente dagli uomini. Spesso si trova anche la forma *mehercules* / *mehercule* / *mehercle*, ricavata dall'unione del pronome personale di I persona con la suddetta interiezione.
>
> Spesso i traduttori distratti non riconoscono l'esclamazione, provocando effetti involontariamente esilaranti; ad es., nella celebre favoletta *Lupus et agnus* di Fedro (I 1), il lupo arrogante, per trovare un pretesto per sbranare l'agnello, gli rinfaccia di essere stato offeso da suo padre: *Pater hercle tuus – ille inquit – male dixit mihi*. Un alunno molto creativo, supponendo chissà quali contaminazioni genetiche, tradusse: "Tuo padre Ercole parlò male di me"!

210 Nulla è più importante della patria

Cicerone proclama che nulla è più importante e più caro della patria, che riassume in sé tutti gli altri affetti. Per la patria nessun uomo buono esiterebbe a morire; viceversa, coloro che con le loro nefandezze l'hanno straziata sono quanto mai detestabili. L'autore quindi stabilisce una scala di priorità, nella quale al primo posto viene collocata la patria insieme con i genitori, cui siamo debitori per i loro benefici.

a. La patria è per noi il legame più importante	*Sed cum omnia ratione animoque lustraris, omnium societatum nulla est gravior, nulla carior quam ea, quae cum re publica est unicuique nostrum.*
b. Ogni uomo onesto morirebbe per la patria	*Cari sunt parentes, cari liberi, propinqui, familiares, sed omnes omnium caritates patria una complexa est, pro qua quis bonus dubitet mortem oppetere, si ei sit profuturus?*
c. Deplorevole è chi ha danneggiato la patria	*Quo est detestabilior istorum immanitas, qui lacerarunt omni scelere patriam et in ea funditus delenda occupati et sunt et fuerunt.*
d. Al primo posto viene la patria	*Sed si contentio quaedam et comparatio fiat, quibus plurimum tribuendum sit officii, principes sint patria et parentes, quorum beneficiis maximis obligati sumus, proximi liberi totaque domus, quae spectat in nos solos neque aliud ullum potest habere perfugium, deinceps bene convenientes propinqui, quibuscum communis etiam fortuna plerumque est.*

(CICERONE)

SECONDO LIVELLO

211 Cicerone scrive a Tirone

Questa lettera a Tirone, liberto e amico di Cicerone, fu scritta dalla villa di Tuscolo, probabilmente ai primi di agosto del 45 a.C.; Cicerone attende notizie dell'amico e intanto lo prega di riallacciare i legami con il liberto Demetrio e, soprattutto, di riscuotere il debito di Aufidio.

TVLLIVS TIRONI S.D.

Exspecto tuas litteras de multis rebus: te ipsum multo magis. Demetrium[1] redde nostrum et aliud, si quid potest boni. De Aufidiano nomine nihil te hortor[2]: scio tibi curae esse; sed confice. Et, si ob eam rem moraris, accipio causam[3]: si id te non tenet, advola. Litteras tuas valde exspecto. Vale.

(CICERONE)

1. *Demetrium*: di Demetrio, che era forse un liberto, Cicerone aveva avuto motivo di lamentarsi (*Ad fam.* XVI 22); ora però vuole riallacciare i legami con lui e di ciò incarica Tirone.
2. *De Aufidiano nomine nihil te hortor*: "per il debito di Aufidio non ti faccio alcuna esortazione"; con *nomen* si indicava il debito derivante da un prestito, chiamato così perché nel registro dei conti si trascriveva il "nome" di chi aveva ricevuto il denaro.
3. *accipio causam*: "ammetto la (tua) scusa".

Laboratorio

MORFOLOGIA
1. Riconosci ed analizza le forme verbali all'imperativo.

SINTASSI
2. Trova i periodi ipotetici e indicane la tipologia.
3. Che complemento sono, rispettivamente, *boni / tibi curae / ob eam rem*?

LESSICO
4. Quale specifico valore assume nel brano *conficio*? Quali sono i significati principali di questo verbo?

212 Cicerone afferma di essersi sempre sacrificato per il bene dei cittadini

L'orazione *Pro Sestio* (56 a.C.) fu composta da Cicerone in difesa di Publio Sesto, un tribuno della plebe accusato *de vi*, cioè di aver organizzato delle bande armate da contrapporre a quelle di Clodio (leader dei *populares*).
In questo brano, in particolare, Cicerone sottolinea quanto la salvezza dei suoi concittadini gli sia stata sempre a cuore più che la vita stessa e quanto egli si sia sacrificato addossandosi la sventura che incombeva su tutti, in quegli anni di sanguinosi rivolgimenti e scontri politici.

Etenim si mihi in aliqua nave cum meis amicis naviganti hoc, iudices, accidisset, ut multi ex multis locis praedones classibus eam navem se oppressuros minitarentur nisi me unum sibi dedidissent, si id vectores negarent ac mecum simul interire quam me tradere hostibus mallent, iecissem ipse me potius in profundum, ut ceteros conservarem, quam illos mei tam cupidos non modo ad certam mortem, sed in magnum vitae discrimen adducerem. Cum vero in hanc rei publicae navem, ereptis senatui gubernaculis fluitantem in alto tempestatibus seditionum ac discordiarum, armatae tot classes, nisi ego essem unus deditus, incursurae viderentur, cum proscriptio, caedes, direptio denuntiaretur, cum alii me suspicione periculi sui non defenderent, alii vetere odio bonorum incitarentur, alii inviderent, alii obstare sibi me arbitrarentur, alii ulcisci dolorem aliquem suum vellent, alii rem ipsam publicam atque hunc bonorum statum otiumque odissent et ob hasce causas tot tamque varias me unum deposcerent, depugnarem potius cum summo non dicam exitio, sed periculo certe vestro liberorumque vestrorum, quam id quod omnibus impendebat unus pro omnibus susciperem ac subirem?

(CICERONE)

Laboratorio

SINTASSI
1. Trova i periodi ipotetici e indicane la tipologia.
2. Che tipo di proposizioni sono quelle introdotte da *quam*?

LESSICO
3. Che significa il termine *proscriptio*? Qual è la sua etimologia?

ANALISI STILISTICA
4. Individua i poliptoti, gli omoteleuti ed una metafora.

COMPRENSIONE DEL TESTO
5. Quale esempio immaginario prospetta Cicerone ai giudici?
6. Quali fattori hanno fatto sì che molti desiderassero la morte di Cicerone?

●●● | 213 Elogio dell'*otium*

Nel *De otio* (*La vita contemplativa*), Seneca discute sull'opportunità dell'*otium* (cioè l'attività intellettuale di chi non è *occupatus* in attività ritenute dispersive e dannose come la politica e gli affari). Il filosofo afferma di non allontanarsi dai precetti degli stoici, che ritenevano doveroso l'impegno politico; precisa però che sia la filosofia stoica sia quella epicurea inducono maggiormente alla scelta della vita contemplativa, solo che per Epicuro il saggio non si dedicherà mai alla politica salvo che vi sia costretto, mentre per lo stoico Zenone il sapiente farà politica, a meno che qualcosa glielo impedisca.

Duae maxime et in hac re dissident sectae, Epicureorum et Stoicorum, sed utraque ad otium diversa via mittit. Epicurus ait: «Non accedet ad rem publicam sapiens, nisi si quid intervenerit»; Zenon ait: «Accedet ad rem publicam, nisi si quid impedierit». Alter otium ex proposito petit, alter ex causa; causa autem illa late patet. Si res publica corruptior est quam ut adiuvari possit, si occupata est malis, non nitetur sapiens in supervacuum nec se nihil profuturus impendet; si parum habebit auctoritatis aut virium nec illum erit admissura res publica, si valetudo illum impediet, quomodo navem quassam non deduceret in mare, quomodo nomen in militiam non daret debilis, sic ad iter quod inhabile sciet non accedet. Potest ergo et ille cui omnia adhuc in integro sunt, antequam ullas experiatur tempestates, in tuto subsistere et protinus commendare se bonis artibus et illibatum otium exigere, virtutum cultor, quae exerceri etiam quietissimis[1] *possunt. Hoc nempe ab homine exigitur, ut prosit hominibus: si fieri potest, multis; si minus, paucis; si minus, proximis; si minus, sibi.*

(SENECA)

1. *quietissimis*: dativo di agente ("anche da chi vive nella quiete assoluta").

●●● | 214 Pregi e limiti di Seneca

Nel X libro della sua *Institutio oratoria* Quintiliano presenta una rassegna dei migliori oratori romani; passando poi all'analisi dei trattatisti di filosofia, riconosce che in questo genere la cultura romana ha prodotto pochissimi scrittori eloquenti; in particolare cita Cicerone, accennando poi a pochi altri. Intenzionalmente Quintiliano ha rinviato l'esame di Seneca, a causa dell'opinione diffusa che egli ne sia un accanito detrattore; in realtà egli intende ricondurre lo stile senecano a una valutazione basata su criteri più rigorosi. In questo passo dunque vengono riconosciute le grandi qualità di Seneca, ma al tempo stesso se ne deplorano alcune pecche.

Cuius et multae alioqui et magnae virtutes fuerunt, ingenium facile et copiosum, plurimum studii, multa rerum cognitio, in qua tamen aliquando ab iis quibus inquirenda quaedam mandabat deceptus est. Tractavit etiam omnem fere studiorum materiam: nam et orationes eius et poemata et epistulae et dialogi feruntur. In philosophia parum diligens, egregius tamen vitiorum insectator fuit. Multae in eo claraeque sententiae, multa etiam morum gratia legenda, sed in eloquendo corrupta pleraque, atque eo perniciosissima quod abundant dulcibus vitiis. Velles eum suo ingenio dixisse, alieno iudicio: nam si aliqua contempsisset, si aliqua concupisset, si non omnia sua amasset, si rerum pondera minutissimis sententiis non fregisset, consensu potius eruditorum quam puerorum amore comprobaretur. Verum sic quoque iam robustis et severiore genere satis firmatis legendus, vel ideo quod exercere potest utrimque iudicium. Multa enim, ut dixi, probanda in eo, multa etiam admiranda sunt, eligere modo curae sit; quod utinam ipse fecisset: digna enim fuit illa natura quae meliora vellet; quod voluit effecit.

(Quintiliano)

Laboratorio

SINTASSI
1. Individua i periodi ipotetici e indicane la tipologia.
2. Che tipo di costrutto è *utinam ipse fecisset*?

ANALISI STILISTICA
3. Quali figure retoriche riscontri nel periodo che conclude il brano?

COMPRENSIONE DEL TESTO
4. Elenca le qualità che Quintiliano riconosce a Seneca.
5. Quale valutazione conclusiva di Seneca emerge dal brano?

215 Esaltazione della vita cristiana

Marco Minucio Felice, vissuto in Africa tra il II e il III secolo d.C., fu autore di un dialogo sulla religione, l'*Octavius*, che presenta una conversazione fra l'autore stesso, il cristiano Ottavio e il pagano Cecilio.
Nel passo qui presentato Ottavio esalta la concordia dei cristiani, la serena atmosfera in cui vivono, il costante aumento delle conversioni; afferma che i fedeli si riconoscono per la loro innocenza e modestia, amandosi di un amore reciproco e rifuggendo dall'odio. Ottavio afferma infine che i cristiani non creano immagini di Dio, ritenendo che nessuna possa essere adeguata alla sua grandezza.

Nec de ultima statim plebe consistimus, si honores vestros et purpuras recusamus, nec factiosi sumus, si omnes unum bonum sapimus eadem congregati quiete qua singuli, nec in angulis garruli, si audire nos publice aut erubescitis aut timetis. Et quod in dies nostri numerus augetur, non est crimen erroris, sed testimonium laudis; nam in pulchro genere vivendi et perseverat suus et adcrescit alienus. Sic nos denique non notaculo corporis, ut putatis, sed innocentiae ac modestiae signo facile dinoscimus: sic nos mutuo, quod doletis, amore diligimus, quoniam odisse non novimus: sic nos, quod invidetis, fratres vocamus, ut unius dei parentis homines, ut consortes fidei, ut spei coheredes. Vos enim nec invicem adgnoscitis et in mutua odia saevitis, nec fratres vos nisi sane ad parricidium recognoscitis. Putatis autem nos occultare quod colimus, si delubra et aras non habemus? Quod enim simulacrum deo fingam, cum, si recte existimes, sit dei homo ipse simulacrum? Templum quod ei extruam, cum totus hic mundus eius opere fabricatus eum capere non possit?

(Minucio Felice)

216 Cristoforo Colombo parla degli abitanti delle terre da lui scoperte

La lettera, di cui riportiamo uno stralcio, fu scritta da Cristoforo Colombo in spagnolo, nel febbraio del 1493, e inviata a Raffaele Saxis, tesoriere del re di Spagna, per annunciare la scoperta del nuovo mondo. Della lettera fu fatta una traduzione dallo spagnolo in latino da Leandro di Cosco (o Cusco), per diffondere la notizia di un così importante avvenimento.

Nel passo qui riportato Colombo parla dell'isola "Spagnola", in cui egli ha lasciato un contingente armato ed una caravella, dopo aver stabilito accordi con il re locale (che addirittura lo amava come un fratello); gli indigeni ignorano le armi, sono nudi e poco coraggiosi; Colombo aggiunge poi altre notizie su usanze e caratteristiche di questo popolo.

In qua[1] homines, qui necessarii sunt visi, cum omni armorum genere et ultra annum victu oportuno reliqui; item quandam caravellam et pro aliis construendis tam in hac arte quam in ceteris peritos ac eiusdem insule Regis erga nos benivolentiam et familiaritaten incredibilem. Sunt enim gentes illæ[2] amabiles admodum et benigne[3] eo, quod Rex praedictus me fratrem suum dici gloriabatur. Et si animum revocarent et his qui in arce manserunt nocere velint, nequeunt, quia armis carent, nudi incedunt et nimium timidi. Ideo dictam arcem tenentes duntaxat possunt totam eam insulam nullo sibi imminente discrimine (dummodo leges, quas dedimus, ac regimen non excedant) facile detinere. In omnibus his insulis, ut intellexi, quisque uni tantum coniugi acquiescit praeter principes aut reges, quibus viginti habere licet. Feminæ magis quam viri laborare videntur. Nec bene potui intelligere, an habeant bona propria. Vidi enim, quod unus habebat, aliis impartiri, presertim dapes, obsonia et huiusmodi. Nullum apud eos monstrum reperi[4], ut plerique existimabant, sed homines magne reverentie[5] atque benignos. Nec sunt nigri velut Ethiopes[6]. Habent crines planos ac demissos. Non degunt, ubi radiorum solaris emicat calor. Per magna namque hic est solis vehementia, propterea quod ab equinoctiali linea distat gradus sex et viginti. Ex montium acuminibus maximum quoque viget frigus, sed id quidem moderantur Indi tum loci consuetudine, tum rerum calidissimarum, quibus frequenter et luxuriose vescuntur, presidio[7].

(Cristoforo Colombo)

1. *In qua*: "In questa (isola)"; si riferisce all'isola che Colombo chiama "Spagnola", da alcuni identificata con Santo Domingo.
2. *ille*: *illae*.
3. *benigne*: *benignae*.
4. *reperi*: *repperi*, perfetto da *reperio*.
5. *magne reverentie*: *magnae reverentiae*, genitivo di qualità.
6. *Ethiopes*: *Aethiopes*.
7. *presidio*: *praesidio*.

TERZO LIVELLO

217 La conoscenza dell'avvenire non ci sarebbe utile

Atque ego ne utilem quidem arbitror esse nobis futurarum rerum scientiam. Quae enim vita fuisset Priamo, si ab adulescentia scisset quos eventus senectutis esset habiturus? Abeamus a fabulis, propiora videamus. Clarissimorum hominum nostrae civitatis gravissimos exitus in Consolatione[1] conlegimus. Quid igitur? Ut omittamus superiores, Marcone Crasso[2] putas utile fuisse tum, cum maxumis opibus fortunisque florebat, scire sibi interfecto Publio filio exercituque deleto trans Euphratem cum ignominia et dedecore esse pereundum? An Cn. Pompeium censes tribus suis consulatibus, tribus triumphis, maximarum rerum gloria **laetaturum fuisse**, *si sciret se in solitudine Aegyptiorum trucidatum iri amisso exercitu, post mortem vero ea consecutura, quae sine lacrimis non possumus dicere? Quid vero*

▷ Vedi **Curiosità**

Caesarem putamus, si divinasset fore ut in eo senatu quem maiore ex parte ipse cooptasset, in curia Pompeia, ante ipsius Pompei simulacrum, tot centurionibus suis inspectantibus, a nobilissumis civibus, partim etiam a se omnibus rebus ornatis, trucidatus ita iaceret, ut ad eius corpus non modo amicorum, sed ne servorum quidem quisquam accederet, quo cruciatu animi vitam acturum fuisse? Certe igitur ignoratio futurorum malorum utilior est quam scientia.

(CICERONE)

1. *in Consolatione*: allude alla *Consolatio* scritta per la morte della figlia Tullia, di cui ci sono rimasti solamente dei frammenti.

2. *Marcone Crasso*: è il primo dei tre personaggi presi come esempio, che insieme formarono il cosiddetto "primo triumvirato".

Curiosità

Dal letame alla letizia Al verbo *laetor, -ari* "allietarsi, rallegrarsi" si collegano il sostantivo *laetitia* "gioia, letizia, allegria", l'aggettivo *laetus, -a, -um* "lieto" e l'avverbio *laete* "lietamente". Tutti derivano da *laetamen* che significa "letame" e deriva a sua volta dal verbo *laetare* che significava "concimare"; in effetti il letame è un utile fertilizzante e quindi "allieta" i campi... Molti nomi comuni e propri della lingua latina hanno avuto origine dal mondo agricolo, a testimonianza dell'importanza fondamentale che quest'ambito rivestì nella Roma delle origini.

••• | 218 Dobbiamo essere grati agli antichi di averci tramandato le loro esperienze

Maiores cum sapienter tum etiam utiliter instituerunt, per commentariorum relationes cogitata tradere posteris, ut ea non interirent, sed singulis aetatibus crescentia voluminibus edita gradatim pervenirent vetustatibus ad summam doctrinarum subtilitatem. Itaque non mediocres sed infinitae sunt his agendae gratiae, quod non invidiose silentes praetermiserunt, sed omnium generum sensus conscriptionibus memoriae tradendos curaverunt. Namque si non ita fecissent, non potuissemus scire, quae res in Troia fuissent gestae, nec quid Thales, Democritus, Anaxagoras, Xenophanes reliquique physici sensissent de rerum natura, quasque Socrates, Platon, Aristoteles, Zenon, Epicurus aliique philosophi hominibus agendae vitae terminationes finissent, seu Croesus, Alexander, Darius ceterique reges quas res aut quibus rationibus gessissent, fuissent notae, nisi maiores praeceptorum conparationibus omnium memoriae ad posteritatem commentariis extulissent. Itaque quemadmodum his gratiae sunt agendae, contra, qui eorum scripta *furantes* pro suis praedicant, sunt vituperandi, quique non propriis cogitationibus scriptorum nituntur, sed invidis moribus aliena violantes gloriantur, non modo sunt reprehendendi, sed etiam, qui impio more vixerunt, poena condemnandi.

◀ Vedi **Cave!**

(VITRUVIO)

Cave!

Furantes e furentes Non bisogna confondere il verbo deponente *furor, -ari* "rubare" (cfr. *furtum* "furto, raggiro") con il verbo attivo *furo, -ĕre* "infuriare, essere fuori di sé, delirare" (cfr. *furor* "furore, furia, frenesia").
Conseguentemente *furentes* sono **i pazzi**, i furibondi, i furiosi, mentre *furantes* sono **i ladri**, coloro che si appropriano dell'altrui.

Ruit omnis in unum turba furens. (Ov.)
La folla **furibonda** si slancia tutta su lui solo.
in densis furantem membra maniplis (Silio Italico)
che sottraeva il corpo (ai colpi) in mezzo alle truppe serrate

Unità 18 Proposizioni condizionali. Periodo ipotetico

Laboratorio

ANALISI STILISTICA
1. Quali figure retoriche si riscontrano, rispettivamente, nelle espressioni *ad summam... subtilitatem* / *non mediocres* / *Thales, Democritus, Anaxagoras, Xenophanes*?

COMPRENSIONE DEL TESTO
2. Quale iniziativa dei *maiores* viene particolarmente apprezzata da Vitruvio?
3. A chi si rivolge la polemica dell'autore nell'ultimo periodo del brano?

PRODUZIONE
4. Elenca in latino i principali meriti dei *maiores*.

●●● | 219 Solo il passato è un bene sicuro

In tria tempora vita dividitur: quod fuit, quod est, quod futurum est. Ex his quod agimus breve est, quod acturi sumus dubium, quod egimus certum. Hoc est enim in quod fortuna ius perdidit, quod in nullius arbitrium reduci potest. Hoc amittunt occupati; nec enim illis vacat praeterita respicere, et, si vacet, iniucunda est paenitendae rei recordatio. Inviti itaque ad tempora male exacta animum revocant nec audent ea retemptare quorum vitia, etiam quae aliquo praesentis voluptatis lenocinio surripiebantur, retractando patescunt. Nemo, nisi quoi[2] omnia acta sunt sub censura sua, quae numquam fallitur, libenter se in praeteritum retorquet: ille qui multa ambitiose concupiit superbe contempsit, impotenter vicit insidiose decepit, avare rapuit prodige effudit, necesse est memoriam suam timeat. Atqui haec est pars temporis nostri sacra ac dedicata, omnis humanos casus supergressa, extra regnum fortunae subducta, quam non inopia, non metus, non morborum incursus exagitet; haec nec turbari nec eripi potest; perpetua eius et intrepida possessio est. Singuli tantum dies, et hi per momenta, praesentes sunt; at praeteriti temporis omnes, cum iusseritis, aderunt, ad arbitrium tuum inspici se ac detineri patientur, quod facere occupatis non vacat.

(SENECA)

1. *quoi*: sta per *cui*.

●●● | 220 Non ci si deve limitare all'imitazione dei nostri predecessori

Quem ad modum quidam pictores in id solum student, ut describere tabulas mensuris ac lineis sciant, turpe etiam illud est, contentum esse id consequi quod imiteris. Nam rursus quid erat futurum si nemo plus effecisset eo quem sequebatur? Nihil in poetis supra Livium Andronicum[1], nihil in historiis supra pontificum annales haberemus; ratibus adhuc navigaremus, non esset pictura nisi quae lineas modo extremas umbrae quam corpora in sole fecissent circumscriberet. Ac si omnia percenseas, nulla mansit ars qualis inventa est, nec intra initium stetit: nisi forte nostra potissimum tempora damnamus huius infelicitatis, ut nunc demum nihil crescat: nihil autem crescit sola imitatione. Quod si prioribus adicere fas non est, quo modo sperare possumus illum oratorem perfectum, cum in iis quos maximos adhuc novimus nemo sit inventus in quo nihil aut desideretur aut reprehendatur? Sed etiam qui summa non adpetent, contendere potius quam sequi debent. Nam qui hoc agit, ut prior sit, forsitan, etiam si non transierit, aequabit. Eum vero nemo potest aequare cuius vestigiis sibi utique insistendum putat: necesse est enim semper sit posterior qui sequitur.

(QUINTILIANO)

1. *Livium Andronicum*: poeta arcaico (III sec. a.C.) originario di Taranto, autore di una traduzione latina dell'*Odissea* e di alcune opere teatrali.

UNITÀ 19

PROPOSIZIONI RELATIVE

CURIOSITÀ	CAVE!
Fasto e nefasto	*Mulier*
La *ferrea manus*	Il verbo *repăro*

IN ITALIANO

- Le proposizioni relative sono proposizioni subordinate alla principale (o reggente); possono essere introdotte da pronomi relativi (*il quale, la quale, i quali, le quali, cui, che, chi*) o da avverbi relativi (*dove*). L'elemento della frase sovraordinata cui si lega il relativo viene definito antecedente.
Le relative ricevono la qualifica di "**aggettive**" (e "**appositive**") perché, se risolte, assumono la forma di un aggettivo (o di un participio con funzione di aggettivo) o di un'apposizione:

    *Gli Spartani vivevano in una città **che era molto bellicosa**.* → *Gli Spartani vivevano in una città **bellicosa**.* [attributo]

    *Giovanni, **che è l'amico di Chiara**, è un ragazzo simpatico.* → *Giovanni, **l'amico** [apposizione] di Chiara, è un ragazzo simpatico.*

- Alcune proposizioni relative, che indicano un desiderio o una condizione, e che perciò si formano con il congiuntivo, sono dette "**improprie**"; esse possono equivalere a vari tipi di proposizione subordinata (finale, consecutiva, causale, ecc.):

    *Mia madre ha chiamato un idraulico **che aggiusti i tubi rotti**.* → *Mia madre ha chiamato un idraulico **affinché aggiusti i tubi rotti**.*

- In italiano le relative hanno forma esplicita se formate con un verbo di modo finito:

    *Piero, **la cui serietà è nota a tutti**, ha trovato un ottimo lavoro.*

    Le relative implicite si formano invece con il participio (presente o passato) o con l'infinito (introdotto da "a" o "da" oppure da un pronome relativo):

    *Furono invitati tutti **gli aventi diritto**.* (= tutti **coloro che avevano diritto di voto**)
    *Non furono ammessi in classe gli alunni **arrivati dopo le otto e dieci**.* (= **che erano arrivati dopo le otto e dieci**)
    *Vedo molta biancheria **da lavare**.* (= **che va lavata**)
    *Filippo è stato il primo **a consegnare**.* (= **che ha consegnato**)

▶ Esercizi

1 Nei seguenti periodi, riconosci le proposizioni relative (attenzione: non sempre ve ne sono!).

1. Ti ho fatto un regalo che ti sarà molto utile. **2.** Mi chiesero che cosa volevo fare. **3.** Cerco un socio che collabori con me. **4.** Federica Pellegrini, che ha vinto moltissime gare, è una nuotatrice eccezionale. **5.** Chi ti ha detto queste cose ha mentito. **6.** La ragazza che hai visto è mia sorella. **7.** Penso che tu abbia assolutamente torto. **8.** Avete trovato la persona alla quale affidare questo incarico? **9.** Gli argomenti di cui parlò il conferenziere erano molto interessanti. **10.** Chi tace acconsente.

2 Distingui le proposizioni relative proprie dalle relative improprie.

1. Voglio leggere attentamente il libro che mi hai comprato. **2.** Devi trovarti un hobby che non ti impegni troppo. **3.** Ho visto i miei amici che uscivano dal pub a tarda notte. **4.** Invidio i miei compagni che sono già in vacanza. **5.** Devo trovare una soluzione che risolva il problema. **6.** Chiamerò un idraulico che ripari il tubo del bagno. **7.** Genova, che sorge tra il mare e la terraferma, è definita "la Superba". **8.** Quel bambino, che ha studiato svogliatamente, non ha ancora imparato la matematica. **9.** Un amico che non ti aiutasse al momento del bisogno sarebbe inutile. **10.** La notizia che mi dai mi rattrista.

3 Nelle seguenti frasi, riconosci i diversi valori di "che".

1. Le cose *che* dovresti imparare sono così semplici, *che* non so *che* problema ci sia. **2.** Ora *che* lei era lì lui non sapeva più *che* dirle. **3.** Credo *che* sia questa la via *che* conduce alla pizzeria *che* mi hanno indicato. **4.** Il libro *che* mi hai consigliato è uno dei più belli *che* abbia mai letto. **5.** Il ragazzo le domandò *che* pensasse di lui, ma lei si limitò a rispondere *che* non lo conosceva abbastanza.

1 RELATIVE PROPRIE

Le relative proprie specificano o determinano alcuni elementi della proposizione reggente. Sono introdotte da un **pronome relativo** (*qui, quicumque, qualis, quantus*, ecc.) o da un **avverbio relativo** (come *ubi, unde, quo, qua*, ecc.) e di solito sono espresse al modo indicativo:

| *Puer* **qui venit** *frater meus est.* | Il ragazzo **che è venuto** è mio fratello. |

Le relative proprie si possono distinguere in:

circostanziali → aggiungono una **determinazione necessaria o accessoria** al pensiero che si vuole esprimere ed hanno funzione di attributo o di apposizione rispetto a un termine della reggente	*Hominum milia sex eius pagi,* **qui Verbigenus appellatur**, *ad Rhenum contenderunt.* (Ces.) Seimila uomini di quel villaggio **che è chiamato Verbigeno** si recarono verso il Reno. [determinazione necessaria]
	Belgae proximi sunt Germanis, **qui trans Rhenum incolunt**. (Ces.) I Belgi sono molto vicini ai Germani, **che abitano al di là del Reno**. [determinazione accessoria]
parentetiche → totalmente prive di qualsiasi elemento antecedente, queste relative aggiungono una **specificazione qualitativa** a un nome o a un pronome; corrispondono alle espressioni italiane "tu, prudente / diligente / saggio come sei" (= "data la tua prudenza / diligenza / saggezza")	*Quae tua est prudentia / qua es prudentia / pro tua prudentia haec omnia bene intelligis.* Tu, **previdente come sei**, ben comprendi tutto ciò.
	Qua es humanitate / quae tua humanitas est. **Tanta è la tua affabilità.**
perifrastiche → sono delle perifrasi esplicative di un sostantivo o di un participio e si riferiscono a **situazioni occasionali**	*Videmus* **ea quae terra gignit** *corticibus et radicibus valida servari.* (Cic.) Vediamo che **i prodotti della terra** sono mantenuti in vigore dalle cortecce e dalle radici.

Le relative proprie sono anche introdotte da pronomi o avverbi raddoppiati o in -*cumque*, che in italiano preferiscono il congiuntivo:

quicumque es	chiunque tu sia
quocumque eo	dovunque io vada

> **NB**
> - Il pronome che fa da antecedente a *qui, quae, quod* spesso può essere tralasciato se il suo caso è identico a quello del relativo:
>
>   **(Is)** *qui* locutus est amicus meus est.   **Colui che** parlò è mio amico.
> - Se invece i casi sono diversi, l'antecedente deve essere espresso necessariamente:
>
>   ***Eum*** laudo *qui* haec dixit.   Lodo **colui che** disse queste cose.

1.1 Attrazione modale e congiuntivo obliquo

Le proposizioni relative proprie possono presentare il modo congiuntivo nei seguenti casi:

a) **attrazione modale**, per la quale relative dipendenti da un congiuntivo o da un infinito sono espresse al **congiuntivo** anche quando ci si aspetterebbe un indicativo:

*Non dubitavi id a te petere, **quod** mihi **esset** maxime necessarium.*	Non ho esitato a chiederti ciò **che** mi **era** soprattutto necessario.
*Dicĭmus eum bonum virum esse, **qui** prosit quibus possit.* (Cic.)	Diciamo che è un uomo buono, **colui che** giova a chi può.

b) **congiuntivo obliquo**, quando la relativa esprime l'opinione, il pensiero di una persona diversa da chi parla:

*Socrates exsecrari solebat eum, **qui** primus utilitatem a iure **seiunxisset**.*	Socrate soleva detestare colui **che** per primo **aveva separato** l'utile dal giusto. [pensiero di Socrate]

c) con ***quod*** o ***quod quidem*** ("per quello che, per quanto") in espressioni come:

quod sciam	**ch'io** sappia
quod meminerim	**per quel che** io ricordo
quod quidem audierim	**per quel che** ho inteso dire

Si usa invece sempre l'**indicativo**:

- nella frase ***quod attinet ad aliquem / ad aliquid*** "per quanto riguarda qualcuno / qualcosa":

Quod attĭnet ad Gallos	**per quanto riguarda** i Galli

- con ***quantum*** "per quanto" e ***quoad*** "fin dove" nel medesimo senso del *quod* limitativo:

quantum perspicio	**per quel che** vedo
quantum intellego	**per quel che** capisco
quantum possum	**per quanto** posso

1.2 Relative apparenti o nesso relativo

Spesso il latino usa i pronomi relativi per unire più strettamente le proposizioni e i periodi, laddove l'italiano userebbe il dimostrativo preceduto da congiunzioni come "e, ma". In questo caso si parla di **nesso relativo** o di **relativa apparente** (o coordinante); si tratta infatti di proposizioni relative soltanto apparentemente subordinate, ma di fatto equivalenti ad una proposizione coordinata (copulativa, avversativa, dichiarativa o conclusiva):

Discebamus pueri XII tabulas, **quas** (= *sed eas*) *iam nemo discit.*	Da bambini imparavamo le dodici tavole, **ma** ormai nessuno **le** impara più.
Iuppiter Tantalo concredere sua consilia solitus erat: **quae** (= *et ea*) *Tantalus ad homines renuntiavit.*	Giove era solito confidare le sue decisioni a Tantalo; **e** Tantalo **le** riferì agli uomini.

1.3 Concorrenza del relativo

Una proposizione relativa può contenere **due elementi relativi**, strettamente uniti, di cui uno fa da complemento e l'altro da soggetto della proposizione:

Sacrae erant virgines, **quas qui violasset**, *capite multabatur.*	Le vergini (vestali) erano sacre, **e chi le avesse violate**, era punito con la morte.

1.4 Prolessi e attrazione del relativo

Un uso particolare è la "**prolessi**" o **anticipazione** della proposizione relativa rispetto alla reggente; spesso il pronome relativo "anticipato" è "richiamato" nella reggente da un pronome dimostrativo, pertanto è opportuno tradurre prima la reggente e poi la relativa:

Quae *dixisti,* **ea** *probo.*	**Le cose che** hai detto, **quelle cose** io approvo. [ma meglio: approvo **le cose che** hai detto]
Qui *modo sibi timuerunt,* **hos** *tutissimus portus recipiebat.* (Ces.)	Un porto sicurissimo accoglieva **coloro che** poco prima avevano temuto per sé.

La prolessi può provocare lo spostamento dell'antecedente nella relativa stessa, se costituito da un sostantivo; si tratta della cosiddetta **attrazione**:

In qua urbe *modo gratia auctoritate gloria floruĭmus,* **in ea** *nunc his quidem omnibus caremus.* (Cic.)	**Nella città nella quale** poco fa godevamo di influenza, autorità e fama, **in essa** ora manchiamo di tutte queste cose.

Talvolta tale antecedente "attratto" nella relativa prende anche il caso del pronome (**attrazione inversa** del relativo):

Quam *quisque norit* **artem**, *in hac se exerceat.*	Ciascuno si eserciti **nell'attività che** conosce. [il sostantivo *ars* è stato attratto nella relativa ed è passato dall'ablativo all'accusativo per attrazione di *quam*]

Ben più raro è il caso dell'**attrazione diretta**, per la quale è invece il relativo ad essere attratto nel caso dell'antecedente:

Notante **iudice quo** *nosti populo.* (Or.)	Poiché lo bollò il popolo, **che è quel giudice che** tu ben conosci. [ci si aspetterebbe *quem* e non *quo*, che è passato in ablativo per influsso di *iudice*]

2 RELATIVE IMPROPRIE

Le **relative improprie** sono proposizioni avverbiali, in quanto svolgono la funzione di proposizione complementare indiretta. Esse possono essere di vario tipo:

finali	*Missi sunt legati **qui pacem petĕrent***. Furono mandati degli ambasciatori, **che** (= **affinché**) **chiedessero** la pace.
causali	*Me et de via fessum et **qui** (= cum ego) ad multam noctem **vigilassem**, artior, quam solebat, somnus complexus est.* (Cic.) Stanco della via e **dato che avevo vegliato** fino a notte fonda fui colto da un sonno più profondo del solito.
consecutive	*Non is sum **qui** minis tuis **terrear**.* Non sono tale **da essere spaventato** dalle tue minacce.
concessive	*Egomet, **qui** (= quamvis) sero ac leviter Graecas litteras **attigissem**, tamen Athenis complures tum dies sum commoratus.* (Cic.) Io stesso, **pur essendomi accostato** tardi e superficialmente alla letteratura greca, tuttavia soggiornai allora parecchi giorni ad Atene.
ipotetiche e comparative ipotetiche	***Qui** (= si quis) haec **videat**, nonne cogatur confitēri deos esse?* **Se uno vedesse** queste cose, forse non sarebbe costretto ad ammettere che gli dèi esistono? *Tum quidam, **quasi qui** omnia **sciret**, locutus est.* (Cic.) Allora parlò un tale, **come se sapesse** ogni cosa.
limitative o restrittive	*Antiquissimi sunt, **quorum quidem** scripta **constent**, Pericles atque Alcibiades.* (Cic.) I più antichi, **almeno di quelli i cui scritti risultino autentici**, sono Pericle e Alcibiade.

- Valore consecutivo ha *qui* dopo gli aggettivi *dignus, indignus, idoneus, aptus*:

  ***Dignus** es **qui** lauderis.*   **Sei degno di** essere lodato.

- Hanno valore consecutivo espressioni come *sunt qui* "ci sono alcuni che", *reperiuntur qui* "si trovano quelli che", *non desunt qui* "non mancano quelli che", *quis est qui* "chi è che", ecc.:

  ***Sunt homines**, **quos** infamiae suae neque pudeat neque taedeat.* (Cic.)   **Ci sono degli uomini**, **che** non si vergognano né si annoiano della loro infamia.

Esercizi

A Rendi in modo sintetico (ad es. con un sostantivo italiano) le seguenti relative perifrastiche.
1. *id quod cupĭmus*   2. *ii qui reipublicae praesunt*   3. *liber qui inscribitur* De rerum natura   4. *ii qui audiunt*   5. *ii qui ea legunt*   6. *is qui dicit*   7. *ii qui parent*   8. *ea quae agis*   9. *ea quae terra gignit*   10. *ii qui adsunt*

B Analizza e traduci le seguenti frasi, distinguendo le varie tipologie di proposizioni relative (relative perifrastiche; relative proprie con l'indicativo; con il congiuntivo obliquo, caratterizzante ed eventuale; relative improprie).

1. Nihil est in dicendo maius quam ut faveat oratori is qui audiet. (Cic.) **2.** Quam multa collecta sunt de rebus iis, quae gignuntur e terra! (Cic.) **3.** Equidem non dubitabo quod sentio dicere. (Cic.) **4.** Inventi multi sunt, qui non modo pecuniam, sed etiam vitam profundere pro patria parati essent. (Cic.) **5.** Caesar servos qui ad Helvetios perfugissent poposcit. (Ces.) **6.** L. Rufum Caesar idoneum iudicaverat, quem ad Pompeium cum mandatis mitteret. (Ces.) **7.** Fuere qui crederent M. Crassum non ignarum Catilinae coniurationis fuisse. (Sall.) **8.** Perutiles Xenophontis libri sunt, quos legite studiose. (Cic.) **9.** Nullus est dolor quem non longinquitas temporis minuat atque molliat. (Cic.) **10.** Innocentia est affectio talis quae noceat nemini. (Cic.) **11.** Animus sacer et aeternus est, et cui non possit inici manus. (Sen.) **12.** Omnibus rebus comparatis, Helvetii diem dicunt qua die ad ripam Rhodani omnes veniant. (Ces.) **13.** Altius praecepta descendunt quae teneris imprimuntur aetatibus. (Sen.) **14.** Sunt philosophi et fuerunt, qui omnino nullam habere censerent humanarum rerum procurationem deos. (Cic.) **15.** Caesari exploratores referunt apud Suebos silvam esse infinita magnitudine, quae appellatur Bacenis. (Ces.) **16.** Zeno appellat beatam vitam eam solam, quae cum virtute degatur. (Cic.) **17.** Galli comparaverunt ea quae ad fugam pertinerent. (Ces.) **18.** Caesar equitatum, qui sustineret hostium impetus, misit. (Ces.) **19.** Maluimus iter facere pedibus, qui incommodissime navigavissemus. (Cic.) **20.** Nemo Agrigenti neque aetate tam adfecta neque viribus tam infirmis fuit, qui non illa nocte, eo nuntio excitatus, surrexerit telumque, quod cuique fors offerebat, arripuerit. (Cic.)

C Analizza e traduci le seguenti frasi (nesso relativo, prolessi del relativo).

1. Voluptatibus agricolarum ego incredibiliter delector: quae non impediuntur senectute. (Cic.) **2.** Quod tu semper cupisti, idem volebat Alphenus. (Cic.) **3.** Quod cuique obtigit, id quisque teneat. (Cic.) **4.** Qua in vita est aliquid mali, ea beata esse non potest. (Cic.) **5.** Quae poena ab dis immortalibus periuro, haec eadem mendaci constituta est. (Cic.) **6.** Ad quas res aptissimi erimus, in iis potissimum elaborabĭmus. (Cic.) **7.** Quae prima innocentis mihi defensio est oblata, eam suscepi (Cic.) **8.** Qui Tiberium Gracchum, idem Gaium, fratrem eius, occupavit furor. (Vell.) **9.** Quae primum navigandi nobis facultas data erit, ea utemur. (Cic.) **10.** Quam domum nemo poterat sine lacrimis praeterire, hac te in domo deversari non pudet? (Cic.) **11.** Quem spem delusit, huic querela convenit. (Fedro) **12.** Interea Galli concilium in silvis habuerunt et bello decertare statuerunt. Quae omnia Caesar per exploratores comperit. (Ces.) **13.** Quos amicos habui, eos maxime dilexi. (Cic.) **14.** Quibus diebus praetores ius dicebant, ii fasti dicebantur. (Sen.) **15.** Quas misisti litteras, eas attente perlegi. (Cic.)

D Analizza e traduci le seguenti frasi (attrazione del relativo e concorrenza del relativo).

1. Hunc adulescentem quem vides, malo astro natus est. (Petr.) **2.** Magna vis est conscientiae, quam qui neglegent se ipsi iudicabunt. (Cic.) **3.** Qualia ista bona sunt, quae qui habeat, miserrimus esse possit? (Cic.) **4.** Curio Pompeii classem timebat, quae si exisset, se de Sicilia dicebat abiturum. (Cic.) **5.** Numquam digne satis laudari philosophia poterit, cui qui pareat, omne tempus aetatis sine molestia possit degere. (Cic.) **6.** Nihil est enim virtute amabilius, quam qui adeptus erit a nobis diligetur. (Cic.) **7.** Gavius est quidam, cui cum praefecturam detulissem Bruti rogatu, multa et dixit et fecit cum quadam mea contumelia. (Cic.) **8.** Qua aut terra aut mari persequar eum, qui ubi sit nescio? (Cic.) **9.** Epicurus est non satis politus iis artibus, quas qui tenent eruditi appellantur. (Cic.) **10.** Hoc unum est bonum homĭnis, quod qui habet laudandus est. (Sen.)

VERSIONI

■ EXEMPLUM

221 Grande valore dei Marsigliesi

Il brano, tratto dai *Commentarii de bello civili*, presenta una fase dell'assedio di Marsiglia, organizzato da Cesare e condotto da Gaio Trebonio e da Decimo Bruto; esso si protrasse per diversi mesi (dall'aprile al settembre del 49 a.C.) e terminò con la resa dei Marsigliesi. L'assedio fu un episodio della guerra civile romana che vide la contrapposizione fra gli eserciti di Cesare (leader dei *populares*) e Pompeo (rappresentante degli interessi degli *optimates*). In particolare viene qui descritto un violento scontro navale, in cui i Marsigliesi dimostrarono grande coraggio.

Commisso proelio, Massiliensibus res nulla ad virtutem defuit; sed memores eorum praeceptorum, quae paulo ante ab suis acceperant, hoc animo decertabant, ut nullum aliud tempus ad conandum habituri viderentur, et quibus in pugna vitae periculum accideret, non ita multo se reliquorum civium fatum antecedere existimarent, quibus urbe capta eadem esset belli fortuna patienda. Diductisque nostris paulatim navibus, et artificio gubernatorum et mobilitati navium locus dabatur, et si quando nostri facultatem nacti, ferreis manibus iniectis, navem religaverant, undique suis laborantibus succurrebant. Neque vero coniuncti Albicis comminus pugnando deficiebant neque multum cedebant virtute nostris. Simul ex minoribus navibus magna vis eminus missa telorum multa nostris de improviso imprudentibus atque impeditis vulnera inferebant. Conspicataeque naves triremes duae navem D. Bruti, quae ex insigni facile agnosci poterat, duabus ex partibus sese in eam incitaverant. Sed tantum re provisa Brutus celeritate navis enisus est, ut parvo momento antecederet. Illae adeo graviter inter se incitatae conflixerunt, ut vehementissime utraque ex concursu laborarent, altera vero praefracto rostro tota collabefieret. Qua re animadversa, quae proximae ei loco ex Bruti classe naves erant, in eas impeditas impetum faciunt celeriterque ambas deprimunt.

(CESARE)

◁ Vedi **Curiosità**

Attaccata battaglia, in nulla venne meno il valore dei Marsigliesi; ma, memori degli ammonimenti che poco prima avevano ricevuto dai loro, combattevano con tale disposizione d'animo che sembrava non dovessero avere alcun'altra occasione per tentare la sorte: essi pensavano che, mettendo a rischio la propria vita in battaglia, non avrebbero preceduto di molto il destino degli altri cittadini, i quali avrebbero subito la stessa sorte di guerra, quando la città fosse stata presa. Poiché lo schieramento delle nostre navi si era a poco a poco allargato, veniva lasciato campo libero alla perizia dei piloti e alla velocità delle navi nemiche; e se talvolta i nostri, cogliendo il destro, lanciavano gli arpioni e agganciavano una nave avversaria, da ogni parte quelli accorrevano in aiuto dei compagni in pericolo. E, uniti agli Albici, resistevano bene nel corpo a corpo e non erano molto inferiori in valore ai nostri. Nello stesso tempo un gran numero di proiettili, lanciati di lontano dalle imbarcazioni più piccole, seminava ferite fra i nostri, colti alla sprovvista e impacciati. Due triremi, scorta la nave di Decio Bruto, che facilmente si poteva riconoscere dal suo vessillo, le si erano lanciate contro da due parti. Ma Bruto, intuita la manovra, fece aumentare la velocità della nave, tanto da prendere un sia pur leggero vantaggio. E quelle, lanciate nella corsa, cozzarono fra loro così violentemente che entrambe rimasero gravemente danneggiate dall'urto; anzi una, col rostro spezzato, si sfasciò completamente. Notato l'incidente, le unità della squadriglia di Bruto, che erano nei paraggi, si scagliano contro le navi nemiche in difficoltà e in breve le affondano entrambe.

(trad. di M. Bruno)

NOTE LINGUISTICHE

quae paulo ante ab suis acceperant → proposizione relativa propria.
quibus... eadem esset belli fortuna patienda → altra proposizione relativa, al congiuntivo per attrazione modale.
quae ex insigni facile agnosci poterat → relativa propria.
Qua re animadversa → uso del nesso relativo.

NOTE LESSICALI

ad virtutem → *virtus* in contesti militari indica "il valore" più che la "virtù".
comminus... eminus → avverbi di luogo spesso contrapposti, che significano rispettivamente "da vicino" (qui "nel corpo a corpo") e "da lontano"
ambas deprimunt → "le affondano entrambe", con significato tecnico-militare del verbo *deprimo*.

NOTE DI TRADUZIONE

ad conandum → "per tentare la sorte"; la traduzione italiana esplicita meglio e con più parole il concetto insito nel verbo *conor*.
quibus in pugna vitae periculum accideret → "mettendo a rischio la propria vita in battaglia"; versione più elegante e agile rispetto a quella letterale ("a coloro a cui in battaglia si verificasse un pericolo di vita").
quae proximae ei loco ex Bruti classe naves erant, in eas impeditas impetum faciunt → "le unità della squadriglia di Bruto, che erano nei paraggi, si scagliano contro le navi nemiche in difficoltà"; la prolessi del relativo viene risolta dal traduttore anticipando il soggetto *naves*; opportunamente sono inseriti due vocaboli del lessico marinaro (*naves* "unità" e *classe* "squadriglia")

Curiosità

La *ferrea manus* La *ferrea manus* (in greco *harpàghe* ἁρπάγη) era **un'antica arma**, la cui invenzione è attribuita al matematico siracusano **Archimede**; infatti è detta anche "**artiglio di Archimede**".
Secondo il racconto di Livio, nel 214 a.C. i Siracusani, durante l'assedio della città, la impiegarono contro la flotta romana: "Alcune navi si avvicinavano al muro per essere al di qua del tiro delle macchine da guerra: mediante un tolleno [una sorta di gru, n.d.a.] che si sporgeva da sopra delle mura, **un rampone di ferro** legato ad una robusta catena veniva scagliato contro di queste; il rampone andava a impiantarsi sulla prua e poi, ritratto indietro verso terra da un pesante contrappeso di piombo, tirava su la nave per la prora e la faceva poggiare sull'acqua solo con la poppa. Poi il rampone veniva abbandonato di colpo e la nave, con tutti i

marinai in preda al terrore, sembrava quasi precipitare da un muro e andava a sbattere con tanta violenza contro le onde che, anche se manteneva la posizione orizzontale, imbarcava molta acqua."

(Livio XXIV 34, 10-12, trad. Mazzocato)

Nonostante la testimonianza delle fonti antiche, sono stati avanzati dubbi sull'esistenza di questa macchina bellica. Nel 1999 il programma televisivo della BBC *Secrets of the Ancients* ha provato a replicare il funzionamento della *ferrea manus*, ma senza successo. Nel 2005 il tentativo è stato ripetuto da *Discovery Channel*: una *équipe* di sette ingegneri è riuscita a realizzare un congegno in grado di sollevare ed affondare una nave romana, dimostrando almeno la fattibilità della macchina.

PRIMO LIVELLO

222 Fierezza bellica delle popolazioni germaniche

In questo brano del *De Bello Gallico* Cesare descrive usi e costumi dei Germani, soffermandosi in particolare sulle loro istituzioni in tempo di guerra e in tempo di pace.

a. I Germani fanno il vuoto attorno al proprio territorio

Civitatibus[1] maxima laus est quam latissime circum se, vastatis finibus, solitudines habēre. Hoc proprium virtutis existimant, expulsos agris finitimos cedere neque quemquam prope se audere consistere. Simul hoc se fore tutiores arbitrantur, repentinae incursionis timore sublato.

b. Le magistrature in guerra e in tempo di pace

Cum bellum civitas aut inlatum defendit aut infert, magistratus qui ei bello praesint et vitae necisque habeant potestatem deliguntur. In pace nullus est communis magistratus, sed principes regionum atque pagorum inter suos ius dicunt controversiasque minuunt.

c. Utilità delle razzie

Latrocinia nullam habent infamiam quae extra fines cuiusque civitatis fiunt, atque ea iuventutis exercendae ac desidiae minuendae causā fiĕri praedĭcant.

d. Le assemblee dei Germani

Atque ubi quis ex principibus in concilio dixit se ducem fore, qui sequi velint, profiteantur, consurgunt ii qui et causam et hominem probant, suumque auxilium pollicentur atque a multitudine conlaudantur; qui ex his secuti non sunt, in desertorum ac proditorum numero ducuntur, omniumque his rerum postea fides derogatur[2]. Hospitem violare fas non putant.

◀ Vedi **Curiosità**

(Cesare)

1. *Civitatibus*: Cesare con *civitates* allude qui alle "popolazioni" della Germania; non sarebbe appropriato tradurre con "città", dato che non ne esistevano in quel territorio.
2. *fides derogatur*: "è negata la fiducia".

Curiosità

Fasto e nefasto La parola indeclinabile *fas* si ricollega alla radice di *fari* "parlare" e significa propriamente "**espressione della volontà divina, comando, precetto, norma divina**" (Castiglioni-Mariotti). In tal senso viene contrapposta a *ius* ("**diritto umano, precetti umani**"). La complementarietà fra i due concetti emerge da frasi come *ius ac fas colĕre* "rispettare il diritto umano e divino" (Liv.) o *contra ius ac fas* "contro la legge umana e divina" (Sall.). In senso traslato *fas* diventa anche "**ciò che è conforme al dovere o al comandamento**

Unità 19 Proposizioni relative

divino", quindi ciò che è giusto e lecito a livello morale; conseguentemente *fas est* significa "**è lecito, è permesso, è possibile**".
Da *fas* deriva l'aggettivo **fastus, -a, -um**, usato nell'espressione (*dies*) *fasti*, "**giorni fasti**", **quelli** cioè **in cui il pretore poteva amministrare la giustizia** (in contrapposizione con i *dies nefasti* "giorni nefasti" in cui ciò non poteva avvenire). I **fasti consulares** furono **il registro con l'elenco dei consoli** e delle più alte magistrature; ecco perché per chi cadeva in disgrazia si diceva *evellere ex fastis* "cancellare dai fasti" (Cic.), mentre il sostantivo **fastus** significava "**orgoglio, superbia**".
Parallelamente, esiste il termine "**nefasto**", che risale pure al latino, ove *nefas* era il contrario di *fas*, indicando quindi ciò che era contro la volontà divina, cioè "**l'illecito, l'ingiusto, l'empietà, la nefandezza**".

LATINO MODERNO

223 La creazione del mondo

Dio crea il mondo in sei giorni e al settimo si riposa; dà quindi vita ad Adamo creandolo dal fango; poi fa assopire l'uomo e gli toglie una costola, da cui forma Eva, dandola come compagna ad Adamo. Dio pone la prima coppia nel Paradiso Terrestre; vieta quindi all'uomo di assaggiare il frutto dell'albero della conoscenza, pena la morte.

a. Dio in sei giorni crea il mondo
Deus creavit caelum et terram intra sex dies. Primo die fecit lucem. Secundo die fecit firmamentum, quod vocavit caelum. Tertio die coegit aquas in unum locum, et eduxit e terra plantas et arbores. Quarto die fecit solem et lunam et stellas. Quinto die, aves quae volĭtant in aere, et pisces qui natant in aquis. Sexto die fecit omnia animantia, postremo homĭnem, et quievit die septimo.

b. Creazione di Adamo
Deus finxit corpus hominis e limo terrae; dedit illi animam viventem; fecit illum ad similitudinem suam, et nominavit illum Adamum.

c. La creazione di Eva dalla costola di Adamo
*Deinde immisit soporem in Adamum et detraxit unam e costis eius dormientis. Ex ea formavit mulierem, quam dedit sociam Adamo, sicque instituit matrimonium. Nomen primae **mulieris** fuit Eva.*

▶ Vedi **Cave!**

d. Adamo ed Eva nel Paradiso Terrestre
Deus posuit Adamum et Evam in horto amoenissimo, qui solet appellari Paradisus terrestris. Ingens fluvius irrigabat hortum: erant ibi omnes arbores iucundae adspectu, et fructus gustu suaves. Inter eas arbor scientiae boni et mali.

e. Raccomandazioni di Dio ad Adamo
Deus dixit homini: «Utere fructibus omnium arborum Paradisi, praeter fructum arboris scientiae boni et mali; nam si comedas illum fructum, morieris».

(C.F. LHOMOND)

Cave!

Mulier Molti ragazzi nelle traduzioni rendono il termine **mulier** sempre e comunque con "**moglie**" per assonanza con questa parola italiana (che peraltro proprio da *mulier* deriva...). Ad essere precisi, però, il vocabolo latino indica la "**donna**", sposata o no che sia. Il valore specifico di "donna sposata, sposa" è attestato in Cicerone: *virgo aut mulier* ("vergine o donna sposata"); *cras mulier erit* "domani andrà sposa". In Plauto *mulier* è usato addirittura come ingiuria rivolta ad un uomo (come a dire: "donnetta!").
Il termine giuridico che indica la moglie in latino è invece **uxor** (cfr. *uxorem ducere* "sposarsi", detto dell'uomo; *uxorem habere* "aver moglie, essere sposato").

SECONDO LIVELLO

224 Due sogni profetici

A partire dal cap. XX 39 del I libro del *De divinatione* Cicerone analizza i sogni proponendo alcuni esempi di loro interpretazione. Qui l'autore esamina fatti avvenuti in paesi stranieri (*ad externa redeamus*) citando il sogno della madre del crudele tiranno agrigentino Falàride e quello del re persiano Ciro.

Matrem Phalaridis scribit Ponticus Heraclīdes[1], doctus vir, auditor et discipulus Platonis, visam esse vidēre in somnis simulacra deorum, quae ipsa domi consecravisset; ex iis Mercurium e patera, quam dextera manu teneret, sanguinem visum esse fundere; qui cum terram attigisset, refervescere videretur sic, ut tota domus sanguine redundaret. Quod matris somnium immanis filii crudelitas comprobavit. Quid ego, quae magi Cyro illi principi[2] interpretati sint, ex Dinonis Persicis libris proferam[3]? Nam cum dormienti ei sol ad pedes visus esset, ter eum scribit frustra adpetivisse manibus, cum se convolvens sol elaberetur et abiret; ei magos dixisse, quod genus sapientium et doctorum habebatur in Persis, ex triplici adpetitione solis triginta annos Cyrum regnaturum esse portendi. Quod ita contĭgit; nam ad septuagesimum pervenit, cum quadraginta natus annos regnare coepisset.

(Cicerone)

1. *Ponticus Heraclīdes*: "Eraclide Pontico", allievo di Platone.
2. *Cyro illi principi*: "a Ciro, quel famoso antico re" (trad. Timpanaro); si tratta del fondatore della potenza monarchica persiana; secondo il traduttore "*principi* andrà inteso non come 'monarca'..., ma come 'il primo' della dinastia dei re persiani".
3. *ex Dinonis Persicis libris*: "dai *Libri persiani* di Dinone"; Dinone di Colofone fu uno storico greco del IV sec. a.C., che scrisse un'ampia storia della Persia utilizzata in seguito come fonte da numerosi altri storici posteriori.

225 Dione alla corte del tiranno Dionisio

Nella *Vita di Dione* Cornelio Nepote parla di Dione, nobile siracusano imparentato con i tiranni della città. Di Dione l'autore ricorda anche le doti di ingegno duttile, di affabilità di carattere, di prestanza fisica e di ricchezza economica. Pur non approvando la crudeltà del tiranno Dionisio, Dione ne desidera l'incolumità e riesce sempre a dargli buoni consigli, in genere accettati dal sovrano, che ne ha grande stima.

Neque vero haec[1] Dionysium fugiebant; nam quanto esset sibi ornamento, sentiebat. Quo fiebat, ut uni huic maxime indulgeret neque eum secus diligeret ac filium; qui quidem, cum Platonem Tarentum venisse fama in Siciliam esset perlata, adulescenti negare non potuerit, quin eum accerseret, cum Dion eius audiendi cupiditate flagraret. Dedit ergo huic veniam magnaque eum ambitione Syracusas perduxit. Quem Dion adeo admiratus est atque adamavit, ut se ei totum tradĕret. Neque vero minus ipse Plato delectatus est Dione. Itaque cum a tyranno crudeliter violatus esset, quippe quem venum dari iussisset, tamen eodem rediit eiusdem Dionis precibus adductus. Interim in morbum incidit Dionysius. Quo cum gravi conflictaretur, quaesivit a medicis Dion, quemadmodum se habēret, simulque ab his petiit, si forte maiori inesset periculo, ut sibi faterentur: nam velle se cum eo colloqui de partiendo regno, quod sororis suae filios ex illo natos partem regni putabat debere habere. Id medici non tacuerunt et ad Dionysium filium sermonem rettulerunt. Quo ille commotus, ne agendi esset Dioni potestas, patri soporem medicos dare coegit. Hoc aeger sumpto ut somno sopitus diem obiit supremum. Tale initium fuit Dionis et Dionysii simultatis, eaque multis rebus aucta est.

(Cornelio Nepote)

1. *haec*: "queste doti" (di Dione).

Laboratorio

SINTASSI
1. Individua tutte le proposizioni relative presenti nel brano e distinguine la tipologia.
2. Analizza la funzione sintattica delle proposizioni introdotte da *ut*.

LESSICO
3. Trascrivi le espressioni che appartengono al campo semantico della malattia e della medicina.

226 Non è secondo natura farsi deprimere dalla sofferenza

Nella *Consolatio ad Marciam* Seneca si rivolge a Marcia, figlia dello storico Cremuzio Cordo (che nella sua opera aveva esaltato i cesaricidi Bruto e Cassio ed era stato costretto al suicidio). Marcia aveva perso da tre anni il figlio Metilio, per cui l'opera affronta una riflessione sul tema del suicidio e della morte, con un'indiretta celebrazione dell'opera di Cremuzio. Il filosofo ha ricordato gli *exempla* di donne insigni come Ottavia e Livia (la sorella e la moglie di Augusto) che avevano perso i figli giovani; invita dunque la donna alla sopportazione, pur non minimizzando la disgrazia che le è toccata.
Nel brano qui presentato Seneca dimostra che non bisogna farsi abbattere dalla sofferenza; la violenza proveniente dalla natura infatti è uguale per tutti.

Ut scias autem non esse hoc naturale, luctibus frangi, primum magis feminas quam viros, magis barbaros quam placidae eruditaeque gentis homines, magis indoctos quam doctos eadem orbitas vulnerat. Atqui quae a natura vim acceperunt eandem in omnibus servant: apparet non esse naturale quod varium est. Ignis omnes aetates omniumque urbium cives, tam viros quam feminas uret; ferrum in omni corpore exhibebit secandi potentiam. Quare? Quia vires illis a natura datae sunt, quae nihil in personam constituit. Paupertatem luctum ambitionem alius aliter sentit prout illum consuetudo infecit, et inbecillum impatientemque reddit praesumpta opinio de non timendis terribilis. (SENECA)

227 Due re di Roma: Numa Pompilio ed Anco Marzio

Dopo il regno di Romolo per un anno il potere fu assunto *ad interim* dai senatori (ognuno per cinque giorni); in tal modo trascorse un anno intero. Seguono quindi i regni di Numa Pompilio e Anco Marzio.

Postea Numa Pompilius rex creatus est, qui bellum quidem nullum gessit, sed non minus civitati quam Romulus profuit. Nam et leges Romanis moresque constituit, qui consuetudine proeliorum iam latrones ac semibarbari putabantur, et annum descripsit in decem menses prius sine aliqua supputatione confusum, et infinita Romae sacra ac templa constituit. Morbo decessit quadragesimo et tertio imperii anno. Huic successit Tullus Hostilius. Hic bella reparavit, Albanos vicit, qui ab urbe Roma duodecimo miliario sunt, Veientes et Fidenates, quorum alii sexto miliario absunt ab urbe Roma, alii octavo decimo, bello superavit, urbem ampliavit, adiecto Caelio monte. Cum triginta et duos annos regnasset, fulmine ictus cum domo sua arsit. Post hunc Ancus Marcius, Numae ex filia nepos, suscepit imperium. Contra Latinos dimicavit, Aventinum montem civitati

▶ Vedi **Cave!**

adiecit et Ianiculum, apud ostium Tiberis civitatem supra mare sexto decimo miliario ab urbe Roma condidit. Vicesimo et quarto anno imperii morbo periit.

(EUTROPIO)

Laboratorio

MORFOLOGIA
1. Individua ed analizza tutte le forme all'indicativo perfetto.

SINTASSI
2. Ricerca nel brano le proposizioni relative, precisandone la tipologia.
3. Riconosci i seguenti complementi: *civitati, sine aliqua supputatione, ab urbe Roma, morbo*.

LESSICO
4. Chiarisci il significato del termine *miliarium*.

COMPRENSIONE DEL TESTO
5. Perché Numa Pompilio giovò a Roma non meno di Romolo?

Cave!

Il verbo *repăro* Il verbo ***repăro*** (della I coniugazione latina) differisce dal suo derivato italiano "io riparo" anzitutto nell'accento. Ma anche il significato originario era "**riacquistare, recuperare, rinnovare**", come composto del verbo *paro* "**preparare, allestire, procurare**". Il valore di "**riparare**", nel senso di "**riallestire**" (es. *reparare naves, classem, aedificia*), è presente già in latino. Ovviamente però un'espressione come *reparare bellum / proelium* non vorrà mai dire "riparare la guerra"...

Il verbo italiano "riparare" ha pure un altro valore, quello di "trovare rifugio, asilo" (es. "riparò in Svizzera"); in questo caso deriva dal latino tardo *repatriare* (derivato da *patria* con il prefisso *re-*), nel senso specifico di "ritornare in patria".

●●● | 228 Definizione dell'amore

LATINO MODERNO

Andrea Cappellano (*Andreas Capellanus*), vissuto all'incirca tra il 1150 e il 1220, dà inizio al suo trattato *De amore* (1185 circa), diviso in tre libri, proponendosi anzitutto di analizzare il concetto di amore e di prevederne gli effetti e le fasi.

Amor est passio quaedam innata procedens ex visione et immoderata cogitatione formae alterius sexus, ob quam aliquis super omnia cupit alterius potiri amplexibus et omnia de utriusque voluntate in ipsius amplexu amoris praecepta compleri. Quod amor sit passio facile est vidēre. Nam antequam amor sit ex utraque parte libratus, nulla est angustia maior, quia semper timet amans ne amor optatum capĕre non possit effectum, nec in vanum suos labores emittat. Vulgi quoque timet rumores et omne quod aliquo posset modo nocēre; res enim imperfectae modica turbatione deficiunt. Sed et si pauper ipse sit, timet ne eius mulier vilipendat inopiam; si turpis est, timet ne eius contemnatur informitas vel pulchrioris se mulier annectat amori; si dives est, praeteritam forte tenacitatem sibi timet obesse. Et ut vera loquamur, nullus est qui possit singularis amantis enarrare timores. Est igitur amor ille passio, qui ex altĕra tantum est parte libratus, qui potest singularis amor vocari.

(ANDREA CAPPELLANO)

Laboratorio

MORFOLOGIA
1. Individua ed analizza tutte le forme al congiuntivo.

SINTASSI
2. Riconosci la tipologia delle proposizioni subordinate.

LESSICO
3. Individua i termini che appartengono alla sfera semantica della passione amorosa.

COMPRENSIONE DEL TESTO
4. Chiarisci la concezione dell'amore esposta qui dall'autore.

TERZO LIVELLO

••• | 229 La vita rustica e la vita urbana

Cum duae vitae traditae sint hominum, rustica et urbana, quidni, Pinni[1], dubium non est quin hae non solum loco discretae sint, sed etiam tempore diversam originem habeant. Antiquior enim multo rustica, quod fuit tempus, cum rura colĕrent homines neque urbem habērent. Etenim vetustissimum oppidum cum sit tradĭtum Graecum Boeotiae Thebae, quod rex Ogyges aedificarit, in agro Romano Roma, quam Romulus rex. [...] Thebae, quae ante cataclysmon Ogygi condĭtae dicuntur, eae tamen circĭter duo milia annorum et centum sunt. Quod tempus si refĕras ad illud principium, quo agri coli sunt coepti atque in casis et tuguriis habitabant nec murus et porta quid esset sciebant, immani numero annorum urbanos agricolae praestant. Nec mirum, quod divina natura dedit agros, ars humana aedificavit urbes, cum artes omnes dicantur in Graecia intra mille annorum repertae, agri numquam non fuĕrint in terris qui coli possint. Neque solum antiquior cultura agri, sed etiam melior. Itaque non sine causa maiores nostri ex urbe in agros redigebant suos cives, quod et in pace a rusticis Romanis alebantur et in bello ab his allevabantur. (VARRONE)

1. *Pinne*: "o Pinno", un amico di Varrone.

Laboratorio

LESSICO
1. Realizza una scheda lessicale che comprenda i termini che nel brano si riferiscono all'agricoltura.

COMPRENSIONE
2. Quali sono per Varrone le principali differenze fra la vita rustica e quella urbana?

PRODUZIONE
3. Riassumi il brano (max. 5 righe)

••• | 230 Definizione della libertà

Quid est enim libertas? Potestas vivendi, ut velis. Quis igitur vivit, ut vult, nisi qui recta sequĭtur, qui gaudet officio, cui vivendi via considerata atque provisa est, qui ne legibus quidem propter metum paret, sed eas sequitur et colit, quia id salutare esse maxime iudĭcat, qui nihil dicit, nihil facit, nihil cogĭtat denique nisi libenter ac libere, cuius omnia consilia resque omnes, quas gerit, ab ipso proficiscuntur eodemque[1] referuntur, nec est ulla res, quae plus apud eum polleat quam ipsius voluntas atque iudicium; cui quidem etiam, quae vim habēre maximam dicitur, Fortuna ipsa cedit, si, ut sapiens poeta[2] dixit, «suis ea cuique fingĭtur moribus». Soli igitur hoc contingit sapienti, ut nihil faciat invitus, nihil dolens, nihil coactus. Quod etsi ita esse pluribus verbis disserendum est, illud tamen et breve et confitendum est, nisi qui ita sit adfectus, esse liberum neminem.   (CICERONE)

1. *eodemque*: avverbio di moto a luogo (= *et ad ipsum*).
2. *sapiens poeta*: probabile allusione ad Appio Claudio Cieco.

●●● | 231 Ognuno deve conoscere le proprie attitudini

Quam multa passus est Ulixes in illo errore diuturno, cum et mulieribus (si Circe et Calypso mulieres appellandae sunt) inserviret et in omni sermone omnibus affabilem esse se vellet! Domi vero etiam contumelias servorum ancillarumque pertulit, ut ad id aliquando, quod cupiebat, veniret. At Aiax, quo animo tradĭtur[1], milies oppetĕre mortem quam illa perpĕti maluisset. Quae contemplantes expendĕre oportebit, quid quisque habeat sui, eaque moderari nec velle experiri, quam se aliena deceant; id enim maxime quemque decet, quod est cuiusque maxime suum. Suum quisque igitur noscat ingenium acremque se et bonorum et vitiorum suorum iudicem praebeat, ne scaenici plus quam nos videantur habēre prudentiae. Illi enim non optumas, sed sibi accomodatissimas fabulas elĭgunt; qui voce freti sunt, Epigonos Medumque[2], qui gestu Melanippam, Clytemestram, semper Rupilius, quem ego memĭni, Antiopam, non saepe Aesopus Aiacem. Ergo histrio hoc videbit in scena, non videbit sapiens vir in vita? Ad quas igitur res aptissimi erĭmus, in iis potissimum elaborabimus. Sin aliquando necessitas nos ad ea detrusĕrit, quae nostri ingenii non erunt, omnis adhibenda erit cura, meditatio, diligentia, ut ea, si non decōre, at quam minime indecōre facĕre possīmus, nec tam est enitendum, ut bona, quae nobis data non sint, sequamur, quam ut vitia fugiamus.   (CICERONE)

1. *quo animo tradĭtur*: "con quel carattere che gli viene attribuito" (trad. E. Narducci).
2. *Epigonos Medumque*: Cicerone cita di seguito i titoli di due tragedie di Accio (*Epigoni* e *Clitemestra*), di due di Pacuvio (*Medo* e *Antiopa*) e di due di Ennio (*Melanippa*, *Aiace*). Rupilio era un attore celebre nel periodo della giovinezza di Cicerone; anche Esopo era un attore di grande bravura.

●●● | 232 Lodi di Scipione Emiliano

Mihi quidem Scipio, quamquam est subito ereptus, vivit tamen semperque vivet; virtutem enim amavi illius viri, quae exstincta non est; nec mihi soli versatur ante oculos, qui illam semper in manibus habui, sed etiam postĕris erit clara et insignis. Nemo umquam animo aut spe maiora suscipiet, qui sibi non illius memoriam atque imaginem proponendam putet. Equidem ex omnibus rebus quas mihi aut fortuna aut natura tribuit, nihil habeo quod cum amicitia Scipionis possim comparare. Numquam illum ne minima quidem re offendi, quod quidem sensĕrim, nihil audivi ex eo ipse quod nollem. Una domus erat, idem victus, isque communis, neque solum militia, sed etiam peregrinationes rusticationesque communes. Nam quid ego de studiis dicam cognoscendi semper aliquid atque discendi, in quibus remoti ab oculis populi omne otiosum tempus contrivimus? Quarum rerum recordatio et memoria si una cum illo occidisset, desiderium coniunctissimi atque amantissimi viri ferre nullo modo possem. Sed nec illa exstincta sunt alunturque potius et augentur cogitatione et memoria mea, et, si illis plane orbatus essem, magnum tamen adfert mihi aetas ipsa solacium. Diutius enim iam in hoc desiderio esse non possum; omnia autem brevia tolerabilia esse debent, etiamsi magna sunt.

(Cicerone)

Laboratorio

LESSICO

1. Chiarisci il concetto latino di *otiosum tempus*, collegandolo al valore semantico del sostantivo *otium*.

ANALISI STILISTICA

2. Individua almeno tre figure retoriche presenti nel brano.

COMPRENSIONE

3. Precisa i motivi per cui, a parere di Lelio, Scipione vivrà sempre nel suo ricordo.
4. Da che cosa Lelio dice di ricevere un *solacium* alla perdita dell'amico?

233 Come Catone morì ad Utica

"*Decantatae – inquis*[1] *– in omnibus scholis fabulae istae sunt; iam mihi, cum ad contemnendam mortem ventum fuerit, Catonem narrabis". Quidni ego narrem ultima illa nocte Platonis librum legentem posito ad caput gladio? Duo haec in rebus extremis instrumenta prospexerat, alterum ut vellet mori, alterum ut posset. Compositis ergo rebus, utcumque componi fractae atque ultimae poterant, id agendum existimavit ne cui Catonem aut occidere liceret aut servare contingeret; et stricto gladio, quem usque in illum diem ab omni caede purum servaverat, "Nihil – inquit – egisti, fortuna, omnibus conatibus meis obstando. Non pro mea adhuc sed pro patriae libertate pugnavi, nec agebam tanta pertinacia ut liber, sed ut inter liberos, viverem: nunc quoniam deploratae sunt res generis humani, Cato deducatur in tutum". Impressit deinde mortiferum corpori vulnus; quo obligato a medicis cum minus sanguinis haberet, minus virium, animi idem, iam non tantum Caesari sed sibi iratus nudas in vulnus manus egit et generosum illum contemptoremque omnis potentiae spiritum non emisit sed eiecit.*

(Seneca)

1. *inquis*: Seneca immagina la possibile obiezione di Lucilio, mediante l'espediente retorico della *praeoccupatio* o *anticipatio*, consistente appunto nel prevedere e anticipare la domanda o l'obiezione dell'avversario.

UNITÀ 20

IL DISCORSO INDIRETTO

CURIOSITÀ	CAVE!
Tabulae novae	Consulto

IN ITALIANO

- Il **discorso diretto** riporta le parole di chi parla, esattamente come sono state pronunciate; è sempre introdotto dai due punti e dalle virgolette:

  Giovanni disse: "Voglio andare a Milano per l'Expo".

  Il **discorso indiretto** invece riporta le parole altrui facendole riferire da un narratore; non ci sono dunque i due punti e le virgolette:

  Giovanni disse che voleva andare a Milano per l'Expo.

- Dal punto di vista sintattico, il discorso indiretto rientra nella categoria delle proposizioni subordinate; può poi reggere a sua volta altre subordinate:

  Mi avevano domandato / se avevo da parte del denaro. [principale + subordinata di I grado interrogativa indiretta]

  Lo pregarono / di ripetere (affinché ripetesse). [principale + subordinata di I grado finale]

  Marco aveva detto / che era addolorato / perché la sua opera era stata incompresa. [principale + subordinata di I grado oggettiva + subordinata di II grado causale].

- Il **discorso indiretto libero** consiste nel riferire le parole di chi parla senza adoperare verbi dichiarativi che le introducano e senza congiunzioni subordinanti:

  *Egli invece non aveva sonno. Si sentiva allargare il cuore. Gli venivano tanti ricordi piacevoli. **Ne aveva portate delle pietre sulle spalle**, prima di fabbricare quel magazzino! **E ne aveva passati dei giorni senza pane**, prima di possedere tutta quella roba!* (da G. Verga, *Mastro-don Gesualdo*)

▶ Esercizi

1 Riformula i seguenti enunciati passando dal discorso diretto al discorso indiretto.

1. Fammi vedere il tuo ultimo quadro! **2.** Qualcuno di voi è interessato al concerto? **3.** Mio fratello mi chiese: "Che regalo hai ricevuto per il tuo onomastico?". **4.** Mio padre mi chiese: "Dove sei stato tutto questo tempo?". **5.** L'insegnante disse: "Il compito in classe è andato male per tutti". **6.** Il vigile chiese all'automobilista: "Mi faccia vedere patente e libretto!". **7.** Cesare rispose agli ambasciatori: "Deciderò che cosa fare e ve lo comunicherò". **8.** Il tecnico chiese al cliente: "Quando ha acquistato il suo televisore?". **9.** Cesare chiese ai suoi legati: "Che cosa vi è stato detto dagli ambasciatori dei Galli?". **10.** Mia madre disse a Lucia: "Non dovresti indossare questo vestito per la festa di Anna".

1 IL DISCORSO INDIRETTO

Si ha il **discorso indiretto** (*oratio obliqua*) quando il contenuto di un discorso è riferito in forma subordinata, in dipendenza da *verba dicendi* o *sentiendi*, espressi o sottintesi. Nell'*oratio obliqua* si ha una modifica dell'organizzazione dei periodi rispetto al discorso diretto (*oratio recta*), dato che le proposizioni indipendenti diventano dipendenti di I grado, mentre le proposizioni dipendenti aumentano di un grado la loro dipendenza.

Ne derivano mutamenti nell'uso dei modi, dei tempi, dei pronomi e degli aggettivi, nonché nell'uso degli avverbi di tempo e di luogo.

2 PROPOSIZIONI PRINCIPALI NEL DISCORSO INDIRETTO

Le **proposizioni principali** che esprimono un detto, un pensiero, un fatto (cioè le **enunciative**) si costruiscono nel discorso indiretto con l'**accusativo** e l'**infinito**:

DISCORSO DIRETTO	DISCORSO INDIRETTO
1. *Legatus nuntiavit:* "**Pax facta est**". L'ambasciatore annunziò: "**La pace è stata fatta**".	1. *Legatus nuntiavit* **pacem factam esse**. L'ambasciatore annunziò **che la pace era stata fatta**.
2. *Ariovistus respondit:* "*Rhenum non mea sponte* **transii**, *sed* **rogatus et accessitus** *a Gallis*". Ariovisto rispose: "Non **ho attraversato** il Reno di mia iniziativa, ma **perché chiamato e invitato** dai Galli".	2. *Ariovistus respondit* **transisse** *Rhenum* **sese** *non sua sponte, sed* **rogatum et arcessitum** *a Gallis.* (Ces.) Ariovisto rispose **che aveva attraversato** il Reno non di sua iniziativa, ma **perché chiamato e invitato** dai Galli.

Le **proposizioni interrogative**, se sono **retoriche** (e quindi con valore enunciativo) si trovano all'**accusativo + infinito**; se sono invece **vere interrogative** o hanno il valore di proposizioni **volitive**, presentano il **congiuntivo** nel tempo richiesto dalla *consecutio temporum*, conservando l'interrogazione finale:

DISCORSO DIRETTO	DISCORSO INDIRETTO
1. *Dictator litteras ad senatum misit:* "**Quid** *de praeda faciendum* **censētis**?" Il dittatore mandò una lettera al senato: "**Che cosa pensate** che si debba fare del bottino?"	1. (*Dictator litteras ad senatum misit*): **quid** *de praeda faciendum* **censērent**? (Liv.) Il dittatore mandò una lettera al senato: **che pensavano** che si dovesse fare del bottino?
2. *Caesar respondit:* "**Num** *etiam recentium iniuriarum memoriam* **deponĕre possum**?" Cesare rispose: "**Forse che posso dimenticare** il ricordo delle recenti offese?"	2. *Caesar respondit:* **num** *etiam recentium iniuriarum memoriam* **se deponĕre posse**? Cesare rispose: **poteva forse dimenticare** il ricordo delle recenti offese?

Le proposizioni che nel discorso diretto avrebbero il **congiuntivo dubitativo**, nell'*oratio obliqua* hanno il congiuntivo nel tempo voluto dal verbo della reggente:

DISCORSO DIRETTO	DISCORSO INDIRETTO
1. (*Titurius clamitabat*): *quis hoc sibi* **persuadeat**? Titurio gridava: "Chi **potrebbe convincersi** di ciò?"	1. (*Titurius clamitabat*): *quis hoc sibi* **persuadēret**? (Ces.) Titurio gridava: chi **avrebbe potuto convincersi** di ciò?

2. *Caesar haec secum cogitabat: "Cur vulnerari **patiar** optime de patria meritos milites? cur fortunam **periclĭter**?"*
Cesare pensava fra sé: "Perché **dovrei lasciar** morire soldati così benemeriti della patria? Perché **dovrei mettere alla prova** la sorte?"

2. *Caesar haec secum cogitabat: cur vulnerari **pateretur** optime de patria meritos milites? cur fortunam **periclitaretur**?*
Cesare pensava fra sé: perché **avrebbe dovuto lasciar** morire soldati così benemeriti della patria? perché **avrebbe dovuto mettere alla prova** la sorte?

Le proposizioni principali **volitive**, che nel discorso diretto avrebbero l'imperativo o il congiuntivo esortativo, sono costruite con il **congiuntivo semplice** (senza *ut*) se sono positive, con *ne* se negative, nel tempo voluto dalla *consecutio*:

DISCORSO DIRETTO	DISCORSO INDIRETTO
Ne timuĕris, statimque ad me veni. **Non temere** e **vieni** subito da me.	*Antonius Attico scripsit, **ne timēret** statimque ad se **veniret**.* Antonio scrisse ad Attico **di non temere** e **di venire** subito da lui.

3 PROPOSIZIONI SECONDARIE NEL DISCORSO INDIRETTO

Le **proposizioni subordinate** si comportano così:

DISCORSO DIRETTO	DISCORSO INDIRETTO
verbo all'indicativo	verbo al congiuntivo
verbo al congiuntivo	verbo al congiuntivo
verbo all'infinito	verbo all'infinito

DISCORSO DIRETTO	DISCORSO INDIRETTO
1. *Socrates dicebat: "Animis hominum, cum e corpore **excesserint**, redĭtus in caelum patet".* Socrate diceva: "Alle anime umane, quando **si sono allontanate** dal corpo, è aperto il ritorno in cielo".	**1.** *Socrates dicebat animis hominum, cum e corpore **excessissent**, redĭtum in caelum patēre.* Socrate diceva che alle anime umane, quando **si sono allontanate** dal corpo, è aperto il ritorno in cielo.
2. *Athenienses, inquit quidam, sciunt quae recta **sunt**, sed facĕre nolunt.* Gli Ateniesi – disse un tale – sanno **le cose giuste**, ma non vogliono farle.	**2.** *(Narrant) dixisse quendam: Athenienses scire, quae recta **essent**, sed facĕre nolle.* (Narrano) che un tale disse che gli Ateniesi sanno ciò che **è** giusto, ma non vogliono farlo.

Fanno eccezione le proposizioni che contengono un'osservazione **incidentale** (es. una riflessione dell'autore o una spiegazione accessoria) o che sono semplici perifrasi di un concetto nominale:

*Quis potest esse tam aversus a vero qui neget, haec omnia **quae videmus**, deorum immortalium potestate administrari?* (Cic.)	Chi può essere così lontano dal vero, da negare che tutto ciò **che vediamo** (= tutto l'universo visibile) sia retto dal potere degli dei immortali?
*Caesari nuntiatur: Sulmonenses, **quod** oppidum a Corfinio septem milium intervallo **abest**, cupĕre ea facĕre quae vellent.*	A Cesare viene riferito: gli abitanti di Sulmona, città **che dista** sette miglia da Corfinio, vorrebbero fare tutto ciò che vogliono.

Le relative apparenti, cioè le proposizioni col nesso relativo (vd. *supra*) sono coordinate e non dipendenti, sicché nel discorso indiretto hanno l'accusativo con l'infinito:

Themistocles dixit: Atheniensium urbem ut propugnaculum opposĭtum esse barbaris, **apud quam** *(= nam apud eam) iam bis classes regias* **fecisse** *naufragium.* (Nep.)	Temistocle disse: la città degli Ateniesi era come un baluardo opposto ai barbari, e già due volte **presso di essa** le flotte del re **avevano fatto** naufragio.

4 PRONOMI E AVVERBI NEL DISCORSO INDIRETTO

Nel discorso indiretto i pronomi personali e possessivi sono tutti di 3ª persona; infatti:

- i **pronomi personali di 1ª persona** (*ego, nos*) passano alla forma *se*; divengono invece *ipse/ipsi* (sia nelle frasi all'infinito che nelle frasi al congiuntivo) quando è necessaria una contrapposizione di pronomi; i corrispondenti aggettivi possessivi *meus, noster* passano alla forma riflessiva *suus, a, um*;

- anche i **pronomi di 2ª persona** (*tu, vos*) passano alla 3ª persona (*ille, is*) ed i possessivi corrispondenti (*tuus, vester*) passano alle forme *illius, illorum, illarum, eius, eorum, earum*;

- il **pronome dimostrativo di 3ª persona** (*hic, iste*) passa alle forme *ille, is*.

DISCORSO DIRETTO	DISCORSO INDIRETTO
Ariovistus respondit: "Si quid **ego** *a Caesare vellem,* **ego** *ad eum venirem".* Ariovisto rispose: "Se **io** volessi qualcosa da Cesare, **verrei** da lui".	*Ariovistus respondit: si quid* **ipse** *a Caesare vellet,* **se** *ad eum venturum fuisse.* Ariovisto rispose: se **avesse voluto** qualcosa da Cesare, **sarebbe venuto** da lui.
Ariovistus ad Caesarem legatos misit, qui nuntiarent: "Volo agĕre **tecum** *aut cum aliquo ex* **tuis** *legatis".* Ariovisto mandò a Cesare dei legati per annunciargli: "**Voglio** trattare con te o con qualcuno dei tuoi legati".	*Ariovistus ad Caesarem legatos misit, qui nuntiarent: velle* **se** *agĕre cum* **illo** *aut cum aliquo ex* **illius** *legatis.* Ariovisto mandò dei legati a Cesare per annunziargli che voleva trattare **con lui** o con qualcuno dei **suoi** legati.
Haec mea sunt! Vetĕres migrate, coloni! **Queste cose** sono **mie**! Andatevene o vecchi coloni!	*Dixit* **illa sua** *esse; vetĕres migrarent coloni!* Disse che **quelle cose** erano **sue**; se ne andassero i vecchi coloni!

Gli **avverbi di tempo e di luogo** subiscono i seguenti cambiamenti:

DISCORSO DIRETTO	DISCORSO INDIRETTO
hodie "oggi"	*eo die* "quel giorno"
cras "domani"	*postero die, postridie* "il giorno seguente"
heri "ieri"	*pridie* "il giorno prima"
nunc "ora"	*tunc* "allora"
hic "qui"	*illic* "là"
hoc loco "in questo luogo"	*illo loco* "in quel luogo"
adhuc "ancora, finora"	*ad id tempus* "fino a quel tempo"

Esempio:

DISCORSO DIRETTO	DISCORSO INDIRETTO
*Legati Caesari respondent: "**Hodie hic** manēre non possumus".*	*Legati Caesari respondent se **eo die illic** manēre non posse.*
I legati rispondono a Cesare: "**Oggi** non possiamo restare **qua**"	I legati rispondono a Cesare che **quel giorno** non possono restare **là**.

Esercizi

A Analizza e traduci le seguenti frasi (discorso indiretto).

1. *Caesar, ut spatium intercedere posset, dum milites, quos imperaverat, convenirent, legatis respondit: diem se ad deliberandum sumpturum; si quid vellent, ad idus Apriles reverterentur.* (Ces.) 2. *Titurius clamitabat: quis hoc sibi persuaderet, sine certa spe Ambiorigem ad eiusmodi consilium descendisse?* (Ces.) 3. *Antonius Attico sua manu scripsit: ne timeret statimque ad se veniret; se eum de proscriptorum numero exemisse.* (Nep.) 4. *Ariovistus postulavit ne quem peditem ad colloquium Caesar adduceret: vereri se ne per insidias ab eo circumveniretur: uterque cum equitatu veniret; alia ratione sese non esse venturum.* (Ces.) 5. *Ait cives non finem ante belli habituros, quam consulem vere plebeium, id est hominem novum, fecissent.* (Liv.) 6. *Helvetiorum legatis Caesar respondit si obsides ab iis sibi dentur, uti ea quae polliceantur facturos intellegat, et si Haeduis de iniuriis quas ipsis sociisque eorum intulerint, item si Allobrogibus satisfaciant, sese cum iis pacem esse facturum.* (Ces.)

B Analizza e traduci le seguenti frasi; prova poi a integrare le parti mancanti nella tabella (discorso indiretto).

DISCORSO DIRETTO	DISCORSO INDIRETTO
1. *Ambiorix respondit: "................".*	1. *Ambiorix respondit: si velit secum colloqui, licere; sperare se a multitudine impetrari posse quod ad militum salutem pertineat; ipsi vero nihil nocĭtum iri, inque eam rem se suam fidem interponere.* (Ces.)
2. *Ius est belli, ut, qui vicerunt, iis quos vicerunt, quemadmodum velint, imperent.* (Ces.)	2. *(Ariovistus respondit) "................"*
3. *Q. Marcius respondit: "................".*	3. *Ad haec Q. Marcius respondit: si quid ab senatu petere vellent, ab armis discedant, Romam supplĭces proficiscantur: ea mansuetudine atque misericordia senatum populi Romani semper fuisse, ut nemo umquam ab eo frustram auxilium petiverit.* (Sall.)
4. *Non est aut nobis aut militibus succensendum, quod fidem erga imperatorem nostrum Cn. Pompeium conservare voluimus.* (Ces.)	4. *Loquitur Afranius: "................*

VERSIONI

■ EXEMPLUM
234 Un'ambasceria degli Elvezi

Il brano è tratto dal cap. I 13 dei *Commentarii de bello Gallico* di Giulio Cesare. Nel cap. 10 a Cesare è stato riferito che la popolazione degli Elvezi aveva intenzione di passare, attraversando le terre dei Sèquani e degli Edui, nella regione dei Sàntoni, molto vicina alla provincia romana. Cesare comprende di non dover attendere che gli Elvezi giungano nelle terre dei Sàntoni; attacca dunque gli Elvezi mentre tentano di traversare la Saona, affluente del Rodano; quindi, per inseguire i resti dell'esercito nemico, il condottiero fa costruire un ponte sul fiume e vi fa passare le sue truppe. Gli Elvezi, stupiti della rapidità del passaggio del fiume, inviano a Cesare un'ambasceria capeggiata da Divicone.

Helvetii repentino eius adventu commoti cum id quod ipsi diebus XX aegerrime confecerant, ut flumen transirent, illum uno die fecisse intellegerent, legatos ad eum mittunt; cuius legationis Divico princeps fuit, qui bello Cassiano dux Helvetiorum fuerat. Is ita cum Caesare egit: si pacem populus Romanus cum Helvetiis faceret, in eam partem ituros atque ibi futuros Helvetios ubi eos Caesar constituisset atque esse voluisset; sin bello persequi perseveraret, reminisceretur et veteris incommodi populi Romani et pristinae virtutis Helvetiorum. Quod improviso unum pagum adortus esset, cum ii qui flumen transissent suis auxilium ferre non possent, ne ob eam rem aut suae magnopere virtuti tribueret aut ipsos despiceret. Se ita a patribus maioribusque suis didicisse, ut magis virtute contenderent quam dolo aut insidiis niterentur. Quare ne committĕret ut is locus ubi constitissent ex calamitate populi Romani et internecione exercitus nomen caperet aut memoriam proderet.

(Cesare)

Gli Elvezi furono molto stupiti alla notizia del suo arrivo, constatando che il passaggio del fiume, che era costato loro venti giorni di aspra fatica, era stato, invece, effettuato dai Romani in un giorno solo. Subito gli mandarono un'ambasceria capeggiata da Divicone, che era stato il comandante degli Elvezi nella guerra contro Cassio. Costui fece a Cesare queste proposte: se il popolo romano voleva fare la pace con loro, essi sarebbero andati nel luogo che Cesare avesse loro assegnato e da lì non si sarebbero più mossi; ma se Cesare insisteva nel continuare la guerra si ricordasse del disastro toccato una volta ai Romani e non dimenticasse la tradizione di valore degli Elvezi. Egli aveva assalito all'improvviso una sola tribù, quando quelli che avevano passato il fiume non potevano portare aiuto ai compagni: per quest'azione non doveva, quindi, presumere troppo del suo valore militare, né disprezzare il suo nemico. Gli Elvezi avevano appreso dai loro padri e dai loro antenati a fare affidamento, nelle battaglie, più sul valore personale che sugli inganni e sugli agguati. Perciò non offrisse l'occasione alla località in cui si erano fermati di dare il nome a una nuova sconfitta del popolo romano e alla distruzione del suo esercito.

(trad. di F. Brindesi)

NOTE LINGUISTICHE	NOTE LESSICALI	NOTE DI TRADUZIONE
si pacem populus Romanus cum Helvetiis facĕret... et pristĭnae virtutis Helvetiorum → questa sezione di discorso indiretto, se fosse trasformata in forma diretta, diventerebbe così: *Si pacem populus Romanus nobiscum faciet, in eam partem ibimus atque ibi erimus ubi nos constitueris atque esse volueris; sin bello persequi perseverabis, reminiscere et veteris incommodi populi Romani et nostrae pristinae virtutis.* *ipsos despiceret* → nel riportare le parole di Divicone, Cesare dice *ipsos* e non *se*, per evitare ambiguità; infatti *se* avrebbe potuto riferirsi al soggetto di *despiceret* ("disprezzarsi") o a Divicone che sta parlando ("disprezzarli"); dunque le parole di Divicone, secondo logica, saranno state qui *nos despicere* e non *nos ipsos despicere*.	*magnopere* → avverbio che si può trovare anche nella forma *magno opere*, che evidenzia il significato originario ("con grande sforzo"); significa "con tutta l'anima, vivamente, intensamente" e, in senso traslato, "assai, considerevolmente". *internecione* → il sostantivo *internecio* (o *internicio*), *-onis*, vuol dire "strage, uccisione, eccidio"; lo si trova anche in Cicerone e Livio (ove compare la frase *ad internecionem deleri* "essere distrutto completamente"); il corrispondente verbo *interneco* è di uso assai raro; è attestato in Plauto e nello storico tardo Ammiano Marcellino.	*ut magis virtute contenderent quam dolo aut insidiis niterentur* → la traduzione di Brindesi è libera ma efficace ("a fare affidamento, nelle battaglie, più sul valore personale che sugli inganni e sugli agguati"); alla lettera, i predicati verbali erano due, *contendĕrent* e *niterentur* ("a combattere con la virtù piuttosto che a fare affidamento sull'inganno o sugli agguati"). *aut memoriam proderet* → espressione non tradotta da Brindesi; Carena rende così il paragrafo: "Meglio dunque non avventurarsi a rendere quella loro tappa famosa per una sconfitta del popolo romano e per l'annientamento del suo esercito, lasciando di sé un tale ricordo".

PRIMO LIVELLO

235 Diviziaco ottiene da Cesare il perdono per suo fratello Dumnorige

Diviziaco, capo degli Edui e amico di Cesare, scongiura quest'ultimo di non adottare provvedimenti severi contro il fratello Dumnorige; egli sa bene che le accuse rivolte a costui sono vere e si rammarica del fatto che il fratello rovini il suo prestigio. D'altro canto lo turba l'amore per il fratello e non lo lascia indifferente l'opinione pubblica. Infatti, se a Dumnorige fosse toccata una dura condanna, tutti (considerando la sua amicizia con Cesare) avrebbero pensato che la pena fosse stata comminata con la sua approvazione ed egli si sarebbe così inimicato tutti i Galli. Cesare consola Diviziaco; finirà poi per perdonare suo fratello.

a. Diviziaco scongiura Cesare

Diviciacus multis cum lacrimis Caesarem complexus obsecrare coepit ne quid gravius in fratrem[1] statueret: scire se[2] illa esse vera, nec quemquam ex eo plus quam se doloris capere, propterea quod, cum ipse[3] gratiā plurimum domi atque in reliqua Gallia, ille minimum

---

1. *in fratrem*: "contro (suo) fratello", cioè Dumnorige. Costui nel 58 a.C. aveva convinto i Sèquani a concedere agli Elvezi, che avevano deciso di migrare dai loro territori, il passaggio attraverso il loro territorio. Ma Cesare, eletto governatore della Gallia Narbonense, si oppose a questa migrazione. Il fratello di Dumnorige, Diviziaco, era invece molto amico del condottiero romano.
2. *scire se*: da qui ha inizio il discorso indiretto in cui sono riportate le parole di Diviziaco.
3. *ipse*: "lui stesso", cioè Diviziaco. Il predicato verbale è *posset* (qui nel senso di "aveva prestigio"), che ha per soggetto anche il successivo *ille*, riferito a Dumnorige.

Unità 20 Il discorso indiretto

	propter adulescentiam posset, per se crevisset[4]; quibus opibus ac nervis[5] non solum ad minuendam gratiam, sed paene ad perniciem suam uteretur.
b. Diviziaco teme l'opinione pubblica	*Sese tamen et amore fraterno et existimatione vulgi commoveri. Quod si quid ei a Caesare gravius accidisset, cum ipse eum locum amicitiae apud eum teneret, neminem existimaturum non sua voluntate factum; qua ex re futurum uti[6] totius Galliae animi a se averterentur.*
c. Cesare consola Diviziaco	*Haec cum pluribus verbis flens a Caesare peteret, Caesar eius dextram prendit; consolatus[7] rogat finem orandi faciat.*

(CICERONE)

4. *per se crevisset*: "era salito in alto col suo appoggio" (trad. Carena); *se* si riferisce a Diviziaco; *crevisset* è piuccheperfetto congiuntivo da *cresco*.
5. *quibus opibus ac nervis*: "e di quegli strumenti e di quelle risorse"; complemento strumentale da collegare al verbo posto in fondo al periodo, *uteretur* ("si serviva").
6. *uti*: *ut*.
7. *consolatus*: "e dopo averlo rincuorato".

LATINO MODERNO

● ● ● | **236 Richiesta d'aiuto dell'Italia per l'accoglienza dei migranti**

Il premier Renzi chiede aiuto agli altri Stati europei perché l'Italia non sia lasciata sola nel salvataggio e nell'accoglienza degli immigrati; gli rispondono il presidente francese Hollande e il ministro degli esteri finlandese Tuomioja.

a. Il premier italiano chiede aiuto per i migranti	*Matteo Renzi, primus minister Italiae, petiit, ne Italia ad immigratores salvandos sola relinqueretur.*
b. Richieste del presidente francese Hollande	*Praesidens Franciae Francois Hollande flagitavit, ut itinera diligentius vigilarentur, quibus clandestini hominum importatores uterentur. Idem monuit pluribus navibus et aeroplanis opus esse, quibus importatio hominum clandestina impediretur.*
c. Cause dell'immigrazione in Europa	*Erkki Tuomioja, minister a rebus exteris Finnorum, qui die Lunae in conventu ministrorum Unionis Europaeae interfuit, censebat causam immigrationis esse in difficillimis vitae condicionibus: saeva paupertate, bellis gestis, iuribus humanis violatis nec non discriminatione homines impelli, ut domibus relictis vitam periclitarentur.*

(NUNTII LATINI)

SECONDO LIVELLO

● ● ● | **237 Promesse di Catilina ai congiurati**

Nel capitolo precedente Catilina, ha rivolto ai congiurati un discorso programmatico, deplorando le ingiustizie sociali e politiche dello stato romano; ha poi invitato tutti a "risvegliarsi" e a conquistare la libertà. All'udire tali parole, i presenti chiedono quali vantaggi concreti potranno guadagnarsi con le armi; la risposta di Catilina consiste dapprima in un elenco di promesse e poi nell'esposizione delle forze disponibili e delle prospettive incoraggianti.

Postquam accepēre ea homines, quibus mala abunde omnia erant, sed neque res neque spes bona ulla, tametsi illis quieta movēre magna merces videbatur, tamen postulavēre plerique ut proponeret quae condicio belli foret, quae praemia armis peterent, quid ubique opis aut spei haberent. Tum Catilina polliceri tabulas novas, *proscriptionem locupletium, magistratus, sacerdotia, rapinas, alia omnia, quae bellum atque lubido victorum fert. Praeterea esse in Hispania citeriore Pisonem, in Mauretania cum exercitu P. Sittium Nucerinum, consili sui participes; petere consulatum C. Antonium, quem sibi collegam fore speraret, homĭnem et familiarem et omnibus necessitudinibus circumventum; cum eo se consulem initium agundi facturum*[1]*. Ad hoc maledictis increpabat omnis bonos, suorum unumquemque nominans laudare; admonebat alium egestatis, alium cupiditatis suae, compluris periculi aut ignominiae, multos victoriae Sullanae, quibus ea praedae fuerat. Postquam omnium animos alacris videt, cohortatus ut petitionem suam curae habērent, conventum dimisit.*

(SALLUSTIO)

◁ Vedi **Curiosità**

---

1. *cum eo... facturum*: "una volta eletto console, sarebbe passato all'azione insieme a lui" (trad. Storoni Mazzolani).

Laboratorio

MORFOLOGIA
1. Individua i sostantivi della IV e della V declinazione e indicane il nominativo e il genitivo singolari.

SINTASSI
2. Riconosci le proposizioni relative e precisane la tipologia.
3. Volgi in forma diretta (facendola dipendere da un verbo di dire) la sezione in discorso indiretto.

ANALISI STILISTICA
4. Individua almeno tre figure retoriche presenti nel testo.

Curiosità

Tabulae novae Le *tabulae* erano i "**registri ufficiali dei conti**"; *tabulas conficere* significava "**tenere aggiornati i libri dei conti**". Con *tabulae novae* si intendevano dunque "**nuovi libri di conti**", con l'implicito **annullamento dei debiti** anteriori; questa prospettiva doveva costituire un'aspirazione per le classi che avevano problemi economici nuovi o antichi, mentre era un vero spauracchio per la classe dirigente: in Cesare si legge l'espressione *timorem novarum tabularum tollere* che allude chiaramente alla paura che si procedesse all'azzeramento dei debiti.

●●● | 238 Vercingetorige si difende dall'accusa di tradimento

Vercingetorige, il capo degli Arverni, promotore della ribellione contro Cesare del 52 a.C., ha mosso il campo portandolo vicino ad Avarico. Cesare, appreso ciò, giunge di mattina presso il campo dei nemici, che schierano le forze su un'altura. Intanto Vercingetorige viene accusato di tradimento dai suoi per aver avvicinato troppo il campo ai Romani, ma si difende orgogliosamente ribattendo punto per punto.

▶ Vedi **Cave!**

Vercingetorix, cum ad suos redisset, proditionis insimulatus, quod castra propius Romanos movisset, quod cum omni equitatu discessisset, quod sine imperio tantas copias reliquisset, quod eius discessu Romani tanta opportunitate et celeritate venissent – non haec omnia fortuito aut sine consilio accidere potuisse; regnum illum Galliae malle Caesaris concessu quam ipsorum habere beneficio – tali modo accusatus ad haec respondit: Quod castra movisset, factum inopiā pabŭli etiam ipsis hortantibus; quod propius Romanos accessisset, persuasum loci opportunitate, qui se ipsum munitione defenderet: equitum vero operam neque in loco palustri desiderari debuisse et illic fuisse utilem, quo sint profecti. Summam imperi se **consulto** *nulli discedentem tradidisse, ne is multitudinis studio ad dimicandum impelleretur; cui rei propter animi mollitiem studēre omnes videret, quod diutius laborem ferre non possent. Romani si casu intervenerint, fortunae, si alicuius indicio vocati, huic habendam gratiam, quod et paucitatem eorum ex loco superiore cognoscere et virtutem despicere potuerint, qui dimicare non ausi turpiter se in castra receperint. Imperium se ab Caesare per proditionem nullum desiderare, quod habere victoria posset, quae iam esset sibi atque omnibus Gallis explorata: quin etiam ipsis remittere, si sibi magis honorem tribuere, quam ab se salutem accipere videantur.*

(Cesare)

Laboratorio

SINTASSI

1. Riconosci i seguenti complementi: *proditionis; cum omni equitatu; sine imperio; tanta opportunitate; in castra; ab se.*

LESSICO

2. Individua i vocaboli e le espressioni appartenenti all'ambito giuridico.

COMPRENSIONE DEL TESTO

3. Con quali affermazioni Vercingetorige respinge le accuse dei suoi?

PRODUZIONE

4. Volgi in forma diretta il discorso indiretto presente nel brano.

Cave!

Consulto In questo caso **consulto** ha valore **avverbiale** e significa "**intenzionalmente, apposta**"; non va quindi confuso né con le forme del verbo *consultare* (frequentativo di *consŭlo* con il valore di "deliberare, ponderare") né con il sostantivo *consultum* "decisione, decreto".
L'avverbio *consulto* si contrappone ad avverbi di senso opposto come *casu, temĕre, fortuīto* (che indicano un avvenimento casuale).

●●● | 239 Alessandro incoraggia i suoi generali prima della battaglia contro i Persiani

Alessandro Magno, apprestandosi allo scontro decisivo con il re persiano Dario III, apprende da una spia che il re nemico aveva fatto piantare dei pali di ferro nel terreno in un luogo dal quale sarebbe passata la cavalleria nemica. Il re macedone allora raduna i suoi generali, li informa dell'insidia e rivolge loro un caloroso discorso di incoraggiamento.

Emensis tot terras in spem victoriae de qua dimicandum foret, hoc unum superesse discrimen. Granicum hic amnem Ciliciaeque montes et Syriam Aegyptumque praetereuntibus raptas, ingentia spei gloriaeque incitamenta, referebat. Reprehensos ex fuga Persas pugnaturos, quia fugere non possent. Tertium iam diem metu exsangues, armis suis oneratos in eodem vestigio haerere. Nullum desperationis illorum maius indicium esse, quam quod urbes, quod agros suos urerent, quidquid non corrupissent, hostium esse confessi. Nomina modo vana gentium ignotarum ne extimescerent: neque enim ad belli discrimen pertinere, qui ab iis Scythae, quive Cadusii appellarentur. Ob id ipsum, quod ignoti essent, ignobiles esse; nunquam ignorari viros fortes, at inbelles ex latebris suis erutos nihil praeter nomina adferre; Macedonas virtute adsecutos, ne quis toto orbe locus esset, qui tales viros ignoraret. Intuerentur Barbarorum inconditum agmen: alium nihil praeter iaculum habere, alium funda saxa librare, paucis iusta arma esse. Itaque illinc plures stare, hinc plures dimicaturos. Nec postulare se ut fortiter capesserent proelium, ni ipse ceteris fortitudinis fuisset exemplum: se ante prima signa dimicaturum. Spondere pro se tot cicatrices, totidem corporis decora; scire ipsos unum paene se praedae communis exortem in illis colendis ornandisque usurpare victoriae praemia. Haec se fortibus viris dicere.

(CURZIO RUFO)

TERZO LIVELLO

••• | 240 Cesare riceve gli ambasciatori dei Germani

Re frumentaria comparata equitibusque delectis iter in ea loca facere coepit, quibus in locis esse Germanos audiebat. A quibus cum paucorum dierum iter abesset, legati ab iis venerunt, quorum haec fuit oratio: Germanos neque priores populo Romano bellum inferre neque tamen recusare, si lacessantur, quin armis contendant, quod Germanorum consuetudo haec sit a maioribus tradita: quicumque bellum inferant, resistere neque deprecari. Haec tamen dicere venisse invitos, eiectos domo; si suam gratiam Romani velint, posse iis utiles esse amicos; vel sibi agros attribuant vel patiantur eos tenere quos armis possederint: sese unis Suebis concedere, quibus ne di quidem immortales pares esse possint; reliquum quidem in terris esse neminem quem non superare possint. Ad haec Caesar quae visum est respondit; sed exitus fuit orationis: sibi nullam cum iis amicitiam esse posse, si in Gallia remanerent; neque verum esse, qui suos fines tueri non potuerint alienos occupare; neque ullos in Gallia vacare agros qui dari tantae praesertim multitudini sine iniuria possint; sed licere, si velint, in Ubiorum finibus considere, quorum sint legati apud se et de Sueborum iniuriis querantur et a se auxilium petant: hoc se Ubiis imperaturus. (CESARE)

••• | 241 Risposta del legato Cicerone ai generali ed ai capi dei Nervi

Tunc duces principesque Nerviorum qui aliquem sermonis aditum causamque amicitiae cum Cicerone[1] habebant, conloqui sese velle dicunt. Facta potestate eadem quae Ambiorix cum Titurio egerat commemorant[2]: omnem esse in armis Galliam; Germanos Rhenum transisse; Caesaris reliquorumque hiberna oppugnari. Addunt etiam de Sabini[3] morte: Ambiorīgem ostentant fidei faciendae causa. Errare eos dicunt, si quidquam ab his praesidi sperent, qui

---

1. *Cicerone*: si tratta di Quinto Tullio Cicerone, che era luogotenente di Cesare in Gallia e fratello minore del celebre oratore.
2. *eadem... commemorant*: "ripetono quanto già Ambiorige aveva detto a Titurio"; Ambiorige era il capo degli Eburoni, che aveva guidato la rivolta nel nord della Gallia; Quinto Sabino Titurio era un luogotenente di Cesare, morto nel 54 a.C. combattendo proprio contro Ambiorige.
3. *Sabini*: è sempre Quinto Sabino Titurio.

suis rebus diffīdant; sese tamen hoc esse in Ciceronem populumque Romanum animo, ut nihil nisi hiberna recusent atque hanc inveterascere consuetudinem nolint: licēre illis incolumibus per se ex hibernis discedere et quascumque in partes velint sine metu proficisci. Cicero ad haec unum modo respondit: non esse consuetudinem populi Romani accipere ab hoste armato condicionem: si ab armis discedere velint, se adiutore utantur legatosque ad Caesarem mittant; sperare pro eius iustitia, quae petierint, impetraturos.

(Cesare)

Laboratorio

COMPRENSIONE DEL TESTO

1. Che cosa risponde Quinto Cicerone ai legati dei Nervi?

PRODUZIONE

2. Ricerca notizie sul popolo dei Nervi e realizza una breve scheda informativa (max. 5 righe).
3. Volgi le parti in discorso indiretto nella forma diretta.

••• | 242 Annibale va via dall'Italia con rammarico

Frendens gemensque ac vix lacrimis temperans dicitur legatorum verba audisse. Postquam edĭta sunt mandata, «Iam non perplexe – inquit – sed palam revocant qui vetando supplementum et pecuniam mitti iam pridem retrahebant. Vicit ergo Hannibalem non populus Romanus totiens caesus fugatusque sed senatus Carthaginiensis obtrectatione atque invidia; neque hac deformitate reditus mei tam P. Scipio exsultabit atque efferet sese quam Hanno qui domum nostram quando alia re non potuit ruina Carthaginis oppressit». Iam hoc ipsum praesagiens animo praeparaverat ante naves. Itaque inutili militum turba praesidii specie in oppida Bruttii agri quae pauca metu magis quam fide continebantur dimissa, quod roboris in exercitu erat in Africam transvexit, multis Italici generis, quia in Africam secuturos abnuentes concesserant in Iunonis Laciniae delūbrum inviolatum ad eam diem, in templo ipso foede interfectis. Raro quemquam alium patriam exsilii causa relinquentem tam maestum abisse ferunt quam Hannibalem hostium terrā excedentem; respexisse saepe Italiae litora, et deos hominesque accusantem in se quoque ac suum ipsius caput exsecratum quod non cruentum ab Cannensi victoriā militem Romam duxisset; Scipionem ire ad Carthaginem ausum qui consul hostem Poenum in Italia non vidisset: se, centum milibus armatorum ad Trasumennum ad Cannas caesis, circa Casilinum Cumasque et Nolam consenuisse. Haec accusans querensque ex diutina possessione Italiae est detractus.

(Livio)

Laboratorio

LESSICO

1. Analizza il sostantivo *delūbrum* e trovane almeno due sinonimi latini.

COMPRENSIONE DEL TESTO

2. Di che cosa si rammarica Annibale nel lasciare l'Italia?

PRODUZIONE

3. Volgi in forma indiretta la sezione in discorso diretto.

Sezione 3

GLI AUTORI CLASSICI

UNITÀ 21-22 L'età di Cesare
> La guerra
> Il diritto

UNITÀ 23 L'età di Augusto
> La religione

UNITÀ 24-25 L'età giulio-claudia
> La natura
> La navigazione

UNITÀ 26 L'età dei Flavi
> La scuola

UNITÀ 27 L'età di Nerva e Traiano
> La politica

UNITÀ 28 L'età di Adriano e degli Antonini
> Il corpo umano

UNITÀ 29-30 Dai Severi alla caduta dell'Impero
> La famiglia
> Le passioni dell'animo

UNITÀ 21

L'ETÀ DI CESARE / 1
LA GUERRA

CURIOSITÀ	CAVE!
	Opera: singolare, plurale o imperativo?
MODUS SCRIBENDI	**LESSICO TEMATICO**
Lo stile di Cesare	Il lessico militare
Lo stile di Sallustio	

LESSICO TEMATICO
Il lessico militare

- **acies, -ei**, f.: "schiera, schieramento di battaglia".
- **agmen, -inis**, n.: "esercito (in marcia)"; si distingueva l'*agmen primum* (avanguardia), l'*agmen medium* (il grosso dell'esercito), l'*agmen novissimum* (retroguardia).
- **aquila, -ae**, f.: "aquila"; era l'insegna delle legioni romane.
- **bellum, -i**, n.: "guerra".
- **castra, -orum**, n. pl.: "accampamento"; aveva forma rettangolare con una porta per ciascun lato ed era attraversato da due strade principali (*cardo* e *decumanus*). Il campo poteva essere estivo (*aestiva*), invernale (*hiberna*), permanente (*stativa*).
- **centuria, -ae**, f.: "centuria"; reparto della legione, in origine formato da cento uomini; due centurie costituivano un *manipulus*.
- **centurio, -onis**, m.: "centurione"; i *centuriones posteriores* comandavano una centuria, i *centuriones priores* comandavano i *manipuli*; vd. *primipilus*.
- **cohors, -ortis**, f.: "coorte"; decima parte di una legione, formata da sei centurie; la *cohors praetoria* era un corpo speciale riservato alla guardia del generale.
- **copiae, -arum**, f. pl.: "truppe, milizie".
- **dux, ducis**, m.: "comandante".
- **eques, -itis**, m.: "cavaliere".
- **equitatus, -us**, m.: "cavalleria"; presso i Romani non fu mai molto numerosa, né ebbe grande importanza, tanto che col tempo fu fornita esclusivamente dagli alleati di Roma.
- **exercitus, -us**, m.: "esercito".
- **expeditus, -a, -um**: "armato alla leggera"; l'aggettivo sostantivato *expediti, -orum* indica i "fanti armati alla leggera".
- **explorator, -oris**, m.: "esploratore", chi va in ricognizione.
- **hastati, -orum**, m. pl.: "astati", cioè armati con lunghe aste; gli astati, divisi in dieci *manipuli* di 120 uomini, formavano la prima fila della legione, seguiti dai *principes* e dai *triarii*.
- **impedimenta, -orum**, n. pl.: "bagagli", "salmerie" dell'esercito (carri, macchine da guerra, provviste, bestie da soma, tende, armi, ecc.).
- **imperator, -oris**, m.: "comandante". In età repubblicana, in seguito ad una vittoria prestigiosa, le truppe potevano proclamare *imperator* il proprio comandante e chiedere la celebrazione del trionfo, al termine della quale il *dux* lasciava l'*imperium* e il titolo. Dopo Augusto, il termine divenne un titolo permanente dell'imperatore.
- **iter, itineris**, n.: "marcia" dell'esercito; si definiva *iter iustum* una marcia che non superasse i 25 km, *iter maximum* una tappa maggiore di 30 km.
- **legatus, -i**, m.: "luogotenente, aiutante", ufficiale di fiducia del generale; "ambasciatore, legato".
- **legio, -onis**, f.: "legione"; in origine era formata da 3000 fanti (mille per ciascuna delle tre antiche tribù); in seguito la legione fu organizzata in tre linee (costituite rispettivamente da 1200 *hastati*, 1200 *principes*, 600 *triarii*) e accompagnata da 1200 *velites* e 300 cavalieri.
- **manipulus, -i**, m.: "manipolo, compagnia"; tre manipoli costituivano una coorte, trenta manipoli una legione.
- **miles, -itis**, m.: "soldato".
- **novissimi, -orum**, m. pl.: "i soldati della retroguardia".
- **pedes, -itis**, m.: "fante".
- **phalanx, -angis**, f.: "falange", schiera serrata; era la disposizione primitiva dell'esercito romano, mutuata da quella greca e macedone e distribuita su oltre dodici file.
- **praefectus, -i**, m.: "prefetto, sovrintendente, comandante"; il

praefectus equitum era il capo della cavalleria, il *praefectus fabrum* (o *fabrorum*) comandava il genio (artieri e meccanici), ecc.
- **praetorium**, *-ii*, n.: "pretorio", tenda del generale nell'accampamento romano.
- **primipilus**, *-i*, m.: "primipilo"; era il centurione di grado più alto, poiché comandava la prima centuria del primo manipolo della prima coorte.
- **principes**, *-um*, m. pl.: "principi". Originariamente occupavano la prima fila della legione, in seguito costituirono la seconda fila. Erano divisi in dieci *manipuli* di 120 uomini ciascuno ed avevano un'armatura pesante.

- **proelium**, *-ii*, n.: "combattimento".
- **pugna**, *-ae*, f.: "battaglia".
- **sagittarius**, *-ii*, m.: "arciere".
- **signum**, *-i*, n.: "insegna", ma anche "segnale" dato dal generale e "parola d'ordine".
- **stipendium**, *-ii*, n.: "paga dei soldati", e per metonimia "servizio militare".
- **triarii**, *-orum*, m. pl.: "triari"; costituivano la terza fila della legione, pronti ad intervenire se le prime due file erano in difficoltà. Erano divisi in dieci *manipuli* di 60 uomini ciascuno.
- **tribunus**, *-i*, m.: "tribuno"; nel lessico militare i *tribuni militum*

erano ufficiali, sei per ciascuna legione, che detenevano il comando a rotazione per due mesi ciascuno. Il nome derivava da *tribus* ("tribù"), perché essi erano originariamente i capi delle tre antiche tribù.
- **velites**, *-um*, m. pl.: "veliti"; fanti armati alla leggera, collocati fuori dalle file regolari.
- **vigilia**, *-ae*, f.: "guardia notturna"; le "vigilie" erano i quattro periodi della notte, corrispondenti ai quattro turni di guardia, di tre ore ciascuno.
- **vigiliae**, *-arum*, f.: "sentinelle (di notte)".

Esercizi

A Traduci le seguenti frasi.

1. Caesar ab exploratoribus certior factus est Ariovisti copias milibus passuum quattuor et viginti a nostris abesse. (Ces.) **2.** Hoc casu aquila conservatur omnibus primae cohortis centurionibus interfectis praeter principem priorem. (Ces.) **3.** Nemo fuit omnino militum, quin vulneraretur, quattuorque ex una cohorte centuriones oculos amiserunt. (Ces.) **4.** Haec cum dixisset, primus ex dextro cornu procucurrit atque eum electi milites circiter CXX voluntarii eiusdem centuriae sunt prosecuti. (Ces.) **5.** Haec cum Pompeius dixisset, se in praetorium contulit summae rei diffidens et tamen eventum expectans. (Ces.). **6.** Victi enim erant quinque proeliis terrestribus, tribus navalibus, in quibus ducentas naves triremes amiserant, quae captae in hostium venerant potestatem. (Nep.) **7.** Praefecti regis Persae legatos miserunt Athenas questum, quod Chabrias adversum regem bellum gereret cum Aegyptiis. (Nep.) **8.** In loca Numidiae opulentissima [Metellus] pergit, agros vastat, multa castella et oppida temere munita aut sine praesidio capit incenditque, puberes interficit, iubet alia omnia militum praedam esse. (Sall.)

B Per ciascuna serie individua il termine che non appartiene al lessico militare e traduci gli altri.

	INTRUSO	TRADUZIONE
1. legio, lego, legatus		
2. centuria, centuplus, centurio		
3. sagitta, sagittarius, sagina		
4. vigilia, vigiliae, viginti		
5. eques, equitatus, equidem		
6. pugno, pugna, pugnus		

VERSIONI

■ PRIMO LIVELLO

●●● | 243 I Galli sono intralciati dalle loro stesse armi

Dopo aver ricevuto l'ordine da Cesare, i Romani attaccano dall'alto i nemici, scompigliando facilmente la formazione avversaria. I Galli, intralciati dai loro stessi scudi, preferiscono combattere a corpo scoperto. Alla fine, stanchi e feriti, si ritirano su un monte, ma la retroguardia cambia marcia e tenta un nuovo assalto.

a. Cesare esorta i suoi all'attacco	*Caesar primum suo, deinde omnium ex conspectu remotis equis, ut aequato omnium periculo spem fugae tolleret, cohortatus suos proelium commisit.*
b. Gli scudi ostacolano i Galli	*Milites loco superiore pilis missis facile hostium phalangem perfregerunt. Ea disiecta gladiis destrictis in eos impetum fecerunt. Gallis magno ad pugnam erat impedimento quod pluribus eorum scutis uno ictu pilorum transfixis et conligatis, cum ferrum se inflexisset, neque evellere neque sinistra impedita satis commode pugnare poterant, multi ut diu iactato bracchio praeoptarent scutum manu emittere et nudo corpore pugnare.*
c. I nemici si ritirano	*Tandem vulneribus defessi et pedem referre et, quod mons suberit circiter mille passuum spatio, eo se recipere coeperunt.*
d. La retroguardia nemica tenta un nuovo assalto	*Capto monte et succedentibus nostris, Boi et Tulingi, qui hominum milibus circiter XV agmen hostium claudebant et novissimis praesidio erant, ex itinere nostros ab latere aperto adgressi circumvenire, et id conspicati Helvetii, qui in montem sese receperant, rursus instare et proelium redintegrare coeperunt.*
	(CESARE)

●●● | 244 Ariovisto fa combattere solo la cavalleria

Ariovisto, alla guida di una coalizione di popoli germanici, tenta di impedire che l'accampamento romano riceva i rifornimenti. Nel frattempo Cesare cerca di indurre il nemico allo scontro, ma quest'ultimo fa combattere solo la cavalleria secondo il tipico schema dei Germani: seimila cavalieri accompagnati da altrettanti fanti, che fungono da guardie del corpo.

a. Ariovisto ostacola i rifornimenti	*Eodem die castra [Ariovistus] promovit et milibus passuum VI a Caesaris castris sub monte consedit. Postridie eius diei praeter castra Caesaris suas copias traduxit et milibus passuum duobus ultra eum castra fecit eo consilio uti frumento commeatuque qui ex Sequanis et Haeduis supportaretur Caesarem intercluderet.*

338 Sezione 3 Gli autori classici

b. Per cinque giorni Cesare schiera le truppe	*Ex eo die dies continuos V Caesar pro castris suas copias produxit et aciem instructam habuit, ut, si vellet Ariovistus proelio contendere, ei potestas non deesset.*
c. Ariovisto fa combattere solo la cavalleria	*Ariovistus his omnibus diebus exercitum castris continuit, equestri proelio cotidie contendit.*
d. Il combattimento dei Germani	*Genus hoc erat pugnae, quo se Germani exercuerant: equitum milia erant VI, totidem numero pedites velocissimi ac fortissimi, quos ex omni copia singuli singulos suae salutis causa delegerant: cum his in proeliis versabantur, ad eos se equites recipiebant; hi, si quid erat durius, concurrebant, si qui graviore vulnere accepto equo deciderat, circumsistebant; si quo[1] erat longius prodeundum aut celerius recipiendum, tanta erat horum exercitatione celeritas ut iubis sublevati equorum cursum adaequarent.* (CESARE)

1. *quo*: "in qualche luogo"; qui è un avverbio di moto.

245 I soldati di Cesare sorprendono il nemico

Gli uomini di Cesare sono stremati, mentre i nemici imperversano. Il centurione Baculo e il tribuno Voluseno riferiscono a Galba che l'unica possibilità di salvezza è una sortita. Così Galba ordina che, al suo segnale, i soldati cessino di combattere ed escano fuori dall'accampamento. La mossa riesce.

a. Baculo e Voluseno propongono di fare una sortita	*Cum iam amplius horis sex continenter pugnaretur, ac non solum vires sed etiam tela nostros deficerent, atque hostes acrius instarent languidioribusque nostris vallum scindere et fossas complere coepissent, resque esset iam ad extremum perducta casum, P. Sextius Baculus, primipili centurio, quem Nervico proelio compluribus confectum vulneribus diximus, et item C. Volusenus, tribunus militum, vir et consilii magni et virtutis, ad Galbam accurrunt atque unam esse spem salutis docent, si eruptione facta extremum auxilium experirentur.*
b. Galba segue il consiglio di Baculo e Voluseno	*Itaque convocatis centurionibus celeriter milites certiores facit, paulisper intermitterent proelium ac tantum modo tela missa exciperent seque ex labore reficerent, post dato signo ex castris erumperent, atque omnem spem salutis in virtute ponerent.*
c. I soldati eseguono l'ordine di Galba	*Quod iussi sunt faciunt, ac subito omnibus portis eruptione facta neque cognoscendi quid fieret neque sui colligendi hostibus facultatem relinquunt.* (CESARE)

MODUS SCRIBENDI **LO STILE DI CESARE**

LE CARATTERISTICHE ESSENZIALI		
1. Sintassi semplice e lineare, con uso prevalente della paratassi.	3. Precisione linguistica, specie nel lessico militare.	5. Frequente ricorso a costrutti participiali.
2. Assenza di arcaismi.	4. Impiego dell'*oratio obliqua*.	6. Uso limitato delle figure retoriche.

Un giudizio critico

Uno stile all'insegna di chiarezza e precisione
(R.M. Ogilvie)

La lettura dell'opera [di Cesare] trasmette un'impressione irresistibile di chiarezza e precisione, qualità che Cicerone, nient'affatto amico di Cesare, riconobbe immediatamente quando scrisse a proposito dei *Commentarii*: *nihil est pura et inlustri brevitate dulcius*, "nulla è più gradevole della semplice e nitida brevità" (*Brut*, 262). [...] Due sono gli accorgimenti fondamentali che Cesare applica per ottenere l'effetto desiderato: innanzitutto lo stile, di grande semplicità. Vengono ripetutamente usate frasi "formulari" di estrema funzionalità: *certior factus est*, "venne informato", *quae cum ita essent*, "stando così le cose", *his rebus cognitis*, "sapute queste cose", e così via. La sintassi mantiene un'analoga precisione e uniformità. Mentre Livio si diletta a variare il lessico, Cesare evita i sinonimi: pertanto Livio usa *gradum referre* e *pedem referre*, "ritirarsi", come locuzioni interscambiabili, mentre Cesare impiega soltanto *pedem referre*. In Livio si trovano *ad ultimum*, *ad extremum* e *ad postremum* con il significato di "infine", in Cesare soltanto *ad extremum*. Analogamente, per dire «un fiume», Cesare non adopera altro sostantivo che *flumen*, mai *amnis* o *fluvius*. Tra questi termini c'è una tenue differenza di valore connotativo (*amnis* può comportare una sfumatura di maggiore intensità e solennità) e Livio, ad esempio, definisce il Reno tredici volte *flumen* e sei volte *amnis*. Cesare sceglie un vocabolo per designare un concetto e vi si mantiene fedele. La motivazione principale della sua scelta è l'intento di conseguire la semplicità, ma un esame comparativo con la scrittura di Livio mostra che Cesare era anche influenzato dalla preoccupazione di mantenere la purezza o proprietà di espressione. Si era sempre interessato a problemi linguistici: all'inizio del 54 a.C. aveva scritto due volumi intitolati *De analogia*, in cui si occupava di purismo linguistico; l'opera rappresentava un'energica risposta alle tendenze in voga, favorite da Cicerone, che apprezzava piuttosto un lessico fiorito e opulento. La semplicità dello stile di Cesare [...] non è priva di intensità. Il ritmo narrativo non scade mai nella monotonia, ma resta sempre teso; le scene di battaglia rappresentano esempi di descrizioni chiare e rapide, in cui i momenti critici emergono in tutta la loro drammatica tensione, e il *climax* è spesso ottenuto in frasi che si susseguono affannose, veloci, con ritmo spezzato.

(R.M. Ogilvie, *Cesare* in *La letteratura latina della Cambridge University*, vol. I, Mondadori Meridiani, pp. 467-468 *passim*, trad. L. Simonini)

246 Ificrate teorico dell'arte militare

Ificrate si distinse per le imprese belliche e per le innovazioni introdotte nell'equipaggiamento militare; in particolar modo modificò le armi e alleggerì le corazze per rendere i soldati più sicuri e veloci.

a. Valore di Ificrate

Iphicrates Atheniensis non tam magnitudine rerum gestarum quam disciplina militari nobilitatus est. Fuit enim talis dux, ut non solum aetatis suae cum primis compararetur, sed ne de maioribus natu quidem quisquam anteponeretur. Multum vero in bello est versatus, saepe exercitibus praefuit, nusquam culpa male rem gessit, semper consilio vicit tantumque eo valuit, ut multa in re militari partim nova attulerit, partim meliora fecerit. Namque ille pedestria arma mutavit.

b. Innovazioni introdotte da Ificrate

Cum ante illum imperatorem maximis clipeis, brevibus hastis, minutis gladiis uterentur, ille e contrario peltam pro parma fecit (a quo postea peltastae pedites appellabantur), ut ad motus concursusque essent leviores, hastae modum duplicavit, gladios longiores fecit. Idem genus loricarum novum instituit et pro sertis atque aeneis linteas dedit. Quo facto expeditiores milites reddidit: nam pondere detracto, quod aeque corpus tegeret et leve esset, curavit.

(Cornelio Nepote)

247 Disordini all'interno dell'accampamento romano

Dopo la disfatta dell'esercito, Albino decide di tenere i soldati nell'accampamento estivo e di limitare le uscite ai soli casi di necessità. L'inerzia del comandante è totale: non fortifica il territorio, né istituisce turni di guardia. Mentre ogni soldato è libero di fare ciò che vuole, dilagano i vizi.

a. Albino trattiene l'esercito nell'accampamento	Albinus, Auli fratris exercitusque clade[1] perculsus, postquam decreverat non egredi provincia, quantum temporis aestivorum[2] in imperio fuit, plerumque milites stativis castris habebat, nisi cum odor aut pabuli egestas locum mutare subegerat.
b. L'anarchia e i vizi dilagano	Sed neque muniebatur, neque more militari vigiliae deducebantur; uti cuique lubebat, ab signis aberat; lixae permixti cum militibus diu noctuque vagabantur, et palantes agros vastare, villas expugnare, pecoris et mancipiorum praedas certantes agere eaque mutare cum mercatoribus vino advecticio et aliis talibus; praeterea frumentum publice datum vendere, panem in dies mercari; postremo quaecumque dici aut fingi queunt ignaviae luxuriaeque probra, ea in illo exercitu cuncta fuere et alia amplius. (SALLUSTIO)

1. *Auli fratris exercitusque clade*: nei pressi di Suthul in Numidia Aulo aveva subito una rovinosa sconfitta.   2. *aestivorum*: sott. *castrorum*.

248 Bocco invia un'ambasceria a Mario per chiedere la pace

Mario cerca di assediare una fortezza di Giugurta nel deserto. Nel frattempo Bocco, il re di Mauretania precedentemente alleato di Giugurta, invia alcuni suoi uomini fidatissimi per concludere la guerra con i Romani. I legati, derubati nel tragitto da banditi getuli, si rifugiano nell'accampamento romano, dove sono accolti generosamente da Silla.

a. Mario cerca di assediare una fortezza di Giugurta	Marius interea, exercitu in hibernis composito, cum expeditis cohortibus et parte equitatus proficiscitur in loca sola obsessum turrim regiam, quo Iugurtha perfugas omnis praesidium imposuerat.
b. Bocco invia gli ambasciatori per trattare la pace	Tum rursus Bocchus, seu reputando quae sibi duobus proeliis venerant, seu admonitus ab aliis amicis, quos incorruptos Iugurtha reliquerat, ex omni copia necessariorum quinque delegit, quorum et fides cognita et ingenia validissuma erant. Eos ad Marium ac deinde, si placeat, Romam legatos ire iubet, agendarum rerum et quocumque modo belli componendi licentiam ipsis permittit.
c. Gli ambasciatori di Bocco vengono depredati	Illi mature ad hiberna Romanorum proficiscuntur; deinde in itinere a Gaetulis latronibus circumventi spoliatique pavidi sine decore ad Sullam profugiunt, quem consul in expeditionem proficiscens pro praetore reliquerat.
d. Silla riceve i legati di Bocco	Eos ille non pro vanis hostibus, uti meriti erant, sed adcurate ac liberaliter habuit. (SALLUSTIO)

SECONDO LIVELLO

249 Assalto notturno dei Galli

Nel 52 a.C. Cesare, rientrato in Gallia, si riunisce con il suo esercito. Conquistate alcune città nemiche, pone l'assedio ad Avàrico, capitale dei Biturìgi. L'impresa è ostacolata dalle avverse condizioni meteorologiche e dagli espedienti escogitati dai nemici. I Galli, infatti, con frequenti sortite diurne e notturne, sottraggono alcune armi, assalgono i soldati, innalzano torri di protezione; inoltre i nemici fanno crollare il terrapieno dei Romani, creando una cavità sotterranea.

His tot rebus impedita oppugnatione milites, cum toto tempore frigore et assiduis imbribus tardarentur, tamen continenti labore omnia haec superaverunt et diebus XXV aggerem latum pedes CCCXXX, altum pedes LXXX exstruxerunt. Cum is murum hostium paene contingeret, et Caesar ad opus consuetudine excubaret militesque hortaretur, ne quod omnino tempus ab opere intermitteretur, paulo ante tertiam vigiliam est animadversum fumare aggerem, quem cuniculo hostes succenderant, eodemque tempore toto muro clamore sublato duabus portis ab utroque latere turrium eruptio fiebat, alii faces atque aridam materiem de muro in aggerem eminus iaciebant, picem reliquasque res, quibus ignis excitari potest, fundebant, ut quo primum curreretur aut cui rei ferretur auxilium vix ratio iniri posset. Tamen, quod instituto Caesaris semper duae legiones pro castris excubabant pluresque partitis temporibus erant in opere, celeriter factum est, ut alii eruptionibus resisterent, alii turres reducerent aggeremque interscinderent, omnis vero ex castris multitudo ad restinguendum concurreret.

(CESARE)

Laboratorio

SINTASSI

1. Evidenzia i complementi di causa efficiente, precisando da quale verbo ciascuno di essi è retto.
2. Che tipo di complemento è *pedes CCCXXX*? Da che cosa è introdotto?

LESSICO

3. A che ora corrisponde la *tertia vigilia*?
4. Che cosa è l'*agger*?

ANALISI STILISTICA

5. Spiega quali elementi conferiscono un ritmo incalzante al racconto.

COMPRENSIONE DEL TESTO

6. In che modo i Romani organizzano la difesa del campo?

●●● | 250 Scaramucce fra Cesare e Pompeo nel porto di Brindisi

Dopo il passaggio del Rubicone, Cesare occupa l'Etruria, l'Umbria, il territorio dei Marsi e pone l'assedio alla città di Corfinio, dove cattura Lucio Domizio Enobarbo e altri comandanti di Pompeo. Questi, informato dell'accaduto, si dirige a Brindisi, dove si sposta anche Cesare.

▶ Vedi **Cave!**

Contra haec Pompeius naves magnas onerarias, quas in portu Brundisino deprehenderat, adornabat. Ibi turres cum ternis tabulatis erigebat easque multis tormentis et omni genere telorum completas ad opera *Caesaris adpellebat, ut rates perrumperet atque opera disturbaret. Sic cotidie utrimque eminus fundis, sagittis reliquisque telis pugnabatur. Atque haec Caesar ita administrabat, ut condiciones pacis dimittendas non existimaret; ac tametsi magnopere admirabatur Magium*[1], *quem ad Pompeium cum mandatis miserat, ad se non*

---

1. *Magium*: era il comandante del genio dell'esercito di Pompeo; catturato dalle truppe di Cesare, era stato inviato a Pompeo per ottenere un colloquio.

remitti, atque ea res saepe temptata etsi impetus eius consiliaque tardabat, tamen omnibus rebus in eo perseverandum putabat. Itaque Caninium Rebilum legatum, familiarem necessariumque Scriboni Libonis, mittit ad eum colloquii causa; mandat, ut Libonem de concilianda pace hortetur.

(Cesare)

Cave!

***Opera*: singolare, plurale o imperativo?**
Il termine *opera* può essere:
- il nominativo o il vocativo sing. del sostantivo femminile *opera, -ae* "lavoro, attività";
- il nominativo, l'accusativo o il vocativo plurale del neutro *opus, -eris* "opera, occupazione, lavoro";
- la 2ª pers. sing. dell'imperativo presente del verbo post-classico *opero* "occuparsi".

251 Una serie di ostacoli rallenta l'assedio di Marsiglia

Nel luglio del 49 a.C., durante la guerra civile fra Cesare e Pompeo, Marsiglia resta fedele a quest'ultimo. Così Cesare decide di intensificare l'assedio della città; il legato Gaio Trebonio, a cui è affidata l'operazione, requisisce da tutta la provincia uomini, bestie da soma e legname allo scopo di elevare un terrapieno.

Sed tanti erant antiquitus in oppido omnium rerum ad bellum apparatus tantaque multitudo tormentorum, ut eorum vim nullae contextae viminibus vineae sustinere possent. Asseres enim pedum XII cuspidibus praefixi atque hi maximis ballistis missi per IV ordines cratium in terra defigebantur. Itaque pedalibus lignis coniunctis inter se porticus integebantur, atque hac agger inter manus proferebatur. Antecedebat testudo pedum LX aequandi loci causa facta item ex fortissimis lignis, convoluta omnibus rebus, quibus ignis iactus et lapides defendi possent. Sed magnitudo operum, altitudo muri atque turrium, multitudo tormentorum omnem administrationem tardabat. Crebrae etiam per Albicos eruptiones fiebant ex oppido ignesque aggeri et turribus inferebantur; quae facile nostri milites repellebant magnisque ultro illatis detrimentis eos, qui eruptionem fecerant, in oppidum reiciebant.

(Cesare)

Laboratorio

LESSICO
1. Individua i nomi delle macchine da guerra.

COMPRENSIONE DEL TESTO
2. Da che cosa sono rallentate le operazioni di assedio?

PRODUZIONE
3. Dividi il testo in sequenze, assegnando a ciascuna un titolo.
4. In un testo descrittivo spiega il funzionamento di due delle macchine d'assedio citate nel passo (max. 6 righe).

252 Cesare pone l'accampamento a Durazzo

Nel dicembre del 49 a.C. il teatro della guerra civile si sposta in Grecia. Cesare, eletto console, salpa da Brindisi con sette legioni alla volta dell'Epiro. Pur disponendo di forze inferiori a quelle di Pompeo, ottiene la sottomissione delle città epirote e conquista gran parte della Tessaglia. Quindi si dirige verso Durazzo, dove avverrà un primo scontro con Pompeo.

Caesar, postquam Pompeium ad Asparagium esse cognovit, eodem[1] cum exercitu profectus, expugnato in itinere oppido Parthinorum, in quo Pompeius praesidium habebat, tertio die ad Pompeium pervenit iuxtaque eum castra posuit et postridie, eductis omnibus copiis, acie instructa, decernendi potestatem Pompeio fecit. Ubi illum suis locis se tenere animadvertit, reducto in castra exercitu, aliud sibi consilium capiendum existimavit. Itaque postero die omnibus copiis magno circuitu difficili angustoque itinere Dyrrachium profectus est, sperans Pompeium aut Dyrrachium compelli aut ab eo intercludi posse, quod omnem commeatum totiusque belli apparatum eo contulisset; ut accidit. Pompeius enim primo ignorans eius consilium, quod diverso ab ea regione itinere profectum videbat, angustiis rei frumentariae compulsum discessisse existimabat; postea per exploratores certior factus postero die castra movit, breviore itinere se occurrere ei posse sperans. Quod fore suspicatus Caesar militesque adhortatus ut aequo animo laborem ferrent, parva parte noctis itinere intermisso, mane Dyrrachium venit, cum primum agmen Pompei procul cerneretur, atque ibi castra posuit.

(Cesare)

1. *eodem*: qui avverbio di moto a luogo, "nella stessa direzione".

●●● | 253 L'esercito persiano minaccia Atene

Nel 499 a.C. le colonie greche d'Asia minore insorsero contro la dominazione persiana, chiedendo aiuto alla madrepatria. Dopo la repressione della rivolta, Dario decide di punire i Greci del continente.

Darius autem, cum ex Europa in Asiam redisset, hortantibus amicis, ut Graeciam redigeret in suam potestatem, classem quingentarum navium comparavit eique Datim praefecit et Artaphernem iisque ducenta peditum, decem equitum milia dedit, causam interserens se hostem esse Atheniensibus, quod eorum auxilio Iones Sardis expugnassent suaque praesidia interfecissent. Illi praefecti regii classe ad Euboeam appulsa celeriter Eretriam ceperunt omnesque eius gentis cives abreptos in Asiam ad regem miserunt. Inde ad Atticam accesserunt ac suas copias in campum Marathona deduxerunt. Is abest ab oppido circiter milia passuum decem. Hoc tumultu Athenienses tam propinquo tamque magno permoti auxilium nusquam nisi a Lacedaemoniis petiverunt Phidippumque cursorem eius generis, qui hemerodromoe[1] vocantur, Lacedaemonem miserunt, ut nuntiaret quam celerrimo opus esse auxilio. Domi autem creant decem praetores, qui exercitui praeessent, in eis Miltiadem. Inter quos magna fuit contentio, utrum moenibus se defenderent an obviam irent hostibus acieque decernerent. Unus Miltiades maxime nitebatur, ut primo quoque tempore castra fierent: id si factum esset, et civibus animum accessurum, cum viderent de eorum virtute non desperari, et hostes eadem re fore tardiores, si animadverterent auderi adversus se tam exiguis copiis dimicari.

(Cornelio Nepote)

1. *hemerodromoe*: corridori molto veloci; il termine significa letteralmente "coloro che corrono per l'intero giorno".

Laboratorio

ANALISI STILISTICA
1. Che tipo di figura retorica è presente in *hoc tumultu Athenienses tam propinquo tamque magno*? Quale effetto sortisce?

COMPRENSIONE DEL TESTO
2. Per quale motivo Dario si dichiara nemico degli Ateniesi?
3. Con quali argomentazioni Milziade sostiene l'attacco immediato contro i Persiani?

> **PRODUZIONE**
> 4. Dividi il testo in sequenze e riassumilo in cinque righe.

254 Uno stratagemma di Annibale

In esilio in Bitinia, Annibale istiga il re Prusia contro Eumene, sovrano di Pergamo e fedele alleato dei Romani. Ma, resosi conto della supremazia di quest'ultimo, il Cartaginese cerca di ucciderlo. Qualche giorno prima della battaglia navale fra i due nemici, Annibale raduna tutti i marinai e ordina loro di andare all'assalto di Eumene, promettendo enormi ricompense.

Tali cohortatione militum facta classis ab utrisque in proelium deducitur. Quarum acie constituta, priusquam signum pugnae daretur, Hannibal, ut palam faceret suis, quo loco Eumenes esset, tabellarium in scapha cum caduceo mittit. Qui ubi ad naves adversariorum pervenit epistulamque ostendens se regem professus est quaerere, statim ad Eumenem deductus est, quod nemo dubitabat, quin aliquid de pace esset scriptum. Tabellarius ducis nave declarata suis eodem, unde erat egressus, se recepit. At Eumenes soluta epistula nihil in ea repperit, nisi quae ad irridendum eum pertinerent. Cuius etsi causam mirabatur neque reperiebat, tamen proelium statim committere non dubitavit. Horum in concursu Bithynii Hannibalis praecepto universi navem Eumenis adoriuntur. Quorum vim rex cum sustinere non posset, fuga salutem petit; quam consecutus non esset, nisi intra sua praesidia se recepisset, quae in proximo litore erant collocata.

(Cornelio Nepote)

255 Catilina organizza il suo esercito

Dopo la cattura di alcuni complici di Catilina, il senato si riunisce per discutere la condanna. A favore della pena di morte si pronuncia Catone, che riesce a far approvare la sua proposta. La sentenza viene eseguita subito: Cicerone accompagna personalmente Lentulo, uno dei congiurati, al carcere Tulliano (*ipse... Lentulum in carcerem deducit*) per l'esecuzione. Intanto Catilina in Etruria cerca di organizzare le sue truppe.

Dum ea Romae geruntur, Catilina ex omni copia, quam et ipse adduxerat et Manlius habuerat, duas legiones instituit, cohortis pro numero militum complet. Deinde, ut quisque voluntarius aut ex sociis in castra venerat, aequaliter distribuerat ac brevi spatio legiones numero hominum expleverat, cum initio non amplius duobus milibus habuisset. Sed ex omni copia circiter pars quarta erat militaribus armis instructa; ceteri, ut quemque casus armaverat, sparos aut lanceas, alii praeacutas sudis portabant. Sed postquam Antonius cum exercitu adventabat, Catilina per montis iter facere, modo ad urbem, modo in Galliam vorsus castra movere, hostibus occasionem pugnandi non dare. Sperabat propediem magnas copias sese habiturum, si Romae socii incepta patravissent. Interea servitia repudiabat, cuius generis initio ad eum magnae copiae concurrebant, opibus coniurationis fretus, simul alienum suis rationibus existumans videri causam civium cum servis fugitivis communicavisse.

(Sallustio)

MODUS SCRIBENDI **LO STILE DI SALLUSTIO**

LE CARATTERISTICHE ESSENZIALI

1. *Brevitas*, con ellissi di termini ed espressioni: *in potestatibus eo modo agitabat, ut ampliore quam gerebat* (= *quam erat potestas quam gerebat*) *dignus haberetur* ("nell'esercizio delle cariche si comportava sempre in modo da sembrare degno di una carica più alta di quella che ricopriva", *Iug.* 63, 5).

2. *Variatio*: *duabus his artibus, audacia in bello, ubi pax evenerat aequitate, seque remque publicam curabant* ("si attenevano a due norme, spietati in guerra, equi quando era tornata la pace", *Cat.* 9, 3, trad. Storoni Mazzolani), in cui al complemento di tempo segue una proposizione temporale.

3. Uso di forme arcaiche (*pessumus* per *pessimus*, *lubido* per *libido*, *claritudo* per *claritas*, *quis* per *quibus*, ecc.) e di neologismi (*portatio* "trasporto", *incruentus* "incruento").

4. Impiego dell'infinito storico.

5. Frequente uso di figure retoriche (asindeto, zeugma, poliptoto, ecc.).

6. Tono moralistico.

Un giudizio critico

Al di là del classico (R. Syme)

Sallustio appartiene a una ben definita tradizione storiografica, e fa da *trait-d'union* fra Tucidide e Tacito. Egli entra nel novero di quegli scrittori indagatori e sovversivi che si preoccupano del ruolo e del peso che il caso ha nelle vicende umane, e provano una specie di compiacimento nella delusione. In Sallustio le maniere arcigne e truculente derivano sia dall'argomento che tratta, sia dalla personale esperienza. [...] Tanto nello stile che nei sentimenti di Sallustio, è determinante l'opposizione e la rivolta. [...] Non soltanto evita ampiamente ciò che è convenzionale e 'classico', ma fa uso anche di numerose parole e frasi non ammesse da Cicerone (o da Cesare). Ma vi sono altre caratteristiche in lui che sfuggono a qualsiasi definizione univoca o semplificante.

Gli antichi avevano di Sallustio buona stima, dal primo all'ultimo. [...] Ma il giudizio più esatto è forse quello di Seneca: parla infatti di frasi tronche, di parole che arrivano prima di quando sono aspettate, di concisione oscura. [...]

Il modo di procedere di Sallustio è messo convenientemente in evidenza dal suo vocabolario meglio che da altre cose. Ma anche la sintassi lo rivela; e bisognerebbe trattare a lungo questo aspetto. Basti notare alcune indubbie innovazioni, come un nuovo tipo di ablativo assoluto (*comperto*, *audito*) o il gerundivo finale. Egli estende il genitivo partitivo da esempi come *extremum diei* a *omnia oppidi*. Quest'ultimo caso è modellato sull'uso greco. Quintiliano scoperse dei grecismi in Sallustio; e non sbagliava. Si può ricordare, per esempio, l'aggettivo che regge il sostantivo, le locuzioni *volenti esse* oppure *in maius celebrare*.

Dopo il vocabolario e la sintassi, va considerata la struttura delle frasi. Sallustio sapeva scrivere ammirevoli periodi, se voleva. Ce ne dà esempi; ma egli è fatto per distruggere l'equilibrio e l'armonia. La continua antitesi del suo pensiero si manifesta nel comporre spezzato, con cambiamenti di soggetto e paratassi. Da lì deriva l'effetto di rapidità, vigilanza e semplicità che disdegna il parallelismo convenzionale. La sua *inconcinnitas* è una pseudo-negligenza e una deliberata raffinatezza.

(R. Syme, *Sallustio*, trad. it. di S. Galli, Brescia, Paideia 1968, pp. 282-291 *passim*)

●●● | 256 Catilina e l'esercito romano si preparano allo scontro

Catilina è in Etruria, dove in un primo momento evita lo scontro diretto con Antonio. Ma, appena viene informato dell'esecuzione dei congiurati a Roma, decide di passare all'attacco. Così rivolge un ultimo discorso ai suoi, invitandoli a battersi valorosamente, e dà quindi inizio alla battaglia.

Haec ubi dixit [Catilina], paululum commoratus signa canere iubet atque instructos ordines in locum aequum deducit. Dein, remotis omnium equis, quo militibus exaequato periculo animus amplior esset, ipse pedes[1] exercitum pro loco atque copiis instruit. Nam uti planities erat inter sinistros montis et ab dextra rupe aspera, octo cohortis in fronte constituit, reliquarum signa in subsidio artius conlocat. Ab iis centuriones, omnis lectos et evocatos, praeterea ex gregariis militibus optumum quemque armatum in primam aciem subducit. C. Manlium in dextra, Faesulanum quendam in sinistra parte curare iubet. Ipse cum libertis et colonis propter aquilam adsistit, quam bello Cimbrico C. Marius in exercitu habuisse

---

1. *pedes*: "a piedi"; è riferito a *ipse*.

dicebatur. At ex altera parte C. Antonius, pedibus aeger quod proelio adesse nequibat, M. Petreio legato exercitum permittit. Ille cohortis veteranas, quas tumulti causa conscripserat, in fronte, post eas ceterum exercitum in subsidiis locat. Ipse equo circumiens unumquemque nominans appellat, hortatur, rogat, ut meminerint se contra latrones inermis pro patria, pro liberis, pro aris atque focis suis certare. Homo militaris, quod amplius annos triginta tribunus aut praefectus aut legatus aut praetor cum magna gloria in exercitu fuerat, plerosque ipsos factaque eorum fortia noverat: ea commemorando militum animos accendebat. (Sallustio)

Laboratorio

LESSICO
1. Elenca i gradi dell'esercito menzionati nel passo.

ANALISI STILISTICA
2. Che tipo di figura è *pro patria, pro liberis, pro aris*?

COMPRENSIONE DEL TESTO
3. Perché Antonio affida il comando a Petreio?
4. Chi era Petreio?

257 La morte di Catilina

1. *Sed ubi omnibus rebus exploratis Petreius tuba signum dat, cohortis paulatim incedere iubet; idem facit hostium exercitus.*
2. *Postquam eo ventum est, unde a ferentariis proelium committi posset, maxumo clamore cum infestis signis concurrunt; pila omittunt, gladiis res geritur.*
3. *Veterani pristinae virtutis memores comminus acriter instare, illi haud timidi resistunt: maxuma vi certatur.*
4. *Interea Catilina cum expeditis in prima acie vorsari, laborantibus succurrere, integros pro sauciis arcessere, omnia providere, multum ipse pugnare, saepe hostem ferire: strenui militis et boni imperatoris officia simul exequebatur.*
5. *Petreius ubi videt Catilinam, contra ac ratus erat, magna vi tendere, cohortem praetoriam in medios hostis inducit eosque perturbatos atque alios alibi resistentis interficit. Deinde utrimque ex lateribus ceteros aggreditur.*
6. *Manlius et Faesulanus in primis pugnantes cadunt.*
7. *Catilina postquam fusas copias seque cum paucis relictum videt, memor generis atque pristinae suae dignitatis in confertissumos hostis incurrit ibique pugnans confoditur.*

COMPARATIO

Traduzione (A)

1. Dopo aver controllato ogni cosa, Petreio fa sonare la tromba e ordina alle coorti di avanzare poco a poco. L'esercito nemico fa altrettanto.
2. Come si trovano a una distanza tale che gli arcieri possano attaccare, i combattenti, preceduti dalle insegne, si lanciano gli uni sugli altri con altissimo clamore. Non usano lance, si battono con le spade.
3. I veterani, memori dell'antico valore, premono aspramente sul nemico; ma quelli resistono senza paura. Lo scontro è violentissimo.
4. Catilina, con alcuni armati alla leggera, si prodiga in prima linea, soccorre quelli che si trovano in difficoltà, sostituisce i feriti con uomini sani, provvede a tutto, s'impegna di persona, spesso colpisce il nemico, adempie contemporaneamente alle funzioni di valoroso soldato e di comandante efficientissimo.

Traduzione (B)

5. E Petreio, nel vederlo battersi con un accanimento che non s'aspettava, lancia la coorte pretoria al centro dello schieramento nemico, provocando disordine nei ranghi, e massacra quelli che resistevano in altri punti. Poi, attacca ai fianchi.
6. C. Manlio e il Fiesolano cadono tra i primi, le armi in pugno.
7. Catilina, come vede i suoi in rotta e si trova solo con un pugno d'uomini, memore della sua stirpe e dell'onore d'un tempo, si getta nel folto della mischia e qui cade combattendo.

(trad. di L. Storoni Mazzolani)

1. Dopo aver passato tutto in rivista Petreio fa dare con le trombe il segnale della battaglia, ordina alle coorti di avanzare lentamente, lo stesso fa l'esercito nemico.
2. Giunti là dove i ferentari devono attaccare combattimento, piegate le insegne contro il nemico, con altissimo clamore corrono gli uni contro gli altri, lasciano i giavellotti, si combatte con le spade.
3. I veterani, memori dell'antico valore, incalzano acremente da presso: quelli, per nulla intimoriti, resistono, si combatte con estrema violenza.
4. Intanto Catilina con la truppa leggera imperversa in prima linea, soccorre quelli in difficoltà, rimpiazza i feriti con truppe fresche, provvede a tutto, si batte egli stesso con vigore, spesso colpisce il nemico; eseguiva insieme il dovere di un soldato coraggioso e di un buon condottiero.
5. Petreio, quando vede che Catilina contrariamente a quel che aveva creduto, combatteva con grande energia, lancia la coorte pretoria contro il centro dei nemici, e massacra quelli che riesce a scompigliare e che cercavano di resistere altrove; poi attacca gli altri da entrambe le parti.
6. Manlio e il Fiesolano cadono tra i primi combattendo.
7. Catilina, quando vede le sue truppe in rotta e se stesso rimasto con pochi uomini, memore della sua stirpe e della passata dignità, si getta dove i nemici erano più folti e ivi lottando è trafitto.

(trad. di L. Canali)

Riflettere sulla traduzione

1. Proponi una tua traduzione del par. 4.
2. Quale traduzione della proposizione *strenui militis et boni imperatoris officia simul exequebatur* è più letterale?
3. A tuo giudizio, chi fra i due traduttori esprime più efficacemente la frase finale *ibique pugnans confoditur*?
4. Quale delle due traduzioni ti è piaciuta di più? Perché?

258 Aderbale contro Giugurta

Dopo un *excursus* storico sulla successione del regno di Numidia e una breve digressione etno-geografica sull'Africa, l'attenzione di Sallustio si concentra sullo scontro fra Giugurta e Aderbale. Questi, nonostante le continue provocazioni di Giugurta, cerca di evitare lo scontro, ma alla fine decide di rispondere alla guerra.

Adherbal ubi intellegit eo processum[1], uti regnum aut relinquendum esset aut armis retinendum, necessario copias parat et Iugurthae obvius procedit. Interim haud longe a mari prope Cirtam oppidum utriusque exercitus consedit et, quia diei extremum erat, proelium non

1. *processum*: sott. *esse*.

inceptum. Sed ubi plerumque noctis processit, obscuro etiam tum lumine milites Iugurthini signo dato castra hostium invadunt; semisomnos partim, alios arma sumentis fugant funduntque. Adherbal cum paucis equitibus Cirtam profugit, et ni multitudo togatorum[2] fuisset, quae Numidas insequentis moenibus prohibuit, uno die inter duos reges coeptum atque patratum bellum foret. Igitur Iugurtha oppidum circumsedit, vineis turribusque et machinis omnium generum expugnare aggreditur, maxime festinans tempus legatorum antecapere, quos ante proelium factum ab Adherbale Romam missos audiverat. (SALLUSTIO)

2. *togatorum*: i *togati* erano coloro che indossavano la toga; in un primo momento il termine designò i cittadini romani in contrapposizione agli stranieri, in seguito fu usato anche per gli italici di lingua latina.

■ TERZO LIVELLO

●●● | 259 Le simulazioni dei Germani

Hoc facto proelio Caesar neque iam sibi legatos audiendos neque condiciones accipiendas arbitrabatur ab iis qui per dolum atque insidias petita pace ultro bellum intulissent; expectare vero dum hostium copiae augerentur equitatus reverteretur summae dementiae esse iudicabat, et cognita Gallorum infirmitate quantum iam apud eos hostes uno proelio auctoritatis essent consecuti sentiebat; quibus ad consilia capienda nihil spatii dandum existimabat. His constitutis rebus et consilio cum legatis et quaestore communicato, ne quem diem pugnae praetermitteret, oportunissima res accidit, quod postridie eius diei mane eadem et perfidia et simulatione usi Germani frequentes, omnibus principibus maioribusque natu adhibitis, ad eum in castra venerunt, simul, ut dicebatur, sui purgandi causa, quod contra atque esset dictum et ipsi petissent, proelium pridie commisissent, simul ut, si quid possent, de indutiis fallendo impetrarent. Quos sibi Caesar oblatos gavisus illos retineri iussit; ipse omnes copias castris eduxit equitatumque, quod recenti proelio perterritum esse existimabat, agmen subsequi iussit. (CESARE)

●●● | 260 Cesare fortifica l'accampamento alle falde del colle di Gardeny

Eo biduo Caesar cum equitibus DCCCC, quos sibi praesidio reliquerat, in castra pervenit. Pons, qui fuerat tempestate interruptus, paene erat refectus; hunc noctu perfici iussit. Ipse cognita locorum natura ponti castrisque praesidio sex cohortes reliquit atque omnia impedimenta et postero die omnibus copiis triplici instructa acie ad Ilerdam[1] proficiscitur et sub castris Afranii constitit et ibi paulisper sub armis moratus facit aequo loco pugnandi potestatem. Potestate facta Afranius copias educit et in medio colle sub castris constituit. Caesar, ubi cognovit per Afranium stare, quo minus proelio dimicaretur, ab infimis radicibus montis intermissis circiiter passibus CCCC castra facere constituit et, ne in opere faciundo milites repentino hostium incursu exterrerentur atque opere prohiberentur, vallo muniri vetuit, quod eminere et procul videri necesse erat, sed a fronte contra hostem pedum XV fossam fieri iussit. Prima et secunda acies in armis, ut ab initio constituta erat, permanebat; post has opus in occulto a III acie fiebat. Sic omne prius est perfectum, quam intellegeretur ab Afranio castra muniri. Sub vesperum Caesar intra hanc fossam legiones reducit atque ibi sub armis proxima nocte conquiescit. (CESARE)

1. *Ilerdam*: città della Spagna Tarraconense (oggi Lerida).

Laboratorio

LESSICO
1. Sottolinea i termini del lessico militare.
2. Che significato ha l'aggettivo *aequus* nell'espressione *aequo loco*? Quale altre accezioni può avere?

ANALISI STILISTICA
3. Che tipo di figura retorica ricorre nell'espressione *potestatem. Potestate*?

COMPRENSIONE DEL TESTO
4. Quale stratagemma adotta Cesare per fortificare l'accampamento?

PRODUZIONE
5. Dividi il testo in sequenze ed assegna a ciascuna un titolo.

●●● | 261 I piani di Cesare e le contromosse di Pompeo

Caesari ad saucios deponendos, stipendium exercitui dandum, socios confirmandos, praesidium urbibus relinquendum necesse erat adire Apolloniam. Sed his rebus tantum temporis tribuit, quantum erat properanti necesse; timens Domitio, ne adventu Pompei praeoccuparetur, ad eum omni celeritate et studio incitatus ferebatur. Totius autem rei consilium his rationibus explicabat, ut, si Pompeius eodem contenderet, abductum illum a mari atque ab eis copiis, quas Dyrrachii comparaverat, abstractum pari condicione belli secum decertare cogeret; si in Italiam transiret, coniuncto exercitu cum Domitio per Illyricum Italiae subsidio proficisceretur; si Apolloniam Oricumque oppugnare et se omni maritima ora excludere conaretur, obsesso Scipione necessario illum suis auxilium ferre cogeret. Itaque praemissis nuntiis ad Cn. Domitium Caesar ei scripsit et, quid fieri vellet, ostendit, praesidioque Apolloniae cohortibus IV, Lissi I, III Orici relictis, quique erant ex vulneribus aegri depositis, per Epirum atque Athamaniam iter facere coepit. Pompeius quoque de Caesaris consilio coniectura iudicans ad Scipionem properandum sibi existimabat: si Caesar iter illo haberet, ut subsidium Scipioni ferret; si ab ora maritima Oricoque discedere nollet, quod legiones equitatumque ex Italia exspectaret, ipse ut omnibus copiis Domitium aggrederetur.

(CESARE)

●●● | 262 Per il proprio tornaconto Filocle rifiuta i suggerimenti di Alcibiade

Cum apud Aegos flumen Philocles, praetor Atheniensium, classem constituisset suam neque longe abesset Lysander, praetor Lacedaemoniorum, qui in eo erat occupatus ut bellum quam diutissime duceret, quod ipsis pecunia a rege suppeditabatur, contra Atheniensibus exhaustis praeter arma et naves nihil erat super, Alcibiades ad exercitum venit Atheniensium ibique praesente vulgo agere coepit: si vellent, se coacturum Lysandrum dimicare aut pacem petere respondit; Lacedaemonios eo nolle classe confligere, quod pedestribus copiis plus quam navibus valerent; sibi autem esse facile Seuthem, regem Thraecum, adducere ut eum terra depelleret: quo facto necessario aut classe conflicturum aut bellum compositurum. Id etsi vere dictum Philocles animadvertebat, tamen postulata facere noluit, quod sentiebat se Alcibiade recepto nullius momenti apud exercitum futurum et, si quid secundi evenisset, nullam in ea re suam partem fore, contra ea, si quid adversi accidisset, se unum eius delicti futurum reum. Ab hoc discedens Alcibiades: "Quoniam" – inquit – "victoriae patriae repugnas, illud moneo, ne iuxta hostem castra habeas nautica: periculum est enim, ne immodestia militum vestrorum occasio detur Lysandro vestri opprimendi exercitus". Neque ea res illum fefellit. Nam Lysander, cum per speculatores comperisset vulgum Atheniensium in terram praedatum exisse navesque paene inanes relictas, tempus rei gerendae non dimisit eoque impetu bellum totum delevit.

(Cornelio Nepote)

Laboratorio

LESSICO
1. Che cosa significa *speculatores*?

COMPRENSIONE DEL TESTO
2. Elenca le tesi esposte da Alcibiade all'esercito ateniese.
3. Perché Filocle non accetta le proposte di Alcibiade?

PRODUZIONE
4. Inquadra storicamente il passo appena tradotto e scrivi un breve testo espositivo (max. 10 righe).

●●● | 263 Mitrobarzane tradisce Datame

Quo contenderat, [Datames] pervenit iisque locis castra ponit, ut neque circumiri multitudine adversariorum posset neque impediri, quominus ipse ad dimicandum manum haberet expeditam. Erat cum eo Mithrobarzanes, socer eius, praefectus equitum. Is desperatis generi rebus ad hostes transfugit. Id Datames ut audivit, sensit, si in turbam exisset ab homine tam necessario se relictum, futurum ut ceteri idem consilium sequerentur; itaque in vulgus edit suo iussu Mithrobarzanem profectum pro perfuga, quo facilius receptus interficeret hostes: quare relinqui eum par non esse et omnes confestim sequi. Quod si animo strenuo fecissent, futurum ut adversarii non possent resistere, cum et intra vallum et foris caederentur. Hac re probata exercitum educit, Mithrobarzanem persequitur, qui tantum quod ad hostes pervenerat, Datames signa inferri iubet. Pisidae nova re commoti in opinionem adducuntur perfugas mala fide compositoque fecisse, ut recepti maiori essent calamitati. Primum eos adoriuntur. Illi cum, quid ageretur aut quare fieret, ignorarent, coacti sunt cum iis pugnare, ad quos transierant, ab iisque stare, quos reliquerant: quibus cum neutri parcerent, celeriter sunt concisi.

(Cornelio Nepote)

●●● | 264 Agesilao obbedisce agli efori

Hic cum iam animo meditaretur proficisci in Persas et ipsum regem adoriri, nuntius ei domo venit ephororum missu, bellum Athenienses et Boeotos indixisse Lacedaemoniis: quare venire ne dubitaret. In hoc non minus eius pietas suspicienda est quam virtus bellica: qui cum victori praeesset exercitui maximamque haberet fiduciam regni Persarum potiundi, tanta modestia dicto audiens fuit iussis absentium magistratuum, ut si privatus in comitio esset Spartae. Cuius exemplum utinam imperatores nostri sequi voluissent! Sed illuc redeamus. Agesilaus opulentissimo regno praeposuit bonam existimationem multoque gloriosius duxit, si institutis patriae paruisset, quam si bello superasset Asiam. Hac igitur mente Hellespontum copias traiecit tantaque usus est celeritate, ut, quod iter Xerxes anno vertente confecerat, hic transierit triginta diebus. Cum iam haud ita longe abesset a Peloponneso, obsistere ei conati sunt Athenienses et Boeoti ceterique eorum socii apud Coroneam: quos omnes gravi proelio vicit.

(Cornelio Nepote)

●●● | 265 Ammonizioni di Scipione a Giugurta

Ea tempestate in exercitu nostro fuere complures novi atque nobiles, quibus divitiae bono honestoque potiores erant, factiosi domi, potentes apud socios, clari magis quam honesti, qui Iugurthae non mediocrem animum pollicitando accendebant, si Micipsa rex occidisset, fore uti solus imperi Numidiae potiretur: in ipso maxumam virtutem, Romae omnia venalia esse. Sed postquam Numantia deleta P. Scipio dimittere auxilia et ipse revorti domum decrevit, donatum atque laudatum magnifice pro contione Iugurtham in praetorium abduxit ibique secreto monuit, ut potius publice quam privatim amicitiam populi Romani coleret neu quibus largiri insuesceret: periculose a paucis emi quod multorum esset. Si permanere vellet in suis artibus, ultro illi et gloriam et regnum venturum; sin properantius pergeret, suamet ipsum pecunia praecipitem casurum. Sic locutus cum litteris eum, quas Micipsae redderet, dimisit. Earum sententia haec erat: "Iugurthae tui bello Numantino longe maxuma virtus fuit, quam rem tibi certo scio gaudio esse. Nobis ob merita sua carus est; ut idem senatui et populo Romano sit, summa ope nitemur. Tibi quidem pro nostra amicitia gratulor. En habes virum dignum te atque avo suo Masinissa". (SALLUSTIO)

Laboratorio

LESSICO
1. Chi erano i *novi*?
2. Che cosa era il *praetorium*?

ANALISI STILISTICA
3. Individua la *variatio* presente nel passo *"Iugurthae... nitemur"*.

COMPRENSIONE DEL TESTO
4. In quale parte dell'accampamento Scipione parla a Giugurta?

PRODUZIONE
5. Volgi in forma indiretta il discorso diretto.

●●● | 266 Esemplare comportamento di Mario

Dein Marius, uti coeperat, in hiberna pergit: nam propter commeatum in oppidis maritumis agere decreverat; neque tamen victoria socors aut insolens factus, sed pariter atque in conspectu hostium quadrato agmine incedere. Sulla cum equitatu apud dextumos, in sinistra parte A. Manlius cum funditoribus et sagittariis, praeterea cohortis Ligurum curabat. Primos et extremos cum expeditis manipulis tribunos locaverat. Perfugae, minime cari et regionum scientissimi, hostium iter explorabant. Simul consul, quasi nullo imposito, omnia providere, apud omnis adesse, laudare et increpare merentis. Ipse armatus intentusque, item milites cogebat. Neque secus atque iter facere, castra munire, excubitum in porta cohortis ex legionibus, pro castris equites auxiliarios mittere, praeterea alios super vallum in munimentis locare, vigilias ipse circumire, non tam diffidentia futurum quae imperavisset[1], quam uti militibus exaequatus cum imperatore labor volentibus esset. (SALLUSTIO)

1. *non tam diffidentia futurum quae imperavisset*: "non perché diffidasse che i suoi ordini fossero adempiuti" (trad. L. Storoni Mazzolani).

UNITÀ 22

L'ETÀ DI CESARE / 2
IL DIRITTO

CURIOSITÀ	CAVE!
Sponsor	
MODUS SCRIBENDI	**LESSICO TEMATICO**
Lo stile di Cicerone	Il diritto

LESSICO TEMATICO
Il diritto

- **absolutio**, **-onis**, f.: "assoluzione" dietro sentenza.
- **accusatio**, **-onis**, f.: "accusa", "querela".
- **actio**, **-onis**, f.: "azione giudiziaria", "trattazione di una causa in tribunale", "processo", "discorso giudiziario".
- **actor**, **-oris**, m.: "chi intenta un processo", "accusatore", "attore" (in senso giuridico).
- **causa**, **-ae**, f.: "causa"; poteva essere civile (*privata*) o penale (*publica*) ed era giudicata per lo più dal pretore.
- **condemno**, **-as**, **-avi**, **-atum**, **-are**, 1ª: "condannare, giudicare colpevole".
- **convenio**, **-is**, **-veni**, **-ventum**, **-ire**, 4ª: "venire insieme, convenire, essere d'accordo"; indicava la presentazione consensuale in tribunale dell'*actor* e del *reus*. Se il *reus* si rifiutava di comparire dinnanzi al pretore, l'*actor* (procuratisi alcuni testimoni) poteva trascinarlo in giudizio con la forza (*obtorto collo*).
- **crimen**, **-inis**, n.: "accusa, imputazione".
- **damnatio**, **-onis**, f.: "condanna giudiziaria".
- **defensio**, **-onis**, f.: "difesa", "discorso in difesa".
- **delictum**, **-i**, n.: "delitto, colpa"; fra i delitti penali (*delicta publica*) vi erano: quello di violenza (*de vi*), di concussione (*de repetundis*), di appropriazione di denaro pubblico (*de peculatu*), di broglio elettorale (*de ambitu*), di lesa maestà (*de maiestate*), di tradimento verso la patria (*de perduellione*), di omicidio di genitori o parenti prossimi (*de parricidio*), di assassinio (*de sicariis*), di avvelenamento (*de veneficiis*), ecc.
- **exsilium**, **-ii**, n.: "esilio, bando", talvolta unito alla confisca dei beni (*publicatio bonorum*).
- **fur**, **furis**, m.: "ladro".
- **inquisitio**, **-onis**, f.: "istruttoria", "inchiesta", "indagine giudiziaria".
- **iudex**, **-icis**, m.: "giudice".
- **iudicium**, **-ii**, n.: "giudizio, azione giudiziaria", "processo"; anche "tribunale".
- **ius**, **iuris**, n.: "diritto"; lo *ius civile* era l'insieme delle regole, derivate dai *mores maiorum* e dalle XII Tavole, che disciplinavano la vita dell'individuo e del popolo romano.
- **lictor**, **-oris**, m.: "littore"; i littori erano incaricati di scortare il magistrato fornito di *imperium* (dittatore, console, pretore) e di eseguirne le sentenze; procedevano in fila portando un fascio di verghe con una scure, simbolo del supplizio che infliggevano ai colpevoli.
- **lis**, **litis**, f.: "lite, disputa"; "dibattito giudiziario, processo".
- **mancipium**, **-ii**, n.: "acquisto"; lo *ius mancipi* era il diritto di proprietà.
- **multa**, **-ae**, f.: "multa, pena pecuniaria".
- **parricidium**, **-ii**, n.: "parricidio" nel senso lato di "scellerato assassinio di parenti prossimi" (genitori, figli, fratelli), o anche cittadini e compatrioti, quindi pure "alto tradimento" (es. *parricidium patriae*).
- **patronus**, **-i**, m.: "avvocato". Col termine *advocatus* si intendeva invece un "assistente", un "amico esperto", che assisteva qualcuno con consigli in tribunale, senza però prendere la parola.
- **praetor**, **-oris**, m.: "pretore", magistrato, che rimaneva in carica per un anno, incaricato di giudicare le cause civili. Dal 247 a.C. vi furono due pretori: il *praetor peregrinus*, che decideva le cause tra cittadini e stranieri, ed il *praetor urbanus*, che arbitrava le cause tra cittadini. Spesso il pretore deferiva il dibattimento a speciali commissioni, dette *quaestiones*.
- **proditio**, **-onis**, f.: "tradimento".
- **quaestio**, **-onis**, f.: "istruttoria", "inchiesta", pure "processo criminale". Le *quaestiones perpetuae*, istituite nel 149 a.C., erano commissioni d'inchiesta permanenti, presiedute dal pretore o da un *quaesitor* ("giudice istruttore") e costituite da senatori, cavalieri e altri cittadini di oltre trent'anni e di condotta irreprensibile.

Unità 22 L'età di Cesare / 2. Il diritto 353

- **reus, -i**, m.: "accusato" e anche "colpevole".
- **sententia, -ae**, f.: "voto, sentenza, giudizio".
- **sponsor, -oris**, m.: "garante, mallevadore".
- **supplicium, -ii**, n.: "punizione", "supplizio", "tortura".
- **testimonium, -ii**, n.: "testimonianza, deposizione"; pure "prova".
- **testis, -is**, m. e f.: "testimone, teste".
- **tormentum, -i**, n.: "tortura".
- **tribūnal, -alis**, n.: "tribuna" o "palco" in una corte di giustizia, ove sedevano i magistrati; anche "tribunale".
- **vadimonium, -ii**, n.: "promessa, impegno formale" di comparire in giudizio nel giorno stabilito, personalmente o tramite un rappresentante.
- **vas, vadis**, m.: "mallevadore, garante"; era colui che garantiva per un'altra persona citata in giudizio, assicurandone la puntuale comparsa al processo.
- **verbera, -um**, n. pl.: "fustigazione", "colpi di frusta".
- **vincula, -orum**, n. pl.: "ceppi, catene", quindi "prigione, carcere".
- **vocatio, -onis**, f.: "citazione" in giudizio: se una delle parti non si presentava, la *vocatio* era ripetuta più volte, finché l'ultimo decreto (*perentorium*) troncava la lite e sfociava in una sentenza definitiva.

Esercizi

A Analizza e traduci le seguenti frasi.

1. Sex igitur hae sunt simplices de summo bonorum malorumque sententiae, duae sine patrono, quattuor defensae. (Cic.) **2.** Orator metuo ne languescat senectute, est enim munus eius non ingeni solum, sed laterum etiam et virium. (Cic.) **3.** Erant enim leges, erant quaestiones vel de caede vel de vi, nec tantum maerorem ac luctum senatui mors P. Clodi adferebat ut nova quaestio constitueretur. (Cic.) **4.** Videte, iudices, quantae res his testimoniis sint confectae. (Cic.) **5.** Facinus est vincire civem Romanum, scelus verberare, prope parricidium necare: quid dicam in crucem tollere? (Cic.) **6.** Ac nostrae fere causae, quae quidem sunt criminum, plerumque infitiatione defenduntur; nam et de pecuniis repetundis quae maximae sunt, neganda fere sunt omnia, et de ambitu raro illud datur, ut possis liberalitatem atque benignitatem ab ambitu atque largitione seiungere; de sicariis, de veneficiis, de peculatu infitiari necesse est. (Cic.) **7.** In foro tabulae, testimonia, pacta, conventa, stipulationes, cognationes adfinitates, decreta responsa, vita denique eorum, qui in causa versantur, tota cognoscenda est. (Cic.) **8.** Nihilne igitur prodest oratori iuris civilis scientia? (Cic.) **9.** Perdiscendum ius civile, cognoscendae leges, percipienda omnis antiquitas, senatoria consuetudo, disciplina rei publicae, iura sociorum, foedera, pactiones, causa imperi cognoscenda est. (Cic.) **10.** Quarta pars est de iure in parando, quem ad modum quamque pecudem emi oporteat civili iure. (Varr.)

B Collega l'espressione latina con il reato corrispondente.

1. de veneficiis
2. de perduellione
3. de pecunis repetundis
4. de peculatu
5. de ambitu
6. de parricidio

a. brogli elettorali
b. alto tradimento contro lo stato
c. furto di denaro pubblico
d. assassinio di genitori o parenti
e. concussione
f. avvelenamento

VERSIONI

PRIMO LIVELLO

267 I vecchi conservano le loro disposizioni naturali

Se mantengono l'entusiasmo, i vecchi conservano anche le loro capacità mentali. Sofocle scrisse tragedie anche nell'estrema vecchiaia. A causa della passione per il teatro fu citato in giudizio dai figli con l'accusa di trascurare il patrimonio familiare. Il tragediografo recitò in tribunale l'ultima sua composizione, l'*Edipo a Colono*, e fu assolto.

a. I vecchi conservano le loro disposizioni
Omnia quae curant [senes] meminerunt, vadimonia constituta, qui sibi, cui ipsi debeant. Quid iuris consulti, quid pontifices, quid augures, quid philosophi senes? Quam multa meminerunt! Manent ingenia senibus, modo permaneat studium et industria, neque ea solum claris et honoratis viris, sed in vita etiam privata et quieta.

b. Sofocle è citato in giudizio
Sophocles ad summam senectutem tragoedias fecit; quod propter studium cum rem neglegere familiarem videretur, a filiis in iudicium vocatus est, ut, quem ad modum nostro more male rem gerentibus patribus bonis interdici solet, sic illum quasi desipientem a re familiari removerent iudices.

c. I giudici scagionano Sofocle
Tum senex dicitur eam fabulam quam in manibus habebat et proxime scripserat, Oedipum Coloneum, recitasse iudicibus quaesisseque num illud carmen desipientis videretur, quo recitato sententiis iudicum est liberatus.

(CICERONE)

268 Cicerone accusa Clodia

Marco Celio Rufo è accusato di aver rubato i gioielli dell'ex amante Clodia e di aver tentato di avvelenarla. Cicerone considera unica ispiratrice delle imputazioni la donna.

a. Accuse a Celio
Sunt autem duo crimina, auri et veneni; in quibus una atque eadem persona versatur. Aurum sumptum a Clodia, venenum quaesitum, quod Clodiae daretur, ut dicitur.

b. Maldicenze su Celio
Omnia sunt alia non crimina, sed maledicta, iurgi petulantis magis quam publicae quaestionis. "Adulter, impudicus, sequester[1]" convicium est, non accusatio; nullum est enim fundamentum horum criminum, nulla sedes; voces sunt contumeliosae temere ab irato accusatore nullo auctore emissae.

1. *sequester*: la persona a cui il candidato ad una magistratura affidava il denaro necessario a corrompere gli elettori.

c. Clodia è l'unica responsabile

Horum duorum criminum video auctorem, video fontem, video certum nomen et caput. Auro opus fuit; sumpsit a Clodia, sumpsit sine teste, habuit, quamdiu voluit. Maximum video signum cuiusdam egregiae familiaritatis. Necare eandem voluit; quaesivit venenum, sollicitavit quos potuit, paravit, locum constituit, attulit. Magnum rursus odium video cum crudelissimo discidio exstitisse. Res est omnis in hac causa nobis, iudices, cum Clodia, muliere non solum nobili, sed etiam nota; de qua ego nihil dicam nisi depellendi criminis causa.

(Cicerone)

269 Verre cita in giudizio Sosippo e Filocrate

Un uomo aveva lasciato ai due figli i propri beni, imponendo un'ammenda se alcune disposizioni fossero state disattese. Dopo vent'anni di tranquillità, i due fratelli sono citati in giudizio e riescono a vincere solo dopo aver pagato una grossa cifra. Sebbene la somma sia stata versata ad un certo Volcazio, il regista della vicenda è Verre.

a. Due fratelli ricevono l'eredità dal padre

Sosippus et Philocrates fratres sunt Agyrinenses. Horum pater abhinc duo et viginti annos est mortuus; in cuius testamento, quodam loco si commissum quid esset, multa erat Veneri.

b. Dopo vent'anni i due sono citati in giudizio

Ipso vicensimo anno, cum tot interea praetores, tot quaestores, tot calumniatores in provincia fuissent, hereditas ab his Veneris nomine petita est. Causam Verres cognoscit, pecuniam per Volcatium accipit, fere ad sestertium quadrigenta milia, a duobus fratribus. Multorum testimonia audistis antea. Vicerunt Agyrinenses fratres ita ut egentes inanesque discederent.

c. Il responsabile di tutto è Verre

At enim ad Verrem pecunia ista non pervenit. Quae ista defensio est? Utrum adseveratur in hoc an temptatur? Mihi enim res nova est. Verres calumniatorem adponebat, Verres adesse iubebat, Verres cognoscebat, Verres iudicabat; pecuniae maximae dabantur; qui dabant causas obtinebant. Tu mihi ita defendas: "Non est ista Verri numerata pecunia?". Adiuvo te; mei quoque testes idem dicunt; Volcatio dicunt sese dedisse. Quae vis erat in Volcatio tanta ut sestertium quadrigenta milia duobus hominibus auferret? Ecquis Volcatio, si sua sponte venisset, unam libellam dedisset?

(Cicerone)

270 Crudeltà nei confronti dei condannati a morte e dei loro congiunti

Cicerone racconta i gesti di crudeltà compiuti nei confronti dei navarchi condannati a morte e dei loro genitori. Il boia esigeva da loro denaro per l'ingresso in carcere e per la speranza di una rapida esecuzione.

a. I Romani vogliono conoscere le colpe di Verre

Non vult populus Romanus obsoletis criminibus accusari Verrem, nova postulat, inaudita desiderat; non de praetore Siciliae, sed de nefario tyranno fieri iudicium arbitratur.

b. I genitori dei condannati sono lasciati fuori

Includuntur in carcerem condemnati; supplicium constituitur in illos, sumitur de miseris parentibus navarchorum[1]; prohibentur adire ad filios, prohibentur liberis suis cibum vestitumque ferre. Patres hi quos videtis iacebant in limine, matresque miserae pernoctabant ad ostium carceris ab extremo conspectu liberum exclusae. Quae nihil aliud orabant nisi ut filiorum suorum postremum spiritum ore excipere liceret.

c. Negoziati fra il boia e i genitori

Aderat ianitor carceris, carnifex praetoris, mors terrorque sociorum et civium Romanorum, lictor Sextius, cui ex omni gemitu doloreque certa merces comparabatur. "Ut adeas, tantum dabis, ut cibum tibi intro ferre liceat, tantum". Nemo recusabat. "Quid? Ut uno ictu securis adferam mortem filio tuo, quid dabis? Ne diu crucietur, ne saepius feriatur, ne cum sensu doloris aliquo spiritus auferatur?". Etiam ob hanc causam pecunia lictori dabatur.

d. Il crudele destino dei genitori dei condannati

O magnum atque intolerandum dolorem! O gravem acerbamque fortunam! Non vitam liberum, sed mortis celeritatem pretio redimere cogebantur parentes.

(CICERONE)

1. *navarchorum*: nel 73 a.C. presso Eloro (città siceliota vicina all'odierna Noto) la flotta provinciale romana fu distrutta a causa dell'inettitudine di Verre, il quale però scaricò le responsabilità sui comandanti delle navi, mandandoli a morte.

SECONDO LIVELLO

271 "Marco Tullio, che cosa fai?"

L'8 novembre del 63 a.C. Cicerone, che in quell'anno era console, pronuncia la I *Catilinaria*, nella quale denuncia la congiura di Catilina sperando che quest'ultimo si dia all'esilio. L'oratore si giustifica per non avere ancora fatto giustiziare il traditore, assicurando che procederà in tal senso quando nessuno sarà più disposto a difenderlo; quindi considera le conseguenze che l'auspicata fuga dei congiurati comporterebbe per Roma e per lui personalmente.

Etenim, si mecum patria, quae mihi vita mea multo est carior, si cuncta Italia, si omnis res publica sic loquatur: "M. Tulli, quid agis? Tunc eum, quem esse hostem comperisti, quem ducem belli futurum vides, quem expectari imperatorem in castris hostium sentis, auctorem sceleris, principem coniurationis, evocatorem servorum et civium perditorum, exire patiere, ut abs te non emissus ex urbe, sed immissus in urbem esse videatur? Nonne hunc in vincla duci, non ad mortem rapi, non summo supplicio mactari imperabis? Quid tandem te impedit? Mosne maiorum? At persaepe etiam privati in hac re publica perniciosos cives morte multarunt. An leges, quae de civium Romanorum supplicio rogatae sunt? At numquam in hac urbe, qui a re publica defecerunt, civium iura tenuerunt. An invidiam posteritatis times? Praeclaram vero populo Romano refers gratiam, qui te, hominem per te cognitum nulla commendatione maiorum tam mature ad summum imperium per omnis honorum gradus extulit, si propter invidiam aut alicuius periculi metum salutem civium tuorum neglegis".

(CICERONE)

Laboratorio

ANALISI STILISTICA
1. Che tipo di figura retorica è *non emissus... sed immissus*?
2. Facendo parlare la Patria, Cicerone si avvale di un tipico modulo dell'oratoria giudiziaria. Quale?

LESSICO
3. Quale accezione ha *invidia*?
4. Che cosa significa l'espressione *summo supplicio mactari*?

COMPRENSIONE DEL TESTO
5. Come viene definito Catilina?
6. Quali timori la Patria attribuisce a Cicerone?

●●● | 272 Un'accusa infondata

Il 4 aprile del 56 a.C., nel giorno in cui cominciavano i *Ludi Megalenses*, durante i quali era sospesa ogni attività, Cicerone si presenta davanti alla *quaestio de vi* per difendere Marco Celio Rufo. Fin dalle prime parole l'oratore sottolinea lo scarto fra l'inconsistenza delle imputazioni a carico del giovane e la gravità dell'accusa, che costringe i giudici al lavoro quando tutti sono *in otio*.

Si quis, iudices, forte nunc adsit ignarus legum, iudiciorum, consuetudinis nostrae, miretur profecto, quae sit tanta atrocitas huiusce causae, quod diebus festis ludisque publicis, omnibus forensibus negotiis intermissis unum hoc iudicium exerceatur, nec dubitet, quin tanti facinoris reus arguatur, ut eo neglecto civitas stare non possit; idem cum audiat esse legem, quae de seditiosis conscerelatisque civibus, qui armati senatum obsederint, magistratibus vim attulerint, rem publicam oppugnarint, cotidie quaeri iubeat: legem non improbet, crimen quod versetur in iudicio, requirat; cum audiat nullum facinus, nullam audaciam, nullam vim in iudicium vocari, sed adulescentem illustri ingenio, industria, gratia accusari ab eius filio, quem ipse in iudicium et vocet et vocarit, oppugnari autem opibus meretriciis: [Atratini] illius pietatem non reprehendat, muliebrem libidinem comprimendam putet, vos laboriosos existimet, quibus otiosis ne in communi quidem otio liceat esse.

(CICERONE)

MODUS SCRIBENDI LO STILE DI CICERONE

LE CARATTERISTICHE ESSENZIALI

1. *Concinnitas*, periodo caratterizzato da simmetria ed equilibrio, con attenzione anche agli effetti sonori, e prevalenza dell'ipotassi, con proposizioni che arrivano fino al settimo grado di subordinazione.

2. Ampio ricorso alle figure retoriche: anafore, *climax* (*abiit, excessit, evasit, erupit* "se n'è andato, è fuggito, s'è avventato fuori di qui", *Cat.* II 1, trad.

Storoni Mazzolani), antitesi, enumerazioni, omoteleuti, ecc.

3. Chiarezza espositiva.

4. Abilità nel realizzare i compiti dell'oratore: *docere* (informare con chiarezza), *delectare* (dilettare il pubblico), *movere* (suscitare emozione per ottenere il consenso dell'uditorio).

5. Varietà di registri e stili: *genus tenue*

idoneo per una questione giuridica; *genus medium* per un'orazione celebrativa; *genus grande*, adatto a momenti solenni o particolarmente gravi.

6. Creazione di un lessico astratto, soprattutto filosofico: *qualitas* ("qualità, proprietà" di un corpo), *quantitas* ("quantità, grandezza"), *essentia* ("essenza, natura" di una cosa), ecc.

Un giudizio critico

Cicerone, creatore di una lingua di cultura (S. Timpanaro)

Come scrittore, Cicerone ha avuto la grande disgrazia di essere assunto a modello unico e obbligatorio di stile latino. Ma fra Cicerone e i suoi imitatori d'ogni tempo la distanza è grande. Egli seppe creare una lingua di cultura, eliminando con oculatezza arcaismi (da lui ammessi, anzi amati, nella lingua poetica), rendendo il più possibile, ma anche qui senza forzature, i concetti greci con parole latine. La sua prosa euritmica, sintatticamente complessa eppure articolata, di solito, con cristallina chiarezza, attenta alle sfumature di significato ma quasi mai inutilmente ridondante, è ammirevole. Ed è molto più varia di quanto faccia supporre il ciceronianismo di maniera degli epigoni: non solo c'è un notevole stacco fra lo stile colloquiale, pieno di urbana vivacità e non rifuggente dai grecismi, delle lettere (di cui possediamo le raccolte *Ad Atticum*, *Ad familiares*, *Ad Brutum*, *Ad Quintum fratrem*: lettere mirabili anche per la verità psicologica, anche quando ci rivelano le debolezze dell'uomo); ma anche tra le orazioni, accanto al virtuosismo magistrale ma un po' troppo spettacolare delle *Catilinarie* e della difesa di Milone, alla tensione drammatica delle *Filippiche*, abbiamo la felicissima ironia delle difese di Murena e di Celio, gli squarci narrativi e paesistici e le pitture di personaggi avidi e loschi delle *Verrine*. Anche alcuni passi delle opere filosofiche, come le *Tusculanae* e questo *De divinatione*, danno la misura dell'arte di Cicerone come narratore.

Anche sull'euritmia e sulla perfetta struttura «logica» del periodare ciceroniano, sulla preferenza un po' eccessiva di Cicerone per certe clausole ritmiche, si è spesso esagerato. Nella prosa ciceroniana non sono rari i periodi che rimangono in sospeso o cambiano di soggetto (i cosiddetti anacoluti), e conferiscono varietà e movimento allo stile. [...] Gli arcaismi stessi – rari come si è detto – vi sono, e a torto furono, un tempo, considerati errori di copisti, e altrettanto a torto, da qualche studioso recente, sono attribuiti a un'artificiosa «arcaizzazione» che il testo ciceroniano avrebbe subìto nel sec. II d.C. Vi sono, anche, parole coniate da Cicerone e usate da lui una volta sola, e non dai suoi successori (alcune ricompaiono solo in autori cristiani).

(S. Timpanaro, Cicerone *Della divinazione*, Garzanti, Milano 2012, pp. XXV-XXVI)

---

273 Un omicidio deve essere sempre soggetto alle stesse leggi e alle stesse punizioni

Il 18 gennaio del 52 a.C. viene ucciso Publio Clodio Pulcro, politico amato dal popolo e osteggiato dagli ottimati. A Roma l'evento provoca pericolosi tumulti, a cui il senato risponde con un *senatus consultum ultimum*, con il quale incarica Pompeo di provvedere alla sicurezza dello stato. Questi fa approvare alcune leggi, che stabiliscono un iter processuale breve e pene più aspre per giudicare i recenti fatti in cui Clodio aveva trovato la morte. Cicerone difende Milone, reo confesso dell'omicidio. In questo brano l'oratore ribatte ad alcune accuse aggiuntive presentate contro Milone: l'imputato, in quanto reo confesso, deve essere immediatamente condannato a morte; il senato ha stabilito che l'uccisione di Clodio non è avvenuta nell'interesse dello stato; Pompeo ha già condannato Milone.

Mihi vero Cn. Pompeius non modo nihil gravius contra Milonem iudicasse, sed etiam statuisse videtur quid vos in iudicando spectare oporteret. Nam qui non poenam confessioni, sed defensionem dedit, is causam interitus quaerendam, non interitum putavit. Iam illud ipse dicet profecto, quod sua sponte fecit, Publione Clodio tribuendum putarit an tempori. Domi suae nobilissimus vir, senatus propugnator, atque illis quidem temporibus paene patronus, avunculus huius iudicis nostri, fortissimi viri, M. Catonis, tribunus plebis M. Drusus[1] occisus est. Nihil de eius morte populus consultus, nulla quaestio decreta a senatu est. Quid ita? Quia non alio facinore clari homines, alio obscuri necantur. Intersit inter vitae dignitatem summorum atque infimorum: mors quidem inlata per scelus isdem et poenis teneatur et legibus. Nisi forte magis erit parricida, si quis consularem patrem quam si quis humilem necarit: aut eo mors atrocior erit P. Clodi, quod is in monumentis maiorum suorum[2] sit interfectus – hoc enim ab istis saepe dicitur – proinde quasi Appius ille Caecus viam munierit, non qua populus uteretur, sed ubi impune sui posteri latrocinarentur!

(Cicerone)

---

1. *avunculus... M. Drusus*: Marco Livio Druso era lo zio di Catone Uticense, uno dei giudici più influenti del processo contro Milone.

2. *in monumentis maiorum suorum*: si tratta della via Appia, che Appio Claudio Cieco, illustre antenato di Clodio, aveva fatto costruire nel 312 a.C.

Laboratorio

SINTASSI
1. Analizza le proposizioni presenti nel periodo *mihi vero Cn. Pompeius... oporteret*.
2. Riconosci i complementi di stato in luogo.

ANALISI STILISTICA
3. Che tipo di figura è *interitus... interitum*?

LESSICO
4. Che cosa significa *parricida*?
5. Chi era il *consularis*?

COMPRENSIONE DEL TESTO
6. Secondo Cicerone, che cosa ha accordato Pompeo a Milone istituendo il processo?

●●● | 274 Clodio è sempre ricorso alla violenza

Nel brano qui riportato della *Pro Milone* (sulla quale vedi la versione precedente) Cicerone avvia un confronto fra la vita di Clodio e quella di Milone, sostenendo che il primo ricorreva abitualmente alla violenza, mentre il secondo non se ne serviva neppure quando ne aveva occasione. Come prima prova l'oratore ricorda il suo ingiusto esilio.

Reliquum est ut iam illum natura ipsius consuetudoque defendat, hunc autem haec eadem coarguant. "Nihil per vim umquam Clodius, omnia per vim Milo". Quid? Ego, iudices, cum maerentibus vobis urbe cessi, iudiciumne timui[1], non servos, non arma, non vim? Quae fuisset igitur iusta causa restituendi mei, nisi fuisset iniusta eiciendi? Diem mihi, credo, dixerat, multam inrogarat, actionem perduellionis intenderat, et mihi videlicet in causa aut mala aut mea, non et praeclarissima et vestra, iudicium timendum fuit. Servorum et egentium civium et facinorosorum armis meos civis, meis consiliis periculisque servatos, pro me obici nolui. Vidi enim, vidi hunc ipsum Q. Hortensium, lumen et ornamentum rei publicae, paene interfici servorum manu, cum mihi adesset; qua in turba C. Vibienus senator, vir optimus, cum hoc cum esset una, ita est mulcatus ut vitam amiserit. Itaque quando illius postea sica illa quam a Catilina acceperat conquievit? Haec intenta nobis est, huic ego vos obici pro me non sum passus, haec insidiata Pompeio est, haec viam Appiam, monumentum sui nominis, nece Papiri cruentavit, haec eadem longo intervallo conversa rursus est in me; nuper quidem, ut scitis, me ad regiam paene confecit. (CICERONE)

1. *iudiciumne timui*: nel 58 a.C. Clodio aveva fatto approvare una legge con valore retroattivo che prevedeva l'esilio per chi aveva condannato a morte un cittadino romano senza concedergli la *provocatio ad populum* (possibilità di ricorso al popolo, che poteva commutare la pena capitale in un'altra pena). In base a questa legge Cicerone fu processato per l'esecuzione dei catilinari e costretto all'esilio.

Laboratorio

LESSICO
1. Che cosa significa *actionem perduellionis intenderat*?

COMPRENSIONE DEL TESTO
2. Quali provvedimenti aveva preso Clodio contro Cicerone?
3. Che cosa era capitato a Gaio Vibieno?

PRODUZIONE
4. Spiega, con opportuni riferimenti al testo, gli elementi da cui emerge il coinvolgimento emotivo di Cicerone (max. 10 righe).

275 L'esempio di Socrate

Il *De oratore* è un trattato scritto da Cicerone in forma di dialogo, dedicato a vari aspetti dell'oratoria. I principali interlocutori sono Crasso e Marco Antonio: il primo sostiene che un buon oratore debba avere un'approfondita preparazione filosofica e politica; il secondo, pur ammettendo la necessità di una discreta cultura, ritiene che l'oratore debba possedere la tecnica della parola e del gesto e la conoscenza delle regole retoriche. Del resto Socrate, il più sapiente fra tutti gli uomini, non è stato in grado di difendersi adeguatamente.

Imitatus est homo Romanus et consularis[1] veterem illum Socratem, qui, cum omnium sapientissimus esset sanctissimeque vixisset, ita in iudicio capitis pro se ipse dixit, ut non supplex aut reus, sed magister aut dominus videretur esse iudicum. Quin etiam, cum ei scriptam orationem disertissimus orator Lysias attulisset, quam, si ei videretur, edisceret, ut ea pro se in iudicio uteretur, non invitus legit et commode scriptam esse dixit: "Sed" inquit "ut, si mihi calceos Sicyonios attulisses, non uterer, quamvis essent habiles atque apti ad pedem, quia non essent viriles", sic illam orationem disertam sibi et oratoriam videri, fortem et virilem non videri. Ergo ille quoque damnatus est; neque solum primis sententiis, quibus tantum statuebant iudices, damnarent an absolverent, sed etiam illis, quas iterum legibus ferre debebant; erat enim Athenis reo damnato, si fraus capitalis non esset, quasi poenae aestimatio; et sententia cum iudicibus daretur, interrogabatur reus, quam quasi aestimationem commeruisse se maxime confiteretur. Quod cum interrogatus Socrates esset, respondit sese meruisse ut amplissimis honoribus et praemiis decoraretur et ut ei victus cotidianus in Prytaneo publice praeberetur, qui honos apud Graecos maximus habetur. Cuius responso iudices sic exarserunt, ut capitis hominem innocentissimum condemnarent.

(CICERONE)

1. *homo Romanus et consularis*: si tratta di Publio Rutilio Rufo, giurista, politico e militare romano, che fu seguace dello stoicismo. Ingiustamente accusato di estorsione (*de repetundis*), Rutilio accettò la condanna all'esilio con la serenità che si addiceva ad uno stoico.

276 La scelta dei pastori

Nel libro II del *De agri cultura* Varrone parla degli armenti e in particolare della pastorizia. Dopo aver discusso sull'importanza dei cani per la guida del gregge, l'autore si concentra sulla scelta dei pastori e sui modi con cui possono essere venduti da un padrone all'altro.

Formae hominum legendae ut sint firmae ac veloces, mobiles, expeditis membris, qui non solum pecus sequi possint, sed etiam a bestiis ac praedonibus defendere, qui onera extollere in iumenta possint, qui excurrere, qui iaculari. Non omnis apta natio ad pecuariam, quod neque Bastulus neque Turdulus[1] idonei, Galli appositissimi, maxime ad iumenta. In emptionibus dominum legitimum sex fere res perficiunt: si hereditatem iustam adiit; si, ut debuit, mancipio ab eo accepit, a quo iure civili potuit; aut si in iure cessit, qui potuit cedere, et id ubi oportuit; aut si usu cepit; aut si e praeda sub corona emit; tumve cum in bonis sectioneve cuius publice venit. In horum emptione solet accedere peculium aut excipi et stipulatio intercedere, sanum esse, furtis noxisque solutum; aut, si mancipio non datur, dupla promitti, aut, si ita pacti, simpla. Cibus eorum debet esse interdius separatim unius cuiusque gregis, vespertinus in cena, qui sunt sub uno magistro, communis. Magistrum providere oportet ut omnia sequantur instrumenta, quae pecori et pastoribus opus sunt, maxime ad victum hominum et ad medicinam pecudum.

(VARRONE)

1. *Bastulus neque Turdulus*: popolazioni dell'attuale Penisola Iberica.

Laboratorio

MORFOLOGIA
1. Rintraccia e analizza gli infiniti.

SINTASSI
2. Evidenzia le proposizioni ipotetiche.

LESSICO
3. Sottolinea i termini appartenenti al campo semantico della pastorizia.

COMPRENSIONE DEL TESTO
4. Con quali modalità i pastori possono passare da un padrone all'altro?

TERZO LIVELLO

••• | 277 Summum ius summa iniuria

Potest enim accidere promissum aliquod et conventum, ut id effici sit inutile vel ei, cui promissum sit, vel ei, qui promiserit. Nam si, ut in fabulis est, Neptunus, quod Theseo promiserat, non fecisset, Theseus Hippolyto filio non esset orbatus; ex tribus enim optatis[1], ut scribitur, hoc erat tertium, quod de Hippolyti interitu iratus optavit; quo impetrato in maximos luctus incidit. Nec promissa igitur servanda sunt ea, quae sint iis, quibus promiseris, inutilia, nec, si plus tibi ea noceant quam illi prosint, cui promiseris, contra officium est maius anteponi minori; ut, si constitueris cuipiam te advocatum in rem praesentem esse venturum atque interim graviter aegrotare filius coeperit, non sit contra officium non facere, quod dixeris, magisque ille, cui promissum sit, ab officio discedat, si se destitutum queratur. Iam illis promissis standum non esse quis non videt, quae coactus quis metu, quae deceptus dolo promiserit? Quae quidem pleraque iure praetorio[2] liberantur, non nulla legibus. Exsistunt etiam saepe iniuriae calumnia quadam et nimis callida, sed malitiosa iuris interpretatione. Ex quo illud "Summum ius summa iniuria" factum est iam tritum sermone proverbium.

(CICERONE)

1. **ex tribus enim optatis**: Teseo aveva ottenuto da Poseidone (Nettuno) che fossero esauditi tre desideri. Teseo chiede la morte del figlio Ippolito, perché convinto che avesse violentato la matrigna Fedra.

2. **iure praetorio**: l'insieme delle norme a cui il pretore doveva ricorrere per i casi non contemplati dallo *ius civile*.

Laboratorio

LESSICO
1. Chi era il *patronus*?

COMPRENSIONE DEL TESTO
2. Che esempio fa Cicerone per chiarire che non sempre le promesse devono essere mantenute?
3. Quale proverbio cita Cicerone? Che cosa significa?

PRODUZIONE
4. Dividi il testo in sequenze, assegnando a ciascuna un titolo.

●●● | 278 Precetti morali in tribunale

Atque etiam hoc praeceptum officii diligenter tenendum est, ne quem umquam innocentem iudicio capitis arcessas; id enim sine scelere fieri nullo pacto potest. Nam quid est tam inhumanum quam eloquentiam a natura ad salutem hominum et ad conservationem datam ad bonorum pestem perniciemque convertere? Nec tamen, ut hoc fugiendum est, item est habendum religioni nocentem aliquando, modo ne nefarium impiumque, defendere; vult hoc multitudo, patitur consuetudo, fert etiam humanitas. Iudicis est semper in causis verum sequi, patroni non numquam veri simile, etiamsi minus sit verum, defendere; quod scribere, praesertim cum de philosophia scriberem, non auderem, nisi idem placeret gravissimo Stoicorum, Panaetio. Maxime autem et gloria paritur et gratia defensionibus, eoque maior, si quando accidit, ut ei subveniatur, qui potentis alicuius opibus circumveniri urguerique videatur, ut nos et saepe alias et adulescentes contra L. Sullae dominantis opes pro Sex. Roscio Amerino fecimus, quae, ut scis, exstat oratio.

(CICERONE)

●●● | 279 Versatilità degli antichi

Equidem saepe hoc audivi[1] de patre et de socero meo, nostros quoque homines, qui excellere sapientiae gloria vellent, omnia, quae quidem tum haec civitas nosset, solitos esse complecti. Meminerant illi Sex. Aelium; M'. vero Manilium nos etiam vidimus transverso ambulantem foro; quod erat insigne eum, qui id faceret, facere civibus suis omnibus consili sui copiam; ad quos olim et ita ambulantis et in solio sedentis domi sic adibatur, non solum ut de iure civili ad eos, verum etiam de filia conlocanda, de fundo emendo, de agro colendo, de omni denique aut officio aut negotio referretur. Haec fuit P. Crassi illius veteris, haec Ti. Coruncani, haec proavi generi mei Scipionis prudentissimi hominis sapientia, qui omnes pontifices maximi fuerunt, ut ad eos de omnibus divinis atque humanis rebus referretur; eidemque in senatu et apud populum et in causis amicorum et domi et militiae consilium suum fidemque praestabant. Quid enim M. Catoni praeter hanc politissimam doctrinam transmarinam atque adventiciam defuit? Num, quia ius civile didicerat, causas non dicebat? Aut quia poterat dicere, iuris scientiam neglegebat? Utroque in genere et elaboravit et praestitit. Num propter hanc ex privatorum negotiis conlectam gratiam tardior in re publica capessenda fuit? Nemo apud populum fortior, nemo melior senator; et idem facile optimus imperator; denique nihil in hac civitate temporibus illis sciri discive potuit, quod ille non cum investigarit et scierit tum etiam conscripserit.

(CICERONE)

1. *audivi*: parla Licinio Crasso.

Laboratorio

LESSICO
1. Che cosa era lo *ius civile*?

COMPRENSIONE DEL TESTO
2. Su quali questioni erano consultati i concittadini ritenuti saggi?
3. Quali esempi di saggezza cita Cicerone?

PRODUZIONE
4. Elenca i campi in cui si applicò Catone.

280 Cicerone si congratula con Appio Pulcro per la sua assoluzione

Nec tam gloriosum exitum tui iudici exstitisse[1], *sed tam pravam inimicorum tuorum mentem fuisse mirabar. "De ambitu vero quid interest", inquies, "an de maiestate?". Ad rem nihil; alterum enim non attigisti, alteram auxisti. Verum tamen est maiestas, etsi Sulla voluit, ne in quemvis impune declamari liceret; ambitus vero ita apertam vim habet, ut aut accusetur improbe aut defendatur. Quid enim? Facta necne facta largitio, ignorari potest? Tuorum autem honorum cursus cui suspectus umquam fuit? Me miserum, qui non adfuerim! Quos ego risus excitassem! Sed de maiestatis iudicio duo mihi illa ex tuis litteris iucundissima fuerunt: unum, quod te ab ipsa re publica defensum scribis, quae quidem etiam in summa bonorum et fortium civium copia tueri talis viros deberet, nunc vero eo magis, quod tanta penuria est in omni vel honoris vel aetatis gradu, ut tam orba civitas talis tutores complecti debeat; alterum, quod Pompei et Bruti fidem benevolentiamque mirifice laudas. Laetor virtute et officio quom tuorum necessariorum, meorum amicissimorum, tum alterius omnium saeculorum et gentium principis, alterius iam pridem iuventutis, celeriter, ut spero, civitatis. De mercennariis testibus a suis civitatibus notandis nisi iam factum aliquid est per Flaccum, fiet a me, cum per Asiam decedam.*

(Cicerone)

1. *Nec tam gloriosum exitum tui iudici exstitisse*: nel 50 a.C. Cicerone, che si trovava in Cilicia, scrive all'amico Appio Pulcro, felicitandosi per la sua assoluzione dall'accusa di lesa maestà e brogli elettori.

281 Varrone spiega il significato di alcuni termini giuridici

"Spondere" est "dicere": spondeo, a "sponte". Itaque Lucilius scribit de Cretaea[1], *cum ad se cubitum venerit: "Sponte ipsam suapte adductam, ut tunicam et cetera reicerent". Eandem voluntatem Terentius significat, cum ait satius esse: "Sua sponte recte facere quam alieno metu". Ab eadem "sponte", a qua dictum spondere, declinatum et "respondet" et "desponsor" et "sponsa", item sic alia. Spondet enim qui dicit a sua sponte: "spondeo". Spondet etiam sponsor qui idem ut faciat obligatur.* **Sponsor** *et praes et vas neque idem. Itaque praes qui a magistratu interrogatus, in publicum ut praestet; a quo, et quom respondet, dicit: "Praes". Vas appellatus, qui pro altero vadimonium promittebat. Consuetudo erat quom*[2] *reus parum esset idoneus inceptis rebus, ut pro se alium daret; a quo caveri postea lege coeptum est ab his, qui praedia venderent, vades ne darent; ab eo ascribi coeptum in lege mancipiorum: "Vadem, ne poscerent nec dabitur".*

(Varrone)

1. *Cretaea*: nome di una meretrice originaria di Creta.   2. *quom*: cum.

Curiosità

Sponsor A differenza di quanto si creda comunemente, il sostantivo italiano "**sponsor**", sebbene entrato nella lingua italiana dall'inglese, non è di origine anglosassone. Esso, con l'accezione di "**garante**", appartiene infatti al **lessico giuridico latino** e affonda le sue origini nella *sponsio* (dalla radice di *spondeo* "**promettere, dare garanzia**"). La *sponsio* era un contratto orale, in cui il contraente (*stipulor*) esigeva la promessa di un impegno, pronunciando la formula *idem dari spondes?* in cui *idem* si riferiva al contenuto dell'obbligazione; il debitore (lo *sponsor* appunto) rispondeva: *Spondeo*.
Dalla stessa radice si formano anche i sostantivi *sponsalia* ("**fidanzamento**") e *sponsus* ("**promesso sposo, fidanzato**"). Il fidanzamento infatti era un contratto commerciale, che impegnava due famiglie e in cui la merce di scambio era la donna. Il padre del ragazzo recitava la formula: *Filiam tuam uxorem filio meo dari spondes?* A queste parole il padre della futura sposa replicava: *Spondeo*.

Olimpiadi delle lingue classiche

Traduci il passo di Cicerone e rispondi al questionario, servendoti anche dei testi in traduzione.

Le prove della congiura

PRE-TESTO

Quare, patres conscripti, incumbite ad salutem rei publicae, circumspicite omnes procellas, quae inpendent, nisi providetis. Non Ti. Gracchus, quod iterum tribunus plebis fieri voluit, non C. Gracchus, quod agrarios concitare conatus est, non L. Saturninus, quod C. Memmium occidit, in discrimen aliquod atque in vestrae severitatis iudicium adducitur; tenentur ii, qui ad urbis incendium, ad vestram omnium caedem, ad Catilinam accipiendum, Romae restiterunt; tenentur litterae, signa, manus, denique uniuscuiusque confessio; sollicitantur Allobroges, servitia excitantur; Catilina accersitur, id est initum consilium, ut, interfectis omnibus, nemo ne ad deplorandum quidem populi Romani nomen atque ad lamentandam tanti imperi calamitatem relinquatur.

(Cicerone *Catilinarie* IV 4)

Da ogni parte, lo vedete, le tempeste si adunano sul nostro capo e incombono, se voi non vi opponete. Qui non è rinviato a giudizio e sottoposto al vostro rigore un Tiberio Gracco, che volle esser tribuno della plebe per due volte, non un Caio Gracco, che cercò di sollevare il proletariato agricolo, non un L. Saturnino, che uccise C. Memmio; qui si trovano in stato d'arresto coloro che sono rimasti a Roma con il compito di dar fuoco alla Città, massacrarvi tutti, accogliere Catilina. Sono in nostro possesso lettere, sigilli, scritture e infine le loro stesse confessioni; qui si sobillano gli Allobrogi[1], si fa appello agli schiavi; si richiama Catilina, si prepara l'eccidio, tale che non possa restare vivo nessuno, nemmeno per piangere il nome del popolo romano e lamentare la catastrofe d'un impero così grande.

(trad. di L. Storoni Mazzolani)

---

1. *sobillano gli Allobrogi*: popolazione della Gallia Narbonese. Nel 63 a.C. Catilina cercò di coinvolgere nella congiura una loro delegazione, inviata a Roma per denunciare il malgoverno dei magistrati romani.

282 Bisogna prendere una decisione

TESTO

Haec omnia indices detulerunt, rei confessi sunt, vos multis iam iudiciis iudicavistis, primum quod mihi gratias egistis singularibus verbis et mea virtute atque diligentia perditorum hominum coniurationem patefactam esse decrevistis; deinde quod P. Lentulum se abdicare praetura coegistis; tum quod eum et ceteros, de quibus iudicastis, in custodiam dandos censuistis, maximeque quod meo nomine supplicationem decrevistis, qui honos togato habitus ante me est nemini; postremo hesterno die praemia legatis Allobrogum Titoque Volturcio dedistis amplissima. Quae sunt omnia eius modi, ut ei, qui in custodiam nominatim dati sunt, sine ulla dubitatione a vobis damnati esse videantur. Sed ego institui referre ad vos, patres conscripti, tamquam integrum, et de facto, quid iudicetis, et de poena quid censeatis. Illa praedicam, quae sunt consulis. Ego magnum in re publica versari furorem et nova quaedam misceri et concitari mala iam pridem videbam; sed hanc tantam, tam exitiosam haberi coniurationem a civibus, numquam putavi. Nunc, quicquid est, quocumque vestrae mentes inclinant atque sententiae, statuendum vobis ante noctem est. Quantum facinus ad vos delatum sit videtis. Huic si paucos putatis adfinis esse, vehementer erratis. Latius opinione disseminatum est hoc malum; manavit non solum per Italiam verum etiam transcendit Alpes et, obscure serpens, multas iam provincias occupavit. Id opprimi sustentando et prolatando nullo pacto potest; quacumque ratione placet celeriter vobis vindicandum est.

(Cicerone)

Olimpiadi delle lingue classiche

POST-TESTO

Due proposte a confronto

Video duas adhuc esse sententias, unam D. Silani, qui censet eos, qui haec delere conati sunt, morte esse multandos, alteram C. Caesaris, qui mortis poenam removet, ceterorum suppliciorum omnis acerbitates amplectitur. Uterque et pro sua dignitate et pro rerum magnitudine in summa severitate versatur. Alter eos, qui nos omnis, qui populum Romanum vita privare conati sunt, qui delere imperium, qui populi Romani nomen extinguere, punctum temporis frui vita et hoc communi spiritu non putat oportere, atque hoc genus poenae saepe in improbos civis in hac re publica esse usurpatum recordatur. Alter intellegit mortem ab dis immortalibus non esse supplicii causa constitutam, sed aut necessitatem naturae aut laborum ac miseriarum quietem. Itaque eam sapientes numquam inviti, fortes saepe etiam libenter oppetiverunt. Vincula vero et ea sempiterna, certe ad singularem poenam nefarii sceleris inventa sunt. Municipiis dispertiri iubet. Habere videtur ista res iniquitatem, si imperare velis, difficultatem, si rogare. Decernatur tamen, si placet.

(Cicerone *Catilinarie* IV 7)

Fino a questo momento, ci troviamo di fronte a due pareri: uno di D. Silano, il quale è d'avviso che costoro, per aver tentato di distruggere tutto questo, debbano pagare con la vita; il secondo è di C. Cesare, il quale scarta la pena di morte ma ammette altri castighi in tutto il loro rigore. L'uno e l'altro, e per la loro posizione e per l'entità del reato, si attengono alla massima severità: il primo ritiene che quelli che si sono proposti di sopprimerci tutti, di abbattere l'impero, estinguere il nome del popolo romano non debbano godere la vita o l'aria che respiriamo neppure un istante e rammenta che pene di questo genere, nella nostra Repubblica, furono già applicate a carico di cattivi cittadini; l'altro ritiene che gli dèi immortali non hanno creato la morte come castigo ma come legge di natura e riposo delle fatiche e dei dolori; e perciò i saggi non l'hanno mai affrontata con riluttanza, i forti spesso persino con gioia; la prigione al contrario, e tanto più quella a vita, è stata inventata come castigo eccezionale per i delitti più esecrandi. Chiede dunque che i rei siano dispersi in vari municipi: una proposta che mi sembra iniqua verso i municipi se la si impone loro, difficilmente attuabile se si chiede il loro consenso. Decretatela però, se siete d'accordo.

(trad. di L. Storoni Mazzolani)

Questionario

1. Quali cittadini romani precedentemente citati in giudizio menziona Cicerone?
2. Cicerone cita alcuni provvedimenti già presi dal senato contro i congiurati. Elencali.
3. Individua i punti in cui Cicerone sembra denunciare il ritardo del senato nell'affrontare la difficile situazione politica.
4. In che senso il brano si caratterizza per la simmetria della struttura sintattica? Rispondi con opportuni riferimenti testuali.
5. Scrivi un testo espositivo sulla congiura di Catilina (max. 15 righe).

UNITÀ 23

L'ETÀ DI AUGUSTO
LA RELIGIONE

CURIOSITÀ	CAVE!
Il verbo *immolare*	
MODUS SCRIBENDI	**LESSICO TEMATICO**
Lo stile di Livio	La religione

LESSICO TEMATICO
La religione

- **aedes**, **-is** (o *aedis*, *-is*), f.: "tempio, luogo di culto".
- **ancilia**, **-ium**, n. pl.: "scudi sacri", fatti a somiglianza dello scudo di Marte caduto dal cielo, e custoditi dai sacerdoti Salii.
- **ara**, **-ae**, f: "altare", di forma cilindrica o quadrangolare, collocato nei templi o nei cortili delle case.
- **augur**, **-uris**, m.: "augure"; gli auguri interpretavano la volontà divina traendo presagi dal volo degli uccelli o da qualsiasi avvenimento insolito.
- **auspicium**, **-ii**, n.: "auspicio", da *avis* e la forma ricostruita *specio ("osservo il volo degli uccelli").
- **cella**, **-ae**, f.: "cameretta, cella, cappella"; posta all'interno di un tempio, conteneva la statua del dio.
- **curio**, **-onis**, m.: "curione", sacerdote di una curia; il *curio maximus* era il capo di tutti i curioni.
- **devotio**, **-onis**, f.: "voto solenne", "sacrificio" rivolto, in genere da capi militari, alle divinità infernali, per ottenere – in cambio della propria immolazione volontaria – la vittoria sul nemico e la salvezza della patria.
- **exta**, **-orum**, n. pl.: "viscere, interiora", specialmente delle vittime, da cui gli *haruspices* traevano i presagi.
- **fanum**, **-i**, n.: "tempio" (coperto), luogo consacrato agli dèi.
- **fas**, indecl.: "comando, precetto divino".
- **fetialis**, **-is**, m.: "feziale", appartenente al collegio di venti sacerdoti a cui era affidata la difesa del diritto internazionale.
- **flamen**, **-inis**, m.: "flàmine", uno dei quindici sacerdoti addetti al culto particolare di una divinità (es. *flamen Dialis* di Giove, *f. Quirinalis* di Romolo-Quirino, *f. Martialis* di Marte, ecc.).
- **haruspex**, **-icis**, m.: "arùspice, indovino", che prediceva il futuro, osservava le viscere delle vittime, interpretava i prodigi e compiva riti espiatori.
- **hostia**, **-ae**, f.: "vittima espiatoria", specialmente animale di piccole dimensioni.
- **immolo**, **-as**, **-avi**, **-atum**, **-are**, 1ª: "sacrificare, immolare", vd. **Curiosità**.
- **Lares**, **-ium**, m. pl.: "Lari", divinità tutelari, forse di origine etrusca, incaricate di proteggere città, strade e raccolti; i *Lares familiares* (o *privati, patrii, domestici*) erano le divinità tutelari di ogni singola casa, venerate nel *lararium* ("cappella").
- **lectisternium**, **-ii**, n.: "lettisternio", banchetto sacro in cui si offrivano vivande alle immagini delle divinità adagiate su un *pulvinar* ("cuscino").
- **Libri Sibyllini**, m. pl.: "libri sibillini", una raccolta di responsi oracolari conservati nel tempio di Giove Capitolino sul Campidoglio.
- **lustratio**, **-onis**, f.: "sacrificio lustrale", accompagnato da sacrifici, per liberare da influssi malefici cose o persone.
- **Manes**, **-ium**, m. pl.: "dèi Mani", "anime dei morti", considerati come divinità benigne.
- **novendiale sacrum**: "novendiale sacro", festa di nove giorni indetta in espiazione di un prodigio.
- **Penates**, **-ium**, m. pl.: "Penati", dèi protettori della famiglia e dello stato (visto come insieme di famiglie).
- **piaculum**, **-i**, n.: "sacrificio espiatorio".
- **pietas**, **-atis**, f.: "devozione religiosa".
- **pontifex**, **-icis**, m.: "pontefice", membro del *collegium pontificum*, che sovrintendeva al culto ufficiale pubblico; il *pontifex maximus* era il capo di questo collegio e la massima autorità religiosa romana.
- **precor**, **-aris**, **-atus sum**, **-ari**, 1ª dep.: "pregare, scongiurare"; è l'azione con cui si vuole ottenere il favore degli dèi e scongiurarne l'ira.
- **pullarius**, **-ii**, m.: "pullario", era l'augure che prediceva il futuro osservando se i polli mangiavano o no.

- **Salii, -orum**, m. pl.: "Salii", sacerdoti di Marte Gradivo, che facevano processioni in onore del dio danzando (cfr. *salio* "saltare") e percuotendo gli *ancilia*.
- **suovetaurilia, -ium**, n. pl.: "sacrificio solenne di una scrofa (*sus*), una pecora (*ovis*) e un toro (*taurus*)", durante una *lustratio*.
- **supplicatio, -onis**, f.: "supplica, preghiera pubblica", per avvenimenti lieti o infausti, quindi sia in feste solenni di ringraziamento, sia in cerimonie di espiazione.
- **templum, -i**, n.: in orig., "spazio celeste" delimitato dall'*augur* nel cielo per osservarvi il volo degli uccelli e trarne gli auspici (cfr. il verbo greco τέμνω *témno*, "tagliare"); poi edificio costruito nell'area sacra, "tempio".
- **Vestalis, -is**, f.: "Vestale", sacerdotessa di Vesta; le Vestali, scelte dal *pontifex maximus*, conducevano vita ascetica, nella clausura e nella castità; incaricate di custodire il fuoco sacro della dea, ricevevano grandi onori, ma erano pure esposte a terribili punizioni, se venivano meno ai loro doveri.
- **votum, -i**, n.: "voto, promessa"; specialmente rivolto agli dèi in cambio di qualche grazia e accompagnato dall'offerta di doni o dalla consacrazione di quadretti o statuette (*tabulae votivae*).

Esercizi

A Traduci le seguenti frasi.

1. Papirius ait: "Auspicia secunda esse, Tarentini, pullarius nuntiat; litatum praeterea est egregie; auctoribus dis, ut videtis, ad rem gerendam proficiscimur". (Liv.) 2. Haec locutus [Decius] M. Livium pontificem, quem descendens in aciem digredi vetuerat ab se, praeire iussit verba, quibus se legionesque hostium pro exercitu populi Romani Quiritium devoveret. (Liv.) 3. Rebus divinis rite perpetratis vocataque ad concilium multitudine quae coalescere in populi unius corpus nulla re praeterquam legibus poterat, [Romulus] iura dedit. (Liv.) 4. Paucos post dies magistratum iniit, immolantique ei vitulus iam ictus e manibus sacrificantium sese cum proripuisset, multos circumstantes cruore respersit. (Liv.) 5. Veneri Erucinae aedem Q. Fabius Maximus dictator vovit, quia ita ex fatalibus libris editum erat, ut is voveret, cuius maximum imperium in civitate esset. (Liv.) 6. Haec prodigia hostiis maioribus procurata sunt ex haruspicum responso, et supplicatio omnibus deis, quorum pulvinaria Romae essent, indicta est. (Liv.) 7. Samum postquam ventum est, accepta ab Livio classe et sacrificio, ut adsolet, rite facto Aemilius consilium avocavit. (Liv.) 8. Fanum ibi augustum Apollinis et oraculum; sortes versibus haud inconditis dare vates dicuntur. (Liv.) 9. Tunc quoque ne confestim bellum indiceretur neve exercitus mitterentur religio obstitit; fetiales prius mittendos ad res repetendas censuere. (Liv.) 10. Mos erat lustrationis sacro peracto decurrere exercitum, et divisas bifariam duas acies concurrere ad simulacrum pugnae. (Liv.) 11. Ligures saepe per legatos deprecati, ne Penates, sedem in qua geniti essent, sepulcra maiorum cogerentur relinquere, arma obsides pollicebantur. (Liv.) 12. Consulem T. Quinctium ita habito dilectu, ut eos fere legeret, qui in Hispania aut Africa meruissent, spectatae virtutis milites, properantem in provinciam prodigia nuntiata atque eorum procuratio Romae tenuerunt. (Liv.) 13. Non enim omnibus diis isdem rationibus aedes sunt faciundae, quod alius alia varietate sacrorum religionum habet effectus. (Vitr.) 14. Arae spectent ad orientem et semper inferiores sint conlocatae quam simulacra quae fuerint in aede, uti suspicientes divinitatem, qui supplicant, et sacrificant, disparibus altitudinibus ad sui cuiusque dei decorem componantur. (Vitr.) 15. Ex eo etiam qui sacerdotia gerunt moribus Aegyptiorum, ostendunt omnes res e liquoris potestate consistere. Itaque cum hydria aqua ad templum aedemque casta religione refertur, tunc in terra procumbentes manibus ad caelum sublatis inventionis gratias agunt divinae benignitati. (Vitr.)

B Scrivi accanto a ciascuna definizione il termine latino corrispondente.

sacerdotessa di Vesta	
cappella contenente la statua del dio	
divinità tutelari di ogni singola casa	
indovino che prediceva il futuro, osservando le viscere delle vittime	
scudi sacri custoditi dai sacerdoti Salii	
altare di forma cilindrica o quadrangolare, collocato nei templi o nei cortili delle case	
banchetto sacro in cui si offrivano vivande alle immagini delle divinità adagiate su un cuscino	
sacerdoti di Marte Gradivo	
sacrificio solenne di una scrofa, di una pecora e di un toro	
raccolta di responsi oracolari conservati nel tempio di Giove Capitolino sul Campidoglio	

VERSIONI

PRIMO LIVELLO

283 Le aree destinate ai templi

Secondo Vitruvio il sito di un tempio deve essere scelto tenendo conto del dio a cui è consacrato; ad esempio, i templi delle divinità tutelari della città devono sorgere in luoghi alti, dai quali è possibile vedere le mura. Anche gli aruspici etruschi hanno dato istruzioni sulla collocazione degli edifici sacri.

a. Templi da costruire dentro le mura della città

Aedibus vero sacris, quorum deorum maxime in tutela civitas videtur esse, et Iovi et Iunoni et Minervae, in excelsissimo loco unde moenium maxima pars conspiciatur, areae distribuantur. Mercurio autem in foro, aut etiam ut Isidi et Serapi in emporio; Apollini Patrique Libero secundum theatrum; Herculi, in quibus civitatibus non sunt gymnasia neque amphitheatra, ad circum:

b. Templi da costruire fuori dalle mura della città

Marti extra urbem sed ad campum; itemque Veneri ad portum. Id autem etiam Etruscis haruspicibus disciplinarum scripturis ita est dedicatum, extra murum Veneris, Volcani, Martis fana ideo conlocari, uti non insuescat in urbe adulescentibus, seu matribus familiarum veneria libido, Volcanique vi e moenibus religionibus et sacrificiis evocata ab timore incendiorum aedificia videantur liberari. Martis vero divinitas cum sit extra moenia dedicata, non erit inter cives armigera dissensio,

Unità 23 L'età di Augusto. La religione

sed ab hostibus ea defensa a belli periculo conservabit. Item Cereri extra urbem loco, quo nomine semper homines, nisi per sacrificium, necesse habeant adire; cum religione, caste sanctisque moribus is locus debet tueri.

c. Aree per i sacrifici

Ceterisque diis ad sacrificiorum rationes aptae templis areae sunt distribuendae.

(Vitruvio)

• • • | 284 Origine dell'ordine dorico

Ubbidienti all'oracolo di Delfi, gli Ateniesi condussero in Asia tredici colonie alla guida di Ione. Dopo aver scacciato i Cari e i Lelegi, i coloni fondarono importanti città in una regione, che fu denominata Ionia in onore del fondatore. Quindi innalzarono un tempio ad Apollo Panionio e lo chiamarono "dorico", perché era stato visto per la prima volta in città doriche.

a. Ione assume il comando delle colonie

Postea autem quam Athenienses ex responsis Apollinis Delphici, communi consilio totius Hellădos, XIII colonias uno tempore in Asiam deduxerunt ducesque in singulis coloniis constituerunt et summam imperii potestatem Ioni, Xuthi et Creusae filio, dederunt, quem etiam Apollo Delphis suum filium in responsis est professus, isque eas colonias in Asiam deduxit et Cariae fines occupavit ibique civitates amplissimas constituit Ephesum, Miletum, Myunta (quae olim ab aqua est devorata; cuius sacra et suffragium Milesiis Iones adtribuerunt), Prienen, Samum, Teon, Colophona, Chium, Erўthras, Phocaeam, Clazomenas, Lebedon, Meliten (haec Melite propter civium adrogantiam ab his civitatibus bello indicto communi consilio est sublata; cuius loco postea regis Attăli et Arsinoes beneficio Zmyrnaeorum civitas inter Ionas est recepta):

b. Origine del termine Ionia

hae civitates, cum Caras et Lelegas eiecissent, eam terrae regionem a duce suo Ione appellaverunt Ioniam ibique deorum immortalium templa constituentes coeperunt fana aedificare.

c. Il primo tempio in onore di Apollo

Et primum Apollini Panionio[1] aedem, uti viderant in Achaia, constituerunt et eam Doricam appellaverunt, quod in Dorieon[2] civitatibus primum factam eo genere viderunt.

(Vitruvio)

1. *Panionio*: cioè di tutti gli Ioni.
2. *Dorieon*: "dei Dori", genitivo plurale da *Dores*.

• • • | 285 Creazione dei collegi sacerdotali

Numa istituisce i collegi sacerdotali; designa un flàmine di Giove, che dota dei segni dell'autorità regale, un flàmine di Marte e uno di Quirino. Sceglie le Vestali, stabilendo che ricevano uno stipendio dall'erario. Nomina i Salii per Marte Gradivo, prescrivendo che nelle processioni portino gli *ancilia*. Infine fra i senatori sceglie un pontefice, al quale dà istruzioni sulle cerimonie sacre.

a. Istituzione dei flàmini e delle Vestali

Tum sacerdotibus creandis animum adiecit [Numa], quamquam ipse plurima sacra obibat, ea maxime quae nunc ad Dialem flaminem pertinent. Sed quia in civitate bellicosa plures Romuli quam Numae similes reges putabat fore iturosque ipsos ad bella, ne sacra regiae vicis desererentur flaminem Iovi adsiduum sacerdotem creavit insignique eum veste et curuli regia sella adornavit. Huic duos flamines adiecit, Marti unum, alterum Quirino, virginesque Vestae legit, Alba oriundum sacerdotium et genti conditoris haud alienum. His ut adsiduae templi antistites essent stipendium de publico statuit; virginitate aliisque caerimoniis venerabiles ac sanctas fecit.

b. Scelta dei Salii

Salios item duodecim Marti Gradivo legit, tunicaeque pictae insigne dedit et super tunicam aeneum pectori tegumen; caelestiaque arma, quae ancilia appellantur, ferre ac per urbem ire canentes carmina cum tripudiis sollemnique saltatu iussit.

c. Nomina del pontefice

Pontificem deinde Numam Marcium Marci filium ex patribus legit eique sacra omnia exscripta exsignataque attribuit, quibus hostiis, quibus diebus, ad quae templa sacra fierent, atque unde in eos sumptus pecunia erogaretur.

(Livio)

286 Per la prima volta i duumviri celebrano il lettisternio

Nel 399 a.C. a Roma, dopo un inverno rigido, con un rapido cambiamento arriva un'estate afosa che porta malattie a persone e animali. Per far cessare questo flagello, i duumviri proclamano la celebrazione pubblica e privata del primo lettisternio, durante il quale sono offerte ricche vivande agli dèi. Inoltre i cittadini accolgono benevolmente gli stranieri, si astengono dai litigi, tolgono i ceppi ai carcerati.

a. Avverse condizioni meteorologiche

Tristem hiemem sive ex intemperie caeli, raptim mutatione in contrarium facta, sive alia qua de causa gravis pestilensque omnibus animalibus aestas excepit; cuius insanabili perniciei quando nec causa nec finis inveniebatur, libri Sibyllini ex senatus consulto aditi sunt.

b. Si celebra il primo lettisternio

Duumviri sacris faciundis, lectisternio tunc primum in urbe Romana facto, per dies octo Apollinem Latonamque et Dianam, Herculem, Mercurium atque Neptunum tribus quam amplissime tum apparari poterat stratis lectis placavere. Privatim quoque id sacrum celebratum est.

c. In città si cerca di creare un clima di pace

Tota urbe patentibus ianuis promiscuoque usu rerum omnium in propatulo posito, notos ignotosque passim advenas in hospitium ductos ferunt, et cum inimicis quoque benigne ac comiter sermones habitos; iurgiis ac litibus temperatum; vinctis quoque dempta in eos dies vincula; religioni deinde fuisse quibus eam opem di tulissent vinciri.

(Livio)

MODUS SCRIBENDI LO STILE DI LIVIO

LE CARATTERISTICHE ESSENZIALI

1. *Lactea ubertas* ("abbondanza di latte"): prosa scorrevole, elaborata e ricca, che in qualche occasione però diventa prolissa.
2. Abilità nella costruzione dei discorsi.
3. Alternanza fra periodi ampi e frasi brevi e concise, spesso ellittiche nelle forme verbali composte.
4. Varietà lessicale.
5. Patina di arcaismo (desinenza arcaica *-ere* per la terza persona plurale del perfetto indicativo al posto di *-erunt*; *molimentum* per *molimen*, ecc.).
6. Uso di *exempla*, che potenziano l'intento moralistico: soprattutto nella prima decade Livio racconta di grandi personaggi (Mucio Scevola, Decio Mure, Clelia, Lucrezia, ecc.), capaci di incarnare le *virtutes* del popolo romano.

Un giudizio critico

La scrittura "drammatica" di Livio (P.G. Walsh)

L'intento di Livio è di dimostrare che le qualità mentali e morali hanno un influsso decisivo sugli eventi, e, grazie alla qualità drammatica della sua scrittura, in cui le tecniche mutuate dalla tragedia sono cospicue, di coinvolgere il lettore negli atteggiamenti e nelle decisioni di coloro che partecipano alle congiunture critiche della storia.
La storia di Livio è dunque preminentemente storia psicologica. Nei fatti di guerra egli costantemente interpreta l'esito degli eventi analizzando lo stato d'animo delle truppe, i piani e le qualità morali dei loro comandanti. Nella descrizione di attività politiche egli cerca di spiegare le posizioni e le decisioni dipingendo i moventi collettivi. I discorsi sono composti allo scopo di delineare i pensieri degli individui e il loro impeto risulta dai commenti e dai pensieri dell'uditorio. Livio usa invariabilmente l'*oratio obliqua* per realizzare il suo intento psicologico di esprimere i pensieri nascosti delle collettività. Secondo l'opinione di Quintiliano, Livio era a Roma l'esponente di spicco di queste tecniche psicologiche, e il modo in cui Tacito riuscì a trarre profitto da esse deve molto allo studio dei procedimenti liviani. In ciò visione storica e talento letterario convergono: ne sono un riflesso la *mira iucunditas* e il *clarissimus candor* del suo stile narrativo nonché «l'ineffabile eloquenza» dei suoi discorsi. [...]

Quintiliano sostiene che i discorsi di Livio sono perfettamente adattati sia alle circostanze che agli oratori. Questo è vero non soltanto per le orazioni vere e proprie, ma anche per le conversazioni informali. Lo storico era ben consapevole delle potenzialità del dialogo, sia per la caratterizzazione dei personaggi che per la forte drammatizzazione del racconto. [...]
Tale pittura psicologica di capi e di eserciti, nel complesso avvicendarsi di vittorie e sconfitte, tregue e massacri, forma la materia prima dell'approccio letterario di Livio. In contesti politici si deve osservare il medesimo esame dei moventi e la medesima elucidazione dei caratteri. Le assemblee possono essere descritte per interpretare caratteristiche nazionali, e discorsi estesi sono in genere posti sulle labbra di personaggi eminenti che Livio desidera caratterizzare. Non che egli inventi totalmente i discorsi quando erano disponibili registrazioni autentiche di ciò che era stato realmente detto; ma egli dà al materiale la forma di una appropriata struttura 'deliberativa', e nella *tractatio*, la parte cioè del discorso che discute l'utilità e la moralità del caso in questione, le argomentazioni possono essere arrangiate o sviluppate per attirare l'attenzione sugli atteggiamenti di fondo dell'oratore.

(P.G. Walsh, *Livy*, in *Latin Historians*, Londra 1966, pp. 129-132 *passim*, trad. di M.L. Delvigo)

SECONDO LIVELLO

●●● | 287 La posizione dei templi rispetto ai punti cardinali

Vitruvio dedica i libri III e IV del trattato *De architectura* alla costruzione degli edifici sacri, approfondendo numerosi aspetti: gli ordini architettonici, i vari tipi di colonne, le decorazioni, la distribuzione interna delle celle e del pronao, ecc. Quindi lo scrittore riflette sulla posizione che devono avere i templi rispetto ai punti cardinali.

▶ Vedi **Curiosità**

Regiones autem, quas debent spectare aedes sacrae deorum immortalium, sic erunt constituendae, uti, si nulla ratio impedierit liberaque fuerit potestas, aedis signumque, quod erit in cella conlocatum, spectet ad vespertinam caeli regionem, uti, qui adierint ad aram **immolantes** *aut sacrificia facientes, spectent ad partem caeli orientis et simulacrum, quod erit in aede, et ita vota suscipientes contueantur aedem et orientem caelum ipsaque simulacra videantur exaudientia contueri supplicantes et sacrificantes, quod aras omnes deorum necesse esse videatur ad orientem spectare. Sin autem loci natura interpellaverit, tunc convertendae sunt earum regionum constitutiones, uti quam plurima pars moenium* e templis earum conspiciatur. Item si secundum flumina aedis sacra fiet, ita uti Aegypto circa Nilum, ad fluminis ripas videntur spectare debere. Similiter si circum vias publicas erunt aedificia deorum, ita constituantur, uti praetereuntes possint respicere et in conspectu salutationes facere.

(VITRUVIO)

Curiosità

Il verbo *immolare* Il verbo *immolare* significa letteralmente "**cospargere con *salsa mola***" e per estensione "**sacrificare, immolare**". La *salsa mola* era un **miscuglio di farro tostato e sale**, che veniva offerto alla divinità o con cui si aspergeva la vittima destinata al sacrificio.
La preparazione di questa miscela spettava alle Vestali, che seguivano un rigido cerimoniale: il farro era raccolto a giorni alterni a partire dalle idi di maggio; quindi le sacerdotesse provvedevano a sgranare le spighe, tostare i chicchi e macinarli. In occasione dei *Vestalia* ("feste in onore di Vesta", che si celebravano dal 7 al 15 giugno) la *salsa mola* era offerta alla dea come ringraziamento per la maturazione delle messi.
Alcuni storici delle religioni ritengono invece che la *salsa mola* fosse un impasto di farro e acqua, cosparso di sale e cotto nel forno del tempio di Vesta. Questa sorta di focaccia era infine offerta in piccoli pezzi ai partecipanti al rito. Secondo alcuni questa pratica sarebbe alla base del rito cristiano dell'eucarestia.

288 Il tempio della Pudicizia plebea

Nel 296 a.C., durante la terza guerra sannitica, il senato romano decretò due giorni di preghiera per allontanare gli influssi malefici. Per propiziare il favore degli dèi l'erario finanziò sacrifici e lunghe processioni, una delle quali fu teatro di un alterco fra matrone.

Insignem supplicationem fecit certamen in sacello Pudicitiae patriciae, quod in foro bovario[1] est ad aedem rotundam Herculis, inter matronas ortum. Verginiam, Auli filiam, patriciam plebeio nuptam, L. Volumnio consuli, matronae, quod e patribus enupsisset, sacris arcuerant. Brevis altercatio inde ex iracundia muliebri in contentionem animorum exarsit, cum se Verginia et patriciam et pudicam in patriciae Pudicitiae templum ingressam et uni nuptam, ad quem virgo deducta sit, nec se viri honorumve eius ac rerum gestarum paenitere, ex vero gloriaretur. Facto deinde egregio magnifica verba adauxit: in vico Longo, ubi habitabat, extrema parte aedium, quod satis esset loci modico sacello, exclusit aramque ibi posuit et convocatis plebeis matronis conquesta iniuriam patriciarum: "Hanc ego aram" inquit "Pudicitiae plebeiae dedico vosque hortor, ut, quod certamen virtutis viros in hac civitate tenet, hoc pudicitiae inter matronas sit detisque operam, ut haec ara quam illa, si quid potest, sanctius et a castioribus coli dicatur".

(LIVIO)

1. *in foro bovario*: era il mercato degli animali, situato fra il Tevere e il Circo massimo.

Laboratorio

MORFOLOGIA
1. Sottolinea e analizza i verbi deponenti.
2. Individua e analizza gli aggettivi e gli avverbi di grado comparativo.

SINTASSI
3. Da quale nesso è retto *gloriaretur*?
4. Spiega la costruzione del verbo *paenitere* nel passo.

LESSICO
5. Trova i termini formati dalla radice di *sacer*.

> **COMPRENSIONE DEL TESTO**
> 6. Chi è Virginia?
> 7. Perché le matrone patrizie escludono Virginia dal tempio della Pudicizia Patrizia?

289 La lunga durata della seconda guerra punica condiziona l'atteggiamento religioso dei Romani

Dopo aver narrato le imprese militari avvenute in Spagna e in Africa, Livio sposta la sua attenzione sulla penisola italica, dove si trova Annibale. Il condottiero cartaginese trascorre l'estate del 213 a.C. nell'agro salentino sperando di poter conquistare Taranto. Intanto il protrarsi della guerra determina profondi cambiamenti anche nell'animo dei Romani.

Quo diutius trahebatur bellum et variabant secundae adversaeque res non fortunam magis quam animos hominum, tanta religio, et ea magna ex parte externa, civitatem incessit ut aut homines aut dei repente alii viderentur facti. Nec iam in secreto modo atque intra parietes abolebantur Romani ritus, sed in publico etiam ac foro Capitolioque mulierum turba erat nec sacrificantium nec precantium deos patrio more. Sacrificuli ac vates ceperant hominum mentes quorum numerum auxit rustica plebs, ex incultis diutino bello infestisque agris egestate et metu in urbem compulsa; et quaestus ex alieno errore facilis, quem velut concessae artis usu exercebant. Primo secretae bonorum indignationes exaudiebantur; deinde ad patres etiam ac publicam querimoniam excessit res. Incusati graviter ab senatu aediles triumvirique capitales quod non prohiberent, cum emovere eam multitudinem e foro ac disicere apparatus sacrorum conati essent, haud procul afuit quin violarentur. Ubi potentius iam esse id malum apparuit quam ut minores per magistratus sedaretur, M. Aemilio praetori urbano negotium ab senatu datum est ut eis religionibus populum liberaret.

(LIVIO)

290 Gaio Flacco viene scelto come flamine

Nel 210 a.C. Annibale è ancora in Italia e continua ad infliggere sconfitte ai Romani, in particolare a Erdonea, dove muoiono Gneo Fulvio, undici tribuni e un ingente numero di soldati. Con migliore fortuna combatte Claudio Marcello, che a Numistrone riporta una vittoria sul Cartaginese. Intanto in Spagna, sempre nel 210, Scipione conquista Cartagine Nuova, ma l'arrivo di Asdrubale in Italia preoccupa il senato. Alla fine dell'anno sono organizzati i diversi fronti di guerra: a Scipione viene prorogato l'incarico in Spagna, alcune navi sono inviate dalla Sicilia a Taranto e il resto della flotta è mandato in Africa a far bottino. Organizzati gli eserciti, si passa all'elezione delle cariche religiose.

Ob adulescentiam neglegentem luxuriosamque C. Flaccus flamen captus a P. Licinio pontifice maximo erat, P. Flacco fratri germano cognatisque aliis ob eadem vitia invisus. Is, ut animum eius cura sacrorum et caerimoniarum cepit, ita repente exuit antiquos mores, ut nemo tota iuventute haberetur prior nec probatior primoribus patrum, suis pariter alienisque, esset. Huius famae consensu elatus ad iustam fiduciam sui rem intermissam per multos annos ob indignitatem flaminum priorum repetivit, ut in senatum introiret. Ingressum eum curiam cum P. Licinius praetor inde eduxisset, tribunos plebis appellavit. Flamen vetustum ius sacerdotii repetebat: datum id cum toga praetexta et sella curuli ei flamonio esse. Praetor non exoletis vetustate annalium exemplis stare ius, sed recentissimae cuiusque consuetudinis usu volebat: nec patrum nec avorum memoria Dialem quemquam id ius usurpasse. Tribuni rem inertia flaminum oblitteratam ipsis, non sacerdotio damno fuisse cum aequom censuissent, ne ipso quidem contra tendente praetore magno adsensu patrum plebisque flaminem in senatum introduxerunt, omnibus ita existimantibus, magis sanctitate vitae quam sacerdotii iure eam rem flaminem obtinuisse.

(Livio)

Laboratorio

SINTASSI
1. Sottolinea i complementi predicativi, specificando se si tratta di predicativo del soggetto o dell'oggetto.
2. Che tipo di subordinata è *ne ipso quidem contra tendente praetore*?

LESSICO
3. Indica tutti i termini che riguardano il flaminato.

ANALISI STILISTICA
4. Che tipo di figura presenta l'espressione *prior nec probatior primoribus patrum*?

COMPRENSIONE DEL TESTO
5. Secondo l'opinione popolare perché Flacco ottiene il diritto di entrare in senato?

●●● | 291 Si cerca di placare gli dèi

Nel 209 a.C. l'angoscia dei Romani per l'imminente arrivo di Asdrubale in Italia cresce di giorno in giorno. Gli ambasciatori marsigliesi, infatti, avevano riferito che nella prossima primavera Asdrubale avrebbe valicato le Alpi, senza incontrare alcun ostacolo. A Roma, dopo l'elezione dei consoli, si distribuiscono le legioni per aree di intervento. Intanto per placare gli dei viene celebrato un novendiale sacro, ma nuovi prodigi turbano l'animo dei Romani.

Liberatas religione mentes turbavit rursus nuntiatum[1] Frusinone natum infantem esse quadrimo parem, nec magnitudine tam mirandum, quam quod is quoque, ut Sinuessae biennio ante, incertus, mas an femina esset, natus erat. Id vero haruspices ex Etruria adciti foedum turpe prodigium dicere: extorrem agro Romano, procul terrae contactu, alto mergendum. Vivum in arcam condidere provectumque in mare proiecerunt. Decrevere item pontifices, ut virgines ter novenae per urbem euntes carmen canerent. Id cum in Iovis Statoris aede discerent conditum ab Livio poeta[2] carmen, tacta de caelo aedis in Aventino Iunonis Reginae; prodigiumque id ad matronas pertinere haruspices cum respondissent[3] donoque divam placandam esse aedilium curulium edicto in Capitolium convocatae, quibus in urbe Romana intraque decimum lapidem ab urbe domicilia essent, ipsae inter se quinque et viginti delegerunt, ad quas ex dotibus stipem conferrent. Inde donum pelvis aurea facta lataque in Aventinum, pureque et caste a matronis sacrificatum.

(Livio)

1. *nuntiatum*: "la notizia".
2. *Livio poeta*: si tratta di Livio Andronico.
3. *prodigiumque... respondissent*: cum prodigiumque id ad matronas pertinere haruspices respondissent.

●●● | 292 La Madre Idea deve essere portata a Roma

Nel 205 a.C. Scipione organizza l'assalto contro i Cartaginesi in Africa. Mentre si trova in Sicilia alla ricerca di uomini e mezzi, riesce a riprendere la città di Locri, dopo aver scacciato una guarnigione cartaginese e aver messo in fuga Annibale. Nel frattempo la consultazione dei libri sibillini lascia sperare in un esito positivo della guerra.

Civitatem eo tempore repens religio invaserat invento carmine in libris Sibyllinis propter crebrius eo anno de caelo lapidatum inspectis, quandoque hostis alienigena terrae Italiae bellum intulisset eum pelli Italia vincique posse si mater Idaea[1] a Pessinunte Romam advecta foret. Id carmen ab decemviris inventum eo magis patres movit quod et legati qui donum Delphos portaverant referebant et sacrificantibus ipsis Pythio Apollini laeta exta fuisse et responsum oraculo editum maiorem multo victoriam, quam cuius ex spoliis dona portarent[2], adesse populo Romano. In eiusdem spei summam conferebant P. Scipionis velut praesagientem animum de fine belli quod depoposcisset provinciam Africam. Itaque quo maturius fatis ominibus oraculisque portendentis sese victoriae compotes fierent, id cogitare atque agitare quae ratio transportandae Romam deae esset. Nullasdum in Asia socias civitates habebat populus Romanus; tamen memores erant Aesculapium quoque ex Graecia quondam hauddum ullo foedere sociata valetudinis populi causa arcessitum. (LIVIO)

1. *mater Idaea*: si tratta della dea Cibele, il cui simulacro – una pietra nera di forma conica – fu trasferito a Roma da Pessinunte (città della Galazia, nell'attuale Turchia) nel 204 a.C., avviandone il culto.

2. *cuius ex spoliis dona portarent*: "dal cui bottino avevano preso quel dono votivo" (trad. Mazzocato); si allude alla vittoria di Scipione su Asdrubale in Spagna.

Laboratorio

SINTASSI
1. Rintraccia i complementi di luogo espressi in accusativo semplice.
2. Che tipo di subordinata è *quo maturius... compotes fierent*? Perché è introdotta da *quo*?

LESSICO
3. Sottolinea i verbi che esprimono l'idea di "portare".
4. Evidenzia i termini che significano "presagio".

ANALISI STILISTICA
5. Che tipo di figura retorica è presente nell'espressione *cogitare atque agitare*?

COMPRENSIONE DEL TESTO
6. Perché i senatori interpretano positivamente il responso dei *decemviri*?

293 Eventi straordinari interrompono le campagne militari

Nel 191 a.C., mentre si combatte in Oriente contro Antioco III di Siria e in Occidente contro i Boi, in alcune città italiche accadono strani eventi, che i decemviri interpretano come manifestazione dell'ira divina.

Principio eius anni, quo haec iam profecto ad bellum M. Acilio[1], manente adhuc Romae P. Cornelio[2] consule agebantur, boves duos domitos in Carinis[3] per scalas pervenisse in tegulas aedificii proditum memoriae est. Eos vivos comburi cineremque eorum deici in Tiberim haruspices iusserunt. Tarracinae et Amiterni nuntiatum est aliquotiens lapidibus pluvisse, Minturnis aedem Iovis et tabernas circa forum de caelo tactas esse, Volturni in ostio fluminis duas naves fulmine ictas conflagrasse. Eorum prodigiorum causa libros Sibyllinos ex senatus consulto decemviri cum adissent, renuntiaverunt, ieiunium instituendum Cereri esse, et id quinto quoque anno servandum; et ut novemdiale sacrum fieret et unum diem supplicatio

1. *profecto... Acilio*: si tratta di Manio Acilio Glabrione, impegnato nella guerra contro Antioco III di Siria.
2. *P. Cornelio*: è Publio Cornelio Scipione Nasìca, cugino dell'Africano.
3. *Carinis*: "le Carene", quartiere di Roma, così chiamato perché era concavo come la chiglia di una nave.

esset; coronati supplicarent; et consul P. Cornelius, quibus diis quibusque hostiis edidissent decemviri, sacrificaret. Placatis diis nunc votis rite solvendis nunc prodigiis expiandis, in provinciam proficiscitur consul, atque inde Cn. Domitium[4] proconsulem dimisso exercitu Romam decedere iussit; ipse in agrum Boiorum legiones induxit. (Livio)

4. *Cn. Domitium*: Gneo Domizio Enobarbo, console nel 192 a.C.

TERZO LIVELLO

294 Il decoro

Decor autem est emendatus operis aspectus probatis rebus compositi cum auctoritate. Is perficitur statione, quod graece θεματισμῷ *(thematismò) dicitur, seu consuetudine aut natura. Statione[1], cum Iovi Fulguri et Caelo et Soli et Lunae aedificia sub divo hypaethraque constituentur; horum enim deorum et species et effectus in aperto mundo atque lucenti praesentes videmus. Minervae et Marti et Herculi aedes doricae fient; his enim diis propter virtutem sine deliciis aedificia constitui decet. Veneri, Florae, Proserpinae, fontium nymphis corinthio genere constitutae aptas videbuntur habere proprietates, quod his diis propter teneritatem graciliora et florida foliisque et volutis ornata opera facta augere videbuntur iustum decorem. Iunoni, Dianae, Libero Patri ceterisque diis, qui eadem sunt similitudine, si aedes ionicae construentur, habita erit ratio mediocritatis, quod et ab severo more doricorum et ab teneritate corinthiorum temperabitur earum institutio proprietatis.* (Vitruvio)

1. *statione*: sottinteso *perficitur*.

Laboratorio

LESSICO
1. Sottolinea i nomi degli dèi.

COMPRENSIONE DEL TESTO
2. Per quali divinità è indicato l'ordine corinzio?

PRODUZIONE
3. Dividi il testo in sequenze e riassumilo (max. 5 righe).

295 I Sanniti vengono reclutati con un terribile rito

Tum exercitus omnis Aquiloniam est indictus. Ad quadraginta milia militum, quod roboris in Samnio erat, convenerunt. Ibi mediis fere castris locus est consaeptus cratibus pluteisque et linteis contectus, patens ducentos maxime pedes in omnis pariter partis. Ibi ex libro vetere linteo tecto sacrificatum, sacerdote Ovio Paccio quodam, homine magno natu, qui se id sacrum repetere adfirmabat ex vetusta Samnitium religione, qua quondam usi maiores eorum fuissent, cum adimendae Etruscis Capuae clandestinum cepissent consilium. Sacrificio perfecto per viatorem imperator acciri iubebat nobilissimum quemque genere factisque; singuli introducebantur. Erat cum alius apparatus sacri, qui perfundere religione animum posset, tum in loco circa omni contecto arae in medio victimaeque circa caesae et circumstantes centuriones strictis gladiis. Admovebatur altaribus magis ut victima quam ut sacri particeps adigebaturque iure iurando, quae visa auditaque in eo loco essent, non enuntiaturum. Dein iurare cogebant diro quodam carmine in execrationem capitis familiaeque et stirpis composito, nisi isset in proelium, quo imperatores duxissent, et si aut ipse ex acie fugisset aut, si quem fugientem vidisset, non extemplo occidisset. Id primo quidam abnuentes iuraturos se obtruncati circa altaria sunt, iacentes deinde inter stragem victimarum documento ceteris fuere, ne abnuerent.

(Livio)

••• | 296 Il popolo romano viene interpellato sulla primavera sacra

His senatus consultis perfectis, L. Cornelius Lentulus pontifex maximus consulente collegium praetore omnium primum populum consulendum de vere sacro[1] *censet: iniussu populi voveri non posse. Rogatus in haec verba populus: "Velitis iubeatisne haec sic fieri? Si res publica populi Romani Quiritium ad quinquennium proximum, sicut velim eam salvam, servata erit hisce duellis, quod duellum populo Romano cum Carthaginiensi est quaeque duella cum Gallis sunt, qui cis Alpis sunt, tum donum duit populus Romanus Quiritium, quod ver attulerit ex suillo ovillo caprino bovillo grege quaeque profana erunt, Iovi fieri, ex qua die senatus populusque iusserit. Qui faciet, quando volet quaque lege volet, facito; quo modo faxit, probe factum esto. Si id moritur quod fieri oportebit, profanum esto, neque scelus esto. Si quis rumpet occidetve insciens, ne fraus esto. Si quis clepsit, ne populo scelus esto neve cui cleptum erit. Si atro die faxit insciens, probe factum esto. Si nocte sive luce, si servus sive liber faxit, probe factum esto. Si antidea, quam senatus populusque iusserit fieri, faxitur, eo populus solutus liber esto". Eiusdem rei causa ludi magni voti aeris trecentis triginta tribus milibus trecentis triginta tribus triente, praeterea bubus Iovi trecentis, multis aliis divis bubus albis atque ceteris hostiis.*

(Livio)

1. *de vere sacro*: era un antico rito di origine Sabina, che prevedeva la consacrazione agli dèi di tutto quello che sarebbe nato nella primavera successiva.

Laboratorio

LESSICO
1. Individua gli arcaismi lessicali.

ANALISI STILISTICA
2. Nel testo prevale lo stile paratattico o ipotattico?

COMPRENSIONE DEL TESTO
3. Quale desiderio esprime Lucio Cornelio Lentulo?
4. Quale somma di denaro viene stanziata per i grandi giochi?

PRODUZIONE
5. Spiega in che senso il passo risente dell'influenza dell'annalistica tradizionale.

297 L'indovino Marcio profetizza l'istituzione dei ludi apollinari

"Hostes[1], Romani[2], si ex agro expellere voltis, vomicam quae gentium venit longe, Apollini vovendos censeo ludos qui quotannis comiter Apollini fiant; cum populus dederit ex publico partem, privati uti conferant pro se atque suis; iis ludis faciendis praesit praetor is quis ius populo plebeique dabit summum; decemviri Graeco ritu hostiis sacra faciant. Hoc si recte facietis, gaudebitis semper fietque res vestra melior; nam is deum exstinguet perduelles vestros qui vestros campos pascit placide". Ad id carmen expiandum diem unum sumpserunt; postero die senatus consultum factum est ut decemviri libros de ludis Apollini reque divina facienda inspicerent. Ea cum inspecta relataque ad senatum essent, censuerunt patres Apollini ludos vovendos faciendosque et quando ludi facti essent, duodecim milia aeris praetori ad rem divinam et duas hostias maiores dandas. Alterum senatus consultum factum est ut decemviri sacrum Graeco ritu facerent hisce hostiis, Apollini bove aurato et capris duabus albis auratis, Latonae bove femina aurata. Ludos praetor in circo maximo cum facturus esset, edixit ut populus per eos ludos stipem Apollini quantam commodum esset conferret. Haec est origo ludorum Apollinarium, victoriae, non valetudinis ergo ut plerique rentur, votorum factorumque. Populus coronatus spectavit, matronae supplicavere; volgo apertis ianuis in propatulo epulati sunt celeberque dies omni caerimoniarum genere fuit.

(Livio)

1. *Hostes*: si tratta dei Cartaginesi, contro i quali i Romani stavano combattendo nell'Italia meridionale, dopo la sconfitta di Canne (seconda guerra punica).

2. *Romani*: parla l'indovino Marcio, celebre per aver previsto il disastro di Canne.

Olimpiadi delle lingue classiche

Traduci il passo di Livio e rispondi al questionario, servendoti anche dei testi in traduzione.

PRE-TESTO

Il sacrificio

Romani consules, priusquam educerent in aciem, immolaverunt. Decio caput iocineris a familiari parte caesum haruspex dicitur ostendisse: alioqui acceptam dis hostiam esse; Manlium egregie litasse. "Atqui bene habe" inquit Decius, "si ab collega litatum est". Instructis, sicut ante dictum est, ordinibus processere in aciem; Manlius dextro, Decius laevo cornu praeerat. Primo utrimque aequis viribus, eodem ardore animorum gerebatur res; deinde ab laevo cornu hastati Romani, non ferentes impressionem Latinorum, se ad principes recepere. In hac trepidatione Decius consul M. Valerium magna voce inclamat: "Deorum" inquit, "ope, M. Valeri, opus est; agedum, pontifex publicus populi Romani, praei verba quibus me pro legionibus devoveam".

(Livio VIII 9, 1-4)

I consoli romani prima di condurre al combattimento gli eserciti, compirono i sacrifici. A quanto si dice, l'aruspice mostrò a Decio il fegato, cui era stata tagliata via una punta dalla parte famigliare[1]: per tutto il resto la vittima pareva gradita agli dei. Si narra anche che Manlio avesse ottenuto esiti del tutto positivi dal suo sacrificio. Decio commentò: "Va bene così, se il mio collega ha tratto buoni auspici". Ordinato l'esercito nel modo che ho prima descritto, avanzarono verso il luogo della battaglia. Manlio comandava l'ala destra, Decio quella sinistra. La battaglia fu dapprima molto equilibrata: pari le forze in campo, uguale l'ardore da entrambe le parti. Poi l'ala sinistra cominciò a cedere sotto la pressione dei Latini, ritirandosi all'altezza dei principi. In un momento tanto confuso, il console Decio chiama a gran voce Marco Valerio: "Marco Valerio, abbiamo bisogno dell'aiuto degli dèi. Coraggio, pontefice ufficiale del popolo romano, insegnami la formula che devo recitare mentre mi sacrifico per le legioni".

(trad. di G. D. Mazzocato)

1. *dalla parte famigliare*: durante l'auspicio il fegato era diviso in due parti: la *pars familiaris*, da cui l'aruspice traeva l'auspicio per i Romani, la *pars hostilis* che riguardava i nemici.

TESTO

298 La *devotio* di Decio Muro

Pontifex eum togam praetextam sumere iussit et velato capite, manu subter togam ad mentum exserta, super telum subiectum pedibus stantem sic dicere: "Iane, Iuppiter, Mars pater, Quirine, Bellona, Lares, Divi Novensiles, Di Indigetes, Divi, quorum est potestas nostrorum hostiumque, Dique Manes, vos precor veneror, veniam peto feroque, uti populo Romano Quiritium vim victoriam prosperetis hostesque populi Romani Quiritium terrore formidine morteque adficiatis. Sicut verbis nuncupavi, ita pro re publica populi Romani Quiritium, exercitu, legionibus, auxiliis populi Romani Quiritium, legiones auxiliaque hostium mecum Deis Manibus Tellurique devoveo". Haec ita precatus lictores ire ad T. Manlium iubet matureque collegae se devotum pro exercitu nuntiare. Ipse incinctus cinctu Gabino, armatus in equum insilivit ac se in medios hostes inmisit, conspectus ab utraque acie. Aliquanto augustior humano visus, sicut caelo missus piaculum omnis deorum irae, qui pestem ab suis aversam in hostes ferret; ita omnis terror pavorque cum illo latus signa prima Latinorum turbavit, deinde in totam penitus aciem pervasit. Evidentissimum id fuit, quod, quacumque equo invectus est, ibi haud secus quam pestifero sidere icti pavebant; ubi vero corruit obrutus telis, inde iam haud

Olimpiadi delle lingue classiche

dubie consternatae cohortes Latinorum fugam ac vastitatem late fecerunt. Simul et Romani exsolutis religione animis velut tum primum signo dato coorti pugnam integram ediderunt; nam et rorarii procurrebant inter antepilanos addiderantque vires hastatis ac principibus, et triarii genu dextro innixi nutum consulis ad consurgendum expectabant.

(Livio)

La spiegazione del rito

> POST-TESTO

Procedente deinde certamine cum aliis partibus multitudo superaret Latinorum, Manlius consul audito eventu collegae cum, ut ius fasque erat, lacrumis non minus quam laudibus debitis prosecutus tam memorabilem mortem esset. [...] Illud adiciendum videtur licere consuli dictatorique et praetori, cum legiones hostium devoveat, non utique se sed quem velit ex legione Romana scripta civem devovere; si is homo qui devotus est moritur, probe factum videri; ni moritur, tum signum septem pedes altum aut maius in terram defodi et piaculum hostia caedi; ubi illud signum defossum erit, eo magistratum Romanum escendere fas non esse. Sin autem sese devovere volet, sicuti Decius devovit, ni moritur, neque suum neque publicum divinum pure faciet, sive hostia sive quo alio volet. Qui sese devoverit, Volcano arma sive cui alii divo vovere volet ius est. Telo, super quod stans consul precatus est, hostem potiri fas non est; si potiatur, Marti suovetaurilibus piaculum fieri.

Il combattimento andava comunque avanti perché in altri settori prevaleva la superiorità numerica dei Latini. Il console Manlio, avuta notizia di quanto era accaduto al collega, come era giusto davanti agli uomini e davanti agli dèi, onorò con le lacrime non meno che con lodi che Decio si era meritato, una morte tanto memorabile. [...] Credo di dover aggiungere qualcosa. Il console, il dittatore, il pretore quando fa voto delle legioni dei nemici, può anche non accomunare al voto se stesso, ma può offrire uno qualunque purché cittadino e purché regolarmente arruolato. Se l'uomo offerto agli dèi muore, questo vuol dire che il voto è accetto agli dèi. Se non muore, allora bisogna seppellire in terra un fantoccio alto sette piedi o più e sacrificare una vittima in espiazione. Nessun magistrato romano può calpestare il terreno dove è stato sepolto quel fantoccio. Se invece vuole fare voto di se stesso, come nel caso di Decio, ma poi non muore, non potrà più compiere, senza essere contaminato da sacrilegio, alcun atto rituale né privato né pubblico sia che si tratti di un sacrificio sia che si tratti di qualsiasi altro rito. Colui che ha fatto voto di se stesso, può, di diritto, far voto delle sue armi a Vulcano o a qualsiasi altro dio. È sacrilegio che il nemico si impadronisca del giavellotto stando in piedi sul quale il console ha invocato gli dèi; se quel giavellotto cade in mano ai nemici bisogna offrire un *suovetaurilia* in espiazione a Marte.

(Livio VIII 10 *passim*)

(trad. di G.D. Mazzocato)

Questionario

1. Il testo è ricco di accorgimenti retorici che enfatizzano la ieraticità del momento. Evidenziali, specificandone il tipo.
2. Nel racconto di Livio il personaggio di Decio acquista una dimensione eroica, quasi epica. Rintraccia le espressioni più significative.
3. Spiega in che senso il comportamento di Decio incarna un modello di *virtus*, tra quelli a cui Livio attribuisce la grandezza di Roma.
4. Oltre alla *devotio*, a quali riti peculiari della religione romana allude Livio? Individuali e spiegali.

UNITÀ 24

L'ETÀ GIULIO-CLAUDIA / 1
LA NATURA

CURIOSITÀ	CAVE!
Il *vitrum*	*Mediterraneus, -a, -um*: Mar Mediterraneo o entroterra?
MODUS SCRIBENDI	**LESSICO TEMATICO**
Lo stile di Seneca	La natura

LESSICO TEMATICO
La natura

- *aequor, -oris*, n.: "mare".
- *aër, aëris*, m.: "aria".
- *aestas, -atis*, f.: "estate".
- *ager, agri*, m.: "campo".
- *amnis, -is*, m.: "fiume".
- *aqua, -ae*, f.: "acqua", ma anche "pioggia, fiume, lago".
- *astrum, -i*, n.: "astro".
- *aura, -ae*, f.: "brezza".
- *autumnus, -i*, m.: "autunno".
- *caelum, -i*, n.: "cielo, clima" (plur. *caeli, -orum*).
- *caligo, -inis*, f.: "nebbia fitta, oscurità".
- *calor, -oris*, m.: "calore".
- *campus, -i*, m.: "piano, pianura", specialmente incolta.
- *collis, -is*, m.: "colle".
- *continens* (*terra*): "continente".
- *deserta, -orum*, n. pl.: "deserto".
- *fluctus, -us*, m.: "flutto".
- *flumen, -inis*, n.: "fiume".
- *fluvius, -ii*, m.: "fiume".
- *frigus, -oris*, n.: "freddo".
- *fulgur, -uris*, n.: "lampo".
- *fulmen, -inis*, n: "fulmine".
- *gelu, -us*, n.: "gelo".
- *glacies, -ei*, f.: "ghiaccio".
- *grando, -inis*, f.: "grandine".
- *gurges, -itis*, m.: "gorgo".
- *hiems, hiemis*, f.: "inverno".
- *imber, -bris*, m.: "pioggia dirotta, acquazzone".
- *iugum, -i*, n.: "cresta, cima, giogo d'un monte".
- *lacus, -us*, m.: "lago".
- *litus, -oris*, n.: "sponda, lido".
- *luna, -ae*, f.: "luna".
- *lux, lucis*, f.: "luce".
- *mare, -is*, n.: "mare".
- *mons, montis*, m.: "monte, montagna".
- *nebula, -ae*, f.: "nebbia".
- *nemus, -oris*, n.: "bosco (con pascoli)".
- *nimbus, -i*, m.: "nembo, pioggia dirotta, tempesta".
- *nix, nivis*, f.: "neve".
- *nubes, -is*, f.: "nube, nuvola".
- *occidens, -entis*, m.: "occidente, ovest".
- *ora, -ae*, f.: "spiaggia".
- *orbis, -is*, m.: "globo".
- *oriens, -entis*, m.: "oriente, est".
- *paeninsula, -ae*, f.: "penisola".
- *palus, -udis*, f.: "palude".
- *pelagus, -i*, n.: "mare".
- *petra, -ae*, f.: "roccia".
- *planities, -ei*, f.: "pianura".
- *pluvia, -ae*, f.: "pioggia".
- *procella, -ae*, f.: "tempesta".
- *promunturium*, (*promontorium*), *-ii*, n.: "promontorio".
- *pruina, -ae*, f.: "brina".
- *radices, -um* (*montis*), f.: "falde".
- *ripa, -ae*, f.: "riva (del fiume)".
- *rivus, -i*, m.: "rivo, ruscello".
- *rupes, -is*, f.: "rupe".
- *saltus, -us*, m.: "balza".
- *saxum, -i*, n.: "roccia".
- *scopulus, -i*, m.: "scoglio".
- *silva, -ae*, f.: "selva".
- *sinus, -us*, m.: "golfo".
- *sol, solis*, m.: "sole".
- *solum, -i*, n.: "suolo".
- *stagnum, -i*, n.: "stagno".
- *stella, -ae*, f.: "stella".
- *terra, -ae*, f.: "terra" (contrapp. a *coelum* e *mare*).
- *torrens, -entis*, m.: "torrente".
- *unda, -ae*, f.: "onda".
- *vadum, -i*, n.: "guado".
- *vallis, -is*, f.: "valle".
- *ventus, -i*, m.: "vento".
- *ver, veris*, n.: "primavera".

▶Esercizi

A   Analizza e traduci le seguenti frasi.

1. Si hiemps sicca septentrionales ventos habuit, ver autem austros et pluvias exhibet, fere subeunt lippitudines, tormina, febres, maximeque in mollioribus corporibus, ideoque praecipue in muliebribus. (Cels.)   2. Terra [Germania] ipsa multis impedita fluminibus, multis montibus aspera, et magna ex parte silvis ac paludibus invia. (Pomp. Mela)   3. Germania hinc ripis eius [Rheni] usque ad Alpes, a meridie ipsis Alpibus, ab oriente Sarmaticarum confinio gentium, qua septentrionem spectat, Oceanico litore obducta est. (Pomp. Mela)   4. Extra villam deinde non longe ab aedificio si est stagnum vel flumen, alia non quaeratur aqua: sin aliter, lacus piscinaque manu fiant, ut sint quibus inurinare possint aves. (Colum.)   5. Namque id [stagnum] simillimum est pelago, quod agitatum ventis assidue renovatur, nec concalescere potest: quoniam gelidum ab imo fluctum revolvit in partem superiorem. (Colum.)   6. Grando nihil aliud est quam suspensa glacies, nix in pruina pendens. (Sen.)   7. Terras primum situmque earum quaerit [animus], deinde condicionem circumfusi maris cursusque eius alternos et recursus, tunc quidquid inter caelum terrasque plenum formidinis interiacet perspicit et hoc tonitribus, fulminibus, ventorum flatibus ac nimborum nivisque et grandinis iactu tumultuosum spatium. (Sen.)   8. Philae insula est aspera et undique praerupta; duobus in unum coituris amnibus cingitur, qui Nilo mutantur et eius nomen ferunt. (Sen.)   9. Anaxagoras ait ex Aethiopiae iugis solutas nives ad Nilum usque decurrere. (Sen.)   10. Utinam me solum inimicus ignis hauriret vel hibernum invaderet mare. (Petr.)   11. Sol omnibus lucet. Luna innumerabilibus comitata sideribus etiam feras ducit ad pabulum. Quid aquis dici formosius potest? In publico tamen manant. (Petr.)   12. "Ergo me non ruina terra potuit haurire? Non iratum etiam innocentibus mare?" (Petr.)

B   Inserisci nella seguente tabella almeno 20 termini presenti nella scheda lessicale, distinguendoli secondo le aree semantiche segnalate.

I CORSI D'ACQUA	IL CIELO	LA TERRA	IL MARE

VERSIONI

■ PRIMO LIVELLO

●●● | 299 Precauzioni per una buona forma fisica

Le persone debilitate devono prestare un'attenzione maggiore rispetto a quelle sane per recuperare la forma fisica; in particolar modo devono seguire precise regole al mattino. Anche la posizione della casa e le condizioni meteorologiche sono importanti.

a. Indicazioni a chi è più debole	*At imbecillis, quo in numero magna pars urbanorum omnesque paene cupidi litterarum sunt, observatio maior necessaria est, ut, quod vel corporis vel loci vel studii ratio detrahit, cura restituat.*
b. Comportamenti da tenere al mattino	*Ex his igitur qui bene concoxit, mane tuto surget; qui parum, quiescere debet, et si mane surgendi necessitas fuit, redormire; qui non concoxit, ex toto conquiescere ac neque labori se neque exercitationi neque negotiis credere. Qui crudum sine praecordiorum dolore ructat, is ex intervallo aquam frigidam bibere, et se nihilo minus continere.*
c. Cose da fare e cose da evitare	*Habitare vero aedificio lucido, perflatum aestivum, hibernum solem habente; cavere meridianum solem, matutinum et vespertinum frigus, itemque auras fluminum atque stagnorum; minimeque nubilo caelo soli aperienti se committere, ne modo frigus, modo calor moveat; quae res maxime gravidines destillationesque concitat.*

(CELSO)

●●● | 300 Le stagioni e i venti

Per la salute dell'uomo le stagioni più pericolose sono quelle instabili, soprattutto l'autunno, durante il quale sono frequenti gli sbalzi termici. Anche i venti incidono sulla salubrità del clima.

a. Stagioni pericolose e stagioni salubri	*Igitur saluberrimum ver est, proxime deinde ab hoc hiemps; periculosior quam salubrior aestas, autumnus longe periculosissimus. Ex tempestatibus vero optimae aequales sunt, sive frigidae sive calidae; pessimae, quae maxime variant; quo fit, ut autumnus plurimos opprimat.*
b. Gli sbalzi termici sono dannosi	*Nam fere meridianis temporibus calor, nocturnis atque matutinis simulque etiam vespertinis frigus est. Corpus ergo, et aestate et subinde meridianis caloribus relaxatum, subito frigore excipitur. Sed ut eo tempore id maxime fit, sic, quandocumque evenit, noxium est.*

c. I giorni più favorevoli	*Ubi aequalitas autem est, tamen saluberrimi sunt sereni dies; meliores pluvii quam tantum nebulosi nubilive, optimique hieme qui omni vento vacant, aestate quibus favonii perflant.*
d. I venti più salutari	*Si genus aliud ventorum est, salubriores septentrionales quam subsolani vel austri sunt, sic tamen haec, ut interdum regionum sorte mutentur.*
e. Importanza di un clima stabile	*Nam fere ventus ubique a mediterraneis regionibus veniens salubris, a mari gravis est. Neque solum in bono tempestatum habitu certior valetudo est, sed priores morbi quoque, si qui inciderunt, leviores sunt et promptius finiuntur.*

◁ Vedi **Cave!**

(CELSO)

Cave!

Mediterraneus*: Mar Mediterraneo o entroterra?** A differenza di quanto si possa pensare, l'aggettivo ***mediterraneus, -a, -um non significa "relativo alle terre bagnate dal Mar Mediterraneo", ma "**che si trova dentro la regione**", nell'entroterra, cioè lontano dal mare. Per indicare l'odierno **Mar Mediterraneo** i Romani usavano invece le perifrasi ***nostrum mare***, ***magnum mare***, ***internum mare***.

L'espressione *mare mediterraneum* inteso nel senso attuale si trova per la prima volta in un passo delle *Etymologiae* di Isidoro di Siviglia (VII sec. d.C.): "Il Mare Grande (*Mare Magnum*) è quello che nascendo dall'Oceano scorre da ovest, si volge a sud, e poi si dirige a nord; è detto 'grande' perché gli altri mari al suo confronto sono più piccoli. Questo è [chiamato] anche Mediterraneo (*Mediterraneus*)" (XIII 16, 1).

● ● ● | 301 La Cirenaica

Fino a Catabatmo si estende la Cirenaica, famosa per un oracolo di Ammone, una fonte detta del Sole e una rupe sacra ad Austro. Quando quest'ultima è toccata da qualcuno, Austro soffia impetuoso; la fonte bolle a mezzanotte e si raffredda nel corso della giornata. Sulla costa cirenaica ci sono promontori, porti e città. Gli abitanti del litorale hanno costumi simili ai Romani.

a. Luoghi famosi della Cirenaica	*Inde ad Catabathmon Cyrenaica provincia est, in eaque sunt Hammonis oraculum fidei inclutae, et fons quem Solis adpellant, et rupes quaedam Austro sacra.*
b. La rupe sacra	*Haec cum hominum manu attingitur, ille[1] immodicus exsurgit harenasque quasi maria agens sic saevit ut fluctibus.*
c. La fonte	*Fons media nocte fervet, mox et paulatim tepescens fit luce frigidus, tunc ut sol surgit ita subinde frigidior per meridiem maxime riget, sumit dein teporem iterum, et prima nocte calidus, atque ut illa procedit ita caldior rursus cum est media[2] perfervet.*
d. Caratteristiche del litorale	*In litore promunturia sunt Zephyrion et Naustathmos, portus Paraetonius, urbes Hesperia, Apollonia, Ptolemais, Arsinoe atque unde terris nomen est ipsa Cyrene. Catabathmos vallis devexa in Aegyptum finit Africam.*

1. *ille*: si riferisce ad Austro.
2. *media*: sottinteso *nocte*.

e. Costumi degli abitanti della costa

Orae sic habitantur ad nostrum maxime ritum moratis cultoribus, nisi quod quidam linguis differunt et cultu deum quos patrios servant ac patrio more venerantur.

(Pomponio Mela)

302 Acque dai poteri speciali

In Tessaglia scorre un'acqua capace di perforare i metalli. Alcuni fiumi fanno mutare il colore delle pecore, le quali, dopo aver bevuto, da bianche diventano nere o viceversa. Alcuni laghi tengono a galla anche chi non sa nuotare.

a. Un'acqua corrosiva

Est aeque noxia aqua in Thessalia circa Tempe, quam et fera et pecus omne devitat; per ferrum et aes exit, tanta vis illi est etiam dura mordendi; nec arbusta quidem ulla alit et herbas necat.

b. Le greggi cambiano colore dopo aver bevuto

Quibusdam fluminibus vis inest mira: alia enim sunt, quae pota inficiunt greges ovium intraque certum tempus, quae fuere nigrae, albam ferunt lanam, quae albae venerant, nigrae abeunt. Hoc in Boeotia amnes duo efficiunt, quorum alteri ab effectu Melas[1] nomen est: uterque ex eodem lacu exeunt diversa facturi. In Macedonia quoque, ut ait Theophrastus, qui facere albas oves volunt, ad Haliacmonem adducunt; quem ut diutius potavere, non aliter quam infectae mutantur; at si illis lana opus fuit pulla, paratus gratuitus infector est: ad Peneion eundem gregem appellunt. [...]

c. Alcuni laghi tengono a galla le persone

Quosdam lacus esse, qui nandi imperitos ferant, notum est: erat in Sicilia, est adhuc in Syria stagnum, in quo natant lateres et mergi proiecta non possunt, licet gravia sint.

(Seneca)

1. *Melas*: in greco significa "nero".

303 Le sorgenti del Nilo

Secondo alcuni, le inondazioni estive del Nilo sono alimentate da acque sotterranee. Due centurioni, inviati ad esplorare le sorgenti del fiume, giunsero in prossimità di immense paludi, percorribili solo con imbarcazioni monoposto a causa della fitta vegetazione. In questo punto vi erano due rocce, da cui sgorgava con forza un fiume. È ignoto se si tratti delle sorgenti del Nilo o di un semplice affluente, ma sicuramente quelle acque provengono da un lago sotterraneo.

a. Ipotesi sulle inondazioni estive del Nilo

Nescis autem inter opiniones, quibus enarratur Nili aestiva inundatio, et hanc esse, a terra illum erumpere et augeri non supernis aquis sed ex intimo redditis?

b. Due centurioni esplorano le sorgenti del Nilo

Ego quidem centuriones duos, quos Nero Caesar, ut aliarum virtutum ita veritatis in primis amantissimus, ad investigandum caput Nili miserat, audivi narrantes longum illos iter peregisse, cum a rege Aethiopiae instructi auxilio commendatique proximis regibus penetrassent ad ulteriorem.

c. La testimonianza dei due centurioni

"Inde, ut quidam aiebant, pervenimus ad immensas paludes, quarum exitum nec incolae noverant nec sperare quisquam potest: ita implicatae aquis herbae sunt et aquae nec pediti eluctabiles nec navigio, quod nisi parvum et unius capax limosa et obsita palus non fert". "Ibi, inquit, vidimus duas petras, ex quibus ingens vis fluminis excidebat".

d. L'acqua deve provenire da sottoterra

Sed sive caput illa sive accessio est Nili, sive tunc nascitur sive in terras ex priore recepta cursu redit, nonne tu credis illam, quicquid est, ex magno terrarum lacu ascendere? Habeant enim oportet[2] et pluribus locis sparsum umorem et in uno coactum, ut eructare tanto impetu possint.

(SENECA)

1. *centuriones... Nili miserat*: è la prima esplorazione europea dell'Africa equatoriale, databile fra il 62 e il 67 d.C.

2. *Habeant enim oportet*: costruzione paratattica per asindeto; il soggetto sottinteso di *habeant* è *terrae*.

304 I cattivi costumi hanno provocato la decadenza delle arti

Nel passato gli uomini dedicavano tutta la loro vita allo studio per recare benefici ai posteri: Democrito ha esaminato ogni genere di pianta, Eudosso ha cercato di comprendere i segreti della meccanica celeste, Crisippo è arrivato a bere una pozione all'elleboro per accentuare le proprie facoltà percettive, Lisippo è morto di fame per perfezionare una statua. Oggi invece non soltanto vengono trascurate le arti, ma dagli antichi si imparano solo i vizi.

a. Decadenza della cultura

Tum ille[1]: "Pecuniae, inquit, cupiditas haec tropica instituit. Priscis enim temporibus, cum adhuc nuda virtus placeret, vigebant artes ingenuae summumque certamen inter homines erat, ne quid profuturum saeculis diu lateret.

b. Scienziati e artisti dediti al sapere

Itaque herbarum omnium sucos Democritus[2] expressit, et ne lapidum virgultorumque vis lateret, aetatem inter experimenta consumpsit. Eudoxos quidem in cacumine excelsissimi montis consenuit ut astrorum caelique motus deprehenderet, et Chrysippus, ut ad inventionem sufficeret, ter elleboro[3] animum detersit. Verum ut ad plastas convertar, Lysippum statuae unius lineamentis inhaerentem inopia extinxit, et Myron, qui paene animas hominum ferarumque aere comprehenderat, non invenit heredem.

c. Disinteresse dei contemporanei per le arti

At nos vino scortisque demersi ne paratas quidem artes audemus cognoscere, sed accusatores antiquitatis vitia tantum docemus et discimus.

(PETRONIO)

1. *ille*: parla Eumolpo, un vecchio poetastro a cui il protagonista Encolpio aveva chiesto informazioni sui motivi della decadenza culturale.

2. *Democritus*: qui confuso con lo pseudo-Democrito, probabilmente da identificare con lo studioso Bolo di Mende (III sec. a.C.), che si era occupato di farmacologia.

3. *elleboro*: pianta allucinogena.

Unità 24 L'età giulio-claudia / 1. La natura 387

SECONDO LIVELLO

305 La Britannia

Pomponio Mela comincia la descrizione della Britannia, precisando che le informazioni sulla regione, risalenti ormai allo sbarco di Cesare del 54 a.C., saranno aggiornate grazie alla conquista compiuta nel 43 d.C. dall'imperatore Claudio.

*[Britannia] inter septentrionem occidentemque proiecta, grandi angulo Rheni ostia prospicit: dein obliqua retro latera abstrahit, altero Galliam, altero Germaniam spectans: tum rursus perpetuo margine directi litoris ab tergo obducta, iterum se in diversos angulos cuneat triquetra, et Siciliae maxime similis; plana, ingens, fecunda, verum his, quae pecora quam homines benignius alant. Fert nemora, saltusque, ac praegrandia flumina, alternis motibus, modo in pelagus, modo retro fluentia, et quaedam gemmas margaritasque generantia. Fert populos regesque populorum: sed sunt inculti omnes; atque, ut longius a continenti absunt, ita aliarum opum ignari magis, tantum pecore ac finibus dites; incertum, ob decorem, an quid aliud, **vitro** corpora infecti. Causas tamen bellorum et bella contrahunt, ac se frequenter invicem infestant, maxime imperitandi cupidine, studioque ea prolatandi, quae possident.*

(Pomponio Mela)

▶ Vedi **Curiosità**

Curiosità

Il vitrum Il **vitrum** ("guado") è una **pianta** delle crucifere, dalle cui foglie macerate e fermentate si ottiene un prezioso **pigmento blu**.
Anticamente gli abitanti delle isole britanniche se ne spalmavano il volto e il corpo per terrorizzare il nemico in guerra, uso testimoniato già da Cesare nel *De bello Gallico* (VI 14). A tale pratica si è ispirato Mel Gibson nel film *Braveheart*, in cui il protagonista William Wallace (1270-1305) – detto "Cuore coraggioso", appunto – viene rappresentato con il viso dipinto di blu; in realtà si tratta di un anacronismo, perché all'epoca tale uso era stato già abbandonato.
Nel Medio Evo il guado era invece impiegato nella realizzazione di tessuti, cosmetici, miniature, pitture murarie, divenendo uno dei prodotti più desiderati e redditizi in Europa. Le foglie del guado venivano essiccate, frantumate e assemblate in sfere (in francese "cocagnes"), da cui deriva il termine "cuccagna": con "paese della cuccagna" si alludeva ad un luogo pieno di ricchezze.

306 Dove costruire una casa

Nel libro I del *De re rustica* Columella fornisce consigli per l'acquisto di un terreno destinato alla costruzione di una villa, insistendo soprattutto sulla necessità di scegliere una regione dall'ambiente salubre.

Quod inchoatur aedificium, sicuti salubri regione, ita saluberrima parte regionis debet constitui. Nam circumfusus aer corruptus plurimas affert corporibus nostris causas offensarum. Sicut quaedam loca, quae solstitiis minus concalescunt, sed frigoribus hiemis intolerabiliter horrent, sicut Thebas ferunt Boeotias. Sunt quae tepent hieme, sed aestate saevissime candent, ut affirmant Euboicam Chalcidem. Petatur igitur aer calore et frigore temperatus, qui fere medios obtinet colles, quod neque depressus hieme pruinis torpet, aut torretur aestate vaporibus, neque elatus in summa montium perexiguis ventorum motibus aut pluviis omni tempore anni saevit. Haec igitur est medii collis optima positio, loco tamen ipso paululum intumescente, ne cum a vertice torrens imbribus conceptus adfluxerit, fundamenta convellat.

(Columella)

Laboratorio

LESSICO
1. Evidenzia i due termini che significano "pioggia" e spiegane la differenza.

COMPRENSIONE DEL TESTO
2. Quali località sono definite inabitabili?
3. Quali vantaggi derivano dalla costruzione a mezzacosta?

PRODUZIONE
4. Dividi il testo in sequenze ed assegna a ciascuna un titolo.

307 Le eclissi di sole

Seneca si occupa dei fenomeni ottici che si verificano nell'atmosfera. Dopo aver dedicato ampio spazio all'arcobaleno e ai pareli (macchie luminose e colorate), l'autore si sofferma sulle eclissi.

Quotiens defectionem solis volumus deprehendere, ponimus pelves, quas aut oleo aut pice implemus, quia pinguis umor minus facile turbatur et ideo quas recipit[1] imagines servat; apparere autem imagines non possunt nisi in liquido et immoto. Tunc solemus notare, quemadmodum luna soli se opponat et illum tanto maiorem obiecto corpore abscondat, modo ex parte, si ita competit, ut in latus eius incurreret, modo totum; haec dicitur perfecta defectio, quae stellas quoque ostendit et intercipit lucem, tunc scilicet cum uterque orbis sub eodem libramento stetit. Quemadmodum ergo utriusque imago in terris aspici potest, ita in aere, cum sic coactus aer et limpidus constitit, ut faciem solis acciperet. Quam et aliae nubes accipiunt sed transmittunt, si aut mobiles sunt aut rarae aut sordidae: mobiles enim spargunt illam; rarae emittunt; sordidae turpesque non sentiunt, sicut apud nos imaginem maculosa non reddunt.

(Seneca)

1. *quas recipit*: prolessi del relativo.

MODUS SCRIBENDI — LO STILE DI SENECA

LE CARATTERISTICHE ESSENZIALI

1. Prevalenza di proposizioni brevi.

2. Stile paratattico: *Qualia sunt? Ignoramus* ("Di che natura sono? Lo ignoriamo", *Nat. quaest.* VII 25); in questo caso Seneca preferisce ricorrere a un'interrogativa diretta, anziché alla forma ipotattica con una interrogativa indiretta dipendente da *ignoramus* (*ignoramus qualia sint*), con l'effetto di vivacizzare il passo dando l'idea di un discorso interiore.

3. Ampio uso dell'asindeto: *primus* (ovvero il *divitiarum modus*, "la misura della ricchezza") *habere quod necesse est proximus quod sat est* ("Avere anzitutto l'indispensabile, poi ciò che basta", *Ep. Luc.* 2, 3, trad. Monti).

4. *Brevitas*, ottenuta con ellissi verbali e costrutti che abbreviano la frase: *timeo* + infinito in luogo di *ut* e congiuntivo (*timent falli* "temono di essere ingannati" *Ep. Luc.* 3, 3), participio in luogo della relativa, ecc.

5. Presenza di figure retoriche: anafora, antitesi, omoteleuto, parallelismo, figura etimologica (*tamquam semper victuri vivitis* "vivete come se doveste vivere sempre", *De brevitate vitae* 3, 4), tricolon (*magna pars vitae elabitur male agentibus, maxima nihil agentibus, tota vita aliud agentibus* "gran parte della vita scorre via nel far male, la massima parte nel non far nulla, tutta la vita nel fare altro", *Ep. Luc.* 1, 1).

6. Uso di massime, spesso realizzate e accentuate da figure retoriche: *impares nascimur, pares morimur* "nasciamo diversi, moriamo uguali" (*Ep. Luc.* 91, 16).

Un giudizio critico

La "prosa esasperata" di Seneca (A. Traina)

Cesare e Cicerone sono, per temperamento interessi ideali, agli antipodi. Ma la loro prosa letteraria, pur nella diversità degli atteggiamenti stilistici che differiscono anche da un'opera all'altra del medesimo autore, ha un carattere comune: è retta da pochi grandi centri sintattici e/o unificata da una ininterrotta trama di nessi logici. In questa struttura architettonica sembra tradursi il senso di una realtà bene organizzata, un equilibrio di valori morali politici religiosi. Tra i due punti estremi, l'individuo e il cosmo, c'è la mediazione della società. [...] L'avvento dell'impero segna una frattura in quest'ordine. La realtà politica passa in secondo piano e individuo e cosmo si trovano di fronte. Il problema non è più l'inserimento del singolo nella società e nello stato, ma il suo significato nel cosmo. Riaffiora la solitudine esistenziale e l'urgenza di soluzioni individuali. Il contraccolpo stilistico di questo mutamento di valori è una prosa esasperata e irrelata che ha tanti centri e tante pause quante sono le frasi. La trama logica del discorso si smaglia in un fitto balenio di *sententiae*, ognuna fine a se stessa [...]. Questo stile nasce nelle scuole dei declamatori, dalle ceneri dell'eloquenza politica, ed è tenuto a battesimo da due madrine greche: la retorica con gli schemi convulsi dell'asianesimo e la filosofia con l'aggressività della diatriba cinica. I suoi procedimenti, inventariati dal Norden, alimentano tutta la prosa dell'età imperiale: varia da scrittore a scrittore la dose e il senso del loro impasto. Quello della prosa senecana è caratterizzato con acuta brevità dallo storico dell'autobiografia, il Misch: «le singole parti, ciascuna per sé, sono lavorate con la massima cura, perché in esse non resti il minimo spazio vuoto, ogni pensiero è concentrato e coniato nel modo più espressivo possibile, sicché il contenuto minaccia di far saltare la forma, e questa tensione si scarica quando i membri esteriormente collegati fra loro solo per mezzo della prosa ritmica, sono compendiati in una punta aguzza e sentenziosa». [...] Per conseguire questo scopo i rapporti sintattici si contraggono e si semplificano; le parole vuote, i puri utensili grammaticali tendono a scomparire; ogni sintagma è teso al limite della sua forza espressiva. Da questo punto di vista si comprende come la sintassi senecana si allontani dalla complessità ipotattica della prosa classica, ricca di costrutti congiunzionali, e si avvicini piuttosto all'agilità della lingua d'uso e della lingua poetica.

(A. Traina, *Lo stile «drammatico» del filosofo Seneca*, Patron, Bologna, 1987, pp. 26-35 *passim*)

●●● | 308 Opinioni sull'origine dei tuoni e dei fulmini in assenza di nubi

Seneca divide gli studi sull'universo in tre grosse branche: l'astronomia, la meteorologia e la geologia. Dopo aver affrontato la natura dei corpi celesti, l'autore si dedica ai fenomeni che hanno luogo fra il cielo e la terra, iniziando dai tuoni e dai fulmini.

Quidam, inter quos Asclepiodotus[1] est, iudicant sic quorumdam quoque corporum concursu tonitrum et fulmina excuti posse. Aetna aliquando multo igne abundavit, ingentem vim harenae urentis effudit, involutus est dies pulvere, populosque subita nox terruit. Aiunt tunc plurima fuisse fulmina et tonitrua quae concursu aridorum corporum facta sunt, non nubium, quas verisimile est in tanto fervore aeris nullas fuisse. Aliquando Cambyses ad Ammonem misit exercitum, quem harena austro, mota et more nivis incidens texit, deinde obruit; tunc quoque verisimile est fuisse tonitrum fulminaque attritu harenae sese affricantis. Non repugnat proposito nostro ista opinio. Diximus enim utriusque naturae corpora efflare terras et sicci aliquid et umidi in toto aere vagari; itaque si quid tale intervenit, nubem fecit solidiorem et crassiorem quam si tantum simplici spiritu texeretur.

(Seneca)

1. *Asclepiodotus*: scienziato greco, vissuto a cavallo fra il II e il I sec. a.C., che probabilmente fu allievo di Posidonio.

Laboratorio

LESSICO

1. Individua i termini della meteorologia.

COMPRENSIONE DEL TESTO

2. Che cosa accadde durante un'eruzione dell'Etna?
3. Che cosa successe all'esercito di Cambise?

PRODUZIONE

4. Riassumi il brano in 5 righe.

309 La villa di Vazia a Baia

Seneca si lamenta di una gita in lettiga, durante la quale si era stancato di più che se avesse camminato a piedi. Per riprendersi, spinto anche dalla bellezza della costa campana, Seneca decide di fare una passeggiata. Guardandosi intorno scorge la bella villa di Servilio Vazia, un ricco magistrato romano, la cui vita appartata era divenuta proverbiale.

De ipsa villa nihil tibi possum certi scribere. Frontem enim eius tantum novi et exposita, quae ostendit etiam transeuntibus. Speluncae sunt duae magni operis, cuivis laxo atrio pares, manu factae, quarum altera solem non recipit, altera usque in occidentem tenet. Platanona medius rivus et a mari et ab Acherusio lacu receptus euripi modo[1] dividit, alendis piscibus, etiam si adsidue exhauriatur, sufficiens. Sed illi, cum mare patet, parcitur; cum tempestas piscatoribus dedit ferias, manus ad parata porrigitur. Hoc tamen est commodissimum in villa, quod Baias[2] trans parietem habet; incommodis illarum caret, voluptatibus fruitur. Has laudes eius ipse novi; esse illam totius anni credo. Occurrit enim Favonio et illum adeo excipit, ut Baiis neget. Non stulte videtur elegisse hunc locum Vatia, in quem otium suum pigrum iam et senile conferret.

(SENECA)

1. *euripi modo*: "come un canale".
2. *Baias*: città termale della Campania.

Laboratorio

MORFOLOGIA
1. Analizza *cuivis* e poi declinalo.
2. Che cosa è *alendis*?

SINTASSI
3. Rintraccia e analizza le funzioni dei dativi.
4. Sottolinea i complementi partitivi.

COMPRENSIONE DEL TESTO
5. Da quali acque è ricavato il ruscello che scorre dentro la *villa*?

310 L'Etna si sta abbassando?

Seneca attende dall'amico Lucilio, che sta visitando la Sicilia, informazioni sui vortici che si formano in prossimità di Cariddi. Se riceverà particolari dettagliati su questi fenomeni, oserà chiedergli anche di salire sull'Etna.

Si haec mihi perscripseris[1], tunc tibi audebo mandare ut in honorem meum Aetnam quoque ascendas, quam consumi et sensim subsidere ex hoc colligunt quidam, quod aliquanto longius navigantibus solebat ostendi. Potest hoc accidere non quia montis altitudo descendit, sed quia ignis evanuit et minus vehemens ac largus effertur, ob eandem causam fumo quoque per diem segniore. Neutrum autem incredibile est, nec montem qui devoretur cotidie minui, nec manere eundem, quia non ipsum ignis exest sed in aliqua inferna valle conceptus exaestuat et aliis pascitur, in ipso monte non alimentum habet sed viam. In Lycia regio notissima est (Hephaestion incolae vocant), foratum pluribus locis solum, quod sine ullo nascentium damno ignis innoxius circumit. Laeta itaque regio est et herbida, nihil flammis adurentibus sed tantum vi remissa ac languida refulgentibus.

(SENECA)

1. *Si haec mihi perscripseris*: Seneca si riferisce alle notizie su Cariddi.

••• | 311 Il cambiamento come rimedio

Sereno confessa all'amico Seneca un certo malessere per la propria inquietudine: pur non vivendo in balia di paure e rancori, egli non è neppure completamente libero da essi. Seneca gli risponde paragonando la sua condizione a quella dei convalescenti, i quali, anche se guariti, non riescono a riabituarsi allo stato di salute.

Sunt enim quaedam, quae corpus quoque nostrum cum quodam dolore delectent, ut versare se et mutare nondum fessum latus, et alio atque alio positu ventilari. Qualis ille Homericus Achilles est, modo pronus, modo supinus, in varios habitus se ipse componens, quod proprium aegri est, nihil diu pati et mutationibus ut remediis uti. Inde peregrinationes suscipiuntur vagae et invia litora pererrantur et modo mari se, modo terra experitur semper praesentibus infesta levitas. "Nunc Campaniam petamus". Iam delicata fastidio sunt: "Inculta videantur, Bruttios et Lucaniae saltus persequamur". Aliquid tamen inter deserta amoeni requiritur, in quo luxuriosi oculi longo locorum horrentium squalore releventur: "Tarentum petatur laudatusque portus et hiberna caeli mitioris et regio vel antiquae satis opulenta turbae... Iam flectamus cursum ad Urbem: nimis diu a plausu et fragore aures vacaverunt, iuvat iam et humano sanguine frui". Aliud ex alio iter suscipitur et spectacula spectaculis mutantur. Ut ait Lucretius:

>   *Hoc se quisque modo semper fugit.*

Sed quid prodest, si non effugit? Sequitur se ipse et urget gravissimus comes. (SENECA)

Laboratorio

ANALISI STILISTICA
1. Individua la similitudine, precisando l'elemento che la introduce.
2. Che tipo di figura retorica è *Urbem*?
3. Rintraccia i poliptoti.

COMPRENSIONE DEL TESTO
4. Come viene definito dall'autore il proprio io?

PRODUZIONE
5. Spiega con quali mezzi stilistici Seneca esprime l'insoddisfazione di coloro che passano da un luogo all'altro (max. 7 righe).

••• | 312 Gioie e dolori dell'esistenza

Seneca si rivolge a Marcia, ancora addolorata per il suicidio del figlio Metilio, avvenuto tre anni prima. Il filosofo, servendosi del repertorio tipico del genere consolatorio, mira a dimostrare che la morte non è un male. Infatti *tota flebilis vita est* ("la vita intera è pianto", *Cons. ad Marc.* 11, 1).

Puta nascenti me tibi venire in consilium: "Intraturus es urbem dis, hominibus communem, omnia complexam, certis legibus aeternisque devinctam, indefatigata caelestium officia volventem. Videbis illic innumerabiles stellas micare, videbis uno sidere omnia implere, solem cotidiano cursu diei noctisque spatia signantem, annuo aestates hiemesque aequalius dividentem. Miraberis conlecta nubila et cadentis aquas et obliqua fulmina et caeli fragorem. Cum satiatus spectaculo supernorum in terram oculos deieceris, excipiet te alia forma rerum aliterque mirabilis: hinc camporum in infinitum patentium fusa planities, hinc montium magnis et nivalibus surgentium iugis erecti in sublime vertices; deiectus fluminum et ex uno fonte in occidentem orientemque diffusi amnes et summis cacuminibus nemora nutantia et tantum silvarum cum suis animalibus aviumque concentu dissono; et rivorum lenis inter prata discursus et amoeni sinus et litora in portum recedentia; sparsae tot per vastum insulae, quae interventu suo maria distinguunt. Sed istic erunt mille corporum, animorum pestes, et bella et latrocinia et venena et naufragia et intemperies caeli corporisque et carissimorum acerba desideria et mors, incertum facilis an per poenam cruciatumque. Delibera tecum et perpende, quid velis: ut ad illa venias, per illa exeundum est". (SENECA)

●●● | 313 Sopportiamo la nostra condizione di uomini

Seneca critica l'eccessiva afflizione di Lucilio per la fuga dei suoi schiavi, esortandolo ad essere da un lato più previdente, dall'altro più paziente. La vita infatti va affrontata con vigore, ricordando che le sventure colpiscono meno quando sono previste e che la natura è regolata dal cambiamento: alla tempesta segue il sereno.

Imperetur aequitas animo et sine querella mortalitatis tributa pendamus. Hiems frigora adducit: algendum est. Aestas calores refert: aestuandum est. Intemperies caeli valitudinem temptat: aegrotandum est. Et fera nobis aliquo loco occurret et homo perniciosior feris omnibus. Aliud aqua, aliud ignis eripiet. Hanc rerum condicionem mutare non possumus; illud possumus, magnum sumere animum et viro bono dignum, quo fortiter fortuita patiamur et naturae consentiamus. Natura autem hoc, quod vides, regnum mutationibus temperat; nubilo serena succedunt; turbantur maria, cum quieverunt; fiant in vicem venti; noctem dies sequitur; pars caeli consurgit, pars mergitur. Contrariis rerum aeternitas constat. Ad hanc legem animus noster aptandus est; hanc sequatur, huic pareat. Et quaecumque fiunt, debuisse fieri putet nec velit obiurgare naturam. (SENECA)

Laboratorio

LESSICO
1. Sottolinea i termini meteorologici.

ANALISI STILISTICA
2. Che tipo di figura è *fortiter fortuita*?
3. A quale costrutto grammaticale ricorre Seneca per esprimere l'ineluttabilità della condizione umana?

COMPRENSIONE DEL TESTO
4. Quali eventi meteorologici ricorda Seneca per spiegare che la natura è governata dal cambiamento?

●●● | 314 Lica muore in mare

Encolpio e Gitone decidono di imbarcarsi insieme al vecchio Eumolpo sulla nave di Lica, su cui si trova anche la matrona Trifena. Per colmo di sfortuna, Lica e Trifena sono due grandi nemici di Encolpio e Gitone: nei libri precedenti del romanzo vi erano stati infatti contrasti amorosi tra i quattro. Scoppia una lite furibonda, ma quando pare essere tornata la tranquillità sulla nave, si scatena una terribile tempesta.

Dum haec taliaque[1] *iactamus, inhorruit mare, nubesque undique adductae obruere tenebris diem. Discurrunt nautae ad officia trepidantes, velaque tempestati subducunt. Sed nec certos fluctus ventus impulerat, nec quo destinaret cursum gubernator sciebat. Siciliam modo ventus dabat, saepissime Italici litoris*[2] *Aquilo possessor convertebat huc illuc obnoxiam ratem, et quod omnibus procellis periculosius erat, tam spissae repente tenebrae lucem suppresserant, ut ne proram quidem totam gubernator videret. Itaque pernicies postquam manifesta convaluit, Lichas trepidans ad me supinas porrigit manus et: "Tu, inquit, Encolpi, succurre periclitantibus, et vestem illam divinam sistrumque redde navigio*[3]*. Per fidem, miserere, quemadmodum quidem soles". Et illum quidem vociferantem in mare ventus excussit, repetitumque infesto gurgite procella circumegit atque hausit. Tryphaenam autem prope iam exanimatam fidelissimi rapuerunt servi, scaphaeque impositam cum maxima sarcinarum parte abduxere certissimae morti.*

(Petronio)

1. *haec taliaque*: sono i problemi amorosi di Encolpio, Gitone, Lica e Trifena.
2. *Italici litoris*: genitivo retto da *possessor*.
3. *vestem illam divinam sistrumque redde navigio*: si tratta degli oggetti rubati da Encolpio dal sacello di Iside, che Lica aveva allestito sulla nave; il sistro era un oggetto cultuale isiaco.

315 Uniti fino alla morte

Mentre i protagonisti sono imbarcati, si alza una tempesta improvvisa e una coltre di nubi oscura il cielo. Lica, il proprietario della nave, comprende che gli dei sono irati con Encolpio, che aveva sottratto alcuni oggetti sacri dal sacello di Iside. A causa di una violenta raffica di vento Lica viene gettato in mare e inghiottito da un vortice (vedi versione precedente).

Ego[1] *Gitoni applicitus cum clamore flevi et: "Hoc" – inquam – "a diis meruimus, ut nos sola morte coniungerent? Sed non crudelis fortuna concedit. Ecce iam ratem fluctus evertet, ecce iam amplexus amantium iratum dividet mare. Igitur, si vere Encolpion dilexisti, da oscula, dum licet, et ultimum hoc gaudium fatis properantibus rape". Haec ut ego dixi, Giton vestem deposuit, meaque tunica contectus exeruit ad osculum caput. Et ne sic cohaerentes malignior fluctus distraheret, utrumque zona circumvenienti praecinxit et: "Si nihil aliud, certe diutius, inquit, iunctos nos mare feret, vel si voluerit misericors ad idem litus expellere, aut praeteriens aliquis tralaticia humanitate lapidabit, aut quod ultimum est iratis etiam fluctibus, imprudens harena componet". Patior ego vinculum extremum, et veluti lecto funebri aptatus expecto mortem iam non molestam. Peragit interim tempestas mandata fatorum, omnesque reliquias navis expugnat. Non arbor erat relicta, non gubernacula, non funis aut remus, sed quasi rudis atque infecta materies ibat cum fluctibus.*

(Petronio)

1. *ego*: si tratta di Encolpio, il giovane studente che funge da io narrante del *Satyricon*.

Laboratorio

LESSICO
1. Sottolinea i termini che appartengono al campo semantico del mare.

ANALISI STILISTICA
2. Individua almeno due figure retoriche.

COMPRENSIONE DEL TESTO
3. Che cosa si augura Gitone durante la tempesta?
4. Con quale stato d'animo Encolpio accetta l'idea della morte?

TERZO LIVELLO

●●● | 316 La conoscenza della natura è indispensabile per chi coltiva la terra

Nam qui se in hac scientia[1] perfectum volet profiteri, sit oportet[2] rerum naturae sagacissimus, declinationum mundi non ignarus, ut exploratum habeat, quid cuique plagae conveniat, quid repugnet; siderum ortus et occasus memoria repetat, ne imbribus ventisque imminentibus opera inchoet, laboremque frustretur. Caeli et anni praesentis mores intueatur. Neque enim semper eundem, velut ex praescripto, habitum gerunt, nec omnibus annis eodem vultu venit aestas aut hiems; nec pluvium semper est ver aut humidus autumnus. Quae pernoscere sine lumine animi et sine exquisitissimis disciplinis non quemquam posse crediderim. Iam ipsa terrae varietas et cuiusque soli habitus, quid nobis neget, quid promittat, paucorum est discernere. Contemplatio vero cunctarum in ea disciplina partium quanto cuique contigit, ut et segetum arationumque perciperet usum, et varias dissimillimasque terrarum species pernosceret? Quarum nonnullae colore, nonnullae qualitate fallunt; atque in aliis regionibus nigra terra, quam pullam vocant, ut in Campania, est laudabilis; in aliis pinguis rubrica melius respondet; quibusdam sicut in Africa Numidiae putres arenae fecunditate vel robustissimum solum vincunt.

(COLUMELLA)

1. *in hac scientia*: cioè l'agricoltura.
2. *sit oportet*: costruisci *oportet sit* (paratassi).

●●● | 317 L'importanza dei corsi d'acqua nell'edilizia

Ad aestatum temperandos calores et amoenitatem locorum plurimum conferunt salientes rivi, quos, si conditio loci patietur, qualescumque, dum tamen dulces, utique perducendos in villam censeo. Sin summotus longius a collibus erit amnis et loci salubritas editiorque situs ripae permittet superponere villam praefluenti, cavendum tamen erit, ut a tergo potius quam prae se flumen habeat et ut aedificii frons aversa sit ab infestis eius regionis ventis et amicissimis adversa; quoniam plerique amnes aestate vaporatis, hieme frigidis nebulis caligant, quae nisi vi maiore inspirantium ventorum summoventur, pecudibus hominibusque conferunt pestem. Optime autem salubribus, ut dixi, locis ad orientem vel ad meridiem, gravibus ad septentrionem villa convertitur. Eademque semper mare recte conspicit, cum pulsatur ac fluctu respergitur, numquam ex ripa, sed haud paulum summota a litore. Nam praestat a mari longo potius intervallo quam brevi refugisse, quia media sunt spatia gravioris halitus. Nec paludem quidem vicinam esse oportet aedificiis nec iunctam militarem viam, quod illa caloribus noxium virus eructat et infestis aculeis armata gignit animalia.

(COLUMELLA)

Laboratorio

LESSICO
1. Evidenzia i verbi che appartengono al lessico della natura.

COMPRENSIONE DEL TESTO
2. Perché i fiumi possono essere nocivi per gli uomini e gli animali?
3. Per quale motivo bisogna edificare lontano dalle paludi?

PRODUZIONE
4. Dividi il testo in sequenze.

●●● | 318 Nulla di ciò che esiste nell'universo è estraneo all'uomo

Mundus hic, quo nihil neque maius neque ornatius rerum natura genuit, et animus contemplator admiratorque mundi, pars eius magnificentissima, propria nobis et perpetua et tam diu nobiscum mansura sunt, quam diu ipsi manebimus. Alacres itaque et erecti, quocumque res tulerit, intrepido gradu properemus, emetiamur quascumque terras. Nullum inveniri exilium intra mundum potest; nihil enim, quod intra mundum est, alienum homini est. Undecumque ex aequo ad caelum erigitur acies, paribus intervallis omnia divina ab omnibus humanis distant. Proinde, dum oculi mei ab illo spectaculo, cuius insatiabiles sunt, non abducantur, dum mihi solem lunamque intueri liceat, dum ceteris inhaerere sideribus, dum ortus eorum occasusque et intervalla et causas investigare velocius meandi vel tardius, spectare tot per noctem stellas micantis et alias immobiles, alias non in magnum spatium exeuntis sed intra suum se circumagentis vestigium, quasdam subito erumpentis, quasdam igne fuso praestringentis aciem, quasi decidant, vel longo tractu eum luce multa praetervolantes, dum eum his sim et caelestibus, qua homini fas est, immiscear, dum animum ad cognatarum rerum conspectum tendentem in sublimi semper habeam – quantum refert mea, quid calcem?

(Seneca)

●●● | 319 Il saggio evita l'ira dei potenti

Interdum populus est quem timere debeamus; interdum, si ea civitatis disciplina est ut plurima per senatum transigantur, gratiosi in eo viri; interdum singuli quibus potestas populi et in populum data est. Hos omnes amicos habere operosum est, satis est inimicos non habere. Itaque sapiens numquam potentium iras provocabit, immo nec declinabit, non aliter quam in navigando procellam. Cum peteres Siciliam, traiecisti fretum. Temerarius gubernator contempsit austri minas (ille est enim qui Siculum pelagus exasperet et in vertices cogat); non sinistrum petit litus sed id a quo propior Charybdis maria convolvit. At ille cautior peritos locorum rogat quis aestus sit, quae signa dent nubes; longe ab illa regione verticibus infami cursum tenet. Idem facit sapiens: nocituram potentiam vitat, hoc primum cavens, ne vitare videatur; pars enim securitatis et in hoc est, non ex professo eam petere, quia quae quis fugit damnat.

(Seneca)

Laboratorio

ANALISI STILISTICA

1. Che tipo di figura è presente nel periodo *sapiens numquam potentium iras provocabit, immo nec declinabit*?

COMPRENSIONE DEL TESTO

2. Secondo Seneca, quali uomini si devono temere?
3. Quale comportamento tiene il marinaio prudente?

PRODUZIONE

4. Illustra quali elementi tipici dello stile senecano si rintracciano nel brano (max. 10 righe).

●●● | 320 Origine di alcuni venti

Repetam nunc quod in primo dixeram: edi e specu ventos recessuque interiore terrarum. Non tota solido contextu terra in imum usque fundatur, sed multis partibus cava et caecis suspensa latebris, aliubi abundat aquas, aliubi habet inania sine umore. Ibi etiamsi nulla lux discrimen aeris monstrat, dicam tamen nubes nebulasque in obscuro consistere. Nam ne haec quidem supra terras, quia videntur, sunt, sed quia sunt, videntur: illic quoque nihilo minus ob id sunt, quod non videntur, flumina; illic scias licet nostris paria sublabi, alia leniter ducta, alia in confragosis locis praecipitando sonantia. Quid ergo? Non illud aeque dabis, esse aliquos et sub terra lacus et quasdam aquas sine exitu stagnare? Quae si ita sunt, necesse est et illud: aera onerari oneratumque incumbere et ventum propulsu suo concitare. Et ex illis ergo subterraneis nubibus sciemus nutriri inter obscura flatus, dum tantum virium ceperint quanto aut terrae obstantiam auferant aut aliquod apertum ad hos efflatus iter occupent et per hanc cavernam in nostras sedes efferantur. Illud vero manifestum est, magnam esse sub terris vim sulphuris et aliorum non minus ignem alentium: per haec loca cum se exitum quaerens spiritus torsit, accendat flammam ipso affrictu necesse est, deinde flammis latius fusis, etiam si quid ignavi aeris erat, extenuatum moveri et viam cum fremitu vasto atque impetu quaerere. Sed haec diligentius persequar, cum quaeram de motibus terrae.

(SENECA)

●●● | 321 Considerazioni prima di un viaggio a Siracusa

Si quis Syracusas petenti diceret: "Omnia incommoda, omnes voluptates futurae peregrinationis tuae ante cognosce, deinde ita naviga. Haec sunt, quae mirari possis: videbis primum ipsam insulam ab Italia angusto interscissam freto, quam continenti quondam cohaesisse constat. Deinde videbis (licebit enim tibi avidissimum maris verticem stringere) stratam illam fabulosam Charybdin, quam diu ab austro vacat, at, si quid inde vehementius spiravit, magno hiatu profundoque navigia sorbentem. Videbis celebratissimum carminibus fontem Arethusam, nitidissimi ac perlucidi ad imum stagni, gelidissimas aquas profundentem, sive illas ibi primum nascentis invenit, sive inlapsum terris flumen integrum subter tot maria et ab confusione peioris undae servatum reddidit. Videbis portum quietissimum omnium, quos aut natura posuit in tutelam classium aut adiuvit manus, sic tutum, ut ne maximarum quidem tempestatium furori locus sit. Videbis ubi Athenarum potentia fracta, ubi tot milia captivorum ille excisis in infinitam altitudinem saxis nativus carcer incluserat[1], *ipsam ingentem civitatem et laxius territorium quam multarum urbium fines sunt, tepidissima hiberna et nullum diem sine interventu solis. Sed cum omnia ista cognoveris, gravis et insalubris aestas hiberni caeli beneficia corrumpet. Erit Dionysius illic tyrannus, libertatis iustitiae legum exitium, dominationis cupidus etiam post Platonem. Audisti quid te invitare possit, quid absterrere: proinde aut naviga aut resiste".*

(SENECA)

---

1. *Athenarum... incluserat*: nel 415 a.C., durante la guerra del Peloponneso, Atene decise di attaccare Siracusa: fu organizzata una grandissima spedizione, che però si risolse con la totale distruzione dell'esercito ateniese. I soldati sopravvissuti furono rinchiusi nelle latomie (cave di pietra).

Laboratorio

ANALISI STILISTICA

1. Evidenzia un asindeto.
2. A quale figura retorica Seneca ricorre per elencare le attrazioni di Siracusa?

> **COMPRENSIONE DEL TESTO**
> 3. Qual è la prima cosa che il viaggiatore vedrà?
> 4. Come viene definito Dionisio?
>
> **PRODUZIONE**
> 5. Costruisci una tabella di due colonne, inserendo nella prima i nomi dei luoghi che saranno visti, nella seconda la loro rispettiva descrizione.

●●● | 322 Pace fra due amanti

Profusis ego lacrimis rogo quaesoque, ut mecum quoque redeat in gratiam: neque enim in amantium esse potestate furiosam aemulationem. Daturum tamen operam ne aut dicam aut faciam amplius, quo possit offendi. Tantum omnem scabitudinem animo tamquam bonarum artium magister deleret sine cicatrice. "Incultis asperisque regionibus diutius nives haerent, ast ubi aratro domefacta tellus nitet, dum loqueris, levis pruina dilabitur. Similiter in pectoribus ira consīdit: feras quidem mentes obsidet, eruditas praelabitur". "Ut scias" – inquit Eumolpus – "verum esse quod dicis, ecce etiam osculo iram finio. Itaque, quod bene eveniat, expedite sarcinulas et vel sequimini me vel, si mavultis, ducite". Adhuc loquebatur, cum crepuit ostium impulsum, stetitque in limine barbis horrentibus nauta et: "Moraris", inquit, "Eumolpe, tamquam properandum ignores". Haud mora, omnes consurgimus, et Eumolpus quidem mercennarium suum iam olim dormientem exire cum sarcinis iubet. Ego cum Gitone quicquid erat in alutam compono, et adoratis sideribus intro navigium.

(Petronio)

Laboratorio

> **LESSICO**
> 1. Evidenzia i termini che appartengono al campo semantico della natura.
>
> **COMPRENSIONE DEL TESTO**
> 2. Con che cosa Eumolpo suggella la fine della collera?
> 3. Chi sollecita i protagonisti ad imbarcarsi?
>
> **PRODUZIONE**
> 4. Riassumi il brano (max. 5 righe).

Olimpiadi delle lingue classiche

Traduci il passo di Seneca e rispondi al questionario, servendoti anche dei testi in traduzione.

In mezzo alla tempesta

PRE-TESTO

Seneca Lucilio suo salutem
Quid non potest mihi persuaderi, cui persuasum est ut navigarem? Solvi mari languido. Erat sine dubio caelum grave sordidis nubibus, quae fere aut in aquam aut in ventum resolvuntur. Sed putavi tam pauca milia a Parthenope tua usque Puteolos subripi posse, quamvis dubio et impendente caelo. Itaque quo celerius evaderem, protinus per altum ad Nesida derexi praecisurus omnes sinus. Cum iam eo processissem, ut mea nihil interesset, utrum irem an redirem, primum aequalitas illa, quae me corruperat, periit. Nondum erat tempestas, sed iam inclinatio maris ac subinde crebrior fluctus. Coepi gubernatorem rogare, ut me in aliquo litore exponeret. Aiebat illo aspera esse et importuosa nec quicquam se aeque in tempestate timere quam terram. Peius autem vexabar, quam ut mihi periculum succurreret. Nausia enim me segnis haec et sine exitu torquebat, quae bilem movet nec effundit. Institi itaque gubernatori et illum, vellet nollet, coegi, peteret litus.

(SENECA *Epistulae ad Lucilium* 53, 1-3)

Sono pronto a tutto, ora che mi sono lasciato convincere a mettermi in mare. Salpai col mare calmo; veramente il cielo era carico di quei nuvoloni neri che, di solito, portano acqua o vento, ma pensai di farcela a percorrere le poche miglia tra la tua Napoli e Pozzuoli, anche se il tempo era incerto e minacciava tempesta. Perciò per uscirne prima, mi diressi subito al largo verso Nisida tagliando via tutte le insenature. Quando già mi trovavo a mezza strada, quella calma che mi aveva lusingato, finì; ancora non era scoppiata la burrasca, ma il mare era mosso e andava agitandosi sempre più. Cominciai a chiedere al timoniere di sbarcarmi in qualche punto della costa: mi disse che il litorale era dovunque a picco e privo di approdi e che in mezzo alla tempesta la cosa che temeva di più era la terra. Io intanto stavo così male da non curarmi più del pericolo; mi tormentava una nausea spossante, ma senza vomito; quella che smuove la bile e non la caccia fuori. Insistetti, perciò con il timoniere e lo costrinsi, volente o nolente, a dirigersi verso terra.

(trad. di C. BARONE)

323 Seneca riflette dopo uno scampato naufragio

TESTO

Cuius ut viciniam attigimus, non expecto, ut quicquam ex praeceptis Vergilii fiat,

    Obvertunt pelago proras

aut

    Ancora de prora iacitur[1],

memor artificii mei vetus frigidae cultor mitto me in mare, quomodo psychrolutam decet, gausapatus.
Quae putas me passum, dum per aspera erepo, dum viam quaero, dum facio? Intellexi non immerito nautis terram timeri. Incredibilia sunt, quae tulerim, cum me ferre non possem; illud scito, Ulixem non fuisse tam irato mari natum, ut ubique naufragia faceret; nausiator erat. Et ego quocumque navigare debuero, vicensimo anno perveniam.
Ut primum stomachum, quem scis non cum mari nausiam effugere, collegi, ut corpus unctione recreavi, hoc coepi mecum cogitare, quanta nos vitiorum nostrorum sequeretur oblivio, etiam corporalium, quae subinde admonent sui, nedum illorum, quae eo magis latent, quo maiora sunt.

(SENECA)

1. *Obvertunt... iacitur*: Virgilio, *Eneide* VI 3 e III 277.

Olimpiadi delle lingue classiche

POST-TESTO

La filosofia e le malattie dell'anima

Levis aliquem motiuncula decipit; sed cum crevit et vera febris exarsit, etiam duro et perpessicio confessionem exprimit. Pedes dolent, articuli punctiunculas sentiunt: adhuc dissimulamus et aut talum extorsisse dicimus nos aut in exercitatione aliqua laborasse. Dubio et incipiente morbo quaeritur nomen, qui ubi ut talaria coepit intendere et utrosque distortos pedes fecit, necesse est podagram fateri. Contra evenit in his morbis quibus afficiuntur animi: quo quis peius se habet, minus sentit. Non est quod mireris, Lucili carissime; nam qui leviter dormit, et species secundum quietem capit et aliquando dormire se dormiens cogitat: gravis sopor etiam somnia exstinguit animumque altius mergit quam ut in ullo intellectu sui sit. Quare vitia sua nemo confitetur? Quia etiam nunc in illis est: somnium narrare vigilantis est, et vitia sua confiteri sanitatis indicium est. Expergiscamur ergo, ut errores nostros coarguere possimus. Sola autem nos philosophia excitabit, sola somnum excutiet gravem: illi te totum dedica. Dignus illa es, illa digna te est: ite in complexum alter alterius. Omnibus aliis rebus te nega, fortiter, aperte; non est quod precario philospheris.

(SENECA *Epistulae ad Lucilium* 53, 6-8)

Una leggera febbriciattola può sfuggire; ma quando aumenta e divampa una vera febbre, anche un uomo forte e abituato a soffrire deve confessare la sua malattia. I piedi ci dolgono, avvertiamo leggere fitte alle articolazioni: ma noi ancora dissimuliamo e diciamo o che ci siamo slogati una caviglia o che ci siamo stancati facendo ginnastica. All'inizio si cerca di dare un nome alla malattia ancora incerta; ma quando comincia a interessare le caviglie e a deformare i piedi, bisogna ammettere che si tratta di podagra. Il contrario accade nelle malattie dello spirito: più uno sta male, meno se ne rende conto. Non c'è da stupirsene, carissimo; chi dorme un sonno leggero, durante il sonno percepisce delle immagini e dormendo a volte si accorge di dormire: un sonno profondo, invece, cancella anche i sogni e fa sprofondare la mente tanto che perdiamo coscienza di noi stessi. Perché nessuno ammette i propri difetti? Perché vi è ancora immerso: i sogni li racconta chi è sveglio e così i propri vizi li ammette solo chi è guarito. Destiamoci, dunque, e rendiamoci conto dei nostri errori. Ma solo la filosofia può destarci, può scuoterci dal nostro sonno profondo: dedicati a lei completamente, tu ne sei degno ed essa è degna di te: stringetevi l'uno all'altra. Respingi tutto il resto con forza, apertamente; non ci si può dedicare alla filosofia di tanto in tanto.

(trad. di C. BARONE)

Questionario

1. Evidenzia i punti in cui l'autore dimostra un certo compiacimento per aver superato la difficile disavventura.
2. Seneca accomuna la sua sorte a quella di Ulisse, abbassando la dignità epica dell'eroe. Spiega questa affermazione con opportuni rimandi al testo (max. 10 righe).
3. Metti in risalto la vivacità narrativa dell'autore nel racconto dello scampato naufragio (max. 10 righe).
4. Quali elementi tipici dello stile senecano ricorrono nel passo?
5. Negli scritti di Seneca il viaggio è un *topos* frequente; in questo caso è il pretesto per una riflessione filosofica. Puoi citare altre funzioni che l'autore attribuisce a questo tema?

UNITÀ 25

L'ETÀ GIULIO-CLAUDIA / 2
LA NAVIGAZIONE

CURIOSITÀ	CAVE!
	Passus, -a, -um: da *patior* o da *pando*?
	La 3ª persona plurale dell'indicativo perfetto
MODUS SCRIBENDI	**LESSICO TEMATICO**
Lo stile di Curzio Rufo	La navigazione

LESSICO TEMATICO
La navigazione

- *aestus, -us*, m.: "marea".
- *amnis, -is*, m.: "fiume".
- *carina, -ae*, f.: "carena, chiglia" e per metonimia "nave".
- *classicus, -a, -um*: "navale, della flotta"; al plurale *classici* "marinai".
- *classis, -is*, f.: "flotta".
- *demergo, -is, demersi, demersum, -ere*, 3ª: "affondare, immergere".
- *fluctus, -us*, m.: "flutto".
- *flumen, -inis*, n.: "fiume".
- *gubernaculum, -i*, n.: "timone".
- *gubernator, -oris*, m.: "timoniere".
- *harena, -ae*, f.: "sabbia, spiaggia".
- *linter, lintris*, f.: "zattera".
- *litus, -oris*, n.: "lido, spiaggia, litorale".
- *mare, -is*, n.: "mare".
- *maritimus, -a, -um*: "marittimo, marino".
- *mergo, -is, mersi, mersum, -ere*, 3ª: "affondare".
- *naufragium, -ii*, n.: "naufragio".
- *nauta, -ae*, m.: "marinaio".
- *navalis, -e*: "navale".
- *navicula, -ae*, f.: "barca".
- *navigium, -ii*, n.: "naviglio".
- *navis, -is*, f.: "nave".
- *no, nas, navi, nare*, 1ª: "nuotare", "navigare".
- *Oceanus, -i*, m.: "oceano".
- *ora, -ae*, f.: "spiaggia, costa".
- *pirata, -ae*, m.: "pirata".
- *portus, -us*, m.: "porto".
- *praedo, -onis*, m.: "pirata".
- *procella, -ae*, f.: "tempesta".
- *prora, -ae*, f.: "prora".
- *puppis, -is*, f.: "poppa".
- *quadriremis, -is*, f.: "quadrireme".
- *quinqueremis, -is*, f.: "quinquereme".
- *ratis, -is*, f.: "zattera".
- *remex, remigis*, m.: "rematore".
- *remus, -i*, m.: "remo".
- *res maritimae*: "le operazioni navali".
- *ripa, -ae*, f.: "riva, sponda" specialmente dei fiumi.
- *scapha, -ae*, f.: "scialuppa".
- *scopulus, -i*, m.: "scoglio".
- *solvo, -is, solvi, solutum, -ere*, 3ª: "salpare"; può essere usato assolutamente o con l'accusativo *ancoram* o *navem*.
- *tempestas, -atis*, f.: "tempesta".
- *unda, -ae*, f.: "onda".
- *velum, -i*, n.: "vela".
- *vertex, -icis*, m.: "vortice, gorgo".

▶Esercizi

A Traduci le seguenti frasi.

1. *Lucet Marathon Persicis tropaeis: Salamis et Artemisium Xerxis naufragia numerantur.* (Val. Mass.) 2. *Ubi sunt superbae Karthaginis alta moenia? Ubi maritima gloria inclyti portus? Ubi cunctis litoribus terribilis classis? Ubi tot exercitus? Ubi tantus equitatus? Ubi immenso Africae spatio non contenti spiritus? Omnia ista duobus Scipionibus fortuna partita est.* (Val. Mass.) 3. *Eundem*

[Labeonem] ferunt, cum a rege Antiocho, quem bello superaverat, ex foedere icto dimidiam partem navium accipere deberet, medias omnes secuisse, ut eum tota classe privaret. (Val. Mass.)   **4.** Cn. Pompeius, multis et praeclaris viris in id bellum adsumptis discriptoque paene in omnis recessus maris praesidio navium, brevi inexsuperabili manu terrarum orbem liberavit praedonesque per multa ac multis locis victos circa Ciliciam classe adgressus fudit ac fugavit. (Vell. Pat.)   **5.** Statius Murcus, qui classi et custodiae maris praefuerat, cum omni commissa sibi parte exercitus naviumque Sex. Pompeium, Cn. Magni filium, qui ex Hispania revertens Siciliam armis occupaverat, petiit. (Vell. Pat.)   **6.** Insigne coronae classicae, quo nemo umquam Romanorum donatus erat, hoc bello Agrippa singulari virtute meruit. (Vell. Pat.)   **7.** Ipse rex in rapidissimos vertices incidit, quibus intorta navis obliqua et gubernaculi inpatiens agebatur. (Curzio Rufo)   **8.** Eodem tempore classis Macedonum ex Graecia accita Aristomenen, qui ad Hellesponti oram reciperandam a Dareo erat missus, captis eius aut eversis navibus superat. (Curzio Rufo)   **9.** Nearcho atque Onesicrito nauticae rei peritis imperavit [Alexander], ut validissimas navium deducerent in Oceanum progressique, quoad tuto possent, naturam maris noscerent: vel eodem amne vel Euphrate subire eos posse, cum reverti ad se vellent. (Curzio Rufo)   **10.** Cum deinde Dareum, ubicumque esset, occupare statuisset, ut a tergo tuta relinqueret, Amphoterum classi ad oram Hellesponti, copiis autem praefecit [Alexander] Hegelochum. (Curzio Rufo)

B   PRODUZIONE IN LATINO Scrivi una frase in latino con ciascuno dei nomi sotto indicati.

litus, mare, scopulus, classis, nauta

1.
2.
3.
4.
5.

VERSIONI

PRIMO LIVELLO

324 Un sogno salva Simonide da un naufragio

Approdato su un litorale, il poeta Simonide trova un corpo insepolto e lo seppellisce. Di notte il cadavere gli appare in sogno e lo ammonisce a non rimettersi in mare. Così il poeta riesce a scampare ad una violenta tempesta. Grato del consiglio, Simonide dedica al defunto meravigliosi versi.

a. Simonide seppellisce un cadavere	*Longe indulgentius dii in poeta Simonide, cuius salutarem inter quietem admonitionem consilii firmitate roborarunt: is enim, cum ad litus navem appulisset inhumatumque corpus iacens sepulturae mandasset, admonitus ab eo ne proximo die navigaret, in terra remansit.*
b. Il cadavere appare in sogno a Simonide	*Qui inde solverant, fluctibus et procellis in conspectu eius obruti sunt: ipse laetatus est, quod vitam suam somnio quam navi credere maluisset.*
c. Simonide lo celebra nei suoi versi	*Memor autem beneficii elegantissimo carmine aeternitati consecravit, melius illi et diuturnius in animis hominum sepulcrum constituens quam in desertis et ignotis harenis struxerat.*

(Valerio Massimo)

325 Astuzia di Annibale

Annibale, temendo una punizione per la sconfitta subita da Caio Duilio, ricorre ad un'astuzia: manda a Cartagine un suo amico ben addestrato per chiedere il parere del senato su un eventuale scontro con i Romani. Appena quest'ultimo si esprime a favore, l'uomo annuncia che la battaglia era già avvenuta e che Annibale aveva perso.

a. Annibale invia un amico a Cartagine	*Hannibal a Duilio consule navali proelio victus timensque classis amissae poenas dare, offensam astutia mire avertit: nam ex illa infelici pugna priusquam cladis nuntius domum perveniret quendam ex amicis compositum et formatum Karthaginem misit.*
b. L'uomo chiede consigli sulla condotta da tenere	*Qui, postquam civitatis eius curiam intravit: "Consulit vos" – inquit – "Hannibal, cum dux Romanorum magnas secum maritimas trahens copias advenerit, an cum eo confligere debeat".*
c. Giudizio del senato	*Adclamavit universus senatus non esse dubium quin oporteret. Tum ille: "Conflixit" inquit "et superatus est". Ita liberum his non reliquit id factum damnare, quod ipsi fieri debuisse iudicaverant.*

(Valerio Massimo)

326 Cesare fa giustiziare alcuni pirati

Catturato dai pirati, Cesare viene rilasciato dietro il pagamento di un riscatto. Dopo la liberazione, pur essendo un semplice cittadino, si getta all'inseguimento dei rapitori, riuscendo ad imprigionarne alcuni e procede quindi in prima persona alla loro punizione.

a. Dopo la liberazione Cesare insegue i pirati	*Quae nox eam diem secuta est, qua publica civitatium pecunia redemptus est, ita tamen, ut cogeret ante obsides a piratis civitatibus dari, et privatus et contracta classe tumultuaria invectus in eum locum, in quo ipsi praedones erant, partem classis fugavit, partem mersit, aliquot navis multosque mortalis cepit;*
b. Cesare chiede la pena capitale per i suoi rapitori	*laetusque nocturnae expeditionis triumpho ad suos revectus est, mandatisque custodiae quos ceperat, in Bithyniam perrexit ad proconsulem Iuncum (idem enim Asiam eamque obtinebat) petens, ut auctor fieret sumendi de captivis supplicii;*

c. Cesare fa giustiziare i predoni

quod (cum) ille se facturum negasset venditurumque captivos dixisset (quippe sequebatur invidia inertiam), incredibili celeritate revectus ad mare, priusquam de ea re ulli proconsulis redderentur epistulae, omnes, quos ceperat, suffixit cruci.

(VELLEIO PATERCOLO)

■ SECONDO LIVELLO

●●●| 327 Crudeltà dei Cartaginesi

Il libro IX dei *Detti e fatti memorabili* di Valerio Massimo ha per argomento la crudeltà e l'inganno. Dopo aver raccontato fatti crudeli compiuti dai Romani, l'autore passa a quelli compiuti da stranieri, cominciando dai Cartaginesi.

▶ Vedi **Cave!**

*Transgrediemur nunc ad illa, quibus ut par dolor, ita nullus nostrae civitatis rubor inest. Karthaginienses Atilium Regulum, palpebris resectis, machinae[1], in qua undique praeacuti stimuli eminebant, inclusum vigilantia pariter et continuo tractu doloris necaverunt, tormenti genus haud dignum **passo**[2], auctoribus dignissimum. Eadem usi crudelitate milites nostros quodam maritimo certamine in suam potestatem redactos navibus substraverunt, ut earum carinis ac pondere elisi inusitata ratione mortis barbaram feritatem satiarent, taetro facinore pollutis classibus ipsum mare violaturi. Eorum dux Hannibal, cuius maiore ex parte virtus saevitia constabat, in flumine Vergello corporibus Romanis ponte facto exercitum transduxit, ut aeque terrestrium scelestum Karthaginiensium copiarum ingressum terra quam maritimarum Neptunus experiretur.*

(VALERIO MASSIMO)

1. *machinae*: dativo retto dal successivo *inclusum*.
2. *passo*: participio perfetto, abl. sing. da *patior*, vd. **Cave!** - *Passus*.

Cave!

Passus, -a, -um: da *patior* o da *pando*?
Passus, -a, -um può essere il participio perfetto di:

- *patior*, pateris, passus sum, pati ("**sopportare, patire**", "**permettere, ammettere**"): *Multa quoque et bello **passus**.* **Avendo sofferto** molto in guerra. (Virg.)

- *pando*, -is, pandi, passum (o pansum), -ere ("**distendere, spalancare, spiegare**"):

*More Gallico **passum** capillum ostentare... coeperunt.* Secondo l'uso gallico cominciarono a mostrare i capelli **sciolti**. (Ces.)

Inoltre occorre tenere presente il sostantivo della IV declinazione **passus, -us** ("**passo**", "**impronta, orma**"):
*Saepe tui, specto, si sint in litore **passus**.* Spesso guardo se ci sono tue **impronte** sulla sabbia. (Ov.)

●●●| 328 La flotta macedone assedia la città di Tiro

Il libro IV delle *Storie di Alessandro Magno* narra gli avvenimenti successivi alla battaglia di Isso (333 a.C.). La sorprendente marcia del Macedone è però rallentata dall'opposizione della città fenicia di Tiro. La città sorgeva in posizione particolarmente propizia, su un'isola separata dal continente da un braccio di mare sferzato da violente raffiche di vento. Tuttavia nel gennaio del 332 a.C. Alessandro comincia l'assedio di Tiro, che resisterà per ben sette mesi prima di essere espugnata e messa a ferro e fuoco.

Aegro animi Alexandro nec, perseveraret an abiret, satis certo[1] classis Cypro advenit eodemque tempore Cleander cum Graecis militibus in Asiam nuper advectis. C et XC navigia in duo dividit cornua: laevum Pnytagoras, rex Cypriorum, cum Cratero tuebatur, Alexandrum in dextro quinqueremis regia vehebat. Nec Tyrii, quamquam classem habebant, ausi navale inire certamen: tris[2] omnino ante ipsa moenia opposuerunt, quibus rex invectus ipse eas demersit. Postera die classe ad moenia admota undique tormentis et maxime arietum pulsu muros quatit: quos Tyrii raptim obstructis saxis refecerunt, interiorem quoque murum, ut, si prior fefellisset, illo se tuerentur, undique orsi. Sed undique vis mali urguebat: moles intra teli iactum erant, classis moenia circumibat, terrestri simul navalique clade obruebantur. Quippe binas quadriremes Macedones inter se ita iunxerant, ut prorae cohaererent, puppes intervallo, quantum capere poterant, distarent. Hoc puppium intervallum antemnis asseribusque validis deligatis superque eos pontibus stratis, qui militem sustinerent, impleverant. Sic instructas quadriremes ad urbem agebant: inde missilia in propugnantes ingerebantur tuto, quia proris miles tegebatur.

(Curzio Rufo)

1. *Aegro... certo*: costruisci *Alexandro aegro animi nec satis certo*: "mentre Alessandro, in preda allo scoramento, non sapeva risolversi se..." (trad. G. Porta).
2. *tris*: *tres*.

Laboratorio

SINTASSI

1. Riconosci le interrogative indirette, specificando il nesso che le introduce.
2. Che tipo di proposizione è *qui militem sustinerent*?

COMPRENSIONE DEL TESTO

3. Qual è l'atteggiamento di Alessandro?
4. Perché i Macedoni legano fra loro le navi?

MODUS SCRIBENDI — LO STILE DI CURZIO RUFO

CRONOLOGIA E CARATTERISTICHE ESSENZIALI

Curzio Rufo è uno storico dell'età imperiale (probabilmente del I sec. d.C.), autore delle *Historiae Alexandri Magni* in dieci libri, pervenuti mutili dei primi due. L'opera costituisce un esempio di storiografia drammatica, volta a suscitare l'emozione del lettore.
Lo stile si caratterizza per:

1. la prosa scorrevole;
2. la presenza di discorsi;
3. l'inserimento di *excursus* geografici;
4. la tendenza al *pathos*;
5. l'uso di sentenze a carattere moralistico.

Un giudizio critico

Curzio Rufo erede di Tito Livio (G. Porta)

Presso autori latini del I - inizi II sec. d.C., ritenuti all'incirca contemporanei di Curzio Rufo, o di poco posteriori, sono stati evidenziati numerosi (presunti) parallelismi con le *Historiae Alexandri Magni*: ma, poiché nei loro scritti non s'accenna esplicitamente a nessun letterato di tal nome, per un verso pare azzardato asserire che abbiano conosciuto la sua opera, per l'altro risulta difficile verificare se ne siano stati influenzati o, al contrario, l'abbiano addirittura in qualche modo condizionata. Innegabili, invece i debiti del nostro storico nei confronti di Livio che, sebbene non venga mai citato, si mostra comunque onnipresente nell'ambito della narrazione. La sua impronta nelle *Historiae* è infatti ben percepibile e non solo sul piano contenutistico e stilistico – talora ricorrono strutture identiche nella fraseologia, talaltra se ne registrano di molto simili anche sintatticamente –, ma pure su quello descrittivo (riguardo a personaggi: sia nella loro presentazione esteriore che, e soprattutto, nell'introspezione profonda; circa avvenimenti, luoghi, fenomeni naturali o paranormali, credenze religiose o della superstizione, ecc.) e, persino, in figure retoriche e aforismi, dove però Curzio supera nettamente il maestro. Difatti [...] le *Storie di Alessandro Magno* si connotano per uno stile oratorio talmente diffuso e un linguaggio dai toni a volte così marcatamente declamatori, che non pochi studiosi hanno ravvisato in tali elementi la cifra stilistica dell'opera, mentre alcuni vi hanno addirittura puntato per sostenere l'agnizione dell'autore nel retore *Q. Curtius Rufus*.

(G. Porta, *Curzio Rufo - Storie di Alessandro Magno*, Bur, Milano 2005, pp. 60-62 *passim*)

COMPARATIO

329 Una tempesta si abbatte sulla flotta macedone

16 *Media nox erat, cum classem sic uti dictum est[1] paratam circumire muros iubet. Iamque naves urbi undique admovebantur, et Tyrii desperatione torpebant, cum subito spissae nubes intendere se caelo et, quidquid lucis internitebat, offusa caligine extinctum est.*

17 *Tum inhorrescens mare paulatim levari, deinde acriore vento concitatum fluctus ciere et inter se navigia conlidere. Iamque scindi coeperunt vincula, quibus conexae quadriremes erant, ruere tabulata et cum ingenti fragore in profundum secum milites trahere.*

18 *Neque enim conserta navigia ulla ope in turbido regi poterant: miles ministeria nautarum, remex militis officia turbabat, et, quod in eiusmodi casu accidit, periti ignaris parebant. Quippe gubernatores alias imperare soliti tum metu mortis iussa exequebantur. Tandem remis pertinacius everberatum mare veluti eripientibus navigia classicis cessit, adpulsaque sunt litori lacerata pleraque.*

(Curzio Rufo)

Traduzione

16 Era mezzanotte quando Alessandro ordinò alla flotta, preparata nel modo che s'è detto[1], di aggirare le mura; e già le navi si avvicinavano da ogni parte alla città e i Tirii erano come paralizzati dalla disperazione, quando all'improvviso una spessa coltre di nubi si stese sul cielo e tutto il poco chiarore che c'era fu soffocato dal velo delle tenebre.

17 Allora a poco a poco il mare cominciò ad incresparsi e ad agitarsi, poi, mosso da un vento più impetuoso, prese a sollevare le onde e a spingere le navi in collisione fra loro. E già i legami che tenevano insieme le quadriremi si spezzavano, i ponti rovinavano, trascinando seco a fondo, con grande fragore, gli uomini.

18 Le navi infatti, legate fra loro, non potevano in alcun modo essere governate in quella burrasca: i soldati erano d'impaccio alle manovre dei marinai e i rematori a quelle dei soldati e, cosa che suole accadere in una simile situazione, gli esperti obbedivano agli inesperti, perché i piloti, soliti in altre circostanze comandare, allora, per timore della morte, si limitavano ad eseguire gli ordini. Alla fine il mare, sferzato più vigorosamente dai remi, fu vinto dai marinai, quasi gli strappassero a forza le navi, e le imbarcazioni raggiunsero la riva, per la maggior parte in cattive condizioni.

(trad. di A. Giacone)

1. *uti dictum est*: Alessandro aveva unito le quadriremi con delle passerelle, su cui i soldati potevano combattere.

Riflettere sulla traduzione

1. Qual è la traduzione letterale della frase *quidquid lucis internitebat, offusa caligine extinctum est* (par. 16)?
2. A quale frase latina corrisponde "trascinando seco a fondo, con grande fragore, gli uomini" (par. 17)?
3. Nella frase *miles ministeria nautarum, remex militis officia turbabat* (par. 18) ricorre una figura retorica che non compare nel testo italiano. Qual è?
4. Dopo aver eseguito l'analisi logica del periodo *Tandem remis pertinacius everberatum mare veluti eripientibus navigia classicis cessit, adpulsaque sunt litori lacerata pleraque*, proponi una tua traduzione.

330 Alessandro trasporta l'esercito sul fiume Tanai

Mentre i Macedoni si preparano alla guerra contro gli Sciti, arriva una delegazione di venti ambasciatori. Accolti nella tenda di Alessandro, uno dei legati pronuncia un discorso molto fiero, nel quale domanda al re se preferisce averli come nemici o come amici. Alessandro, dopo averli congedati, si prepara allo scontro, organizzando l'esercito sulle zattere per oltrepassare il Tanai.

Dimissisque legatis in praeparatas rates exercitum imposuit. In proris clipeatos locaverat iussos in genua subsidere, quo tutiores essent adversus ictus sagittarum. Post hos, qui tormenta intenderent, stabant et ab utroque latere et a fronte circumdati armatis. Reliqui, qui post tormenta constiterant, remigem lorica non tutum scutorum testudine armati protegebant. Idem ordo in illis quoque ratibus, quae equitem vehebant, servatus est. Maior pars a puppe nantes equos loris trahebat. At illos, quos utres stramento repleti vehebant, obiectae rates tuebantur. Ipse rex cum delectis primus ratem solvit et in ripam dirigi iussit. Cui Scythae admotos ordines equitum in primo ripae margine opponunt, ut ne adplicari quidem terrae rates possent. Ceterum praeter hanc speciem ripis praesidentis[1] exercitus ingens navigantes terror invaserat: namque cursum gubernatores, cum obliquo[2] flumine[3] impellerentur, regere non poterant, vacillantesque milites et, ne excuterentur, solliciti nautarum ministeria turbaverant. Ne tela quidem conati nisu vibrare poterant, cum prior standi sine periculo quam hostem incessendi cura esset. Tormenta saluti fuerunt, quibus in confertos ac temere se offerentes haud frustra excussa sunt tela.

(Curzio Rufo)

1. *praesidentis*: attributo di *exercitus*.
2. *obliquo*: "di traverso".
3. *flumine*: si tratta del Tanai, oggi corrispondente al Don.

331 Alessandro Magno comincia la discesa dell'Indo

Dopo aver raggiunto l'India e aver oltrepassato l'Idaspe, Alessandro vorrebbe proseguire verso oriente per raggiungere il Mare Oceano. Tuttavia deve cedere alle richieste dei soldati, ormai stremati, che propongono di raggiungere la meta puntando a sud. Intenzionato a navigare l'Indo, Alessandro ordina a Cratero, comandante generale dell'esercito macedone, di seguirlo lungo il fiume.

Cratero deinde imperat rex, haud procul amne, per quem erat ipse navigaturus, copias duceret[1]: eos autem, qui comitari eum solebant, imponit in naves et in fines Mallorum secundo amne[2] devehitur. Inde Sabarcas adiit, validam Indiae gentem, quae populi, non regum imperio regebatur. LX milia peditum habebant, equitum VI milia: has copias currus D sequebantur. III duces spectatos virtute bellica elegerant. At, qui in agris erant proximis flumini – frequentes autem vicos maxime in ripa habebant – ut videre *totum amnem, qua prospici poterat, navigiis constratum et tot militum arma fulgentia, territi nova facie deorum exercitum et alium Liberum Patrem[3], celebre in illis gentibus nomen, adventare credebant. Hinc militum clamor, hinc remorum pulsus variaeque nautarum voces hortantium pavidas aures impleverant. Ergo universi ad eos, qui in armis erant, currunt furere clamitantes et cum dis proelium inituros[4]: navigia non posse numerari, quae invictos viros veherent. Tantumque in exercitum suorum* intulere *terroris, ut legatos mitterent gentem dedituros.*

◀ Vedi **Cave!**

◀ Vedi **Cave!**

(Curzio Rufo)

1. *copias duceret*: legata per asindeto a *Cratero deinde imperat rex*.
2. *secundo amne*: "lungo il corso del fiume".
3. *Liberum Patrem*: si tratta di Bacco, il cui culto era molto diffuso anche in alcune regioni dell'Oriente.
4. *inituros*: *inituros* (*esse*) coordinato a *furere*.

Laboratorio

MORFOLOGIA
1. Individua e analizza i verbi di movimento.

SINTASSI
2. Rintraccia i complementi partitivi.
3. Da che cosa è retta la subordinata *navigia non posse numerari*?
4. Che funzione ha *dedituros*?

LESSICO
5. Sottolinea i termini che appartengono al lessico del comando.

ANALISI STILISTICA
6. Che tipo di figura retorica è presente nella proposizione *LX milia peditum habebant, equitum VI milia*?

COMPRENSIONE DEL TESTO
7. Per quale motivo i nemici sono terrorizzati dall'esercito di Alessandro?

Cave!

La 3ª persona plurale dell'indicativo perfetto La **3ª persona plurale** dell'indicativo perfetto ha due desinenze:
- *-ērunt*
- *-ēre*, più rara soprattutto nella prosa classica (ricorre frequentemente in Sallustio e Tacito per gusto arcaicizzante).

I perfetti in *-ēre* possono essere confusi con l'infinito presente attivo della seconda coniugazione. Di solito basta controllare il paradigma, dal momento che il tema del presente e quello del perfetto spesso differiscono: *laud-* (tema del presente) / *laudav-* (tema del perfetto).

■ TERZO LIVELLO

●●● | 332 Valore di Marco Cesio Sceva

Tuum vero, Scaevi[1], inexsuperabilem spiritum in utra parte rerum naturae admiratione prosequar nescio, quoniam excellenti virtute dubium reliquisti inter undasne pugnam fortiorem edideris an in terra vocem miseris: bello namque, quo C. Caesar non contentus opera sua litoribus Oceani claudere Britannicae insulae caelestis[2] iniecit manus, cum quattuor commilitonibus rate transvectus in scopulum vicinum insulae, quam hostium ingentes copiae obtinebant, postquam aestus regressu suo spatium, quo scopulus et insula dividebantur, in vadum transitu facile redegit, ingenti multitudine barbarorum adfluente, ceteris rate ad litus regressis solus immobilem stationis gradum retinens, undique ruentibus telis et ab omni parte acri studio ad te invadendum nitentibus, quinque militum diurno proelio suffectura pila una dextera hostium corporibus adegisti. Ad ultimum districto gladio audacissimum quemque modo umbonis impulsu, modo mucronis ictu depellens hinc Romanis, illinc Britannicis oculis incredibili, nisi cerneris, spectaculo fuisti.

(Valerio Massimo)

1. *Scaevi*: celebre centurione di Cesare che si distinse nello sbarco in Britannia (episodio di cui parla qui Valerio Massimo) e nella battaglia di Durazzo, dove sul suo scudo furono contati 120 colpi (cfr. Cesare, *De bello civili*, III, 53).
2. *caelestis*: *caelestes*.

••• | 333 La cattiva sorte si abbatte su Cesare

Crescente in dies et classe et fama Pompei Caesar molem belli eius suscipere statuit. Aedificandis navibus contrahendoque militi ac remigi navalibusque adsuescendo certaminibus atque exercitationibus praefectus est M. Agrippa, virtutis nobilissimae, labore, vigilia, periculo invictus parendique, sed uni, scientissimus, aliis sane imperandi cupidus et per omnia extra dilationes positus consultisque facta coniungens. Hic in Averno ac Lucrino lacu speciosissima classe fabricata cotidianis exercitationibus militem remigemque ad summam et militaris et maritimae rei perduxit scientiam. Hac classi Caesar, cum prius despondente ei Nerone, cui ante nupta fuerat Livia, auspicatis rei publicae ominibus duxisset eam uxorem, Pompeio Siciliaeque bellum intulit. Sed virum humana ope invictum graviter eo tempore fortuna concussit: quippe longe maiorem partem classis circa Veliam Palinurique promuntorium adorta vis Africi laceravit ac distulit. Ea patrando bello mora fuit, quod postea dubia et interdum ancipiti fortuna gestum est. Nam et classis eodem loco vexata est tempestate, et ut navali primo proelio apud Mylas ductu Agrippae pugnatum prospere, ita inopinato Pompeianae classis adventu gravis sub ipsius Caesaris oculis circa Tauromenium accepta clades; neque ab ipso periculum abfuit. (Velleio Patercolo)

Laboratorio

ANALISI STILISTICA
1. Individua la figura retorica presente nell'espressione *labore, vigilia, periculo invictus*. Quale effetto produce?
2. Rintraccia un iperbato.

LESSICO
3. Sottolinea i termini del lessico della navigazione.

COMPRENSIONE DEL TESTO
4. Che cosa fa Cesare prima di muovere guerra contro Pompeo?
5. Quali difficoltà si abbattono su Cesare e i suoi uomini?

PRODUZIONE
6. Elenca le doti di Marco Agrippa.

••• | 334 Un omaggio a Tiberio

Cum citeriorem ripam praedicti fluminis[1] castris occupassemus[2] et ulterior armata hostium iuventute fulgeret, sub omnem motum conatumque nostrarum navium protinus refugientium, unus e barbaris, aetate senior, corpore excellens, dignitate, quantum ostendebat cultus, eminens, cavatum, ut illis mos est, ex materia[3] conscendit alveum solusque id navigii genus temperans ad medium processit fluminis et petiit, liceret sibi sine periculo in eam, quam armis tenebamus, egredi ripam ac videre Caesarem[4]. Data petenti facultas. Tum, adpulso lintre et diu tacitus contemplatus Caesarem: "Nostra quidem, inquit, furit iuventus, quae cum vestrum numen absentium colat, praesentium potius arma metuit quam sequitur fidem. Sed ego beneficio ac permissu tuo, Caesar, quos ante audiebam, hodie vidi deos, nec feliciorem ullum vitae meae aut optavi aut sensi diem". Impetratoque ut manum contingeret, reversus in naviculam, sine fine respectans Caesarem ripae suorum adpulsus est. (Velleio Patercolo)

1. *praedicti fluminis*: si tratta dell'Elba in Germania, dove nel 5 d.C. si trovava Tiberio.
2. *occupassemus*: parla Velleio Patercolo, il quale partecipa alla campagna di Tiberio in Germania dal 4 al 12 d.C.
3. *materia*: "tronco".
4. *Caesarem*: cioè Tiberio.

●●● | 335 Grandiosi progetti di Alessandro

Haud multo post Nearchus[1] et Onesicritus[2], quos longius in Oceanum procedere iusserat[3], superveniunt. Nuntiabant autem quaedam audita, alia comperta: insulam ostio amnis obiectam auro abundare, inopem equorum esse – singulos eos compererant ab iis, qui ex continenti traicere auderent, singulis talentis emi. Plenum esse beluarum mare: aestu secundo eas ferri magnarum navium corpora aequantes, tubae cantu deterritas sequi classem cum magno aequoris strepitu, velut demersa navigia, subisse aquas. Cetera incolis crediderant, inter quae: Rubrum mare non a colore undarum, ut plerique crederent, sed ab Erythro rege appellari: esse haud procul a continenti insulam palmetis frequentibus consitam et in medio fere nemore columnam eminere, Erythri regis monumentum, litteris gentis eius scriptam. Adiciebant navigia, quae lixas mercatoresque vexissent, famam auri secutis gubernatoribus in insulam esse transmissa nec deinde ab iis postea visa. Rex cognoscendi plura cupidine accensus rursus eos terram legere iubet, donec ad Euphratis os adpellerent classem: inde adverso amne Babylona subituros. Ipse animo infinita complexus statuerat omni ad orientem maritima regione perdomita ex Syria petere Africam, Carthagini infensus, inde Numidiae solitudinibus peragratis cursum Gadis dirigere – ibi namque columnas Herculis esse fama vulgaverat –, Hispanias deinde, quas Hiberiam Graeci a flumine Hibero vocabant, adire et praetervehi Alpes Italiaeque oram, unde in Epirum brevis cursus est.

(Curzio Rufo)

1. *Nearchus*: compagno fidato di Alessandro e ammiraglio della flotta macedone.
2. *Onesicritus*: storico e abile esperto di navigazione, fu il maggiore collaboratore di Nearco nell'esplorazione navale dall'Indo all'Eufrate.
3. *iusserat*: sogg. Alessandro.

Laboratorio

LESSICO
1. Individua i nomi geografici, specificando in quale stato si trovano attualmente.

COMPRENSIONE DEL TESTO
2. In che modo Nearco e Onesicrito si sono documentati?
3. Da che cosa prende il nome il Mar Rosso?

UNITÀ 26

L'ETÀ DEI FLAVI
LA SCUOLA

CURIOSITÀ	CAVE!
La palma della vittoria	*Quoque*: pronome o avverbio?
MODUS SCRIBENDI	**LESSICO TEMATICO**
Lo stile di Quintiliano	La scuola

LESSICO TEMATICO
La scuola

- ***adulescens**, -entis*: "giovane", il quale, avendo raggiunto i 17 anni, iniziava a frequentare la scuola del retore.
- ***atramentum**, -i*, n.: "inchiostro".
- ***calamus**, -i*, m.: "penna", cannuccia per scrivere.
- ***calculus**, -i*, m.: "sassolino", che serviva per far di conto.
- ***capsa**, -ae*, f.: "cassetta", generalmente di forma cilindrica con coperchio, impiegata per conservare il rotolo o il materiale scrittorio.
- ***cathedra**, -ae*, f.: "sedia" del maestro, dotata di spalliera.
- ***charta**, -ae*, f.: "carta di papiro".
- ***dicto**, -as, -avi, -atum, -are*, 1ª: "dettare".
- ***disciplina**, -ae*, f.: "insegnamento".
- ***discipula**, -ae*, f.: "alunna".
- ***discipulus**, -i*, m.: "alunno".
- ***disco**, -is, didici, -ĕre*, 3ª: "imparare".
- ***doceo**, -es, docui, doctum, -ēre*, 2ª: "insegnare".
- ***docilis**, -e*: "che si lascia ammaestrare, che impara facilmente".
- ***ductus**, -us*, m.: "linea, tratto".
- ***erudio**, -is, -ivi, -itum, -ire*, 4ª: "istruire, educare".
- ***ferula**, -ae*, f.: "frusta" usata dal maestro.
- ***grammaticus**, -i*, m.: "grammatico", insegnante di allievi in età compresa dai 12 ai 17 anni.
- ***imbuo**, -is, -bui, -butum, -ĕre*, 3ª: "istruire, educare, formare".
- ***liber**, -bri*, m. propriamente "corteccia interna", poi "libro".
- ***librarius**, -ii*, m.: "copista, trascrittore di libri".
- ***litterae**, -arum*, f. pl.: "letteratura".
- ***ludi magister***, m.: "maestro di scuola elementare".
- ***ludus litterarius***, m.: "scuola", per i fanciulli dai 6 agli 11 anni di età.
- ***magister**, -stri*, m.: "maestro".
- ***membrana**, -ae*, f.: "cartapecora", pelle di animale conciata e adibita a uso scrittorio.
- ***paedagogus**, -i*, m.: "pedagogo", lo schiavo che accompagnava i ragazzi a scuola; "maestro".
- ***papyrus**, -i*, f. oppure *papyrum*, -i, n.: "papiro".
- ***praeceptor**, -oris*, m.: "insegnante, precettore".
- ***puer**, -i*, m.: "fanciullo"; indicava il ragazzo di età compresa fra i 7 e i 17 anni.
- ***pugillares**, -ium*, m. pl.: "tavolette" cerate usate per scrivere.
- ***rhetor**, -oris*, m.: "retore", professore di retorica, che seguiva gli allievi dai 17 ai 20 anni.
- ***scalprum**, -i*, n.: "temperino" per le penne o le cannucce.
- ***schola**, -ae*, f.: "scuola".
- ***sella**, -ae*, f.: "sedia" del maestro senza spalliera.
- ***stilus**, -i*, m: "stilo", per incidere sulle tavolette cerate.
- ***studium**, -ii* n.: "studio".
- ***tabula**, -ae* (*cerata*), f.: "tavoletta cerata".
- ***volumen**, -minis* n.: "rotolo" di papiro.

Esercizi

A Analizza e traduci le seguenti frasi.

1. Scribere aut legere, simul dictare et audire [Caesarem] solitum accepimus, epistulas vero tantarum rerum quaternas pariter dictare librariis aut, si nihil aliud ageret, septenas. (Plin. Vecchio) **2.** In nuce inclusam Iliadem Homeri carmen in membrana scriptum tradit Cicero. (Plin. Vecchio) **3.** Rudis fuit priscorum vita atque sine litteris. Non minus tamen ingeniosam fuisse in illis observationem apparebit quam nunc esse rationem. (Plin. Vecchio) **4.** Cn. Pompeius confecto Mithridatico bello intraturus Posidonii sapientiae professione clari domum forem percuti de more a lictore vetuit et fasces litterarum ianuae summisit is cui se oriens occidensque summiserat. (Plin. Vecchio) **5.** Quidam litteris instituendos, qui minores septem annis essent, non putaverunt, quod illa primum aetas et intellectum disciplinarum capere et laborem pati posset. (Quint.) **6.** Cum ad eas in studiis vires pervenerit puer, ut, quae prima esse praecepta rhetorum diximus, mente consequi possit, tradendus eius artis magistris erit. (Quint.) **7.** Post impetratam studiis meis quietem, quae per viginti annos erudiendis iuvenibus impenderam, cum a me quidam familiariter postularent, ut aliquid de ratione dicendi componerem, diu sum equidem reluctatus, quod auctores utriusque linguae clarissimos non ignorabam multa, quae ad hoc opus pertinerent, diligentissime scripta posteris reliquisse. (Quint.) **8.** Optime institutum est, ut ab Homero atque Vergilio lectio inciperet, quamquam ad intelligendas eorum virtutes firmiore iudicio opus est; sed huic rei superest tempus, neque enim semel legentur. (Quint.) **9.** Iisdem fere annis aliarum quoque disciplinarum studia ingredienda sunt, quae, quia et ipsae artes sunt et esse perfectae sine orandi scientia possunt nec rursus ad efficiendum oratorem satis valent solae, an sint huic operi necessariae quaeritur. (Quint.) **10.** Hoc loco tractanda quaestio est, utiliusne sit domi atque intra privatos parietes studentem continere, an frequentiae scholarum et velut publicis praeceptoribus tradere. (Quint.) **11.** Tenuit consuetudo, quae cotidie magis invalescit, ut praeceptoribus eloquentiae, Latinis quidem semper sed etiam Graecis interim, discipuli serius quam ratio postulat, traderentur. Eius rei duplex causa est, quod et rhetores utique nostri suas partes omiserunt et grammatici alienas occupaverunt. (Quint.) **12.** [Liberi] discunt haec miseri, antequam sciant vitia esse; inde soluti ac fluentes non accipiunt ex scholis mala ista sed in scholas adferunt. (Quint.)

B Scrivi per ciascuno dei seguenti termini italiani almeno due sinonimi latini.

1. maestro
2. insegnare
3. libro
4. penna
5. cattedra
6. scuola

VERSIONI

PRIMO LIVELLO

336 Il delfino e il bambino

Al tempo di Augusto per alcuni anni un delfino aveva accompagnato a scuola un bambino, del quale era diventato amico, portandolo sul dorso. Quando il ragazzo morì, morì anche l'animale.

a. Amicizia fra un delfino e un bambino
Divo Augusto principe Lucrinum lacum [delphinus] invectus pauperis cuiusdam puerum ex Baiano Puteolos in ludum litterarium itantem, cum meridiano immorans appellatum eum Simonis nomine saepius fragmentis panis, quem ob iter ferebat, adlexisset, miro amore dilexit.

b. Testimonianze del fatto
Pigeret referre, ni res Maecenatis et Fabiani et Flavi Alfii multorumque esset litteris mandata.

c. Morte dei due amici
Quocumque diei tempore inclamatus a puero, quamvis occultus atque abditus, ex imo advolabat pastusque e manu praebebat ascensuro dorsum, pinnae aculeos velut vagina condens, receptumque Puteolos per magnum aequor in ludum ferebat simili modo revehens pluribus annis, donec morbo extincto puero subinde ad consuetum locum ventitans tristis et maerenti similis ipse quoque, quod nemo dubitaret, desiderio expiravit.

(Plinio il Vecchio)

337 Qualità degli elefanti

Fra gli animali terrestri l'elefante è il più grande e il più vicino ai sentimenti umani; infatti comprende la lingua del suo paese e ricorda ciò che ha appreso. Si narra che un elefante, picchiato più volte perché incapace di imparare, fu trovato di notte a ripetere ciò che gli era stato insegnato. Il console Muciano riferisce di un esemplare che conosceva l'alfabeto greco e sapeva scrivere alcune frasi; lo stesso console inoltre riporta che alcuni elefanti scendevano di spalle da una nave per superare la paura dell'acqua.

a. Caratteristiche degli elefanti
Maximum[1] est elephans proximumque humanis sensibus, quippe intellectus[2] illis sermonis patrii et imperiorum obedientia, officiorum, quae didicere, memoria, amoris et gloriae voluptas, immo vero, quae etiam in homine rara, probitas, prudentia, aequitas.

b. Esercizi notturni di un elefante
Certum est unum tardioris ingeni in accipiendis quae tradebantur, saepius castigatum verberibus, eadem illa meditantem noctu repertum. Mirum et adversis quidem funibus subire, sed maxime regredi, utique pronis.

1. *Maximum*: sott. *animal*.
2. *intellectus*: sott. *est*.

Unità 26 L'età dei Flavi. La scuola

c. Testimonianza del console Muciano — *Mucianus ter consul auctor est aliquem ex iis et litterarum ductus Graecarum didicisse solitumque perscribere eius linguae verbis: "Ipse ego haec scripsi et spolia Celtica dicavi", itemque se vidente Puteolis, cum advecti e nave egredi cogerentur, territos spatio pontis procul a continente porrecti, ut sese longinquitatis aestimatione fallerent, aversos retrorsus isse.*

(Plinio il Vecchio)

338 Compiti di un maestro

Il maestro deve considerare gli allievi come dei figli e deve dimostrare un atteggiamento equilibrato in ogni momento dell'azione educativa, dosando severità e indulgenza.

a. Il maestro deve comportarsi come un genitore — *Sumat igitur ante omnia [magister] parentis erga discipulos suos animum, ac succedere se in eorum locum, a quibus sibi liberi tradantur, existimet.*

b. Il maestro deve essere onesto — *Ipse nec habeat vitia nec ferat. Non austeritas eius tristis, non dissoluta sit comitas, ne inde odium hinc contemptus oriatur. Plurimus ei de honesto ac bono sermo sit; nam quo saepius monuerit, hoc rarius castigabit.*

c. Il maestro deve essere giusto — *Minime iracundus, nec tamen eorum, quae emendanda erunt, dissimulator, simplex in docendo, patiens laboris, assiduus potius quam immodicus. Interrogantibus libenter respondeat, non interrogantes percontetur ultro. In laudandis discipulorum dictionibus nec malignus nec effusus, quia res altera taedium laboris, altera securitatem parit. In emendando, quae corrigenda erunt, non acerbus minimeque contumeliosus; nam id quidem multos a proposito studendi fugat, quod quidam*[1] *sic obiurgant quasi oderint. Ipse aliquid immo multa cotidie dicat, quae secum auditores referant.*

(Quintiliano)

1. *quidam*: sott. *magistri*.

339 Doveri di un allievo

Gli allievi devono amare i loro maestri e considerarli come padri delle loro menti. Questo rapporto di affetto renderà più proficuo e piacevole lo studio: solo nella concordia reciproca tra chi insegna e chi apprende può crescere il sapere.

a. Gli allievi devono amare i loro maestri — *Plura de officio docentium locutus*[1] *discipulos id unum interim moneo, ut praeceptores suos non minus quam ipsa studia ament, et parentes esse non quidem corporum sed mentium credant.*

b. Il rispetto facilita l'apprendimento — *Multum haec pietas conferet studio; nam ita et libenter audient et dictis credent et esse similes concupiscent, in ipsos denique coetus scholarum laeti alacresque convenient, emendati non irascentur, laudati gaudebunt, ut sint carissimi, studio merebuntur.*

1. *locutus*: si riferisce a Quintiliano, che nei paragrafi precedenti ha illustrato i doveri dell'insegnante.

c. Necessità dell'affiatamento tra allievo e maestro

Nam ut illorum officium est docere, sic horum praebere se dociles; alioqui neutrum sine altero sufficit. Et sicut hominis ortus ex utroque gignentium confertur, et frustra sparseris semina, nisi illa praemollitus foverit sulcus: ita eloquentia coalescere nequit nisi sociata tradentis accipientisque concordia.

(Quintiliano)

MODUS SCRIBENDI — LO STILE DI QUINTILIANO

LE CARATTERISTICHE ESSENZIALI

1. Chiarezza espositiva.
2. Ricerca di un equilibrio fra l'eccessiva semplicità degli atticisti e l'ampollosità degli asiani.
3. Adesione al modello ciceroniano, anche se il periodo è meno ampio e simmetrico.
4. Influenza di Seneca per la presenza di ellissi verbali e nominali, grecismi, sentenze.
5. Frequente ricorso alle figure retoriche, specie metafore e similitudini:

Evitandus est in pueris praecipue magister aridus, non minus quam teneris adhuc plantis siccum et sine humore ullo solum.

Bisogna evitare principalmente nei confronti dei fanciulli un maestro arido, non meno di quanto si debba evitare per le piante ancora tenere un terreno secco e privo di umidità.

Un giudizio critico

Quintiliano oltre Cicerone (I. Mariotti)

È naturale che, date le sue premesse teoriche, Quintiliano si proponesse come modello di stile Cicerone. Da lui accolse il senso «classico» dalla misura, ma non rinunciò a modi espressivi ormai acquisiti, pur ripudiando le intemperanze stilistiche dei «moderni». È questo il segno della sua originalità di artista. Il suo periodare non imita l'ampiezza e la *concinnitas* – la simmetria – di quello ciceroniano, ma ha un andamento spezzato, con brachilogie, sottolineature espressive e un *ordo verborum* a volte artificioso. Quintiliano ama lo stile ornato e non è privo di un suo *color poeticus*, come Sallustio e anche Livio: ha per es. *felix* o *laetus* nel senso di «abbondante». Il lessico presenta i caratteri della latinità cosiddetta argentea anche nell'uso di avverbi, preposizioni e pronomi come *demum* per *tantum* «soltanto», *quoque* (usato di regola come semplice copulativo e coi nomi) per *etiam* (accrescitivo e coi verbi), *quicumque* per *quivis*. Anche nella sintassi l'autore non è ligio al purismo di Cesare e Cicerone: usa, per es., *quamquam* col congiuntivo, *dignus* o *suadeo* con l'infinito.

(I. Mariotti, *Storia e testi della letteratura latina - Da Tiberio a Traiano*, Zanichelli, Bologna 1989², p. 134)

SECONDO LIVELLO

340 L'invenzione dell'alfabeto

Plinio il Vecchio dedica il libro VII della *Storia naturale* all'antropologia. Fra i numerosi argomenti trattati, l'autore parla anche di alcune importanti invenzioni, fra cui l'alfabeto.

Litteras semper arbitror Assyrias fuisse, sed alii apud Aegyptios a Mercurio, ut Gellius, alii apud Syros repertas volunt, utrique in Graeciam attulisse e Phoenice Cadmum sedecim numero, quibus Troiano bello Palameden adiecisse quattuor, totidem post eum Simoniden melicum, quarum omnium vis in nostris recognoscitur. Aristoteles decem et octo priscas fuisse et duas ab Epicharmo additas quam a Palamede mavult. Anticlides in Aegypto invenisse quendam nomine Menen tradit, XV annorum ante Phoronea, antiquissimum Graeciae regem, idque monumentis adprobare conatur. E diverso Epigenes apud Babylonios DCCXX annorum observationes siderum coctilibus laterculis inscriptas docet, gravis auctor in primis; qui minimum, Berosus et Critodemus, CCCCXC. Ex quo apparet aeternus litterarum usus. In Latium eas attulerunt Pelasgi.

(Plinio il Vecchio)

Laboratorio

SINTASSI
1. Sottolinea le infinitive, precisando da quale verbo ciascuna è retta.

LESSICO
2. Indica i possibili significati dell'aggettivo *gravis, -e*.

COMPRENSIONE DEL TESTO
3. Secondo Aristotele quante erano le lettere antiche?
4. Chi era Foroneo?

••◦ | 341 Materiali scrittori

Plinio tratta di alcune piante che crescono in Egitto, fra cui il papiro. La descrizione di questo arbusto consente una breve digressione sui vari materiali scrittori.

Prius tamen quam digrediamur ab Aegypto, et papyri natura dicetur, cum chartae usu maxime humanitas vitae constet, certe memoria. Et hanc Alexandri Magni victoria repertam auctor est M. Varro, condita in Aegypto Alexandria. Antea non fuisse chartarum usum: in palmarum foliis primo scriptitatum, dein quarundam arborum libris. Postea publica monumenta plumbeis voluminibus, mox et privata linteis confici coepta aut ceris; pugillarium enim usum fuisse etiam ante Troiana tempora invenimus apud Homerum. Mox aemulatione circa bibliothecas regum Ptolemaei et Eumenis, supprimente chartas Ptolemaeo, idem Varro membranas Pergami tradit repertas. Postea promiscue repatuit usus rei qua constat immortalitas hominum.

(PLINIO IL VECCHIO)

Laboratorio

SINTASSI
1. Sottolinea le proposizioni temporali.

LESSICO
2. Che cosa erano i *pugillares*?

COMPRENSIONE DEL TESTO
3. Elenca i materiali scrittori menzionati nel brano.
4. Secondo Varrone, quale evento determinò la scoperta della pergamena?

••◦ | 342 L'importanza dei contenuti anche nelle prime fasi dell'insegnamento

Quintiliano descrive le fasi iniziali dell'insegnamento presso il *grammaticus*, soffermandosi sullo studio dell'alfabeto. Dopo aver sottolineato il valore educativo del gioco, l'autore spiega il metodo migliore per imparare a scrivere.

Illud non paenitebit curasse, cum scribere nomina puer (quemadmodum moris est) coeperit, ne hanc operam in vocabulis vulgaribus et forte occurrentibus perdat. Protinus enim potest interpretationem linguae secretioris, quas Graeci γλῶσσας [glossas] vocant, dum aliud agitur, ediscere et inter prima elementa consequi rem postea proprium tempus desideraturam. Et quoniam circa res adhuc tenues moramur, ii quoque versus, qui ad imitationem scribendi proponentur, non otiosas velim sententias habeant sed honestum aliquid monentes. Prosequitur haec memoria in senectutem et impressa animo rudi usque ad mores proficiet. Etiam dicta clarorum virorum et electos ex poëtis maxime (namque eorum cognitio parvis gratior est) locos ediscere inter lusum licet. Nam et maxime necessaria est oratori (sicut suo loco dicam) memoria, et ea praecipue firmatur atque alitur exercitatione, et in his, de quibus nunc loquimur, aetatibus, quae nihildum ipsae generare ex se queunt, prope sola est, quae iuvari cura docentium possit. (Quintiliano)

●●● | 343 Bisogna scrivere bene

Nel libro I della *Institutio oratoria* Quintiliano affronta problemi di pedagogia generale, dimostrando fiducia nelle capacità di apprendimento dei bambini. Come il corpo deve essere allenato tempestivamente per diventare forte, così anche la mente deve essere stimolata fin dalla tenera età.

Cum vero iam ductus sequi [puer] coeperit, non inutile erit eas[1] tabellae quam optime insculpi, ut per illos velut sulcos ducatur stilus. Nam neque errabit, quemadmodum in ceris (continebitur enim utrinque marginibus neque extra praescriptum egredi poterit) et celerius ac saepius sequendo certa vestigia firmabit articulos, neque egebit adiutorio manum suam manu superimposita regentis. Non est aliena res, quae fere ab honestis negligi solet, cura bene ac velociter scribendi. Nam cum sit in studiis praecipuum, quoque solo verus ille profectus et altis radicibus nixus paretur, scribere ipsum, tardior stilus cogitationem moratur, rudis et confusus intellectu[2] caret; unde sequitur alter dictandi, quae transferenda sunt, labor. Quare cum[3] semper et ubique tum praecipue in epistolis secretis et familiaribus delectabit ne hoc quidem neglectum reliquisse. (Quintiliano)

◁ Vedi **Cave!**

1. *eas*: sott. *litteras*.
2. *intellectu*: supino passivo.
3. *cum*: correlato con il successivo *tum*.

Laboratorio

SINTASSI
1. Sottolinea i gerundi e analizzane le funzioni.

ANALISI STILISTICA
2. Individua la figura retorica presente nella frase *neque egebit adiutorio manum suam manu superimposita regentis*.

LESSICO
3. Trascrivi il significato italiano dei seguenti termini: *ductus, stilus, tabella*.

COMPRENSIONE DEL TESTO
4. Quali vantaggi arreca scrivere su tavolette rigide?
5. Perché è importante scrivere velocemente?

Cave!

***Quoque*: pronome o avverbio?** Quando ci si imbatte in *quoque* occorre prestare molta attenzione al contesto. Il termine infatti può essere:

- l'**ablativo** del pronome indefinito ***quisque***, *quaeque*, *quodque*:

    *Genus... ad omnia imitanda et efficienda quae a **quoque** traduntur aptissimum.* (Ces.)
    Popolo capacissimo di imitare e rifare tutto ciò che gli venga insegnato da **chicchessia**.

- l'equivalente di *et quo* (**ablativo del pronome relativo** *qui*, *quae*, *quod*):

    ***Quoque** erat accinctus, demisit in ilia ferrum.* (Ov.)
    Immerse nel fianco la spada **di cui** era cinto.

- l'equivalente di *et quo* (**nesso finale**):

    ***Quoque** Messena celerius restitueretur, legatus in Persas est profectus.* (Nep.)
    E fu ambasciatore in Persia **affinché** la Messenia fosse restituita più velocemente.

- l'**avverbio "anche"**, che si trova sempre posposto alla parola a cui si riferisce:

    *Tu **quoque**, Brute, fili mi!*
    Anche tu, Bruto, figlio mio!

COMPARATIO

344 Vantaggi della scuola pubblica

18 *Ante omnia futurus orator, cui in maxima celebritate et in media rei publicae luce vivendum est, adsuescat iam a tenero non reformidare homines neque illa solitaria et velut umbratica vita pallescere. Excitanda mens et adtollenda semper est, quae in eiusmodi secretis aut languescit et quendam velut in opaco situm ducit, aut contra tumescit inani persuasione; necesse est enim nimium tribuat sibi, qui se nemini comparat.*
19 *Deinde cum proferenda sunt studia, caligat in sole et omnia nova offendit, ut qui solus didicerit quod inter multos faciendum est.*
20 *Mitto amicitias, quae ad senectutem usque firmissime durant religiosa quadam necessitudine imbutae: neque enim est sanctius sacris isdem quam studiis initiari. Sensum ipsum, qui communis dicitur, ubi discet, cum se a congressu, qui non hominibus solum sed mutis quoque animalibus naturalis est, segregarit?*
21 *Adde quod domi ea sola discere potest, quae ipsi praecipientur, in schola etiam quae aliis. Audiet multa cotidie probari, multa corrigi; proderit alicuius obiurgata desidia, proderit laudata industria, excitabitur laude aemulatio,* **22** *turpe ducet cedere pari, pulchrum superasse maiores. Accendunt omnia haec animos, et licet ipsa vitium sit ambitio, frequenter tamen causa virtutum est.*

(Quintiliano)

Traduzione

18 Prima di tutto, il futuro oratore, che è destinato a vivere una vita di relazione con molta gente e ad esporsi continuamente in società, si abitui fin da ragazzo a non essere timido in pubblico e a non intristire nella solitudine di una vita appartata. Il pensiero va sempre tenuto sveglio e teso, mentre, se si apparta, langue e, tenendosi nell'ombra, arrugginisce; oppure, al contrario, si gonfia di vuota e superba sicumera: perché è naturale che troppo conceda a sé chi non si vuol paragonare a nessuno.

19 Poi, però, quando uno così abituato deve mostrare in pubblico i frutti dei suoi studi, non ci vede in pieno giorno e inciampa in cose per lui del tutto nuove, come deve fatalmente accadere a chi avrà imparato a fare in solitudine quanto dovrà fare tra la folla.

20 Non parlo delle amicizie, le quali, basate su vincoli, vorrei dire, religiosi, durano saldamente fino alla vecchiaia: infatti, essere iniziati ai medesimi riti religiosi non costituisce un legame più indissolubile che essere iniziati ai medesimi studi. Dove il futuro oratore acquisterà il cosiddetto senso comune, se si sarà appartato dagli scambievoli rapporti, che sono naturali non solo agli uomini, ma anche agli esseri privi di ragione e di parola?

21 Si aggiunga il fatto che, a casa sua, egli può apprendere solo quanto sarà insegnato a lui; nella scuola, anche quanto sarà insegnato agli altri. Sentirà ogni giorno molte cose approvare, altre correggere, gli sarà un'utile lezione il rimprovero della pigrizia, l'elogio della diligenza, la lode ne susciterà l'emulazione, **22** si convincerà che è vergognoso restare indietro a un suo pari e che dà soddisfazione l'aver superato i migliori. Tutto ciò accende di entusiasmo l'animo, ed è vero che l'ambizione, malgrado sia un difetto, è tuttavia spesso uno stimolo alla virtù.

(trad. di P. Pecchiura)

Riflettere sulla traduzione

1. Quale aggettivo viene aggiunto dal traduttore nella frase *contra tumescit inani persuasione* (par. 18)?
2. Nel par. 19 quali elementi sono stati inseriti rispetto all'originale?
3. Nel par. 20 l'interprete non conserva l'anastrofe *sensum ipsum*. Quale effetto ne deriva? Prova a tradurre la frase conservando l'anticipazione del complemento oggetto.
4. Che valore ha assegnato il traduttore al verbo *segregarit* (par. 20) e alla subordinata che lo contiene? Suggerisci un'alternativa.
5. Quale elemento della frase *licet ipsa vitium sit ambitio* non compare nella versione italiana (par. 22)? Proponi una tua traduzione.

345 I ragazzi sopportano la fatica meglio degli adulti

Secondo Quintiliano, chi aspira a diventare oratore deve conoscere molte discipline. Pertanto l'autore riflette sulla possibilità che un allievo apprenda più argomenti nello stesso tempo. A quanti pensano che ciò confonda la mente, l'autore risponde che l'uomo è, per natura, in grado di gestire contemporaneamente molte attività; quindi confuta l'idea che i ragazzi non siano in grado di sopportare la fatica.

Illud quidem minime verendum est, ne laborem studiorum pueri difficilius tolerent, neque enim ulla aetas minus fatigatur. Mirum sit forsitan, sed experimentis deprehendas. Nam et dociliora sunt ingenia, priusquam obduruerunt. Id vel hoc argumento patet, quod intra biennium, quam verba recte formare potuerunt, quamvis nullo instante, omnia fere loquuntur; at noviciis nostris per quot annos sermo Latinus repugnat. Magis scias, si quem iam robustum instituere litteris coeperis, non sine causa dici παιδομαθεῖς [paidomatheis] eos, qui in sua quidque arte optime faciant. Et patientior est laboris natura pueris quam iuvenibus. Videlicet, ut corpora infantium nec casus, quo in terram totiens deferuntur, tam graviter adfligit nec illa per manus et genua reptatio nec post breve tempus continui lusus et totius diei discursus, quia pondus illis abest nec sese ipsi gravant: sic animi quoque, credo, quia minore conatu moventur nec suo nisu studiis insistunt, sed formandos se tantummodo praestant, non similiter fatigantur. Praeterea secundum aliam aetatis illius facilitatem velut simplicius docentes sequuntur nec quae iam egerint metiuntur. Abest illis adhuc etiam laboris iudicium. Porro, ut frequenter experti sumus, minus adficit sensus fatigatio quam cogitatio.

(Quintiliano)

TERZO LIVELLO

●●● | 346 I compagni di classe facilitano l'apprendimento

*Non inutilem scio servatum esse a praeceptoribus meis morem, qui, cum pueros in classes distribuerant, ordinem dicendi[1] secundum vires ingenii dabant; et ita superiore loco quisque declamabat, ut praecedere profectu videbatur. Huius rei iudicia praebebantur; ea nobis ingens **palma**[2], ducere vero classem multo pulcherrimum. Nec de hoc semel decretum erat; tricesimus dies reddebat victo certaminis potestatem. Ita nec superior successu curam remittebat et dolor victum ad depellendam ignominiam concitabat. Id nobis acriores ad studia dicendi faces subdidisse quam exhortationem docentium, paedagogorum custodiam, vota parentum, quantum animi mei coniectura colligere possum, contenderim. Sed sicut firmiores in litteris profectus alit aemulatio, ita incipientibus atque adhuc teneris condiscipulorum quam praeceptoris iucundior hoc ipso, quod facilior, imitatio est. Vix enim se prima elementa ad spem tollere effingendae, quam summam putant, eloquentiae audebunt; proxima amplectentur magis, ut vites arboribus applicitae inferiores prius apprehendendo ramos in cacumina evadunt. Quod adeo verum est, ut ipsius etiam magistri, si tamen ambitiosis utilia praeferet, hoc opus sit, cum adhuc rudia tractabit ingenia, non statim onerare infirmitatem discentium, sed temperare vires suas et ad intellectum audientis descendere.*

(Quintiliano)

▶ Vedi **Curiosità**

1. *ordinem dicendi*: "la precedenza nel declamare".
2. *ea nobis ingens palma*: sott. *erat*.

Laboratorio

ANALISI STILISTICA
1. Individua una litote, un iperbato, un chiasmo, una similitudine.

LESSICO
2. Sottolinea i diversi termini che alludono alla figura dell'insegnante.

COMPRENSIONE DEL TESTO
3. Quale espediente avevano escogitato i maestri di Quintiliano per stimolare l'emulazione?
4. Qual è il compito del vero maestro?

PRODUZIONE
5. Dividi il testo in sequenze, assegnando a ciascuna un titolo.

Curiosità

La palma della vittoria Oltre che "**palmo della mano**", il termine ***palma*** significa "**albero di palma**" e per traslato "**vittoria, premio**".

La storia di questa pianta si intreccia con quella dei popoli mediterranei, presso i quali ha assunto spesso il valore di albero della vita, probabilmente per la disposizione a raggiera delle sue fronde, che ricorda la forma del sole.
Presso gli Egizi la palma, considerata sacra, era deposta sulle mummie e sui sarcofaghi in segno di augurio per l'aldilà ed era connessa col culto di Iside, la dea che accompagnava le anime nell'oltretomba.
In Grecia la palma si chiamava φοῖνιξ (*phòinix*), come l'araba fenice, l'uccello che rinasce dalle sue ceneri, ed era associata a Latona, che aveva partorito Artemide ed Apollo "abbracciata a una palma" (*Inno ad Apollo* 217) nell'isola di Delo.
Un ramo di palma era donato ai vincitori dei giochi olimpici. Secondo la testimonianza di Plutarco, l'albero era un simbolo di vittoria perché il suo tronco non cede a chi lo forza (*Quaestiones convivales* 8, 4, 5).

> Anche a Roma la palma rappresenta il trionfo: la dea *Vittoria* è chiamata anche con la perifrasi *palmaris Dea* ed era raffigurata con una fronda di palma in mano.
> Dall'aggettivo *palmaris* ("**degno della palma, eccellente**") deriva il francese *palmarès* per indicare la "**lista dei premiati in una competizione**" e la "**lista dei successi**". In italiano il termine *palmarès* indica le vittorie di un atleta o di una squadra.

●●● | 347 Valore didattico della ricreazione

Danda est tamen omnibus aliqua remissio; non solum quia nulla res est, quae perferre possit continuum laborem, atque ea quoque, quae sensu et anima carent, ut servare vim suam possint, velut quiete alterna retenduntur; sed quod studium discendi voluntate, quae cogi non potest, constat. Itaque et virium plus adferunt ad discendum renovati ac recentes et acriorem animum, qui fere necessitatibus repugnat. Nec me offenderit lusus in pueris; est et hoc signum alacritatis; neque illum tristem semperque demissum sperare possim erectae circa studia mentis fore, cum in hoc quoque maxime naturali aetatibus illis impetu iaceat. Modus tamen sit remissionibus, ne aut odium studiorum faciant negatae aut otii consuetudinem nimiae. Sunt etiam nonnulli acuendis puerorum ingeniis non inutiles lusus, cum positis invicem cuiusque generis quaestiunculis aemulantur. Mores quoque se inter ludendum simplicius detegunt; modo nulla videatur aetas tam infirma, quae non protinus quid rectum pravumque sit discat, tum vel maxime formanda, cum simulandi nescia est et praecipientibus facillime cedit. Frangas enim citius quam corrigas, quae in pravum induruerunt. Protinus ergo, ne quid cupide, ne quid improbe, ne quid impotenter faciat, monendus est puer; habendumque in animo semper illud Vergilianum:

>   *adeo in teneris consuescere multum est*[1].

(Quintiliano)

1. *adeo in teneris consuescere multum est*: Georg. II 272.

●●● | 348 La cultura di un grammatico

Haec igitur professio[1], *cum brevissime in duas partes dividatur, recte loquendi scientiam et poetarum enarrationem, plus habet in recessu quam fronte promittit. Nam et scribendi ratio coniuncta cum loquendo est, et enarrationem praecedit emendata lectio, et mixtum his omnibus iudicium*[2] *est; quo quidem ita severe sunt usi veteres grammatici, ut non versus modo censoria quadam virgula notare et libros, qui falso viderentur inscripti, tamquam subditos summovere familia permiserint sibi, sed auctores alios in ordinem redegerint*[3], *alios omnino exemerint numero. Nec poetas legisse satis est: excutiendum omne scriptorum genus non propter historias modo sed verba, quae frequenter ius ab auctoribus sumunt. Tum neque citra musicen grammatice*[4] *potest esse perfecta, cum ei de metris rhythmisque dicendum sit, nec, si rationem siderum ignoret, poetas intelligat, qui (ut alia omittam) totiens ortu occasuque signorum in declarandis temporibus utantur; nec ignara philosophiae, cum propter plurimos in omnibus fere carminibus locos ex intima naturalium quaestionum subtilitate repetitos, tum vel propter Empedoclea in Graecis, Varronem ac Lucretium in Latinis, qui praecepta sapientiae versibus tradiderunt.*

(Quintiliano)

1. *Haec igitur professio*: cioè quella del grammatico.
2. *iudicium*: "studio critico" (dei testi).
3. *auctores alios in ordinem redegerint*: allusione al canone dei grammatici alessandrini che enumerava gli scrittori ritenuti migliori divisi per genere letterario.
4. *grammatice*: grammatica.

Laboratorio

ANALISI STILISTICA
1. Individua i parallelismi.

LESSICO
2. Sottolinea i diversi termini che alludono alla figura dell'insegnante.

COMPRENSIONE DEL TESTO
3. Spiega che cosa significa *plus habet in recessu quam fronte promittit*.
4. Quali autori hanno trattato argomenti filosofici in versi?

PRODUZIONE
5. Elenca le conoscenze che deve possedere un grammatico.

●●● | 349 L'esperienza è più utile della teoria

Neque solum haec ipse debebit docere praeceptor sed frequenter interrogare et iudicium discipulorum experiri. Sic audientibus securitas aberit nec quae dicentur superfluent aures, simulque ad id perducentur, quod ex hoc quaeritur, ut inveniant ipsi et intelligant. Nam quid aliud agimus docendo eos, quam ne semper docendi sint? Hoc diligentiae genus ausim dicere plus collaturum discentibus quam omnes omnium artes, quae iuvant sine dubio multum; sed latiore quadam comprehensione per omnes quidem species rerum cotidie paene nascentium ire qui possunt? Sicut de re militari, quamquam sunt tradita quaedam praecepta communia, magis tamen proderit scire, qua ducum quisque ratione, in quali re, tempore, loco sit sapienter usus aut contra. Nam in omnibus fere minus valent praecepta quam experimenta. An vero declamabit quidem praeceptor, ut sit exemplo suis auditoribus; non plus contulerint lecti Cicero aut Demosthenes? Corrigetur palam, si quid in declamando discipulus erraverit; non potentius erit emendare orationem, quin immo etiam iucundius? Aliena enim vitia reprehendi quisque mavult quam sua.

(QUINTILIANO)

UNITÀ 27

L'ETÀ DI NERVA E TRAIANO
LA POLITICA

CURIOSITÀ	CAVE!
Candidatus	*Ceterum*: aggettivo o avverbio?
MODUS SCRIBENDI	**LESSICO TEMATICO**
Lo stile di Tacito	La politica

LESSICO TEMATICO
La politica

- **aedilis**, **-is**, m.: "edile"; gli edili sorvegliavano il mercato dei grani, preparavano i giochi pubblici, custodivano gli archivi, curavano la manutenzione di edifici privati e pubblici.
- **candidatus**, **-i**, m.: "candidato, aspirante a una carica pubblica" (vd. **Curiosità - *Candidatus***).
- **censor**, **-oris**, m.: "censore"; eletti ogni cinque anni, i due censori registravano i nomi e i beni dei cittadini, amministravano l'agro pubblico, mantenevano in buono stato templi, strade, porti, ecc.; in seguito ebbero pure il compito di compilare le liste dei senatori, di redigere il bilancio dello stato e di vigilare sui costumi.
- **civitas**, **-atis**, f.: "diritto di cittadino", "cittadinanza", "stato, città".
- **comitium**, **-ii**, n.: "comizio", adunanza del popolo romano con competenze legislative, elettorali e giudiziarie.
- **consul**, **-ulis**, m.: "console"; i due consoli avevano pieni poteri esecutivi in tempo di pace e il comando degli eserciti (*imperium*) in guerra; restavano in carica un anno.
- **cursus** (**honorum**), m.: "carriera politica"; ogni *civis Romanus*, nato libero ed in possesso di tutti i diritti, dal compimento dei 28 anni poteva aspirare alle cariche pubbliche secondo un ordine ben preciso: questore, edile, tribuno, pretore, censore, console.
- **dictator**, **-oris**, m.: "dittatore", magistrato straordinario, a cui venivano conferiti pieni poteri in situazioni di estremo pericolo per la repubblica; il mandato non poteva durare più di sei mesi.
- **imperator**, **-oris**, m.: "comandante, capo"; "capo dell'esercito, generale"; dopo Cesare, il termine significa "imperatore", titolo del principe, preposto o posposto al nome.
- **imperium**, **-ii**, n.: in senso politico "ordine, comando, diritto di comandare, autorità"; in senso militare "supremo comando militare".
- **magistratus**, **-us**, m.: "carica civile, magistratura"; per metonimia "magistrato, funzionario pubblico". Le magistrature si distinguevano in ordinarie, straordinarie, curuli (cioè con diritto alla sedia curule, simbolo del potere giudiziario), maggiori, minori, *cum* o *sine imperio* ("con" o "senza poteri militari").
- **nobilitas**, **-atis**, f.: "notorietà, fama", "nascita illustre, condizione elevata"; quindi per metonimia "aristocrazia, nobiltà".
- **optimates**, **-um** (e **-ium**), m. pl.: "ottimati", "conservatori", "aristocratici", spec. dell'aristocrazia senatoriale; si contrapponevano ai *populares*.
- **pars**, **partis**, f.: "parte, partito politico, fazione".
- **patres**, **-um**, m. pl.: "senatori, patrizi"; *patres conscripti* indica gli "iscritti nella lista dei senatori".
- **patricii**, **-orum**, m. pl.: "patrizi".
- **plebs**, **-is**, f.: "plebe".
- **pontifex**, **-icis**, m.: "pontefice", "sommo sacerdote".
- **populus**, **-i**, m.: "popolo", comunità politica che costituisce lo stato, insieme di cittadini senza distinzione di classe.
- **praefectus**, **-i**, m.: "sovrintendente, sorvegliante", "prefetto"; i prefetti erano speciali magistrati civili e militari, con numerose e varie competenze: *praefectus vigilum* (delle guardie notturne), *annonae* (del vettovagliamento), *urbis* (di Roma, con mansioni di ordine pubblico), *praetorio* (capo dei pretoriani, guardia imperiale), ecc.
- **praetor**, **-oris**, m.: "pretore", magistrato che amministrava la giustizia.
- **proconsul**, **-ulis**, m.: "proconsole", reggeva il governo di una provincia, in genere dopo aver ricoperto la carica di console.
- **quaestor**, **-oris**, m.: "questore"; dapprima i questori ebbero competenze giudiziarie, poi amministrative; il loro numero aumentò progressivamente.

- **res publica**, **rei publicae**, f.: "stato, comunità statale"; "governo, forma di governo"; anche "situazione politica".
- **rex**, **regis**, m.: "re"; nell'età della monarchia era un magistrato supremo, con pieni poteri religiosi, militari, politici e giudiziari.
- **senator**, **-oris**, m.: "senatore". I senatori si dividevano in varie categorie in relazione alle magistrature di provenienza (ex censori, ex consoli, ex pretori, ecc.).
- **senatus**, **-us**, m.: "senato"; inizialmente era formato da cento patrizi, a cui in seguito si aggiunsero altri membri, di origine plebea (*patres conscripti*), arrivando al numero di trecento senatori. Da Cesare in poi il senato fu ulteriormente allargato ed aperto ad elementi provinciali. I senatori controllavano la finanza pubblica, dirigevano la politica estera, potevano dichiarare lo stato di emergenza (*senatus consultum ultimum*, con cui si davano ai consoli pieni poteri). In epoca imperiale, nonostante un ossequio formale, l'autorità del senato fu di fatto vanificata.
- **tribunus**, **-i**, m.: "tribuno"; in origine, era il capo di una delle tribù romane, poi *tribuni* (*plebis*) furono i tribuni della plebe, che tutelavano i diritti della plebe. Erano sacri e inviolabili e avevano diritto di veto. Competenze militari avevano invece i *tribuni militum*.

Esercizi

A Analizza e traduci le seguenti frasi.

1. *Occiso Domitiano statui mecum ac deliberavi, esse magnam pulchramque materiam insectandi nocentes, miseros vindicandi, se proferendi. Porro inter multa scelera multorum nullum atrocius videbatur, quam quod in senatu senator senatori, praetorius consulari, reo iudex manus intulisset.* (Plin. il Giovane) **2.** *"Rogo, patres conscripti, ne me cogatis implorare auxilium tribunorum".* (Plin. il Giovane) **3.** *Ecce Licinius Nepos praetor! Acer et fortis et praetor, multam dixit etiam senatori.* (Plin. il Giovane) **4.** *Modo [Iunus Avitus] designatus aedilis, recens maritus recens pater intactum honorem, orbam matrem, viduam uxorem, filiam pupillam ignaram patris reliquit.* (Plin. il Giovane) **5.** *Ingentia illi [annales veteres populi Romani] bella, expugnationes urbium, fusos captosque reges, aut si quando ad interna praeverterent, discordias consulum adversum tribunos, agrarias frumentariasque leges, plebis et optimatium certamina libero egressu memorabant.* (Tac.) **6.** *Sex. Pompeius et Sex. Appuleius consules primi in verba Tiberii Caesaris iuravere, aputque eos Seius Strabo et C. Turranius, ille praetoriarum cohortium praefectus, hic annonae; mox senatus milesque et populus.* (Tac.) **7.** *[Petronius] proconsul tamen Bithyniae et mox consul vigentem se ac parem negotiis ostendit.* (Tac.) **8.** *Nostra quoque civitas, donec erravit, donec se partibus et dissensionibus et discordiis confecit, donec nulla fuit in foro pax, nulla in senatu concordia, nulla in iudiciis moderatio, nulla superiorum reverentia, nullus magistratuum modus, tulit sine dubio valentiorem eloquentiam, sicut indomitus ager habet quasdam herbas laetiores.* (Tac.) **9.** *Omnium harum gentium virtute praecipui Batavi non multum ex ripa, sed insulam Rheni amnis colunt, Chattorum quondam populus et seditione domestica in eas sedes transgressus in quibus pars Romani imperii fierent.* (Tac.) **10.** *Sors quaesturae provinciam Asiam, proconsulem Salvium Titianum [Agricolae] dedit, quorum neutro corruptus est.* (Tac.) **11.** *Inferioris Germaniae legiones diutius sine consulari fuere, donec missu Galbae A. Vitellius aderat, censoris Vitellii ac ter consulis filius.* (Tac.) **12.** *[Vitellius] ventitabat in senatum, etiam cum parvis de rebus patres consulerentur.* (Tac.)

B Scegli fra i due termini proposti quello corrispondente alla definizione.

1. magistrato con funzioni giudiziarie
   ☐ *aedilis*
   ☐ *quaestor*

2. carriera politica
   ☐ *cursus honorum*
   ☐ *imperium*

3. magistrato straordinario dotato di pieni poteri
   ☐ *imperator*
   ☐ *dictator*

4. cittadinanza
   ☐ *res publica*
   ☐ *civitas*

5. magistrato con poteri esecutivi
   ☐ *consul*
   ☐ *censor*

6. governatore di una provincia
   ☐ *proconsul*
   ☐ *praetor*

VERSIONI

PRIMO LIVELLO

350 Modesta questione, ma sempre una questione

Plinio racconta a Maturo Arriano un episodio che attesta l'onestà di Egnazio Marcellino. In qualità di questore quest'ultimo aveva ricevuto una somma di denaro, nella quale era compreso lo stipendio del suo segretario, morto nel frattempo. Rientrato in patria, Marcellino chiede al senato se il denaro debba essere consegnato all'erario o agli eredi. Plinio invita Arriano a lodare il comportamento di Marcellino.

a. Comportamento ammirevole di Marcellino

C. Plinius [Maturo] Arriano suo salutat
Amas Egnatium Marcellinum atque etiam mihi saepe commendas; amabis magis commendabisque, si cognoveris eius recens factum.

b. Marcellino riceve lo stipendio del segretario

Cum in provinciam quaestor exisset scribamque, qui sorte obtigerat, ante legitimum salarii tempus amisisset, quod acceperat, scribae daturus, intellexit et statuit subsidere apud se non oportere.

c. A chi consegnare il denaro?

Itaque reversus Caesarem, deinde Caesare auctore senatum consuluit, quid fieri de salario vellet. Parva quaestio sed tamen quaestio. Heredes scribae sibi, praefecti aerari populo vindicabant. Acta causa est; dixit heredum advocatus, deinde populi, uterque percommode. Caecilius Strabo aerario censuit inferendum, Baebius Macer heredibus dandum: obtinuit Strabo.

d. Plinio invita Arriano a lodare Marcellino

Tu lauda Marcellinum, ut ego statim feci. Quamvis enim abunde sufficiat illi quod est et a principe et a senatu probatus, gaudebit tamen testimonio tuo.

(Plinio il Giovane)

351 Plinio raccomanda Asinio Basso per la carica di questore

Nel 105 d.C. Plinio scrive all'amico Minicio Fundano, augurandogli di essere eletto console l'anno successivo. Nello stesso anno sarà questore Asinio Basso, un ragazzo onesto, intelligente e colto. Plinio invita Fundano ad accogliere il giovane come un figlio, convinto che contribuirà a dare lustro al suo mandato.

a. Augurio di Plinio *Optamus enim tibi[1] ominamurque in proximum annum consulatum: ita nos virtutes tuae, ita iudicia principis augurari volunt.*

b. Qualità di Asinio Basso *Concurrit autem ut sit eodem anno quaestor maximus ex liberis Rufi, Asinius Bassus, iuvenis (nescio an dicam, quod me pater et sentire et dicere cupit, adulescentis verecundia vetat) ipso patre melior. Difficile est ut mihi de absente credas (quamquam credere soles omnia), tantum in illo industriae, probitatis, eruditionis, ingenii, studii, memoriae denique esse, quantum expertus[2] invenies. Vellem tam ferax saeculum bonis artibus haberemus[3], ut aliquos Basso praeferre deberes: tum ego te primus hortarer moneremque, circumferres oculos ac diu pensitares, quem potissimum eligeres.*

c. Richiesta di Plinio a Fundano *Nunc vero – sed nihil volo de amico meo arrogantius dicere; hoc solum dico, dignum esse iuvenem quem more maiorum in filii locum assumas. Debent autem sapientes viri, ut tu, tales quasi liberos a re publica accipere, quales a natura solemus optare. Decorus erit tibi consuli quaestor patre praetorio, propinquis consularibus, quibus iudicio ipsorum, quamquam adulescentulus adhuc, iam tamen invicem ornamento est.*

(Plinio il Giovane)

1. *tibi*: Minicio Fundano.
2. *expertus*: "se lo metterai alla prova".
3. *Vellem... haberemus*: costruzione paratattica.

352 Una strana apparizione

Secondo alcuni, Curzio Rufo era figlio di un gladiatore. Su di lui si racconta uno strano aneddoto: il fantasma di una donna gli preannunciò che sarebbe divenuto proconsole in Africa. Fiducioso nell'apparizione, grazie al sostegno economico degli amici e alla sua intelligenza, divenne questore, pretore e proconsole.

a. Origine di Rufo *De origine Curtii Rufi[1], quem gladiatore genitum quidam prodidere, neque falsa prompserim et vera exequi pudet.*

b. Apparizione di un fantasma *Postquam adolevit, sectator quaestoris, cui Africa obtigerat, dum in oppido Adrumeto[2] vacuis per medium diei porticibus secretus agitat, oblata ei species muliebris ultra modum humanum et audita est vox: "Tu es, Rufe, qui in hanc provinciam pro consule venies".*

1. *Curtii Rufi*: è incerto se si tratti dell'autore delle *Historiae Alexandri Magni*. Anche Plinio il Giovane (*Ep.* 7, 27) ricorda un console di nome Curzio Rufo protagonista di una storia di fantasmi.
2. *Adrumeto*: città sulla costa orientale dell'attuale Tunisia.

c. Carriera politica di Rufo

Tali omine in spem sublatus degressusque in urbem largitione amicorum, simul acri ingenio quaesturam et mox nobilis inter candidatos praeturam principis suffragio adsequitur, cum hisce verbis Tiberius dedecus natalium eius velavisset: "Curtius Rufus videtur mihi ex se natus".

◀ Vedi **Curiosità**

d. Il presagio si avvera

Longa post haec senecta, et adversus superiores tristi adulatione, adrogans minoribus, inter pares difficilis, consulare imperium, triumphi insignia ac postremo Africam obtinuit; atque ibi defunctus fatale praesagium implevit.

(TACITO)

Curiosità

Candidatus Il sostantivo *candidatus* deriva dall'aggettivo *candidus, -a, -um* "bianco splendente"; infatti coloro che aspiravano ad una carica politica indossavano la *toga candida*. Scrive Isidoro di Siviglia: "La toga candida, o cretata, era portata, invece, dai *candidati*, ossia, letteralmente dai *vestiti di bianco*, che erano gli aspiranti ad una qualche carica pubblica. Si tingeva con della creta per renderle più chiara e conferirle, quindi, un aspetto più nobile" (*Etym.* XIX 24, 6, trad. Canale). La *toga candida* consentiva di individuare immediatamente tra la folla i candidati, perché il bianco *candidus* spiccava in mezzo alle altre toghe che erano di lana naturale, quindi beige. Inoltre essa simboleggiava la nobiltà delle intenzioni di chi aspirava ad esercitare una magistratura. Nella cultura occidentale, infatti, il bianco è solitamente associato alla purezza.

●●● | 353 L'ingresso a Roma di Vitellio

Dopo la morte di Galba, Vitellio cerca di entrare a Roma in tenuta militare, ma i suoi amici lo convincono ad indossare la *toga praetexta*. Nel corteo prefetti, tribuni, centurioni, fanti e cavalieri sfilano in uno schieramento imponente, immeritevole di un imperatore come Vitellio. Il giorno dopo quest'ultimo pronuncia un elogio delle sue imprese, nonostante fosse nota a tutti la sua condotta indegna.

a. Vitellio entra a Roma

Ipse Vitellius a ponte Mulvio insigni equo, paludatus accinctusque, senatum et populum ante se agens, quo minus ut captam urbem[1] ingrederetur, amicorum consilio deterritus, sumpta praetexta et composito agmine incessit.

b. Un corteo imponente

Quattuor legionum aquilae per frontem totidemque circa e legionibus aliis vexilla, mox duodecim alarum signa et post peditum ordines eques[2]; dein quattuor et triginta cohortes, ut nomina gentium aut species armorum forent, discretae. Ante aquilas praefecti castrorum tribunique et primi centurionum candida veste, ceteri iuxta suam quisque centuriam, armis donisque fulgentes; et militum phalerae torquesque splendebant: decora facies et non Vitellio principe dignus exercitus.

c. Incontro con la madre

Sic Capitolium ingressus atque ibi matrem complexus Augustae nomine honoravit.

---

1. *ut captam urbem*: "come in una città vinta". **2.** *eques*: "la cavalleria".

d. **Vitellio parla al senato e al popolo**

Postera die tamquam apud alterius civitatis senatum populumque magnificam orationem de semet ipso prompsit, industriam temperantiamque suam laudibus attollens, consciis flagitiorum ipsis qui aderant omnique Italia, per quam somno et luxu pudendus incesserat.

(Tacito)

SECONDO LIVELLO

354 Plinio è in ansia per la candidatura di Sesto Erucio

Plinio il Giovane scrive a Lucio Domizio Apollinare, governatore della provincia Licia-Panfilia e suo caro amico, esprimendo preoccupazione per la candidatura di Sesto Erucio, ufficiale che si era distinto nella campagna di Traiano contro i Parti.

C. Plinius Apollinari suo salutat
Anxium me et inquietum habet petitio Sexti Eruci mei. Afficior cura et, quam pro me sollicitudinem non adii, quasi pro me altero patior; et alioqui meus pudor, mea existimatio, mea dignitas in discrimen adducitur. Ego Sexto latum clavum a Caesare nostro, ego quaesturam impetravi; meo suffragio pervenit ad ius tribunatus petendi, quem nisi obtinet in senatu, vereor ne decepisse Caesarem videar. Proinde adnitendum est mihi, ut talem eum iudicent omnes, qualem esse princeps mihi credidit. Quae causa si studium meum non incitaret, adiutum tamen cuperem iuvenem probissimum gravissimum eruditissimum, omni denique laude dignissimum, et quidem cum tota domo. Nam pater ei Erucius Clarus, vir sanctus antiquus disertus atque in agendis causis exercitatus, quas summa fide pari constantia nec verecundia minore defendit. Habet avunculum C. Septicium, quo nihil verius, nihil simplicius, nihil candidius, nihil fidelius novi. Omnes me certatim et tamen aequaliter amant, omnibus nunc ego in uno referre gratiam possum.

(Plinio il Giovane)

Laboratorio

LESSICO
1. Che cosa era il *latus clavus*?

ANALISI STILISTICA
2. Riconosci almeno un'anafora e un omoteleuto.
3. Che figura retorica è presente in *nihil verius, nihil simplicius, nihil candidius, nihil fidelius*?

COMPRENSIONE DEL TESTO
4. Elenca le qualità di Sesto Erucio.
5. Quali parenti di Sesto Erucio menziona Plinio?

355 Interpretazione della *Lex Pompeia*

Il libro X delle *Epistulae* di Plinio il Giovane contiene la corrispondenza ufficiale tra l'imperatore Traiano e Plinio, al tempo in cui quest'ultimo ricoprì la carica di governatore della Bitinia (111-113 d.C.). Le lettere, nelle quali Plinio informa meticolosamente Traiano di tutti i problemi amministrativi, rappresentano una fonte preziosissima per conoscere la vita di una provincia romana.

Cautum est, domine, Pompeia lege quae Bithynis data est[1], ne quis capiat magistratum neve sit in senatu minor annorum triginta. Eadem lege comprehensum est, ut qui ceperint magistratum sint in senatu. Secutum est dein edictum divi Augusti, quo permisit minores magistratus ab annis duobus et viginti capere. Quaeritur ergo an, qui minor triginta annorum gessit magistratum, possit a censoribus in senatum legi, et, si potest, an ii quoque, qui non gesserint, possint per eandem interpretationem ab ea aetate senatores legi, a qua illis magistratum gerere permissum est; quod alioqui factitatum adhuc et esse necessarium dicitur, quia sit aliquanto melius honestorum hominum liberos quam e plebe in curiam admitti. Ego a destinatis censoribus quid sentirem interrogatus eos quidem, qui minores triginta annis gessissent magistratum, putabam posse in senatum et secundum edictum Augusti et secundum legem Pompeiam legi, quoniam Augustus gerere magistratus minoribus annis triginta permisisset, lex senatorem esse voluisset qui gessisset magistratum. De iis autem qui non gessissent, quamvis essent aetatis eiusdem cuius illi quibus gerere permissum est, haesitabam; per quod effectum est ut te, domine, consulerem, quid observari velles.

(Plinio il Giovane)

1. *Pompeia lege quae Bithynis data est*: nel 63 a.C., dopo la terza guerra mitridatica, Pompeo aveva istituito la provincia Bitinia - Ponto ed aveva regolato il diritto amministrativo delle città (*lex Pompeia de Bithynia*).

●●● | 356 Qualità di Agricola

Tacito racconta la vita del suocero dalla nascita alla morte, che fu compianta da tutti, anche dagli estranei. Giulio Agricola nacque nel 40 d.C. a *Forum Iulii* nella Gallia Narbonese da una agiata famiglia equestre. Dopo i primi incarichi in Britannia in qualità di tribuno militare (58-62), giunse a Roma, dove intraprese la carriera politica. Da Vespasiano ricevette il comando della XX legione in Britannia, dove si dimostrò valoroso, riservato e capace di obbedire. Nel 75 fu nominato governatore della Gallia Aquitania, carica che apriva la strada al consolato. Si distinse per equilibrio anche nello svolgimento di funzioni amministrative.

Credunt plerique militaribus ingeniis subtilitatem deesse, quia castrensis iurisdictio secura et obtusior ac plura manu agens calliditatem fori non exerceat: Agricola naturali prudentia, quamvis inter togatos[1], facile iusteque agebat. Iam vero tempora curarum remissionumque divisa: ubi conventus ac iudicia poscerent, gravis intentus, severus et saepius misericors: ubi officio satis factum, nulla ultra potestatis persona; tristitiam et adrogantiam et avaritiam exuerat. Nec illi, quod est rarissimum, aut facilitas auctoritatem aut severitas amorem deminuit. Integritatem atque abstinentiam in tanto viro referre[2] iniuria virtutum fuerit. Ne famam quidem, cui saepe etiam boni indulgent, ostentanda virtute aut per artem quaesivit: procul ab aemulatione adversus collegas, procul a contentione adversus procuratores, et vincere inglorium et atteri sordidum arbitrabatur. Minus triennium in ea legatione[3] detentus ac statim ad spem consulatus revocatus est, comitante opinione Britanniam ei provinciam dari, nullis in hoc ipsius sermonibus, sed quia par videbatur. Haud semper errat fama; aliquando et eligit. Consul[4] egregiae tum spei filiam iuveni mihi despondit ac post consulatum collocavit, et statim Britanniae praepositus est, adiecto pontificatus sacerdotio.

(Tacito)

1. *togatos*: "fra i civili", cioè fra i cittadini romani che non si trovano sotto le armi.
2. *Integritatem atque abstinentiam... referre*: "parlare di incorruttibilità e disinteresse".
3. *legatione*: dal 75 al 77 d.C. Agricola era stato governatore della Gallia Aquitania.
4. *Consul*: nel 78 d.C. Agricola fu nominato governatore della Britannia.

Laboratorio

LESSICO
1. Quali significati ha il termine *persona*?

ANALISI STILISTICA
2. Come è ottenuta la *variatio* nella frase *ostentanda virtute aut per artem quaesivit*?

COMPRENSIONE DEL TESTO
3. Elenca le qualità di Agricola.
4. A chi Agricola promette la figlia in sposa?

MODUS SCRIBENDI   LO STILE DI TACITO

LE CARATTERISTICHE ESSENZIALI

1. **Brevitas**: frasi nominali (*prosperae in Oriente, adversae in Occidente res*, "successi in Oriente, sconfitte in Occidente"), ellissi di *sum*, frequente uso del participio, ablativi assoluti ellittici del predicato (*tali iam Britannici exitio*, "poiché tale era stata la morte di Britannico").

2. **Variatio**:

Bellum ea tempestate nullum nisi adversus Germanos supererat, **abolendae** magis **infamiae** (gerundivo al dativo, con valore finale) *ob amissum cum Quintilio Varo exercitum quam* **cupidine proferendi imperii** (ablativo con gerundivo al genitivo) *aut dignum ob premium* (complemento di causa)	In quel tempo non c'era alcuna guerra se non contro i Germani, più **per cancellare l'onta** della distruzione dell'esercito di Q. Varo che **per desiderio di ampliare l'impero** o **per degno vantaggio**.	

3. Arcaismi (-*ere* per -*erunt*, *forem* per *essem*, *lubido* per *libido*, *praetor* per *proconsul*, ecc.).

4. Lessico ricco: impiego di parole rare (*praeumbrans* "che fa ombra"; *praegracilis* "molto gracile") e sinonimi (*in Ponticum mare sex* **meatibus** *erumpat; septimum* **os** *paludibus hauritur* "si getta da sei **foci** nel mar Pontico, la settima **bocca** è inghiottita dalle paludi"); esclusione di grecismi e termini tecnici.

5. Ricorso alle *sententiae*, di solito a fine periodo:

Invisa primo desidia postremo amatur	L'inattività, dapprima odiata, poi si ama.

6. Frequente uso di figure retoriche: ossimoro (*misera laetitia* "triste gioia"), antitesi (*corpora nostra lente augescunt, cito extinguuntur* "i nostri corpi crescono lentamente, si dissolvono rapidamente"), anacoluto, zeugma (*cibosque et hortamina pugnantibus gestant* "portano cibo ed esortazioni a coloro che combattono").

Un giudizio critico

Il ricco linguaggio di Tacito (R. Syme)

Gli effetti cui aspira l'idioma tacitiano non sono un mistero: lo scrittore vuol essere rapido e brillante, intenso e maestoso. A ciò concorre ogni genere di artifici. A Tacito piace che le sue parole siano severe e vigorose, dense di significato e sinistre. La scelta è pressoché prevedibile: parole poetiche, arcaiche, ed elevate. Nonostante accentuate preferenze, Tacito usa un linguaggio ricco e variato, evita la monotonia (Sallustio non sempre vi riuscì), e arrischia innovazioni. Molte parole tacitiane sono straordinariamente rare; e il vocabolario preferito si apre a libere estensioni di significato [...].

Come Virgilio, Tacito ha propensione per tutto ciò che può rendere superfluo l'uso delle preposizioni. Si serve in misura notevole del dativo: andando deliberatamente contro una forte tendenza della lingua dell'epoca; e alcuni suoi ablativi sono estremamente audaci. Tutto ciò è di efficace aiuto per la costruzione di frasi molto rapide o serrate. Teso com'è alla brevità, Tacito non si lascia sfuggire nessuna occasione per eliminare i verbi ausiliari. L'imperfetto ha molti significati, il participio si adatta a tutti gli usi; ed egli ama estendere la funzione dell'infinito storico dalla viva rappresentazione delle azioni alla descrizione di stati d'animo. L'omissione di parole e di congiunzioni è spinta all'estremo per amor di rapidità, di concisione, e di antitesi; e nella sequenza di un pensiero o di un'azione sono soppressi stadi intermedi, così che ne è resa difficile la traduzione (ma non la comprensione). [...] Volute sono pure le aspre giustapposizioni. Le antitesi bilanciate facevano parte delle consuetudini della retorica convenzionale: troppo armoniose per essere autentiche. Tacito imparò da Sallustio l'arte della *inconcinnitas*, estremamente efficace e inesorabile quando egli voleva insinuare varietà di moventi, con l'apparente equità del giudizio tenuto in sospeso, ma implicante il peggio. Uno dei suoi avverbi preferiti è *varie*. Le disarmonie verbali riflettono le complessità della storia e tutto quel che è ambiguo nel contegno degli uomini. L'acuto potere di osservazione dello storico è accompagnato da una immaginazione vivida e vigorosa. [...] Lo stile abbonda di violente metafore, e le immagini sono tratte dalla luce e dalle tenebre, da rapidi mutamenti, da evoluzione e decadenza, da distruzioni e incendi.

(R. Syme, *Tacito*, vol. I, pp. 444-456 *passim*, trad. it. di C. Marocchi Santandrea, Paideia, Brescia 1967)

357 Il ruolo dei *comitatus* presso i Germani

Dopo una breve descrizione geografica, Tacito parla degli aspetti sociali dei Germani: funzioni dei re e dei sacerdoti, principali divinità e culti, amministrazione della giustizia nelle assemblee popolari. Un ruolo importante nell'organizzazione sociale spetta al *comitatus* ("seguito"), un istituto che aggregava i giovani Germani.

Nihil autem neque publicae neque privatae rei nisi armati agunt. Sed arma sumere non ante cuiquam moris quam civitas suffecturum probaverit. Tum in ipso concilio vel principum aliquis vel pater vel propinqui scuto frameaque iuvenem ornant: haec apud illos toga, hic primus iuventae honos; ante hoc domus pars videntur, mox rei publicae. Insignis nobilitas aut magna patrum merita principis dignationem etiam adulescentulis adsignant: ceteris robustioribus ac iam pridem probatis adgregantur, nec rubor inter comites aspici. Gradus quin etiam ipse comitatus habet, iudicio eius quem sectantur; magnaque et comitum aemulatio, quibus primus apud principem suum locus, et principum, cui plurimi et acerrimi comites. Haec dignitas, hae vires: magno semper electorum iuvenum globo circumdari in pace decus, in bello praesidium. Nec solum in sua gente cuique, sed apud finitimas quoque civitates id nomen, ea gloria est, si numero ac virtute comitatus emineat; expetuntur enim legationibus et muneribus ornantur et ipsa plerumque fama bella profligant.

(Tacito)

358 Provvedimenti di Tiberio dopo la morte di Augusto

Il libro I degli *Annales* si concentra sul biennio 14-15 d.C. Morto Augusto, il principato passa a Tiberio, nei confronti del quale tutti si dimostrano servili: "Si precipitavano a servire consoli e senatori. Tanto più erano più ipocriti e solleciti, quanto più erano di classe sociale elevata". Al servilismo del senato si contrappone l'ipocrisia di Tiberio, che finge di voler condividere il potere con l'aristocrazia e fa alcune concessioni agli eredi di Ottaviano.

At Germanico Caesari proconsulare imperium petivit [Tiberius], missique legati qui deferrent, simul maestitiam eius ob excessum Augusti solarentur. Quo minus idem pro Druso postularetur, ea causa quod designatus consul Drusus praesensque erat. Candidatos[1] praeturae duodecim nominavit, numerum ab Augusto traditum; et hortante senatu ut augeret, iure iurando obstrinxit se non excessurum. Tum primum e campo[2] comitia ad patres translata sunt: nam ad eam diem, etsi potissima arbitrio principis, quaedam tamen studiis tribuum fiebant. Neque populus ademptum ius questus est nisi inani rumore, et senatus largitionibus ac precibus sordidis exsolutus libens tenuit, moderante Tiberio ne plures quam quattuor candidatos commendaret sine repulsa et ambitu designandos. Inter quae tribuni plebei petivere ut proprio sumptu ederent ludos qui de nomine Augusti fastis additi Augustales vocarentur. Sed decreta pecunia ex aerario, utque per circum triumphali veste uterentur: curru vehi haud permissum. Mox celebratio annua ad praetorem translata cui inter civis et peregrinos iurisdictio evenisset.

(Tacito)

1. *Candidatos*: vd. Curiosità - *Candidatus*.
2. *e campo*: cioè il "campo di Marte"

Laboratorio

SINTASSI

1. Individua le forme verbali ellittiche.

> **LESSICO**
> 2. Che cosa erano i *fasti*?
>
> **COMPRENSIONE DEL TESTO**
> 3. Quale carica sollecita Tiberio per Germanico?
> 4. Come reagisce il popolo di fronte alla nuova situazione politica?
> 5. Che cosa chiedono i tribuni della plebe?

●●●│ 359 Evoluzione della carica di questore

Con l'avvento del principato, l'aristocrazia continua a partecipare alla vita politica, talvolta anche con autentica devozione. Dopo aver tracciato con grande efficacia il ritratto di Corbulone, che si era distinto in numerose campagne militari, Tacito si sofferma sulla proposta di istituire uno spettacolo di gladiatori a spese dei questori.

Isdem consulibus P. Dolabella censuit spectaculum gladiatorum per omnis annos celebrandum pecunia eorum qui quaesturam adipiscerentur. Apud maiores virtutis id praemium fuerat, cunctisque civium, si bonis artibus fiderent, licitum petere magistratus; ac ne aetas quidem distinguebatur quin prima iuventa consulatum et dictaturas inirent. Sed quaestores regibus etiam tum imperantibus instituti sunt, quod lex curiata ostendit ab L. Bruto repetita. Mansitque consulibus potestas deligendi, donec eum quoque honorem populus mandaret. Creatique primum Valerius Potitus et Aemilius Mamercus sexagesimo tertio anno post Tarquinios exactos, ut rem militarem comitarentur. Dein gliscentibus negotiis duo additi qui Romae curarent: mox duplicatus numerus, stipendiaria iam Italia et accedentibus provinciarum vectigalibus: post lege Sullae viginti creati supplendo senatui, cui iudicia tradiderat. Et quamquam equites iudicia recuperavissent, quaestura tamen ex dignitate candidatorum aut facilitate tribuentium gratuito concedebatur, donec sententia Dolabellae velut venundaretur.

(Tacito)

■ TERZO LIVELLO

●●●│ 360 La gloria dell'oratore

"Equidem, ut de me ipso fatear[1], non eum diem laetiorem egi, quo mihi latus clavus oblatus est, vel quo homo novus et in civitate minime favorabili natus quaesturam aut tribunatum aut praeturam accepi, quam eos, quibus mihi pro mediocritate huius quantulaecumque in dicendo facultatis aut reum prospere defendere aut apud centumviros causam aliquam feliciter orare aut apud principem ipsos illos libertos et procuratores principum tueri et defendere datur. Tum mihi supra tribunatus et praeturas et consulatus ascendere videor, tum habere quod, si non in alio oritur, nec codicillis datur nec cum gratia venit. Quid? Fama et laus cuius artis cum oratorum gloria comparanda est? Quid? Non inlustres sunt in urbe non solum apud negotiosos et rebus intentos, sed etiam apud iuvenes vacuos et adulescentis, quibus modo recta indoles est et bona spes sui? Quorum nomina prius parentes liberis suis ingerunt? Quos saepius vulgus quoque imperitum et tunicatus hic populus transeuntis nomine vocat et digito demonstrat? Advenae quoque et peregrini iam in municipiis et coloniis suis auditos, cum primum urbem attigerunt, requirunt ac velut adgnoscere concupiscunt".

(Tacito)

1. *fatear*: parla Marco Apro, avvocato prestigioso e maestro di Tacito.

Laboratorio

LESSICO
1. Che cosa significa *homo novus*?

ANALISI STILISTICA
2. Che tipo di figura retorica è presente nelle espressioni *latus clavus* e *tunicatus... populus*?
3. Individua almeno un caso di parallelismo.

COMPRENSIONE DEL TESTO
4. Quale attività dà ad Apro maggiore felicità?
5. Secondo Apro, quali sono gli uomini più famosi a Roma?

PRODUZIONE
6. Elenca le argomentazioni addotte da Apro per giustificare il suo amore per l'oratoria.

●●● | 361 La carriera di Tito Vinio fra alti e bassi

Titus Vinius[1] *quinquaginta septem annos variis moribus egit. Pater illi praetoria familia, maternus avus e proscriptis. Prima militia infamis: legatum Calvisium Sabinum habuerat, cuius uxor mala cupidine visendi situm castrorum, per noctem militari habitu ingressa, cum vigilias et cetera militiae munia eadem lascivia temptasset, in ipsis principiis stuprum ausa, et criminis huius reus Titus Vinius arguebatur. Igitur iussu G. Caesaris oneratus catenis, mox mutatione temporum dimissus, cursu honorum inoffenso legioni post praeturam praepositus probatusque servili deinceps probro respersus est tamquam scyphum aureum in convivio Claudii furatus, et Claudius postera die soli omnium Vinio fictilibus ministrari iussit. Sed Vinius proconsulatu Galliam Narbonensem severe integreque rexit; mox Galbae amicitia in abruptum tractus, audax, callidus, promptus et, prout animum intendisset, pravus aut industrius, eadem vi.*

(Tacito)

1. *Titus Vinius*: generale romano, amico di Galba. Fu ucciso nel 69 d.C. durante gli scontri fra Otone e Galba.

●●● | 362 Console per un giorno

Initium atrocis in Caecinam[1] *sententiae a L. Vitellio*[2] *factum; dein ceteri composita indignatione, quod consul rem publicam, dux imperatorem, tantis opibus tot honoribus cumulatus amicum prodidisset, velut pro Vitellio conquerentes, suum dolorem proferebant. Nulla in oratione cuiusquam erga Flavianos duces obtrectatio: errorem imprudentiamque exercituum culpantes, Vespasiani nomen suspensi et vitabundi circumibant, nec defuit qui unum consulatus diem (is enim in locum Caecinae supererat) magno cum inrisu tribuentis accipientisque eblandiretur. Pridie kalendas Novembris Rosius Regulus iniit eiuravitque. Adnotabant periti numquam antea non abrogato magistratu neque lege lata alium suffectum; nam consul uno die et ante fuerat Caninius Rebilus*[3] *C. Caesare dictatore, cum belli civilis praemia festinarentur.*

(Tacito)

1. *Caecinam*: insieme a Valente ricopriva la carica di console.
2. *L. Vitellio*: fratello dell'imperatore.
3. *Caninius Rebilus*: nel 45 a.C. Caninio Rebilo subentrò per un solo giorno al console Massimo che era morto. L'episodio è menzionato con ironia anche da Cicerone, che scrisse: "finché Caninio fu console sappi per certo che non pranzò nessuno. Sotto di lui però non s'è neppure commesso alcun delitto; perché è stato d'una vigilanza straordinaria, al punto da non chiudere occhio per tutta la durata del suo consolato" (*Epistulae ad familiares* VII 30, 1, trad. Cavarzere).

●●● | 363 Il senato tributa onori a Vespasiano e ai suoi uomini

At Romae senatus cuncta principibus solita Vespasiano decernit, laetus et spei certus, quippe sumpta per Gallias Hispaniasque civilia arma[1], motis ad bellum Germaniis[2], mox Illyrico, postquam Aegyptum Iudaeam Syriamque et omnis provincias exercitusque lustraverant, velut expiato terrarum orbe cepisse finem videbantur: addidere alacritatem Vespasiani litterae tamquam manente bello scriptae. Ea prima specie forma; ceterum ut princeps loquebatur, civilia de se, et rei publicae egregia. Nec senatus obsequium deerat: ipsi consulatus cum Tito filio, praetura Domitiano et consulare imperium decernuntur. Miserat et Mucianus[3] epistulas ad senatum, quae materiam sermonibus praebuere. Si privatus esset, cur publice loqueretur? Potuisse eadem paucos post dies loco sententiae dici. Ipsa quoque insectatio in Vitellium sera et sine libertate: id vero erga rem publicam superbum, erga principem contumeliosum, quod in manu sua fuisse imperium donatumque Vespasiano iactabat. *Ceterum* invidia in occulto, adulatio in aperto erant: multo cum honore verborum Muciano triumphalia de bello civium data, sed in Sarmatas expeditio fingebatur. Adduntur Primo Antonio consularia, Cornelio Fusco et Arrio Varo praetoria insignia. (TACITO)

▶ Vedi **Cave!**

---

1. *sumpta per Gallias Hispaniasque civilia arma*: la prima fase della rivolta contro Nerone fu innescata da Gaio Giulio Vindice, governatore della Gallia Lugdunense, che si rivolse a Galba, governatore della Spagna Tarraconense.
2. *motis ad bellum Germaniis*: la ribellione di Vitellio era iniziata in Germania.
3. *Mucianus*: governatore della Siria, appoggiò Vespasiano contro Vitellio.

Laboratorio

ANALISI STILISTICA
1. Individua la *sententia* presente nel testo.
2. Nel periodo *ipsa... iactabat* individua almeno un parallelismo e una *variatio*.

COMPRENSIONE DEL TESTO
3. Quali cariche assegna il senato a Vespasiano e ai suoi figli?

PRODUZIONE
4. Con opportuni riferimenti al brano tradotto, commenta il seguente giudizio di C. Marchesi (max. 10 righe): "Nel corso delle *Storie* e degli *Annales* Tacito ci fa vedere nel senato lo spettacolo più ributtante di quel che possa essere un'assemblea politica che, spogliata delle sue prerogative e unicamente sollecita delle private fortune, riponga la base dei suoi immediati interessi nella conservazione del potere attuale".

Cave!

***Ceterum*: aggettivo o avverbio?** *Ceterum* può avere valore di:

- **aggettivo**:

Ille cohortis veteranas [...] in fronte, post eas **ceterum** *exercitum in subsidiis locat.* (Sall.)
Questi dispone in prima linea le coorti veterane, alle spalle **il resto** dell'esercito come riserva.

- **aggettivo sostantivato**:

Nos quoque evincamus omnia, quorum praemium non corona nec palma est nec tubicen praedicationi nominis nostri silentium faciens, sed virtus et firmitas animi et pax in **ceterum** *parta.* (Sen.)
Anche noi dobbiamo superare ogni prova e il nostro premio non sarà una corona, né una palma, né un banditore che proclami il nostro nome nel silenzio generale; ma la virtù, la fermezza d'animo e la pace assicurata **in tutto**.

- **avverbio**, *ceterum* "**del resto**", "**ma, al contrario**":

*Legatus is Tauri Africam imperio proconsulari regentis [...] pauca repetundarum crimina, **ceterum** magicas superstitiones obiectabat.*

Questi, legato di Tauro che governava in Africa come proconsole, lo accusava per qualche caso di concussione, **ma soprattutto** per pratiche magiche.

●●● | 364 Una certa parvenza di repubblica

Manebat[1] nihilo minus quaedam imago rei publicae. Nam inter Vibullium praetorem et plebei tribunum Antistium ortum certamen, quod immodestos fautores histrionum et a praetore in vincla ductos tribunus omitti iussisset. Comprobavere patres, incusata Antistii licentia. Simul prohibiti tribuni ius praetorum et consulum praeripere aut vocare ex Italia cum quibus lege agi posset. Addidit L. Piso designatus consul, ne quid intra domum pro potestate adverterent, neve multam ab iis dictam quaestores aerarii in publicas tabulas ante quattuor mensis referrent; medio temporis contra dicere liceret, deque eo consules statuerent. Cohibita artius et aedilium potestas statutumque quantum curules, quantum plebei pignoris caperent vel poenae inrogarent. Et Helvidius Priscus tribunus plebei adversus Obultronium Sabinum aerarii quaestorem contentiones proprias exercuit, tamquam ius hastae adversus inopes inclementer augeret. Dein princeps curam tabularum publicarum a quaestoribus ad praefectos transtulit.

(Tacito)

1. *Manebat*: Tacito sta parlando dell'età di Nerone.

Laboratorio

LESSICO
1. Individua nel testo il nome di almeno due magistrature romane e spiegane la funzione.

COMPRENSIONE DEL TESTO
2. Che cosa scatena lo scontro fra Vibullio e Antistio?
3. Quali furono le proposte di L. Pisone?

PRODUZIONE
4. Partendo dall'affermazione iniziale del brano, illustra il giudizio di Tacito nei confronti del principato (max. 10 righe).

Olimpiadi delle lingue classiche

Traduci il passo di Tacito e rispondi al questionario, servendoti anche dei testi in traduzione.

PRE-TESTO

Il proemio degli *Annales*

1 Urbem Romam a principio reges habuere; libertatem et consulatum L. Brutus[1] instituit. Dictaturae ad tempus sumebantur; neque decemviralis potestas ultra biennium, neque tribunorum militum consulare ius diu valuit. Non Cinnae[2], non Sullae longa dominatio; et Pompei Crassique potentia cito in Caesarem, Lepidi[3] atque Antonii arma in Augustum cessere, qui cuncta discordiis civilibus fessa nomine principis sub imperium accepit.

(TACITO *Annales*, I 1)

1 I re tennero per primi il governo di Roma. Lucio Bruto fondò il regime di libertà e il consolato. La dittatura era temporanea: il potere dei decemviri non durava oltre un biennio, né fu a lungo in vigore il potere consolare dei tribuni militari. Né la tirannia di Cinna né quella di Silla durarono a lungo; la potenza di Pompeo e quella di Crasso in breve si raccolsero nelle mani di Cesare, e gli eserciti di Lepido e di Antonio passarono ad Augusto, il quale ridusse sotto il suo dominio col nome di principe lo Stato stanco e disfatto dalle lotte civili.

(trad. di B. CEVA)

1. *L. Brutus*: dopo la cacciata di Tarquinio il Superbo, fondò la repubblica insieme a Collatino.
2. *Cinnae*: Lucio Cornelio Cinna fu uno dei capi del partito democratico durante la guerra civile, combattuta fra l'87 e l'86 a.C. Dopo la morte di Mario (86 a.C.) rimase da solo in carica per altri due anni. Fu ucciso dall'esercito nell'84 a.C.
3. *Lepidi*: fu il terzo esponente del secondo triumvirato assieme a Ottaviano e Marco Antonio.

TESTO

365 Il principato di Augusto

Postquam Bruto et Cassio caesis nulla iam publica arma, Pompeius[1] apud Siciliam oppressus exutoque Lepido, interfecto Antonio ne Iulianis quidem partibus nisi Caesar dux reliquus, posito triumviri nomine consulem se ferens et ad tuendam plebem tribunicio iure contentum, ubi militem donis, populum annona, cunctos dulcedine otii pellexit, insurgere paulatim, munia senatus magistratuum legum in se trahere, nullo adversante, cum ferocissimi per acies aut proscriptione cecidissent, ceteri nobilium, quanto quis servitio promptior, opibus et honoribus extollerentur ac novis ex rebus aucti tuta et praesentia quam vetera et periculosa mallent. Neque provinciae illum rerum statum abnuebant, suspecto senatus populique imperio ob certamina potentium et avaritiam magistratuum, invalido legum auxilio quae vi ambitu postremo pecunia turbabantur. Ceterum Augustus subsidia dominationi Claudium Marcellum, sororis filium, admodum adulescentem pontificatu et curuli aedilitate, M. Agrippam, ignobilem loco, bonum militia et victoriae socium, geminatis consulatibus extulit, mox defuncto Marcello generum sumpsit[2]; Tiberium Neronem et Claudium Drusum privignos[3] imperatoriis nominibus auxit, integra etiam tum domo sua. Nam genitos Agrippa Gaium ac Lucium in familiam Caesarum induxerat, necdum posita puerili praetexta principes iuventutis appellari, destinari consules specie recusantis flagrantissime cupiverat.

(TACITO)

1. *Pompeius*: si tratta di Sesto Pompeo, figlio di Gneo Pompeo Magno, sconfitto nel 36 a.C. in una battaglia navale nei pressi di Milazzo.
2. *defuncto Marcello generum sumpsit*: Ottaviano aveva dato la figlia Giulia in moglie al nipote Claudio Marcello; morto quest'ultimo nel 23 a.C., Giulia sposò Agrippa.
3. *Tiberium Neronem et Claudium Drusum privignos*: figli del precedente matrimonio fra Livia e Tiberio Claudio Nerone.

Olimpiadi delle lingue classiche

Augusto prepara la sua successione

POST-TESTO

3 *Ut Agrippa vita concessit, Lucium Caesarem euntem ad Hispaniensis exercitus, Gaium remeantem Armenia et vulnere invalidum mors fato propera vel novercae Liviae dolus abstulit, Druso que pridem extincto Nero solus e privignis erat, illuc cuncta vergere: filius, collega imperii, consors tribuniciae potestatis adsumitur omnisque per exercitus ostentatur, non obscuris, ut antea, matris artibus, sed palam hortatu.* **4** *Nam senem Augustum devinxerat adeo, uti nepotem unicum, Agrippam Postumum[1], in insulam Planasiam proiecerit, rudem sane bonarum artium et robore corporis stolide ferocem, nullius tamen flagitii conpertum.* **5** *At hercule Germanicum Druso ortum octo apud Rhenum legionibus inposuit adscirique per adoptionem a Tiberio iussit, quamquam esset in domo Tiberii filius iuvenis, sed quo pluribus munimentis insisteret.*

(TACITO *Annales* I 3, 3-5)

3 Morto Agrippa, una fine precoce per fatalità o per insidia della matrigna Livia tolse di mezzo Lucio Cesare mentre si recava agli eserciti di Spagna e Caio, che ritornava dall'Armenia invalido per ferita, e, poiché da tempo era morto Druso, dei figliastri era rimasto il solo Nerone. A lui si volse ogni favore; fu tenuto come figlio, come socio nell'impero e partecipe dell'autorità di tribuno, fu mostrato a tutti gli eserciti, non più, come prima, in virtù delle oscure arti della madre, ma per sua aperta insistenza. **4** Infatti Livia aveva talmente soggiogato il vecchio Augusto da fargli relegare nell'isola di Planasia l'unico nipote Postumo Agrippa, assolutamente disadorno di buone qualità, stoltamente brutale per robustezza di corpo, ma, nonostante ciò, innocente di qualsiasi colpa. **5** Augusto, d'altra parte, prepose ad otto legioni di stanza presso il Reno Germanico figlio di Druso e, per servirsi di più appoggi, comandò che quegli fosse da Tiberio volontariamente adottato, per quanto nella casa di Tiberio vi fosse un figlio giovinetto.

(trad. di B. CEVA)

1. *Agrippam Postumum*: figlio di Giulia e M. Agrippa, quindi nipote di Augusto.

Questionario

1. Secondo Tacito, con quali mezzi Ottaviano ottenne il potere assoluto a Roma?
2. Individua i punti da cui emerge il giudizio negativo di Tacito su Ottaviano.
3. Scrivi un breve testo argomentativo (max. 20 righe) sullo stile di Tacito, inserendo opportuni riferimenti ai passi appena letti.

UNITÀ 28

L'ETÀ DI ADRIANO E DEGLI ANTONINI
IL CORPO UMANO

CURIOSITÀ	CAVE!
Perché proprio all'anulare?	*Pone*: preposizione, imperativo o avverbio?
Connivenza	
MODUS SCRIBENDI	**LESSICO TEMATICO**
Lo stile di Apuleio	Il corpo umano

LESSICO TEMATICO
Il corpo umano

- **auris, -is**, m.: "orecchio"; dal diminutivo *auricula, -ae*, f. (propr. "padiglione dell'orecchio") deriva l'italiano "orecchio".
- **barba, -ae**, f.: "barba"; *barbam tondere* "rasare la barba".
- **bra(c)chium, -ii**, n.: "avambraccio" (dalla mano al gomito), "braccio" (intero, dalle spalle alle dita).
- **caesaries, -ei**, f.: "capigliatura".
- **calvitium, -ii**, n.: "calvizie".
- **capillus, -i**, m.: "capelli, barba".
- **caput, capitis**, n.: "testa, capo".
- **cerebrum, -i**, n.: "cervello".
- **cervix, -icis**, f.: "nuca, parte posteriore del collo".
- **collum, -i**, n.: "collo".
- **cor, cordis**, m.: "cuore".
- **corpus, -oris**, n.: "corpo".
- **cutis, -is**, f.: "cute, pelle".
- **dens, dentis**, m.: "dente".
- **digitus, -i**, m.: "dito".
- **facies, -ei**, f.: "viso, volto, faccia".

- **frons, frontis**, f.: "fronte".
- **lacrima, -ae**, f.: "lacrima".
- **lingua, -ae**, f.: "lingua".
- **manus, -us**, f.: "mano".
- **mentum, -i**, n.: "mento".
- **naris, -is**, f.: "narice".
- **nasus, -i**, m.: "naso".
- **occipitium, -ii**, n.: "nuca, occipite".
- **oculus, -i**, m.: "occhio".
- **os, oris**, n.: "volto, viso, faccia".
- **palpebra, -ae**, f.: "palpebra".
- **pectus, -oris**, n.: "petto, sterno"; come sede dei sentimenti e del coraggio: "cuore, anima, sentimento"; come sede dell'intelletto: "cuore, intelletto, spirito, mente, anima".
- **pes, pedis**, m.: "piede".
- **pollex, pollicis**, m.: "pollice".
- **pupilla, -ae**, f.: "pupilla" dell'occhio; vuol dire però anche "fanciulla minorenne, pupilla, orfanella".

- **sanguen, -inis**, m.: "sangue".
- **sexus, -us**, m.: "sesso" maschile e femminile; per metonimia "organi sessuali".
- **statura, -ae**, f.: "statura, grandezza del corpo".
- **tempus, -oris**, n.: "tempia".
- **umerus, -i**, m.: "omero, spalla, parte superiore del braccio"; esiste anche la grafia *humerus*.
- **ungula, -ae**, f.: "unghia".
- **valetudo** (o **valitudo**), **-inis**, f.: "(stato di) salute"; in senso negativo, "indisposizione, infermità, malattia"; *affectus valetudine* equivale ad "ammalato".
- **vis, roboris**, f.: "forza fisica, vigoria, potenza"; plur. *vires, -ium*.
- **vox, vocis**, f.: "voce".
- **vultus, -us**, m.: "volto, espressione del volto, tratti della fisionomia, aspetto, sguardo".

▸ Esercizi

A Analizza e traduci le seguenti frasi.

1. *Corpore* (*Augustus*) *traditur maculoso dispersis per pectus atque alvum genetivis notis in modum et ordinem ac numerum stellarum caelestis ursae, sed et callis quibusdam ex prurigine corporis adsiduoque et vehementi strigilis usu plurifariam concretis ad impetiginis formam.* (Svet.)

2. *Romae publico epulo servum ob detractam lectis argenteam laminam carnifici confestim Gaius Caesar ("Caligola") tradidit, ut manibus abscisis atque ante pectus e collo pendentibus, praecedente titulo qui causam poenae indicaret, per coetus epulantium circumduceretur.* (Svet.) **3.** *Auctoritas dignitasque formae non defuit ei (Claudio), verum stanti vel sedenti ac praecipue quiescenti, nam et prolixo nec exili corpore erat et specie canitieque pulchra, opimis cervicibus; ceterum et ingredientem destituebant poplites minus firmi.* (Svet.) **4.** *(Nero) suam quidem pudicitiam usque adeo prostituit, ut contaminatis paene omnibus membris novissime quasi genus lusus excogitaret, quo ferae pelle contectus emitteretur e cavea virorumque ac feminarum ad stipitem deligatorum inguina invaderet et, cum affatim desaevisset, conficeretur a Doryphoro liberto.* (Svet.) **5.** *Mucius Scaevola regem per insidias in castris ipsius adgreditur, sed ubi frustrato circa purpuratum eius ictu tenetur, ardentibus focis inicit manum terroremque geminat dolo. "En, ut scias", inquit, "quem virum effugeris; idem trecenti iuravimus"; cum interim – immane dictu – hic interritus, ille trepidaret, tamquam manus regis arderet.* (Floro) **6.** *Corpora hominum ad inediam laboremque, animi ad mortem parati. Dura omnibus et adstricta parsimonia. Bellum quam otium malunt; si extraneus deest, domi hostem quaerunt.* (Giust.) **7.** *Domino meo Vero Augusto. Quamquam me diu cum ista valetudine vivere iam pridem pigeat taedeatque, tamen ubi te tanta gloria per virtutem parta reducem videro, neque in cassum vixero neque invitus, quantum vitae dabitur vivam. Vale, domine desiderantissime.* (Front.) **8.** *Comperimus autem ceteros quoque in isdem temporibus nobiles viros barbam in eiusmodi aetate rasitavisse, idcircoque plerasque imagines veterum, non admodum senum, sed in medio aetatis, ita factas videmus.* (Gell.) **9.** *Eundem Regulum Tubero in historiis redisse Carthaginem novisque exemplorum modis excruciatum a Poenis dicit: "In atras" inquit "et profundas tenebras eum claudebant ac diu post, ubi erat visus sol ardentissimus, repente educebant et adversus ictus solis oppositum continebant atque intendere in caelum oculos cogebant. Palpebras quoque eius, ne conivere posset, sursum ac deorsum diductas insuebant"* (Gell.) **10.** *In mea Photide non operosus sed inordinatus ornatus addebat gratiam. Uberes enim crines leniter remissos et cervice dependulos ac dein per colla dispositos sensimque sinuatos patagio residentes paulisper ad finem conglobatos in summum verticem nodus adstrinxerat.* (Apul.)

B COMPLETAMENTO
Nelle seguenti frasi, tratte da passi di Svetonio, integra i vocaboli mancanti scegliendo fra le opzioni proposte; quindi traduci.

1. *(Galba)* .... (*capite / statura / cicatrice*) *fuit iusta,* .... (*naso / ore / capite*) *praecalvo, oculis caeruleis, adunco* .... (*pectore / naso / pede*). **2.** *(Vespasianus)* .... (*facie / manu / statura*) *fuit quadrata, compactis firmisque* .... (*manibus / membris / digitis*), ... (*pede / manu / vultu*) *veluti nitentis.* **3.** *(Vespasianus)* .... (*valitudine / barba / statura*) *prosperrima usus est.* **4.** *In Tito puero statim* .... (*menti / corporis / corpori*) *animique dotes exsplenduerunt, magisque ac magis deinceps per aetatis gradus;* .... (*vi / pede / forma*) *egregia et cui non minus auctoritatis inesset quam gratiae.* **5.** *(Domitianus) statura fuit procera,* .... (*manu / corpore / vultu*) *modesto ruborisque pleno, grandibus* .... (*pedibus / manibus / oculis*), *verum acie hebetiore.*

VERSIONI

PRIMO LIVELLO

●●● | 366 Aspetto fisico dell'imperatore Tiberio

Tiberio aveva una corporatura massiccia e possente. La carnagione era chiara, gli occhi grandi e straordinariamente acuti. L'imperatore procedeva a testa alta e rigida, era di poche parole e spesso muoveva distrattamente le dita.

a. Fisico massiccio di Tiberio

Corpore fuit amplo atque robusto, statura quae iustam excederet; latus ab umeris et pectore, ceteris quoque membris usque ad imos pedes aequalis et congruens; sinistra manu agiliore ac validiore, articulis ita firmis, ut recens et integrum malum digito terebraret, caput pueri vel etiam adulescentis talitro vulneraret.

▶ Vedi **Cave!**

b. Carnagione e capelli di Tiberio

Colore erat candido, capillo **pone** *occipitium summissiore*[1] *ut cervicem etiam obtegeret, quod gentile in illo videbatur; facie honesta, in qua tamen crebri et subiti tumores, cum praegrandibus oculis et qui, quod mirum esset, noctu etiam et in tenebris viderent, sed ad breve et cum primum e somno patuissent; deinde rursum hebescebant.*

c. Andatura ed espressione del volto

Incedebat cervice rigida et obstipa, adducto fere vultu[2], *plerumque tacitus, nullo aut rarissimo etiam cum proximis sermone eoque tardissimo, nec sine molli quadam digitorum gesticulatione.*

(SVETONIO)

1. *capillo pone occipitium summissiore*: "i capelli dall'attaccatura molto bassa dietro la nuca"; per la preposizione *pone* vd. **Cave!**

2. *adducto fere vultu*: "con il volto solitamente contratto" (trad. Noseda).

Cave!

Pone*: preposizione, imperativo o avverbio?** La preposizione *pone* (da *post* + *-ne*) regge l'**accusativo** e significa "**dietro**": *pone aedem Castoris* "dietro il tempio di Castore", *respexit pone tergum* "vide alle spalle". A volte è in combinazione con ***vorsus/versus: *pone vorsus castra* "dietro l'accampamento".
La preposizione non va confusa con:
- la 2ª persona singolare dell'**imperativo** presente del verbo *pono* "**porre, collocare**";
- l'**avverbio** *pone* ("**dietro**"): *pone respiciens* "guardando dietro a sé".

●●● | 367 Descrizione di Caligola

Caligola era di alta statura, di colorito livido, calvo ma con il corpo peloso. L'irsutismo lo affliggeva al punto che era punita con la morte ogni allusione a questa sua caratteristica.

Spesso studiava allo specchio gli atteggiamenti della sua fisionomia, per incutere timore. La sua salute era precaria: soggetto ad attacchi epilettici fin dall'infanzia, anche nella maturità, era spesso colto da improvvisa debolezza. Si riteneva che sua moglie Cesonia lo avesse reso pazzo con un filtro.

a. Calvizie e villosità di Caligola

Statura fuit eminenti, colore expallido, corpore enormi[1], gracilitate maxima cervicis et crurum, oculis et temporibus concavis, fronte lata et torva, capillo raro at circa verticem nullo, hirsutus cetera. Quare transeunte eo prospicere ex superiore parte aut omnino quacumque de causa capram nominare, criminosum et exitiale habebatur.

b. Caligola studia le espressioni del volto

Vultum vero natura horridum ac taetrum etiam ex industria efferabat componens ad speculum in omnem terrorem ac formidinem.

c. Problemi di salute

Valitudo ei neque corporis neque animi constitit[2]. Puer comitiali morbo vexatus, in adulescentia ita patiens laborum erat, ut tamen nonnumquam subita defectione ingredi, stare, colligere semet ac sufferre posset. Mentis valitudinem et ipse senserat ac subinde de secessu deque purgando cerebro cogitavit.

d. Un micidiale filtro d'amore

Creditur potionatus a Caesonia uxore amatorio quidem medicamento, sed quod in furorem verterit.

(SVETONIO)

1. *corpore enormi*: "con il corpo sproporzionato"; l'aggettivo *enormis* deriva da *ex* + *norma*, significa dunque "fuori norma", "irregolare".
2. *constitit*: "fu equilibrata".

368 Ritratto di Galba

Galba era calvo, con gli occhi azzurri e malato di gotta. Mangiava moltissimo, d'inverno anche prima dell'alba. Alla sua morte il senato aveva stabilito di erigere una statua nel foro, ma il decreto fu annullato da Vespasiano.

a. Caratteristiche fisiche di Galba

Statura fuit iusta, capite praecalvo, oculis caeruleis, adunco naso, manibus pedibusque articulari morbo distortissimis, ut neque calceum perpeti nec libellos evolvere aut tenere omnino valeret. Excreverat etiam in dexteriore latere eius caro praependebatque adeo ut aegre fascia substringeretur.

b. Passioni di Galba

Cibi plurimi traditur, quem tempore hiberno etiam ante lucem capere consuerat, inter cenam vero usque eo abundantis, ut congestas super manus reliquias circumferri iuberet spargique ad pedes stantibus. Libidinis in mares pronior et eos non nisi praeduros exoletosque.

c. Vespasiano annulla il decreto del senato

Periit tertio et septuagesimo aetatis anno, imperii mense septimo. Senatus, ut primum licitum est, statuam ei decreverat rostratae columnae superstantem in parte fori, qua trucidatus est; sed decretum Vespasianus abolevit, percussores sibi ex Hispania in Iudaeam submisisse opinatus.

(SVETONIO)

369 Stanchezza dell'esercito di Alessandro

Nella sua lunga marcia alla conquista dell'Oriente Alessandro giunge fino al territorio del re indiano Sofite. Qui i soldati lo implorano di fermarsi: la loro età è ormai avanzata, i corpi sono indeboliti dalle ferite, dal tempo, dalle numerose battaglie affrontate.

a. I soldati chiedono di non procedere oltre

Cum ad Sophitis regnum venisset Alexander, ubi eum hostium CC milia peditum et XX milia equitum opperiebantur, exercitus omnis non minus victoriarum numero quam laboribus fessus lacrimis eum deprecatur, finem tandem bellis faceret; aliquando patriae reditusque meminisset, respiceret militum annos, quibus vix aetas ad reditum sufficeret.

b. I soldati mostrano le ferite

Ostendere alius canitiem, alius vulnera, alius aetate consumpta corpora, alius cicatricibus exhausta; solos se esse, qui duorum regum, Philippi Alexandrique, continuam militiam pertulerint.

c. Alessandro viene supplicato di non sfidare la sorte

Tandem orare, ut reliquias saltim suas paternis sepulcris reddat, quorum non studiis deficiatur quam annis, ac, si non militibus, vel ipsi sibi parcat, ne fortunam suam nimis onerando fatiget.

(Giustino)

370 Perché gli antichi indossavano l'anello all'anulare

L'autore afferma di avere appreso che i Greci portavano un anello al dito più vicino al mignolo della mano sinistra; così facevano anche i Romani. La spiegazione è fornita da Apione nella sua *Storia egiziana*.

a. Modo in cui Greci e Romani indossano gli anelli

Veteres Graecos anulum habuisse in digito accepimus sinistrae manus qui minimo est proximus. Romanos quoque homines aiunt sic plerumque anulis usitatos.

b. Spiegazione anatomica di Apione

Causam esse huius rei Apion[1] in libris Aegyptiacis hanc dicit, quod insectis apertisque humanis corporibus, ut mos in Aegypto fuit, quas Graeci ἀνατομάς[2] appellant, repertum est nervum quendam tenuissimum ab eo uno digito de quo diximus, ad cor hominis pergere ac pervenire; propterea non inscitum visum esse eum potissimum digitum tali honore decorandum, qui continens et quasi conexus esse cum principatu cordis[3] videretur.

(Gellio)

1. *Apion*: "Apione"; fu un grammatico e poligrafo alessandrino, nato in Egitto intorno al 23 d.C. Dimorò anche a Roma al tempo di Tiberio. Fu celebre per il suo antisemitismo. Fra le sue opere qui vengono ricordati i cinque libri di *Aegyptiaca* (Αἰγυπτιακά).
2. ἀνατομάς: *anatomás*, cioè "dissezioni".
3. *cum principatu cordis*: "con il supremo organo del corpo, cioè il cuore".

Curiosità

Perché proprio all'anulare? Il problema dell'anello e del **dito anulare** è trattato anche da Macrobio (*Saturnalia* VII 13, 7), da cui si possono ricavare ulteriori notizie. Anzitutto, l'affermazione dell'esistenza di un **nervo** che va dall'anulare al cuore è **d'origine egizia**, a indicare forse la profondità dell'affetto fra i coniugi. Ad Ateio Capitone poi viene fatta risalire un'altra spiegazione **di origine etrusca**: l'anello era portato dai Romani perché costituiva il **sigillo**; era messo nella mano sinistra perché la si usava di meno, sicché poteva conservarsi più a lungo. Quanto al dito prescelto, il pollice era stato scartato perché è il dito più mobile (con *pollex* cfr. *pollet* "che può"), l'indice perché privo di appoggio, il medio perché troppo lungo e il mignolo perché troppo corto.

SECONDO LIVELLO

371 L'aspetto fisico di Cesare

Dopo aver narrato le gesta militari, le riforme politiche e amministrative di Giulio Cesare, Svetonio ricorda le opere destinate ad abbellire e arricchire Roma, nonché i grandiosi progetti di opere pubbliche da realizzare nelle varie zone dell'impero. Quindi passa a descrivere l'aspetto fisico del grande generale.

Fuisse traditur excelsa statura, colore candido, teretibus membris, ore paulo pleniore, nigris vegetisque oculis, valitudine prospera, nisi quod tempore extremo repente animo linqui atque etiam per somnum exterreri solebat: comitiali quoque morbo bis inter res agendas correptus est. Circa corporis curam morosior[1], ut non solum tonderetur diligenter ac raderetur, sed velleretur etiam, ut quidam exprobraverunt, calvitii vero deformitatem iniquissime ferret saepe obtrectatorum iocis obnoxiam expertus. Ideoque et deficientem capillum revocare a vertice adsueverat et ex omnibus decretis sibi a senatu populoque honoribus non aliud aut recepit aut usurpavit libentius quam ius laureae coronae perpetuo gestandae. Etiam cultu[2] notabilem ferunt: usum enim lato clavo ad manus fimbriato[3] nec umquam aliter quam ut super eum cingeretur, et quidem fluxiore cinctura; unde emanasse Sullae dictum optimates saepius admonentis, ut male praecinctum puerum caverent.

(SVETONIO)

1. *morosior*: "un po' ricercato".
2. *cultu*: "nel vestire".
3. *ad manus fimbriato*: "guarnito di frange che arrivavano fino alle mani" (trad. Noseda).

Laboratorio

LESSICO
1. Che differenza di significato c'è fra i verbi *tondeo* e *vello*?

ANALISI STILISTICA
2. Individua almeno un chiasmo.

COMPRENSIONE DEL TESTO
3. Per quale motivo Cesare accetta volentieri l'onore di portare la corona d'alloro?
4. Quale battuta, riferita a Cesare, era rivolta da Silla agli ottimati?

372 Rara bellezza di Augusto

Dopo aver descritto le abitudini quotidiane di Augusto, il biografo parla del suo aspetto fisico.

Forma fuit eximia et per omnes aetatis gradus venustissima, quamquam et omnis lenocinii neglegens; in capite comendo tam incuriosus, ut raptim compluribus simul tonsoribus operam daret ac modo tonderet modo raderet barbam eoque ipso tempore aut legeret aliquid aut etiam scriberet. Oculos habuit claros ac nitidos, quibus etiam existimari volebat inesse quiddam divini vigoris, gaudebatque, si qui sibi acrius contuenti quasi ad fulgorem solis vultum summitteret; sed in senecta sinistro[1] minus vidit; dentes raros et exiguos et scabros[2]; capillum leviter inflexum et subflavum; supercilia coniuncta; mediocres aures; nasum et a summo eminentiorem et ab imo deductiorem; colorem inter aquilum candidumque; staturam brevem – quam tamen Iulius Marathus[3] libertus et a memoria eius quinque pedum et dodrantis[4] fuisse tradit, sed quae commoditate et aequitate membrorum occuleretur, ut non nisi ex comparatione astantis alicuius procerioris intellegi posset.

(SVETONIO)

1. *sinistro*: sott. *oculo*.
2. *scabros*: "irregolari".
3. *Iulius Marathus*: "Giulio Màrato", liberto e storiografo imperiale.
4. *dodrantis*: "tre quarti"; il termine *dodrans* deriva da *de + quadrans*, quindi significa propr. "mancante di ¼ dell'asse"; l'*as* romano indicava una somma di denaro, una misura di superficie o, come qui, una misura di lunghezza.

373 Fiera resistenza dei Cimbri

I Cimbri, i Teutoni e i Tigurini, in fuga dalla Gallia in seguito alle inondazioni dei loro territori, cercano una nuova sede; scendono in Italia e chiedono al senato di potersi stanziare nella penisola. Ottenuta una risposta negativa, pensano di ricorrere alle armi. La fortuna di Roma è quella di avere un condottiero come Mario, che sconfigge nel 102 a.C. i Teutoni alle *Aquae Sextiae* (attuale Aix-en-Provence, colonia romana non lontana da Marsiglia). Successivamente devono essere affrontati i Cimbri, che si erano fermati nei pressi di Venezia dopo un fallimentare tentativo di attraversare a nuoto l'Adige. Si avvicina quindi il momento dello scontro con i Romani, durante il quale i barbari resistono accanitamente; soprattutto le loro donne si rivelano indomabili.

Iam diem pugnae a nostro imperatore [milites] petierunt; et sic proximum dedit. In patentissimo, quem Raudium vocant, campo concurrere. Inde milia sexaginta quinque cecidere, hinc[1] trecentis minus; per omnem diem conciditur barbarus. Istic quoque imperator addiderat virtuti dolum, secutus Annibalem artemque Cannarum; primum nebulosum nanctus diem, ut hosti inopinatus occurreret, tum ventosum quoque, ut pulvis in oculos et ora ferretur, tum acie conversa in orientem, ut, quod ex captivis mox cognitum est, ex splendore galearum aere repercusso quasi ardere caelum videretur. Nec minor cum uxoribus eorum pugna quam cum ipsis fuit; cum obiectis undique plaustris atque carpentis altae desuper securibus contisque pugnarent. Perinde speciosa mors earum fuit quam pugna. Nam cum missa ad Marium legatione libertatem ac sacerdotium non impetrassent – nec fas erat –, suffocatis elisisque passim infantibus suis aut mutuis concidere vulneribus aut vinculo e crinibus suis facto ab arboribus iugisque plaustrorum pependerunt.

(FLORO)

1. *hinc*: "dalla nostra parte".

Laboratorio

MORFOLOGIA
1. Sottolinea e analizza tutte le forme verbali sincopate o abbreviate.

LESSICO
2. Trascrivi dal vocabolario almeno quattro significati del sostantivo *iugum, -i*.
3. Sottolinea i termini che appartengono al campo semantico del corpo umano.

> **ANALISI STILISTICA**
> 4. Rintraccia due iperbati.
>
> **COMPRENSIONE DEL TESTO**
> 5. In che consiste l'astuzia del comandante romano?
> 6. Come avviene l'eroica morte delle donne dei Cimbri?

●●● | 374 La disfatta di Varo a Teutoburgo

Augusto desidera assoggettare la Germania. Pertanto invia nella zona Druso, il quale sottomette gli Usipeti, attacca alcune pericolose tribù (Cherusci, Suebi e Sicambri), fortifica la regione ed infine apre una strada lungo la foresta Ercinia. La conquista, ormai vicina, viene fermata dalla morte di Druso. Il suo sostituto, Quintilio Varo, deve fronteggiare una rivolta che culmina nella terribile disfatta dell'esercito romano nella selva di Teutoburgo (9 d.C.).

Quippe Germani victi magis quam domiti erant, moresque nostros magis quam arma sub imperatore Druso suspiciebant; postquam ille defunctus est, Vari Quintili libidinem ac superbiam haud secus quam saevitiam odisse coeperunt. Ausus ille agere conventum, et incautus edixerat, quasi violentiam barbarum lictoris virgis et praeconis voce posset inhibere. At illi, qui iam pridem robigine obsitos enses inertesque maererent equos, ut primum togas et saeviora armis iura viderunt, duce Armenio arma corripiunt; cum interim tanta erat Varo pacis fiducia, ut ne prodita quidem per Segesten unum principum coniuratione commoveretur. Itaque improvidum et nihil tale metuentem ex improviso adorti, cum ille – o securitas! – ad tribunal citaret, undique invadunt; castra rapiuntur, tres legiones opprimuntur. Varus perditas res eodem quo Cannensem diem Paulus et fato est animo secutus. Nihil illa caede per paludes perque silvas cruentius, nihil insultatione barbarum intolerantius, praecipue tamen in causarum patronos. Aliis oculos, aliis manus amputabant, unius os sutum, recisa prius lingua, quam in manu tenens barbarus "tandem" ait, "vipera, sibilare desisti". Ipsius quoque consulis corpus, quod militum pietas humi abdiderat, effossum.

(Floro)

●●● | 375 L'inganno di Semiramide

Nino, leggendario re assiro, combatte contro il re della Battriana Zoroastre; subito dopo muore lasciando il figlio bambino Ninia e la moglie Semiramide. Costei, non volendo affidare l'impero al fanciullo, con un travestimento si sostituisce al figlio. Per mascherare la sua femminilità adotta un curioso espediente...

Postremum bellum regi Nino fuit cum Zoroastre, rege Bactrianorum, qui primus dicitur artes magicas invenisse et mundi principia siderumque motus diligentissime spectasse. Hoc occiso et ipse decessit, relicto adhuc impubere filio Ninia et uxore Semiramide. Haec neque immaturo puero ausa tradere imperium nec ipsa palam tractare, tot ac tantis gentibus vix patienter Nino viro, nedum feminae parituris, simulat se pro uxore Nini filium, pro femina puerum. Nam et statura utrique mediocris et vox pariter gracilis et liniamentorum qualitas matri ac filio similis. Igitur bracchia et crura calciamentis, caput tiara tegit; et ne novo habitu aliquid occultare videretur, eodem ornatu et populum vestiri iubet, quem morem vestis exinde gens universa tenet. Sic primis initiis sexum mentita puer esse credita est. Magnas deinde res gessit; quarum amplitudine ubi invidiam superatam putat, quae sit fatetur quemve simulasset. Nec hoc illi dignitatem regni ademit, sed auxit, quod mulier non feminas modo virtute, sed etiam viros anteiret.

(Giustino)

Laboratorio

SINTASSI

1. Che tipo di costruzione presenta il verbo *dicitur*?
2. Analizza le proposizioni del seguente periodo: *quarum amplitudine ubi invidiam superatam putat, quae sit fatetur quemve simulasset*.

LESSICO

3. Spiega la differenza tra *femina, mulier, uxor*.

COMPRENSIONE DEL TESTO

4. Quale espediente adotta Semiramide per nascondere la sua femminilità?

PRODUZIONE

5. Riassumi il brano (max. 5 righe).

376 Il coraggio di Lisimaco

Lisimaco partecipò alla spedizione in Asia al seguito di Alessandro, del quale era guardia del corpo. Alla morte del re (323 a.C.), dalla spartizione dell'impero macedone ottenne la satrapia di Tracia. Qui viene narrato un suo atto di coraggio in difesa del filosofo Callistene, la conseguente punizione e un nuovo atto eroico che gli frutta l'ammirazione incondizionata del sovrano.

Erat hic Lysimachus inlustri quidem Macedoniae loco natus, sed virtutis experimentis omni nobilitate clarior, quae tanta in illo fuit, ut animi magnitudine philosophiam ipsam viriumque gloria omnes, per quos Oriens domitus est, vicerit. Quippe cum Alexander Magnus Callisthenen philosophum propter salutationis Persicae interpellatum morem, insidiarum, quae sibi paratae fuerant, conscium fuisse iratus finxisset eumque truncatis crudeliter omnibus membris abscisisque auribus ac naso labiisque deforme ac miserandum spectaculum reddidisset, insuper in cavea cum cane clausum ad metum ceterorum circumferret: tunc Lysimachus, audire Callisthenen et praecepta ab eo virtutis accipere solitus, miseratus tanti viri non culpae, sed libertatis poenas pendentis, venenum ei in remedia calamitatium dedit. Quod adeo Alexander aegre tulit, ut eum obici ferocissimo leoni iuberet. Sed cum ad conspectum eius concitatus leo impetum fecisset, manum amiculo involutam Lysimachus in os leonis inmersit abreptaque lingua feram exanimavit. Quod cum nuntiatum regi esset, admiratio in satisfactionem cessit, carioremque eum propter constantiam tantae virtutis habuit.

(GIUSTINO)

377 Lettera di Frontone all'imperatore Antonino Pio

L'oratore Marco Cornelio Frontone scrive all'imperatore Antonino Pio (che regnò dal 138 al 161 d.C.); egli darebbe metà della sua vita per riabbracciarlo nell'anniversario della sua salita al trono, ma un terribile dolore alle spalle e al collo lo tormenta, sicché deve accontentarsi di rivolgere voti agli dèi, nella speranza di essere presente a corte almeno l'anno successivo.

Antonino Pio Augusto Fronto.
Vitae meae parte adipisci cupio, imperator, ut te complecterer felicissimo et optatissimo initi imperii die, quem ego diem natalem salutis, dignitatis, securitatis meae existimo. Sed dolor umeri gravis, cervicis vero multo gravissimus ita me adflixit, ut adhuc usque vix inclinare me vel erigere vel convertere possim. Ita immobili cervici utor. Sed apud Lares, Penates

deosque familiares meos et reddidi et suscepi vota et precatus sum uti anno insequenti bis te complecterer ista die, bis pectus tuum et manus exoscularer praeteriti simul et praesentis anni vicem persequens.

(FRONTONE)

Laboratorio

LESSICO
1. Chi erano i Lari e i Penati?

ANALISI STILISTICA
2. Quali figure retoriche sono presenti nella frase *quem ego diem natalem salutis, dignitatis, securitatis meae existimo*?

COMPRENSIONE DEL TESTO
3. Che cosa si augura Frontone per l'anno successivo?
4. Quale opinione dell'imperatore emerge dalla lettera di Frontone?

378 Il valore dell'eloquenza

Frontone, in una lettera all'imperatore Lucio Vero (II sec. d.C.), chiarisce il motivo per cui ci si scambiano baci per salutarsi; ciò evidenzia l'importanza che si assegna all'eloquenza.

Morem denique saviandi arbitror honori eloquentiae datum. Nam cur os potius salutantes ori admovemus quam oculos oculis aut frontes frontibus aut, quibus plurimum valemus, manus manibus, nisi quod honorem orationi impertimus? Muta denique animalia oratione carentia etiam osculis carent. Hunc ego honorem mihi a te habitum taxo maximo et gravissimo pondere. Plurima praeterea tua erga me summo cum meo honore et dicta et facta percepi sic: quotiens tu me manibus tuis sustinuisti, adlevasti aegre adsurgentem aut difficile progredientem per valetudinem corporis paene portasti! Quam hilari voltu semper placatoque ore nos adfatus es! Quam libenter conseruisti sermonem, quam diu produxisti, quam invitus terminasti! Quae ego pro maximis duco.

(FRONTONE)

Laboratorio

ANALISI STILISTICA
1. Quale valore metaforico racchiude l'espressione *conseruisti sermonem*?
2. Individua nel brano due poliptoti e un chiasmo.

COMPRENSIONE DEL TESTO
3. Quali meriti Frontone riconosce a Lucio Vero?

TERZO LIVELLO

379 Il dolore per la morte di Otone

Tanto Othonis animo nequaquam corpus aut habitus competit. Fuisse enim et modicae staturae et male pedatus scambusque traditur, munditiarum vero paene muliebrium, vulso corpore, galericulo capiti propter raritatem capillorum adaptato et adnexo, ut nemo dinosceret; quin et faciem cotidie rasitare ac pane madido linere consuetum, idque instituisse a prima lanugine, ne barbatus umquam esset; sacra etiam Isidis saepe in lintea religiosaque veste propalam celebrasse. Per quae factum putem, ut mors eius minime congruens vitae maiore miraculo fuerit. Multi praesentium militum cum plurimo fletu manus ac pedes iacentis exosculati, fortissimum virum, unicum imperatorem praedicantes, ibidem statim nec procul a rogo vim suae vitae attulerunt; multi et absentium accepto nuntio prae dolore armis inter se ad internecionem concurrerunt. Denique magna pars hominum incolumem gravissime detestata mortuum laudibus tulit, ut vulgo iactatum sit etiam, Galbam ab eo non tam dominandi quam rei publicae ac libertatis restituendae causa interemptum.

(SVETONIO)

••• | 380 Il custode di cadaveri

"Hic" inquit "auctoratus ad custodiam mariti tui fidenter accessit"[1]. At illa crinibus antependulis hinc inde dimotis etiam in maerore luculentam proferens faciem meque respectans: "Vide oro[2]" inquit "quam expergite munus obeas". "Sine cura sis", inquam "modo corollarium idoneum compara". Sic placito consurrexit et ad alium me cubiculum inducit. Ibi corpus splendentibus linteis coopertum introductis quibusdam septem testibus manu revelat et diutine insuper fleto obtestata fidem praesentium singula demonstrat anxie, verba concepta de industria quodam tabulis praenotante. "Ecce" inquit "nasus integer, incolumes oculi, salvae aures, inlibatae labiae, mentum solidum. Vos in hanc rem, boni Quirites, testimonium perhibetote"; et cum dicto consignatis illis tabulis facessit. At ego: "Iube," inquam "domina, cuncta quae sunt usui necessaria nobis exhiberi". "At quae" inquit "ista sunt?" "Lucerna" aio "praegrandis et oleum ad lucem luci sufficiens et calida cum oenophoris et calice cenarumque reliquis discus ornatus".

(APULEIO)

1. *"Hic... accessit"*: in Tessaglia si credeva che le streghe strappassero ai morti qualche pezzo di carne dal volto. Per impedire questo scempio, prima della sepoltura, si affidava il cadavere ad custode notturno; qualora al mattino il corpo del defunto non fosse integro, l'uomo doveva risarcire con lembi di carne tagliati dal suo volto i pezzi mancanti. Un giovane si offre di custodire la salma di un facoltoso cittadino e viene presentato alla vedova.
2. *vide oro*: "vedi, ti prego, di…"; *vide* è legato in asindeto con il successivo congiuntivo *obeas*, mentre *oro* è incidentale.

Laboratorio

LESSICO
1. Individua nel testo due grecismi.

ANALISI STILISTICA
2. Riconosci almeno tre figure retoriche presenti nel brano.

COMPRENSIONE DEL TESTO
3. Per quale motivo la vedova fa entrare nella stanza del morto sette testimoni?

PRODUZIONE
4. Dividi il testo in sequenze e assegna a ciascuna un titolo.

••• | 381 La trasformazione di Lucio in asino

Summa cum trepidatione irrepit[1] cubiculum et pyxidem depromit arcula; quam ego amplexus ac deosculatus prius, utque mihi prosperis faveret volatibus deprecatus, abiectis propere laciniis totis, avide manus immersi et haurito plusculo uncto corporis mei membra perfricui. Iamque

1. *irrepit*: si riferisce a Fotide, serva di Panfile, presso cui Lucio era ospite; la fanciulla ha promesso al giovane di dargli un unguento che dovrà trasformarlo in un uccello.

alternis conatibus libratis brachiis in avem similem gestiebam: nec ullae plumulae nec usquam pinnulae, sed plane pili mei crassantur in saetas et cutis tenella duratur in corium et in extimis palmulis perdito numero toti digiti coguntur in singulas ungulas et de spinae meae termino grandis cauda procedit: iam facies enormis et os prolixum et nares hiantes et labiae pendulae, sic et aures immodicis horripilant auctibus. Nec ullum miserae reformationis video solacium, nisi quod mihi iam nequeunti tenere Photidem natura[2] crescebat. Ac dum salutis inopia cuncta corporis mei considerans non avem me sed asinum video, querens de facto Photidis[3] sed iam humano gestu simul et voce privatus, quod solum poteram, postrema deiecta labia umidis tamen oculis oblicum respiciens ad illam tacitus expostulabam.

(APULEIO)

2. *natura*: qui nel senso di "attributi virili".
3. *querens... Photidis*: "lamentandomi dell'azione di Fotide".

Laboratorio

LESSICO
1. Individua almeno tre diminutivi.

ANALISI STILISTICA
2. Riconosci le figure retoriche presenti nel periodo *iam facies enormis et os prolixum et nares hiantes et labiae pendulae, sic et aures immodicis horripilant auctibus*.

COMPRENSIONE DEL TESTO
3. Quali aggettivi connotano con più efficacia la miracolosa trasformazione di Lucio?

PRODUZIONE
4. Elenca le fasi della trasformazioni di Lucio in asino.

MODUS SCRIBENDI — LO STILE DI APULEIO

LE CARATTERISTICHE ESSENZIALI

1. Uso di neologismi (*peralbus* "tutto bianco", *vegetatio* "movimento a piedi") o nessi ricercati (*fatigatio sedentaria* "stanchezza dovuta allo stare seduti").
2. Uso di arcaismi (*faxo* futuro di *facio*).
3. Espressioni colloquiali e gergali (*occisa sum* "sono rovinata", *manducus* "mangione").
4. Utilizzazione di termini specialistici: *tibi res tua habeto* "prendi le tue cose" (la formula giuridica con cui si intimava il divorzio), *sententia* "giudizio", *vadimonium* "promessa di comparizione".
5. Figure retoriche: metonimie (*torum* per *thalamus*), figure etimologiche (*in Amoris incidit amorem* "si innamorò di Amore").
6. Rifiuto del classicismo e in particolare della *concinnitas* ciceroniana.
7. Vivace fantasia e piacere di narrare.

Un giudizio critico

Lo stile di Apuleio e la seconda sofistica (P.G. Walsh)

Lo stile delle *Metamorfosi*, che è in parte paragonabile a quello dei *Florida* e del *De deo Socratis*, può essere analizzato in modo proficuo mediante un paragone con quello di Frontone e Gellio. La studiata artificiosità e la stravaganza verbale che accomunano questi tre autori non sono attribuibili a una specifica tradizione africana (anche se il trilinguismo di Apuleio, che parlava punico, greco e latino, può aver accentuato la propensione per una dizione esotica), ma piuttosto alle tendenze epidittiche della seconda sofistica. La *elocutio novella* associata ai tre autori consiste nella collocazione artistica di termini di singolare originalità, in una combinazione di arcaismi e grecismi, volgarismi e neologismi. Nel dialogo viene impiegato di frequente il linguaggio della commedia, soprattutto laddove si addice ai personaggi un'atmosfera semplice, antiquata. Talora viene ripristinato il significato etimologico di un termine per ottenere un effetto bizzarro: Amore, ad esempio, è non soltanto *invisus*, "non visto", ma anche *inhumanus*, "divino". L'influenza dell'oratoria asiana, così marcata nei romanzi greci di Achille Tazio e di Longo, è ancora più forte in Apuleio, e detta un tumultuare di ritmi e di rime in doppie, triplici e quadruplici frasi e clausole, che isocolon, omeoteleuto, allitterazione e assonanza pongono in perfetto equilibrio.

(P.G. Walsh, in *La letteratura latina della Cambridge University*, trad. it. di L. Simonini, A. Mondadori editore, Milano 1992, vol. II, pp. 602-603)

••• | 382 Straordinari prodigi di alcuni popoli barbari

Id etiam in isdem libris scriptum offendimus, quod postea in libro quoque Plinii Secundi Naturalis Historiae septimo legi, esse quasdam in terra Africa hominum familias voce atque lingua effascinantium, qui si impensius forte laudaverint pulchras arbores, segetes laetiores, infantes amoeniores, egregios equos, pecudes pastu atque cultu opimas, emoriantur repente haec omnia, nulli aliae causae obnoxia. Oculis quoque exitialem fascinationem fieri in isdem libris scriptum est traditurque esse homines in Illyriis qui interimant videndo quos diutius irati viderint, eosque ipsos mares feminasque, qui visu ita nocenti sunt, pupillas in singulis oculis binas habere. Item esse in montibus terrae Indiae homines caninis capitibus et latrantibus eosque vesci avium et ferarum venatibus; atque esse item alia aput ultimas orientis terras miracula, homines qui "monocoli"[1] appellentur, singulis cruribus saltatim currentes, vivacissimae pernicitatis; quosdam etiam esse nullis cervicibus, oculos in humeris habentes. Iam vero hoc egreditur omnem modum admirationis, quod idem illi scriptores gentem esse aiunt aput extrema Indiae, corporibus hirtis et avium ritu plumantibus, nullo cibatu vescentem, sed spiritu florum naribus hausto victitantem; Pygmaeos quoque haut longe ab his nasci, quorum qui longissimi sint, non longiores esse quam pedes duo et quadrantem.

(Gellio)

1. *monocoli*: "che hanno una sola gamba", da μόνος (*mónos*) "solo" + κῶλον (*kólon*) "membro, arto".

••• | 383 Anche se il cibo manca, l'uomo può resistere alla fame

Cum Favorino Romae dies plerumque totos eramus, tenebatque animos nostros homo ille fandi dulcissimus, atque eum, quoquo iret, quasi ex lingua prorsus eius apti prosequebamur; ita sermonibus usquequaque amoenissimis demulcebat. Tum ad quendam aegrum cum isset visere nosque cum eo una introissemus multaque ad medicos, qui tum forte istic erant, valitudinis eius gratia oratione Graeca dixisset: «Ac ne hoc quidem mirum – inquit – videri debet, quod, cum antehac semper edundi fuerit adpetens, nunc post imperatam inediam tridui omnis eius adpetitio pristina elanguerit. Nam quod Erasistratus scriptum – inquit – reliquit, propemodum verum est: esuritionem faciunt inanes patentesque intestinorum fibrae et cava intus ventris ac stomachi vacua et hiantia; quae ubi aut cibo complentur aut inanitate diutina contrahuntur et conivent*, tunc loco, in quem cibus capitur, vel stipato vel adducto voluntas capiendi eius desiderandique restinguitur».*

(Gellio)

▶ Vedi **Curiosità**

Laboratorio

LESSICO
1. Individua i vocaboli relativi al corpo umano.

COMPRENSIONE DEL TESTO
2. In quale occasione Favorino espresse la sua opinione?
3. Quale studioso viene citato da Favorino?

PRODUZIONE
4. Riassumi la tesi di Favorino per spiegare la mancanza di appetito (max. 3 righe).

> **Curiosità**
>
> **Connivenza** Il termine italiano "**connivente**" indica **chi tacitamente dà il suo consenso ad un'azione disonesta**; parallelamente, si parla di "connivenza" con i criminali.
> La derivazione è dal lat. *coniveo* o *conniveo* che indica l'"**abbassarsi insieme**" (detto degli occhi), il "**chiudere gli occhi**" (nel sonno, per l'eccessiva luce, per il timore): *ad fulgura conivere* "chiudere gli occhi quando ci sono dei fulmini" (Svet.).
> Esiste già in latino (in Cicerone e Svetonio) il valore metaforico di "**chiudere un occhio, avere indulgenza, fare finta di non vedere**":
>
> *Cur in sceleribus conivetis?* (Cic.)
> Perché **chiudete gli occhi** di fronte ai delitti?

384 Derivazione del nome Agrippa da un particolare tipo di parto

Quorum in nascendo non caput, sed pedes primi exstiterant, qui partus difficillimus aegerrimusque habetur, "Agrippae" appellati vocabulo ab aegritudine et pedibus conficto. Esse autem pueros in utero Varro dicit capite infimo nixos, sursum pedibus elatis, non ut hominis natura est, sed ut arboris. Nam pedes cruraque arboris ramos appellat, caput stirpem atque caudicem. "Quando igitur" inquit "contra naturam forte conversi in pedes brachiis plerumque diductis retineri solent aegriusque tunc mulieres enituntur, huius periculi deprecandi gratia arae statutae sunt Romae duabus Carmentibus[1], quarum altera 'Postverta' cognominatast, 'Prorsa' altera a recti perversique partus et potestate et nomine".

(Gellio)

1. *Carmentibus*: *Carmentis* era una profetessa, madre di Evandro e onorata come divinità fatidica; le sue feste (*Carmentalia*) erano celebrate dalle donne l'11 e il 15 gennaio; era anche la dea delle partorienti ed aveva due epiteti diversi in base alla posizione del feto alla nascita (*Postverta* con la testa avanti, *Prorsa* con i piedi avanti).

Olimpiadi delle lingue classiche

Traduci il passo di Apuleio e rispondi al questionario, servendoti anche dei testi in traduzione.

PRE-TESTO

Psiche scopre Cupido

Tunc Psyche[1] et corporis et animi alioquin infirma fati tamen saevitia subministrante viribus roboratur, et prolata lucerna et adrepta novacula sexum audacia mutatur.
Sed cum primum luminis oblatione tori secreta claruerunt, videt omnium ferarum mitissimam dulcissimamque bestiam, ipsum illum Cupidinem formonsum deum formonse cubantem, cuius aspectu lucernae quoque lumen hilaratum increbruit et acuminis sacrilegi novaculam paenitebat. At vero Psyche tanto aspectu deterrita et impos animi marcido pallore defecta tremensque desedit in imos poplites et ferrum quaerit abscondere, sed in suo pectore; quod profecto fecisset, nisi ferrum timore tanti flagitii manibus temerariis delapsum evolasset. Iamque lassa, salute defecta, dum saepius divini vultus intuetur pulchritudinem, recreatur animi [...]. Ante lectuli pedes iacebat arcus et pharetra et sagittae, magni dei propitia tela.

Allora Psiche, sebbene debole per natura sia nel corpo che nell'animo, tuttavia si fa forza perché è il suo stesso crudele destino che le dà il coraggio e, tirata fuori la lampada e afferrata la lama, mostra una tale audacia da sembrare un uomo.
Ma non appena, accostata la lampada, si fa luce sul segreto del suo letto, ecco cosa vede: tra tutte le bestie feroci la belva più mite e più dolce che c'è, Cupido in persona, il bel dio che dormiva in tutta la sua bellezza: a quella vista persino la luce della lampada si rallegrò, ravvivandosi, e la lama si pentì della sua punta sacrilega. Quanto a Psiche, sconvolta da quella visione straordinaria e completamente rapita, pallida come un morto, si sentì mancare e tutta tremante si piegò sulle ginocchia; e cercò di nascondere l'arma, ma nel suo petto: e lo avrebbe fatto di sicuro se l'arma, per paura di un così grave misfatto, non le fosse scivolata e scappata via da quelle mani incoscienti. Intanto, man mano che lei, ormai completamente senza forze e quasi senza vita, continua a contemplare la bellezza di quel volto divino, ecco sente che il suo spirito si rianima. [...] Ai piedi del letto erano posati l'arco, la faretra e le frecce, le armi benigne del potente dio.

(APULEIO *Metamorfosi* V 22)

(trad. di L. NICOLINI)

1. *Tunc Psyche*: in seguito al responso di un oracolo, Psiche sposa un essere misterioso, che si unisce a lei solo di notte, senza mai farsi vedere in viso. Triste per la sua solitudine, Psiche ottiene la possibilità di invitare le sorelle le quali per gelosia la convincono ad ucciderlo nel sonno il marito-mostro. Dopo vari ripensamenti Psiche si accinge a compiere il delitto.

TESTO

385 Psiche si innamora di Cupido

Quae dum insatiabili animo Psyche, satis et curiosa, rimatur atque pertrectat et mariti sui miratur arma, depromit unam de pharetra sagittam et punctu pollicis extremam aciem periclitabunda trementis etiam nunc articuli nisu fortiore pupugit altius, ut per summam cutem roraverint parvulae sanguinis rosei guttae. Sic ignara Psyche sponte in Amoris incidit amorem. Tunc magis magisque cupidine fraglans Cupidinis prona in eum efflictim inhians patulis ac petulantibus saviis festinanter ingestis de somni mensura metuebat. Sed dum bono

452 Sezione 3 Gli autori classici

Olimpiadi delle lingue classiche

tanto percita saucia mente fluctuat, lucerna illa, sive perfidia pessima sive invidia noxia sive quod tale corpus contingere et quasi basiare et ipsa gestiebat, evomuit de summa luminis sui stillam ferventis olei super umerum dei dexterum. Hem audax et temeraria lucerna et amoris vile ministerium, ipsum ignis totius deum aduris, cum te scilicet amator aliquis, ut diutius cupitis etiam nocte potiretur, primus invenerit. Sic inustus exiluit deus visaque detectae fidei colluvie prorsus ex osculis et manibus infelicissimae coniugis tacitus avolavit.

(APULEIO)

Cupido vola via

> POST-TESTO

At Psyche statim resurgentis eius crure dextero manibus ambabus adrepto sublimis evectionis adpendix miseranda et per nubilas plagas penduli comitatus extrema consequia tandem fessa delabitur solo. Nec deus amator humi iacentem deserens involavit proximam cupressum deque eius alto cacumine sic eam graviter commotus adfatur:
"Ego quidem, simplicissima Psyche, parentis meae Veneris praeceptorum immemor, quae te miseri extremique hominis devinctam cupidine infimo matrimonio addici iusserat, ipse potius amator advolavi tibi. Sed hoc feci leviter, scio, et praeclarus ille sagittarius ipse me telo meo percussi teque coniugem meam feci, ut bestia scilicet tibi viderer et ferro caput excideres meum quod istos amatores tuos oculos gerit. Haec tibi identidem semper cavenda censebam, haec benivole remonebam. Sed illae quidem consiliatrices egregiae tuae tam perniciosi magisterii dabunt actutum mihi poenas, te vero tantum fuga mea punivero". Et cum termino sermonis pinnis in altum se proripuit.

(APULEIO *Metamorfosi* V 24)

Ma proprio mentre si solleva, Psiche lo afferra con tutte e due le mani per la gamba destra e, come una pietosa appendice di quel volo su nel cielo, lo accompagna penzolante tra le regioni delle nubi, inseguendolo Ma proprio mentre si solleva, Psiche lo afcadere al suolo. Il suo amante divino non la abbandonò mentre giaceva lì per terra, ma volò a posarsi su un cipresso vicino e stando sulla cima dell'albero le parlò, profondamente turbato:
"Povera, ingenua Psiche! Io per te ho dimenticato gli ordini di mia madre, che mi aveva comandato di incatenarti alla passione per l'uomo più umile e abietto, di condannarti al matrimonio più ignobile, e io stesso invece sono volato da te, per diventare il tuo amante. Sono stato uno sciocco, lo so: io, il famosissimo arciere, mi sono colpito da solo con la mia stessa freccia, e ho fatto di te mia moglie, col risultato, a quanto pare, che tu credessi che io fossi un mostro e cercassi con quella lama di tagliarmi la testa, la testa dove stanno questi occhi innamorati di te! Questo è ciò da cui, come ti raccomandavo continuamente, dovevi guardarti, di questo ti avvertivo con affetto. Ma una cosa è certa: quelle bravissime consigliere delle tue sorelle me la pagheranno molto presto per i loro rovinosi insegnamenti. Quanto a te, la mia fuga basterà a punirti". E, con queste ultime parole, spiccò il volo verso l'alto.

(trad. di L. NICOLINI)

Questionario

1. Il racconto si contraddistingue per l'atmosfera fiabesca. Quali elementi tipici della fiaba si riscontrano nel testo?
2. Descrivi con opportuni riferimenti testuali il diverso temperamento dei due protagonisti (max. 12 righe).
3. Illustra gli elementi tipici dello stile di Apuleio presenti nel racconto di Amore e Psiche (max. 10 righe).

Unità 28 L'età di Adriano e degli Antonini. Il corpo umano

UNITÀ 29

DAI SEVERI ALLA CADUTA DELL'IMPERO / 1 LA FAMIGLIA

CURIOSITÀ	CAVE!
Adulter	*Gener* e *genus*: declinazioni simili, significati diversi
MODUS SCRIBENDI	**LESSICO TEMATICO**
Lo stile di Ammiano Marcellino	La famiglia

LESSICO TEMATICO
La famiglia

- **adfinitas**, **-atis**, f.: "affinità, parentela", acquisita per matrimonio.
- **adoptio**, **-onis**, f.: "adozione", con cui un *pater familias* prendeva come figlio un membro di un'altra famiglia ancora sottoposto alla patria potestà (*alieni iuris*). L'adottato assumeva il nome del nuovo padre e ne diveniva erede. Durante l'impero tale istituto contribuì alla formazione di importanti dinastie imperiali.
- **amita**, **-ae**, f.: "zia paterna".
- **avunculus**, **-i**, m.: "zio materno".
- **avus**, **-i**, m.: "nonno"; femm. *avia*, *-ae*.
- **bulla**, **-ae**, f.: "ciondolo" realizzato in vari materiali (oro, argento, bronzo, cuoio) che, dopo la prima settimana di vita, i bambini liberi ricevevano come amuleto e segno di distinzione sociale; i maschi la deponevano quando indossavano la toga virile, le femmine nel giorno delle nozze.
- **coniunx**, **-iugis**, m. f.: "coniuge" (marito, moglie).
- **consobrinus**, **-i**, m.: "cugino"; femm. *consobrina*, *-ae*.
- **dominus**, **-i**, m.: "padrone di casa"; femm. *domina*, *-ae*.
- **familia**, **-ae**, f.: "famiglia"; comprendeva tutti gli abitanti di una casa, anche il personale di servizio.
- **filius**, **-ii**, m.: "figlio" (femm. *filia*, *-ae*); *filius familias* era il figlio minorenne, ancora sottoposto alla patria potestà.
- **gens**, **gentis**, f.: "gente, stirpe"; indicava un insieme di famiglie che si consideravano discendenti da un comune antenato.
- **liberi**, **-orum**, m. pl.: "figli legittimi" (maschi e femmine).
- **lustratio**, **-onis**, f.: "cerimonia di consacrazione" agli dèi familiari di un neonato, che in quel momento riceveva il *praenomen* e la *bulla*.
- **maritus**, **-i**, m.: "marito".
- **materfamilias**, f.: "madre di famiglia"; era la padrona della casa, di cui curava l'amministrazione interna; comandava le schiave e gli schiavi addetti ai lavori domestici, badava alla educazione dei figli. Era soggetta però all'autorità del marito.
- **matertera**, **-ae**, f.: "zia materna".
- **matrimonium**, **-ii**, n.: "matrimonio" (contr. a *concubinatus*, "convivenza illegittima"); poteva essere *cum manu* (la moglie diveniva giuridicamente sottomessa al marito) oppure *sine manu* (la donna restava libera dalla potestà del marito e legata semmai alla sua famiglia d'origine).
- **matrona**, **-ae**, f.: "matrona, donna sposata".
- **matruelis**, **-is**, m.: "cugino", figlio di uno zio materno.
- **nomen**, **-inis**, n.: "nome", indicava propriamente la *gens*; era preceduto dal *praenomen*, cioè il nome personale, e seguito dal *cognomen*, che era tratto dalla caratteristica fisica di un antenato (es. *Balbus* "balbuziente", *Calvus* "calvo", ecc.).
- **nepos**, **-otis**, m.: "nipote" (di nonni o di zii).
- **nupta**, **-ae**, f.: "moglie".
- **pater familias**, m.: "padre di famiglia", capo della famiglia romana; nei tempi più antichi aveva diritto di vita o di morte sui familiari.
- **patruelis** (**frater**): "cugino", figlio di uno zio paterno.
- **patruus**, **-i**, m.: "zio paterno".
- **servus**, **-i**, m.: "servo, schiavo".
- **sponsalia**, **-ium** (oppure *-orum*), n. pl.: "fidanzamento"; durante la cerimonia i due promessi sposi si scambiavano gli anelli.
- **sponsus**, **-i**, m.: "promesso sposo, fidanzato"; femminile *sponsa*, *-ae*.
- **toga**, **-ae**, f.: "toga", sopravveste portata dai Romani in tempo di pace; fino all'età di 17 anni i ragazzi indossavano la *toga praetexta*, che era orlata di porpora. Raggiunta questa età,

il *puer* deponeva gli *insignia pueritiae* (la *toga praetexta* e la *bulla*), offrendoli ai Lari della sua casa, e assumeva la *toga virilis*, detta anche *pura* o *libera*, perché era bianca e specifica del cittadino libero.
- **uxor**, **-oris**, f.: "moglie".
- **vir**, **viri**, m.: "uomo", ma anche "marito".
- **vitricus**, **-i**, m.: "patrigno".

Esercizi

A Analizza e traduci le seguenti frasi.

1. Nono anno post reges exactos, cum gener Tarquini ad iniuriam soceri vindicandam ingentem collegisset exercitum, nova Romae dignitas est creata, quae dictatura appellatur, maior quam consulatus. (Eutr.) 2. Gentius facile uno proelio victus mox se dedidit. Mater eius et uxor et duo filii, frater quoque simul in potestatem Romanorum venerunt. (Eutr.) 3. Motum interim in Asia bellum est ab Aristonico, Eumenis filio, qui ex concubina susceptus fuerat. Hic Eumenes frater Attali fuerat. (Eutr.) 4. Hi et genere inter se coniuncti fuerunt et adfinitate. Nam Verus Annius Antoninus M. Antonini filiam in matrimonium habuit, M. autem Antoninus gener Antonini Pii fuit per uxorem Galeriam Faustinam iuniorem, consobrinam suam. (Eutr.) 5. [Caracalla] occidit etiam Pompeianum, Marci nepotem, ex filia natum et ex Pompeiano, cui nupta fuerat Lucilla post mortem Veri imperatoris. (Hist. Aug. El. Sparz.) 6. Cumque ab eo [Marco Antonino] domestici quaererent, cur tristis in adoptionem regiam transiret, disputavit quae mala in se contineret imperium. (Hist. Aug. El. Sparz.) 7. Cum [milites] in Paladium venissent, Alexandrum cum matre atque avia custoditum diligentissime postea in castra duxerunt. (Hist. Aug. El. Lampr.) 8. [Marcus Aurelius] habuit et sororem natu minorem Anniam Cornificiam, uxorem Anniam Faustinam, consobrinam suam. (Hist. Aug. Giul. Cap.) 9. Avidius Cassius, ut quidam volunt, ex familia Cassiorum fuisse dicitur, per matrem tamen; homine novo genitus Avidio Severo, qui ordines duxerat et post ad summas dignitates pervenerat. (Vulc. Gall. Hist. Aug.) 10. Ideoque Armeniam recuperare cum Mesopotamia debeo, avo meo composita fraude praereptam. (Amm. Marc.) 11. Cerealis avunculus eius [Valentiniani] ocius missus eundem puerum lecticae impositum duxit in castra sextoque die post parentis obitum imperator legitime declaratus, Augustus nuncupatur more sollemni. (Amm. Marc.) 12. [Gallus] natus apud Tuscos in Massa Veternensi patre Constantio, Constantini fratre imperatoris, matreque Galla, sorore Rufini et Cerealis, quos trabeae consulares nobilitarunt, et praefecturae. (Amm. Marc.) 13. Ille uxorem sibi et tres esse liberos dixit. (Macr.) 14. Concessum [est] ut libertinorum quoque filii, qui ex iusta dumtaxat matrefamilias nati fuissent, togam praetextam et lorum in collo pro bullae decore gestarent. (Macr.) 15. Filia autem Serviliae erat Iunia Tertia eademque C. Cassii uxor, lasciviente dictatore tam in matrem quam in puellam. (Macr.)

B Metti in ordine cronologico i seguenti termini, che indicano ruoli o momenti della vita familiare.

pater familias, sponsus, maritus, filius, avus

....

uxor, filia, mater familias, sponsa, avia

....

lustratio, matrimonium, sponsalia

....

toga virilis, bulla, toga praetexta

....

Unità 29 Dai Severi alla caduta dell'Impero / 1. La famiglia

VERSIONI

PRIMO LIVELLO

●●● | 386 L'impero di Domiziano

Alla morte di Tito successe Domiziano, più simile agli ultimi membri della dinastia giulio-claudia piuttosto che a quella flavia. Dopo i primi anni, nei quali si dimostrò equilibrato, Domiziano divenne megalomane, spietato, avido. Condusse alcune campagne militari, ma senza successo. A Roma realizzò molte opere architettoniche.

a. Vizi di Domiziano
Domitianus mox accepit imperium, frater ipsius[1] iunior, Neroni aut Caligulae aut Tiberio similior quam patri vel fratri suo. Primis tamen annis moderatus in imperio fuit, mox ad ingentia vitia progressus libidinis, iracundiae, crudelitatis, avaritiae tantum in se odii concitavit, ut merita et patris et fratris aboleret. Interfecit nobilissimos e senatu. Dominum se et deum primus appellari iussit. Nullam sibi nisi auream et argenteam statuam in Capitolio passus est poni. Consobrinos suos interfecit. Superbia quoque in eo execrabilis fuit.

b. Spedizioni militari di Domiziano
Expeditiones quattuor habuit, unam adversum Sarmatas, alteram adversum Cattos, duas adversum Dacos. De Dacis Cattisque duplicem triumphum egit, de Sarmatis solam lauream usurpavit. Multas tamen calamitates isdem bellis passus est; nam in Sarmatia legio eius cum duce interfecta est et a Dacis Oppius Sabinus consularis et Cornelius Fuscus, praefectus praetorio, cum magnis exercitibus occisi sunt.

c. Opere architettoniche di Domiziano
Romae quoque multa opera fecit, in his Capitolium et Forum Transitorium, Divorum Porticus, Isium ac Serapium et Stadium.

(EUTROPIO)

1. *ipsius*: Tito, figlio di Vespasiano.

●●● | 387 Il potere corrompe Costantino

Costantino volse le armi contro Licinio nonostante i vincoli di parentela. Dopo i primi scontri, quest'ultimo, sconfitto per terra e per mare, fu ucciso a Tessalonica. L'impero romano fu retto da un Augusto e tre Cesari. Ma il potere spinse Costantino al compimento di terribili misfatti.

a. Costantino attacca Licinio
Constantinus tamen, vir ingens et omnia efficere nitens, quae animo praeparasset, simul principatum totius orbis adfectans, Licinio bellum intulit, quamquam necessitudo et adfinitas cum eo esset; nam soror Constantia nupta Licinio erat. Ac primo eum in Pannonia secunda ingenti apparatu bellum apud Cibalas instruentem repentinus oppressit omnique Dardania, Moesia, Macedonia potitus numerosas provincias occupavit.

b. Licinio è ucciso

Varia deinceps inter eos bella gesta et pax reconciliata ruptaque est. Postremo Licinius navali et terrestri proelio victus apud Nicomediam se dedidit et contra religionem sacramenti Thessalonicae privatus occisus est.

c. Crimini di Costantino

Eo tempore res Romana sub uno Augusto et tribus Caesaribus, quod numquam alias, fuit, cum liberi Constantini Galliae, Orienti Italiaeque praeessent. Verum insolentia rerum secundarum aliquantum Constantinus ex illa favorabili animi docilitate mutavit. Primum necessitudines persecutus egregium virum filium et sororis filium, commodae indolis iuvenem, interfecit, mox uxorem, post numerosos amicos. (Eutropio)

388 La parentela di Antonino Pio

Originario della Gallia Transalpina, Antonino Pio discendeva da una famiglia impegnata attivamente nella vita politica. Visse l'adolescenza prima con il nonno paterno, poi con quello materno, dimostrando grande rispetto nei confronti dei parenti, che gli lasciarono in eredità tutti i loro beni.

a. La famiglia di Antonino Pio

Tito Aurelio Fulvo Boionio Antonino Pio paternum genus e Gallia Transalpina, Nemausense scilicet, avus Titus Aurelius Fulvus, qui per honores diversos ad secundum consulatum et praefecturam urbis pervenit, pater Aurelius Fulvus, qui et ipse fuit consul, homo tristis et integer, avia materna Boionia Procilla, mater Arria Fadilla, avus maternus Arrius Antoninus, bis consul, homo sanctus et qui Nervam miseratus esset, quod imperare coepisset, soror uterina Iulia Fadilla, vitricus Iulius Lupus consularis, socer Annius Verus, uxor Annia Faustina, filii mares duo, duae feminae, gener per maiorem filiam Lamia Silanus, per minorem Marcus Antoninus fuere.

◀ Vedi **Cave!**

◀ Vedi **Cave!**

b. L'educazione di Antonino Pio

Ipse Antoninus Pius natus est XIII kal. Oct. Flavio Domitiano XII et Cornelio Dolabella consulibus[1] in villa Lanuvina. Educatus Lorii in Aurelia, ubi postea palatium exstruxit, cuius hodieque reliquiae manent, pueritiam egit cum avo paterno, mox cum materno, omnes suos religiose colens, atque adeo et consobrinorum et vitrici et multorum adfinium hereditate ditatus est. (Giulio Capitolino)

1. *Flavio Domitiano XII et Cornelio Dolabella consulibus*: cioè nell'86 d.C.

Cave!

Gener e genus: declinazioni simili, significati diversi I sostantivi *gener, -eri* "**genero**" (II declinazione) e *genus, -eris* "**origine, genere**" (III declinazione) presentano alcuni casi uguali:

	gener	genus
generis	dat. e abl. plur.	gen. sing.
generi	gen. sing.	dat. sing.
generum	acc. sing.	gen. plur.

Attenzione anche a non confondere *genus* con *genu, -us* "**ginocchio**", sostantivo neutro della IV declinazione.

389 Introduzione della *bulla* e della *toga praetexta*

Tullio Ostilio introdusse a Roma i segni distintivi dei magistrati etruschi, fra cui la *toga praetexta*. Insieme alla *bulla*, diventò un indumento tipico dei ragazzi, dopo che Tarquinio Prisco la concesse al figlio quattordicenne per premiarne il coraggio in battaglia.

a. Gli *insignia* etruschi sono introdotti a Roma

Tullus Hostilius, rex Romanorum tertius, debellatis Etruscis sellam curulem lictoresque et togam pictam atque praetextam, quae insignia magistratuum Etruscorum erant, primus ut Romae haberentur instituit. Sed praetextam illo seculo puerilis non usurpabat aetas: erat enim, ut cetera quae enumeravi, honoris habitus.

b. Tarquinio decora il figlio con la *bulla* e la toga

Sed postea Tarquinius Demarati exulis Corinthii filius Priscus, quem quidam Lucumonem vocitatum ferunt, rex tertius ab Hostilio, quintus a Romulo, de Sabinis egit triumphum: quo bello filium suum annos quattuordecim natum, quod hostem manu percusserat, et pro contione laudavit et bulla aurea praetextaque donavit, insigniens puerum ultra annos fortem praemiis virilitatis et honoris.

c. Uso della toga e della *bulla*

Nam sicut praetexta magistratuum, ita bulla gestamen erat triumphantium, quam in triumpho prae se gerebant inclusis intra eam remediis quae crederent adversus invidiam valentissima.
Hinc deductus mos ut praetexta et bulla in usum puerorum nobilium usurparentur ad omen ac vota conciliandae virtutis ei similis cui primis in annis munera ista cesserunt.

(Macrobio)

SECONDO LIVELLO

390 Due imperatori al potere

Il libro VIII del *Breviarium ab urbe condita* narra i principali eventi avvenuti dal governo di Nerva fino alla morte di Alessandro Severo (235 d.C.). Dopo aver parlato di Antonino Pio, di cui viene lodata la grande onestà, sia nella vita privata che in quella pubblica, l'autore passa a Marco Aurelio, chiamato nella *Historia Augusta* Marco Antonino Vero.

Post hunc imperavit M. Antoninus Verus, haud dubie nobilissimus, quippe cum eius origo paterna a Numa Pompilio, materna a Solentino rege penderet, et cum eo L. Annius Antoninus Verus. Tumque primum Romana res publica duobus aequo iure imperium administrantibus paruit, cum usque ad eum singulos semper habuisset Augustos. Hi et genere inter se coniuncti fuerunt et adfinitate. Nam Verus Annius Antoninus M. Antonini filiam in matrimonium habuit, M. autem Antoninus gener Antonini Pii fuit per uxorem Galeriam Faustinam iuniorem, consobrinam suam. Hi bellum contra Parthos gesserunt, qui post victoriam Traiani tum primum rebellaverant. Verus Antoninus ad id profectus est. Qui Antiochiae et circa Armeniam agens multa per duces suos et ingentia patravit. Seleuciam, Assyriae urbem nobilissimam, cum quadringentis milibus hominum cepit; Parthicum triumphum revexit. Cum fratre eodemque socero triumphavit. Obiit tamen in

Venetia[1], cum a Concordia civitate Altinum[2] proficisceretur et cum fratre in vehiculo sederet, subito sanguine ictus, casu morbi, quem Graeci apoplexin vocant. Vir ingenii parum civilis, reverentia tamen fratris nihil umquam atrox ausus. Cum obisset undecimo imperii anno, inter deos relatus est.

(Eutropio)

1. *Venetia*: corrisponde alle attuali regioni del Veneto e del Friuli.
2. *a Concordia civitate Altinum*: si tratta di due città della *Venetia*.

●●●◦ | 391 "Moglie è sinonimo di dignità, non di piacere"

Elio Sparziano scrive la biografia di Ceionio Commodo, chiamato anche Elio Vero (101-138 d.C.), precisando subito che ebbe solo il titolo di Cesare. Dopo la dedica a Diocleziano, l'autore ricorda l'adozione di Elio da parte di Adriano, che però si pentì di averlo scelto come successore. Quindi sono menzionate alcune passioni del giovane Cesare.

Fuit hic [Aelius] vitae laetissimae, eruditus in litteris, Hadriano, ut malevoli loquuntur, acceptior forma quam moribus, in aula diu non fuit, in vita privata etsi minus probabilis, minus tamen reprehendendus ac memor familiae suae, comptus, decorus, pulchritudinis regiae, oris venerandi, eloquentiae celsioris, versu facilis, in re publica etiam non inutilis. Idem uxori conquerenti de extraneis voluptatibus dixisse fertur: "Patere me per alias exercere cupiditates meas; uxor enim dignitatis nomen est, non voluptatis". Eius est filius Antoninus Verus, qui adoptatus est a Marco, vel certe cum Marco[1], et cum eodem aequale gessit imperium, nam ipsi sunt qui primi duo Augusti appellati sunt, et quorum fastis consularibus sic nomina praescribuntur ut dicantur non duo Antonini sed duo Augusti. Tantumque huius rei et novitas et dignitas valuit ut fasti consulares nonnulli ab his sumerent ordinem consulum.

(Elio Sparziano)

1. *qui adoptatus est a Marco, vel certe cum Marco*: è esatta la seconda ipotesi, dal momento che entrambi – Elio e Marco Aurelio – furono adottati da Antonino Pio.

Laboratorio

MORFOLOGIA

1. Analizza le seguenti forme verbali (verbo di provenienza, modo, tempo, diatesi, ev. persona e numero): *loquuntur, conquerenti, fertur, patere, exercere.*
2. Individua e analizza i pronomi.

SINTASSI

3. Individua nel testo la costruzione del nominativo con l'infinito.
4. Sottolinea i complementi predicativi del soggetto.

LESSICO

5. Che cosa erano i *fasti consulares*?

COMPRENSIONE DEL TESTO

6. Con quale nome vennero registrati Elio e Marco nei *fasti consulares*?

●●●◦ | 392 Generosità di Marco Aurelio

Nato da una famiglia le cui origini risalivano al re Numa Pompilio, Marco Aurelio fu educato dal nonno paterno. Di carattere riflessivo fin da bambino, studiò presso eccellenti maestri, dimostrando grande interesse per la filosofia; tale passione lo influenzò al punto che si abituò a studiare avvolto in un mantello e a dormire per terra. Fu virtuoso senza essere intransigente, serio senza essere uggioso.

Virilem togam sumpsit quinto decimo aetatis anno, statimque ei Lucii Ceionii Commodi filia desponsata est ex Hadriani voluntate, nec multo post praefectus Feriarum Latinarum fuit. In quo honore praeclarissime se pro magistratibus agentem et in conviviis Hadriani principis ostendit, post hoc patrimonium paternum sorori totum concessit, cum eum ad divisionem mater vocaret, responditque avi bonis se esse contentum, addens, ut et mater, si vellet, in sororem suum patrimonium conferret, ne inferior esset soror marito. Fuit autem tanta indulgentia ut cogeretur nonnumquam vel in venationes pergere vel in theatrum descendere vel spectaculis interesse. Operam praeterea pingendo sub magistro Diogeneto dedit. Amavit pugilatum luctamina et cursum et aucupatus et pila lusit adprime et venatus est. Sed ab omnibus his intentionibus studium eum philosophiae abduxit seriumque et gravem reddidit, non tamen prorsus abolita in eo comitate, quam praecipue suis, mox amicis atque etiam minus notis exhibebat, cum frugi esset sine contumacia, verecundus sine ignavia, sine tristitia gravis.

(Giulio Capitolino)

Laboratorio

LESSICO
1. Che cosa era la *toga virilis*?
2. Che cosa significa *aucupatus*?

ANALISI STILISTICA
3. Che tipo di figura retorica è presente nell'espressione *verecundus sine ignavia, sine tristitia gravis*?

COMPRENSIONE DEL TESTO
4. Che cosa dona Marco Aurelio alla sorella?
5. A quali attività si dedica Marco Aurelio?

393 I costumi dei Saraceni

Nel XIV libro delle *Storie*, il primo fra quelli che si sono conservati, Ammiano Marcellino narra alcuni episodi avvenuti nella parte orientale dell'impero nel 351 d.C., mentre era Cesare d'Oriente Costanzo Gallo. Oltre ai misfatti di quest'ultimo, la situazione era aggravata dalle incursioni dei Saraceni, su cui l'autore fornisce alcune informazioni etnografiche.

Apud has gentes [Saracenos], quarum exordiens initium ab Assyriis, ad Nili cataractas porrigitur, et confinia Blemmyarum[1], omnes pari sorte sunt bellatores, seminudi coloratis sagulis pube tenus amicti, equorum adiumento pernicium graciliumque camelorum per diversa reptantes, in tranquillis vel turbidis rebus; nec eorum quisquam aliquando stivam apprehendit, vel arborem colit, aut arva subigendo quaeritat victum, sed errant semper per spatia longe lateque distenta, sine lare sine sedibus fixis aut legibus; nec idem perferunt diutius caelum, aut tractus unius sol illis umquam placet. Vita est illis semper in fuga, uxoresque mercennariae conductae ad tempus ex pacto, atque (ut sit species matrimonii) dotis nomine futura coniunx hastam et tabernaculum offert marito, post statum diem (si id elegerit) discessura, et incredibile est quo ardore apud eos in venerem uterque solvitur sexus. Ita autem

---

1. *Blemmyarum*: Blemmi, popolazione africana, che viveva vicino alle cateratte del Nilo.

quoad vixerint late palantur, ut alibi mulier nubat, in loco pariat alio, liberosque procul educat, nulla copia quiescendi permissa. Victus universis caro ferina est lactisque abundans copia qua sustentantur, et herbae multiplices et siquae alites capi per aucupium possint, et plerosque nos vidimus frumenti usum et vini penitus ignorantes. (Ammiano Marcellino)

Laboratorio

SINTASSI
1. Rintraccia un gerundio con valore strumentale.
2. Analizza il periodo *ita autem quoad vixerint late palantur, ut alibi mulier nubat, in loco pariat alio, liberosque procul educat, nulla copia quiescendi permissa.*

LESSICO
3. Sottolinea i termini che appartengono al campo semantico del matrimonio.

COMPRENSIONE DEL TESTO
4. Quali animali usavano i Saraceni come mezzo di trasporto?
5. Che tipo di rapporti intrattenevano con le donne?

PRODUZIONE
6. Illustra, con opportuni riferimenti al brano, il giudizio di Ammiano sui Saraceni (max. 6 righe).

MODUS SCRIBENDI — LO STILE DI AMMIANO MARCELLINO

LE CARATTERISTICHE ESSENZIALI

1. Stile artificioso, caratterizzato da *variatio* e *inconcinnitas* (rifiuto dell'armonia e della simmetria della frase).

2. Neologismi: *insulosus* ("pieno di isole"), *gravidula* ("fecondata"), *imbracteo* ("rivestire con una lamina").

3. Influenza della struttura della frase greca, specie per l'abbondante impiego di participi.

4. Presenza di figure retoriche: similitudini, omoteleuti, personificazioni:

   Spumans denique cruore barbarico, decolor alveus insueta stupebat augmenta.

   Infine il letto del fiume, che aveva cambiato colore e spumeggiava di sangue barbarico, si stupiva dell'insolito aumento dei flutti. (trad. Selem)

5. Realismo cupo e drammatico:

   Capita per medium frontis et uerticis mucrone distincta in utrumque humerum magno cum horrore pendebant.

   Le teste erano state spaccate da un fendente dalla sommità attraverso la parte centrale della fronte e pendevano con un orrendo spettacolo, su una e sull'altra spalla. (trad. Selem)

Un giudizio critico

Lo stile artificioso di Ammiano Marcellino (A. Selem)

Dall'incontro della tendenza atticista e del modernismo linguistico, fenomeno paragonabile solo allo stile di Apuleio, nasce il carattere letterario ed anche artificioso dello stile di Ammiano, che tanto contribuisce a renderne oscura e difficile la lettura. Dalle sue letture non ha tratto vantaggio tanto nella sintassi, quanto, piuttosto, nel lessico, nella *callida iunctura*, nell'uso di sentenze e particolari descrittivi d'ogni genere, che egli introduce nella sua opera senza accennare alla fonte da cui li ha ricavati, sia lasciandoli invariati che modificandoli con una tecnica che si può chiamare musiva o allusiva. In tal modo Ammiano porta alle estreme conseguenze l'abitudine latina di imitare un modello; mentre però precedentemente erano stati i Greci ad essere modelli dei Latini, ora è il mondo letterario latino che diventa modello di un Greco. [...] Pur così artificioso, lo stile di Ammiano alle volte non è privo di forza. [...] Ammiano ha una certa predilezione per le scene orride che ritornano nei tocchi finali delle descrizioni delle battaglie. [...] Ammiano risente però spesso anche l'influsso della storiografia drammatica di Duride [storico greco del IV sec. a.C, *n.d.a.*], per cui la presa di una città è sempre accompagnata da scene patetiche che si riconducono al solito schema delle donne che si strappano le chiome e che vengono trascinate prigioniere, dei vecchi che sconsolati considerano la loro nuova condizione di schiavi, e delle violenze arrecate alle vergini. [...] Le narrazioni di episodi militari in Ammiano non sempre hanno quella chiarezza e precisione che ci aspetteremmo da un soldato. Gli episodi di guerra, ai quali egli assistette, si distinguono per la loro perspicuità e ci riportano ad una tecnica narrativa simile a quella dei commentari. [...] Invece Ammiano si dimostra incapace di descrivere un combattimento al quale egli non abbia preso parte. Così la descrizione delle battaglie di Strasburgo e di Adrianopoli si riduce all'evocazione di alcuni episodi che servono ad esaltare il valore di Giuliano nel primo caso e ad evocare l'orrore della strage nel secondo. Fatica inutile sarebbe ricostruire lo svolgimento di questi due combattimenti fondandosi sul testo ammianeo.

A. Selem, *Ammiano Marcellino - Le storie*, Utet, Roma 2013, pp. 26-30 *passim*

COMPARATIO

394 Un fidato messaggero

3 *Uxor vero Craugasii[1], quae retinens pudorem inviolatum, ut matrona nobilis colebatur, maerebat velut orbem alium sine marito visura, quamquam sperabat documentis praesentibus altiora.*

4 *In rem itaque consulens suam, et accidentia longe ante prospiciens, anxietate bifaria stringebatur, viduitatem detestans et nuptias. Ideo familiarem suum perquam fidum, regionumque Mesopotamiae gnarum, per Izalam montem, inter castella praesidiaria duo Maride et Lorne introiturum, Nisibin occulte dimisit, mandatis arcanisque vitae secretioris, maritum exorans, ut auditis quae contigerint, veniret secum beate victurus.*

5 *Quibus conventis, expeditus viator per saltuosos tramites et frutecta, Nisibin passibus citis ingressus, causatusque se domina nusquam visa, et forsitan interempta, data evadendi copia castris hostilibus abscessisse, et ideo ut vilis neglectus, docet Craugasium gesta; moxque accepta fide quod si tuto licuerit, sequetur coniugem libens, evasit, exoptatum mulieri nuntium ferens, quae hoc cognito per Tamsaporem[2] ducem supplicaverat regi, ut si daretur facultas, antequam Romanis excederet finibus, in potestatem suam iuberet propitius maritum adscisci.*

(Ammiano Marcellino)

Traduzione

3 Ma la moglie di Craugasio che, conservando intatta la castità, era rispettata come una nobile matrona, si affliggeva al pensiero di dover vedere, per così dire, un altro mondo senza il marito, sebbene in séguito ad alcuni indizi presenti potesse sperare una sorte migliore.

4 Pertanto, pensando alla propria situazione e prevedendo ben in anticipo quanto le poteva capitare, era in preda ad un duplice affanno poiché detestava e la vedovanza e le nozze. Perciò ordinò ad un servo, assai fedele ed esperto delle regioni della Mesopotamia, di recarsi di nascosto a Nisibi attraverso il monte Izala per la strada tra le fortezze di Maride e di Lorne con incarichi segreti riguardanti la sua vita intima. Egli doveva scongiurare Craugasio a venire a vivere felicemente con lei, dopo aver udito quanto era accaduto.

5 Presi questi accordi, il messaggero percorrendo velocemente senza bagagli sentieri in mezzo a boschi e cespugli, giunse ben presto a Nisibi. Qui, dando ad intendere agli altri di non aver visto in nessun luogo la padrona che forse era stata anche uccisa, e di essere fuggito, avutane la possibilità, dall'accampamento nemico senza che nessuno si curasse di lui data la sua infima condizione, informò Craugasio di quant'era avvenuto. Subito dopo, avuta l'assicurazione che, se fosse stato possibile farlo senza pericolo, egli avrebbe seguito di buon animo la moglie, fuggì portando alla donna questa notizia desiderata. Essa, informatane, supplicò il re per il tramite del generale Tamsapore di ordinare benevolmente che, se gli si fosse presentata la possibilità prima di lasciare il territorio romano, il marito fosse accolto sotto la sua protezione.

(trad. di A. Selem)

---

1. *Uxor vero Craugasii*: donna di particolare bellezza, era la moglie di Craugasio, un notabile di Nisibi, città posta al confine della provincia romana della Mesopotamia. Catturata dal re persiano Sapore II, convinse il marito a passare dalla parte del nemico.
2. *Tamsaporem*: generale persiano.

Riflettere sulla traduzione

1. A quale termine latino corrisponde "sorte migliore"?
2. Quale elemento introduce il traduttore nella frase *viduitatem detestans et nuptias*? Che risultato produce tale inserimento?
3. Esegui l'analisi del periodo *familiarem... dimisit*, mettendo in evidenza le differenze fra il testo latino e quello italiano.
4. Come viene resa l'espressione *Nisibin passibus citis ingressus*?
5. Il traduttore divide in due periodi il passo *moxque accepta... adscisci*. Quale effetto ne deriva sul piano stilistico? Proponi una tua traduzione.

●●● | 395 Un ragazzo di grande ingegno

In occasione dei Saturnali alcuni amici si riuniscono in casa di Vettio Agorio Pretestato. Durante il banchetto lo scrittore Avieno, uno dei commensali, chiede al padrone di casa di chiarire l'origine del suo *cognomen*. Pretestato spiega che risale ad un suo antenato di nome Papirio e narra un divertente aneddoto.

"Mos[1] antea senatoribus fuit in curiam cum praetextatis filiis introire. Cum in senatu res maior quaepiam consultabatur eaque in posterum diem prolata est, placuit ut hanc rem super qua tractavissent ne quis enuntiaret priusquam decreta esset. Mater Papirii pueri, qui cum parente suo in curia fuerat, percontatur filium quidnam in senatu egissent Patres. Puer respondit tacendum esse, neque id dici licere. Mulier fit audiendi cupidior: secretum rei et silentium pueri animum eius ad inquirendum everberat: quaerit igitur compressius violentiusque. Tum puer urgente matre lepidi atque festivi mendacii consilium capit. Actum in senatu dixit, utrum videretur utilius magisque e re publica esse, unusne ut duas uxores haberet, an ut una apud duos nupta esset. Hoc illa ubi audivit, animo conpavescit: domo trepidans egreditur, ad ceteras matronas adfert. Postridieque ad senatum copiosae matrumfamilias catervae confluunt. Lacrimantes atque obsecrantes orant, una potius ut duobus nupta fieret quam ut uni duae. Senatores ingredientes curiam quae illa mulierum intemperies et quid sibi postulatio isthaec vellet mirabantur, et ut non parvae rei prodigium illam verecundi sexus inpudicam insaniam pavescebant. Puer Papirius publicum metum demit. Nam in medium curiae progressus, quid ipsi mater audire institisset, quid matri ipse simulasset, sicuti fuerat, enarrat. Senatus fidem atque ingenium pueri exosculatur, consultumque facit uti posthac pueri cum patribus in curiam ne introeant praeter illum unum Papirium".

(Macrobio)

1. *Mos*: parla Pretestato, aristocratico romano che esercitò la carriera politica nella seconda metà del IV secolo, sotto Costanzo II.

Laboratorio

SINTASSI
1. Individua nel testo le proposizioni completive.
2. Evidenzia le interrogative indirette.

LESSICO
3. Spiega il significato dell'aggettivo *praetextatus*.

COMPRENSIONE DEL TESTO
4. Secondo il racconto di Papirio alla madre, quale questione si dibatteva in senato?
5. Quale onorificenza concede il senato a Papirio?

••• | 396 Origine dei *cognomina* Asina e Scrofa

Dopo aver chiarito il significato del proprio *cognomen* (vd. versione precedente), Pretestato spiega altri *cognomina* romani: Scipione deriva dal bastone (*scipio*) con cui Cornelio guidò il padre cieco; Messala dalla conquista della città di Messina. Infine Pretestato racconta l'origine dei soprannomi Asina e Scrofa.

Asinae cognomentum Corneliis datum est, quoniam princeps Corneliae gentis empto fundo seu filia data marito, cum sponsores ab eo sollemniter poscerentur, asinam cum pecuniae onere produxit in forum, quasi pro sponsoribus praesens pignus. Tremellius vero Scropha cognominatus est eventu tali. Is Tremellius cum familia atque liberis in villa erat. Servi eius, cum de vicino scropha erraret, subreptam conficiunt: vicinus advocatis custodibus omnia circumvenit, ne qua ecferri possit: isque ad dominum appellat restitui sibi pecudem. Tremellius, qui ex vilico rem comperisset, scrophae cadaver sub centonibus conlocat super quos uxor cubabat: quaestionem vicino permittit. Cum ventum est ad cubiculum, verba iurationis concipit: nullam esse in villa sua scropham nisi istam, inquit, quae in centonibus iacet: lectulum monstrat. Ea facetissima iuratio Tremellio Scrophae cognomentum dedit.

(Macrobio)

TERZO LIVELLO

••• | 397 La curiosità di Adriano

Septicio Claro praefecto praetorii et Svetonio Tranquillo[1] epistularum magistro[2] multisque aliis, quod apud Sabinam uxorem iniussu eius familiarius se tunc egerant, quam reverentia domus aulicae postulabat, successores dedit, uxorem etiam ut morosam et asperam dimissurus, ut ipse dicebat, si privatus fuisset. Et erat curiosus non solum domus suae sed etiam amicorum, ita ut per frumentarios occulta omnia exploraret, nec adverterent amici sciri ab imperatore suam vitam, priusquam ipse hoc imperator ostenderet. Unde non iniocundum est rem inserere, ex quo constet eum de amicis multa didicisse. Nam cum ad quendam scripsisset uxor sua, quod voluptatibus detentus et lavacris ad se redire nollet, atque hoc Hadrianus per frumentarios cognovisset, petente illo commeatum Hadrianus ei lavacra et voluptates exprobravit. Cui ille: "Num et tibi uxor mea, quod et mihi, scripsit?". Et hoc quidem vitiosissimum putant atque huic adiungunt, quae de adultorum amore ac nuptarum adulteriis*, quibus Hadrianus laborasse dicitur, adserunt, iungentes quod ne amicis quidem servaverit fidem.*

(Elio Sparziano)

▷ Vedi **Curiosità**

1. *Svetonio Tranquillo*: è l'autore dell'opera *De vita Caesarum*.
2. *epistularum magistro*: è un anacronismo; al tempo di Svetonio il funzionario addetto alla corrispondenza si chiamava *procurator ab epistulis*.

Laboratorio

LESSICO
1. Indica le possibili accezioni del sostantivo *frumentarius*.

COMPRENSIONE DEL TESTO
2. Per quale motivo Setticio Claro e Svetonio Tranquillo sono rimossi dai loro incarichi?
3. Oltre alla curiosità, quali altri difetti sono attribuiti ad Adriano?

PRODUZIONE
4. Racconta (max. 5 righe) l'aneddoto narrato all'interno del brano.

Curiosità

Adulter Il sostantivo *adulter* deriva dal verbo *adulterare* "**commettere adulterio**" e più in generale "**corrompere, falsificare**". Le due accezioni si conservano anche nella lingua italiana, in cui "adulterio" indica una violazione della fedeltà coniugale e "adulterare" significa aggiungere sostanze estranee; particolarmente frequente è l'espressione "adulterare il vino".
Il legame fra l'adulterio e il vino è documentato da una *lex regia*, attribuita a Romolo, in cui si stabiliva che il marito poteva uccidere la moglie colpevole di adulterio o di aver bevuto vino (Dionigi di Alicarnasso *Antichità romane* II 25, 6). Se la prima di queste norme è facilmente comprensibile, ben più arduo è spiegare la seconda. Per risolvere la questione, è stato ipotizzato che il vino potesse causare l'aborto oppure che contenesse un principio vitale in grado di passare nel sangue della donna e quindi di introdurre un elemento "estraneo" durante il concepimento. In realtà il divieto di bere vino è spiegato più semplicemente dagli stessi Romani: "L'uso del vino era, un tempo, ignoto alle donne romane, naturalmente ad evitare che si lasciassero andare a qualche gesto indecoroso, perché il grado successivo dell'intemperanza che si deve al padre Libero si risolve generalmente nell'amore illecito" (Valerio Massimo *Factorum et dictorum memorabilium libri* II 1, 5, trad. Faranda); Plinio il Vecchio dichiara che l'ubriachezza insegna di per se stessa la libidine (*Naturalis historia* XIV 140).
Alla luce di queste osservazioni risulta comprensibile anche il cosiddetto *ius osculi* ("diritto di bacio"), che spettava ai parenti più stretti della donna, i quali potevano dall'odore controllare se quella avesse bevuto: una pratica a tutela dell'onorabilità familiare, dalla quale erano infatti escluse le "donne di cattiva fama" (cfr. Cicerone *De re publica* IV 6, 6).

●●● | 398 Nefandezze dell'imperatore Commodo

Post haec Commodus[1] *numquam facile in publicum processit neque quicquam sibi nuntiari passus est nisi quod Perennis ante tractasset. Perennis autem Commodi persciens invenit quem ad modum ipse potens esset, nam persuasit Commodo, ut ipse deliciis vacaret, idem vero Perennis curis incumberet. Quod Commodus laetanter accepit, hac igitur lege vivens ipse cum trecentis concubinis, quas ex matronarum meretricumque dilectu ad formae speciem concivit, trecentisque aliis puberibus exoletis, quos aeque ex plebe ac nobilitate vi pretiisque forma disceptatrice collegerat, in Palatio per convivia et balneas bacchabatur. Inter haec habitu victimarii victimas immolavit, in harena rudibus, inter cubicularios gladiatores pugnavit lucentibus aliquando mucronibus. Tunc tamen Perennis cuncta sibimet vindicavit, quos voluit interemit, spoliavit plurimos, omnia iura subvertit, praedam omnem in sinum contulit, ipse autem Commodus Lucillam sororem, cum Capreas misisset, occidit, sororibus dein suis ceteris, ut dicitur, constupratis, consobrina patris complexibus suis iniuncta uni etiam ex concubinis matris nomen imposuit. Uxorem, quam deprehensam in* **adulterio** ◀ Vedi **Curiosità**
exegit, exactam relegavit et postea occidit.
(*Historia Augusta, Commodus*)

1. *Commodus*: figlio di Marco Aurelio, fu un imperatore romano dal 180 al 192 d.C.

●●● | 399 Raccomandazioni di Faustina a Marco Aurelio

"*Mater mea Faustina*[1] *patrem tuum Pium in defectione Celsi*[2] *hortata est, ut pietatem primum circa suos servaret, sic circa alienos. Non enim pius est imperator, qui non cogitat uxorem et filios. Commodus noster vides in qua aetate sit, Pompeianus gener et senior est et*

1. *Mater mea Faustina*: autrice della lettera è Faustina minore, moglie di Marco Aurelio, figlia dell'imperatore Antonino Pio e di Faustina maggiore.

2. *in defectione Celsi*: non si sa nulla né della congiura, né di questo personaggio.

peregrinus. Vide quid agas de Avidio Cassio[3] et de eius consciis. Noli parcere hominibus, qui tibi non pepercerunt et nec mihi nec filiis nostris parcerent, si vicissent. Ipsa iter tuum mox consequor; quia Fadilla[4] nostra aegrotabat, in Formianum venire non potui. Sed si te Formiis invenire non potuero, adsequar Capuam, quae civitas et meam et filiorum nostrorum aegritudinem poterit adiuvare. Soteridam medicum in Formianum ut demittas, rogo. Ego autem Pisitheo nihil credo, qui puellae virgini curationem nescit adhibere. Signatas mihi litteras Calpurnius dedit; ad quas rescribam, si tardavero, per Caecilium senem spadonem, hominem, ut scis, fidelem. Cui verbo mandabo, quid uxor Avidii Cassii et filii et gener de te iactare dicantur".

(Vulcacio Gallicano)

3. *Avidio Cassio*: generale romano, che nel 175 d.C. si proclamò imperatore. Riconosciuto dal senato romano *hostis publicus*, fu ucciso dai soldati.
4. *Fadilla*: figlia di Marco Aurelio.

Laboratorio

LESSICO
1. Sottolinea i nomi femminili appartenenti al lessico della famiglia.

COMPRENSIONE DEL TESTO
2. Che cosa consigliava Faustina maggiore all'imperatore Antonino Pio?
3. Quali medici vengono menzionati? In chi Faustina ripone la propria fiducia?
4. Quale compito Faustina ha intenzione di affidare a Cecilio?

PRODUZIONE
5. Dividi il testo in sequenze, assegnando a ciascuna un titolo.

••• | 400 Due terribili coniugi

[*Caesar Gallus*[1]], *qui ex squalore imo miseriarum, in aetatis adultae primitiis, ad principale culmen insperato saltu provectus, ultra terminos potestatis delatae procurrens, asperitate nimia cuncta foedabat. Propinquitate enim regiae stirpis, gentilitateque etiam tum Constantii nominis, efferebatur in fastus, si plus valuisset, ausurus hostilia in auctorem suae felicitatis (ut videbatur). Cuius acerbitati uxor[2] grave accesserat incentivum, germanitate Augusti turgida supra modum, quam Hanniballiano regi fratris filio antehac Constantinus iunxerat pater, Megaera quaedam mortalis, inflammatrix saevientis assidua, humani cruoris avida nihil mitius quam maritus. Qui paulatim eruditiores facti processu temporis ad nocendum, per clandestinos versutosque rumigerulos, compertis leviter addere quaedam male suetos, falsa et placentia sibi discentes, affectati regni vel artium nefandarum calumnias insontibus affigebant. Eminuit autem inter humilia, supergressa iam impotentia fines mediocrium delictorum, nefanda Clematii cuiusdam Alexandrini nobilis mors repentina; cuius socrus cum misceri sibi generum, flagrans eius amore, non impetraret, ut ferebatur, per palatii pseudothyrum introducta, oblato pretioso reginae monili, id assecuta est, ut ad Honoratum, tum comitem Orientis, formula missa letali, homo scelere nullo contactus, idem Clematius, nec hiscere nec loqui permissus, occideretur.*

(Ammiano Marcellino)

1. *Caesar Gallus*: Flavio o Claudio Costanzo Gallo, nipote di Costantino, nominato nel 351 d.C. Cesare d'Oriente da Costanzo.
2. *uxor*: Costanza, figlia primogenita di Costantino e Fausta, concessa in prime nozze ad Anniballiano.

Laboratorio

LESSICO
1. Sottolinea i termini che appartengono al campo semantico della famiglia.

ANALISI STILISTICA
2. Che tipo di figura retorica è *Megaera*?
3. Individua gli iperbati.

COMPRENSIONE DEL TESTO
4. Chi era Anniballiano? Chi invece Clemazio?

PRODUZIONE
5. Riassumi il brano (max. 5 righe).

●●● | 401 I Goti devastano la Tracia

Laudato regis[1] consilio, quem cogitatorum norant fore socium efficacem, per Thraciarum latus omne dispersi caute gradiebantur, dediticiis vel captivis vices uberes ostendentibus, eos praecipue, ubi alimentorum reperiri satias dicebatur, eo maxime adiumento, praeter genuinam erecti fiduciam, quod confluebat ad eos in dies ex eadem gente multitudo, dudum a mercatoribus venundati, adiectis plurimis quos primo transgressu necati inedia vino exili vel panis frustis mutavere vilissimis. Quibus accessere sequendarum auri venarum periti non pauci, vectigalium perferre posse non sufficientes sarcinas graves, susceptique libenti consensione cunctorum, magno usui eisdem fuere ignota peragrantibus loca, conditoria frugum occulta, et latebras hominum et receptacula secretiora monstrando. Nec quicquam nisi inaccessum et devium praeeuntibus eisdem mansit intactum. Sine distantia enim aetatis vel sexus, caedibus incendiorumque magnitudine cuncta flagrabant, abstractisque ab ipso uberum suctu parvulis et necatis, raptae sunt matres et viduatae maritis coniuges ante oculos caesis, et puberes adultique pueri per parentum cadavera tracti sunt.

(AMMIANO MARCELLINO)

[1] *regis*: Fritigerno, re dei Visigoti. Nel 376 d.C. i Goti, che erano stati accolti nelle province romane, si ribellarono per l'arrogante comportamento di un magistrato e attaccarono Adrianopoli. Quindi si allearono con Fritigerno, il quale, considerata l'inesperienza nella tecnica d'assedio, consigliò loro di devastare le zone limitrofe, che non erano presidiate.

UNITÀ 30

DAI SEVERI ALLA CADUTA DELL'IMPERO / 2
LE PASSIONI DELL'ANIMO

CURIOSITÀ	CAVE!
Oculus malus	La differenza tra *occīdo* e *occĭdo*
MODUS SCRIBENDI	**LESSICO TEMATICO**
La lingua dei cristiani	Le passioni dell'animo

LESSICO TEMATICO
Le passioni dell'animo

- **aegritudo, -inis**, f.: "tristezza".
- **amor, -oris**, m.: "amore".
- **audacia, -ae**, f.: "audacia".
- **avaritia, -ae**, f.: "avidità, cupidigia".
- **benignitas, -atis**, f.: "bontà, cortesia".
- **caritas, -atis**, f.: "amore, carità"; nel lessico cristiano indica l'amore disinteressato e smisurato che può arrivare al sacrificio di sé; è una virtù teologale, che non può essere ottenuta solo con lo sforzo umano, ma per grazia divina. In origine il termine significava "prezzo alto" e quindi "carestia".
- **continentia, -ae**, f.: "ritegno, moderazione, disinteresse".
- **crudelitas, -atis**, f.: "crudeltà".
- **cupiditas, -atis**, f.: "passione, cupidigia".
- **desperatio, -onis**, f.: "disperazione".
- **dilectio, -onis**, f.: "amore".
- **dolor, -oris**, m.: "dolore".
- **exsultatio, -onis**, f.: "esultanza, gioia".
- **fides, -ei**, f.: "fede" in Dio per i cristiani; nel latino classico indica "fiducia, credenza in qualcosa".
- **fiducia, -ae**, f.: "fiducia".
- **firmitas, -atis**, f.: "fermezza".
- **formido, -inis**, f.: "spavento".
- **fortitudo, -inis**, f.: "forza".
- **gaudium, -ii**, f.: "gioia, gaudio".
- **humilitas, -atis**, f.: "bassezza, scarsa altezza" e figurato "umiltà".
- **impudicitia, -ae**, f.: "impudicizia, spudoratezza".
- **innocentia, -ae**, f.: "innocenza, illibatezza".
- **invidia, -ae**, f.: "invidia, malanimo, odio".
- **ira, -ae**, f.: "ira".
- **laetitia, -ae**, f.: "allegrezza, letizia".
- **lenitas, -atis**, f.: "mitezza".
- **libido, -inis**, f.: "voglia sfrenata, sfrenatezza, smania, corruzione".
- **longanimitas, -atis**, f.: "pazienza".
- **maeror, -oris**, m.: "affanno, dispiacere".
- **mansuetudo, -inis**, f.: "mansuetudine".
- **metus, -us**, m.: "timore".
- **misericordia, -ae**, f.: "compassione".
- **moderatio, -onis**, f.: "moderazione".
- **nequitia, -ae**, f.: "pigrizia", ma anche "dissolutezza".
- **odium, -ii**, n.: "odio".
- **patientia, -ae**, f.: "pazienza, perseveranza".
- **pavor, -oris**, m.: "paura".
- **pietas, -atis**, f.: "pietà, rispetto, obbedienza" nei confronti di Dio; nel latino classico era uno dei valori più importanti dei *mores maiorum* e indicava la devozione verso gli dèi, la patria e la famiglia.
- **prudentia, -ae**, f.: "prudenza, saggezza".
- **pudor, -oris**, m.: "pudore".
- **saevitia, -ae**, f.: "crudeltà".
- **sollicitudo, -inis**, f.: "preoccupazione, angustia".
- **spes, spei**, f.: "speranza".
- **stomachus, -i, m.**: "sdegno".
- **stultitia, -ae**, f.: "stoltezza, stupidità".
- **superbia, -ae**, f.: "superbia".
- **taedium, -ii**, n.: "tedio, noia".
- **temperantia, -ae**, f.: "temperanza".
- **terror, -oris**, m.: "terrore".
- **timiditas, -atis**, f.: "timidezza".
- **timor, -oris**, m.: "timore".
- **tristitia, -ae**, f.: "tristezza".
- **verecundia, -ae**, f.: "verecondia, vergogna".
- **virtus, -utis**, f.: "virtù, valore".
- **voluntas, -atis**, f.: "volontà, volere".
- **voluptas, -atis**, f.: "piacere".

Sezione 3 Gli autori classici

Esercizi

A Analizza e traduci le seguenti frasi.

1. *Vae vobis scribae et Pharisaei hypocritae, quia decimatis mentam et anethum et cyminum et reliquistis quae graviora sunt, legis iudicium et misericordiam et fidem. Haec oportuit facere et illa non omittere.* (Mat.)   2. *[Mulieres] exierunt cito de monumento cum timore et magno gaudio currentes nuntiare discipulis eius.* (Mat.)   3. *Ait Maria: "Magnificat anima mea Dominum et exultavit spiritus meus in Deo salutari meo, quia respexit humilitatem ancillae suae, ecce enim ex hoc beatam me dicent omnes generationes quia fecit mihi magna, qui potens est et sanctum nomen eius et misericordia eius in progenies et progenies timentibus eum".* (Luc.)   4. *[Iesus] dixit autem ad mulierem: "Fides tua te salvam fecit; vade in pace".* (Luc.)   5. *Non possum ego [Iesus] a me ipso facere quicquam sicut audio iudico et iudicium meum iustum est quia non quaero voluntatem meam sed voluntatem eius qui misit me.* (Giovenzio)   6. *Sicut dilexit me [Iesum] Pater et ego dilexi vos. Manete in dilectione mea. Si praecepta mea servaveritis, manebitis in dilectione mea, sicut et ego Patris mei praecepta servavi et maneo in eius dilectione. Haec locutus sum vobis ut gaudium meum in vobis sit et gaudium vestrum impleatur.* (Giovenzio)   7. *Omnia in rebus humanis dubia, incerta, suspensa magisque omnia verisimilia quam vera: quo magis mirum est nonnullos taedio investigandae penitus veritatis cuilibet opinioni temere succumbere quam in explorando pertinaci diligentia perseverare.* (Min. Fel.)   8. *Certe fidem sanctis vocibus pascimus, spem erigimus, fiduciam figimus, disciplinam praeceptorum nihilominus inculcationibus densamus.* (Tert.)   9. *Cruciate, torquete, damnate, atterite nos [Christianos]: probatio est enim innocentiae nostrae iniquitas vestra.* (Tert.)   10. *Confecto tandem acerbissimo bello cum magna senatus populique Romani laetitia susceptus imperator Constantinus Maximini perfidiam cognoscit, litteras deprehendit, statuas et imagines invenit.* (Latt.)   11. *Arripe, quaeso, occasionem et fac de necessitate virtutem.* (Ger.)   12. *Habeto prudentiam, iustitiam, temperantiam, fortitudinem.* (Ger.)   13. *Quis non cuperet hanc virtutis arcem tenere, nisi prima avaritia infirmaret atque inflecteret tantae virtutis vigorem?* (Ambr.)   14. *Vita enim beata fructus praesentium, vita autem aeterna spes futurorum est.* (Ambr.)   15. *Dant enim mihi fiduciam litterae tuae, indices germanissimae caritatis, ut tecum tamquam mecum audeam conloqui.* (Ag.)

B Completa la seguente tabella, inserendo per ogni sostantivo un sinonimo e un contrario.

	SINONIMO	CONTRARIO
1. aegritudo		
2. amor		
3. pudor		
4. libido		
5. saevitia		
6. lenitas		

Unità 30 Dai Severi alla caduta dell'Impero / 2. Le passioni dell'animo

VERSIONI

■ PRIMO LIVELLO

●●● | 402 Gesù cammina sulle acque

Gesù si ritira a pregare, dopo aver detto ai discepoli di recarsi sulla riva opposta del lago di Tiberiade. Verso la fine della notte, li raggiunge camminando sulle acque. Pietro chiede di poter fare altrettanto, ma, appena comincia a soffiare il vento, per la paura di annegare chiede al Maestro di salvarlo. Questi lo rimprovera per la mancanza di fede.

a. Gesù si ritira a pregare
Et statim iussit discipulos ascendere in naviculam et praecedere eum trans fretum, donec dimitteret turbas. Et dimissis turbis, ascendit in montem solus orare. Vespere autem facto, solus erat ibi.

b. Gesù cammina sulle acque
Navicula autem iam multis stadiis a terra distabat, fluctibus iactata; erat enim contrarius ventus. Quarta autem vigilia noctis venit ad eos ambulans supra mare.

c. I discepoli si spaventano
Discipuli autem, videntes eum supra mare ambulantem, turbati sunt dicentes: "Phantasma est", et prae timore clamaverunt. Statimque Iesus locutus est eis dicens: "Habete fiduciam, ego sum; nolite timere!".

d. Paura di Pietro
Respondens autem ei Petrus dixit: "Domine, si tu es, iube me venire ad te super aquas". At ipse ait: "Veni!". Et descendens Petrus de navicula ambulavit super aquas et venit ad Iesum. Videns vero ventum validum timuit et, cum coepisset mergi, clamavit dicens: "Domine, salvum me fac!".

e. Rimprovero di Gesù
Continuo autem Iesus extendens manum apprehendit eum et ait illi: "Modicae fidei, quare dubitasti?". Et cum ascendissent in naviculam, cessavit ventus.

(Vangelo di Matteo)

●●● | 403 Ciò che contamina l'uomo

Parlando alla folla, Gesù dice che l'essere umano non può essere contaminato da ciò che viene dall'esterno. Interrogato dai discepoli sul significato di queste parole, il Maestro spiega che solo le cattive azioni possono macchiare l'uomo.

a. Gesù parla alla folla
Et advocata iterum turba, dicebat illis: "Audite me, omnes, et intellegite: "Nihil est extra hominem introiens in eum, quod possit eum coinquinare; sed quae de homine procedunt, illa sunt, quae coinquinant hominem!".

b. Gesù rimprovera i discepoli
Et cum introisset in domum a turba, interrogabant eum discipuli eius parabolam. Et ait illis: "Sic et vos imprudentes estis? Non intellegitis quia omne extrinsecus introiens in hominem non potest eum coinquinare, quia non introit in cor eius sed in ventrem et in secessum exit, purgans omnes escas?".

c. L'uomo e le cattive intenzioni

Dicebat autem: "Quod de homine exit, illud coinquinat hominem; ab intus enim de corde hominum cogitationes malae procedunt, fornicationes, furta, homicidia, adulteria, avaritiae, nequitiae, dolus, impudicitia, oculus malus, blasphemia, superbia, stultitia: omnia haec mala ab intus procedunt et coinquinant hominem".

◁ Vedi **Curiosità**

(Vangelo di Marco)

Curiosità

Oculus malus L'espressione biblica *oculus malus*, letteralmente "**occhio cattivo**", corrisponde al latino classico *invidia* (dal prefisso avversativo *in-* e dalla radice *vid-* "vedere"), termine poi passato all'italiano.
Entrambe le forme afferiscono al campo semantico della vista, concepita come in grado di influenzare, per lo più negativamente, la realtà esterna. Tale credenza ha originato una delle tradizioni popolari più radicate e diffuse: il **malocchio**. I Greci attribuivano allo sguardo maligno la βασκανία (*baskanía*), il potere di incantare e perfino di uccidere: basti pensare al mito di Medusa, la donna-mostro capace di pietrificare chiunque ne scorgesse il volto.

Nelle *Quaestiones convivales* Plutarco parla della βασκανία, precisando che questo fenomeno colpiva soprattutto i bambini a causa della debolezza delle loro difese e che era necessario proteggerli con amuleti (680c-683b). In latino si chiama **fascinum** il malocchio lanciato a parole o con lo sguardo.
L'occhio poteva avere anche una **funzione apotropaica**: nell'area mediterranea, sulla parte anteriore delle navi egizie, greche e romane, era posto un occhio, atto a tener lontane le influenze maligne. Ancora oggi, nell'area mediterranea è molto diffuso un talismano a forma di occhio azzurro, noto come "occhio di Allah".

●●● | 404 Un angelo appare a Zaccaria

A Zaccaria, che officiava nel tempio, appare un angelo, il quale gli annuncia la nascita di un bambino. Il sacerdote esprime la propria perplessità a causa dell'età avanzata sua e della moglie, ma viene punito dal messaggero divino.

a. Un angelo annuncia a Zaccaria un figlio

Apparuit autem illi angelus Domini stans a dextris altaris incensi; et Zacharias turbatus est videns, et timor irruit super eum. Ait autem ad illum angelus: "Ne timeas, Zacharia, quoniam exaudita est deprecatio tua, et uxor tua Elisabeth pariet tibi filium, et vocabis nomen eius Ioannem. Et erit gaudium tibi et exsultatio, et multi in nativitate eius gaudebunt: erit enim magnus coram Domino et vinum et siceram[1] non bibet et Spiritu Sancto replebitur adhuc ex utero matris suae et multos filiorum Israel convertet ad Dominum Deum ipsorum. Et ipse praecedet ante illum in spiritu et virtute Eliae, ut convertat corda patrum in filios et incredibiles ad prudentiam iustorum, parare Domino plebem perfectam".

b. Perplessità e punizione di Zaccaria

Et dixit Zacharias ad angelum: "Unde hoc sciam? Ego enim sum senex, et uxor mea processit in diebus suis". Et respondens angelus dixit ei: "Ego sum Gabriel, qui adsto ante Deum, et missus sum loqui ad te et haec tibi evangelizare. Et ecce: eris tacens et non poteris loqui usque in diem, quo haec fiant, pro eo quod non credidisti verbis meis, quae implebuntur in tempore suo".

(Vangelo di Luca)

---

1. *sicera*: bevanda inebriante usata dagli Ebrei.

405 La parabola del seminatore

Gesù racconta alla folla la parabola del seminatore: mentre un seminatore sta piantando dei semi, una parte di questi cade a terra e viene divorata dagli uccelli; un'altra sulla roccia e non può germogliare; un'altra fra i rovi che la soffocano; un'altra nella terra fertile, dove germoglia. Quindi Gesù spiega ai discepoli il significato della parabola.

a. Gesù racconta la parabola del seminatore

Cum autem turba plurima convenirent, et de civitatibus properarent ad eum, dixit per similitudinem: "Exiit qui seminat, seminare semen suum. Et dum seminat, aliud cecidit secus viam, et conculcatum est, et volucres caeli comederunt illud. Et aliud cecidit supra petrum: et natum aruit, quia non habebat humorem. Et aliud cecidit inter spinas, et simul exortae spinae suffocaverunt illud. Et aliud cecidit in terram bonam: et ortum fecit fructum centuplum". Haec dicens clamabat: "Qui habet aures audiendi, audiat".

b. I discepoli chiedono chiarimenti

Interrogabant autem eum discipuli eius, quae esset haec parabola. Quibus ipse dixit: "Vobis datum est nosse mysterium regni Dei, ceteris autem in parabolis: ut videntes non videant, et audientes non intelligant.

c. Il significato della parabola

Est autem haec parabola: semen est verbum Dei. Qui autem secus viam, sunt qui audiunt; deinde venit Diabolus et tollit verbum de corde eorum, ne credentes salvi fiant. Qui autem supra petram: qui cum audierint, cum gaudio suscipiunt verbum; et hi radices non habent, qui ad tempus credunt, et in tempore tentationis recedunt. Quod autem in spinis cecidit: hi sunt, qui audierunt et a sollicitudinibus et divitiis et voluptatibus vitae euntes suffocantur et non referunt fructum. Quod autem in bonam terram: hi sunt, qui in corde bono et optimo audientes verbum retinent et fructum afferunt in patientia".

(Vangelo di Luca)

SECONDO LIVELLO

406 Una profezia di Gesù

Gesù annuncia la propria morte e resurrezione con una frase sibillina che i discepoli non comprendono. Accortosi delle perplessità di questi ultimi, il Maestro rivela che essi presto piangeranno, ma subito dopo gioiranno. Come una donna dimentica il dolore del parto dopo la nascita del figlio, così la sofferenza degli apostoli si tramuterà in gioia.

"Modicum, et iam non videtis me; et iterum modicum, et videbitis me[1]". Dixerunt ergo ex discipulis eius ad invicem: "Quid est hoc, quod dicit nobis: "Modicum, et non videtis me; et iterum modicum, et videbitis me et quia vado ad Patrem?". Dicebant ergo: "Quid est hoc, quod dicit modicum? Nescimus quid loquitur". Cognovit Iesus quia volebant eum interrogare et dixit eis: "De hoc quaeritis inter vos, quia dixi: 'Modicum, et non videtis me; et iterum modicum, et videbitis me?'. Amen, amen dico vobis quia plorabitis et flebitis vos, mundus autem gaudebit; vos contristabimini, sed tristitia vestra vertetur in gaudium.

---

1. *Modicum... videbitis me*: Gesù parla ai discepoli.

Mulier, cum parit, tristitiam habet, quia venit hora eius; cum autem pepererit puerum, iam non meminit pressurae propter gaudium, quia natus est homo in mundum. Et vos igitur nunc quidem tristitiam habetis; iterum autem videbo vos, et gaudebit cor vestrum, et gaudium vestrum nemo tollit a vobis. Et in illo die me non rogabitis quidquam".

(Vangelo di Giovanni)

Laboratorio

SINTASSI
1. Individua le proposizioni causali.
2. Rintraccia le subordinate temporali.

LESSICO
3. Sottolinea i termini che appartengono al campo semantico della tristezza.

COMPRENSIONE DEL TESTO
4. Dove andrà Gesù?
5. Chi si rallegrerà della scomparsa di Gesù?

••• | 407 Inno alla carità

In questa lettera, indirizzata ai Corinzi, Paolo affronta numerose questioni quotidiane alla luce dei principi evangelici; in particolare discute del matrimonio, della verginità, del comportamento da tenere nelle assemblee. Ricorrendo ad una celebre similitudine, l'autore paragona i battezzati alle membra di un corpo, in cui ognuno ha un ruolo specifico. La lettera è una fonte preziosa per comprendere la vita delle primitive comunità cristiane.

Si linguis hominum loquar, et angelorum, caritatem autem non habeam, factus sum velut aes sonans, aut cymbalum tinniens. Et si habuero prophetiam, et noverim mysteria omnia, et omnem scientiam et habuero omnem fidem ita ut montes transferam, caritatem autem non habuero, nihil sum. Et si distribuero in cibos pauperum omnes facultates meas, et si tradidero corpus meum ut ardeam, caritatem autem non habuero, nihil mihi prodest. Caritas patiens est, benigna est. Caritas non aemulatur, non agit perperam, non inflator, non est ambitiosa, non quaerit quae sua sunt, non inritatur, non cogitat malum, non gaudet super iniquitatem, congaudet autem veritati: omnia suffert, omnia credit, omnia sperat, omnia sustinet. Caritas numquam excidit: sive prophetiae evacuabuntur, sive linguae cessabunt, sive scientia destruetur. Ex parte enim cognoscimus, et ex parte prophetamus. Cum autem venerit quod perfectum est, evacuabitur quod ex parte est. Cum essem parvulus, loquebar ut parvulus, sapiebam ut parvulus, cogitabam ut parvulus. Quando factus sum vir, evacuavi quae erant parvuli. Videmus nunc per speculum in enigmate: tunc autem facie ad faciem[1]. Nunc cognosco ex parte: tunc autem cognoscam sicut et cognitus sum. Nunc autem manet fides, spes, caritas, tria haec: maior autem his est caritas.

(Paolo di Tarso)

1. *facie ad faciem*: "a faccia a faccia".

Laboratorio

SINTASSI
1. Analizza il periodo *cum autem venerit quod perfectum est, evacuabitur quod ex parte est*.
2. Sottolinea i periodi ipotetici, precisandone la tipologia.

> **ANALISI STILISTICA**
> 3. Individua una similitudine, un'epifora, un parallelismo, un poliptoto.
>
> **COMPRENSIONE DEL TESTO**
> 4. Come viene definita la carità?
> 5. Perché la carità è la virtù principale?

●●● | 408 La sapienza è insita nell'uomo

L'*Octavius* è un dialogo fra tre interlocutori, che discutono con tono pacato sulle loro personali scelte religiose: Cecilio Natale difende il paganesimo, Ottavio Ianiario sostiene le ragioni del cristianesimo e Minucio Felice svolge il ruolo di moderatore.
Nella prima parte Cecilio rimprovera i cristiani per la loro fede acritica e per il fatto che tutti loro, anche gli ignoranti, si occupino di questioni religiose. Ottavio ribatte, sostenendo che la saggezza non è un privilegio della fortuna, ma un possesso naturale.

Quoniam meus frater erupit, aegre se ferre, stomachari, indignari, dolere, inliteratos, pauperes, inperitos de rebus caelestibus disputare, sciat omnes homines, sine dilectu aetatis, sexus, dignitatis, rationis et sensus capaces et habiles procreatos nec fortuna nanctos, sed natura insitos esse sapientiam: quin ipsos etiam philosophos, vel si qui alii artium repertores in memorias exierunt, priusquam sollertia mentis parerent nominis claritatem, habitos esse plebeios, indoctos, seminudos: adeo divites facultatibus suis inligatos magis aurum suspicere consuesse quam caelum, nostrates pauperes et commentos esse prudentiam et tradidisse ceteris disciplinam. Unde apparet ingenium non dari facultatibus nec studio parari, sed cum ipsa mentis formatione generari. Nihil itaque indignandum vel dolendum, si quicumque de divinis quaerat, sentiat, proferat, cum non disputantis auctoritas, sed disputationis ipsius veritas requiratur. Atque etiam, quo imperitior sermo, hoc inlustrior ratio est, quoniam non fucatur pompa facundiae et gratiae, sed, ut est, recti regula sustinetur.

(MINUCIO FELICE)

MODUS SCRIBENDI **LA LINGUA DEI CRISTIANI**

CRONOLOGIA E CARATTERISTICHE ESSENZIALI

I fase I primi cristiani, perlopiù ebrei di cultura greca e di bassa estrazione sociale, comunicano tra loro in greco.	**III fase** Si crea una lingua specializzata, caratterizzata da: • a livello lessicale, slittamento semantico di una serie di termini (soprattutto astratti, indicanti valori e sentimenti) da un'accezione pagana a un'accezione cristiana;	• a livello sintattico, prevalenza della paratassi e di periodi molto brevi; influsso di costrutti greci e ebraici, dal momento che i vangeli erano scritti in un greco a sua volta tradotto dall'ebraico.
II fase In seguito alla diffusione sempre più ampia nell'impero romano, i cristiani adottano il latino.		

Un giudizio critico

La formazione del latino cristiano (S. Boscherini)

Non si può considerare questa lingua riunendo in un *corpus* immobile le sue eterogenee documentazioni dal II al IV secolo, ma è necessario riconoscerne l'evoluzione grado a grado. Si dovrà cioè identificare gli elementi culturali e sociali che hanno determinato la formazione della lingua speciale dei cristiani e le sue caratteristiche e, d'altra parte, percepire il mutamento in qualità e volume dopo l'affermazione della religione. Nel suo nascere il latino dei cristiani è condizionato da un fatto storico, veramente singolare, che ne determina la forma in modo definitivo e perpetuo. Nelle aree di lingua indigena latina o latinizzate le comunità cristiane, sin dall'inizio e per oltre un secolo, hanno espresso le loro credenze, la loro fede, in lingua greca. Giacché esse erano costituite da greci, per lo più giudei ellenizzati convertiti al cristianesimo, nella maggioranza di umile condizione sociale. Ma questa religione di lingua greca, per guadagnare in ambiente latino nuovi proseliti, per penetrare nel corpo della società romana, ha dovuto necessariamente «tradurre» dottrina e istituti nella lingua della comunità più grande. È stato un processo lento, di cui a noi è dato intravvedere qualche segno solo verso la metà del II secolo. [...] Occorrerà poi attendere ancora un secolo perché la lingua latina compaia in espressioni ufficiali della chiesa di Roma. La formazione dunque della lingua speciale latina delle comunità cristiane risulta da uno sforzo lento e continuo di adeguamento, in modi e gradi diversi, al modello greco. E, per quanto le comunità fossero costituite in maggioranza da gente umile e la loro «cultura» condizionasse le soluzioni linguistiche possibili, tuttavia una siffatta operazione non può essere stata effettuata se non da individui di notevole livello intellettuale, in piena consapevolezza. Questa riproduzione attiva e cosciente dei modelli greci è tanto più determinante in quanto non è limitata alla terminologia della dottrina e delle istituzioni, ma investe un'area semantica e strutture linguistiche che con la religione non hanno rapporto. Questo è l'aspetto, non dico unico, ma che domina il costituirsi della lingua speciale dei cristiani, soprattutto nei secoli secondo e terzo.

(S. Boscherini, *Introduzione* a Schrijnen, *I caratteri del latino cristiano antico*, Pàtron, Bologna, 1977, pp. 10-13 *passim*)

409 Le difficoltà mettono alla prova l'uomo

Ottavio Ianiario, uno dei protagonisti dell'*Octavius* (vd. *supra*, versione n. 408), cerca di dimostrare la superiorità morale dei cristiani. La loro vita è così esemplare da spingere continuamente molti altri alla conversione. Anche la povertà è un mezzo per acquisire la virtù.

Nemo tam pauper potest esse quam natus est. Aves sine patrimonio vivunt et in diem pecua pascuntur: et haec nobis tamen nata sunt, quae omnia, si non concupiscimus, possidemus. Igitur ut qui viam terit, eo felicior quo levior incedit, ita beatior in hoc itinere vivendi, qui paupertate se sublevat, non sub divitiarum onere suspirat. Et tamen facultates, si utiles putaremus, a deo posceremus: utique indulgere posset aliquantum cuius est totum. Sed nos contemnere malumus opes quam continere, innocentiam magis cupimus, magis patientiam flagitamus, malumus nos bonos esse quam prodigos. Et quod corporis humana vitia sentimus et patimur, non est poena, militia est. Fortitudo enim infirmitatibus roboratur et calamitas saepius disciplina virtutis est; vires denique et mentis et corporis sine laboris exercitatione torpescunt. Omnes adeo secure viri fortes, quos in exemplum praedicatis, aerumnis suis inclyti floruerunt. Itaque et nobis deus nec non potest subvenire nec despicit, cum sit et omnium rector et amator suorum, sed in adversis unumquemque explorat et examinat, ingenium singulorum periculis pensitat, usque ad extremam mortem voluntatem hominis sciscitatur, nihil sibi posse perire securus.

(Minucio Felice)

Laboratorio

LESSICO
1. Evidenzia almeno tre termini che indicano una qualità dell'animo umano.

ANALISI STILISTICA
2. Individua l'omoteleuto presente nel periodo *Igitur ut qui viam terit, eo felicior quo levior incedit, ita beatior in hoc itinere vivendi, qui paupertate se sublevat, non sub divitiarum onere suspirat*, quindi spiegane l'effetto stilistico.

COMPRENSIONE DEL TESTO
3. Quali esempi di povertà cita Minucio Felice?
4. Perché il Dio dei cristiani consente che avvengano le disgrazie?

●●● | 410 Gli spettacoli provocano sempre turbamenti

Nell'opera *De spectaculis* Tertulliano condanna le rappresentazioni teatrali e circensi in quanto attività non soltanto sacrileghe, ma che provocano un profondo turbamento nel pubblico. Pertanto diffida i cristiani dall'assistere a qualsiasi tipo di spettacolo.

Deus praecepit spiritum sanctum, utpote pro naturae suae bono tenerum et delicatum, tranquillitate et lenitate et quiete et pace tractare, non furore, non bile, non ira, non dolore inquietare. Huic quomodo cum spectaculis poterit convenire? Omne enim spectaculum sine concussione spiritus non est. Ubi enim voluptas, ibi et studium, per quod scilicet voluptas sapit; ubi studium, ibi et aemulatio, per quam studium sapit. Porro et ubi aemulatio, ibi et furor et bilis et ira et dolor et cetera ex his, quae cum his non competunt disciplinae. Nam et si qui modeste et probe spectaculis fruitur pro dignitatis vel aetatis vel etiam naturae suae condicione, non tamen immobilis animi est et sine tacita spiritus passione. Nemo ad voluptatem venit sine affectu, nemo affectum sine casibus suis patitur. Ipsi casus incitamenta sunt affectus. Ceterum si cessat affectus, nulla est voluptas, et est reus iam ille vanitatis eo conveniens, ubi nihil consequitur. Sed puto, [autem] etiam vanitas extranea est nobis. Quid quod et ipse se iudicat inter eos positus, quorum se similem nolens utique detestatorem confitetur? Nobis satis non est, si ipsi nihil tale facimus, nisi et talia factitantibus non conferamur. "Si furem" inquit "videbas, concurrebas cum eo". Utinam ne in saeculo quidem simul cum illis moraremur. Sed tamen in saecularibus separamur, quia saeculum dei est, saecularia autem diaboli.

(Tertulliano)

COMPARATIO | 411 Il Dio dei cristiani

1 *Quod colimus, deus unus est, qui totam molem istam cum omni instrumento elementorum, corporum, spirituum verbo quo iussit, ratione qua disposuit, virtute qua potuit, de nihilo expressit in ornamentum maiestatis suae, unde et Graeci nomen mundo κόσμον (kósmon) accommodaverunt. Invisibilis est,* **2** *etsi videatur; incomprehensibilis, etsi per gratiam repraesentetur; inaestimabilis, etsi humanis sensibus aestimetur. Ideo verus et tantus est. Ceterum quod videri communiter, quod comprehendi, quod aestimari potest, minus est et oculis quibus occupatur, et manibus quibus contaminatur, et sensibus quibus invenitur: quod vero inmensum est, soli sibi notum est. Hoc quod est, deum aestimari facit, dum aestimari non capit. Ita eum vis magnitudinis et notum hominibus obicit et ignotum.*
3 *Et haec est summa delicti nolentium recognoscere quem ignorare non possunt.*
4 *Vultis ex operibus ipsius tot ac talibus, quibus continemur, quibus sustinemur, quibus oblectamur, etiam quibus exterremur, vultis ex animae ipsius testimonio conprobemus? Quae licet carcere corporis pressa, licet institutionibus pravis circumscripta, licet libidinibus et concupiscentiis evigorata, licet falsis deis exancillata, cum tamen resipiscit, ut ex crapula, ut ex somno, ut ex aliqua valitudine, et sanitatem suam patitur, deum nominat, hoc solo, quia proprie verus hic unus.*

(Tertulliano)

Traduzione

1 Quegli che noi adoriamo è il Dio unico, che questa mole immensa con tutti gli elementi, i corpi, gli spiriti che la compongono trasse dal nulla ad ornamento della sua maestà, mediante il comando della sua parola, con la disposizione della sua ragione, con la potenza della sua virtù, sì che anche i Greci dettero all'universo il nome di cosmo. È Dio invisibile, **2** benché si veda; incomprensibile, benché si manifesti per mezzo della grazia; inestimabile, benché i nostri sensi ce ne rivelino l'immensità. Perciò egli è vero e tanto grande.

Tutte le cose che si possono vedere, afferrare, comprendere, sono da meno degli occhi che le vedono, delle mani che le toccano, dei sensi che le percepiscono. Ciò che non ha confini, è noto soltanto a se stesso. Il valore di Dio si misura dalla impossibilità di misurarne la grandezza, e tale sua immensità lo rivela agli uomini e al tempo stesso lo nasconde.

3 Ed è qui tutta la colpa di quanti non vogliono riconoscere colui che non possono ignorare.

4 Volete che ne comproviamo l'esistenza dalle stesse sue opere, da quelle sue tante e mirabili opere, onde noi siamo contenuti, sostentati, allietati ed anche atterriti? Volete che confermiamo la nostra fede con la testimonianza spontanea dell'anima stessa? Ascoltate. Pur costretta nella prigione del corpo e irretita da perverse consuetudini, pur svigorita da passioni e da cupidigie e asservita a falsi dei, tuttavia, non appena ritorna in sé, quasi destandosi dall'ebbrezza, dal sonno o dalla malattia, e riacquista lo stato di sanità, immediatamente allora nomina Dio, con questo solo nome, che davvero e propriamente è suo.

(trad. di A. Resta Barrile)

Riflettere sulla traduzione

1. Come viene resa la frase *verbo quo iussit, ratione qua disposuit, virtute qua potuit* (par. 1)? Traduci letteralmente.
2. Quale figura retorica viene eliminata nella frase *quod videri communiter, quod comprehendi, quod aestimari potest* (par. 2)? Come giudichi questa scelta?
3. Traduci la frase *vultis ex operibus ipsius tot ac talibus, quibus continemur, quibus sustinemur, quibus oblectamur, etiam quibus exterremur* (par. 4), mantenendo l'anafora presente nell'originale.
4. Nella frase "quasi destandosi dall'ebbrezza, dal sonno o dalla malattia" (par. 4) il traduttore inserisce il gerundio "destandosi" assente nel testo latino. Ti sembra opportuno? Motiva la tua risposta, quindi prova a tradurre inserendo un altro verbo.

412 Un ritratto poco lusinghiero

Nel *De mortibus persecutorum* Lattanzio descrive la morte cruenta degli imperatori colpevoli delle persecuzioni contro i cristiani. Convinto che anche la fine violenta sia una punizione, l'autore si prefigge di illustrare la vendetta divina sui nemici della Chiesa come monito per il futuro.

[Maximianus[1]] non dissimilis ab eo[2]: nec enim possent in amicitiam tam fidelem cohaerere, nisi esset in utroque mens una, eadem cogitatio, par voluntas, aequa sententia. Hoc solum differebant, quod avaritia maior in altero fuit, sed plus timiditatis, in altero vero minor avaritia, sed plus animi, non ad bene faciendum sed ad male. Nam cum ipsam imperii sedem teneret Italiam subiacerentque opulentissimae provinciae, vel Africa vel Hispania, non erat in custodiendis opibus tam diligens, quarum illi copia suppetebat. Et cum opus esset, non deerant locupletissimi senatores qui subornatis indiciis affectasse imperium dicerentur, ita ut effoderentur assidue lumina senatus. Cruentissimus fiscus male partis opibus affluebant. Iam libido in homine pestifero non modo ad corrumpendos mares, quod est odiosum ac detestabile, verum etiam ad violandas primorum filias. Nam quacumque iter fecerat, avulsae a complexu parentum virgines statim praesto. His rebus beatum se iudicabat, his constare felicitatem imperii sui putabat, si libidini et cupiditati malae nihil denegaret.

(Lattanzio)

1. *Maximianus:* si tratta di Marco Aurelio Valerio Massimiano Erculio, che nel 286 d.C. fu associato all'impero da Diocleziano, con il quale formò una diarchia.
2. *ab eo:* Diocleziano.

Laboratorio

LESSICO

1. Evidenzia gli aggettivi che significano "medesimo, uguale".

ANALISI STILISTICA

2. Con quali espedienti stilistici Lattanzio mette in risalto l'identità di carattere di Massimiano e Diocleziano nel periodo *nec enim possent in amicitiam tam fidelem cohaerere, nisi esset in utroque mens una, eadem cogitatio, par voluntas, aequa sententia*?

COMPRENSIONE DEL TESTO

3. Dove fissa Massimiano la sede dell'impero?
4. In caso di necessità economiche in che modo Massimiano si procurava il denaro?

413 Gerolamo si impegna a celebrare la memoria di Marcella

Nel 411 d.C., poco dopo il sacco di Roma ad opera dei Visigoti di Alarico, era morta Marcella, una nobile matrona romana, che si era distinta per la santità della sua vita. In una lettera a Principia, un'amica di Marcella, Gerolamo celebra il ricordo della donna, presentata come un modello da imitare.

Saepe et multum flagitas, virgo Christi Principia[1], ut memoriam sanctae feminae Marcellae litteris recolam et bonum, quo diu fruiti sumus, etiam ceteris noscendum imitandumque describam. Satisque doleo, quod hortaris sponte currentem, et me arbitraris indigere precibus, qui ne tibi quidem in eius dilectione concedam multoque plus accipiam quam tribuam beneficii tantarum recordatione virtutum. Nam ut hucusque reticerem et biennium praeterirem silentio, non fuit dissimulationis, ut male aestimas, sed tristitiae incredibilis, quae ita meum obpressit animum, ut melius iudicarem tacere impraesentiarum, quam nihil dignum illius laudibus dicere. Neque vero Marcellam tuam, immo meam et, ut verius loquar, nostram, omniumque sanctorum et proprie Romanae urbis inclitum decus, institutis rhetorum praedicabo, ut exponam illustrem familiam, alti sanguinis decus et stemmata per consules et praefectos praetorio decurrentia. Nihil in illa laudabo, nisi quod proprium est et in eo nobilius, quod opibus et nobilitate contempta facta est paupertate et humilitate nobilior.

(Gerolamo)

1. *Principia*: era una ragazza, che viveva insieme a Marcella. Durante il sacco di Roma alcuni soldati, penetrati nella casa delle due donne in cerca di denaro, cercarono di violentare la giovane. Marcella riuscì a difenderla, ma poco dopo morì.

414 Un cane vendica l'uccisione del suo padrone

L'*Hexaemeron* è una raccolta di nove prediche tenute nel 387 d.C. da Ambrogio, il quale commenta il racconto biblico della creazione avvenuta in sei giorni (da ciò il titolo greco che significa "sei giorni"). L'ultimo giorno della creazione, nel quale compaiono gli animali, offre ad Ambrogio la possibilità di parlare della natura, la quale fa percepire istintivamente ciò che è bene. I cani, ad esempio, sebbene privi di intelligenza, hanno una sensibilità talmente acuta da far pensare che siano capaci di ragionare. A sostegno di questa affermazione, l'autore narra un episodio avvenuto ad Antiochia.

Antiochiae ferunt in remotiori parte urbis crepusculo necatum virum, qui canem sibi adiunctum haberet. Miles quidam praedandi studio minister caedis exstiterat: tectus idem tenebroso adhuc diei exordio in alias partes concesserat: iacebat inhumatum cadaver, frequens spectantium vulgus astabat, canis questu lacrimabili domini deflebat aerumnam. Forte is qui necem intulerat, ut se habet versutia humani ingenii, quo versandi in medio auctoritate praesumpta fidem adscisceret innocentiae, ad illam circumspectantis populi accessit coronam, et velut miserans appropinquavit ad funus. Tum canis sequestrato paulisper questu doloris, arma ultionis assumpsit atque apprehensum tenuit et velut epilogo quodam miserabile carmen immurmurans universos convertit in lacrimas, fidem probationi detulit, quod solum tenuit ex plurimis, nec dimisit. Denique perturbatus ille, quod tam manifestum rei indicem neque odii, neque inimicitiarum, neque invidiae, aut iniuriae alicuius poterat obiectione evacuare, crimen diutius nequivit refellere. Itaque quod erat difficilius, ultionem persecutus est, quia defensionem praestare non potuit.

(AMBROGIO)

Laboratorio

LESSICO
1. Evidenzia i termini che appartengono al campo semantico della morte.

ANALISI STILISTICA
2. Individua almeno due iperbati.

COMPRENSIONE DEL TESTO
3. Quando era avvenuto l'omicidio?
4. In che modo il cane accusa l'assassino?
5. Che cosa fa alla fine l'omicida?

●●● | 415 Agostino riceve la visita della madre

Le *Confessioni* sono un'opera autobiografica scritta intorno al 400 d.C. da Agostino di Ippona, il quale ripercorre il processo che lo ha portato alla conversione al cristianesimo. Dopo avere studiato a Cartagine e a Roma, nel 384 Agostino si sposta a Milano, dove ottiene la cattedra di retorica. Qui lo raggiunge la madre Monica, fervente cristiana.

Iam venerat ad me mater pietate fortis, terra marique me sequens et in periculis omnibus de te[1] *secura. Nam et per marina discrimina ipsos nautas consolabatur, a quibus rudes abyssi viatores, cum perturbantur, consolari solent, pollicens eis perventionem cum salute, quia hoc ei tu per visum pollicitus eras. Et invenit me periclitantem quidem graviter desperatione indagandae veritatis, sed tamen ei cum indicassem non me quidem iam esse manichaeum, sed neque catholicum christianum, non, quasi inopinatum aliquid audierit, exiluit laetitia, cum iam secura fieret ex ea parte miseriae meae, in qua me tamquam mortuum sed resuscitandum tibi flebat et feretro cogitationis offerebat, ut diceres filio viduae: "Iuvenis, tibi dico, surge"*[2], *et revivesceret et inciperet loqui et traderes illum matri suae. Nulla ergo turbulenta exsultatione trepidavit cor eius, cum audisset ex tanta parte iam factum, quod tibi quotidie plangebat ut fieret, veritatem me nondum adeptum, sed falsitati iam ereptum; immo vero quia certa erat et quod restabat te daturum, qui totum promiseras, placidissime et pectore pleno fiduciae respondit mihi credere se in Christo, quod priusquam de hac vita emigraret, me visura esset fidelem catholicum.*

(AGOSTINO)

---

1. *te*: si riferisce a Dio, come gli altri pronomi alla seconda persona presenti nel brano.

2. *Iuvenis... surge*: Gesù rivolge queste parole al figlio della vedova di Naim per risuscitarlo (*Luc.* 7, 14).

TERZO LIVELLO

●●● | 416 Chi assiste agli spettacoli dei gladiatori contamina la propria coscienza

Nam qui hominem, quamvis ob merita damnatum, in conspectu suo iugulari pro voluptate computat, conscientiam suam polluit, tam scilicet, quam si homicidii, quod fit occulte, spectator et particeps fiat. Hos tamen ludos vocant, in quibus humanus sanguis effunditur. Adeo longe ab hominibus secessit humanitas, ut cum animas hominum interficiant, ludere se opinentur, nocentiores iis omnibus, quorum sanguinem voluptati habent. Quaero nunc, an possint pii et iusti homines esse, qui constitutos sub ictu mortis, ac misericordiam deprecantes, non tantum patiuntur occidi*, sed et flagitant, feruntque ad mortem crudelia et inhumana suffragia, nec vulneribus satiati, nec cruore contenti: quin etiam percussos iacentesque repeti iubent, et cadavera ictibus dissipari, ne quis illos simulata morte deludat. Irascuntur etiam pugnantibus, nisi celeriter e duobus alter occisus est; et tanquam humanum sanguinem sitiant, oderunt moras. Alios illis compares dari poscunt recentiores, ut quam primum oculos suos satient. Hac consuetudine imbuti, humanitatem perdiderunt. Itaque non parcunt etiam innocentibus: sed exercent in omnes, quod in malorum trucidatione didicerunt. Huius igitur publici homicidii socios et participes esse non convenit eos, qui iustitiae viam tenere nituntur.*

(LATTANZIO)

▶ Vedi **Cave!**

Laboratorio

LESSICO
1. Spiega l'etimologia del verbo *deludere*.
2. Rintraccia i termini formati dalla radice di *homo*.

ANALISI STILISTICA
3. Individua il poliptoto presente nel periodo *adeo longe...habent*.

COMPRENSIONE DEL TESTO
4. Come giudica Lattanzio colui che considera un piacere assistere ai "giochi"?
5. Perché alcuni spettatori chiedono che i cadaveri siano smembrati?

PRODUZIONE
6. Confronta le argomentazioni di Lattanzio con quelle di Tertulliano (vd. *supra* versione n. 410).

Cave!

La differenza tra *occĭdo* e *occīdo* Non si devono confondere i verbi ***occĭdo*** (con quantità della penultima breve, da *ob + cado*) e ***occīdo*** (con la penultima lunga, da *ob + caedo*). Il primo verbo (*occĭdo, -is, occĭdi, occasum, -ĕre*) è intransitivo e significa "**cadere**", "**morire**", "**tramontare**":

Alii super alios ***occidebant***. (Liv.)
Cadevano gli uni sugli altri.

Il secondo (*occīdo, -is, occīdi, occīsum, -ĕre*) è transitivo e significa "**fare a pezzi, sminuzzare**", "**uccidere**":

*Virginius filiam... **occīdit***. (Cic.)
Virginio **uccise** la figlia.

La differenza semantica si evidenzia anche in italiano: dalla radice di *occĭdo* si forma "occidente", da quella di *occīdo* "uccidere".

••• | 417 Necessità dei lavori manuali

Corpus pariter animusque tendatur ad dominum[1]. *Iram vince patientia; ama scientiam scripturarum et carnis vitia non amabis. Nec vacet mens tua variis perturbationibus, quae, si pectori insederint, dominabuntur tui et te deducent ad delictum maximum. Fac et aliquid operis, ut semper te diabolus inveniat occupatum. Si apostoli habentes potestatem de evangelio vivere laborabant manibus suis, ne quem gravarent, et aliis tribuebant refrigeria, quorum pro spiritalibus debebant metere carnalia, cur tu in usus tuos cessura non praepares? Vel fiscellam texe iunco vel canistrum lentis plecte viminibus, sattiatur humus, areolae aequo limite dividantur; in quibus cum holerum iacta fuerint semina vel plantae per ordinem positae, aquae ducantur inriguae, ut pulcherrimorum versuum spectator adsistas: "Ecce supercilio clivosi tramitis undam elicit, illa cadens raucum per levia murmur saxa ciet scatebrisque arentia temperat arva"*[2]. *Inserantur infructuosae arbores vel gemmis vel surculis, et parvo post tempore laboris tui dulcia poma decerpas. Apum fabricare alvearia, ad quas te mittunt Proverbia, et monasteriorum ordinem ac regiam disciplinam in parvis disce corporibus. Texantur et lina capiendis piscibus, scribantur libri, ut et manus operetur cibos et anima lectione saturetur. "In desideriis est omnis otiosus"*[3].

(Gerolamo)

1. *Corpus... dominum*: Girolamo scrive a Rustico, un giovane originario della Gallia, il quale, dopo gli studi a Roma, aveva abbandonato una promettente carriera per farsi monaco.
2. *Ecce... arva*: sono versi delle *Georgiche* virgiliane (I 108-110).
3. *In desideriis est omnis otiosus*: è un versetto dei *Proverbi* 13, 4.

••• | 418 Elogio del mare

Bonum igitur mare, primum quia terras necessario suffulcit humore, quibus per venas quasdam occulte succum quemdam haud inutilem subministrat. Bonum mare, tamquam hospitium fluviorum, fons imbrium, derivatio alluvionum, invectio commeatuum, quo sibi distantes populi copulantur, quo proeliorum removentur pericula, quo barbaricus furor clauditur, subsidium in necessitatibus, refugium in periculis, gratia in voluptatibus, salubritas valetudinis, separatorum coniunctio, itineris compendium, transfugium laborantium, subsidium vectigalium, sterilitatis alimentum. Ex hoc pluvia in terras transfunditur; siquidem de mari aqua radiis solis hauritur, et quod subtile eius est, rapitur: deinde quanto altius elevatur, tanto magis etiam nubium obumbratione frigescit, et imber fit qui non solum terrenam temperat siccitatem, sed etiam ieiuna arva fecundat. Quid enumerem insulas, quas velut monilia plerumque praetexit, in quibus ii qui se abdicant intemperantiae saecularis illecebris, fido continentiae proposito eligunt mundo latere, et vitae huius declinare dubios anfractus? Mare est ergo secretum temperantiae, exercitium continentiae, gravitatis secessus, portus securitatis, tranquillitas saeculi, mundi huius sobrietas.

(Ambrogio)

Laboratorio

ANALISI STILISTICA
1. Che tipo di figura retorica è *haud inutilem*?

COMPRENSIONE DEL TESTO
2. Realizza una tabella, nella quale siano enumerati i benefici che il mare arreca rispettivamente alla terra e agli uomini.

PRODUZIONE
3. Scrivi un breve testo argomentativo sugli accorgimenti stilistici presenti nel brano (max. 10 righe).

●●● | 419 Accontentati del tuo

Sunt ergo homines, qui cancri usu in alienae usum circumscriptionis irrepant, et infirmitatem propriae virtutis astu quodam suffulciant, fratri dolum nectant, et alterius pascantur aerumna. Tu autem propriis esto contentus, et aliena te damna non pascant. Bonus cibus est simplicitas innocentiae. Sua bona habens insidiari nescit alienis, nec avaritiae facibus inardescit, cui lucrum omne ad virtutem dispendium est, ad cupiditatem incendium. Et ideo beata est, si bona sua noverit, cum veritate paupertas, et omnibus praeferenda thesauris; quia melius est exiguum datum cum Dei timore, quam thesauri magni sine timore. Quantum est enim quod hominem alat? Aut si quaeris quod etiam aliis abundet ad gratiam, id quoque non multum est. Melior enim est hospitalitas in oleribus cum gratia, quam vitulorum pinguium praeparatio cum discordia. Utamur ergo ingenio ad quaerendam gratiam, et salutem tuendam, non ad alienam circumscribendam innocentiam.

(AMBROGIO)

●●● | 420 Le feste dei santi devono essere celebrate con dignità

Commemoravi[1] etiam Evangelii capitulum quod pridie tractaveram, ubi de pseudoprophetis dictum est: "Ex fructibus eorum cognoscetis eos"[2]. Deinde in memoriam revocavi fructus eo loco non appellatos, nisi opera; tum quaesivi inter quos fructus nominata esset ebrietas, et recitavi illud ad Galatas: "Manifesta autem sunt opera carnis, quae sunt fornicationes, immunditiae, luxuriae, idolorum servitus, veneficia, inimicitiae, contentiones, aemulationes, animositates, dissensiones, haereses, invidiae, ebrietates, comessationes, et his similia; quae praedico vobis, sicut praedixi, quoniam qui talia agunt regnum Dei non possidebunt"[3]. Post quae verba interrogavi quomodo de fructu ebrietatis agnosceremur christiani, quos de fructibus agnosci Dominus iussit. Adiunxi etiam legendum quod sequitur: "Fructus autem spiritus est caritas, gaudium, pax, longanimitas, benignitas, bonitas, fides, mansuetudo, continentia"[4]: egique ut considerarent quam esset pudendum atque plangendum, quod de illis fructibus carnis non solum privatim vivere, sed etiam honorem Ecclesiae deferre cuperent, et si potestas daretur, totum tam magnae basilicae spatium turbis epulantium ebriorumque complerent; de spiritalibus autem fructibus, ad quos et divinarum Scripturarum auctoritate et nostris gemitibus invitarentur, nolunt afferre Deo munera, et his potissimum celebrare festa sanctorum.

(AGOSTINO)

1. *Commemoravi*: Agostino, ancora semplice prete, scrive una lettera al vescovo di Tagaste Alipio, raccontando come era riuscito a distogliere i suoi fedeli dall'uso di festeggiare le feste dei santi mangiando e bevendo smodatamente.
2. *Ex fructibus... eos*: Mat. 7, 16.
3. *Manifesta... possidebunt*: Lettera ai Galati 5, 19-21.
4. *Fructus... continentia*: Lettera ai Galati 5, 22-23.

●●● | 421 Solo Dio deve essere temuto

Ambitio quid nisi honores quaerit et gloriam, cum tu sis prae cunctis honorandus unus et gloriosus in aeternum? Et saevitia potestatum timeri vult: quis autem timendus nisi unus Deus, cuius potestati eripi aut subtrahi quid potest, quando aut ubi aut quo vel a quo potest? Et blanditiae lascivientium amari volunt: sed neque blandius est aliquid tua caritate nec amatur quidquam salubrius quam illa prae cunctis formosa et luminosa veritas tua. Et curiositas affectare videtur studium scientiae, cum tu omnia summe noveris. Ignorantia quoque ipsa atque stultitia simplicitatis et innocentiae nomine tegitur, quia te simplicius quidquam non reperitur. Quid te autem innocentius, quandoquidem opera sua malis inimica sunt? Et ignavia quasi quietem appetit: quae vero quies certa praeter Dominum?

Luxuria satietatem atque abundantiam se cupit vocari: tu es autem plenitudo et indeficiens copia incorruptibilis suavitatis. Effusio liberalitatis obtendit umbram: sed bonorum omnium largitor affluentissimus tu es. Avaritia multa possidere vult: et tu possides omnia. Invidentia de excellentia litigat: quid te excellentius? Ira vindictam quaerit: te iustius quis vindicat? Timor insolita et repentina exhorrescit rebus, quae amantur, adversantia, dum praecavet securitati: tibi enim quid insolitum? Quid repentinum? Aut quis a te separat quod diligis? Aut ubi nisi apud te firma securitas? Tristitia rebus amissis contabescit, quibus se oblectabat cupiditas, quia ita sibi nollet, sicut tibi auferri nihil potest.

(Agostino)

Laboratorio

LESSICO
1. Rintraccia i termini che indicano difetti.

ANALISI STILISTICA
2. Nel brano prevale lo stile paratattico o ipotattico? Quale effetto ne deriva?

COMPRENSIONE DEL TESTO
3. Sotto quale nome si nasconde l'ignoranza?
4. Perché la tristezza si abbatte sull'uomo?

Sezione 4

GLI AUTORI MODERNI

UNITÀ 31 Autori di età medievale

UNITÀ 32 Autori di età moderna

UNITÀ 33 Autori di età contemporanea

UNITÀ 31

AUTORI DI ETÀ MEDIEVALE

CURIOSITÀ	CAVE!
La Scuola Salernitana e la teoria "umorale"	Un raro significato del sostantivo *pignus*
MODUS SCRIBENDI	
Lo stile di Boezio	

VERSIONI

PRIMO LIVELLO

●●● | 422 Il lupo e l'agnello

Ademaro di Chabannes (989-1034), monaco francese, fu autore di 67 favolette tratte dall'opera di Fedro ma in gran parte rielaborate o scritte *ex novo*. In questo caso, Ademaro ripropone la celebre favola del lupo e dell'agnello, presente nella raccolta di Fedro (I 1).

a. Il lupo e l'agnello al fiume
Lupus et agnus ad rivum venerunt. Superior lupus, longe inferior agnus.

b. Prima provocazione del lupo
Tunc fauce improba latro incitatus iurgio[1] dixit: «Cur turbulentam fecisti mihi aquam?». Laniger: «Quo fieri potest, dum a te liquor decurrens ad meum os venit?».

c. Secondo scambio di battute
Lupus: «Ante hos menses maledixisti mihi». Respondit: «Non eram natus».

d. Ultima battuta del lupo e morte dell'agnello
Lupus: «Pater tuus maledixit mihi». Et ita correptum lacerat iniuste.

e. Destinatari della favola
Qui fictis causis innocentes opprimunt.

(ADEMARO DI CHABANNES)

---

1. *iurgio*: "per provocare una lite"; è una sorta di dativo di fine, che semplifica ma banalizza il testo originale (*iurgii causam intulit* "provocò una causa di lite").

423 Gli umori del corpo umano

In un codice madrileno contenente opere di medicina di Costantino Africano (1015-1087), illustre medico cartaginese attivo a Salerno, si trova il trattato anonimo *De flore dietarum*, composto pure nell'orbita della **Scuola Salernitana**. L'autore conosce bene la disciplina medica e mostra una buona preparazione nella dietetica; pur assemblando dati provenienti da fonti a lui precedenti e mantenendosi nei limiti (notevoli) delle conoscenze mediche del tempo, l'autore si mostra in grado di presentare con competenza alcune notizie. In questo brano l'autore parla dei quattro umori che si trovano nel corpo umano: il sangue, la bile gialla, la bile nera ed il flemma.

◁ Vedi **Curiosità**

a. Distribuzione degli umori secondo le età

Flegma dominatur in pueris cum sanguine usque ad annos XV, inde colera r(ubea)[1] usque ad annos XXVIII; ex inde colera n(igra) usque XLII cum maxima parte sanguinis. Hinc usque ad summam etatem[2], sicut in pueris, dominatur flegma.

b. Effetti del sangue e della bile gialla

Sanguis facit hominem boni voti, simplicem, modestum, blandum, ylarem[3], summum et plenum. Colera r(ubea) facit hominem iracundum, ingeniosum, acutum, levem, audacem, macilentum, plurimum comedentem et cito digerentem.

c. Effetti della bile nera e del flemma

Colera ni(gra) facit hominem subdolum, iracundum, avarum, timidum, tristem, invidum. Flegma facit hominem compositum sed pigrum, inter se cogitantem, minus audacem, canos in capite habentem.

d. Come insorgono le malattie

Sciendum est, quotiens aliquis supradictorum hu(morum) alios excesserit, nisi a medico cito subveniatur[4], oriri non modicam distemperantiam vel egritudinem[5], sed siquis est doctus et diligens medicus egrotanti[6] bene succurrere potest.

e. Come curare le patologie

Nam si egritudo fuerit nata ex sanguine, qui est dulcis, calidus et hu(midus), ex amaris, frigidis et siccis curetur.
Si ex colera r(ubea), que[7] est amara, ignea et sicca, ex dulcibus, frigidis et hu(midis) curatur.
Si ex colera n(igra), que[7] frigida est et acida et sicca, calidis et hu(midis) et dulcibus sanatur.
Si ex flegmate, quod frigidum est et humidum, sanabitur calidis et siccis.

(Anonimo)

1. *colera r(ubea)*: "la bile gialla".
2. *etatem*: aetatem.
3. *ylarem*: hilarem.
4. *nisi a medico cito subveniatur*: "qualora non ci fosse il rapido soccorso di un medico".
5. *egritudinem*: aegritudinem.
6. *egrotanti*: aegrotanti.
7. *que*: quae.

Curiosità

La Scuola Salernitana e la teoria "umorale" Nel periodo medievale la **Scuola Medica Salernitana** fu la prima e la più importante istituzione europea **di medicina**; in essa le donne ricoprirono un ruolo importante, passando alla storia col nome di *Mulieres Salernitanae*.

La Scuola si basava sulla **tradizione greco-latina** (soprattutto la teoria degli umori elaborata da Ippocrate e Galeno) integrata con nozioni provenienti dalle culture **araba** ed **ebraica**. La **teoria "umorale"** rappresentava il più antico tentativo, nel mondo occidentale, di chiarire scientificamente l'origine delle malattie, superando le precedenti concezioni superstiziose, magiche o religiose. Nel V secolo a.C. Ippocrate ipotizzò l'esistenza di quattro umori base (bile nera, bile gialla, flegma e sangue o umore rosso); ai quattro umori venivano fatti corrispondere quattro temperamenti (flegmatico, malinconico, collerico e sanguigno), quattro qualità elementari (freddo, caldo, secco, umido), le quattro stagioni dell'anno e le quattro stagioni della vita (infanzia, giovinezza, maturità e vecchiaia). Il buon funzionamento dell'organismo sarebbe dipeso dall'equilibrio degli elementi (eucrasia), mentre il prevalere dell'uno o dell'altro avrebbe causato la malattia (discrasia).

SECONDO LIVELLO

●●● | 424 Encomiabile opera di un vescovo al tempo dell'invasione di Genserico

Vittore, vissuto nel V sec. d.C., fu vescovo di Vita nella provincia africana di Bizacena; compose la *Historia persecutionis Wandalicae*; il I libro racconta l'invasione della provincia romana dell'Africa da parte dei barbari guidati da Genserico, la costituzione del regno vandalico e la persecuzione, da parte di Genserico, dei sacerdoti che si opponevano all'arianesimo dei Vandali. Il 19 ottobre 439 i Vandali conquistarono Cartagine e la saccheggiarono; il clero cattolico e la nobiltà vissero il trauma della schiavitù o dell'esilio e le proprietà ecclesiastiche vennero trasferite al clero ariano. In questo brano Vittore racconta che fu inviato a Cartagine da Valentiniano III un vescovo di nome Deograzia; costui si segnalò per lo zelo cristiano nei confronti delle vittime delle violenze dei Vandali.

Post haec factum est, supplicante Valentiniano Augusto, Carthaginiensi ecclesiae post longum silentium desolationis episcopum ordinari, nomine Deogratias: cuius si nitatur quisquam quae per illum[1] Dominus fecerit paulatim excurrere, ante incipient verba deficere, quam ille aliquid valeat explicare. Illo igitur episcopo constituto factum est, peccatis urguentibus, ut urbem illam quondam nobilissimam atque famosam quinto decimo regni sui anno Geisericus[2] caperet Romam: et simul exinde regum multorum divitias cum populis captivavit. Quae dum multitudo captivitatis Africanum attingeret litus, dividentes Wandali et Mauri ingentem populi quantitatem, ut moris est barbaris, mariti ab uxoribus, liberi a parentibus separabantur. Statim sategit vir deo plenus et carus universa vasa ministerii aurea vel argentea distrahere et libertatem de servitute barbarica liberare, ut et coniugia foederata manerent et **pignera** *genitoribus redderentur. Et quia loca nulla sufficiebant ad capessendam multitudinem tantam, basilicas duas nominatas et amplas, Fausti et Novarum[3], cum lectulis atque straminibus deputavit, decernens per singulos dies quantum quis pro merito acciperet.*

(VITTORE DI VITA)

▶ Vedi **Cave!**

1. *per illum*: "per mezzo suo".
2. *Geisericus*: "Genserico", re dei Vandali e degli Alani; provenendo dalla Spagna, mosse alla conquista dell'Africa, ottenendo la Numidia (435) e Cartagine (439); passò poi in Sicilia (440). Nel 455 arrivò fino a Roma e mise a ferro e fuoco la città. Divenuto padrone del Mediterraneo occidentale, nel 468 distrusse la flotta bizantina davanti a Cartagine.
3. *Fausti et Novarum*: "quella di Fausto e la Basilica Nuova".

Laboratorio

MORFOLOGIA
1. Riconosci ed analizza le forme verbali al perfetto indicativo.
2. Sottolinea gli aggettivi indicandone la classe.

SINTASSI
3. Individua un periodo ipotetico e precisane la tipologia.
4. Trova una proposizione causale e un'interrogativa indiretta.

COMPRENSIONE DEL TESTO
5. A quale causa morale viene riportato il sacco di Roma?
6. Quali iniziative prendono i Vandali e i Mauri nei confronti dei prigionieri?

Cave!

Un raro significato del sostantivo *pignus*
Il sostantivo neutro *pignus* (genitivo *pignoris* o *pigneris*) significa anzitutto "**pegno, garanzia**"; vuol dire poi anche "**ostaggio**", "**pegno di una scommessa**" ed anche "**testimonianza, prova**"; in senso traslato infine (come nel brano di Vittore) indica il "**pegno d'amore**", alludendo ad alcuni legami affettivi con persone care (genitori, figli, coniugi): già in Livio (II 1, 5) *pignora coniugum et liberorum* sono i "vincoli affettivi costituiti dalle mogli e dai figli".

●●● | 425 Giunone come simbolo della vita attiva

Fabio Fulgenzio, vescovo di Ruspe (identificabile con Henchir-Sbia nell'odierna Tunisia), compose i *Mythologiarum libri tres*, un'opera basata sull'esegesi allegorica della mitologia antica. Nel II libro l'autore esamina la leggenda del giudizio di Paride, che per lui presenta in modo emblematico la contrapposizione fra la vita teoretica (Minerva), la vita pratica (Giunone) e la vita "filargica"[1] o voluttuaria (Venere). In questo passo Fulgenzio chiarisce le caratteristiche di Giunone; la dea rappresenta la vita attiva, che mira alla ricchezza; il brano spiega anche perché Giunone sia mostrata spesso velata, perché sia la dea dei parti, perché sotto la sua protezione vi sia il pavone e perché infine le sia spesso posta accanto Iride.

Iunonem vero activae praeposuerunt vitae; Iuno enim quasi a iuvando dicta est. Ideo et regnis praeesse dicitur, quod haec vita divitiis tantum studeat; ideo etiam cum sceptro pingitur, quod divitiae regnis sint proximae; velato etiam capite Iunonem ponunt, quod omnes divitiae sint semper absconsae; deam etiam partus volunt, quod divitiae semper praegnaces sint et nonnumquam abortiant. Huius quoque in tutelam pavum ponunt, quod omnis vita potentiae petax[2] in aspectum sui semper quaerat ornatum; sicut enim pavus stellatum caudae curvamine concavans antrum faciem ornet posterioraque turpiter nudet, ita divitiarum gloriaeque appetitus momentaliter ornat, postrema tamen nudat; unde et Theophrastus in moralibus[3] ait: "Τὰ λοιπὰ γνῶθι [ta loipà gnòthi]", id est "Reliqua considera", et Salomon: "In obitu hominis nudatio operum eius"[4]. Huic etiam Irim quasi arcum pacis adiungunt, quod sicut ille ornatus varios pingens arquato curvamine momentaliter refugit, ita etiam fortuna quamvis ad praesens ornata, tamen est citius fugitiva.

(FULGENZIO)

---

1. "Filargico" (in greco *philarghikós* φιλαργικός) significa propr. "amante dell'ozio".
2. *petax*: termine attestato qui per la prima volta; significa "che desidera, che cerca avidamente" e regge il genitivo.
3. *in moralibus*: "nei suoi libri di morale".
4. *In obitu... operum eius*: citazione biblica (*Ecclesiaste* 11, 29).

Laboratorio

MORFOLOGIA
1. Individua i sostantivi della IV declinazione.
2. Trova ed analizza le forme verbali al congiuntivo.

SINTASSI
3. Riconosci le proposizioni causali e distinguine la tipologia.
4. Cerca nel testo una proposizione comparativa.

LESSICO
5. Qual è l'etimologia dell'aggettivo *praegnax*?

COMPRENSIONE DEL TESTO
6. Come si collegano fra loro le due diverse competenze di Giunone, cioè la ricerca delle ricchezze e l'assistenza alle partorienti?
7. In che consiste il paragone con il pavone?
8. Perché Iride viene rappresentata accanto a Giunone?

426 La Fortuna si rivolge a Boezio rivendicando i propri meriti

Il *De philosophiae consolatione* ("La consolazione della filosofia") fu composto da Severino Boezio intorno al 523 d.C., mentre si trovava in prigione sotto l'accusa di alto tradimento. Nell'opera l'autore immagina, secondo un ricorrente topos letterario, di essere consolato dalla Filosofia, impersonata da un'austera matrona. Guidato da costei, Boezio indaga sull'esistenza del male e sulla sua natura, sulla fortuna, sulla felicità e sul libero arbitrio. In particolare nel II libro l'autore riflette sul tema della fortuna. Nel brano qui presentato la Filosofia immagina le parole che la Fortuna potrebbe rivolgere al prigioniero, ricordandogli che nessun bene è possesso reale e perenne degli uomini, ma tutti dipendono appunto dalla Fortuna, che può ritrarre la sua mano e togliere poi quello che ha dato prima. In ogni caso le si dovrà riconoscenza per i beni goduti anche provvisoriamente.

«*Quid tu, homo, ream me cotidianis agis querelis? Quam tibi fecimus iniuriam? Quae tibi tua detraximus bona? Quovis iudice de opum dignitatumque mecum possessione contende et si cuiusquam mortalium proprium quid horum esse monstraveris ego iam tua fuisse quae repetis sponte concedam. Cum te matris utero produxit, nudum rebus omnibus inopemque suscepi, meis opibus fovi et, quod te nunc impatientem nostri facit, favore prona indulgentius educavi, omnium quae mei iuris sunt affluentia et splendore circumdedi. Nunc mihi retrahere manum libet. Habes gratiam velut usus alienis, non habes ius querelae tamquam prorsus tua perdideris. Quid igitur ingemescis? Nulla tibi a nobis est allata violentia. Opes, honores ceteraque talium mei sunt iuris. Dominam famulae cognoscunt: mecum veniunt, me abeunte discedunt. Audacter adfirmem, si tua forent quae amissa conquereris, nullo modo perdidisses. An ego sola meum ius exercere prohibebor? Licet caelo proferre lucidos dies eosdemque tenebrosis noctibus condere, licet anno terrae vultum nunc floribus frugibusque redimire nunc nimbis frigoribusque confundere, ius est mari nunc strato aequore blandiri nunc procellis ac fluctibus inhorrescere: nos ad constantiam nostris moribus alienam inexpleta hominum cupiditas alligabit? Haec nostra vis est, hunc continuum ludum ludimus: rotam volubili orbe versamus, infima summis, summa infimis mutare gaudemus.*

(Boezio)

MODUS SCRIBENDI — LO STILE DI BOEZIO

LE CARATTERISTICHE ESSENZIALI

1. Doti di chiarezza e rigore nell'argomentazione.
2. Conoscenza profonda della letteratura classica greca e latina.
3. Ampia articolazione dei periodi, alternata a fasi paratattiche più agili e ed efficaci.
4. Uso del prosimetro (alternanza di prosa e poesia).
5. Nelle parti poetiche, sperimentazione di forme metriche anomale ed inconsuete.
6. Creazione delle basi linguistiche del lessico filosofico della filosofia medievale; uso innovativo di alcuni vocaboli.
7. Impiego di figure retoriche, ad es. prosopopee (come quella della Filosofia).

Un giudizio critico

Il classicismo di Boezio (C. Mohrmann)

La lingua [della *Consolatio*] è determinata, soprattutto nel lessico, da un certo purismo classicista. Il suo è il vocabolario di un autore profano, non soltanto nelle parti poetiche, ma anche in quelle in prosa. Ma non si deve di necessità concludere che il purismo della *Consolatio* sia privo di ogni elemento cristiano. Questo purismo ha avuto i suoi antecedenti nella letteratura cristiana. Minucio Felice aveva scritto in una lingua tradizionale da cui aveva escluso – per ragioni stilistiche – tutte le parole e le locuzioni cristiane, che s'incontrano in gran numero nel suo contemporaneo e compatriota Tertulliano. Ma era soprattutto la poesia cristiana, metrica, che da Giovenco in poi si serviva di una lingua poetica tradizionale, da cui erano esclusi il più possibile i neologismi cristiani. Questa tradizione di una lingua poetica classicista sopravvive nel corso dei secoli e anche nel medioevo. Tali procedimenti stilistici nascondono per loro natura il contenuto cristiano di un testo. Mi sembra che, nell'interpretazione della *Consolatio*, si debba tener conto di certi procedimenti di «camuffamento» stilistico e linguistico. In uno studio su alcuni tratti caratteristici della lingua di Boezio mi auguro di mostrare che dietro certe parole e formule della lingua, a prima vista profana, si potrebbero nascondere idee e sentimenti cristiani. Ci sono dei passi - poco numerosi è vero - in cui Boezio si tradisce per cristiano: involontariamente? È un problema di difficile soluzione.

(C. Mohrmann, introduzione a *Severino Boezio - La consolazione della filosofia*, RCS, Milano 1999)

●●● | 427 Esordio della *Magna Charta*

La *Magna Charta Libertatum* è un documento in latino, che il re d'Inghilterra Giovanni Senzaterra dovette redigere come concessione ai baroni del Regno d'Inghilterra, propri feudatari diretti, il 15 giugno 1215. Nella prima parte del testo, qui riportata, il re Giovanni si rivolge a ecclesiastici, nobili e funzionari proclamando anzitutto la libertà e l'inviolabilità della Chiesa inglese e la libertà delle elezioni ecclesiastiche, ratificata dal papa Innocenzo III.

Johannes Dei gracia[1] rex Anglie[2], Dominus Hibernie, dux Normannie, Aquitannie et comes Andegavie[3], archiepiscopis, episcopis, abbatibus, comitibus, baronibus, justiciariis[4], forestariis, vicecomitibus[5], prepositis[6], ministris et omnibus ballivis[7] et fidelibus suis salutem. Sciatis[8] nos intuitu Dei et pro salute anime nostre et omnium antecessorum et heredum nostrorum ad honorem Dei et exaltacionem sancte Ecclesie, et emendacionem[9] regni nostri, per consilium venerabilium patrum nostrorum[10] et aliorum fidelium nostrum, in primis concessisse Deo[11] et hac presenti carta[12] nostra confirmasse, pro nobis et heredibus nostris

---

1. *gracia*: gratia.
2. *Anglie*: Angliae; analogamente per tutti i successivi nomi della I declinazione ed aggettivi femminili della I classe presenti nel brano.
3. *comes Andegavie*: "conte d'Angiò".
4. *justiciariis*: "agli alti funzionari".
5. *vicecomitibus*: "agli sceriffi".
6. *praepositis*: "ai preposti".
7. *ballivis*: il "balivo" (dal latino *baiulivus*, forma aggettivale di *baiulus* "portatore") era un alto funzionario investito di vari tipi di autorità o giurisdizione.
8. *Sciatis*: regge i successivi infiniti.
9. *exaltacionem... et emendacionem*: exaltationem... et emendationem.
10. *venerabilium patrum nostrorum*: a questo punto seguono nel testo i nomi (qui omessi) dei magnati ecclesiastici e laici e degli altri *nobiles viri* consultati dal re.
11. *concessisse Deo*: "abbiamo promesso a Dio".
12. *carta*: charta.

in perpetuum quod Anglicana ecclesia libera sit, et habeat jura sua integra, et libertates suas illesas; et ita volumus observari; quod apparet ex eo quod libertatem electionum, que maxima et magis necessaria reputatur Ecclesie Anglicane, mera et spontanea voluntate, ante discordiam inter nos et barones nostros motam, concessimus et carta nostra confirmavimus, et eam obtinuimus a domino papa Innocentio tercio confirmari; quam et nos observabimus et ab heredibus nostris in perpetuum bona fide volumus observari. (Giovanni Senzaterra)

Laboratorio

MORFOLOGIA
1. Individua le forme che avrebbero presentato il dittongo -*ae* in latino classico.
2. Trova una forma verbale sincopata.
3. Sottolinea tutti i nomi al dativo.

SINTASSI
4. Riconosci le proposizioni subordinate e distinguine la tipologia.
5. Che tipo di congiuntivo è *sciatis*?

LESSICO
6. Elenca i vocaboli che indicano cariche politiche ed ecclesiastiche.

COMPRENSIONE DEL TESTO
7. A chi si rivolge l'editto reale?
8. Quale impegno si assume il re?

●●● | 428 La legittimità dell'impero romano fu riconosciuta anche da Cristo

Il *De monarchia*, trattato latino in tre libri, fu composto da Dante fra il 1310 e il 1313. Nell'opera l'autore fiorentino sostiene la necessità della monarchia universale, che può garantire la pace e la giustizia; nel II libro, da cui è tratto il passo qui presentato, Dante dimostra che la costituzione dell'impero romano fu voluta dalla Provvidenza divina; ciò è evidente dal fatto che Cristo accettò di nascere sotto la giurisdizione romana e di essere condannato a morte proprio dalle autorità romane.

Usque adhuc patet propositum per rationes que[1] plurimum rationalibus principiis innituntur; sed ex nunc[2] ex principiis fidei cristiane iterum patefaciendum est. Maxime enim fremuerunt et inania meditati sunt in Romanum Principatum qui zelatores fidei cristiane se dicunt; nec miseret eos pauperum Cristi, quibus non solum defraudatio fit in ecclesiarum proventibus, quinymo[3] patrimonio ipsa cotidie rapiuntur, et depauperatur Ecclesia dum, simulando iustitiam, executorem iustitie[4] non admittunt. Nec iam depauperatio talis absque Dei iudicio fit, cum nec pauperibus, quorum patrimonio sunt Ecclesie[5] facultates, inde subveniatur, nec ab offerente Imperio cum gratitudine teneantur. Redeunt unde venerunt: venerunt bene, redeunt male, quia bene data et male possessa sunt. Quid ad pastores tales?[6] Quid si Ecclesie[5] substantia defluit dum proprietates propinquorum suorum exaugeantur? Sed forsan melius est propositum prosequi, et sub pio silentio Salvatoris nostri expectare succursum. Dico ergo

1. *que*: *quae*.
2. *ex nunc*: "d'ora in poi".
3. *quinymo*: *quin immo*, "anzi".
4. *iustitie*: *iustitiae*.
5. *Ecclesie*: *Ecclesiae*.
6. *Quid ad pastores tales?*: "Ma ciò che importa a simili pastori?".

quod[7], *si Romanum Imperium de iure non fuit, Cristus[8] nascendo persuasit iniustum[9]; consequens est falsum: ergo contradictorium antecedentis est verum. Inferunt enim se contradictoria invicem a contrario sensu. Falsitatem consequentis ad fideles estendere non oportet: nam si fidelis quis est, falsum hoc esse concedit et si non concedit, fidelis non est, et si fidelis non est, ad eum ratio ista non queritur. Consequentiam sic ostendo: quicunque aliquod edictum ex electione prosequitur, illud esse iustum opere persuadet et, cum opera persuadentiora sint quam sermones, ut Phylosopho placet in ultimis ad Nicomacum, magis persuadet quam si sermone approbaret. Sed Cristus, ut scriba eius Lucas testatur, sub edicto Romane[10] auctoritatis nasci voluit de Virgine Matre, ut in illa singulari generis humani descriptione filius Dei, homo factus, homo conscriberetur: quod fuit illud prosequi[11].*

(DANTE)

7. *Dico ergo quod:* "Dico dunque che"; si noti che anziché l'oggettiva infinitiva classica si ha una subordinata esplicita introdotta da *quod*.
8. *Cristus: Christus.*
9. *persuasit iniustum:* "sanzionò una cosa ingiusta".
10. *Romane: Romanae.*
11. *quod fuit illud prosequi:* "il che significa appunto sottomettersi a quell'editto".

●●● | 429 Francesco Petrarca esalta i meriti di Laura nei suoi confronti

Il *Secretum*, composto in latino dal Petrarca a Valchiusa fra il 1342 e il 1343, presenta un immaginario colloquio di tre giorni fra l'autore e S. Agostino, alla presenza della Verità. Tema fondamentale è il senso della caducità di ogni cosa e la vanità delle gioie terrene. Nel passo qui proposto viene esaltata la figura di Laura, la donna amata da Petrarca. Laura viene considerata da Francesco una guida preziosa verso il bene, uno stimolo ad essere sempre migliore, un'ispiratrice dei più nobili sentimenti; quindi egli non riesce ad accettare l'invito di Agostino a dimenticarla o amarla meno.

Unum hoc, seu gratitudini seu ineptie[1] ascribendum, non silebo: me, quantulumcunque conspicis[2], per illam esse; nec unquam ad hoc, siquid est, nominis aut glorie fuisse venturum, nisi virtutum tenuissimam sementem, quam pectore in hoc natura locaverat, nobilissimis hec[3] affectibus coluisset. Illa iuvenem animum ab omni turpitudine revocavit, uncoque[4], ut aiunt, retraxit, atque alta compulit espectare. Quidni enim in amatos mores[5] transformarer? Atqui nemo unquam tam mordax convitiator inventus est, qui huius famam canino dente contingeret; qui dicere auderet, ne dicam in actibus eius, sed in gestu verboque reprehensibile aliquid se vidisse; ita qui nichil[6] intactum liquerant, hanc mirantes venerantesque reliquerunt. Minime igitur mirum est si hec tam celebris fama michi[7] quoque desiderium fame clarioris attulit, laboresque durissimos, quibus optata consequerer mollivit. Quid enim adolescens aliud optabam, quam ut illi vel soli placerem, que michi vel sola placuerat? Quod ut michi contingeret, spretis mille voluptatum illecebris, quot me ante tempus curis laboribusque subiecerim nosti[8]. Et iubes illam oblivisci vel parcius amare, que[9] me a vulgi consortia segregavit; que, dux viarum omnium, torpenti ingenio calcar admovit ac semisopitum animum excitavit?

(PETRARCA)

1. *ineptie: ineptiae.*
2. *conspicis:* Francesco si rivolge a S. Agostino.
3. *hec: haec.*
4. *uncoque:* "con l'uncino", secondo un modo di dire allora comune.
5. *in amatos mores:* "secondo i costumi della donna amata".
6. *nichil: nihil.*
7. *michi: mihi.*
8. *nosti: novisti.*
9. *que: quae.*

430 Giovani Boccaccio difende la sua vocazione poetica

La *Genealogia deorum gentilium* è un'opera latina di Giovanni Boccaccio; si tratta di una raccolta enciclopedica in quindici libri, in cui l'autore interpreta allegoricamente molti miti relativi agli dèi pagani. Nel brano qui presentato Boccaccio difende appassionatamente la sua vocazione alla poesia; essa viene ripensata come motivo conduttore di tutta la sua esistenza; l'autore ricorda i vani tentativi di suo padre di convincerlo a dedicarsi all'attività di mercante, o allo studio del diritto canonico. Il giovane era invece mosso da un grande amore verso la poesia, cui era spinto da una disposizione antichissima e pressoché connaturata in lui.

Verum ad quoscumque actus natura produxerit alios, me quidem experientia teste ad poeticas meditationes dispositum ex utero matris eduxit et meo iudicio in hoc natus sum. Satis enim memini apposuisse patrem meum a pueritia mea conatus omnes, ut negociator[1] efficerer, meque, adolescentiam non dum intrantem, arismetrica[2] instructum maximo mercatori dedit discipulum, quem penes sex annis nil aliud egi, quam non recuperabile tempus in vacuum terere. Hinc quoniam visum est, aliquibus ostendentibus indiciis, me aptiorem fore licterarum studiis, iussit genitor idem, ut pontificum sanctiones, dives exinde futurus, auditurus intrarem, et sub preceptore[3] clarissimo fere tantundem temporis in cassum etiam laboravi. Fastidiebat hec[4] animus adeo, ut in neutrum horum officiorum, aut preceptoris doctrina, aut genitoris autoritate, qua novis mandatis angebar continue, aut amicorum precibus seu obiurgationibus inclinari posset; in tantum illum ad poeticam singularis traebat[5] affectio! Nec ex novo sumpto consilio in poesim animus totis tendebat pedibus, quin imo[6] a vetustissima dispositione ibat impulsus. Nam satis memor sum, non dum ad septimum etatis[7] annum deveneram, nec dum fictiones[8] videram, non dum doctores aliquos audiveram, vix prima licterarum[9] elementa cognoveram, et ecce, ipsa impellente natura, fingendi desiderium affuit, et si nullius essent momenti, tamen aliquas fictiunculas edidi, non enim suppetebant tenelle etati[10] officio tanto viris ingenii.

(BOCCACCIO)

1. *negociator*: negotiator, cioè "mercante".
2. *arismetrica*: sta per *arithmetica*.
3. *preceptore*: praeceptore.
4. *hec*: haec.
5. *traebat*: trahebat.
6. *imo*: immo "anzi".
7. *etatis*: aetatis.
8. *fictiones*: "composizioni poetiche"; il successivo *fictiunculas* è un diminutivo di questo vocabolo.
9. *licterarum*: litterarum.
10. *tenelle etati*: tenellae aetati.

TERZO LIVELLO

431 Morte di Carlo Magno

Eginardo, nato a Fulda (città tedesca nell'Assia) intorno al 775, fu uno storico franco al servizio di Carlo Magno. La sua opera principale è la *Vita Karoli Magni*, forse pubblicata prima dell'821. Il brano qui presentato racconta la morte dell'imperatore, avvenuta ad Aquisgrana nell'814.

Extremo vitae tempore, cum iam et morbo et senectute premeretur[1], evocatum ad se Hludowicum filium, Aquitaniae regem, qui solus filiorum Hildigardae supererat, congregatis

1. *premeretur*: soggetto sottinteso è Carlo Magno.

sollemniter de toto regno Francorum primoribus, cunctorum consilio consortem sibi totius regni et imperialis nominis heredem constituit, inpositoque capiti eius diademate imperatorem et augustum iussit appellari. Susceptum est hoc eius consilium ab omnibus qui aderant magno cum favore; nam divinitus ei propter regni utilitatem videbatur inspiratum. Auxitque maiestatem eius hoc factum et exteris nationibus non minimum terroris incussit. Dimisso deinde in Aquitaniam filio, ipse more solito, quamvis senectute confectus, non longe a regia Aquensi[2] venatum proficiscitur, exactoque in huiuscemodi negotio quod reliquum erat autumni, circa Kalendas Novembris Aquasgrani revertitur. Cumque ibi hiemaret, mense Ianuario febre valida correptus decubuit. Qui statim, ut in febribus solebat, cibi sibi abstinentiam indixit, arbitratus hac continentia morbum posse depelli vel certe mitigari. Sed accedente ad febrem lateris dolore, quem Greci pleuresin[3] dicunt, illoque adhuc inediam retinente neque corpus aliter quam rarissimo potu sustentante, septimo, postquam decubuit, die, sacra communione percepta, decessit, anno aetatis suae septuagesimo secundo et ex quo regnare coeperat quadragesimo septimo, V. Kalendas Februarii, hora diei tertia. (EGINARDO)

2. *a regia Aquensi*: "dalla reggia di Aquisgrana", città tedesca.   **3.** *pleuresin*: "pleurite".

Laboratorio

LESSICO
1. Riconosci i vocaboli legati all'ambito lessicale imperiale.

ANALISI STILISTICA
2. Individua nel testo gli iperbati e i polisindeti.

COMPRENSIONE DEL TESTO
3. Quale malattia coglie l'imperatore durante il mese di gennaio?
4. In che modo si cura Carlo Magno?
5. Per quale complicazione avviene il decesso del re?

PRODUZIONE
6. Riassumi il brano (max. 5 righe), suddividendolo in sequenze ed assegnando a ciascuna di esse un titolo.

●●● | 432 Occorre evitare l'amore con le meretrici

Andrea Cappellano (lat. *Andreas Capellanus*, 1150-1220) fu un letterato e religioso francese. Scrisse il celebre trattato *De amore* (1185 circa), diviso in tre libri, in cui si indicavano i precetti principali sul rapporto amoroso. Nel passo qui presentato, tratto dal I libro, Andrea deplora la consuetudine di avere rapporti con le prostitute, definendo *perniciosus* questo tipo di *amor*.

Si vero quaeratur, quid de meretricis sentiamus amore, dicimus omnes meretrices penitus esse vitandas, quia ipsarum foedissima commixtio est, et incestus cum eis crimen semper fere committitur. Praeterea meretrix raro se alicui concedere consuevit nisi primo fuerit muneris susceptione gavisa. Immo etsi quando meretricem contingat amare, eius tamen amorem perniciosum constat esse hominibus, quia familiarem cum meretricibus conversationem habere ab omni sapientia reprobatur, et cuiuslibet inde fama supprimitur. Ad earum autem capessendum amorem doctrinam tibi non curamus exponere, quia, quocumque se affectu concedant petenti, haec semper sine precum instantia largiuntur; ergo ad hoc doctrinam postulare non debes.

(ANDREA CAPPELLANO)

433 Prologo della biografia di Agnese di Praga

L'autore della *Vita di Suor Agnese di Praga*, scritta tra la fine del XIII secolo e i primi decenni del XIV, era probabilmente un frate della comunità minoritica voluta dalla stessa Agnese (1205-1282); l'opera, di carattere agiografico, offre una lettura teologica della storia della clarissa boema, che era figlia del re Premysl.

INCIPIT PROLOGUS IN VITAM INCLITE[1] VIRGINIS SORORIS AGNETIS, ORDINIS SANCTE CLARE DE PRAGA BOHEMIE

Crebris sacrarum virginum sororum ordinis sancte Clare de Praga precibus sum pulsatus[2] ut illustrissime virginis, sororis Agnetis, filie incliti domini regis Bohemie, conscriberem vitam et actus, ne ipsius eximia sanctitas dampnoso reticeretur silencio; cuius eterna memoria merito cum laudibus debet esse, pro eo quod ipsam inscrutabilis dei sapiencia velud[3] lucernam in candelabro militantis ecclesie posuit, et igne sue gracie[4] clementer accendit, quo fervide arsit in se per vite meritum, aliisque clare luxit salutiferum per exemplum. Cui quidem peticioni racionabili atque pie bonam habui voluntatem parendi ob spem retribucionis sempiterne. Sed consideracione sollerti ad hoc insufficientem me senciens[5] et indignum, calamum ascribendi continui, pavens imperito sermone fuscare quod claris et magnis laudum preconiis fuerat depromendum. Tandem reverendi patris mei ministri super hoc obediencialio[6] precepto constrictus, negocium supra vires meas assumpsi, malens sub sarcina tanti laboris humiliter parendo deficere quam voluntati precipientis pertinaciter contra ire, cum inobediencia[7] quasi peccatum ariolandi[8] vel scelus ydolatrie[9] censeatur.

(Anonimo)

1. *INCLITE*: come ormai si è compreso, molte terminazioni in *-e* nel latino classico corrispondevano a un dittongo, in genere *-ae*.
2. *sum pulsatus*: "fui spinto".
3. *sapiencia velud*: *sapientia velut*.
4. *sue gracie*: *suae gratiae*.
5. *senciens*: *sentiens*.
6. *obedienciali*: *oboedientiali*, cioè "cui si deve ubbidienza".
7. *inobediencia*: "disubbidienza".
8. *ariolandi*: *hariolandi*, gerundio da *(h)ariolor, -ari* "vaneggiare, sragionare, parlare a caso, dire assurdità"; cfr. *(h)ariolus* "indovino", ma anche "ciarlatano".
9. *ydolatrie*: *idolatriae*.

Laboratorio

LESSICO

1. Sottolinea i termini che appartengono al lessico religioso.

ANALISI STILISTICA

2. Individua nel testo gli iperbati e i polisindeti.

COMPRENSIONE DEL TESTO

3. A quale ordine monastico apparteneva Suor Agnese?
4. Chi ha richiesto all'autore di comporre la biografia della religiosa? E con quale fine?
5. Da quali timori è stato assalito l'autore, fin quasi a rinunciare all'opera?

PRODUZIONE

6. Suddividi il brano in sequenze, assegnando a ciascuna un titolo.

UNITÀ 32

AUTORI DI ETÀ MODERNA

CURIOSITÀ	MODUS SCRIBENDI
Ergastula	Lo stile di Galileo Galilei
La zizzania	
Alcune espressione "maccheroniche"	

VERSIONI

PRIMO LIVELLO

434 Romolo e Remo

Il *De viris illustribus urbis Romae* dell'abate Lhomond (1727-1794) ha inizio con il mito di Romolo e Remo. Numitore, re di Alba Longa, è stato spodestato dal fratello Amulio, che ha costretto l'unica nipote Rea Silvia a diventare vestale, per impedire che avesse dei figli. Ma dalla donna nascono due gemelli, che Amulio ordina siano gettati nel Tevere. La culla però si salva dalle acque; i due bambini sono allattati da una lupa e poi sono raccolti dal pastore Faustolo. Quando i due fratelli diventano adulti, Remo viene catturato da alcuni briganti e viene consegnato a Numitore con l'accusa di furto. Romolo libera però il fratello, elimina Amulio e restituisce il regno al nonno.

a. Romolo e Remo nascono dalla vestale Silvia

Proca, rex Albanorum, duos filios, Numitorem et Amulium habuit. Numitori, qui natu maior erat, regnum reliquit; sed Amulius, pulso fratre, regnavit, et ut eum sobole privaret, Rheam Sylviam eius filiam Vestae sacerdotem fecit, quae tamen Romulum et Remum uno partu edidit.

b. Amulio fa gettare nel Tevere i due neonati

Quo cognito, Amulius ipsam in vincula coniecit, parvulos alveo impositos abiecit in Tiberim, qui tunc forte super ripas erat effusus; sed, relabente flumine, eos aqua in sicco reliquit.

c. Una lupa allatta i due gemelli	*Vastae tum in eis locis solitudines erant. Lupa, ut fama traditum est, ad vagitum accurrit, infantes lingua lambit, ubera eorum ori admovit, matremque se gessit. Cum lupa saepius ad parvulos veluti ad catulos reverteretur, Faustulus, pastor regius, rem animadvertit, eos tulit in casam et Accae Larentiae coniugi dedit educandos.*
d. Remo catturato dai briganti	*Qui adulti inter pastores primo ludicris certaminibus vires auxere, deinde, venando saltus peragrare coeperunt, tum latrones a rapina pecorum arcere. Quare eis insidiati sunt latrones, a quibus Remus captus est.*
e. Romolo apprende le sue origini	*Romulus autem vi se defendit. Tunc Faustulus necessitate compulsus indicavit Romulo quis esset eius avus, quae mater. Romulus statim, armatis pastoribus, Albam properavit.*
f. Remo viene consegnato al nonno Numitore	*Interea Remum latrones ad Amulium regem perduxerunt, eum accusantes, quasi Numitoris greges infestare solitus esset; Remus itaque a rege Numitori ad supplicium traditus est: at Numitor, considerato adolescentis vultu, haud procul erat quin nepotem agnosceret. Nam Remus oris lineamentis erat matri simillimus, aetasque tempori expositionis congruebat.*
g. Romolo uccide Amulio e restituisce il regno a Numitore	*Dum ea res animum Numitoris anxium teneret, repente Romulus supervenit, fratrem liberavit, et Amulio interfecto, avum Numitorem in regnum restituit.*

(C.F. Lhomond)

435 Giacobbe arriva in Mesopotamia

Fra le opere dell'abate Lhomond (1727-1794), pedagogo, grammatico ed erudito francese, particolarmente significativa è la *Epitome historiae sacrae* (1784); si tratta di una sintesi di vicende narrate nell'Antico Testamento, con finalità prettamente pedagogiche. In questo brano si parla di Giacobbe, in fuga verso la Mesopotamia dopo la lite col fratello Esaù. Lungo la strada Giacobbe fa un sogno: vede una scala che da terra si protende sino in cielo e gli appare Dio, che gli promette un meraviglioso futuro. Giacobbe giunge poi presso un pozzo nella steppa, dove incontra la giovane Rachele, sua cugina, che gli viene infine concessa in sposa dallo zio Labano.

a. Il sogno di Giacobbe	*Iacobus vidit in somnis scalam, quae innixa terrae pertinebat ad caelum, atque angelos Dei ascendentes et descendentes; audivit Dominum dicentem sibi: «Ego sum Deus patris tui; dabo tibi et posteris tuis terram cui incubas: noli timere; ego favebo tibi; ero custos tuus, quocumque porrexeris, et reducam te in patriam, ac per te omnes orbis nationes erunt bonis cumulatae».*
b. Giacobbe giunge in Mesopotamia	*Iacobus expergefactus adoravit Dominum. Iacobus, iter persecutus, pervenit in Mesopotamiam: vidit tres pecorum greges propter puteum cubantes. Nam ex eo puteo greges solebant adaquari. Os putei claudebatur ingenti lapide.*
c. Giacobbe interroga i pastori	*Iacobus accessit illuc, et dixit pastoribus: «Fratres, unde estis?». Qui responderunt: «Ex urbe Haran». Quos interrogavit iterum: «Nostisne Labanum?». Dixerunt: «Novimus». «Valetne?». «Valet – inquiunt – ecce Rachel filia eius venit cum grege suo».*

d. Primo incontro con Rachele

Dum Iacobus loqueretur cum pastoribus, Rachel filia Labani venit cum pecore paterno: nam ipsa pascebat gregem. Confestim Iacobus, videns cognatam suam, amovit lapidem ab ore putei. «Ego sum – inquit – filius Rebeccae». Et osculatus est eam.

e. Rachele parla a suo padre Labano

Rachel festinans nuntiavit patri suo, qui agnovit filium sororis suae, deditque ei Rachelem in matrimonium.

(C.F. Lhomond)

SECONDO LIVELLO

436 La liberazione dei "padri" dagli "ergastoli"

Il toscano Poggio Bracciolini (1380-1459) divenne famoso soprattutto per aver ritrovato nei monasteri di Francia e Germania alcuni antichi codici che contenevano opere importanti della letteratura latina. In questa lettera, scritta dalla città svizzera di Costanza il 15 dicembre 1416 a Guarino da Verona (altro insigne umanista), Bracciolini comunica di aver rinvenuto, nel monastero di San Gallo (anch'esso in Svizzera), i libri di Quintiliano, dimenticati e perduti nel Medioevo.

Huius autem sermonis exornandi atque excolendi cum multi praeclari, ut scis, fuerint Latinae linguae auctores, tum vel praecipuus atque egregius M. Fabius Quintilianus, qui ita diserte, ita absolute summa cum diligentia exequitur ea quae pertinent ad instituendum vel perfectissimum oratorem, ut nihil ei vel ad summam doctrinam, vel singularem eloquentiam meo iudicio deesse videatur. Quo uno solo, etiam si Cicero romanae parens eloquentiae deesset, perfectam consequeremur scientiam recte dicendi. Is vero apud nos antea, Italos dico, ita laceratus erat, ita circumcisus, culpa, ut opinor, temporum, ut nulla forma, nullus habitus hominis in eo recognosceretur. [...] Fortuna quaedam fuit cum sua tum maxime nostra, ut cum essemus[1] Constantiae ociosi[2] cupido incesseret videndi eius loci quo ille reclusus tenebatur. Est autem monasterium Sancti Galli prope urbem hanc milibus passuum XX. Itaque nonnulli animi laxandi et simul perquirendorum librorum, quorum magnus numerus esse dicebatur, gratia eo perreximus. Ibi inter confertissimam librorum copiam, quos longum esset recensere, Quintilianum comperimus adhuc salvum et incolumem, plenum tamen situ et pulvere squalentem. Erant enim non in bibliotheca libri illi, ut eorum dignitas postulabat, sed in teterrimo[3] quodam et obscuro carcere, fundo scilicet unius turris, quo ne capitalis quidem rei damnati retruderentur. Atqui ego pro certo existimo, si essent qui haec barbarorum *ergastula*, quibus hos detinent viros, rimarentur ac recognescerent amore maiorum, similem fortunam experturos in multis de quibus iam est conclamatum[4].

(Poggio Bracciolini)

◀ Vedi **Curiosità**

1. *cum essemus*: pluralis maiestatis.
2. *ociosi*: otiosi.
3. *teterrimo*: taeterrimo.
4. *de quibus... conclamatum*: "di cui si considera ormai sicura la perdita".

Laboratorio

MORFOLOGIA

1. Riconosci ed analizza le forme verbali deponenti.
2. Sottolinea i superlativi e indicane il corrispondente grado positivo.

> **SINTASSI**
> 3. Individua due periodi ipotetici e precisane la tipologia.
> 4. Trova una proposizione modale.
>
> **LESSICO**
> 5. Quali vocaboli esaltano l'opera di Quintiliano?
>
> **COMPRENSIONE DEL TESTO**
> 6. Quale merito riconosce l'autore a Quintiliano?
> 7. In che senso Bracciolini parla di una "prigionia" degli autori antichi?

Curiosità

Ergastulum Il sostantivo *ergastulum* è di origine greca; il verbo ἐργάζομαι (*ergàzomai*) significa infatti "**io lavoro**". Il vocabolo latino indicava un **campo di lavoro** in cui i padroni rinchiudevano gli schiavi puniti, che erano destinati ai lavori più faticosi, sostenuti con la catena al piede; talora vi si rinchiudevano anche alcuni condannati. Con una metonimia, il nome del luogo della pena diventò poi il nome della pena stessa.
Al plurale, *ergastula* poteva indicare gli "**schiavi ergastolani**" e i detenuti.
Da *ergastulum* deriva il termine giuridico attuale "**ergastolo**", che indica la reclusione a vita inflitta a chi ha commesso un delitto particolarmente grave. Nel 2013 una sentenza della Corte europea dei diritti umani ha stabilito che la pena dell'ergastolo viola i diritti umani se non viene previsto nell'ordinamento che il condannato possa chiedere una revisione della sentenza o un alleggerimento di pena.
In particolare nella legislazione italiana, l'ergastolano dopo 10 anni di carcere può beneficiare di permessi premio; dopo 20 anni di carcere può ottenere la semilibertà (potendo uscire dal carcere per partecipare ad attività lavorative, istruttive o comunque mirate al reinserimento sociale); dopo 26 anni può beneficiare della libertà condizionale.

●●● | 437 Elogio del latino classico

L'umanista romano Lorenzo Valla (1407-1457) nei suoi *Elegantiarum linguae Latinae libri* studia le forme del perfetto linguaggio classico, ispirandosi soprattutto a Cicerone e Quintiliano. Nel brano qui proposto l'autore esalta la civiltà romana e la diffusione della lingua latina in gran parte del mondo antico; l'espansione della cultura di Roma, infatti, ha costituito un vero beneficio per l'intero genere umano.

Cum saepe mecum nostrorum maiorum res gestas aliorumque vel regum vel populorum considero, videntur mihi non modo ditionis[1] nostri homines, verum etiam linguae propagatione ceteris omnibus antecelluisse. Nam Persas quidem, Medos, Assyrios, Grecos aliosque permultos longe lateque rerum potitos esse, quosdam etiam, ut aliquanto inferius quam Romanorum fuit, ita multo diuturnius imperium tenuisse constat; nullos tamen ita linguam suam ampliasse ut nostri fecerunt, qui, ut oram illam Italiae, quae Magna olim Grecia dicebatur, ut Siciliam, quae Graeca etiam fuit, ut omnem Italiam taceam, per totum paene Occidentem, per Septemtrionis, per Africae non exiguam partem, brevi spatio linguam Romanam, quae eadem Latina a Latio ubi Roma est dicitur, celebrem et quasi reginam effecerunt et, quod ad ipsas provincias attinet, velut optimam quandam frugem mortalibus ad faciendam sementem praebuerunt: opus nimirum multo praeclarius

1. *ditionis*: dicionis.

multoque speciosius quam ipsum imperium propagasse. Qui enim imperium augent, magno illi quidem honore affici solent atque imperatores nominantur; qui autem beneficia aliqua in homines contulerunt, ii non humana, sed divina potius laude celebrantur, quippe cum non suae tantum urbis amplitudini ac glorie[2] consulant, sed publice quoque hominum utilitati ac saluti. Itaque nostri maiores rebus bellicis pluribusque laudibus ceteros homines superaverunt, linguae vero suae ampliatione se ipsis superiores fuerunt, tamquam relicto in terris imperio consortium deorum in caelo consecuti.

(Lorenzo Valla)

2. *glorie*: *gloriae*.

438 La dignità dell'uomo

Giovanni Pico è un umanista e filosofo, nato a Mirandola presso Modena nel 1463 e morto a Firenze nel 1494; uomo di immensa cultura, compose un discorso *De hominis dignitate* (1486), in cui esalta la capacità intellettiva e deduttiva dell'essere umano. Nel passo seguente, l'autore illustra la missione terrena dell'uomo, che è stato creato da Dio per comprendere a fondo l'universo, di cui costituisce il centro. L'opera, per queste affermazioni eccessivamente "antropocentriche", destò scalpore e valse a Pico accuse di eresia.

Iam summus Pater architectus Deus hanc quam videmus mundanam domum divinitatis, templum augustissimum, archanae legibus sapientiae fabrefecerat. Supercaelestem regionem mentibus decoraverat; aethereos globos aeternis animis vegetaverat; excrementarias ac feculentas inferioris mundi partes omnigena animalium turba compleverat. Sed, opere consummato, desiderabat artifex esse aliquem qui tanti operis rationem perpenderet, pulchritudinem amaret, magnitudinem admiraretur. Idcirco iam rebus omnibus (ut Moses Timaeusque testantur) absolutis, de producendo homine postremo cogitavit. Verum nec erat in archetypis[1] unde novam sobolem effingeret, nec in thesauris[2] quod novo filio hereditarium largiretur, nec in subselliis totius orbis, ubi universi contemplator iste sederet. Iam plena omnia; omnia summis, mediis, infimisque ordinibus fuerant distributa. Sed non erat paternae potestatis in extrema fetura quasi effeta defecisse; non erat sapientiae, consilii inopia in re necessaria fluctuasse; non erat benefici amoris, ut qui in aliis esset divinam liberalitatem laudaturus in se illam damnare cogeretur. Statuit tandem optimus opifex ut, cui dare nihil proprium poterat, commune esset quicquid privatum singulis fuerat. Igitur hominem accepit indiscretae opus imaginis[3] atque in mundi positum meditullio sic est allocutus: «Nec certam sedem, nec propriam faciem, nec munus ullum peculiare tibi dedimus, o Adam, ut quam sedem, quam faciem, quae munera tute optaveris, ea, pro voto, pro tua sententia, habeas et possideas. Definita ceteris natura intra praescriptas a nobis leges coercetur. Tu, nullis angustiis coercitus, pro tuo arbitrio, in cuius manu te posui, tibi illam praefinies. Medium te mundi posui, ut circumspiceres inde commodius quicquid est in mundo».

(Giovanni Pico della Mirandola)

1. *in archetypis*: con evidente influsso platonico, Pico pensa che l'essenza di ogni creatura dipenda da un'idea pura, o "archetipo", presente nella mente divina.
2. *in thesauris*: "nei tesori", intendendo le molteplici qualità già elargite alle singole creature.
3. *indiscretae opus imaginis*: "come opera di natura indefinita"; nell'uomo dunque sono insite molteplici possibilità, per cui egli può determinare la propria natura secondo la sua libera volontà.

439 Le prime quindici tesi di Lutero

La *Disputatio pro declaratione virtutis indulgentiarum* ("Discussione sulla dichiarazione del potere delle indulgenze") del teologo tedesco Martin Luther (1483-1546), comprende un elenco di 95 tesi teologiche che il frate agostiniano affisse alla porta della chiesa del castello di Wittemberg, prima di una pubblica assemblea in cui avrebbe difeso le proprie affermazioni. Con questo gesto ebbe inizio l'era della Riforma protestante. Riportiamo qui le prime quindici tesi, in cui il teologo si oppone alla vendita delle indulgenze, che si basava sul presupposto che il Papa potesse disporre del tesoro costruito dai meriti di Gesù e dei santi e rivenderlo ai peccatori che intendevano purificarsi. Lutero afferma invece che il Papa non può rimettere alcuna pena, se non quelle da lui stesso imposte.

▶ Vedi **Curiosità**

1. *Dominus et Magister noster Iesus Christus, dicendo «Poenitentiam agite» etc. omnem vitam fidelium poenitentiam esse voluit.* **2.** *Quod verbum de poenitentia sacramentali (id est confessionis et satisfactionis, quae sacerdotum ministerio celebratur) non potest intelligi[1].* **3.** *Non tamen solam intendit interiorem, immo interior nulla est, nisi foris operetur varias carnis mortificationes.* **4.** *Manet itaque poena, donec manet odium sui (id est poenitentia vera intus), scilicet usque ad introitum regni caelorum.* **5.** *Papa non vult nec potest ullas poenas remittere: praeter eas, quas arbitrio vel suo vel canonum imposuit.* **6.** *Papa non potest remittere ullam culpam, nisi declarando et approbando remissam a Deo. Aut certe remittendo casus reservatos sibi, quibus contemptis culpa prorsus remaneret.* **7.** *Nulli prorus[2] remittit Deus culpam, quin simul eum subiiciat humiliatum in omnibus sacerdoti suo vicario.* **8.** *Canones poenitentiales solum viventibus sunt impositi: nihilque morituris, secundum eosdem debet imponi.* **9.** *Inde bene nobis facit Spiritus Sanctus in Papa: excipiendo in suis decretis semper articulum mortis et necessitatis.* **10.** *Indocte et male faciunt sacerdotes ii, qui morituris poenitentias canonicas in purgatorium reservant.* **11.** *Zizania illa de mutanda poena canonica in poenam purgatorii, videntur certe dormientibus Episcopis seminata.* **12.** *Olim poenae canonicae non post, sed ante absolutionem imponebantur, tanquam tentamenta[3] verae contritionis.* **13.** *Morituri per mortem omnia solvunt et legibus canonum mortui iam sunt, habentes iure earum relaxationem.* **14.** *Imperfecta sanitas seu charitas morituri, necessario secum fert magnum timorem, tantoque maiorem, quanto minor fuerit ipsa.* **15.** *Hic timor et horror, satis est, se solo[4] (ut alia taceam) facere[5] poenam purgatorii, cum sit proximus desperationis horrori.*

(Martin Lutero)

1. *de poenitentia sacramentali... non potest intelligi*: "non può intendersi nel senso di Penitenza sacramentale".
2. *prorus*: "sicuramente" (*prorsus* in latino classico).
3. *tentamenta*: *temptamenta*.
4. *se solo*: "da solo".
5. *facere*: dipende da *satis est* ("basta a costituire").

Laboratorio

MORFOLOGIA
1. Riconosci ed analizza le forme verbali al congiuntivo.
2. Trova nel testo le forme di gerundio.

SINTASSI
3. Individua una proposizione temporale ed una comparativa.
4. Evidenzia un nesso relativo ed un ablativo assoluto.

LESSICO

5. Quali vocaboli appartengono al lessico religioso-teologico?

COMPRENSIONE DEL TESTO

6. Che cosa, a parere di Lutero, non può fare il Papa?

Curiosità

La zizzania La **zizzania** o "loglio cattivo" (*Lolium temulentum*) è **una pianta erbacea** simile al frumento, che nasce nei campi coltivati e si confonde con i cereali; è **molto nociva**, dato che produce una farina tossica che danneggia le coltivazioni agricole; si tratta dunque di una "erbaccia", di una pianta inutile e anzi dannosa. Deriva da qui l'espressione "**seminare zizzania**", che significa creare, in modo subdolo e maligno, ostilità fra le persone.
In latino il termine *zizania* è usato come neutro plurale (genitivo *zizaniorum*) o come nominativo singolare.

La zizzania compare in una nota parabola di Gesù (*Vangelo secondo Matteo* 13, 24-30): il regno dei cieli è paragonato ad un uomo che ha seminato del buon seme nel suo campo; arriva poi un nemico, che semina zizzania in mezzo al grano e va via. Dunque la pianta buona e quella cattiva cresceranno insieme fino alla mietitura, ma al momento della mietitura il padrone dirà ai mietitori di cogliere prima la zizzania e bruciarla, mentre farà riporre il grano nel granaio. In modo simile Dio distinguerà, al momento della morte, i buoni dai cattivi.

●●● | 440 Il latino maccheronico

Il mantovano Teofilo Folengo (1491-1544) fu tra i principali esponenti della poesia "maccheronica". Al gennaio del 1521 risale la seconda edizione delle *Maccheronee*, che si apre con un *Apologetica in sui excusationem*, nella quale Folengo motiva le proprie scelte contenutistiche e formali: come i maccheroni sono ricavati da una gran varietà di ingredienti rustici e ordinari, così la poesia maccheronica contiene *grassedinem, ruditatem et vocabulazzos*. Lo scopo, poi, di questa bizzarra poesia è uno solo: far ridere.

Quisquis es, o tu qui meum hoc grassiloquium[1] *perlegendo volumen, ridere paras, ride, sed non irride, quia si dementer irridendo rides, alter Marguttus rideas irrisus*[2]. *Verum quoniam experientia nos omnes esse medici volumus, sic omnes aut interpretes aut correctores librorum esse presumimus*[3]. *Audiant itaque huius modi correctores, et faciles aliorum emendatores, et antequam me corrigant, apologeticam istam legere dignentur. Ars ista poetica nuncupatur «ars macaronica» a macaronibus derivata, qui macarones sunt quoddam pulmentum*[4] *farina, caseo, botiro*[5] *compaginatum, grossum, rude et rusticanum; ideo macaronices*[6] *nil nisi grassedinem, ruditatem et vocabulazzos*[7] *debet in se continere. Sed quoniam aliud servandum est in eglogis, aliud in elegiis, aliud in heroum gestis diversimode necessarium est canere.* [...] *Hoc parlandi*[8] *genus rusticanum rusticis convenit. Parlatio vero minus grossa tempestatibus maritimis, bellorum descriptionibus et quibusvis rebus non rusticanis applicanda est.* [...] *Sed cur, inquam, fuit repertum macaronicon? Causa utique ridendi.*

(Teofilo Folengo)

1. *grassiloquium*: "grasso"; termine usato frequentemente dall'autore per definire la sua poesia; le sue Muse sono definite *pancificae* ("mangione").
2. *alter Marguttus rideas irrisus*: Margutte, nel poema *Morgante* di Luigi Pulci (1478), era il beffardo spesso beffato.
3. *presumimus*: praesumimus.
4. *pulmentum*: "pasticcio".
5. *botiro*: "burro".
6. *macaronices*: "la lingua maccheronica".
7. *vocabulazzos*: "parolacce".
8. *parlandi*: corretto sarebbe stato *loquendi*; analogamente il successivo *parlatio* sta per *elocutio*.

> **Curiosità**
>
> **Alcune espressioni "maccheroniche"**
> Per "**latino maccheronico**" si intende un modo scherzoso di imitare la lingua latina, utilizzando desinenze ed assonanze tipiche del latino ma applicandole a radici e lemmi della lingua italiana; come scrisse Francesco De Sanctis, il "maccheronico" è "**una parodia del latino e dell'italiano**, che si beffano a vicenda. Come i maccheroni vogliono essere ben conditi di cacio e di burro, così la lingua maccaronica vuol esser ben mescolata. Spesso vi apparisce per terzo anche il dialetto locale, e si fa un intingolo saporitissimo".
> Ecco qualche esempio di frasi "maccheroniche" tratte dai testi di Teofilo Folengo: *dicendo nientum* "senza dire niente"; *videns solem strapozzare sotacquam* "vedendo il sole che tramontava nel mare"; *mastinus abit contra, bau bauque frequentat* "un mastino esce incontro e ripete bau-bau"; *mangia quando fames* "mangia quando hai fame"; *post saturam panzam poteris mihi dire parolas* "dopo aver riempito la pancia potrai dirmi parole"; *Orlandus... / ... caminavit nudo cum corpore mattus* "Orlando camminò, matto, con il corpo nudo"; *quod sit picolettus corpore tristat* "si rattrista di essere piccoletto nel fisico"; *nocte cadenazzos rumpit* "di notte infrange le catene". Chiudiamo con un irriverente ed impietoso ritratto di Tognazzo, lurido console del borgo di Cipada nel mantovano: *Extra hunc brettonem* ("berrettone") *profert Tognazzus orecchias, / quas male sufficeret plenas nettare badilus. / Semper habet longo nasum morcone colantem, / de quo spirat odor, tamquam cagatoria morbans.*

●●● | 441 Esordio del *Sidereus nuncius*

Il *Sidereus Nuncius* di Galileo Galilei, pubblicato nel 1610, è un trattatello di astronomia, che comunica le rivoluzionarie osservazioni e scoperte compiute dallo scienziato pisano grazie al cannocchiale. Il titolo significa "messaggio del cielo" o "avviso astronomico" e si riferisce appunto alle grandi novità rispetto alla precedente cosmologia aristotelica e tolemaica.

Magna equidem in hac exigua tractatione singulis de natura speculantibus inspicienda contemplandaque propono. Magna, inquam, tum ob rei ipsius praestantiam, tum ob inauditam per aevum novitatem, tum etiam propter Organum, cuius beneficio eadem sensui nostro obviam sese fecerunt. Magnum sane est, supra numerosam inerrantium stellarum multitudinem, quae naturali facultate in hunc usque diem conspici potuerunt, alias innumeras superaddere oculisque palam exponere, antehac conspectas nunquam, et quae veteres ac notas plusquam supra decuplam multiplicitatem superent. Pulcherrimum atque visu iucundissimum est, lunare corpus, per sex denas fere terrestres semidiametros[1] a nobis remotum, tam ex propinquo intueri, ac si per duas tantum easdem dimensiones distaret; adeo ut eiusdem Lunae diameter vicibus quasi terdenis[2], superficies vero noningentis, solidum autem corpus vicibus proxime viginti septem millibus, maius appareat, quam dum libera tantum oculorum acie spectatur: ex quo deinde sensata certitudine quispiam intelligat, Lunam superficie leni et perpolita nequaquam esse indutam, sed aspera et inaequali; ac, veluti ipsiusmet Telluris facies, ingentibus tumoribus, profundis lacunis atque anfractibus undiquaque confertam existere.

(Galileo Galilei)

1. *per sex denas... semidiametros*: "per quasi sessanta semidiametri terrestri"; il raggio della Terra è pari approssimativamente a 6378 km, mentre la distanza fra Terra e Luna è di circa 380.000 km.
2. *vicibus quasi terdenis*: "quasi trenta volte".

Laboratorio

MORFOLOGIA
1. Riconosci ed analizza le forme verbali al congiuntivo.

SINTASSI
2. Individua una proposizione consecutiva ed una proposizione relativa.
3. Trova nel testo un supino ed indicane il valore.
4. Che complementi sono *propter organum, in hunc usque diem, ex quo, sensata certitudine*?

LESSICO
5. Cerca nel testo i vocaboli tecnici del lessico astronomico.

COMPRENSIONE DEL TESTO
6. Qual è l'*organum* cui allude Galileo nel secondo periodo del brano?
7. Quali nuove osservazioni astronomiche dichiara di aver compiuto lo scienziato?

MODUS SCRIBENDI LO STILE DI GALILEO GALILEI

LE CARATTERISTICHE ESSENZIALI

1. Utilizzazione del latino in quanto lingua ufficiale della comunicazione fra i dotti del tempo; la lingua della scienza infatti continuava ad essere il latino.
2. Artifici retorici limitati (solo nella dedica a Cosimo de' Medici e considerando l'importanza del destinatario).
3. Chiarezza dovuta all'esigenza divulgativa; prosa chiara e lineare.
4. Massima precisione terminologica e scientifica.

Un giudizio critico

La prosa "calma" di Galileo (R. Spongano)

La prosa di Galileo è il riflesso della sua anima: fervida, e ciononmeno padrona di sé; entusiastica... e ciononmeno grave. Non vi è prosatore che come lui sappia contenere, sotto il dominio della riflessione, la foga e il fremito della passione, e che con altrettanta sicurezza raffreni e temperi tutti gli scatti dell'ardore. Di qui il tono prevalentemente calmo dei suoi scritti, di qui il giro prevalentemente largo della sua forma... Galileo è uno scrittore che pagina per pagina si presenta vario, e quindi anche vivace e rapido, e tuttavia nell'insieme torna quasi solamente alto e solenne... Pur avendo un intelletto potentemente costruttivo e logico, [Galileo] è tuttavia alienissimo dal costruire i suoi periodi sui nudi suggerimenti di esso, cioè con forti e rigide giunture sintattiche, e vi infonde un andamento così sciolto che fa delle sue prose di argomento più arduo un capolavoro di lucidezza e di duttilità.

(R. Spongano, *La prosa di Galileo*, D'Anna, Messina 1949, pp. 107-108 *passim*)

■ TERZO LIVELLO

●●● | 442 La congiura dei Pazzi

L'insigne umanista Angelo Ambrogini (1454-1494), detto "il Poliziano", fu testimone della congiura contro i Medici, ordita nel 1478 dalla famiglia Pazzi, ricchi banchieri fiorentini; tale congiura si concluse il 26 aprile 1478 con l'uccisione di Giuliano de' Medici e il ferimento di Lorenzo il Magnifico. Nel *Pactianae coniurationis commentarium* (pubblicato tra la fine del 1478 e l'inizio del 1479) l'autore presenta le cause, l'organizzazione e l'attuazione della congiura. Lorenzo e Giuliano de' Medici furono assaliti nella chiesa di Santa Maria del Fiore, mentre assistevano alla Messa. Il seguente brano ricorda in qualche modo l'assassinio di Cesare alle Idi di marzo del 44 a.C.; il modello classico (svetoniano e plutarcheo) è ben presente nella mente del Poliziano.

Ibi primum, peracta sacerdotis communicatione[1], signo dato, Bernhardus Bandinus, Franciscus Pactius[2], aliique ex coniuratis, orbe facto, Iulianum circumveniunt. Ille moribundus aliquot passus fugitare: illi insequi. Iuvenis, cum iam sanguis eum viresque defecissent, terrae concidit. Iacentem Franciscus, repetito saepe ictu, pugione traiecit. Ira pium iuvenem neci dedunt. Qui Iulianum sequebatur famulus, terrore exanimatus, in latebras se turpiter coniecerat. Interim et Laurentium delecti sicarii invadunt: ac primo quidem Antonius Volaterranus sinistram eius humero inicit, ictum in iugulum destinat. Ille imperterritus humeralem amictum exuit laevoque advolvit brachio; simul gladium vagina liberat; uno tantum ictu petitur, nam dum sese expedit vulnus in collo accipit. Mox se, homo acer et animosus, stricto gladiolo, ad sicarios vertere, circumspectare se caute et tueri. Illi exterriti fugam capiunt. Neque vero segnis in eo tuendo Andreae et Laurentii Cavalcantis, quibus ille pedissequis utebatur, opera fuit. Cavalcantis brachium vulneratur, Andreas integer superat. Videre erat[3] tumultuantem populum, viros, mulierculas, sacerdotes, pueros fugitantes passim quo pedes vocarent. Omnia fremitu plena et gemitu; nihil exaudiri tamen expressae vocis. Fuere et qui crederent templum corruere.

(Angelo Poliziano)

1. *peracta sacerdotis communicatione*: "dopo che il sacerdote si fu comunicato".
2. *Bernhardus Bandinus, Franciscus Pactius*: "Bernardo Bandini e Francesco de' Pazzi", due fra i congiurati.
3. *Videre erat*: "Era possibile vedere".

443 La Follia si presenta

L'*Elogio della Follia* (*Stultitiae Laus* in latino, *Morias Enkomion* – Μωρίας Εγκώμιον – in greco), è un saggio di Erasmo da Rotterdam, scritto nel 1509 e pubblicato nel 1511. Nella dedica Erasmo sottolinea il carattere satirico del saggio, che intende suscitare il riso degli amici. Il saggio si apre con il brano seguente, che contiene l'elogio che la Follia indirizza a se stessa, vantandosi di essere l'unica a poter rallegrare gli dèi e gli uomini.

Stultitia loquitur

Utcumque de me vulgo mortales loquuntur, neque enim sum nescia, quam male audiat Stultitia etiam apud stultissimos, tamen hanc esse, hanc, inquam, esse unam, quae meo numine deos atque homines exhilaro, vel illud abunde magnum est argumentum, quod simulatque[1] in hunc coetum frequentissimum dictura prodii, sic repente omnium vultus nova quadam atque insolita hilaritate enituerunt, sic subito frontem exporrexistis, sic laeto quodam et amabili applausistis risu, ut mihi profecto quotquot undique praesentes intueor, pariter deorum Homericorum nectare non sine nepenthe[2] temulenti esse videamini, cum antehac tristes ac solliciti sederitis, perinde quasi nuper e Trophonii[3] specu reversi. Caeterum[4] quemadmodum fieri consuevit, ut cum primum sol formosum illud et aureum os terris ostenderit, aut ubi post asperam hiemem, novum ver blandis adspirarit Favoniis, protinus nova rebus omnibus facies, novus color ac plane iuventa quaedam redeat, ita vobis me conspecta, mox alius accessit vultus. Itaque quod magni alioqui rhetores vix longa diuque meditata oratione possunt efficere, nempe ut molestas animi curas discutiant, id ego solo statim adspectu praestiti.

1. *simulatque*: "non appena".
2. *nepenthe*: bevanda che, secondo i Greci, faceva scordare il dolore.
3. *Trophonii*: eroe greco, divenuto poi un demone o un dio con un culto oracolare a Lebadea in Beozia. Il mantèion (cioè il luogo dove si svolgeva l'attività oracolare) era costituito da un crepaccio aperto sul fianco di una montagna, che conduceva ad una grotta sotterranea artificiale.
4. *Caeterum*: *ceterum*.

UNITÀ 33

AUTORI DI ETÀ CONTEMPORANEA

CURIOSITÀ	CAVE!
La *confarreatio*	*Labor* e *laborare*

VERSIONI

PRIMO LIVELLO

444 Papa Francesco paragona la curia romana al corpo umano

Nell'udienza del 22 dicembre 2014 papa Francesco riceve i cardinali e i superiori della Curia Romana per gli auguri natalizi; in questa occasione paragona la curia ad un corpo umano elencandone le patologie, ben quindici. Il pontefice esalta la dote dell'umiltà e, in occasione della Messa di Natale, chiede una maggiore compassione nei confronti delle persone che incontrano ogni giorno gravi difficoltà.

a. Il papa si rivolge alla curia romana
Papa Franciscus cardinales et superiores Curiae Romanae in aula Clementina Palatii Apostolici Vaticani recepit eisque orationem habuit, qua Curiam cum corpore humano comparans illam multis morbis *laborare* dixit.

◀ Vedi **Cave!**

b. Le patologie della curia
In his morbis, quos quindecim enumeravit, ait esse schizophreniam exsistentialem, Alzheimer spiritale, petrificationem mentalem. Cupiditatem dominandi et aspirationem ad commoda terrestria effecisse, ut cardinales, episcopi sacerdotesque muneris spiritalis obliviscerentur.

c. Lode dell'umiltà
Papa iam antea humilitatem ecclesiasticis commendaverat eosque de ineptis rumoribus spargendis et insidiis reprobaverat.

d. La preghiera nella Messa di Natale
In missa natalicia petivit, ut homines plus compassionis et clementiae erga eos haberent, qui difficultatibus laborarent.

(Nuntii Latini)

Cave!

Labor e laborare Il verbo **laborare** significa propr. "**affaticarsi, affaccendarsi, darsi pensiero di, preoccuparsi**"; deriva infatti da **labor**, che vuol dire "**sforzo, fatica, pena**" ma anche "**laboriosità, assiduità, attività**". Il lavoro era dunque visto come un'attività faticosa, volta ad ottenere determinati risultati; tuttavia in latino il verbo *laboro* non ha pressoché mai il semplice valore di "lavorare" ma è quasi sempre associato all'idea di un lavoro "faticoso" (*laborata Ceres* è per Virgilio il grano lavorato, cioè il pane, cfr. *Eneide* VIII 181). Ciò dipendeva anche dalla svalutazione antica del lavoro manuale (valida almeno fino al cristianesimo e al motto di San Benedetto *ora et labora*, "prega e lavora").

Nel tradurre, dunque, occorrerà evitare, specie nel latino classico, di tradurre con "lavorare", che semmai corrisponderebbe ad espressioni come *in opere sum*, *operi intentus sum*, ecc.

In varie lingue europee si mantiene il significato originario di *labor*, che pare concentrarsi sempre sugli aspetti negativi: dolore (francese *travail*, spagnolo *trabajo*, siciliano *travagghiu*), servitù (tedesco *Arbeit*), stento e fatica (napoletano *faticà*), forse urgenza (inglese *work*).

445 Recensione latina del film *Cenerentola* di Kenneth Branagh

Il film *Cenerentola* (*Cinderella*), diretto da Kenneth Branagh e uscito nel 2015, è un recente adattamento della celebre fiaba. Nella rivista online *Ephemeris*, redatta interamente in latino, è stata pubblicata la seguente recensione del film, realizzata da Emanuela Viscardi; vi si trovano le notizie essenziali sulla trama, di cui vengono sottolineate le novità.

a. Un nuova versione	*Cinerilla omnium aetatum spectatores fascinare numquam desinit. Nunc Disney puellae mercatoris filiae, cui nomen Ella est, fabulam iterum offert.*
b. Cenerentola vive con la matrigna e le figlie di lei	*Post parentes mortuos, Ella (Lily James) novercam, dominam Tremaine (Cate Blanchett), eiusque filias, Anastasiam ac Genoveffam, tecto recipere cogitur. Saeva tamen facinora experiens, puella matris ultima verba colere vult: "Audax comesque sis".*
c. Il miracolo della zucca	*In hac pellicula Cinerilla, nesciens quis princeps (Richard Madden) sit, eum in silva, non in choro invenit. Cum a noverca in circulum venire puella prohibeatur, ut accepimus, en diva quaedam, "fata" appellata, quae, cucurbita atque musculis adiuvantibus, Cinerillae auxilio venit eiusque vitam flectit.*
d. Cenerentola al ballo	*Hac fabula ex antiqua nostrum temporum fit. Cinerilla non solum animalia, et musculos et aviculas, diligit, roseam matris vestem ad chorum induit, ut in primo animato graphide, sed maxime confidens atque animosa iuvenis videtur, ad omnia parata, dum suis moribus fidelis sit.*
e. Novità del film	*Etiam princeps numquam scurram, sed nitidum atque prudentem virum se profert, qui optime de regno meretur. Kenneth Branagh haec omnia aperte explanat, sed una de Shakespeare atque Dickens complura signa serit. Itaque, hoc filmico opere, in periculo iam visa videndi nemo versatur.*

(E. Viscardi, da *Ephemeris*)

SECONDO LIVELLO

●●● | 446 Paragone tra lirici greci e lirici latini

Domenico Romano (1922-2012) fu prima docente di Italiano e Latino nei licei, poi insegnò per molti anni Lingua e Letteratura Latina presso la Facoltà di Lettere dell'Università degli Studi di Palermo. I *Commenticia* costituiscono una raccolta di prose latine dello studioso palermitano. In particolare, il brano qui presentato è tratto da *Quomodo Latini poetae vitam suam suosque sensus in carminibus significarint* (grosso modo: *L'autobiografismo nella poesia latina*), uno scritto risalente al 1950, nel quale oggetto specifico della riflessione di Romano è la poesia latina in confronto con la poesia greca; proprio nell'autobiografismo il giovane studioso coglieva l'elemento di maggiore diversità fra le due poesie.

At Latinos lyricos cum lyricis Graecis maximeque Aeoliis si contulerimus, aliam reperiemus differentiam. Neque enim Archilochus vel Alcaeus vel Sappho a Catullo vel Tibullo vel Horatio tantum distant, quantum Ennius ab Homero vel Vergilius a Theocrito. Archilochi autem, quem rabies iambo armavit, *vita ex versibus eius sane apparet sicut et veteres intellexerunt, qui idcirco Archilochum Homero parem habuere. Sed omnes lyrici Graeci, cum Aeolici vel Ionici tum etiam Alexandrini* epigrammatici *non numquam in carminibus suos animos paene denudant. Quamquam neminem fugit nonnihil inter lyricos Latinos et Graecos interesse. Etenim hi ab illis hoc maxime differunt quod lyricorum Graecorum animi motus in carminibus, ut ita dicam, acquiescunt, lyricorum autem Latinorum animi perturbatio etsi versibus expressa quodammodo manet. Porro Catullus, quamvis Alexandrinorum poetarum imitator, ita suum animum in carminibus aperit ut historia amoris in Lesbiam tamquam in speculo appareat. Atque illud quoque carmen, quod ab exemplari graeco Sapphus in linguam latinam Catullus transtulit atque* ode della gelosia *parum recte, ut mihi videtur, sunt qui vocent, quaedam immutata ita exhibet ut intellegamus Catullum in eo ab exemplari discessisse ut animum suum ipsius amoremque Lesbiae significaret.* [...] *Nemo ex poetis Latinis suos sensus apertius quam Catullus patefecit, qui verbis tanta veritate plenis usus est ut numquam non eius versibus et excitemur et commoveamur.*

(DOMENICO ROMANO)

●●● | 447 Condanna dello sfruttamento dei lavoratori

Nel 1991, in occasione del centenario della promulgazione dell'enciclica *Rerum Novarum* di Leone XIII, Giovanni Paolo II pubblicò l'enciclica *Centesimus annus* tornando sui temi della dottrina sociale della Chiesa. Nel brano qui presentato Giovanni Paolo II afferma che la Chiesa si era trovata, al tempo di Leone XIII, di fronte a un processo storico importante, dovuto ai radicali mutamenti avvenuti nel campo politico, economico e sociale, ma anche nell'ambito scientifico e tecnico. In seguito a questi cambiamenti la società tradizionale si era dissolta e iniziava a nascerne un'altra, che se da un lato era ricca di speranze, dall'altro era esposta a pericoli di nuove forme di ingiustizia e servitù.

Superiore saeculo exeunte cursui historico occurrit Ecclesia, qui iamdudum in effectu erat sed tunc in magnum erat adductus discrimen. Huius cursus causa praecipua summa fuit mutationum maximi momenti, quae in politica oeconomica et sociali regione sed etiam in regione scientiae et technicae disciplinae factae erant, et insuper multiformis praeponderantium ideologiarum efficacitas[1]. *Earum mutationum exitus in provincia politica*[2] *nova notio societatis et reipublicae*

---

1. *insuper multiformis praeponderantium ideologiarum efficacitas*: "oltre al multiforme influsso delle ideologie dominanti".
2. *in provincia politica*: "in campo politico".

fuerat ideoque auctoritatis. Translaticia societas[3] *dissolvebatur et alia formari coepta erat spe novorum libertatum conferta sed periculis etiam novorum iniustitiae et servitutis generum. In campo oeconomico, quo inventa*[4] *confluebant et scientiarum usus, gradatim perventum erat ad novas rationes pariendi bona hominibus consumenda. Novum apparuerat possessionis genus, id est pecuniae caput*[5] *et novum genus laboris, nimirum mercede repensi ac duris rationibus confectionis signati, sine debita sexus aetatis vel condicionis familiaris observantia, sed tantummodo efficientia determinati, lucri incrementi causa. Ita labor merx fiebat, quae emi poterat et venire in mercatu cuiusque pretium lege finiebatur postulationis et suppeditationis*[6]*, nulla habita ratione rerum necessariarum ad sustentandam cum personam tum eius familiam. Praeterea ne certus quidem opifex erat posse se «propriam» vendere «mercem», cum continuo periclitaretur sine opere esse quod, cum nullae essent providentiae sociales, quodammodo idem valebat ac fame confici posse. Huius mutationis exitus divisio erat societatis «in duas civium classes... immenso inter utramque discrimine interiecto».*

(Giovanni Paolo II)

3. *Translaticia societas*: "una società tradizionale".
4. *inventa*: "le scoperte".
5. *pecuniae caput*: "il capitale".
6. *lege finiebatur postulationis et suppeditationis*: "era regolato dalla legge della domanda e dell'offerta".

Laboratorio

MORFOLOGIA

1. Analizza le seguenti forme verbali (verbo di provenienza, modo, tempo, diatesi, ev. persona e numero): *exeunte, dissolvebatur, coepta erat, pariendi, emi.*
2. Individua gli aggettivi sostantivati.

SINTASSI

3. Trova due proposizioni subordinate e indicane la tipologia.
4. Che complemento sono, rispettivamente, *superiore saeculo / in magnum... discrimen / sine debita... observantia / in campo oeconomico*?

LESSICO

5. Quali vocaboli ed espressioni appartengono al lessico economico?

COMPRENSIONE DEL TESTO

6. Quali aspetti innovativi coglie il pontefice nel periodo storico cui si riferisce?
7. Quale deleterio effetto sociale dello sfruttamento capitalistico viene segnalato al termine del brano?

448 La conquista dello spazio

La rivista in lingua latina *Iúvenis* fu pubblicata a Recanati negli anni Ottanta del secolo scorso dall'European Language Institute. In ogni numero comparivano diversi fumetti in latino, ma non mancavano interessanti schede informative come quella che qui presentiamo, dedicata alla *caeli occupatio*, cioè alla conquista dello spazio, dalle prime ricerche di Ziolkovskij e Goddard a Von Braun, dal primo satellite sovietico allo sbarco americano sulla Luna.

Nostro aevo, rocheta[1] *inventa peculiari, quod homines antiquitus sibi fingebant ad effectum ipsi adducere potuerunt, se attollere scilicet e terra ac caelum scandere. Hi huiusmodi itineris praecipui sunt gradus processusque:*

1. *rocheta*: "razzo" spaziale.

- 1903 - a Ziolkovskij[2] natione Russo, itineris caelesti initur ratio ac via.
- 1926 - Goddard[3] Americanus rochetam materia ignifera liquida actam experitur.
- 1942 - Von Braun[4] mortiferam fabricatus est V2.
- 1957 - Russi in orbitam caelestem coniciunt Sputnik I[5]; anno post idem Americani faciunt.
- Die 12 mensis Aprilis 1961, primo caelestibus in oris volitat homo, qui vocatur Yuri Gagarin[6], aeronauticae Russae chiliarchus. Nam astronavi vectus Vostok in orbita terrestri per horam atque 48 minuta pervolitat. «Terram vidi – inquit post reditum – alte per sublime volans. Terra autem caerulea mihi videbatur in cielo nigerrimo posita». Hoc cum ipse expertus sit studet iterum iter arripere idemque praesentit tempus cum homo lunam attinget. Sed heu Yuri Gagarin, cum eius aeroplanum in terram decidisset suum exsequens officium, vitam amisit[7], die 27 mensis Martii 1968.
- Die 20 mensis Iulii 1969 bini Americani Armstrong et Aldrin summam lunam attigerunt, Apollo expeditionem suscipientes, praepotenti adhibita Saturno rocheta. Consilium exinde initur excitandi laboratorii caelestis: id est Skylab.
- Die 17 Iulii 1975 aliud ad effectum perductum est propositum: cosmicae scilicet naviculae Soyuz, in ipso volatu, coniunctio cum Americana capsula Apollo. (da Rivista Iŭvenis)

2. *Ziolkovskij*: lo scienziato russo Konstantin Eduardovic Ziolkovskij (1857-1935) fu un pioniere dell'astronautica.
3. *Goddard*: lo scienziato statunitense Robert Goddard (1882-1945) fu uno dei pionieri della missilistica moderna.
4. *Von Braun*: il barone von Braun (Wirsitz, 1912 - Alexandria 1977), scienziato e ingegnere tedesco naturalizzato statunitense, fu una delle figure più importanti nello sviluppo della missilistica in Germania e negli Stati Uniti. Fu il progettista del superpropulsore Saturn V, che portò la missione Apollo sulla Luna nel 1969.
5. *Sputnik I*: lo Sputnik 1 fu il primo satellite artificiale in orbita intorno alla Terra; fu lanciato il 4 ottobre 1957 dal cosmodromo di Baikonur (nell'attuale Kazakistan). In russo Sputnik significa "compagno di viaggio", equivalente in astronomia a "satellite".
6. *Yuri Gagarin*: Jurij Alekseevič Gagarin (Klušino 1934 - Kiržač 1968), cosmonauta e aviatore sovietico, fu il primo uomo a volare nello spazio, nel 1961.
7. *vitam amisit*: Gagarin morì il 27 marzo 1968 a soli 34 anni, a bordo di un piccolo caccia, che si schiantò al suolo nelle vicinanze della città di Kiržač.

●● 449 Incipit di *Harry Potter e la pietra filosofale*

Harry Potter e la pietra filosofale è il primo della famosa serie di romanzi della scrittrice britannica J. K. Rowling che hanno come protagonista il giovane mago Harry Potter. Il libro è stato tradotto anche in latino e greco antico, rispettivamente per merito di Peter Needham e Andrew Wilson. Nella parte iniziale del romanzo, il 1° novembre del 1981 a Little Whinging, in Inghilterra, Albus Silente (preside della scuola di magia e stregoneria di Hogwarts) lascia un neonato di un anno, di nome Harry Potter, sulla porta di casa degli zii Vernon e Petunia Dursley, spiegando in una lettera che i genitori del bambino sono morti e chiedendo loro di prendersi cura del piccolo. Il brano qui presentato costituisce proprio l'inizio del libro, con la presentazione dei coniugi Dursley e del loro gretto perbenismo.

Dominus et Domina Dursley, qui vivebant in aedibus Gestationis Ligustrorum numero quattuor signatis[1], *non sine superbia dicebant se ratione ordinaria vivendi uti neque se paenitere illius rationis. In toto orbe terrarum vix credas quemquam esse minus deditum*

1. *in aedibus... signatis*: "nella casa di Privet Drive numero 4"; il nome della strada in cui vivono i Dursley allude al ligustro – in inglese *privet bush*, in latino *ligustrum* – pianta tipica dei quartieri periferici, che cresce in siepi ordinate intorno a molti giardini inglesi; quanto a *gestatio*, vuole rendere l'inglese *drive* nel senso di "viale" ove si passeggia. Non a caso l'autrice J.K. Rowling vuole evidenziare l'associazione con la periferia e con il concetto di recinzione, dato che i Dursley sono orgogliosi della loro condizione borghese e molto determinati nel prendere le distanze dal mondo magico.

rebus novis et arcanis, quod ineptias tales omnino spernebant. Dominus Dursley[2] praeerat societati nomine Grunnings, quae terebras[3] fecit. Vir erat amplus et corpulentus nullo fere collo, maxima tamen mystace[4]. Domina Dursley erat macra et flava et prope alterum tantum colli habebat quam alii homines, quod magno ei usui fuit quod tantum tempus consumebat in collo super saepes hortorum porrigendo, finitimos inspiciens. Durslei filium parvum nomine Dudley habebant nec usquam, eorum sententia, erat puer splendidior. Durslei omnia habebant quae volebant, sed rem quandam occultam tenebant, et maxime timebant ne quis hoc secretum cognosceret. Putabant enim id fore intolerabile si quis de Potteris certior fieret[5]. Domina Potter erat soror Dominae Dursley, sed aliquot iam annos altera cum altera non convenerat; re vera Domina Dursley simulabat se non habere sororem, quod soror et coniunx eius, vir nefarius, erant omnibus modis dissimiles Dursleis. Durslei horrescebant rati quid dicturi essent finitimi[6] si in viam suam advenirent Potteri. Durslei sciebant Potteros quoque filium parvum habere, sed eum ne viderant quidem. Hic puer erat alia causa cur Potteros arcerent; nolebant enim filium suum Dudleum puero tali familiarem esse.

(trad. dall'inglese di P. NEEDHAM)

2. *Dominus Dursley*: "il signor Dursley".
3. *terebras*: "trapani".
4. *maxima... mystace*: "con un grandissimo paio di baffi"; in inglese alla discutibile forma *mystace* (presumibilmente ablativo da *mystax*) corrisponde *moustache*.
5. *si quis... fieret*: "se qualcuno fosse venuto a sapere dei Potter".
6. *rati... finitimi*: "al pensiero di ciò che avrebbero detto i vicini".

Laboratorio

MORFOLOGIA
1. Analizza le forme verbali al congiuntivo.
2. Individua gli aggettivi qualificativi e precisane le uscite.

SINTASSI
3. Riconosci le proposizioni infinitive.
4. Trova una proposizione causale ed una proposizione relativa.

LESSICO
5. Quali vocaboli ed espressioni connotano fisicamente i coniugi Dursley?

ANALISI STILISTICA
6. Che figura retorica è *non sine superbia*?

COMPRENSIONE DEL TESTO
7. Che lavoro fa il signor Dursley?
8. Che uso fa la signora Dursley del suo lungo collo?

TERZO LIVELLO

••• | 450 L'incriminazione di Pomponia Grecina

Pomponia Grecina fu una nobile romana, sposa di Aulo Plauzio, comandante delle legioni inviate da Claudio alla conquista della Britannia; nel 57 fu sottoposta a giudizio dal marito perché accusata di praticare un culto straniero; verosimilmente si trattava del cristianesimo. L'evento è descritto da Tacito nei suoi *Annales*. Giovanni Pascoli (1855-1912) in un suo poemetto latino in esametri (1910) trasforma Pomponia Grecina nell'emblema della virtù femminile cristiana. Nel poemetto Pomponia viene posta dal marito di fronte ad un'alternativa crudele: o sacrificare agli dèi pagani, o essere separata dal figlio. La donna resta accanto al piccolo Aulo; ma da quel momento vive in preda a terribili sensi di colpa.

Non cultu nisi lugubri Pomponia vitam,
non animo vixit nisi maesto, maestior ex quo
ante aramque focumque domus veteresque penates
iudicium capitis, Plauti, te iudice, passa est,
5 *in cuius cum* **farre** *manum convenerat uxor*[1].
Nam mulier soles ita surgere et ire sinebat,
ut demum extinctis tacito fruitura sepulcro[2].
Prorsus vitabat ludos certamina pompas:
illam rugitus non perstrinxere leonum
10 *ientantum in circo, non mollia brachia mimi,*
non venetus vinctus loris auriga[3], *neque illa*
stans caedebat equos salientis verbere cordis:
numquam Graecinam podio quaesivit in aureo
et verso moriens gladiator pollice vidit.
15 *Dis eadem nec tura dabat nec floribus aras*
cingebat nec vota precesque ad templa ferebat
dum vir abest et in extremos movet arma Britannos[4].
Illa domi parvo defixa haerebat in Aulo[5],
cui natum caro Graecinum fratre sodalem
20 *fecerat*[6]. *His lusus communes, una palaestra*
ambobus, tabulae similes, idemque magister
atque eadem mater, vultus aevumque gemellis.
At prisco de se vitantem more susurros
rodebat vulgus: «Quid habet Graecina, quod intus
25 *sic servet? Lanamne facit? Texitne retexitque*
annosam telam? Reducem, quin nuper, ovantem[7]
amplexata virum, nihilo minus angitur, odit
aegra diem, latet in tenebris. Quae templa deorum
aut supplex adit aut grates habitura? Quibusve
30 *damnatur votis?» Tandem delator in aurem*
principis: «Insignis sequitur, puto, femina ritus»
sibilat «externos. Vereor ne nescio quae non
spreta superstitio servis infecerit ampli
flaminis uxorem Graecinam. Credere nolim...»
35 *Tum rea fit mulier: iudex datur ipse vir Aulus*
Plautius. Hic prisco vocat ad se more propinquos.

◀ Vedi **Curiosità**

(G. Pascoli)

1. *in cuius... uxor*: "a cui l'offerta del farro aveva dato su lei potestà di marito" (trad. Traina); per il riferimento alla cosiddetta *confarreatio*, vd. Curiosità.
2. *ut... sepulcro*: "come se, una volta finiti, dovesse godere il silenzio della tomba" (trad. Traina).
3. *venetus... auriga*: l'auriga "veneto" apparteneva alla fazione "azzurra", una delle quattro che erano distinte dal diverso colore della tunica.
4. *in extremos... Britannos*: allusione alla spedizione del 43-44 d.C., avvenuta al tempo dell'imperatore Claudio; i Britanni erano normalmente considerati abitanti delle regioni "estreme" del mondo (cfr. in Virgilio *et penitus toto divisos orbe Britannos*, Bucoliche I 66).
5. *Aulo*: è il piccolo figlio della donna.
6. *cui... / fecerat*: "a cui aveva dato per compagno il figlio di un suo caro fratello, Grecino" (trad. Traina).
7. *ovantem*: la *ovatio* era una forma minore di trionfo; fu decretata a Plauzio nel 47.

Laboratorio

LESSICO
1. Riconosci i vocaboli che appartengono al campo semantico religioso.

ANALISI STILISTICA
2. Individua nel testo almeno un esempio di asindeto e di polisindeto.
3. Sottolinea gli *enjambements* e gli iperbati.

COMPRENSIONE DEL TESTO
4. A chi si rivolge il poeta al v. 4?
5. A che si dedica Pomponia Grecina nel corso della sua esistenza casalinga?

PRODUZIONE
6. Riassumi il contenuto del brano in lingua latina (max. 10 righe).

Curiosità

La *confarreatio* La **confarreatio** era il **rito religioso** secondo il quale si celebrava il **matrimonio romano arcaico**, risalente a Romolo. Nel giorno delle nozze gli sposi delle famiglie patrizie offrivano una focaccia di farro (*panis farreus*) a Giove Capitolino, alla presenza del pontefice massimo, di dieci testimoni (in origine rappresentanti delle dieci curie di una tribù) e del *flamen Dialis* (il sacerdote preposto al culto di Giove Capitolino, l'unico tra i sacerdoti che poteva presenziare nel Senato con il diritto alla sedia curule ed alla toga pretesta). La *confarreatio*, in origine limitata ai patrizi (i cui genitori si erano a loro volta sposati con questo rituale), fu allargata in seguito anche ai benestanti di origine plebea.

Il divorzio, per coloro che si erano sposati con la *confarreatio*, era particolarmente raro e difficile; avveniva in queste rare eventualità la *diffarreatio*, uno speciale sacrificio che provocava la dissoluzione del legame matrimoniale fra l'uomo e la donna; quest'ultima tornava poi sotto la tutela del suo *paterfamilias*.

●●● | 451 Elogio dell'efficacia della lingua latina

Nel 1996 il polacco Konrad Kokoszkiewicz ha fondato il *Grex Latine Loquentium*, cioè il "gruppo di coloro che parlano in latino", pubblicando su internet i loro testi. Del gruppo fa parte il pesarese Vittorio Ciarrocchi (nato nel 1939), già docente liceale di storia e filosofia. Fra i suoi numerosi interventi sul blog, spicca l'articolo *Quid sit Grex noster perhumaniter ac dilucide a sodale Victorio Ciarrocchi Pisaurensi explicatur*; ne estrapoliamo la parte conclusiva, ove sono esaltate anzitutto le doti della lingua latina e viene auspicato un crescente uso del latino, ingiustamente ignorato e trascurato da troppi docenti ed intellettuali di oggi.

Nunc aliquid est dicendum de sermonis Latini praestantia, quae sonoritate, perspicuitate, brevitate praecipue consistit:
a) Ad sonoritatem quod attinet, etsi sescenta exempla afferri possint, sufficiat Vergilianus hic versus: "Quadrupedante putrem sonitu quatit ungula campum", quibus ex verbis citatus equitum cursus mirum in modum audiri videtur.
b) De perspicuitate: patet haec proprietas etiam ex argumento, quod logice a contrario dicitur; nisi enim maxima perspicuitate sermo Latinus excelleret, vel doctissimo cuique difficile esset tot opera Latine scripta interpretari, quae longo saeculorum decursu atque ab hominibus scripta sint, qui varium stilum usurpaverint.
c) De brevitate: quem ut amaretur dignum censebant Latini, amandus dicebatur; quod, ni

fallor, in quavis huius aetatis lingua pluribus verbis dicitur; Italice, exempli gratia, dicendum: "Colui che deve essere amato". Nulla tamen licentiae vel neglegentiae nota improbandus videtur qui, cum eos Latinitatis auctores imitari non curaverit, quorum perspicuitatem et concinnitatem quidam viri docti ad caelum laudibus extollunt, in seligendis verbis locutionibusve potius ut apes se gerere maluerit, quae "floriferis in saltibus omnia libant" (Lucr. III, 11). Restat, ut linguae Latinae usus, quem «vivum» appellamus, amotis undique praeiudicatis opinionibus mentem animumque occaecantibus, latius diffundatur atque in dies augescat. Nihil igitur magis est optandum, quam ut huic linguae publice cura honosque decernatur hanc quoque ob causam, quod "lingua Latina non est res tantum antiqua, non est una cum gente Romana exstincta. Immo potius communis illius litterarum Latinarum patrimonii longe minima pars est antiqua", ut rectissime quidam sodalis noster scripsit[1].

(VITTORIO CIARROCCHI)

1. *ut... scripsit*: riferimento ad un articolo di T. Tunberg, *Cur opera Latina non solum antiqua, sed recentiora etiam omnibus litterarum Latinarum studiosis tam in ludis quam in studiorum universitatibus proponi praelegique debeant*, Retiarius: Commentarii Periodici Latini, fascicolo III, 2000, parte I.

Sezione 5

VERSIONI ASSEGNATE ALL'ESAME DI STATO

452 L'autore di un delitto scoperto attraverso un sogno
(1996 - Maturità magistrale)

Proximum somnium etsi paulo est longius, propter nimiam tamen evidentiam ne omittatur impetrat. Duo familiares Arcades iter una facientes Megaram venerunt, quorum alter se ad hospitem contulit, alter in tabernam meritoriam devertit. Is, qui in hospitio erat, vidit in somnis comitem suum orantem ut sibi cauponis insidiis circumvento subveniret: posse enim celeri eius adcursu se imminenti periculo subtrahi. Quo viso excitatus prosiluit tabernamque, in qua is deversabatur, petere conatus est. Pestifero deinde fato eius, humanissimum propositum tamquam supervacuum damnavit et lectum ac somnum repetiit. Tunc idem ei saucius oblatus obsecravit ut, quoniam vitae suae auxilium ferre neglexisset, neci saltem ultionem non negaret: corpus enim suum a caupone trucidatum tum maxime plaustro ferri ad portam stercore coopertum. Tam constantibus familiaris precibus compulsus, protinus ad portam cucurrit et plaustrum, quod in quiete demonstratum erat, comprehendit cauponemque ad capitale supplicium perduxit. Multa etiam interdum et vigilantibus acciderunt perinde ac tenebrarum somnique nube involuta, quae, quia unde manaverint aut qua ratione constiterint dinoscere arduum est, merito miracula vocentur.

(Valerio Massimo)

453 L'uomo è per sua natura assetato di conoscenza
(1997 – Maturità classica)

Solemus dicere summum bonum esse secundum naturam vivere: natura nos ad utrumque genuit, et contemplationi rerum et actioni. Nunc id probemus quod prius diximus. Quid porro? Hoc non erit probatum, si se unusquisque consuluerit, quantam cupidinem habeat ignota noscendi, quam ad omnes fabulas excitetur? Navigant quidam et labores peregrinationis longissimae una mercede perpetiuntur cognoscendi aliquid abditum remotumque. Haec res ad spectacula populos contrahit, haec cogit praeclusa rimari, secretiora exquirere, antiquitates evolvere, mores barbararum audire gentium. Curiosum nobis natura ingenium dedit et, artis sibi ac pulchritudinis suae conscia, spectatores nos tantis rerum spectaculis genuit, perditura fructum sui, si tam magna, tam clara, tam subtiliter ducta, tam nitida et non uno genere formosa solitudini ostenderet. Ut scias illam spectari voluisse, non tantum aspici, vide quem nobis locum dederit. In media nos sui parte constituit et circumspectum omnium nobis dediti; nec erexit tantummodo hominem, sed etiam habilem contemplationi factura, ut ab ortu sidera in occasum labentia prosequi posset et vultum suum circumferre cum toto, sublime fecit illi caput et collo flexili imposuit; deinde, sena per diem, sena per noctem signa perducens nullam non partem sui explicuit, ut per haec, quae obtulerat oculis eius, cupiditatem faceret etiam ceterorum.

(SENECA)

454 La formazione dell'architetto (2000 - Maturità classica)

Cum ergo tanta haec disciplina sit condecorata et abundans eruditionibus variis ac pluribus non puto posse se iuste repente profiteri architectos nisi qui ab aetate puerili his gradibus disciplinarum scandendo scientia plerarumque litterarum et artium nutriti pervenerint ad summum templum architecturae. At fortasse mirum videbitur imperitis hominis posse naturam tantum numerum doctrinarum perdiscere et memoria continere. Cum autem animadverterint omnes disciplinas inter se coniunctionem rerum et communicationem habere fieri posse faciliter credent; encyclios enim disciplina uti corpus unum ex his membris est composita. Itaque qui a teneris aetatibus eruditionibus variis instruuntur omnibus litteris agnoscunt easdem notas communicationemque omnium disciplinarum et ea re facilius omnia cognoscunt. Ideoque de veteribus architectis Pytheos qui Prieni aedem Minervae nobiliter est architectatus ait in suis commentariis architectum omnibus artibus et doctrinis plus oportere posse facere quam qui singulas res suis industriis et exercitationibus ad summam claritatem perduxerunt. Id autem re non expeditur. Non enim debet nec potest esse architectus grammaticus uti fuerat Aristarchus sed non agrammatus nec musicus ut Aristoxenus sed non amusos nec pictor ut Apelles sed graphidos non imperitus nec plastes quemadmodum Myron seu Polyclitus sed rationis plasticae non ignarus nec denuo medicus ut Hippocrates sed non aniatrologetus nec in ceteris doctrinis singulariter excellens sed in his non imperitus.

(Vitruvio)

455 Soddisfazioni di chi coltiva la terra
(2000 - Maturità magistrale)

Venio nunc ad voluptates agricolarum, quibus ego incredibiliter delector; quae nec ulla impediuntur senectute et mihi ad sapientis vitam proxume videntur accedere. Habent enim rationem cum terra, quae numquam recusat imperium nec umquam sine usura reddit quod accepit, sed alias minore, plerumque maiore cum faenore; quamquam me quidem non fructus modo, sed etiam ipsius terrae vis ac natura delectat. Quae cum gremio mollito ac subacto sparsum semen excepit, primum id occaecatum cohibet, ex quo occatio quae hoc efficit nominata est; deinde tepefactum vapore et compressu suo diffundit et elicit herbescentem ex eo viriditatem, quae nixa fibris stirpium sensim adolescit et culmoque erecta geniculato vaginis iam quasi pubescens includitur; e quibus cum emersit, fundit frugem spici ordine structam et contra avium minorum morsus munitur vallo aristarum. Quid ego vitium ortus satus incrementa commemorem? Satiari delectatione non possum, ut meae senectutis requiem oblectamentumque noscatis. Omitto enim vim ipsam omnium quae generantur e terra, quae ex fici tantulo grano aut ex acini vinaceo aut ex ceterarum frugum aut stirpium minutissimis seminibus tantos truncos ramosque procreet; malleoli plantae sarmenta viviradices propagines nonne efficiunt ut quemvis cum admiratione delectent?

(CICERONE)

456 Non c'è amicizia senza lealtà (2002 - Maturità classica)

Firmamentum autem stabilitatis constantiaeque eius, quam in amicitia quaerimus, fides est; nihil est enim stabile quod infidum est. Simplicem praeterea et communem et consentientem, id est qui rebus isdem moveatur, eligi par est, quae omnia pertinent ad fidelitatem; neque enim fidum potest esse multiplex ingenium et tortuosum, neque vero, qui non isdem rebus movetur naturaque consentit, aut fidus aut stabilis potest esse. Addendum eodem est, ut ne criminibus aut inferendis delectetur aut credat oblatis, quae pertinent omnia ad eam, quam iam dudum tracto, constantiam. Ita fit verum illud, quod initio dixi, amicitiam nisi inter bonos esse non posse. Est enim boni viri, quem eundem sapientem licet dicere, haec duo tenere in amicitia: primum ne quid fictum sit neve simulatum; aperte enim vel odisse magis ingenui est quam fronte occultare sententiam; deinde non solum ab aliquo allatas criminationes repellere, sed ne ipsum quidem esse suspiciosum, semper aliquid existimantem ab amico esse violatum. Accedat huc suavitas quaedam oportet sermonum atque morum, haudquaquam mediocre condimentum amicitiae. Tristitia autem et in omni re severitas habet illa quidem gravitatem, sed amicitia remissior esse debet et liberior et dulcior et ad omnem comitatem facilitatemque proclivior.

(Cicerone)

457 Il lento cammino della conoscenza (2003 - Maturità classica)

Multa sunt quae esse concedimus; qualia sunt? ignoramus. Habere nos animum cuius imperio et impellimur et revocamur omnes fatebuntur; quid tamen sit animus ille rector dominusque nostri non magis tibi quisquam expediet quam ubi sit. Alius illum dicet spiritum esse alius concentum quendam alius vim divinam et dei partem alius tenuissimum animae alius incorporalem potentiam; non deerit qui sanguinem dicat qui calorem. Adeo animo non potest liquere de ceteris rebus ut adhuc ipse se quaerat. Quid ergo miramur cometas tam rarum mundi spectaculum nondum teneri legibus certis nec initia illorum finesque notescere quorum ex ingentibus intervallis recursus est? Nondum sunt anni mille quingenti ex quo Graecia stellis numeros et nomina fecit multaeque hodie sunt gentes quae facie tantum noverunt caelum quae nondum sciunt cur luna deficiat quare obumbretur. Haec apud nos quoque nuper ratio ad certum perduxit. Veniet tempus quo ista quae nunc latent in lucem dies extrahat et longioris aevi diligentia. Ad inquisitionem tantorum aetas una non sufficit ut tota caelo vacet; quid quod tam paucos annos inter studia ac vitia non aequa portione dividimus? Itaque per successiones ista longas explicabuntur. Veniet tempus quo posteri nostri tam aperta nos nescisse mirentur.

(Seneca)

458 Fato e necessità (2005 - Maturità classica)

Sed mihi haec ac talia audienti in incerto iudicium est fatone res mortalium et necessitate immutabili an forte volvantur. Quippe sapientissimos veterum quique sectam eorum aemulantur diversos reperies, ac multis insitam opinionem non initia nostri, non finem, non denique homines dis curae; ideo creberrime tristia in bonos, laeta apud deteriores esse. Contra alii fatum quidem congruere rebus putant, sed non e vagis stellis, verum apud principia et nexus naturalium causarum; ac tamen electionem vitae nobis relinquunt, quam ubi elegeris, certum imminentium ordinem. Neque mala vel bona quae vulgus putet: multos qui conflictari adversis videantur beatos, at plerosque quamquam magnas per opes miserrimos, si illi gravem fortunam constanter tolerent, hi prospera inconsulte utantur. Ceterum plurimis mortalium non eximitur quin primo cuiusque ortu ventura destinentur, sed quaedam secus quam dicta sint cadere fallaciis ignara dicentium: ita corrumpi fidem artis cuius clara documenta et antiqua aetas et nostra tulerit.

(Tacito)

Commento

Il brano proposto dal ministero, come ampiamente previsto dai siti internet specializzati nei giorni scorsi, è tratto dall'opera storiografica di Tacito *Annales*. Si tratta di una digressione nella narrazione della vita dell'imperatore Tiberio, che nutriva una cieca fede nell'astrologia. Lo storico si sofferma a riflettere sulle cause prime degli eventi umani, elencando varie ipotesi, fra cui quella degli Epicurei (l'indifferenza degli dèi) e quella degli Stoici (la predestinazione), alla quale dedica qui maggiore attenzione, perché è la più diffusa ai suoi tempi. Dipendente dalla fede nella predestinazione è quella nelle profezie, le cui frequenti smentite sarebbero da attribuire, secondo i cultori di esse, alla cialtronaggine dei falsi indovini. Il dubbio di Tacito, che viveva in un'epoca in cui erano tramontate antiche certezze, richiama la condizione esistenziale dell'uomo moderno, alla ricerca di un senso per la propria vita in un mondo che egli non comprende più. Il brano presenta le caratteristiche tipiche dello stile tacitiano: l'abbondanza di subordinate, l'ellissi del verbo essere, la *variatio*, ovvero il brusco cambio di costrutto, quale il passaggio dalla sostantiva con quin e il congiuntivo a quella con l'infinito, un fenomeno sintattico che può aver messo in crisi più di uno studente. Nel complesso, tuttavia, la struttura argomentativa del brano è piuttosto lineare ma l'interpretazione sembra essere stata giudicata difficile dagli studenti.

(Paolo Cutolo, docente del Liceo Scientifico Statale "Tito Lucrezio Caro" di Napoli)

459 Io ho quel che ho donato (2007 - Maturità classica)

Egregie mihi videtur M. Antonius apud Rabirium poetam, cum fortunam suam transeuntem alio videat et sibi nihil relictum praeter ius mortis, id quoque, si cito occupaverit, exclamare: "Hoc habeo, quodcumque dedi". O quantum habere potuit, si voluisset! Hae sunt divitiae certae in quacumque sortis humanae levitate uno loco permansurae; quae cum maiores fuerint, hoc minorem habebunt invidiam. Quid tamquam tuo parcis? procurator es. Omnia ista, quae vos tumidos et supra humana elatos oblivisci cogunt vestrae fragilitatis, quae ferreis claustris custoditis armati, quae ex alieno sanguine rapta vestro defenditis, propter quae classes cruentaturas maria deducitis, propter quae quassatis urbes ignari, quantum telorum in aversos fortuna conparet, propter quae ruptis totiens adfinitatis, amicitiae, conlegii foederibus inter contendentes duos terrarum orbis elisus est, non sunt vestra; in depositi causa sunt iam iamque ad alium dominum spectantia; aut hostis illa aut hostilis animi successor invadet. Quaeris, quomodo illa tua facias? dona dando. Consule igitur rebus tuis et certam tibi earum atque inexpugnabilem possessionem para honestiores illas, non solum tutiores facturus. Istud, quod suspicis, quo te divitem ac potentem putas, quam diu possides, sub nomine sordido iacet: domus est, servus est, nummi sunt; cum donasti, beneficium est.

(SENECA)

Commento

È l'intero terzo capitolo del VI libro del *De beneficiis*, opera morale in sette volumi, di incerta datazione. Ma probabilmente da attribuire all'ultima fase della produzione senecana. Il capitolo si apre con la citazione di un poeta epico dell'età augustea, la cui opera, perduta, riguardava la battaglia di Azio e la tragica fine di Antonio e Cleopatra. Antonio, sull'orlo del suicidio, pronuncia la battuta su cui Seneca sviluppa il suo ragionamento paradossale: che nella vita conta più quello che si dona, di quello che si conquista a prezzo di lotte e di guerre; l'ombra tragica della guerra civile si coglie nei numerosi accenni al sangue, e al mondo diviso fra due contendenti. La radice della guerra, ribadisce Seneca come già affermava Platone, è economica. Caratteristica del passo e, in generale, di quest'opera, è la struttura pesante, talora prolissa: si veda, nel periodo centrale, la lunga sequenza delle relative che si conclude, a sorpresa, con la brevissima proposizione principale. La forte impronta retorica culmina nella figura etimologica, con marcata sequenza della dentale «*Dona dando*»: la generosità nel dare è l'unico bene sicuro – perché bene interiore – nella precarietà dei beni materiali e dell'esistenza stessa. La «bassezza» dei beni materiali (*Sub nomine sordido iacet*) si oppone al valore del *beneficium*, la parola che chiude il brano. Senza dubbio, la prova, pur non presentando vere difficoltà sintattiche, richiede solide doti interpretative ed espressive, per una resa efficace della complessa struttura retorica.

(Marina Girotto Bevilacqua, docente del Liceo "V. Gioberti" di Torino)

460 Clemenza e severità (2009 - Maturità classica)

Nec vero audiendi qui graviter inimicis irascendum putabunt idque magnanimi et fortis viri esse censebunt; nihil enim laudabilius, nihil magno et praeclaro viro dignius placabilitate atque clementia. In liberis vero populis et in iuris aequabilitate exercenda etiam est facilitas et altitudo animi quae dicitur, ne si irascamur aut intempestive accedentibus aut impudenter rogantibus in morositatem inutilem et odiosam incidamus et tamen ita probanda est mansuetudo atque clementia, ut adhibeatur rei publicae causa severitas, sine qua administrari civitas non potest. Omnis autem et animadversio et castigatio contumelia vacare debet neque ad eius, qui punitur aliquem aut verbis castigat, sed ad rei publicae utilitatem referri. Cavendum est etiam ne maior poena quam culpa sit et ne isdem de causis alii plectantur, alii ne appellentur quidem. Prohibenda autem maxime est ira puniendo; numquam enim iratus qui accedet ad poenam mediocritatem illam tenebit, quae est inter nimium et parum, quae placet Peripateticis et recte placet, modo ne laudarent iracundiam et dicerent utiliter a natura datam. Illa vero omnibus in rebus repudianda est optandumque, ut ii, qui praesunt rei publicae, legum similes sint, quae ad puniendum non iracundia, sed aequitate ducuntur.

(Cicerone)

Commento

Il passo proposto è costituito dai capitoli 88 e 89 del primo libro del *De officiis*: l'opera, iniziata nel 44 a.C., è indirizzata al figlio Marco, ma è anche indirettamente rivolta a quella aristocrazia senatoria che, secondo gli auspici di Cicerone, dopo la morte di Cesare avrebbe dovuto riprendere quell'egemonia e riacquistare quel prestigio che erano stati soffocati dalle tensioni e dalle contrapposte ambizioni della guerra civile. Il tema qui affrontato è quello della necessità di conciliare clemenza e severità nell'esercizio del potere e, soprattutto, nell'amministrazione della giustizia. La classe dirigente, costituita da personalità "grandi" e "nobili" (*qui praesunt reipublicae*), è richiamata a seguire una condotta rispettosa delle istituzioni e lontana dagli interessi privati, come suggerisce la ricorrenza dei riferimenti ai più alti principi di equità e di vantaggio per lo Stato (*in iuris aequabilitate, reipublicae causa, ad reipublicae utilitatem, mediocritatem illam tenebit, quae... aequitate ducuntur*). Il carattere pedagogico del brano è evidente nella frequenza delle strutture sintattiche inerenti al concetto di "dovere": *audiendi (sunt), exercenda est, probanda est, debet vacare, cavendum est* etc. Tuttavia nella dissertazione non manca uno spunto polemico nei confronti dei Peripatetici, seguaci di Aristotele, con i quali Cicerone condivide l'elogio del "giusto mezzo", ma da cui si distacca, evidenziandolo con una concessiva (*modo ne...*), quando giudicano l'ira un utile dono di natura. Sul piano sintattico, il passo, costituito da periodi piuttosto brevi, non presenta particolari difficoltà, se si eccettua qualche insidia rappresentata dalla posposizione della relativa (*ea) quae dicitur*, da un'apparente consecutiva (*ita probanda est... ut adhibeatur...severitas*) che ha invece il senso di "a patto, a condizione che..." e dalla già menzionata concessiva (*modo ne...*). Per quanto riguarda le scelte lessicali, un po' di attenzione deve essere dedicata alla buona resa dei termini astratti (*placabilitate, facilitas, altitudo animi, mediocritatem*) e, come sempre in Cicerone, a quelli del repertorio giuridico (*animadversio et castigatio, plectantur, appellentur*).

(Laura Parola, docente del Liceo Classico "G. Parini" di Milano)

461 Il vero bene è la virtù (2011 - Maturità classica)

Quicumque beatus esse constituet, unum esse bonum putet quod honestum est; nam si ullum aliud existimat, primum male de providentia iudicat, quia multa incommoda iustis viris accidunt, et quia quidquid nobis dedit breve est et exiguum si compares mundi totius aevo. Ex hac deploratione nascitur ut ingrati divinorum interpretes simus: querimur quod non semper, quod et pauca nobis et incerta et abitura contingant. Inde est quod nec vivere nec mori volumus: vitae nos odium tenet, timor mortis. Natat omne consilium nec implere nos ulla felicitas potest. Causa autem est quod non pervenimus ad illud bonum immensum et insuperabile ubi necesse est resistat voluntas nostra quia ultra summum non est locus. Quaeris quare virtus nullo egeat? Praesentibus gaudet, non concupiscit absentia; nihil non illi magnum est quod satis. Ab hoc discede iudicio: non pietas constabit, non fides, multa enim utramque praestare cupienti patienda sunt ex iis quae mala vocantur, multa impendenda ex iis quibus indulgemus tamquam bonis. Perit fortitudo, quae periculum facere debet sui; perit magnanimitas, quae non potest eminere nisi omnia velut minuta contempsit quae pro maximis vulgus optat; perit gratia et relatio gratiae si timemus laborem, si quicquam pretiosius fide novimus, si non optima spectamus.

(SENECA)

462 Omero maestro di eloquenza (2013 - Maturità classica)

Sed nunc genera ipsa lectionum, quae praecipue convenire intendentibus ut oratores fiant existimem, persequor. Igitur, ut Aratus ab Iove incipiendum putat, ita nos rite coepturi ab Homero videmur. Hic enim, quem ad modum ex Oceano dicit ipse amnium fontiumque cursus initium capere, omnibus eloquentiae partibus exemplum et ortum dedit. Hunc nemo in magnis rebus sublimitate, in parvis proprietate superaverit. Idem laetus ac pressus, iucundus et gravis, tum copia tum brevitate mirabilis, nec poetica modo sed oratoria virtute eminentissimus. Nam ut de laudibus exhortationibus consolationibus taceam, nonne vel nonus liber, quo missa ad Achillem legatio continetur, vel in primo inter duces illa contentio vel dictae in secundo sententiae omnis litium atque consiliorum explicant artes? Adfectus quidem vel illos mites vel hos concitatos nemo erit tam indoctus qui non in sua potestate hunc auctorem habuisse fateatur. Age vero, non utriusque operis ingressu in paucissimis versibus legem prohoemiorum non dico servavit, sed constituit? Nam et benivolum auditorem invocatione dearum quas praesidere vatibus creditum est et intentum proposita rerum magnitudine et docilem summa celeriter comprensa facit. Narrare vero quis brevius quam qui mortem nuntiat Patrocli, quis significantius potest quam qui curetum Aetolorumque proelium exponit?

(Quintiliano)

463 Ultimi giorni di Tiberio (2015 - Maturità classica)

Un famoso medico, tastando il polso dell'imperatore Tiberio, ne pronostica la fine imminente: dopo pochi giorni l'imperatore viene creduto morto. Mentre Caligola inizia a gustare le primizie del potere, improvvisamente Tiberio si riprende...

Iam Tiberium corpus, iam vires, nondum dissimulatio deserebat: idem animi rigor; sermone ac vultu intentus quaesita interdum comitate quamvis manifestam defectionem tegebat. Mutatisque saepius locis tandem apud promunturium Miseni consedit in villa cui L. Lucullus quondam dominus. Illic eum adpropinquare supremis tali modo compertum. Erat medicus arte insignis, nomine Charicles, non quidem regere valetudines principis solitus, consilii tamen copiam praebere. Is velut propria ad negotia digrediens et per speciem officii manum complexus pulsum venarum attigit. Neque fefellit: nam Tiberius, incertum an offensus tantoque magis iram premens, instaurari epulas iubet discumbitque ultra solitum, quasi honori abeuntis amici tribueret. Charicles tamen labi spiritum nec ultra biduum duraturum Macroni firmavit. Inde cuncta conloquiis inter praesentis, nuntiis apud legatos et exercitus festinabantur. Septimum decimum kal. Aprilis interclusa anima creditus est mortalitatem explevisse; et multo gratantum concursu ad capienda imperii primordia G. Caesar egrediebatur, cum repente adfertur redire Tiberio vocem ac visus vocarique qui recreandae defectioni cibum adferrent. Pavor hinc in omnis, et ceteri passim dispergi, se quisque maestum aut nescium fingere; Caesar in silentium fixus a summa spe novissima expectabat. Macro intrepidus opprimi senem iniectu multae vestis iubet discedique ab limine. Sic Tiberius finivit octavo et septuagesimo aetatis anno.

(TACITO)

Commento

Il latinista Leopoldo Gamberale, intervistato da "ilfattoquotidiano.it", ha così commentato la versione di latino scelta dal Miur per la seconda prova dell'esame di maturità degli studenti del liceo Classico nel 2015: "Non sarebbe stato facile anche per gli studenti di vent'anni fa, che erano più preparati sulla traduzione"; l'esperto analizza le varie difficoltà che il brano presenta, ad es. l'identificazione dei personaggi: "Macrone, ad esempio, prefetto del pretorio, viene citato alcuni capitoli precedentemente, parlando delle trame per la successione di Tiberio, ma qui viene fuori all'improvviso come colui che uccide l'imperatore soffocandolo, peccato che non si capisca da dove spunti. Così come non è chiaro chi sia Caio Cesare, ovvero il futuro imperatore Caligola, perché sui problemi di successione Tacito si è fermato nei capitoli precedenti"; inoltre secondo Gamberale la traduzione "presenta alcuni punti molto complicati, non tanto per la sintassi, che qui non è al massimo della difficoltà, ma per la stringatezza di alcune frasi".

(http://www.ilsussidiario.net/News/Educazione/2015/6/18/MATURITA-2015-Esami-di-Stato-seconda-prova-tracce-e-commenti-le-notizie-in-diretta-oggi-18-giugno-2015-/618467/)

Glossario biografico degli autori post-classici

Ademaro Monaco e storico francese, nacque nel 988 a Chabannes nella Francia centro-occidentale. Svolse un'intensa attività intellettuale, dedicandosi sia a studi storici (in particolare una storia di Francia in tre libri che abbracciava il periodo 388-1028), sia a saggi sui due santi locali, Marziale (presunto apostolo di Gesù) ed Eparchio. A scopo didattico Ademaro (maestro dei novizi) realizzò una raccolta di favole tratte da Fedro (ma in gran parte riscritte e composte da lui stesso). Partito per Gerusalemme, morì in Terra Santa nel 1034.

Aduléscens rivista Fu pubblicata negli anni Ottanta del secolo scorso dall'European Language Institute a Recanati (direttore Lamberto Pigini), insieme con l'altra rivista *Iúvenis*; completamente scritte in latino, contenevano fumetti, semplici brani, schede di lessico anche neolatino, giochi.

Andrea Cappellano Scrittore e religioso francese vissuto fra il 1150 ed il 1220. Ben poco si sa della sua vita; forse fu cappellano alla corte della contessa Maria di Champagne. Compose il trattato *De amore* (o *De arte honeste amandi*, 1185 circa), diviso in tre libri, che costituisce il testo fondamentale dell'erotismo medievale e rappresenta una *summa* dell'amor cortese. Fra i temi principali dell'opera: 1) il vassallaggio nel rapporto d'amore, con la subordinazione del cavaliere alla dama; 2) l'idea che il vero rapporto amoroso debba avere luogo fuori dal matrimonio. La "pericolosità" di questa tesi indusse nel III libro l'autore (forse in seguito a minacce), ad una *reprobatio amoris*, mediante la quale egli si poneva contro l'amore e la donna, tornando all'idea tradizionale della superiorità dell'amore coniugale. Il *De amore* influenzò la lirica provenzale, ma anche la scuola siciliana ed il Dolce stil novo.

Boezio Filosofo romano, nacque nel 480 circa; visse al tempo di Teodorico re degli Ostrogoti dal 474. Di nobile famiglia, Severino Boezio si dedicò agli studi e al *cursus honorum*. Segretamente nemico del regime ostrogoto, difese la romanità, finché, accusato di *sacrilegium*, fu rinchiuso in prigione presso Pavia, dove fu giustiziato nel 525. Boezio occupa un posto di fondamentale importanza nella formazione della cultura medievale attraverso la mediazione di temi e problemi del pensiero antico. Volle diffondere, attraverso traduzioni in latino, la conoscenza delle opere di Platone e di Aristotele e dimostrare la "concordia" dei due massimi filosofi dell'antichità. La sua opera di maggior rilievo, la *Consolatio philosophiae*, scritta in prosa e versi durante la prigionia, affronta numerosi temi filosofici attraverso un discorso protrettico in forma di "rivelazione" che la Filosofia rivolge in sogno a Boezio; lo sfondo culturale è platonico.

Boccaccio Giovanni Celebre scrittore e poeta toscano (Certaldo 1313-1375), autore del *Decameron*. Nell'ultimo ventennio della sua vita, nell'ambito della temperie pre-umanistica, compose diverse opere erudite in latino: il *Bucolicum carmen* (16 egloghe pastorali), la *Genealogia deorum gentilium* ("Genealogia degli dèi pagani"), il *De montibus silvis fontibus lacubus fluminibus stagnis seu paludibus et de nominibus maris liber*, il *De mulieribus claris* ("Le donne illustri") e il *De casibus virorum illustrium* ("Le sventure degli uomini illustri"). Tutte queste opere sono accomunate dall'intento di ritrovare il valore e la funzione morale ed educativa della cultura e della poesia. Allo studio della cultura latina il Boccaccio unì, primo in Europa, quello dei Greci; per apprenderne la lingua chiamò a Firenze il monaco calabrese Leonzio Pilato.

Bracciolini Poggio Fu una delle principali figure del primo umanesimo; nato a Terranova in Valdarno nel 1380, fu al servizio dei papi come scrittore apostolico e segretario apostolico; in seguito fu cancelliere dello stato fiorentino. Morì a Firenze nel 1459. La sua fama è legata soprattutto al ritrovamento di numerosi codici contenenti opere importanti dell'antica letteratura latina, che giacevano in stato di totale oblio nei monasteri di Francia e di Germania (ad es., fra le altre, molte orazioni di Cicerone, l'*Institutio oratoria* di Quintiliano, il *De architectura* di Vitruvio, il *De Medicina* di Cornelio Celso ed una copia del *De rerum natura* di Lucrezio). Famosa una lettera del 1417 al veronese Guarino, in cui Bracciolini ricorda con entusiasmo le sue scoperte.

Ciarrocchi Vittorio Insigne latinista pesarese, nato nel 1939; fu docente nei licei classici di Pesaro e Fano e allo scientifico di Senigallia; laureato in giurisprudenza, filosofia e medicina, si occupa della diffusione del latino come lingua viva, operando soprattutto su internet nell'ambito del *Grex latine loquentium*, fondato nel 1996 dal polacco Konrad Kokoszkiewicz.

De expugnatione Terrae Sanctae per Saladinum Scritta poco dopo la sconfitta dei cavalieri crociati ad opera di Saladino (1187), la *Conquista della Terra Santa ad opera del Saladino* è opera di un anonimo testimone oculare, forse appartenente ai Templari.

Diario di una schiappa Il *Diario di una schiappa* (*Diary of a wimpy Kid*), noto best-seller di Jeff Kinney (2007), è stato tradotto in latino da Monsignor Daniel B. Gallagher, famoso latinista e curatore del profilo twitter di Papa Francesco. Il titolo latino è *Commentarii de Inepto Puero*.

Eginardo Storico franco al servizio di Carlo Magno; nacque a Fulda intorno al 775 circa e morì a Seligenstadt nell'840. Fu educato nell'abbazia della città natia, dove ricevette un'ottima formazione classica che completò poi ad Aquisgrana, presso la corte di Carlo Magno intorno al 791-792. Succedette ad Alcuino nella direzione della Scuola Palatina e ricoprì un ruolo fondamentale nella rinascita culturale carolingia. L'opera più nota di Eginardo è la biografia di Carlo Magno (*Vita Karoli Magni*), una delle prime, nel Medioevo, che sia dedicata non a un ecclesiastico ma a un laico; è un'opera ispirata alle biografie antiche di Svetonio, soprattutto alla *Vita Augusti*, suddivisa dunque in *res gestae* in guerra e nella vita civile, costumi, vita privata; sempre da Svetonio deriva l'interesse, più che per i grandi fatti storici, per gli aneddoti e le notizie spicciole.

Erasmo da Rotterdam Teologo, umanista e filosofo olandese (Rotterdam 1466/1469-Basilea 1536). La sua opera più nota è l'*Elogio della follia* (*Stultitiae Laus* e, in greco, *Morias Enkomion - Μωρίας Εγκώμιον*); si tratta di un saggio scritto nel 1509 nel giro di una settimana durante un soggiorno presso Thomas More (= Tommaso Moro). L'opera è dedicata proprio a More ed anzi gioca sull'ambiguità del titolo (*Moriae Encomium* potrebbe essere tradotto anche come "Elogio di Moro"). Il saggio contiene un elogio della follia come portatrice di allegria e spensieratezza, mentre nell'ultima parte il testo si concentra su una severa critica di alcune pratiche corrotte della Chiesa cattolica romana (cui peraltro Erasmo rimase fedele).

Folengo Teofilo Poeta mantovano (1491-1544); ebbe una vita molto irrequieta: entrò nell'ordine benedettino nel 1509, ne uscì dal 1525 al 1534 (convivendo con Girolama Dieda, una giovane di buona famiglia), per rientrarvi negli ultimi anni di vita. Compose poemi in lingua latina "maccheronica", che conformava il latino secondo l'italiano, basandosi su un materiale lessicale latino cui era applicata la grammatica italiana. Folengo compose prima del 1517 la *Moschaea* (un poemetto che narrava le lotte delle mosche con le formiche) e poi la *Zanitonella* (storia dell'amore rusticano di Tonello per Zanina). La sua opera più famosa fu il *Baldus*, un poema burlesco in latino maccheronico stampato dapprima nel 1517 in diciassette canti e in seguito ampliato fino a venticinque canti (o "maccheronee"); vi si narrano le vicende di Baldo e di alcuni suoi compagni, fra cui il gigante Fracasso, lo sfrontato Cingar e Falchetto (mezzo uomo e mezzo cane). Altre opere furono l'*Orlandino* (in ottave italiane, sull'infanzia di Orlando) ed il *Caos di Triperuno* (misto di prosa e versi, scritto in italiano, latino e maccheronico).

Fulgenzio di Ruspe Nato a Telepte nel Nordafrica da una famiglia di rango equestre nel 468, all'epoca della dominazione dei Vandali, da giovane fu procuratore delle imposte e successivamente funzionario nella sua città. Si dedicò alla vita monacale e nel 507 fu eletto vescovo di Ruspe. Ebbe dei contrasti con il re vandalo Trasamondo che favoriva gli ariani e fu esiliato in Sardegna, rimanendovi fino al 523. Al tempo del successivo re Ilderico, tornò in patria, dove morì nel 532. Fu seguace ed imitatore di Agostino e compose diverse opere teologiche in cui difese l'ortodossia cattolica. Non è sicura, ma probabile, l'identificazione con l'erudito Fabio Planciade Fulgenzio, autore di opere celebri quali la *Expositio Virgilianae continentiae*, i *Mythologiarum libri tres* e l'*Expositio sermonum antiquorum*.

Galilei Galileo Celebre fisico, filosofo, astronomo e matematico, nato a Pisa nel 1564; fu famoso in particolare per l'adozione di un metodo scientifico sperimentale, per il suo perfezionamento del telescopio, che gli permise importanti osservazioni astronomiche, e per il suo sostegno al sistema eliocentrico e alla teoria copernicana. Accusato di eresia, fu processato e condannato dal Sant'Uffizio; dovette quindi nel 1633 rinnegare le sue concezioni astronomiche e ritirarsi nella sua villa di Arcetri, vicino Firenze, ove morì nel 1642. In latino pubblicò il *Sidereus nuncius* (1610), un opuscolo in cui annunziava la scoperta dei satelliti di Giove.

Giovanni Paolo II Papa Giovanni Paolo II, al secolo Karol Józef Wojtyła, nacque in Polonia a Wadowice nel 1920 e morì nella Città del Vaticano nel 2005; fu eletto papa il 16 ottobre 1978: era il primo papa non italiano dopo 455 anni, cioè dai tempi di Adriano VI (1522-1523). Il suo pontificato, durato 26 anni, è stato il terzo pontificato più lungo della storia. Giovanni Paolo II condusse una vigorosa azione politica e diplomatica contro il comunismo e l'oppressione politica ed è considerato uno degli artefici del crollo del sistema sovietico. Deplorò il capitalismo e il consumismo sfrenati, in nome della ricerca di una maggiore giustizia sociale; in campo morale, fu molto tradizionalista, opponendosi all'aborto e all'eutanasia. Giovanni Paolo II proseguì l'insegnamento della dottrina cattolica attraverso la redazione di una serie di scritti teologici, che ebbero forte eco all'interno della Chiesa e, spesso, anche al suo esterno.

Isidoro di Siviglia Teologo e scrittore, nato a Cartagena nel 560 circa e morto a Siviglia nel 636; vescovo di Siviglia durante il dominio dei Visigoti, fu uno dei principali rappresentanti della cultura del suo tempo. Scrisse numerose opere di carattere culturale e dottrinario; fra le opere storiche si ricordano in particolare una storia universale (*Chronica Maiora*) e la *Historia de regibus Gothorum, Wandalorum et Suevorum*; fra le opere esegetiche si ricordano le *Questiones in Vetus Testamentum* e *Allegoriae quaedam Sacrae Scripturae* (ove veniva data una spiegazione in chiave allegorica degli episodi delle Sacre Scritture); si occupò anche di grammatica, con una raccolta di sinonimi, e di opere enciclopediche, fra cui spiccano i venti libri delle *Etymologiae*, una grande enciclopedia in cui la materia è ordinata secondo i vocaboli a partire dalla loro etimologia.

Iúvenis vd. *Adulescens*.

Lhomond Charles François Pedagogo, grammatico ed erudito francese (Chaulnes, 1727-Parigi, 1794). Nato da famiglia umile, studiò in seminario; presi gli ordini, divenne il preside dello stesso collegio; in seguito insegnò per oltre vent'anni al collège du Cardinal-Lemoine, nel Quartiere Latino a Parigi. Durante la rivoluzione francese si rifiutò di prestare giuramento alla costituzione civile del clero; pertanto fu incarcerato nel 1792 e liberato più tardi grazie all'intervento di un suo ex-allievo, Jean-Lambert Tallien. A Lhomond sono attribuite diverse opere, indirizzate soprattutto all'insegnamento; da ricordare soprattutto: il *De viris illustribus urbis Romae a Romulo ad Augustum* (ca. 1775), con cui impararono il latino diverse generazioni di francesi; *Éléments de grammaire latine* (1779); *Epitome historiae sacrae* (1784), che racconta episodi biblici in un latino estremamente semplice e scorrevole.

Lutero Martino (Luther Martin) Teologo e iniziatore della Riforma protestante in Germania; nato ad Eisleben nel 1483, studiò a Magdeburgo, Eisenach e nell'università di Erfurt (1501-1505); s'iscrisse alla facoltà giuridica, ma nel 1505 entrò nel convento degli agostiniani di Erfurt; proseguì gli studî filosofici e, ordinato sacerdote (1507), iniziò quelli teologici. Nel 1508 insegnò l'etica aristotelica nella nuova università di Wittenberg, dove ottenne nel 1512 la cattedra di esegesi biblica. Nel 1517 Lutero affisse alla porta della chiesa del castello (Schlosskirche) di Wittemberg la *Discussione sulla dichiarazione del potere delle indulgenze* (*Disputatio pro declaratione virtutis indulgentiarum*), nota anche come "Le 95 tesi", con cui ebbe inizio la Riforma protestante; Lutero si scagliava contro lo scandalo della compravendita di indulgenze e contro la corruzione dei papi; a suo parere il cristianesimo andava riformato sulla base di tre principi fondamentali: 1) il libero esame, ovvero la libertà per ogni cristiano di interpretare autonomamente la Bibbia; 2) il sacerdozio universale, secondo il quale tutti sono responsabili della propria fede senza affidarsi a nessun altro; 3) la salvezza che dipende solo dalla fede, togliendo quindi importanza alle opere ed in particolare alle offerte alla Chiesa. Benché le tesi di Lutero fossero state scritte in latino, e quindi rivolte a dotti o teologi, le sue opere si diffusero ben presto tra la gente, grazie all'avvento della stampa; Lutero stampò molte copie della Bibbia in volgare e propagò così le proprie idee riformatrici incitando tutti a considerare la Bibbia come l'unica fonte valida per le varie dottrine di fede. Morì nel 1546 ad Eisleben.

Magna Charta La *Magna Charta Libertatum* è un documento, scritto in latino, che il re d'Inghilterra Giovanni Senzaterra dovette concedere ai baroni del Regno d'Inghilterra, suoi feudatari, presso Runnymede (nel Surrey in Inghilterra), il 15 giugno 1215. Fu chiamata *magna* per distinguerla da un provvedimento minore emanato in quegli anni per regolamentare i diritti di caccia. Pur presentandosi come una concessione unilaterale da parte del re, la *Magna Charta* costituiva, in realtà, un contratto di riconoscimento di diritti reciproci; perciò il documento è stato ritenuto come il primo, nella storia, a riconoscere i diritti dei cittadini; tuttavia, pur riducendo l'influenza del re, venivano confermati i privilegi del clero e dei feudatari.

Nuntii Latini Si tratta di un notiziario in latino che va in onda ogni venerdì sera per cinque minuti sulla YLE, la radio di stato finlandese, dal settembre 1989. La pronuncia è quella che, secondo i filologi tedeschi e nord europei, si avvicina il più possibile alla pronuncia latina all'epoca di Cesare. Attualmente Reijo Pitkäranta e Tuomo Pekkanen (docente in pensione) scelgono ogni settimana gli argomenti del notiziario, fruibile su Internet al sito http://areena.yle.fi/1-1931339.

Pascoli Giovanni Famoso poeta italiano (S. Mauro di Romagna 1855-Castelvecchio di Barga 1912); fu anche celebrato poeta in latino ed ottenne dei premi internazionali. Fra le sue opere latine sono i *Carmina*, pubblicati postumi nel 1914 in due volumi; in particolare nel *Liber de poetis* il Pascoli rievocava momenti della vita dei poeti latini, mentre fra i *Poemata christiana* si ricordano *Pomponia Graecina* e *Thallusa*, delicate rappresentazioni di anime femminili.

Petrarca Francesco In latino il Petrarca (Arezzo 1304-Arquà 1374) compose anzitutto le *Epistolae*, di cui rimangono quattro raccolte (*Familiares-Seniles-Sine nomine-Variae*); carattere autobiografico hanno poi le *Epistolae metricae*, 66 lettere in esametri scritte fra il 1336 e il 1354. Altre celebri opere latine furono il poema *Africa*, il *De viris illustribus*, i *Libri rerum memorandarum*, il *Bucolicum carmen* e varie opere di carattere polemico, morale o religioso; fra queste ultime occorre ricordare il *Secretum* o *De secretu conflictu curarum mearum*, un trattato composto intorno al 1343 e riveduto nel 1358, in tre libri, in cui il poeta immagina di parlare per tre giorni con S. Agostino alla presenza di una donna testimone muta, la Verità.

Pico della Mirandola Giovanni Giovanni Pico, nato a Mirandola di Modena nel 1463, vagò per le maggiori università europee, formandosi una cultura vastissima. Fu allievo di Marsilio Ficino, che a Firenze aveva rifondato l'Accademia platonica; giunse però a una sua rielaborazione filosofica originale. Nel 1486 fu a Roma, dove preparò 900 tesi in vista di un congresso filosofico universale (in occasione del quale compose il *De hominis dignitate*); il congresso però non ebbe luogo e Pico fu anzi accusato di eresia e fuggì in Francia; in seguito, con l'assoluzione di papa Alessandro VI e con l'aiuto fornitogli dai Medici, dai Gonzaga e dagli Sforza, si stabilì definitivamente a Firenze, continuando a frequentare l'Accademia di Ficino. Morì improvvisamente nel 1494, ad appena trentun anni, in circostanze misteriose (forse fu avvelenato).

Poliziano Angelo Angelo Ambrogini, detto "Poliziano" dal nome latino del paese d'origine, Montepulciano o *Mons Politianus* (1454-1494); poeta, umanista, filologo e drammaturgo italiano. Grazie alla protezione di Lorenzo il Magnifico, poté dedicarsi agli studi umanistici e alla produzione letteraria, rivestendo anche incarichi prestigiosi (fu precettore della famiglia dei Medici, segretario personale del Magnifico e professore presso lo Studio Fiorentino). Compose opere in latino, in greco e in volgare (fra queste ultime famose furono il poemetto incompiuto *Le stanze per la giostra* e il dramma mitologico *Orfeo*, 1480). Fra i componimenti latini si ricordano un'elegia d'amore (*In violas*), una per la morte di Albiera degli Albizzi, le quattro *Sylvae* (introduzioni in versi ai suoi corsi di letture dei classici, tenute nello studio fiorentino), le epistole.

Pontano Giovanni Umanista e politico italiano (Cerreto di Spoleto 1429-Napoli 1503), noto anche come Gioviano Pontano; segretario di stato di re Ferdinando d'Aragona a Napoli, fu il massimo rappresentante dell'umanesimo napoletano del Quattrocento. Grande studioso dell'antichità classica, compose opere illustri in latino, fra cui si ricordano il poema astrologico *Urania*, cinque dialoghi (importanti per la conoscenza della vita napoletana del tempo), opere storiche e filosofico-dottrinali, la *Lepidina* (poemetto in esametri che cantava le bellezze di Napoli), il *De amore coniugali* e i *Versus iambici* (con riferimento ai suoi affetti familiari ed ai lutti che lo afflissero).

Possidio Vescovo e santo berbero, nato nella seconda metà del IV secolo. Per più di quarant'anni fu amico di Sant'Agostino, diventandone biografo in *Vita Sancti Augustini*; quest'opera, scritta tra il 432 e il 437, è intessuta di ricordi personali e risulta un documento prezioso e attendibile del mondo in cui il vescovo di Ippona visse ed operò. Possidio partecipò a diversi concilii ecclesiastici e fu incaricato di missioni ufficiali in Italia presso l'imperatore (intorno al 409-410) per difendere la chiesa africana. Nel 428, quando Calama fu attaccata dai Vandali, si rifugiò ad Ippona, presso Agostino; caduta anche Ippona, Possidio nel 435 rientrò a Calama, ma ne dovette fuggire di nuovo nel 437 espulso da Genserico, re dei Vandali, che voleva imporre l'arianesimo. Morì poco tempo dopo.

Regulus Traduzione del celeberrimo classico *Il piccolo principe* di Antoine de Saint-Exupéry (1943) realizzata da Augustus Haury nel 1985.

Romano Domenico Insigne latinista palermitano, nato nel 1922 e morto nel 2012; fu dapprima docente di Italiano e Latino nei Licei cittadini e poi presso la Facoltà di Lettere dell'Università degli Studi di Palermo, dove insegnò per molti anni Lingua e Letteratura Latina. La sua opera di ricercatore, immensa ed originale, ha prodotto pubblicazioni, che abbracciano quasi tutte le epoche della letteratura latina, dalle origini fino al Tardoantico e agli esordi del Medioevo. Nel 1994 furono pubblicati i suoi *Commenticia*, una raccolta di prose in latino comprendente il *De quodam caunerarum venditore* (*Il venditore di fichi*), un'*epistula ficta* di Catullo all'amico Licinio Calvo, un dialogo su alcune questioni contemporanee (*Dialogus commenticius de nonnullis quaestionibus ad hoc tempus pertinentibus*) e un'appendice sull'autobiografismo dei poeti latini.

Romulus Silloge di favole in prosa in lingua latina attribuita ad un certo *Romulus* che avrebbe tradotto dal greco le favole di Esopo per farle conoscere al figlio Tiberino. La silloge di favole in prosa fu messa insieme forse nel IX secolo partendo da manoscritti di Fedro a noi ignoti e che contenevano numerose aggiunte.

Valla Lorenzo Umanista, filologo e scrittore romano (1407-1457); mostrò una notevole spregiudicatezza critica, preludendo al pensiero rinascimentale, ad es. quando dimostrò con prove storico-filologiche la falsità della donazione di Costantino ai pontefici, sulla quale il papato basava la legittimità del suo potere temporale (*De falso credita et ementita Constantini donatione*, 1440); combatté l'aristotelismo nel *De libero arbitrio* e compose *Elegantiarum latinae linguae* (1444) in sei libri, in cui iniziò uno studio critico della lingua latina. Suo modello fu Cicerone.

Vita Sororis Agnetis Opera agiografica scritta tra la fine del XIII secolo e i primi decenni del XIV, probabilmente da un frate della comunità minoritica voluta dalla medesima Agnese di Praga (1211 circa-1282). Costei era figlia del re di Boemia Ottocaro I e di Costanza, sorella del re di Ungheria Andrea II; promessa in moglie ad Enrico, figlio dell'imperatore Federico II di Svevia, fu inviata alla corte di Vienna per ricevere una formazione adeguata ad una futura sovrana; tuttavia, colpita dal messaggio di Francesco d'Assisi, maturò la sua vocazione religiosa e, con il sostegno di papa Gregorio IX, ruppe il fidanzamento con Enrico e si ritirò a Praga, ove fondò il primo convento di Frati Minori della regione (1232), con annesso un ospedale per i poveri; per la sua gestione, creò una confraternita laicale (i Crocigeri) che nel 1237 fu elevata dal pontefice al rango di ordine religioso. Nel 1234 Agnese fondò un monastero di clarisse sulle rive della Moldava di cui fu badessa fino alla morte.

Vittore di Vita Vescovo di Vita nella provincia africana di Bizacena, visse fra il 430 e il 484 circa; fu autore della *Historia persecutionis Africanae Provinciae, temporibus Geiserici et Hunirici regum Wandalorum*; inizialmente in cinque libri, l'opera è oggi divisa in tre, dei quali il primo, che tratta del regno di Genserico (427-477), è solo un riassunto di altre opere, mentre gli altri due, che coprono il regno di Unerico, derivano dalla testimonianza diretta di Vittore. L'opera contribuisce a farci conoscere bene le condizioni religiose e sociali di Cartagine e la liturgia africana di quel periodo. Vi compaiono inoltre diversi documenti non altrimenti accessibili, come il credo dei vescovi ortodossi presentato ad Unerico al sinodo ariano-cattolico nel 484.